1



**Les microrégions du guide :**
*(voir la carte à l'intérieur de la couverture ci-contre)*



# Pays basque
## *France, Espagne*
# et Navarre

# Le Guide Vert, mode d'emploi : un guide en 3 parties

**Organiser son voyage :**

- Avant de partir.
- À faire sur place de A à Z.
- Des activités pour tous.
- Un agenda des événements.

**Comprendre la destination :**

- La destination aujourd'hui
- Histoire.
- Art et culture.
- Gastronomie.
- Nature...

**Découvrir la destination :**

- Notre sélection de sites.
- Des circuits conseillés.
- Des cartes.
- Notre sélection d'adresses pour tous les budgets.

*En fin de guide : l'explication des symboles et la table des cartes et plans*

# Le Guide Vert :
# découvrir la destination

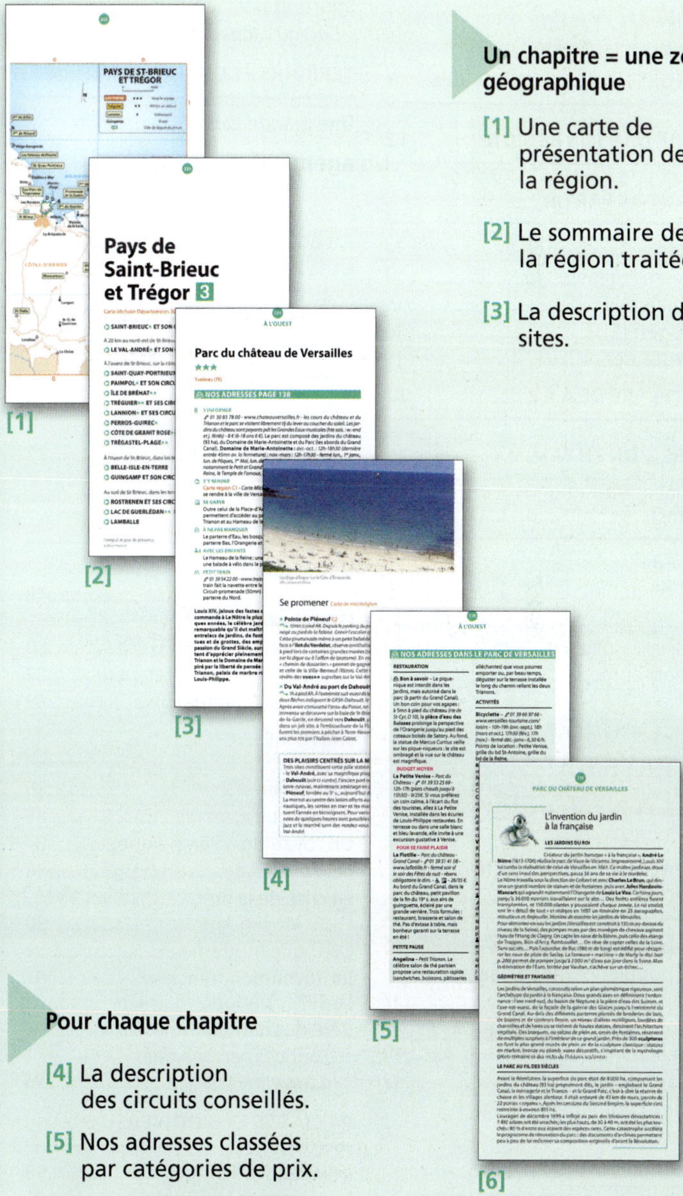


## Un chapitre = une zone géographique

[1] Une carte de présentation de la région.

[2] Le sommaire de la région traitée.

[3] La description des sites.

## Pour chaque chapitre

[4] La description des circuits conseillés.

[5] Nos adresses classées par catégories de prix.

[6] Des pages thématiques pour en savoir plus.

*Retrouvez-nous sur :* ***Voyage.ViaMichelin.fr***

# Sommaire

# 3/ DÉCOUVRIR LE PAYS BASQUE ET LA NAVARRE

## 1 LA CÔTE BASQUE ET LE LABOURD



## 2 LA BASSE-NAVARRE ET LA SOULE



## 3 ST-SÉBASTIEN ET LA PROVINCE DE GUIPÚZCOA



## 4 BILBAO ET LA BISCAYE



## 5 VITORIA ET LA PROVINCE DE L'ÁLAVA



## 6 LA NAVARRE

# 1/
# ORGANISER SON VOYAGE

*M. Barraud/Ojo Images/Photononstop*

# Suggestions d'itinéraires

| 5 JOURS | L'ADOUR ET LA CÔTE LABOURDINE |
|---|---|
| Programme<br><br>au départ de Bayonne | **Jour 1** : une matinée à Bayonne *(p. 116)*, la cathédrale Ste-Marie, les ruelles pavées du vieux centre, et les chocolatiers de la rue du Port-Neuf ; l'après-midi, passez dans le petit Bayonne visiter le Musée basque ou le musée Bonnat, avant de profiter des plages d'Anglet.<br>**Jour 2** : remontez l'Adour jusqu'à Urt, et bifurquez vers le sud en direction de La Bastide-Clairence *(p. 208)* et de ses artisans. Autres ateliers à Came, puis visite des grottes d'Isturitz *(p. 212)*, avant de retrouver la route impériale des Cimes *(p. 125)* à Hasparren pour rentrer à Bayonne.<br>**Jour 3** : une matinée à Biarritz *(p. 137)* où vous profiterez du point de vue du rocher de la Vierge et visiterez le musée de la Mer. Après un déjeuner face aux vagues, faites une pause sur l'une des plages tranquilles de Bidart *(p. 146)*, avant d'aller à St-Jean-de-Luz *(p. 156)* voir la maison de Louis XIV et savourer un apéritif bien mérité sur le port.<br>**Jour 4** : quittez la côte pour le charmant village d'Ascain *(p. 181)*, point de départ pour monter à la Rhune *(p. 179)*. L'après-midi, redescendez vers Hendaye *(p. 170)* en vous arrêtant au passage à Urtubie *(p. 162)* visiter le château. À Hendaye même, vous pourrez voir celui d'Abbadie.<br>**Jour 5** : passez la frontière en direction de Hondarribia *(p. 286)*, et filez à N.-D.-de-Guadalupe *(p. 288)*. Du sanctuaire partent divers sentiers de randonnées qui ménagent de beaux points de vue sur cette partie de la Côte basque. Redescendez vers l'Océan en passant par le cap du Figuier et regagnez Hondarribia, ses ruelles aux pavés irréguliers, et surtout les bars à tapas du quartier des pêcheurs, si vivants le soir. |
| **Transport** | À pied et en voiture. |
| **Conseils** | Prolongez votre séjour vers l'arrière-pays atlantique en visitant la petite station thermale de Cambo-les-Bains, chère à Edmond Rostand *(p. 196)*, et le joli village pimenté d'Espelette *(p. 193)*. |
| **5 JOURS** | **LA BISCAYE, ENTRE MER ET TERRE** |
| **Programme**<br><br>**au départ de Bilbao** | **Jour 1** : découverte de Bilbao *(p. 310)*, le centre historique, ascension jusqu'à la basilique de Begoña, petit tour au marché couvert et déjeuner dans un bar à tapas du vieux quartier ; l'après-midi, musée Guggenheim et flânerie le long des berges réaménagées de la ría.<br>**Jour 2** : partez vers l'est en suivant la côte (très belles vues sur l'Océan), voyez Getxo *(p. 321)* et son pont transbordeur, les plages de Plentzia *(p. 334)*, Bakio, et le sanctuaire de Gaztelugatxe *(p. 333)*. Déjeunez à Bermeo et passez au musée du Pêcheur *(p. 333)* avant de vous rendre au petit port de Mundaka *(p. 332)*, idéalement placé à l'embouchure de la ría de Guernica. Remontez le fleuve jusqu'à Altamira et la Réserve naturelle de Urdaibai *(p. 338)*.<br>**Jour 3** : Guernica *(p. 336)*, le musée de la Paix et le célèbre chêne, puis cap vers le sud en direction du belvédère de la Biscaye *(p. 339)*. Rejoignez la côte au charmant port de Lekeitio *(p. 330)* pour déjeuner. Reprenez la route vers l'est, voyez l'église d'Ondárroa *(p. 330)*, puis le hameau de Bolibar *(p. 339)* au sud, la collégiale de Cenarruza *(p. 339)*, les palais d'Elorrio *(p. 343)* et enfin la basilique de Durango *(p. 341)*.<br>**Jour 4** : randonnée dans le Parc naturel de Urkiola *(p. 342)*. En fin d'après-midi, faites une pause à Otxandio, petit village typique, et rentrez à Bilbao.<br>**Jour 5** : rejoignez Balmaseda *(p. 345)*, capitale des Encartaciones, région de collines et de tours fortifiées. Flânez dans le cœur historique, voyez l'hôtel de ville, le pont médiéval et le musée consacré à l'histoire de la ville. L'après-midi, partez à la découverte de la vallée de Karrantza, plein ouest *(p. 348)*. |
| **Transport** | À pied et en voiture. |
| **Conseils** | Vous pouvez aussi passer deux jours à Bilbao et enchaîner avec le séjour en Biscaye. |

# SUGGESTIONS D'ITINÉRAIRES

| 4 JOURS | VITORIA ET LA RIOJA ALAVESA, DES MONTS ET DES VIGNES |
|---|---|
| **Programme au départ de Vitoria** | **Jour 1** : une journée à Vitoria-Gasteiz *(p. 354)*, le magnifique centre historique, la cathédrale gothique, les maisons médiévales, les églises gothico-baroques et les palais. Si vous deviez ne voir qu'un musée, choisissez l'Artium *(p. 357)* et ses collections d'art moderne et contemporain.<br>**Jour 2** : rejoignez le saut du Nervión *(p. 364)*, d'où se déploie un splendide panorama sur le canyon de Delika et la chaîne Cantabrique ! Au retour, passez par le sud pour voir Tuesta *(p. 363)* et sa petite église au magnifique portail roman. Quelques kilomètres plus loin, visitez les salines de Gesaltza-Añana *(p. 362)* avant de rejoindre Vitoria.<br>**Jour 3** : une fois passé la chaîne Cantabrique, les paysages se couvrent de champs et de vignes. La Rioja alavesa est une région réputée pour ses vignobles, principalement concentrés autour de Labastida et de Laguardia, dans la plaine de l'Èbre. En fonction de votre curiosité et de votre envie de bons crus, visitez Labastida *(p. 380)* et ses bodegas, puis arrivez plus ou moins tard à Laguardia *(p. 378)* pour vous reposer.<br>**Jour 4** : le matin à Laguardia, église Santa María de los Reyes et son admirable portail gothique polychrome. Vous aurez ensuite le reste de la journée pour découvrir l'architecture très design de certaines bodegas, comme celles d'Ysios ou de Marqués de Riscal à Elciego. Prenez ensuite la direction de Logroño pour rejoindre Viana *(p. 438)*, étape de pèlerinage sur la route de Compostelle. Son église abrite de très beaux retables. Rejoignez Vitoria en passant par le Parc naturel d'Izki. |
| **Transport** | À pied et en voiture. |
| **Conseils** | Le 4e jour, ne manquez pas de vous inscrire le matin à la visite guidée de l'église Santa María de los Reyes, c'est l'unique moyen de contempler le portail. |
| **4 JOURS** | **ENTRE IRATY ET ARBAILLES, PÉLERINS ET FORÊTS** |
| **Programme au départ de St-Jean-Pied-de-Port** | **Jour 1** : découvrez l'église de St-Jean-Pied-de-Port, *(p. 230)* sa citadelle et sa rue principale bordée de maisons des 16e et 17e s. L'après-midi, rejoignez la collégiale de Roncevaux *(p. 409)*, autre étape incontournable du *camino francés* vers Compostelle. Prenez le temps de la visiter, puis filez vers la vallée d'Aezkoa *(p. 410)*. Tâchez d'atteindre Ochagavía *(p. 414)*, à l'autre bout de la vallée, avant le soir et passez-y la nuit.<br>**Jour 2** : Ochagavía, joli petit bourg en bordure d'Anduna, permet d'accéder aux principaux sentiers de la forêt d'Iraty *(p. 244)*.<br>**Jour 3** : après une courte halte au paisible sanctuaire de Muskilda *(p. 414)*, passez côté français et rejoignez Larrau *(p. 247)*. Plus à l'est se trouvent les crevasses d'Holçarté *(p. 248)* et les fameuses gorges de Kakuetta *(p. 248)*. À quelques kilomètres, perdu au bout du monde, le hameau de Ste-Engrâce veille sur sa petite église décorée de jolis chapiteaux. Pour la nuit, redescendez à Mauléon-Licharre *(p. 254)*.<br>**Jour 4** : consacrez votre matinée à découvrir les châteaux de Mauléon, cité connue aussi pour ses espadrilles. Filez ensuite vers Ordiarp *(p. 258)*, un bourg typiquement souletin, et pénétrez dans la forêt des Arbailles, magnifique hêtraie que le panorama d'Ahusquy *(p. 258)* permet d'admirer en partie. La route, très belle, vous ramène à St-Jean-Pied-de-Port. |
| **Transport** | En voiture. |
| **Conseils** | Pour prolonger votre séjour, à une dizaine de kilomètres de St-Jean-Pied-de-Port, St-Étienne-de-Baïgorry *(p. 236)* est le point de départ rêvé pour une excursion gourmande vers la vallée des Aldudes *(p. 240)*. |

| IDÉES DE WEEK-END | BIARRITZ-ANGLET-BAYONNE (BAB) |
|---|---|
| | **Jour 1** : flânerie matinale dans le vieux Bayonne *(p. 116)*, concentré autour de la cathédrale. L'essentiel des commerces y ont élu domicile : boutiques de linge basque, un fabricant de makhila, et surtout, les chocolatiers, rue du Port-Neuf. Déjeunez dans l'un des petits restaurants nichés entre la place de la Liberté, la cathédrale et le quai du Commandant-Roquebert où se tient un marché le samedi matin. Après-midi au Musée basque *(p. 120)*, puis faites une petite pause et, s'il vous reste du courage, filez au musée Bonnat *(p. 122)*. Enfin, direction Anglet *(p. 131)*. La promenade aménagée le long des onze plages vous mènera fatalement à la Chambre d'Amour *(p. 133)* ! Vous achèverez votre escapade à la terrasse d'un café, face au soleil couchant.<br>**Jour 2** : découverte de Biarritz *(p. 137)*. Flânez dans le vieux centre à la recherche des villas de prestige, marchez le long du front de mer pour atteindre le célèbre rocher de la Vierge, profitez des plages et visitez le musée de la Mer *(p. 142)*, qui vous révélera l'incroyable richesse du biotope du golfe de Gascogne. |
| **Transport** | À pied ; en bus ou en voiture pour passer d'une ville à l'autre. |
| **Conseils** | Vous pouvez y aller en été au moment des fêtes de Bayonne, mais si vous souhaitez prendre le temps de vous initier à la culture et aux traditions régionales, préférez un week-end au printemps ou à l'automne. |
| | **BILBAO ET LE MUSÉE GUGGENHEIM** |
| | **Jour 1** : plongez dans l'animation du quartier historique, encore très populaire *(p. 313)*. Boutiques et bars à tapas jalonnent les ruelles, qui débordent vite de monde. Vous retrouverez la même foule au marché couvert de la Ribera *(p. 314)*, posté dans le vieux centre, en bordure de fleuve. Cafés et autres bars ne manquent pas dans la vieille ville, pour vous arrêter avant de visiter le Musée diocésain ou le Musée basque. Montez à la basilique de Begoña pour profiter du point de vue dégagé sur la ville. En redescendant par les jardins de l'Etxebarria, vous aboutirez non loin de la plaza Nueva, où vous pourrez prendre un verre bien mérité, confortablement assis à une terrasse. Quant à votre soirée, passez-la dans ce même quartier de l'Arenal : les bonnes adresses ne manquent pas.<br>**Jour 2** : vous resterez bien plusieurs heures au musée Guggenheim *(p. 311)*, partagées entre la découverte de son architecture et celle de ses collections d'art contemporain. Allez flâner ensuite le long de la berge aménagée de façon futuriste |
| **Transport** | À pied. |
| **Conseils** | Le tramway est un bon moyen pour prendre la mesure des transformations de l'ancien port de Bilbao, sans se fatiguer. |
| | **SAINT-SÉBASTIEN, UNE BAIE ET DES TAPAS** |
| | **Jour 1** : promenade dans le vieux centre *(p. 265)*, musée de San Telmo, basilique Sta María, plaza de la Constitución et ascension du mont Urgull pour jouir du panorama sur la baie. Après la dégustation de quelques tapas ou d'un poisson frais près du port, pourquoi ne pas aller visiter l'aquarium *(p. 268)*, puis embarquer pour faire un tour de l'île Santa Clara. Réservez la fin de votre journée pour du farniente bien mérité sur la plage de la Concha *(p. 271)*. Le soir, bar à tapas dans le quartier historique.<br>**Jour 2** : promenade dans le parc d'Aiete *(p. 272)*. L'après-midi, vous profiterez encore des plages après vous être promené dans le quartier moderne qui borde le fleuve Urumea et fait l'excursion sur le mont Igueldo afin de contempler une dernière fois l'époustouflante vue sur la baie de St-Sébastien. |
| **Transport** | À pied ; en voiture si vous prolongez le week-end. |
| **Conseils** | Pour prolonger le week-end, visitez la demeure de saint Ignace de Loyola *(p. 297)* et la basilique baroque érigée par les jésuites à son intention, ou bien allez à Tolosa *(p. 290)* passer la matinée du samedi, jour de marché. |

# Venir dans la région

## Par la route

### LES GRANDS AXES

Plusieurs autoroutes convergent vers le Pays basque : l'A 10 (Paris-Bordeaux) et l'A 62 relient Paris et Toulouse à Bordeaux, d'où l'A 63 conduit jusqu'à Bayonne puis à Hendaye. L'A 64 va de Toulouse à Pau. Le passage en Espagne se fait à Irun où l'A 8 prend le relais en direction de St-Sébastien et Bilbao. Juste après St-Sébastien, la E 5/E 80 permet de rejoindre respectivement Vitoria et Pampelune.
**Informations autoroutières** – ✆ 0 892 681 077 - www.autoroutes.fr

### LES CARTES MICHELIN

**Plans de ville : Bilbao 77, Donastía San Sebastían 84** et **Pamplona 88.**
**Camino de Santiago de Compestella 160** au 1/150 000 : l'itinéraire des chemins de Compostelle, de St-Jean-Pied-de-Port à Santiago, avec auberges, refuges et informations pratiques.
**Cartes Zoom 144** (Pyrénées occidentales) au 1/150 000 avec index des localités, plans de ville et parcours pittoresques.
**Cartes Départements 342** (Hautes-Pyrénées, Pyrénées-Atlantiques) au 1/150 000.
**Cartes Région 573** (Pays basque et Navarre) au 1/250 000 et **524** (Aquitaine) au 1/200 000.
**Carte de France 721 et carte d'Espagne-Portugal 734**.
En ligne : calcul d'itinéraires sur **www.ViaMichelin.fr**

## En train

### LE RÉSEAU GRANDES LIGNES

Le **TGV** relie Paris-Montparnasse à Bayonne en 5h. Il continue jusqu'à Irun (5h35 pour les directs) où la Renfe prend le relais pour conduire à St-Sébastien, Bilbao, Vitoria ou Pampelune. Les autres liaisons ont un changement et se font en partie en train Corail.
**Informations et réservations** – ✆ 36 35 (0,34 €/mn) - www.voyages-sncf.com
**Iberail France (représentation des chemins de fer espagnols Renfe)** - 57 r. de la Chaussée-d'Antin - 75009 Paris - ✆ 01 40 82 63 63 - www.iberrail-agence-voyage. fr

| DISTANCES | Bayonne | Bilbao | Pampelune | St-Sébastien | Vitoria-Gasteiz |
|---|---|---|---|---|---|
| Bayonne | | 150 | 112 | 55 | 162 |
| Bilbao | 150 | | 156 | 99 | 65 |
| Pampelune | 112 | 156 | | 82 | 94 |
| St-Sébastien | 55 | 99 | 82 | | 111 |
| Vitoria-Gasteiz | 162 | 65 | 94 | 111 | |

### TRAINS EXPRESS RÉGIONAUX

Les **TER** sillonnent la région au départ de Bayonne direction Biarritz, Hendaye, Cambo-les-Bains, Ossès et St-Jean-Pied-de-Port. Ces lignes ferroviaires sont renforcées, voire dans certains cas doublées, par des lignes d'**autocars** (TER).

#### Informations et réservations sur le réseau régional

Ligne directe : ✆ 36 35 (0,34 €/mn) - www.ter-sncf.com/aquitaine

☺ Le **forfait Passbask**, utilisable tlj en juil.-août (le reste de l'année le w.-end), permet de voyager entre Bayonne et St-Sébastien : trajets illimités avec arrêts possibles dans les gares intermédiaires du jour du compostage au lendemain minuit en été, du samedi au dimanche minuit le reste de l'année. En vente dans toutes les gares SNCF d'Aquitaine et celles d'Euskotren - ✆ 0 800 872 872 - www.ter-sncf.com/aquitaine - 11 € (-12 ans 7 €).

### EN ESPAGNE

C'est la compagnie nationale **Renfe** qui assure les trajets sur les grandes lignes. Horaires, prix et réservations en ligne sur **www.renfe.es**

En Euskadi, en attendant la réalisation de l'Y, liaison à grande vitesse reliant les trois capitales (Bilbao, St-Sébastien et Vitoria-Gasteiz), le chemin de fer est régi en Biscaye et dans la province de Guipúzcoa par une compagnie publique régionale.

**Euskotren** – Gare de St-Sébastien, plaza Easo - ✆ (+34) 902 543 210 - **www.euskotren.es** : détail des lignes et des horaires.

## En avion

### LES COMPAGNIES AÉRIENNES

**Air France** – La compagnie dessert depuis Paris les aéroports de Biarritz et de Bilbao. Renseignements et réservations : ✆ 36 54 - www.airfrance.fr

**Iberia** – Renseignements et réservations : ✆ 0 825 800 965 - www.iberia.fr - ✆ 902 400 500 - www.iberia.es

### LES AÉROPORTS DE LA RÉGION

**Aéroport de Biarritz-Anglet-Bayonne** – 7 esplanade de l'Europe - 64600 Anglet - ✆ 05 59 43 83 83 - www.biarritz.aeroport.fr. Vols directs de (et pour) Paris-Orly, Lyon, Clermont-Ferrand, Nice et Genève (Air France), Paris-CDG, Lyon et Londres (Easyjet), Marseille, Londres, Dublin et Birmingham (Ryanair), Rotterdam (Transavia).

**Aéroport de Hondarribia/St-Sébastien** – C/Gabarrari, 22 - 20280 Hondarribia - ✆902 404 704. Vols directs depuis Biarritz, Madrid et Barcelone.

**Aéroport de Bilbao-Loiu** – 48180 Loiu - ✆ 902 211 000 - www.aeropuertodebilbao.net. Plusieurs vols depuis Paris opérés par Air France et Iberia, vols depuis Bruxelles (SN Brussels Air Lines).

**Aéroport de Vitoria** – 01196 Vitoria - ✆ 902 404 704.

**Aéroport de Pampelune** – Ctra Zaragoza, km 5 - 31110 Noáin - ✆ 902 404 704.

Informations sur les aéroports espagnols : www.aena.es

### LES BONS PLANS

Voici quelques sites permettant de réserver en ligne au meilleur prix :

**www.lastminute.com**
**www.opodo.fr**
**www.anyway.com**
**www.voyagermoinscher.com**
**www.bevedair.com** (au départ de Beauvais)
**www.govoyages.fr**
**www.easyjet.com**
**www.voyages-sncf.com**

# Avant de partir

## Météo

Deux versants, l'un tributaire de l'Atlantique, l'autre plus méditerranéen, une barrière montagneuse… c'est dire si le climat peut être changeant dans la région.
En ligne : **www.meteo.fr**

### ÉTÉ

La région a la réputation d'être souvent pluvieuse, mais la réalité ménage heureusement de très belles périodes ensoleillées, parfois troublées dans l'arrière-pays par des orages subits. Les températures peuvent grimper très vite, mais elles restent généralement assez douces. Dans la Ribera navarraise espagnole, c'est l'aridité et, parfois, la canicule qui règnent.

### AUTOMNE

Le temps, généralement agréable, permet de profiter de la mer aussi bien que de la montagne… mais avec un parapluie ou un imperméable toujours à portée de main.

### HIVER

Sur la côte, l'hiver est plutôt doux grâce à l'influence du Gulf Stream, mais attention aux sautes d'humeur de l'Océan qui peut s'emballer lors de grosses tempêtes… C'est l'époque idéale pour découvrir les Pyrénées sous la neige et skier du côté de la forêt d'Iraty.

### PRINTEMPS

Les températures deviennent douces et, à St-Sébastien comme à Bilbao, on peut vite avoir l'impression d'être en été. Mais n'oubliez pas votre imperméable, car les pluies sont fréquentes, sur le littoral comme à l'intérieur des terres. En Álava et en Navarre (en particulier dans les vallées pyrénéennes), le temps se montre moins clément, les températures pouvant être très fraîches, surtout en montagne où la neige tient parfois jusqu'au mois de mai !

## Adresses utiles

### LES INSTITUTIONS

**Comité régional du tourisme d'Aquitaine** – 4/5 pl. Jean-Jaurès - 33074 Bordeaux Cedex - ✆ 05 56 01 70 00 - www.tourisme-aquitaine.fr
**Office espagnol du tourisme** – www.spain.info/fr_FR/
**Comité départemental du tourisme Béarn-Pays basque** – 2 allée des Platanes - 64100 Bayonne - ✆ 05 59 30 01 30 - www.tourisme64.com. Le comité publie un *Guide des loisirs*, une carte touristique, une brochure *Sites et musées en Pays basque*, une carte de circuits de randonnée en vélo, un guide hébergements pour les randonneurs à pied, un guide de la pêche et le *Carnet de Rando 64*. Le guide *Le Nez en l'air : découvrir le Pays basque avec des enfants* est vendu 3 €.
**Euskadi** – www.euskadi.net. Le gouvernement autonome du Pays basque publie plusieurs brochures sur les différents types d'hébergement, la gastronomie, les parcs naturels et les randonnées. Elles sont disponibles dans tous les offices de tourisme.

**Département de tourisme du gouvernement de Navarre** – Eslava 1 - Plaza San Francisco - 31005 Pamplona - ✆ 848 420 420 - www.navarra.es
et www.turismo.navarra.es
De son côté, le **gouvernement navarrais** propose une série de brochures très détaillées présentant tous les sites dignes d'intérêt de la région (villes, monuments, etc.). Il diffuse également un livret assez complet recensant tous les hébergements de la province.

### Maison de pays

**Maison des Pyrénées-Atlantiques** – 20 av. de l'Opéra - 75001 Paris - ✆ 01 53 45 94 64.

### Programmation culturelle

**Institut culturel basque** – Château Lota - 64480 Ustaritz - ✆ 05 59 93 25 25 - www.eke.org.
**Maison basque de Paris** *(Pariseko Eskual Etxea)* – 59 av. Gabriel-Péri - 93400 St-Ouen - ✆ 01 40 10 11 11 - http://eskualetxea.jimdo.com. Lieu de rencontre et de réunion, cette adresse propose activités et animations en accord avec le calendrier et la culture basques.

### Sur Internet

**www.cotebasque.com** (disponible aussi en application webphone)
**www.cotebasque.net**
**http://tourisme.euskadi.net**
**www.navarra.es**
**www.turismo.navarra.es**
**www.euskadi.net**

### Offices de tourisme

Les adresses des offices de tourisme se trouvent dans ce guide à la rubrique « S'informer » dans la partie « Découvrir la région ». Nous y indiquons les adresses des sites officiels de ces localités. Mieux vaut néanmoins avoir, pour nombre d'entre elles, quelques notions d'espagnol.

**Communauté de communes Sud Pays basque** – 20 bd Victor-Hugo - BP 265 - 64502 St-Jean-de-Luz Cedex - ✆ 05 59 24 33 50 - www.terreetcotebasques.com. Regroupement des offices de tourisme du Pays de St-Jean-de-Luz-Hendaye, soit Ainhoa, Ascain, Biriatou, Ciboure, Guéthary, Hendaye, St-Jean-de-Luz, St-Pée-sur-Nivelle, Sare et Urrugne. Cette structure publie de nombreuses brochures.

#### TOURISME DES PERSONNES HANDICAPÉES

Le symbole ♿ signale les sites accessibles aux personnes à **mobilité réduite**.
Consultez les sites labellisés **Tourisme et Handicap** à l'adresse http://tourisme.handicap.fr
**Train** – Guide *Mobilité réduite* disponible gratuitement dans les gares et boutiques SNCF ou sur le site www.voyages-sncf.com
Centre de service **Accès Plus** : ✆ 0 890 640 650 (0,11 € TTC/mn) - **www.accessibilite.sncf.fr**
**Avion** – Air France propose aux personnes handicapées le service d'**assistance Saphir** : ✆ 09 69 36 72 77. Voir aussi **www.airfrance.fr**

## Formalités

#### PIÈCES D'IDENTITÉ

Pour aller en Espagne, munissez-vous d'une carte nationale d'identité en cours de validité ou d'un passeport.

#### SANTÉ

Numéro d'urgence unique : le **112**. Les ressortissants de l'Union européenne bénéficient de la gratuité des soins avec la **Carte européenne d'assurance maladie**.

### VÉHICULES

Pour conduire en Espagne, il faut le permis de conduire à trois volets ou un permis international. Le conducteur doit être en possession d'une autorisation écrite du propriétaire si celui-ci n'est pas dans la voiture. Outre les papiers du véhicule, il est nécessaire de posséder la carte verte d'assurance. Pensez également à vous munir de deux **triangles de signalisation** et d'un **gilet fluorescent**, obligatoires en cas de panne.

### ANIMAUX DOMESTIQUES

Pour les chats et les chiens, un certificat de bonne santé (datant de moins de 10 jours avant le départ), rédigé en espagnol, et un carnet de santé à jour (avec un certificat de vaccination antirabique) sont exigés.

## Se loger

Retrouvez notre sélection d'hébergements dans « Nos adresses à… » située en fin de description des principaux sites de la partie « Découvrir le Pays basque et la Navarre ».

**Bon à savoir** – Les comités départementaux de tourisme et certains offices de tourisme proposent un service de réservation en ligne et, parfois, des formules thématiques de courts séjours et des offres promotionnelles.

Attention, en été, certaines chambres d'hôte, des hôtels bien situés et la plupart des campings n'acceptent pas de réservation pour une seule nuit.

### HÉBERGEMENT LOCAL

#### Hôtels

Hôtel, pension ou chambre d'hôte, à vous de choisir ! Les établissements sont classés par catégories de prix (*le tableau p. 18*). Les tarifs communiqués, prix minimum et maximum pour une chambre double, sont ceux pratiqués en haute saison. En Espagne, le petit-déjeuner est pratiquement toujours facturé en supplément. À consulter aussi : **Le Guide Michelin France**, **Le Guide Camping Michelin France** et **Le Guide Michelin Espagne-Portugal**.

#### Paradores

Le luxe « à l'espagnole ».

Anciens couvents, châteaux ou palais, devenus la plupart du temps propriété de l'État et transformés en hôtels de grand confort, ils occupent en général des sites idéalement placés en centre-ville ou sur des hauteurs avec vues imprenables. Comptez entre 80 et 170 € pour une chambre double (TVA en sus). Réservation conseillée.

Sur le territoire couvert par ce guide, il existe trois *paradores* : à Argómaniz près de la sierra de Gorbea (Biscaye), à Hondarribia (Guipúzcoa) et à Olite en Navarre.

**Réserver depuis la France** – Iberrail France - 0 825 079 200.

**Réserver depuis l'Espagne** – Requena, 3 - 28013 Madrid - 902 547 979 - www.paradores.es

#### Pensions

Cette formule d'hébergement ne se pratique qu'au sud des Pyrénées. Formule intermédiaire entre l'hôtel et la chambre d'hôte, la *pensión* offre convivialité et confort pour un prix généralement correct. Le petit-déjeuner est rarement compris dans la prestation : renseignez-vous auprès de votre hôte.

### HÉBERGEMENT RURAL

**Fédération des Stations vertes de vacances et Villages de neige** – BP 71698 - 21016 Dijon Cedex - 03 80 54 10 50 - www.stationverte.com

| NOS CATÉGORIES DE PRIX | | | | |
|---|---|---|---|---|
| | Hébergement | | Restauration | |
| | Province | Grandes villes | Province | Grandes villes |
| Premier prix | jusqu'à 60 € | jusqu'à 80 € | jusqu'à 15 € | jusqu'à 20 € |
| Budget moyen | de 60 € à 100 € | de 80 € à 120 € | de 15 € à 30 € | de 20 € à 40 € |
| Pour se faire plaisir | de 100 € à 140 € | de 120 € à 160 € | de 30 € à 45 € | de 40 € à 60 € |
| Une folie | plus de 140 € | plus de 160 € | plus de 45 € | plus de 60 € |

**Bienvenue à la ferme** – Ce réseau regroupe dans tout le pays des agriculteurs qui proposent des activités d'accueil touristique. Voir www.alaferme64.com

**Fédération nationale des Gîtes de France** – 56 r. St-Lazare - 75009 Paris - ✆ 01 49 70 75 75 - www.gites-de-france.com. Cet organisme donne les adresses des relais départementaux et publie des guides sur les différentes possibilités d'hébergement en milieu rural (gîtes, chambres et tables d'hôte, location de chalets, campings, séjours à la ferme, etc.).

**Au sud des Pyrénées** – Vous aurez la liste et le détail des hébergements en demandant les brochures dans les offices de tourisme, ou en consultant les sites Internet www.nekatur.net et www.casasruralesnavarra.com

## Pour les randonneurs

En ligne : **www.gites-refuges.com**

**Label St-Jacques** – Il concerne les gîtes et chambres d'hôte, situés à proximité des chemins de St-Jacques, s'étant engagés à valoriser ce thème.

Renseignements :

**Gîtes de France des Pyrénées-Atlantiques** - 20 r. Gassion - 64000 Pau - ✆ 05 59 11 20 64 - www.gites64.com

Les pèlerins « purs et durs », munis de leur **credencial** (obligatoire en Espagne pour accéder à ce type d'hébergement) pourront être accueillis dans les **albergues** et **lugares de acogida**, souvent spartiates.

*Informations pratiques, p. 427.*

### AUBERGES DE JEUNESSE

**Fédération unie des auberges de jeunesse (FUAJ)** – 27 r. Pajol - 75018 Paris - ✆ 01 44 89 87 27 - www.fuaj.org
**Ligue française pour les auberges de jeunesse (LFAJ)** – 67 r. Vergniaud - bâtiment K - 75013 Paris - ✆ 01 44 16 78 78 - www.auberges-de-jeunesse.com

## Se restaurer

Retrouvez notre sélection de restaurants dans « Nos adresses » en fin de description des principaux sites de la partie « Découvrir la région ». Les prix indiqués correspondent aux menus proposés par l'établissement et/ou au prix moyen d'un repas à la carte incluant une entrée et un plat.

Sur les **côtes guipúzcoane et biscayenne**, les bars à tapas et à *pintxos* (*p. 57*) permettent de déguster une grande variété de produits locaux (asperges, anchois, fruits de mer, etc.) sous forme de canapés, de brochettes ou d'assiettes, accompagnés d'un verre du vin de la maison (ou de cidre).

Dans les **vallées pyrénéennes**, notamment du côté des Aldudes ou de Roncal, truites, jambons et fromages de brebis sont à l'honneur. Pour accompagner ces spécialités, n'hésitez pas à goûter le vin d'Irouléguy produit du côté de St-Étienne-de-Baïgorry.

En Basse-Navarre et Soule, foie gras et cèpes figurent immanquablement à la carte.

À consulter aussi : **Le Guide Michelin France** et **Le Guide Michelin Espagne-Portugal**.

En ligne : les fermes-auberges sur **www.bienvenue-a-la-ferme.com**

**Bon à savoir** – Lorsque vous séjournez en Espagne, vous devez vous plier à la fameuse « heure espagnole » : ne comptez pas déjeuner avant 14h ni dîner avant 21h !

### LABELS

#### Les Sites remarquables du goût

Le label « Sites remarquables du goût » regroupe à travers toute la France des sites dont la richesse gastronomique s'appuie sur des produits de qualité liés à un environnement culturel intéressant et à une réelle volonté d'accueil touristique. Dans cette région, il a été décerné au village d'**Espelette**.

Pour en savoir plus : **www.sitesremarquablesdugout.com**

# Sur place de A à Z

## BAIGNADE

Les **plages du littoral** sont en général surveillées durant les mois d'été. Il faut cependant faire attention aux vagues déferlantes et aux courants qui peuvent entraîner les nageurs loin des côtes.
Si vous préférez des eaux moins tourmentées, optez pour les **lacs intérieurs** comme Urrúnaga ou Ullíbarri, près de Vitoria, en Álava. Attention, la baignade n'est pas autorisée partout : renseignez-vous dans les offices de tourisme ou sur **http://baignades.sante.gouv.fr**

## COURSES DE TAUREAUX

*« Sports et jeux » p. 55.*

## CYCLOTOURISME

Le Comité départemental du tourisme **Béarn-Pays basque** met à disposition un guide *Vélo* regroupant informations et propositions d'itinéraires. La **montagne pyrénéenne** se prête également à des randonnées à VTT. La liste des loueurs de cycles est fournie par les syndicats d'initiative et les offices de tourisme.
Documentation à télécharger sur www.tourisme64.com
Autre aventure à tenter pour les passionnés de vélo, la **Vélodyssée** parcourt plus de 1 500 km. Elle débute en Grande-Bretagne et s'achève pour le moment à Hendaye (elle doit aller à terme jusqu'au Portugal), en longeant la côte atlantique - www.lavelodyssee.com

## GOLF

La région offre de beaux parcours, avec souvent des points de vue sur l'Océan. Parmi les plus connus : - **Golf Le Phare à Biarritz** – *p. 154.* - **Golf d'Ilbarritz** – *p. 154.* - **Golf de Chiberta à Anglet** – *p. 136.* - **Real Golf Club de San Sebastián**, à 14 km de la ville en direction de Hondarribia - www.golfsansebastian.com. - **Real Sociedad de Golf de Neguri**, Punta Galea, à 25 km de Bilbao (Vizcaya) - www.rsgolfneguri.com

## PÊCHE

Le Comité départemental du tourisme Béarn-Pays basque publie un *Guide pêche* qui répertorie les cours d'eau, liste leurs spécificités et informe sur les réglementations *:* www.peche64.com

### Pêche en eau douce

Les Pyrénées offrent aux pêcheurs un grand choix de rivières, lacs et étangs où l'on pêche salmonidés (truite, ombre, omble chevalier), cyprinidés (carpe, brème, ablette) et carnassiers (brochet, sandre, black-bass).
Quel que soit l'endroit choisi, il convient d'observer la réglementation en vigueur. En Espagne, il vous faudra obtenir un permis auprès des services officiels d'agriculture de chaque région, sur présentation de votre passeport.

### Pêche en mer

Des sorties de pêche en mer sont organisées à la belle saison : pêche à la ligne, à la traîne, au « gros » (thon), pour une demi-journée ou une journée entière en fonction du temps, du nombre de participants et du poisson à prendre. Le matériel est fourni par l'équipage du bateau. Il est conseillé de s'inscrire à l'avance.

### PELOTE BASQUE

*Voir « Sports et jeux » p. 53.*

### PROMENADES EN BATEAU

Sur les fleuves et les rivières, la promenade en bateau constitue un agréable moyen de découvrir les paysages le long des berges. Le bassin de l'Adour est l'un des rares non assujettis à la vignette VNF (Voies navigables de France). Sa navigation actuelle est très réduite, se limitant aux couralins – nom local d'un bateau à fond plat – et aux pêcheurs professionnels. En été, quelques voiliers (estivants) et la flottille de l'école de voile de Lahonce y circulent, ainsi que des bateaux à moteur de plaisance et deux bateaux-mouches entre Bayonne et Peyrehorade *(Le Bayonne* et *La Hire).*

### RANDONNÉE ÉQUESTRE

Un peu partout, des **clubs hippiques** proposent des programmes de promenades et de randonnées plus ou moins longues et difficiles. Dans un genre moins physique, vous pourrez effectuer des **balades à dos d'âne** à Irouléguy ou à La Bastide-Clairence. En revanche, grosse déception pour les amateurs de couleur locale : ne comptez pas enfourcher un **pottok** ! Ces sympathiques petits chevaux consentiront seulement à porter vos bagages…

### RANDONNÉE PÉDESTRE

#### Principaux itinéraires

Deux sentiers de grande randonnée traversent le Pays basque français. Le **GR 10** débute à Hendaye et traverse les Pyrénées d'ouest en est, franchissant plusieurs cols de plus de 2 000 m d'altitude. De son côté, le **GR 65** suit l'un des tracés traditionnels du pèlerinage de St-Jacques-de-Compostelle (celui du Puy-en-Velay). Vous pouvez le rallier à St-Palais.

Sauf pour les chemins de pèlerinage, le balisage au sud des Pyrénées laisse parfois à désirer. Renseignez-vous dans les offices de tourisme locaux pour obtenir une documentation précise.

#### Sentier littoral

Entre Bidart et Hendaye, sur 25 km, un sentier littoral a été aménagé pour découvrir la Côte basque. Interdit aux vélos, il est accessible à partir de Bidart, Guéthary, St-Jean-de-Luz, Socoa et Hendaye.

#### Les chemins de St-Jacques-de-Compostelle

Pour les pèlerins venant du nord, il existe **trois itinéraires** principaux et historiques (ceux qu'empruntent les pèlerins depuis le Moyen Âge), partant de quatre points différents et aboutissant tous à Ostabat ; après Ostabat, un chemin commun, le *camino francés*, conduit à Puente-la-Reina (Espagne) où le rejoint le chemin d'Arles, pour finir à St-Jacques-de-Compostelle : - **Via Turonensis**, ou chemin de Tours, via Poitiers, Aulnay, Saintes, Blaye, Bordeaux et Dax ; - **Via Lemovicensis**, ou chemin de Vézelay, via Bourges, Neuvy-St-Sépulchre, St-Léonard-de-Noblat, La Coquille, Périgueux, Ste-Foy-la-Grande, Bazas, St-Sever et Orthez ; - **Via Tolosane**, ou chemin d'Arles, via Montpellier, St-Guilhem-le-Désert, Castres, Toulouse, Auch, Oloron-Ste-Marie et le col du Somport ; - **Via Podiensis**, ou chemin du Puy-en-Velay, via Saugues, Aubrac, Conques, Cahors, Moissac, Lectoure, Aire-sur-l'Adour et St-Jean-Pied-de-Port.

### ROUTES HISTORIQUES

Pour découvrir le patrimoine architectural local, la **Fédération nationale des routes historiques** (www.routes-historiques.com) a élaboré des itinéraires thématiques. Tracés et dépliants sont disponibles auprès des offices de tourisme.

**Sur les pas des seigneurs du Béarn et du Pays basque** – Cette route fait étape dans quelques-unes des plus belles demeures du Béarn et du Pays basque, témoins de l'histoire de l'Aquitaine, du 12e au 18e s. : châteaux d'Arcangues, d'Urtubie, d'Antoine d'Abbadie à Hendaye, d'Andurain à Mauléon-Licharre, de Trois-Villes, de Camou et d'Iholdy ; maisons Louis XIV et de l'Infante à St-Jean-de-Luz, villa Arnaga à Cambo. Renseignements au **château d'Urtubie** *(p. 162)*.

### ROUTES THÉMATIQUES

**Route des bastides 64** – Les Pyrénées-Atlantiques comptent treize bastides que vous pourrez découvrir en vous procurant la plaquette *Bastides du Béarn et du Pays basque*.

**Itinéraire de la culture industrielle** – Le Guipúzcoa édite une brochure (demandez-la auprès des offices de tourisme) détaillant les anciens sites industriels de la province. La route part de St-Sébastien (Musée naval et musée du Ciment) vers Tolosa et son musée de la Confiserie, puis se dirige vers l'écomusée du Sel de Leintz-Gatzaga en passant par le Parc culturel de Zerain. Viennent ensuite le musée de la Machine-Outil d'Elgoibar et celui du Chemin de fer d'Azpeitia. Le circuit aboutit à l'ensemble de la Forge et des Moulins d'Agorregi, à Aia.

**Route gourmande des Basques** – Comme son nom l'indique, cet itinéraire vous guidera de Bayonne à la vallée des Aldudes pour vous faire découvrir des producteurs et des écomusées qui vous mettront l'eau à la bouche. Miel, chocolat, cidre, gâteau basque, condiments, fromage, vin, truite et jambon… aucune spécialité basque ne manque à l'appel !
www.laroutegourmande desbasques. com

**Route du fromage Ossau-Iraty Pyrénées** – Autre voie gourmande, elle s'étend sur 200 km entre le Pays basque français et le Béarn, à la découverte des producteurs de ce délicieux fromage local.
www.ossau-iraty.fr

**Route du vin et du poisson** – Le gouvernement d'Euskadi édite une petite carte sur le thème du poisson et du vin, reliant la Côte biscayenne à la Rioja alavesa. Elle indique en fait les parcs naturels et les principaux sites touristiques et culturels des provinces traversées.

**Route des saveurs** – Cette brochure publiée par le Comité du tourisme d'Álava recense de façon succincte les sites de production viticole de la Rioja. Disponible dans les offices de tourisme.

**Route du vin rouge** – Elle englobe les bodegas de la Rioja alavesa. Renseignements à l'office du tourisme de Laguardia *(p. 378)*.

**Route des cidreries** – Si elle n'a rien d'officiel, vous pouvez toujours l'entreprendre de votre propre chef à partir des informations de l'office du tourisme de St-Sébastien. Car c'est dans son arrière-pays, autour d'**Hernani**, que se concentrent les producteurs de cidre et surtout ces auberges où l'on peut boire le précieux breuvage. Certaines cidreries ont conservé la tradition de consommer boissons et nourriture debout, à la bonne franquette.

### RUGBY

*Voir « Sports et jeux » p. 56.*

### SOUVENIRS

## PRODUITS GOURMANDS

### Les labels

Au nord des Pyrénées, le **label AOC** permet de repérer les produits typiques rattachés à un terroir, en l'occurrence le vin d'Irouléguy,

le piment d'Espelette et l'Ossau-Iraty. Il est complété par le label **Idoki**, attribué aux producteurs fermiers adhérant à la charte du même nom (culture bio, volume de production contrôlé, hygiène de transformation assurée, utilisation de produits naturels, traçabilité). Côté espagnol, il existe également des productions portant la dénomination de **produits d'origine (DO)** : le fromage d'Idiazabal, le vin de la Rioja alavesa et le *txakoli* de Getaria, de Biscaye et d'Álava. D'autres portent l'**Eusko label** (miel du Pays basque, pomme de terre d'Álava, tomate du Pays basque, etc.).
Ne manquez ni les **foies gras** ni les **jambons**, qu'ils soient de Bayonne, Kintoa ou espagnols, comme les fameux **bellota**.

### Produits de la mer et des rivières

Vous pourrez difficilement rapporter des produits frais dans vos bagages, mais vous trouverez des soupes de poisson cuisinées sur la côte ainsi que des morceaux de truite fumée ou préparée en rillettes.

### Fromages

Ne quittez pas les Pyrénées sans avoir fait provision de **fromage de brebis** : l'appellation Ossau-Iraty vous garantit l'achat d'un produit de qualité. Il en va de même de son alter ego guipúzcoan, le **fromage d'Idiazabal**.

### Douceurs

Miel, gâteau basque, macarons *(mouchous)* de St-Jean-de-Luz, chocolat de Bayonne et de Tolosa, confiture de cerise noire d'Itxassou et confiseries de Vitoria…

### Vins et eaux-de-vie

Les amateurs de vins pourront goûter au **txakoli** en Guipúzcoa, aux vins de la **Rioja alavesa** en vente dans les bodegas proches de Laguardia, et à ceux de **Navarre** produits autour d'Olite. Côté liqueurs, vous disposez de l'**izarra** en France et du **patxaran**, eau-de-vie de prune de Navarre.

## SPORT

### Chistera

Équipement indispensable à la pelote (au moins l'une de ses trois formes), il prend la forme d'un long gant d'osier courbe, dans lequel la balle vient atterrir avant d'être immédiatement relancée. La maison Gonzalez, à Anglet, en fabrique depuis le 19e s.

## SHOPPING, OBJETS DE DÉCORATION

### Béret

Originaire du Béarn, le béret (**boina** en espagnol ou **txapel** en basque) est aussi répandu au Pays basque. Les plus réputés sont fabriqués à Tolosa par la **maison Elosegui**. Ils peuvent également être confectionnés sur mesure à Bayonne.

### Espadrille

Cousue en spirale, fermée par une toile de lin ou de coton, il s'agit de la chausse par excellence du Pays basque. C'est à Mauléon-Licharre qu'elles sont majoritairement fabriquées.

### Gourde ou chahakoa

Savez-vous boire à la régalade ? C'est indispensable au Pays basque. Ici, faire couler le liquide directement dans le gosier s'apparente à un art. C'est du côté de Pampelune que vous aurez le plus de chance de trouver les derniers artisans à fabriquer des gourdes.

### Laine

Dans les **Pyrénées**, la laine apportée par les bergers à la filature est tricotée puis frottée sur un « métier de cardes ».

### Linge basque

Vous en trouverez dans toutes les boutiques de linge au nord des

Pyrénées. **Lartigue 1910** à Ascain et **Ona Tiss** à St-Palais sont les deux derniers ateliers de tissage artisanal du Pays basque.

### Makhila

Cette canne typiquement basque est plus qu'un bâton de marche car son pommeau cache une lame. Vous trouverez des ateliers spécialisés à Bayonne et Larressore.

## SPORTS NAUTIQUES

### En eaux vives

Canyoning, hydrospeed ou rafting se pratiquent fréquemment sur les cours d'eau de Basse-Navarre et de Soule, par exemple vers Larrau.

### En mer

Sur tout le littoral, les écoles de planche à voile et les clubs nautiques offrent stages d'initiation et leçons, en particulier en haute saison. Une station comme Hendaye est particulièrement adaptée au jeune public.
Le **surf**, dont l'origine en France se trouve à Biarritz (*p. 55*), tient une place à part : on le pratique beaucoup et on le vit à travers un grand nombre de compétitions et de festivals.

## THALASSOTHÉRAPIE

Les centres sont principalement localisés à Hendaye (*p. 177*), Biarritz (*p. 154*), Anglet (*p. 136*) ou St-Jean-de-Luz (*p. 166*). En Espagne, les côtes guipúzcoane et biscayenne en comptent aussi plusieurs, dont celui de St-Sébastien, le plus réputé (www.la-perla.net).

## THERMALISME

Connues depuis l'Antiquité, les eaux pyrénéennes offrent un large éventail de **propriétés thérapeutiques**. Les stations attirent des curistes venus se soigner pour des affections diverses, mais elles proposent également des formules de **séjour de confort** basées sur la « remise en forme ».

### Les sources sulfurées

Elles se situent principalement dans la zone axiale des Pyrénées, notamment à **Cambo-les-Bains**. Leur température, généralement tiède, peut atteindre 80 °C. Sous forme de bains, douches et humages, ces eaux sont utilisées dans le traitement de nombreuses affections : oto-rhino-laryngologie, maladies osseuses, rhumatismales, rénales et gynécologiques. www.chainethermale.fr.

### Les sources salées

Elles se trouvent en bordure du massif ancien. Les eaux dites « chlorurées-sodiques » de **Zestoa** (Guipúzcoa) sont utilisées sous forme de douches et de bains. Celles de **Fitero**, en Navarre, soignent entre autres les rhumatismes.

## URGENCES

**Police Secours** – ✆ 17.
**Pompiers** – ✆ 18 ou 112.
**SAMU** – ✆ 15.
**SOS Médecins** – ✆ 36 24 (0,12 €/mn).
**Centre antipoison** – ✆ 05 56 96 40 80 (Bordeaux).

### Chéquier et carte de crédit

En cas de perte ou de vol, portez plainte et faites opposition :
**Chéquiers volés** – ✆ 0 892 68 32 08 (0,34 €/mn).
**Carte Visa** – ✆ 0 892 705 705 (0,34 €/mn).
**American Express** – ✆ 01 47 77 72 00.
**Mastercard** – ✆ 0 800 90 13 87.

### Téléphone portable

**Orange** – ✆ 0 800 100 740.
**Bouygues Télécom** – ✆ 0 800 29 10 00.
**SFR** – ✆ 02 62 43 20 00.

# La région en famille

Les nombreuses et belles **plages de la Côte basque** satisferont les envies de baignade et de châteaux de sable de vos enfants : privilégiez les baignades surveillées et méfiez-vous des rouleaux ! Côté français, les plages de St-Jean-de-Luz et la plage principale d'Hendaye sont comparativement moins dangereuses que celles d'Anglet, mais restez vigilant.

Vous pourrez vous promener en famille sur les **sentiers** de la forêt des Arbailles, dans le bois de Mixe ou dans l'un des nombreux parcs naturels de Biscaye, de Guipúzcoa ou d'Álava. Certes, le terrain n'est pas plat, mais on peut toujours espérer y rencontrer un Laminak (*p. 83 et 257*) au détour d'un sentier !

**Bienvenue à la ferme** (*p. 16*) recense des fermes de découverte où vos enfants pourront observer les réalités de la vie agricole et rurale, telles la ferme Agerria à St-Martin-d'Arberoue (bergerie, fromage Ossau-Iraty) ou la ferme Harizkazuia à Cambo-les-Bains (miel). *www.bienvenue-a-la-ferme.com*

N'hésitez pas à consulter « **Nos adresses** » à la fin de chaque chapitre : vous y trouverez des activités qui conviendront bien souvent à toute la famille (promenades équestres ou avec un âne, bases de loisirs, aquariums, etc.).

Enfin, en complément du tableau ci-contre, les sites les plus adaptés au tourisme en famille sont repérables tout au long du guide grâce au pictogramme.

**SITES OU ACTIVITÉS À FAIRE EN FAMILLE**

| Chapitre du guide | Page | Nature | Musées | Loisirs |
|---|---|---|---|---|
| **Ainhoa** | **191** | Grottes des Sorcières de Zugarramurdi, grottes d'Urdazubi | | |
| **Anglet** | **134** | | | Plages, parcours aventure, patinoire |
| **Azpeitia** | **299** | | Musée du Chemin de fer | |
| **Balmaseda** | **348** | Grotte Pozalagua | | Parc Karpin Abentura |
| **La Bastide-Clairence** | **209** | Bois de Mixe | | Domaine du lac de Sames Asinerie de Pierretoun |
| **Bayonne** | **116** | Muséum d'histoire naturelle | Musée basque, Atelier du chocolat | Journées du chocolat |
| **Vallée du Baztan** | **405** | Centre d'interprétation du parc de Bertiz | | |
| **Biarritz** | **137** | | Musée de la Mer, cité de l'Océan, musée du Chocolat | Surf |

# LA RÉGION EN FAMILLE

| SITES OU ACTIVITÉS À FAIRE EN FAMILLE | | | | |
|---|---|---|---|---|
| **Chapitre** | **Page** | **Nature** | **Musées** | **Loisirs** |
| **Bilbao** | **310** | | Musée Guggenheim, Musée maritime, forge d'El Pobal | Funiculaire d'Artxanda |
| **Côte de Biscaye** | **333** | | Baleinier *Aita Guria* à Bermeo | Plages |
| **Cambo-les-Bains** | **196** | Forêt des Lapins à Itxassou | Maison labourdine, musée de la Chocolaterie | |
| **Durango** | **342** | Parc naturel d'Urkiola | | |
| **Espelette** | **194** | | Atelier du piment | |
| **Guernica** | **338** | Réserve d'Udaibai, forêt de Oma | Musée de la Paix | |
| **Côte de Guipúzcoa** | **277** | | Musée romain d'Oiasso, Santa María la Real | Plages (Orio, Zarautz, Zumaia, etc.) |
| **Hendaye** | **170** | Plage, promenade en mer | | Voile, bouée tractée, parcours aventure, Semaine des enfants |
| **Hondarribia** | **289** | | | Le bateau pour Hendaye |
| **Forêt d'Iraty** | **244** | | | Sports de montagne |
| **Grottes d'Isturitz** | **212** | Grottes, ferme Agerria | | |
| **Larrau** | **248** | Gorges de Kakuetta | | |
| **Mauléon-Licharre** | **255** | | | Rafting en eaux vives |
| **Olite** | **445** | Les oiseaux des lagunes de Pitillas | Palais des Rois de Navarre | |
| **Ossès** | **220** | Randonnées à cheval, parcours aventure, sports d'eaux vives | | Base de loisirs du Baigura |
| **Pampelune** | **388** | Parc de la Taconera Chênaie d'Orgi | Planétarium, musée de l'Environnement | |
| **La Rhune** | **179** | Petit train de la Rhune, maison Ortillopitz | Écomusée de la Pelote et du Xistera de St-Pée sur-Nivelle | Base de loisirs |
| **St-Étienne-de-Baïgorry** | **238** | | Chocolaterie Laia | |
| **St-Jean-de-Luz** | **156** | Écomusée basque, promenade en mer | | Voile, promenade palmée, bouée tractée, parcours aventure |
| **St-Palais** | **222** | | Château de Camou | |
| **St-Sébastien** | **264** | | Musée de la Science, aquarium | Petit train, parc de loisirs du mont Igueldo, tour de la baie, plages |
| **Sangüesa** | **423** | Belvédère du défilé d'Arbayún | | |
| **Sare** | **186** | Grottes | Musée du gâteau basque | Parc animalier Etxola |
| **Vallée des Aldudes** | **240** | Randonnées, ferme aquacole, élevages de porcs pie noir | | |
| **Vitoria-Gasteiz** | **354** | Jardin botanique Sta Catalina, salines d'Añana, musée du Sel, Monte Santiago, Mendoza | Musée des Cartes à jouer, musée des Sciences naturelles | |

# Mémo

## Agenda

Nous proposons ci-dessous une sélection de manifestations traditionnelles de la région. Vous trouverez un complément d'informations pour chaque site traité dans la partie « Découvrir la région » *(Nos adresses)*.

### EN FRANCE

#### JANVIER-FÉVRIER

**Espelette** – Foire aux pottoks (derniers mar. et merc. de janv.).
**Hendaye** – Fêtes de la Bixintxo (22 janv.).

#### CARNAVAL

**Bayonne** – Autour de Mardi-Gras.
**St-Jean-de-Luz** – Début février.
**Sare** – Carnaval des jeunes (2e sem. de fév.).
**Hendaye** – Mi-février.
**St-Jean-Pied-de-Port** – 3e sem. de février.
**Biarritz** – 3e sem. de février.

#### MARS

**St-Pée-sur-Nivelle** – Fête de la confrérie de la truite.
**Biarritz** – Bi Harriz Lau Xori, festival d'expressions basques.
**Hendaye** – Festival international du film de la mer (fin mars-déb. avr.).
**Gotein** – Festival Xiru (fin mars-déb. avr.).
**Bayonne** – Foire aux jambons (fin du mois).

#### AVRIL

**St-Étienne-de-Baïgorry** – Journée de la Navarre (chants et danses).
**Biarritz** – Fêtes musicales de Biarritz (3e w.-end).
**Biarritz** – Maïder Arosteguy (surf) (w.-end de Pâques).
**St-Jean-de-Luz** – Festiorgues (avr.-déc.).

#### MAI

**Bayonne** – Journées du chocolat.
**Biarritz** – Festival des arts de la rue.
**Cambo-les-Bains** – Festival d'*otxote* (chant choral).
**Hendaye** – Mai du théâtre.

#### JUIN

**Itxassou** – Fête des cerises (1er dim.).
**Biarritz** – Les Océanes, festival de la mer (fin juin).
**St-Jean-de-Luz** – Fête de la St-Jean, Udaberria Dantzan, festival de danses traditionnelles (vers le 11 juin).

#### JUILLET

**Bayonne** – Fêtes de Bayonne (fin juil.).
**Biarritz** – Roxy Pro (surf).
**St-Jean-de-Luz** – Fête du thon (1er sam.)
**La Pierre-St-Martin** – Junte de Roncal (le 13 juil.).
**Hendaye** – Fête du chipiron (13 juil.).
**Espelette** – Festival international de danse Gau Argi (mi-juil.).
**Itxassou** – Errobiko Festibala, festival de la Nive (3e w.-end).
**Hendaye** – Fêtes de la mer (mi-juil.).
**Anglet** – International Surf Film Festival (mi-juil.).
**St-Jean-de-Luz** – Internationaux professionnels de *cesta punta*.
**St-Jean-de-Luz/Ciboure** – Régates de traînières (vers le 10 juil.).

**St-Étienne-de-Baïgorry** – Festival musical de Basse-Navarre (fin juil.-déb. sept.).

### AOÛT

**Cambo-les-Bains** – Festival international de théâtre d'Arnaga.
**Ascain** – Concours de chiens de bergers et course de la Rhune (mi-août).
**Anglet** – Surf de nuit (14 août).
**Zugarramurdi** – Zikiro-Jate, fête patronale (18 août).
**Hendaye** – Fête basque (2e w.-end).

### SEPTEMBRE

**Biarritz** – Biarritz Master Jaï Alaï (pelote).
**St-Jean-de-Luz** – Concours de l'académie internationale de musique Maurice-Ravel.
**Biarritz** – Le Temps d'aimer, festival de danse (1re sem.).
**Biarritz** – Festival Biarritz Amérique latine (dernière sem. de sept.-déb. oct.).

### OCTOBRE

**Ascain** – Fête du pottok (déb. oct).
**St-Jean-de-Luz** – Festival des jeunes réalisateurs.
**St-Jean-de-Luz, Ciboure, Urrugne, Ascain** – Festival de chant choral (fin oct.).
**Espelette** – Fête du piment (dernier w.-end d'oct.).

### NOVEMBRE

**Biriatou** – Fêtes de la St-Martin.

## EN ESPAGNE

### JANVIER-FÉVRIER-MARS

**St-Sébastien** – La Tamborrada, une des fêtes emblématiques de la ville (autour du 20 janv.).
**Vitoria** – Festival international du cinéma.

## CARNAVAL

**Mundaka** – 1re quinz. de février.
**Tolosa** – Janv.-mars.
**Vallée de la Bidassoa** – Carnavals d'Ituren (fin janv.) et de Lesaka (fév.-mars).

### AVRIL

**St-Sébastien** – Festival du film sous-marin.
**Vitoria** – Fête de San Prudencio (27-28 avr.).

### SEMAINE SAINTE

**Balmaseda** – Chemin de croix vivant.

### MAI

**Bilbao** – Festival du cinéma fantastique (1re quinz.).
**Errenteria** – Musikaste : semaine dédiée aux compositeurs basques (3e quinz. de mai) - www.musikaste.com

### JUIN

**Getxo** – Festival international de blues (déb. juin).
**Pampelune** – Festival international du cinéma documentaire.

### JUILLET

**Vitoria** – Festival de jeux dans la rue (fin juin-déb. juil.).
Festival de jazz (fin juil.).
**Getxo** – Festival international de jazz (1re sem.).
**Pampelune** – Fêtes de la St-Firmin (los Sanfermines) avec les fameux *encierros* (6-14 Juil.).
**Markina-Xemein** – Fêtes patronales de Markina-Xemein (16 juil.).
**Bermeo** – Fête de la Magdalena (22 juil.).
**Hondarribia** – Fête de la Kutxa (25 juil.).
**Tudela** – Fête de la Sainte-Anne (24-30 juil.).

### AOÛT

**St-Sébastien** – Festival de jazz (dernière sem.).
**Vitoria** – 4 août, nuit de los Faroles, procession du rosaire.
**Bilbao** – Semana Grande.
**Guernica** – Fête de San Roque (15-18 août).
**St-Sébastien** – Semana Grande (2e sem.).
**St-Sébastien** – Quinzaine musicale.

### SEPTEMBRE

**Hondarribia** – Alarde (défilé d'armes, 8 sept.).
**St-Sébastien** – Kontxako Bandera, régates de traînières (début sept.).
**St-Sébastien** – Euskal Jaiak, fêtes basques (1re quinz.).
**St-Sébastien** – Festival international du cinéma (fin sept.).
**Pampelune** – Concours international de chant Julián-Gayarre.
**Pampelune** – Concours international de violon Pablo-Sarasate.

### OCTOBRE

**Vitoria** – Festival international de théâtre.
**Bilbao** – Festival de théâtre et de danse contemporaine.
**St-Sébastien** – Festival du film fantastique (oct.-nov.).

### NOVEMBRE-DÉCEMBRE

**Tolosa** – Concours international de chorales (autour de la Toussaint).
**Bilbao** – Concours international de chant.
**Bilbao** – Zinebi (festival international du documentaire et du court-métrage).
**Tolosa** – Festival international de marionnettes (fin nov.).
**Durango** – Fête de San Fausto (9 déc.).

## Bibliographie

### CULTURE, GÉNÉRALITÉS

*L'Archipel basque*, C. Dendalteche, Éd. Privat, 2005.
*Les Basques*, J. Allières, PUF, 2003.
*Les Basques, peuple de la montagne*, Koldo San Sebastian, Éd. Elkar, 2007.
*Chocolat de Bayonne et du Pays basque : chocolatiers du XVIIe au XXe siècle*, Marcel Marc Douyrou, Éd. CPE, 2010.
*La Côte basque, de Bayonne à Bilbao*, N. Dupuy, Éd. Atlantica, 2004.
*Fêtes et traditions du Pays basque*, O. de Marliave, Éd. Sud-Ouest, 1998.
*La Force basque : de paille, de bois et de pierre*, Jean-Louis Guidez, Éd. Princi Negue, 2004.
*Jeux et sports basques*, B. Zintzo-Garmendia, Éd. J & D/Deucalion, 1997.
*Le Pays basque vu d'en haut*, J. Pattou, J.-Ph. Ségot, Éd. Atlantica, 2007.
*La Pelote basque*, E. Blazy, Éd. Futur luxe nocturne, 2010.
*Que disent les maisons basques ?*, G. Moutche, Éd. Atlantica, 2010.

### GASTRONOMIE

*Bar à tapas, Saint-Sébastien : guide*, S. Guérin, Éd. Artza, 2010.
*La Cuisine basque : recettes fondamentales des 7 provinces*, Juan José Lapitz Mendia, Éd. Elkar, 2009.

### ITINÉRAIRES

*Balades nature au Pays basque*, collectif, Éd. Dakota, 2010.
*Chemins pour découvrir le Pays basque*, Ibon Martín Álvarez, Alvaro Muñoz Gabilondo, Éd. Travel Bug, 2007.
*Le Guide de la Rhune*, B. Caminade, Éd. La Cheminante, 2010.
*PR/Le Pays basque à pied*, topoguide de la Fédération française de randonnée pédestre, 2010.

*Randonnées sur les sentiers du Pays basque*, A.-M. Minvielle, Éd. Glénat, coll. Rando-Évasion, 2005.

### JEUNESSE

*Bataklon et la sorcière Karameloux*, Sylvet Marko Caro, Éd. Lutin Malin, 2008.
*La Petite Danseuse de Maurice Ravel*, Jean-Philippe Biojout, Éd. Bleu Nuit, 2011.
*Légendes et récits populaires du Pays basque*, J.-F. Cerquand, Éd. Aubéron, 2006.
*Makila*, F. Lorient, Éd. Oskar Jeunesse, 2011.
*Téodosio* et *Olentzero*, C. Labat, Éd. Elkar, 2004. Ces deux ouvrages sont des contes basques adaptés pour petits et grands enfants…

### LANGUE/TOPONYMIE

*Le Basque pour les nuls*, J.-B. Coyos, J. Salaberria, Éd. First, 2009.
*Dictons, sagesses et proverbes basques*, P. Oyhamburu, Éd. De Borée, 2011.
*Euskara, la langue basque*, P. Oyhamburu, Éd. De Borée, 2011.
*La Grammaire basque*, P. Lafitte, Éd. Elkar, 2002.
*Noms de lieux du Pays basque et de Gascogne*, M. Morvan, Éd. Bonneton, 2004.

### LITTÉRATURE/ROMANS

*Les Enfants de la Nivelle*, J.-P. Royo, Éd. Atlantica, 2007.
*Le Goût du Pays basque*, S. Baumont, Éd. Mercure de France, 2011.
*Laminak : carnets extraordinaires d'un explorateur en Pays basque en 1840*, G. Kerloc'h, Éd. Gascogne, 2008.
*Légendes basques*, W. Webster, Éd. Aubéron, 2005.
*Le Pays basque*, P. Loti, Éd. Aubéron, 2007.
*Ramuntcho*, P. Loti, Éd. Aubéron, 1999.
*Sorcières et sorcellerie au Pays basque : légendes & histoires à dormir debout*, J. Patlapin, Éd. Pimientos, 2011.
*La Villa Belza*, B. Pécassou-Camebrac, Éd. Libra Diffusio, 2009.
*Docteur, un cheval vous attend. Mémoires d'un médecin du Pays basque*, André Dufilho, Éd. Aubéron, 1995.
*Zalacain l'aventurier*, P. Baroja, Éd. Aubier-Montaigne (bilingue), 1979.

## Discographie

Vous trouverez un grand choix de disques chez **Agorila** (13 r. Montalibet, 64100 Bayonne, www.agorila.com), spécialisé dans l'édition musicale du Pays basque. Il en va de même d'**Elkar**, maison d'édition (www.elkar.com) qui propose des disques en plus de son catalogue de livres.
*Musiques et promenades en Pays basque* (compilation), Éd. Elkar.
*Tatoo, fêtes du Sud-Ouest*, Agorila.
*Chœurs basques*, Argileak, Agorila.
*Euskal Herriko Musika*, compilation de musiques basques, Éd. Elkar.
*Desertore*, Oskorri, Éd. L'Autre Distribution.
*Hitaz Oroit*, Benito Lertxundi, Éd. Ihl/Elkar.
*Bizi Bizian*, Errobi, Éd. Import 3/Elkarlanean.
*Haatik*, Amaia Zubiria, Éd. Elkar.
**Oldarra** – *Lu et approuvé*, compilation des principaux titres du groupe choral de Biarritz sortie en 2007.
*Santiago de Compostela/mélodie du silence*, un nouvel album enregistré en 2009, né de l'expérience du voyage du groupe sur les chemins de St-Jacques.
**Oskorri** – Considéré comme le meilleur groupe folk péninsulaire, sa musique s'enracine dans les mélodies populaires tout en se nourrissant de sonorités nouvelles - www.oskorri.com.

**Michel Etcheverry** – Originaire de Basse-Navarre, il chante le répertoire basque - www.micheletcheverry.com.

### Sur Internet

Plusieurs sites Internet, répertoriant chansons et musiques basques, permettent d'écouter des morceaux:

**www.badok.info/audio.php** - Plus de 300 titres en écoute libre. Site en langue basque mais on y apprécie photos et vidéos.

**www.e-boza.com** - Maison d'édition d'œuvres musicales basques ; répertoire de plus de 500 titres.

**www.euskalmusika.com** - Site en basque et en espagnol.

**www.euskadikosoinuak.com** - Site de promotion et diffusion des groupes basques par le gouvernement autonome basque.

**www.eke.org**

## Presse

Vous pouvez consulter tous ces titres dans leur version en ligne.

### Sud-Ouest

*Sud-Ouest ; Le Journal du Pays basque ; La Semaine du Pays basque ; La République des Pyrénées ; Berria* (en langue basque).

### En Navarre

*Diario de Navarra ; Diario de Noticias.*

### En Euskadi

*El Correo (Biscaye-Álava).*

## Filmographie

### RÉALISATEURS D'EUSKADI ET DE NAVARRE

**Montxo Armendariz** – *Tasio*, 1984.

**Julio Medem** – *Vacas*, 1991 ;
*Lucía et le sexe*, 2001 ;
*La Pelote basque* (documentaire), 2003.

### FILMS TOURNÉS AU PAYS BASQUE

*Ander*, Roberto Castón, 2010.
*Les Derniers Jours du monde*, les frères Larrieu, 2009.
*Hôtel des Amériques*, André Téchiné, 1981.
*Mes nuits sont plus belles que vos jours*, Andrzej Zulawski, 1989.
*Mortelle randonnée*, Claude Miller, 1983.
*Le Rayon vert*, Eric Rohmer, 1986.
*Le Refuge*, François Ozon, 2010.
*La Vie au Pays basque*, Orson Welles, 1955.
*Voir la mer*, Patrice Leconte, 2011.

### SITES INTERNET

**www.cinespagne.com**
**www.basquefilms.com**
**http://bascoblog.hautetfort.com**

# 2/ COMPRENDRE LE PAYS BASQUE ET LA NAVARRE

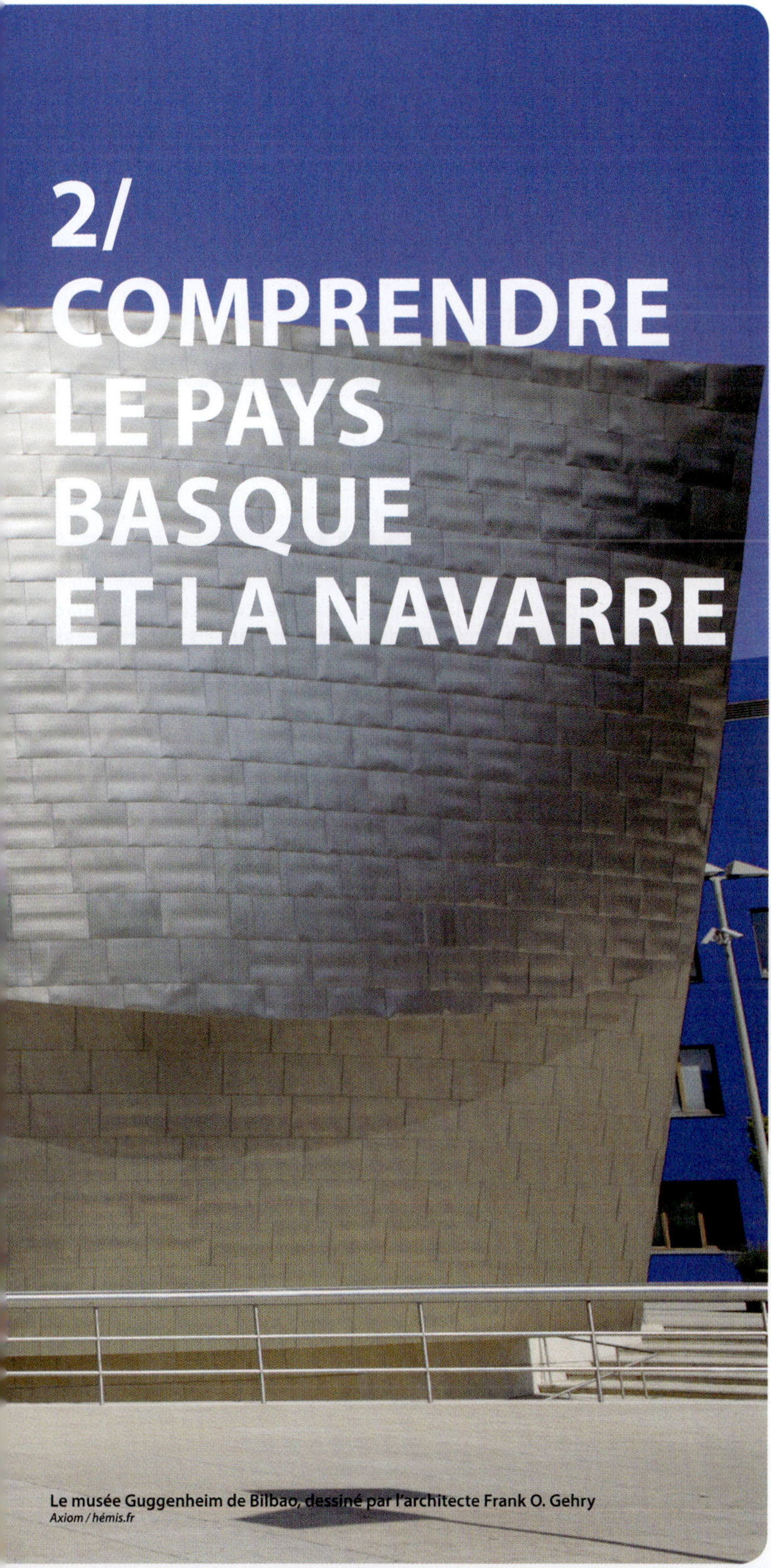

Le musée Guggenheim de Bilbao, dessiné par l'architecte Frank O. Gehry
*Axiom / hémis.fr*

# Le Pays basque et la Navarre aujourd'hui

**Comment comparer l'ambiance de St-Jean-de-Luz à celle de Bilbao, le statut de la Navarre à celui du département français des Pyrénées-Atlantiques, le développement industriel d'Euskadi et le choix du tourisme vert du Labourd à la Soule ? Même la variété des paysages est extrême, entre la côte atlantique battue par les vagues, l'arrière-pays verdoyant et le versant méridional au climat méditerranéen. De ces différences persistantes, la région tire ses richesses : les provinces y partagent une langue et une culture, terreau pour un développement commun dans le respect des spécificités.**

Sur une surface réduite se télescopent l'Océan, une côte déchiquetée, des collines, des vallées plus ou moins encaissées, des sommets flirtant avec les 2 000 m… et même un désert. Soumis à des influences climatiques différentes, ce pays montagneux est occupé par l'homme depuis des millénaires. Et celui-ci a, au cours du temps, façonné cet espace pour en faire une fantastique mosaïque de paysages.

## Des paysages aux constrastes affirmés

La région s'étend de part et d'autre des Pyrénées, en France (Labourd, Basse-Navarre et Soule) et en Espagne (Álava, Biscaye, Guipúzcoa et Navarre). Espace charnière entre l'Europe continentale et la péninsule Ibérique, niché au creux du golfe de Biscaye (ou de Gascogne), battu par l'océan Atlantique, traversé par les massifs montagneux (axe pyrénéo-cantabrique), ce territoire de moins de 21 000 km² est bordé au sud-ouest par la vallée de l'Èbre/Ebro, au nord par l'Adour qui se jette dans l'Océan, à l'ouest par la vallée de Karrantza et à l'est par le massif du pic d'Anie.

Les chaînes de montagne orientées est-ouest forment une ligne de partage des eaux sur l'**axe Gorbea-Orhi**. Le versant nord (Biscaye/Viscaya, nord de l'Álava, Guipúzcoa, Labourd, nord de la Navarre, Basse-Navarre et Soule), dont les eaux débouchent dans l'Atlantique, est soumis à un climat océanique, doux et pluvieux : c'est le **versant atlantique**, humide, verdoyant *(voir les microrégions 1, 2, 3 et 4 dans la partie « Découvrir… »)*. Sur le versant sud (grande majorité de l'Álava et de la Navarre), les eaux arrivent

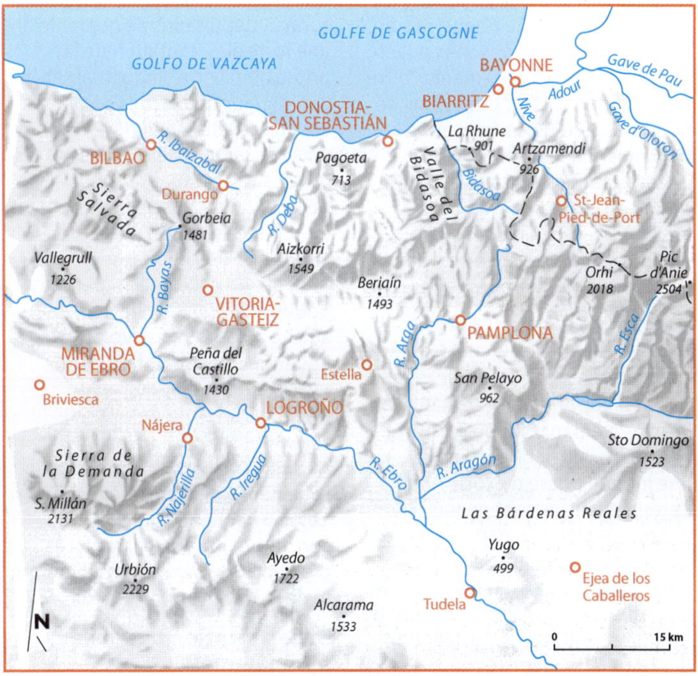


à la Méditerranée, en suivant le cours majestueux de l'Èbre. C'est un climat méditerranéen qui s'impose sur ce **versant méridional**, sec, de couleur ocre en été. 150 km suffisent pour passer d'un climat de haute montagne à un climat subdésertique *(voir les microrégions 5 et 6 dans la partie « Découvrir… »).*

# Des populations inégalement réparties

Ce territoire compte aujourd'hui un peu plus de 3 millions d'habitants. Ceux-ci sont cependant très inégalement répartis : avec 289 000 habitants (2008), le Pays basque français fait figure de nain démographique comparé aux 2,9 millions d'habitants côté espagnol.

## En France

### CONCENTRATION SUR LE LITTORAL

Les principaux traits démographiques du Pays basque se sont accentués tout au long des 19e et 20e s. Aujourd'hui, le littoral du Labourd concentre plus des deux tiers des habitants. La croissance constante de la population (plus 15 % en 25 ans) est principalement due à l'attractivité touristique exercée par la côte. Le solde migratoire, largement positif, permet de couvrir et même dépasser le déficit du solde naturel. Les nouveaux arrivants sont principalement de jeunes familles avec enfants, même si la part des retraités attirés par le cadre de vie reste importante. Ce phénomène qui s'amplifie ne va pas sans poser des problèmes de logement : l'offre est insuffisante et, comme dans de nombreuses régions françaises, certaines villes (St-Jean-de-Luz, Biarritz) connaissent une flambée des prix inquiétante pour les familles à revenus moyens et la jeunesse locale. La crise s'étend peu à peu vers l'intérieur des terres…

#### MIGRATIONS PENDULAIRES

La Basse-Navarre et la Soule voient leur population se stabiliser (respectivement plus de 31 000 et près de 16 000 habitants) après une longue phase d'exode rural. Certains cantons sont néanmoins toujours en crise, la part des plus de 50 ans représentant souvent 40 à 50 % des habitants. En revanche, les migrations pendulaires prennent de l'ampleur, entraînant l'installation des populations actives en périphérie de l'espace urbain (en Labourd intérieur et Basse-Navarre) le long des voies menant à l'agglomération Côte basque-Adour (ensemble Bayonne-Anglet-Biarritz-Bidart-Boucau).

### En Espagne

#### LA NAVARRE

### Hégémonie de Pampelune

Plus de 195 000 personnes (près d'un Navarrais sur trois) vivent aujourd'hui à Pampelune, une ville dont l'emprise sur le territoire prouve le dynamisme. Depuis quelques années, les banlieues résidentielles sortent de terre à grande vitesse, englobant les villages proches dans une large ceinture périurbaine. La Navarre connaît depuis plus de quarante ans une forte augmentation de la population liée à l'industrialisation. Les migrations internes ont été importantes, favorisant le développement des espaces urbains : en cinquante ans, la population de Tudela (métropole du sud navarrais) est passée de 16 000 à 35 000 habitants en 2010 quand celle de Pampelune doublait. La capitale navarraise affiche aujourd'hui sa volonté hégémonique, se dotant d'un réseau autoroutier qui fait d'elle un carrefour de voies de communication.
Au sud, la vallée de l'Èbre reste une zone densément peuplée (environ 120 000 habitants) grâce à son agriculture productiviste et à sa proximité avec ses voisins d'Aragon et de Rioja.

### Désertification des vallées pyrénéennes

Ces vallées, principalement au nord-est, subissent de plein fouet la crise du monde rural : l'attraction de Pampelune y est très forte et la désertification succède à l'exode rural : populations vieillissantes, activités déclinantes, villages abandonnés, plus rien ne retient les jeunes actifs dans les vallées d'Arce, d'Aezkoa et de Salazar. En revanche, la vallée du Baztan, plus dynamique, est parvenue jusqu'à aujourd'hui à conserver ses jeunes générations. À défaut de devenir la deuxième couronne de banlieues-dortoirs de Pampelune, les vallées du nord espèrent trouver leur salut dans une route à grande capacité qui relierait le Sud de la France à Pampelune, faisant de ce territoire une zone de passage du trafic international. Néanmoins, ce projet suscite de vives réactions de la part des associations écologistes et une opposition massive des populations et élus de Basse-Navarre, également très concernés par cette affaire.

## LA COMMUNAUTÉ AUTONOME BASQUE (CAB) OU EUSKADI

### Impact de l'industrialisation

L'Álava, le Guipúzcoa et la Biscaye sont inégalement peuplés.
La suprématie biscayenne (1 158 000 habitants en 2012) est un phénomène assez récent : jusqu'à l'orée du 19e s., c'est le Guipúzcoa qui, des trois, est le plus peuplé. À partir de 1860, le processus d'industrialisation qui touche tout le littoral affecte plus particulièrement la région de Bilbao qui connaît alors une véritable explosion démographique. Ce phénomène est dû à la conjugaison de deux éléments : d'une part, le fort taux de natalité des campagnes biscayennes et, d'autre part, l'arrivée massive de main d'œuvre d'autres régions espagnoles (d'Estrémadure et d'Andalousie) pour travailler dans le secteur industriel. En quarante ans, la population augmente de 168 %; en 1900, un Basque sur deux vit en Biscaye.
Le Guipúzcoa connaît aussi une forte augmentation de sa population, mais la croissance y est moins spectaculaire qu'en Biscaye.
L'Álava reste à l'écart du processus d'industrialisation jusque dans les années 1950, ce qui se ressent du point de vue démographique (323 000 habitants aujourd'hui). Ce territoire a longtemps gardé sa vocation agricole traditionnelle (il a joué pendant des siècles le rôle de grenier à blé de la Biscaye et du Guipúzcoa), même si Vitoria-Gasteiz se développe rapidement à partir

### ÉMIGRATION ET DIASPORA

L'émigration n'est pas un fait basque. Au 19e s., elle touche toute la population européenne. Cependant, si l'on rapporte l'ampleur du phénomène à la population, on se rend compte qu'il fut extrêmement important au Pays basque et a concerné quasiment toutes les familles. L'écrivain souletin Lhande va même jusqu'à affirmer que pour être un véritable Basque, il faut notamment « avoir un oncle en Amérique ».
Outre les départs traditionnels vers les régions parisienne ou bordelaise, le Nouveau Monde est la principale destination des Basques qui quittent leur terre : des étendues immenses s'offrent à eux; ils y seront bergers, producteurs de lait ou encore commerçants. Beaucoup s'y enrichissent et retournent ensuite au pays, mais nombre d'entre eux y restent.
Les Basques ont joué dès le 16e s. un rôle prépondérant dans l'**histoire de l'Amérique latine** : les Biscayens **Mendoza** et **Zabala** fondent respectivement Buenos Aires en 1533 et Montevideo en 1726. **Iturbide**, héros de l'indépendance mexicaine, est originaire de la vallée navarraise du Baztan. La famille du Libertador **Bolívar,** tout comme celle de **Che Guevara**, est originaire de Biscaye.
Argentine, Uruguay, Cuba, Chili et Mexique sont les destinations favorites des Basques en Amérique du Sud. Autre grande terre d'accueil, le Nord-Ouest des États-Unis (Californie, Idaho, Montana, Nevada, Utah et Wyoming), très prisé au début du 20e s.
Partout où ils s'installent, ils s'organisent en communauté : des frontons sont construits, des « maisons basques » (centres de retrouvailles et de fêtes) fondées, pour regrouper tous les Basques, quelle que soit leur origine. La diaspora nord-américaine compte aujourd'hui quelques personnalités de renom telles que Paul Laxalt, ex-sénateur du Nevada et Robert, son frère écrivain, ou encore Peter Cenarrusa, sénateur de l'Idaho.

de 1960 (en 50 ans, elle passe de 75 000 à 240 000 habitants).
Aujourd'hui, la Communauté autonome connaît les problèmes des pays industrialisés : une population vieillissante et un taux de fécondité parmi les plus bas d'Europe. L'immigration a aussi nettement ralenti dans les années 1980, sous le coup de la récession industrielle. La croissance démographique de ces territoires est donc négative sur ces vingt dernières années.
Enfin, le littoral touristique (de St-Sébastien à Mundaka) est victime de son succès : il souffre, comme la Côte labourdine, d'une flambée des prix rendant les logements inaccessibles aux jeunes actifs.

# Les organisations politiques et administratives

### LA COMMUNAUTÉ AUTONOME BASQUE (CAB) OU EUSKADI

La fin du franquisme et les premières années qui la suivent voient le pluralisme politique se remettre en place, dans un cadre institutionnel nouveau, celui d'une monarchie parlementaire. C'est ainsi que le **statut d'autonomie de Guernica**, adopté par référendum en 1979, s'applique à un territoire appelé « Communauté autonome basque » ou Euskadi, qui regroupe les trois provinces de **Guipúzcoa**, **Biscaye** (Vizcaya) et **Álava**.
Administrée par une *diputación*, chaque province est représentée au Parlement autonome de Vitoria-Gasteiz par 25 députés.
Ce **parlement** est investi de compétences très larges, qui font de lui l'autonomie la plus étendue d'Europe, même si toutes les compétences prévues par le statut de 1979 ne lui ont pas encore été totalement transférées par le gouvernement espagnol. Depuis les premières élections libres et jusqu'en 2009, le gouvernement qui dirige la Communauté a été aux mains du **Parti nationaliste basque (PNV)**. En 2009, le socialiste **Patxi López** a mis fin à trente ans de gouvernement nationaliste en Euskadi. Iñigo Urkullu Renteria, président du PNV, lui a succédé en 2012.

### LA COMMUNAUTÉ FORALE DE NAVARRE OU NAVARRA

La Navarre reste un cas particulier, extrêmement sensible. À l'origine intégrée aux premiers projets de statuts d'autonomie des années 1930, elle choisit de ne pas s'y associer lorsque le statut est finalement adopté en 1936. Très attachée à son passé foral, elle est également très religieuse et refuse tout lien avec les nationalistes basques qui soutiennent la République espagnole laïque, et qui, en outre, s'apprêtent alors à faire entrer des communistes au gouvernement. La Navarre est tellement hostile à la République qu'elle se soulève aux côtés de Franco, et s'éloigne toujours plus des autres provinces basques durant la dictature. Lorsque le statut de **1979** est voté, c'est presque naturellement que la Navarre choisit sa propre voie.
Elle négocie en 1982 son **régime de communauté forale**. La collaboration de la Navarre avec la Communauté autonome basque, voisine, concerne essentiellement la mise en place de moyens communs de transports et de communication et le développement de la langue basque.

### LE PAYS BASQUE FRANÇAIS

Au Pays basque français, le découpage administratif hérité de la Révolution française est resté inchangé : les trois provinces du

## LE PAYS BASQUE ET LA NAVARRE AUJOURD'HUI

**Labourd**, de la **Basse-Navarre** et de la **Soule** sont intégrées au département des **Pyrénées-Atlantiques** (anciennement Basses-Pyrénées). En parallèle à la naissance du nouveau nationalisme basque sous le franquisme durant les années 1960, le mouvement Enbata se crée au Nord. Pour lui, l'avenir du Pays basque passe par un fédéralisme européen et la revendication du département Pays-Basque. En 1973, une nouvelle branche clandestine apparaît, Iparretarrak, qui privilégiera l'objectif d'un statut d'autonomie. En 1981, l'espoir d'une avancée significative naît avec l'avènement au pouvoir de François Mitterrand, qui s'était déclaré favorable au département et à l'officialisation de la langue basque. Mais il ne donnera jamais suite à ces propositions. La question du département reviendra au centre des débats à la fin des années 1990.

## En Espagne, une situation complexe…

Le statut d'autonomie exceptionnel obtenu en 1979 par la Communauté autonome basque (Euskadi) ne règle pas le problème du nationalisme.
Confronté à des demandes d'autonomie de plusieurs régions (Andalousie, Catalogne, Galice, etc.), l'État espagnol affirme sa vision d'une nation espagnole unique composée de provinces aux statuts différents. Le problème est particulièrement complexe au Pays basque où le terrorisme de l'ETA envenime un dialogue difficile avec les nationalistes.
Le passif humain s'alourdit rapidement : plus de 800 crimes sont commis par l'ETA au cours des dernières décennies. Pour sortir de cette crise, l'État espagnol

utilise tous les moyens, alternant négociations et tractations secrètes, ouverture et fermeté ; au cours des années 1980, une « guerre sale » est menée par les Groupes antiterroristes de libération (GAL). Des moments de grande tension et de forte mobilisation antiterroriste ont régulièrement agité toute l'Espagne. Un des points culminants de ces événements restera certainement les manifestations géantes dans tout le pays contre le terrorisme après l'assassinat par l'ETA du jeune conseiller politique basque Miguel Angel Blanco en juillet 1997.

### LES FORCES EN PRÉSENCE

On peut schématiquement distinguer les trois composantes suivantes dans la vie politique basque en Espagne : - une frange espagnole représentée par le **Partido Popular (PP)**, de droite, et le **Partido Socialista, (PSOE)** de gauche, dont l'alliance a permis l'élection à la présidence du socialiste Patxi López en 2009 ;
- une frange nationaliste basque radicale ou « gauche abertzale », autour de l'**ETA** et de sa vitrine politique **Herri Batasuna** (Unité populaire) aujourd'hui interdit ; cette formation tenta de revenir sur la scène politique avec un nouveau parti en 2011, interdit lui aussi ;
- enfin une frange nationaliste modérée autour du **PNV** (Parti nationaliste basque) qui gouverne de nouveau la Communauté autonome basque (Euskadi) depuis 2012.

La vie politique basque est marquée par une alternance d'accalmies, de trêves et de reprises de tension entre les séparatistes et le gouvernement espagnol. L'espoir suscité par l'ouverture au dialogue du président Zapatero s'évanouit avec l'attentat à l'aéroport de Madrid qui fait deux morts le 30 décembre 2006. Les tensions s'avivent encore lors des élections de mai 2007. L'ETA annonce la rupture du cessez-le-feu permanent le 5 juin 2007. Alors que les arrestations de membres influents se multiplient, assassinats et attentats continuent à être perpétrés. En 2011, un tournant semble cependant s'opérer : suite aux déclarations de Bruxelles et de Guernica (2010) qui impliquent des organisations internationales et les formations de la « gauche abertzale » dans la mise en place d'un processus de paix, l'ETA annonce un cessez-le-feu « permanent et vérifiable » et l'abandon des extorsions de fonds auprès des entreprises basques.

### UNE QUESTION D'IDENTITÉ

L'identité basque est fièrement revendiquée aujourd'hui par de nombreux Basques espagnols. Elle n'est cependant, pour la majorité d'entre eux, nullement antinomique avec un fort sentiment d'appartenance à la nation espagnole. En cela, les Basques sont proches des habitants de la plupart des autres provinces espagnoles qui assument et revendiquent également leur double identité, nationale et régionale.

Cette fierté d'appartenance permet, pour le plus grand bonheur des touristes, de maintenir aussi vivaces des traditions et une culture parmi les plus fortes et les plus originales d'Europe *(p. 52 et p. 84)*.

## Les activités économiques

Des ports de pêche animés de barques colorées, des promenades fleuries et des plages de sable fin, des campagnes verdoyantes où paissent les brebis tandis que, aux fenêtres des villages, sèche le piment en grappes.

L'autre face de la carte postale, moins pittoresque, c'est la Biscaye

Espelette, séchage des piments sur la façade des maisons.
*J.-D. Sudres / hemis.fr*

industrialisée à outrance, avec ses mines, ses usines aux hautes cheminées crachant des nuages de suie…

**DES SECTEURS TRADITIONNELS EN DIFFICULTÉ**

### Agriculture : entre résistances et modernité

Dans le Pays basque français, l'agriculture est en perte de vitesse : le nombre d'exploitations agricoles a chuté en 50 ans de 11 353 à environ 4 000 (en 2009). Activité agricole et pêche reculent devant les progrès de l'urbanisation et du tourisme.

Les quelques résistances sont liées à un fort attachement culturel à la terre et à l'exploitation familiale : l'un des descendants finit par accepter de prendre la succession afin que le patrimoine ne soit pas démembré.

Ainsi, alors que le taux d'agriculteurs français de plus de 55 ans ayant une succession atteint 27 %, il atteint 41 % en Pays basque. Même en recul, l'activité agricole en Pays basque présente des permanences anciennes. Sur les franges les plus septentrionales, c'est la production de maïs qui domine, ainsi qu'un élevage à viande et à lait. Vers les zones plus montagneuses de Cize, Baïgorry ou de Soule, c'est l'élevage ovin d'estive ou de petites exploitations encore consacrées à la polyculture. Sur toute la zone méridionale, c'est-à-dire en Navarre et en Álava, le paysage, plus aride, est propice à la culture du blé, de l'orge, de la vigne et de l'olivier. L'agriculture y est moderne et riche, et intègre même la riziculture irriguée aux portes du désert des Bárdenas. Enfin, en Guipúzcoa et en Biscaye, zones côtières à forte influence océanique et largement industrialisées, l'agriculture est marginale.

### Pêche : une situation contrastée

La pêche est également en grande difficulté, alors qu'il s'agit d'un des secteurs d'activité traditionnels majeurs du peuple basque au cours de son histoire. La raison principale en est l'appauvrissement des ressources. En outre, les relations entre pêcheurs se sont considérablement dégradées à cause des différentes pêches pratiquées (la guerre, parfois ouverte, oppose schématiquement pêcheurs traditionnels et chalutiers pélagiques). La pêche du Pays basque espagnol peut heureusement profiter de subventions européennes, et si les grands ports de pêche y sont moins nombreux que par le passé (les principaux sont Ondarroa, Lekeitio, Bermeo et Pasaia), ils sont florissants et modernes. On ne peut en dire autant de la pêche en France qui est en grande difficulté. Aussi ne reste-t-il qu'une seule criée, à St-Jean-de-Luz-Ciboure, dont la valeur des ventes a beaucoup baissé ces dernières années ; elle a été récemment au centre de débats virulents entre la Chambre de commerce et les pêcheurs voulant vendre directement leurs poissons aux consommateurs.

## UNE MONTAGNE PASTORALE

Une longue tradition pastorale a profondément marqué la région. Les paysages, mais également la répartition de certaines espèces végétales ou animales montre que l'élevage fut une activité importante.

### La transhumance : une tradition

Les plus vieilles nécropoles régionales se trouvent en montagne, sur les lieux de transhumance. Si les rituels et leurs significations ne sont pas connus, l'existence de ces sites prouve qu'il y a 4000 à 5000 ans, des éleveurs vivaient et mouraient dans ces lieux. Les conditions de vie et les activités économiques ont évolué, mais les traces de coutumes anciennes subsistent, telles les transhumances qui peuvent être importantes (les troupeaux de la vallée de Roncal paissent dans les Pyrénées en été, puis dans les steppes désertiques des Bárdenas pendant l'hiver).

Tous les **massifs pastoraux**, et ils sont nombreux (Gorbea, Andia, Urbasa, Aralar, Garazi, Arbailles, Haute-Soule, etc.), sont occupés à la belle saison par des milliers de brebis, vaches et chevaux. Les bergers utilisent alors de petites **cabanes** souvent très anciennes *(txabola, etxola* ou *kaiolar)* au confort assez rudimentaire. Les porcs aussi peuvent transhumer, consommant le petit lait issu de la fabrication du fromage et finissant de s'engraisser avec les faînes, glands et châtaignes à l'automne. Cette transhumance dans les pacages de montagne est une nécessité pour les éleveurs, puisque les prairies proches des fermes sont alors consacrées à la fenaison, qui constitue la réserve alimentaire des troupeaux en hiver.

### Des races locales adaptées

Les éleveurs ont, au fil du temps, domestiqué et sélectionné brebis, chevaux et vaches.

Les **ovins** sont représentés par plusieurs races autochtones. Élevée pour sa viande, la **rasa navarraise** est très présente dans la zone méridionale. Extrêmement rustique et adaptée au climat sec, une brebis de cette espèce engendre chaque année deux, voire trois agneaux. Elle est également bonne laitière et son lait est utilisé pour la fabrication du fromage. Trois races laitières existent aujourd'hui : les **manech** (**manex** ou **latxa**), cornues ou pas, à tête rousse ou à tête noire, sont les plus productives. C'est essentiellement à partir de leur lait qu'est élaboré le fromage de brebis, connu par le grand public pour ses appellations d'origine contrôlée idiazabal, erronkari-roncal ou ossau-iraty.

La deuxième race, la **basco-béarnaise**, se rencontre, comme son nom l'indique, en Béarn et

## L'EMPREINTE DE L'HOMME SUR LES PAYSAGES

Les paysages actuels de la région découlent des activités d'une civilisation de paysans-éleveurs qui existe ici depuis le Néolithique (env. 4000 ans).
Les sommets se sont dénudés sous la pression du feu des hommes et des besoins de leurs troupeaux. L'**industrie minière et métallurgique**, très ancienne (plus de 2000 ans) comme en témoignent les mines à Aiako Harriak (Guipúzcoa), Banka (Basse-Navarre), Larrau (Soule), Goizueta (Navarre) et Gallarta (Biscaye), s'est accompagnée d'une importante déforestation due à la fabrication de charbon. Puis, au début du 19e s., l'exploitation massive du minerai de Biscaye enclenche le processus d'industrialisation qui a fait la richesse de la région.
La population rurale de Biscaye et du Guipúzcoa quitte ainsi la campagne pour la ville. Les terres agricoles y sont moins exploitées et les montagnes du Guipúzcoa et de la Biscaye sont envahies depuis les années 1950 par des plantations de pins de Monterey.
Plus à l'est, les provinces du Labourd, de la Basse-Navarre et de la Soule, mais également à l'ouest, la vallée de Karrantza (*p. 348*), ont conservé leurs paysages de bocages et de montagnes pastorales, l'agriculture y étant toujours importante.
Aujourd'hui, les pratiques ancestrales sont toujours vivantes : transhumances de plusieurs dizaines de kilomètres, écobuages pour nettoyer et fertiliser les pâturages. Les paysans entretiennent les prairies grâce à leurs troupeaux ou laissent des parcelles en jachère traditionnelle dans les zones méditerranéennes.

à l'extrémité nord-est du Pays basque, en Soule. C'est une grande brebis cornue, à tête blanche, adaptée à la haute montagne.
La **karranzana**, grande brebis au nez busqué, à tête rousse ou noire, est concentrée à l'ouest de la Biscaye, dans la vallée de Karrantza.
Les montagnes de Navarre, du Guipúzcoa et du Labourd recèlent les derniers spécimens de **betizu**, littéralement « la vache insaisissable ». Extrêmement vives, ces petites **vaches** sauvages et rustiques de couleur rousse vivant au-dessus d'Hernani ou d'Espelette sont les dernières représentantes des races primitives européennes, aujourd'hui en voie d'extinction (moins de 200 têtes). Plus grande, robe blonde froment et cornes en forme de lyre, la **pyrénéenne** est encore très présente en Navarre et a été largement utilisée dans la création de la blonde d'Aquitaine, pour ses qualités maternelles et bouchères.

Une race de porc, le **pie noir du Pays basque**, a suscité un regain d'intérêt et permet aux éleveurs de la vallée des Aldudes en Basse-Navarre de produire une viande d'excellente qualité. Cette race s'étendait auparavant sur une zone plus importante et valorisait de manière conséquente les faînes, glands et châtaignes (*p. 59*).
Une race de **cheval** existe ici, le **pottok** (prononcez « pottiok »), petit poney à la robe généralement baie mais parfois pie, longtemps utilisé dans les mines et ayant aujourd'hui perdu son intérêt économique. En revanche, son rôle est capital dans le maintien du paysage et des prairies en moyenne montagne, en dessous des 1000 m, ainsi que dans les landes à ajoncs et à fougères.

### La trace des troupeaux

L'impact de ces élevages est visible, puisqu'ils ont été la cause principale de l'élimination des forêts d'altitude au profit des pâturages. Les plateaux d'Aralar, Andia, Urbasa, les montagnes de Garazi et de Soule sont de véritables gazons entretenus par des milliers de ruminants à chaque nouvelle saison. Si les grandes transhumances anciennes ont disparu, les troupeaux basques font encore à pied ou en camion des dizaines de kilomètres pour retrouver leurs pacages. Les *cañadas*, chemins publics réservés aux transhumances, existent encore par endroits, et une *cañada* était utilisée pour acheminer les taureaux de combat depuis leurs élevages au sud de la Navarre jusqu'à Deba sur la Côte atlantique, ce qui en faisait en quelque sorte un *encierro* à rallonge!

## Le développement inégal de l'industrie

Si la tradition industrielle est ancienne en Biscaye et en Guipúzcoa (milieu du 19e s.), elle est récente en Álava et en Navarre et reste très peu développée en Basse-Navarre, Labourd et Soule.

### EN EUSKADI

Au début des années 1980, le Gouvernement autonome de Vitoria doit redresser l'économie d'Euskadi qui connaît une crise sans précédent. Il se fixe alors trois axes majeurs : parier sur la technologie de pointe, renforcer la qualité du produit et internationaliser l'activité. En 1990, le secteur sidérurgique traditionnel est intégralement reconverti : Euskadi reste le premier **producteur d'acier** d'Espagne, tandis qu'il consolide le secteur automobile et crée *ex nihilo* une nouvelle industrie aéronautique. Cette politique économique est fondée sur le **système des clusters** : des réseaux regroupant les entreprises d'un même secteur industriel ainsi que les représentants du gouvernement, dont le but est de travailler en commun dans la recherche et le développement de ce secteur pour le rendre toujours plus compétitif. C'est une véritable réussite, favorisant une croissance économique exemplaire ces quinze dernières années dans la Communauté autonome basque. La crise économique récente n'a pas délogé la Communauté autonome basque de sa place de leader de l'économie espagnole avec, en 2011, un PIB par habitant légèrement supérieur à la moyenne nationale (31 288 € contre 30 600 € par habitant pour l'Espagne) mais surtout un taux de chômage deux fois moins élevé (12,11 % contre 24,44 %).
Le **modèle coopératif** est également en bonne santé : la MCC (Mondragón Cooperative Corporation, en Guipúzcoa), dont l'un des fleurons les plus célèbres est le groupe électroménager Fagor, emploie près de 100 000 personnes aujourd'hui, dont 35 000 en Euskadi.

### EN NAVARRE

Le développement industriel tardif (milieu du 20e s.) est essentiellement tourné vers l'agroalimentaire (30 % des emplois industriels), la chimie et les matériaux de construction. Le secteur automobile y est également puissant puisque le groupe SEAT-Volkswagen, installé aux portes de Pampelune, représente à lui seul 25 % de la production industrielle navarraise.

### DANS LE PAYS BASQUE FRANÇAIS

Le développement industriel ne semble pas aussi brillant de ce côté des Pyrénées : les quelques grandes entreprises de la Côte basque sont en difficulté, d'autres ont fermé leurs portes ces dernières années.

L'industrie de l'espadrille en Soule connaît les mêmes problèmes. Quelques entreprises telles que Turbomeca aux portes de Bayonne et Sokoa à Hendaye affichent quand même leur dynamisme. D'autres ont un rôle de soutien comme la société de capital-risque Herrikoa (fondée sur l'actionnariat populaire) qui aide, avec un certain succès, à la création et au développement des entreprises en Pays basque.

## Tourisme balnéaire, tourisme vert

### THERMES ET BAINS DE MER

Le tourisme s'est développé récemment au Pays basque et en Navarre. Certes, dès l'époque romaine, les **villes d'eaux** étaient prisées, telle Cambo-les-Bains, station de la chaîne thermale du Soleil, mais le véritable essor du tourisme balnéaire date du 19e s., largement circonscrit au littoral labourdin. Sous le Second Empire, Biarritz lance la **vogue des bains de mer**, laquelle gagne peu à peu la Côte basque. C'est l'impératrice Eugénie, épouse de Napoléon III, qui en fait la promotion. L'accès vers les plages basques est facilité par la construction du chemin de fer jusqu'à Hendaye au milieu du siècle. Du côté espagnol, St-Sébastien a profité de l'intérêt de la reine Marie-Christine d'Autriche, qui y a séjourné et fait construire le palais de Miramar. Avec les congés payés, le tourisme s'est démocratisé, prenant toujours plus de place dans les politiques locales. Actuellement, on estime à 20 % son poids dans l'activité économique du Pays basque français.

### TOURISME RURAL

Le **tourisme vert** s'est également développé ces dernières décennies, autour de trois axes : la randonnée pédestre en montagne, la découverte de la gastronomie du Pays basque (organisée en labels, AOC) et l'accueil en gîte rural ou chez l'agriculteur. Il constitue un revenu complémentaire non négligeable pour le monde rural en quête d'un nouveau souffle.

# Traditions et art de vivre

**Le « petit peuple qui danse et chante au pied des Pyrénées »... Combien de fois aura-t-on cité Voltaire pour s'enthousiasmer de la frénésie festive qui s'empare des villes et villages de la région aux beaux jours ? Pourtant, il ne faut pas sous-estimer le patrimoine culturel et artistique attaché à ces événements qui sont autant d'occasions de valoriser une appartenance identitaire, de dévoiler un attachement à des traditions riches et de célébrer le plaisir d'être ensemble.**

## L'art de faire la fête

La fête, un art de vivre en Pays basque et en Navarre, est parfois victime de son succès. Les fêtes patronales se succèdent toute l'année et s'intensifient l'été. Chants, danses, concours sportifs, **txaranga** (ensembles instrumentaux appelés aussi **bandas** ou **peñas**), rien ne manque pour que les fêtes soient réussies.

Bien entendu, rares sont ces festivités où le **taureau** ne tient pas une place de choix : de façon solennelle lors des corridas, plus ludique lors des courses landaises (au nord) auxquelles répondent les concours de *recortadores* au sud des Pyrénées. Et l'on n'hésite pas à se mesurer à l'animal-roi lors des courses de vachette, quand on ne préfère pas vaincre sa peur en participant aux **encierros** de Pampelune, de Tudela ou d'ailleurs.

### Les fêtes locales

Chaque ville, chaque village, chaque quartier défend son originalité, même si aujourd'hui certaines fêtes sont en voie de « pampelunisation ».

La renommée internationale des **Sanfermines** (fêtes de Pampelune) n'est plus à démontrer : des milliers de personnes se pressent chaque année dans la capitale navarraise pour neuf jours de liesse, du 6 au 14 juillet *(voir p. 394)*.

Les **fêtes de Bayonne** (ville jumelée avec Pampelune) attirent également la grande foule fin juillet. Le rouge et le blanc de Pampelune ont d'ailleurs été adoptés depuis des années par les Bayonnais... ainsi que par les villages voisins, au détriment parfois de l'ancienne « façon de faire la fête » du monde rural...

Certaines fêtes sont inaugurées par les personnages populaires. Ainsi **Célédon**, reconnaissable à sa blouse et à son parapluie, descend du clocher de l'église pour lancer les festivités de la Virgen Blanca à **Vitoria-Gasteiz**. À **Bilbao**, c'est **Marijaia**, une géante aux bras levés, qui inaugure la Semana Grande *(Aste Nagusia)*.

On compte aussi de nombreuses fêtes thématiques : **carnavals** à la fin de l'hiver, foires diverses, **tamborradas** ou **alardes** (défilés) à Irun, Hondarribia et St-Sébastien...

### Les fêtes religieuses
Elles sont nombreuses à marquer le calendrier, surtout côté espagnol. L'excentricité des carnavals précède les solennités de la **Semaine sainte**, qui peuvent être impressionnantes comme à Balmaseda ou Durango. D'autres manifestations traditionnelles sont réputées comme la procession du Corpus Christi ou Fête-Dieu (très beaux masques et danses) à Oñati, les fêtes de la Virgen del Carmen sur la côte de Biscaye, la fête de saint Ignace (Azpeitia, Getxo), où le profane se mêle sans complexe au sacré.

### Musique, festivals
Les instruments de musique traditionnels tels la *gaïta*, le *txistu*, la *txirula*, l'*alboka* ou la *txalaparta* sont de tous les événements. Mais il existe aussi des festivals internationaux qui dépassent le cadre de l'expression culturelle basque. Ainsi, en été, les **festivals de jazz** de Getxo (Biscaye), St-Sébastien et Vitoria attirent les mélomanes de toute l'Europe. Vitoria (Azkena), Biarritz (BIG) et surtout Bilbao (BBK) ont également leurs **festivals de rock** qui concentrent, durant la saison estivale, la crème du rock, de l'indie-pop et de l'électro rock. Enfin, le septième art n'est pas en reste avec le Festival de cinéma de St-Sébastien. De son côté, Biarritz organise depuis 1991 un grand festival de cinéma et de culture d'Amérique latine.

*Calendrier des principales fêtes, p. 28.*

## Une culture vivante
Une intense activité culturelle se développe tout au long de l'année au Pays basque et en Navarre, même si l'été reste la saison la plus riche. En voici, à grands traits, les principaux aspects.

*Pour en savoir plus, consultez le site de l'Institut culturel basque et son portail de la culture basque : www.eke.org*

### AUX FONDEMENTS, LA LANGUE BASQUE
La langue basque, l'**euskara**, est à la base de l'originalité de la culture basque. C'est pour cela que de nombreuses associations qui défendent cette langue sont à l'origine de nombreux événements festifs tout au long de l'année.

*Langage, littérature et mythologie, p. 84.*

### Le bertsu
Le bertsolarisme est une exception culturelle basque, peu accessible aux touristes qui ne connaissent pas la langue : il s'agit en effet d'un chant versifié et improvisé en langue basque, dont les règles sont strictes. Selon le *bertsolari* biscayen Amuriza, le *bertsu* est le « sport national des mots ». Longtemps marqué par la ruralité, cet art est aujourd'hui porté par des représentants de la jeune génération, très prometteuse. Outre de nombreux tournois, tous les quatre ans, un concours général rassemble les meilleurs versificateurs des quatre coins de la région, au cours d'une finale qui se déroule à St-Sébastien. Le vainqueur se voit remettre solennellement la *txapela* (béret).

### LA DANSE
Le répertoire de danses traditionnelles est extrêmement riche ; chaque vallée, chaque village parfois, a ses propres danses. Du **paloteado** (danse avec bâtons) d'Ochagavía/Otsagabia aux couleurs de la mascarade souletine, en passant par l'**inguruntxo** mixte dansé au rythme des castagnettes, le **zortziko** guipúzcoan réservé aux garçons, ou le **kaskarotak** féminin

du Labourd, il est impossible de faire l'inventaire de toutes les danses existantes et de leurs variantes locales.
Les danseurs de toute la région se retrouvent régulièrement lors du **Dantzari Eguna**, journée en l'honneur de la danse. Chaque année, les enfants des écoles de danse du Pays basque français se rencontrent également lors du **Dantzari Ttiki** ou du **Dantzari Gazte** (pour adolescents).

### LE THÉÂTRE DE PLEIN AIR

Le théâtre populaire est un peu en déclin au Pays basque. Si elle résiste encore au Nord, la grande tradition des **tobera**, théâtre joué sur la place publique où l'on dénonçait les problèmes du village, est en voie d'extinction. Quelques auteurs présentent encore leurs pièces, mais ils sont de moins en moins nombreux.
En revanche, les **pastorales** rencontrent encore du succès en Soule où l'on organise des représentations en plein air, mettant en scène des personnages historiques.
C'est aussi en Soule que la **mascarade** (forme théâtrale très codifiée héritée du Moyen Âge, où bons et mauvais s'affrontent) connaît un regain d'intérêt depuis les années 1970. Les représentations, qui durent plusieurs heures, attirent des milliers d'amateurs chaque été dans une commune différente.

## Musique

La musique et les chants font partie intégrante de la culture, comme en témoignent les sources les plus anciennes.

### UN PATRIMOINE ANCESTRAL

De tradition orale, le patrimoine musical n'a toutefois été recensé et mis par écrit qu'au 19e s. sous l'impulsion de particuliers comme Antoine d'Abbadie, et surtout le père Donostia, Resurrección María de Azkue ou Salaberry.
Ces derniers ont réalisé un colossal travail de compilation en parcourant les provinces basques pour noter et répertorier chants et mélodies. Leurs travaux ont ainsi permis d'identifier des morceaux remontant au 17e s. Le risque était que cette retranscription figeât les harmonies et les textes en leur donnant un cadre écrit. Il n'en a rien été. Dès le début, ces passionnés d'ethnologie et de musicologie ont adapté les morceaux anciens qu'ils répertoriaient, et leurs disciples et lecteurs ont pris la suite. Aujourd'hui, les bibliothèques des archevêchés et avant tout le centre d'archives d'Eresbil offrent aux chercheurs et aux artistes des sources inépuisables d'inspiration.

### INSTRUMENTS

La musique basque s'appuie essentiellement sur les instruments à vent et les percussions.
Les plus répandus sont le **txistu**, flûte à trois trous déjà représentée il y a 22 000 ans dans la grotte d'Isturitz et dont l'une des variantes régionales est par exemple la **txirula** en Soule.
Vient ensuite la **gaïta-dulzaïna** d'origine navarraise qui, malgré son nom (*gaita* signifie « cornemuse »), s'apparenterait à un hautbois à anche double, et dont le son ressemble à celui d'une flûte arabe. Quant à l'**alboka**, c'est une corne dans laquelle on souffle pour produire une note continue. Le rythme est marqué par le **txalaparta**, formé de deux corbeilles et de planches sur lesquelles on frappe avec des bâtons et dont le rythme de base évoque le galop d'un cheval.
Sa version en métal se nomme la **tobera**. Signalons aussi un

Danse basque.
*J. Larrea / age fotostock*

tambour au son très sec, l'**atabal**. Enfin, le **trikitixa**, un accordéon diatonique très apprécié des artistes contemporains, complète l'ensemble.

## CHANTS ET MÉLODIES

### Les chants

Chanter est une véritable institution en Pays basque. On chante partout, pour tout, avec ou sans accompagnement, avec ou sans livret, en amateur ou en professionnel. Vecteur de culture, le chant est omniprésent, depuis les offices religieux jusqu'aux fêtes patronales. Celles-ci donnent parfois lieu à des défis entre **otxote** (formation à huit voix) ou entre **bertsolari**, ces poètes qui improvisent en public des vers chantés. Même pendant les parties de pelote, les points sont psalmodiés ! On ne compte plus les festivals de musique et de chant, dont les principaux sont organisés au sud des Pyrénées.

Les chants les plus anciens se reconnaissent à leur caractère modal (à l'instar du grégorien), tandis que les musiques plus récentes sont au contraire tonales, et syllabiques pour les mélodies populaires, c'est-à-dire qu'à chaque note correspond une syllabe. L'une des formes mélodiques les plus répandues, le **zortziko**, adopte un rythme irrégulier de cinq croches par mesure pour accompagner les danses.

Au niveau du répertoire, chaque région a développé ses propres traditions musicales, comme celle des complaintes en Soule, mais certaines mélodies sont connues de tous. Elles correspondent généralement à des poèmes épiques. Le plus répandu est le **chant de Lelo**, relatant la résistance des Cantabres (supposés être les ancêtres des Basques) face aux troupes romaines conduites par Auguste. Il provient d'un manuscrit du 16e s. Celui de **Beotibar** nous est parvenu par des fragments de textes datant eux aussi des 16e et 17e s. et raconte la sanglante bataille de Beotibar qui eut lieu en 1321 entre Guipúzcoans et Navarrais.

Autre chant arrivé jusqu'à nous, le **Jeiki jeiki** fait allusion à la rivalité qui opposa marins basques et hollandais à propos des zones de pêche à la morue à la fin du 18e s. Quant au **chant d'Altabizkar**, il s'inspire certes de *La Chanson de Roland*, mais a été écrit au 19e s.

La Navarre a une forte tradition musicale, surtout chorale. Incontournable, la **jota navarra** est apparue, semble-t-il, au début du 19e s. Ce chant, sensiblement différent de la jota aragonaise, est un bref poème très expressif sous forme de quatrains. Raimundo Lanas (1908-1939), surnommé « le rossignol navarrais », est considéré comme le meilleur interprète de cette tradition. À noter : la jota est aussi une danse, distincte de la jota chantée en Navarre.

## Chœurs

Aujourd'hui, le patrimoine musical est transmis et développé entre autres par le biais des **sociétés chorales** qui ont adapté les chansons populaires pour l'orphéon. Dans le Nord, on n'en compte pas moins d'une cinquantaine dont les plus renommées sont Oldarra de **Biarritz**, le chœur d'hommes d'**Arcangues**, Adixkideak, celui d'**Hendaye**, Gaztelu Zahar, et le chœur mixte Xaramela de **Bayonne**. Elles s'inspirent pour beaucoup du répertoire folklorique, contrairement à leurs homologues d'Euskadi et de Navarre, de plus grande ampleur, qui interprètent, pour la plupart, du classique lors de festivals comme celui de Tolosa. C'est le cas du très réputé **orphéon Donostiarra de St-Sébastien** (170 chanteurs des deux sexes), du Coro Caso également de St-Sébastien, qui regroupe quatre chœurs (l'un de 45 hommes, un autre de 70 garçons, un troisième de chant grégorien et un dernier mêlant hommes et enfants), du chœur mixte d'Andra Mari de Renteria et de la **société chorale de Bilbao**.

## Interprètes

En plus de ces ensembles vocaux, des interprètes contemporains se font le relais de la tradition en arrangeant ou en créant textes et musiques à partir des mélodies d'antan. C'est ainsi que le groupe **Oskorri** adapte les chansons populaires en s'inspirant du folk. **Beñat Achiary** est connu pour la virtuosité de ses improvisations vocales. **Amaia Zubiria** prête quant à elle sa voix grave et chaleureuse à des textes aussi bien anciens qu'actuels. Native de St-Palais, la jeune **Anne Etchegoyen**, qui a débuté en compagnie du groupe Oldarra, se fait l'ambassadrice de la chanson basque en France. Enfin, l'auteur-compositeur **Benito Lertxundi** (né en 1942) est l'un des rares artistes contemporains à être chanté par tout le Pays basque de son vivant. Et la liste ne s'arrête pas là. Le basque chanté a aussi trouvé de nouvelles expressions, dans le rock notamment.

## Rock basque

Des groupes comme **Kortatu**, fondé au sud des Pyrénées par les frères Muguruza au début des années 1980 et devenu Negu Gorriak en 1990, E. H. Sukarra, Sustraia ou Akelarre marchent tous sur les traces d'**Anje Duhalde** et **Niko Etxart** qui ont choisi, dans les années 1970, de faire du rock en langue basque. Le premier forme avec un autre guitariste, Mixel Ducau, un duo appelé **Errobi** qui fera la passerelle entre folk et rock, tandis que le second tournera pendant près de 20 ans avec son groupe **Minxoriak**. Dans un style différent, plus axé sur la musicalité, le groupe **Itoiz** (1978-1988) est devenu la formation culte des amateurs de musique pop. Revendicatif sur fond de crise économique en Euskadi dans les années 1980, le rock basque a su s'inspirer de courants extérieurs comme le courant punk, puis le rap, le reggae, et aujourd'hui le hip-hop, la techno, etc.

# Sports et jeux

## LA PELOTE BASQUE

Chaque village possède son fronton ou son trinquet, où des parties de pelote ont lieu régulièrement. C'est un véritable sport régional, reconnu par le ministère de la Jeunesse et des Sports côté français. Vous pouvez tout aussi bien vous y initier qu'encourager les bons joueurs. En **été**, Il est facile d'assister à un match.
Héritière de la **pila** pratiquée par les Romains, la pelote a connu bien des évolutions, surtout avec l'arrivée du caoutchouc au 19e s.
Alliant la rapidité au coup d'œil, l'intelligence stratégique à la finesse, la pelote, si elle n'est pas vraiment née au Pays basque, y est devenue un art de vivre au point d'être une référence en France et dans le monde. La pelote basque se pratique en effet dans les onze ligues françaises mais aussi beaucoup en Amérique latine. Les règles du jeu et les compétitions internationales (notamment les Championnats du monde qui ont lieu tous les quatre ans) sont régies par la Federación Internacional de Pelota Vasca *(www.fipv.net)* reconnue par le Comité international olympique et qui regroupe vingt-sept fédérations nationales… Cependant, depuis les Jeux de Paris en 1900, la pelote n'est plus considérée comme une discipline olympique, bien qu'elle ait été invitée à certaines occasions pour des démonstrations.
*Visite audioguidée de l'Écomusée de la Pelote et du Chistera de Saint-Pée-sur-Nivelle, p. 183.*

### Lieux

On reconnaît quatre types de terrains, chacun accueillant un certain nombre de spécialités.
De forme très caractéristique, le **fronton place libre** se rencontre sur les places de village. Le mur, ou *frontis*, s'élève jusqu'à 10 m de haut pour 16 m de large. L'aire de jeu, ou *cancha*, peut atteindre 120 m de long.
Souvent couvert, le **mur à gauche**, ou « fronton 36 m », se distingue du précédent par la présence de murs sur la gauche et au fond.
Le **jaï-alaï** (« fête joyeuse »), ou « fronton long », mesure 50 m de long et peut avoir des dimensions variables, voire pas de mur du fond.
Salle à quatre murs, complètement fermée, le **trinquet** présente quelques spécificités : le *xilo*, un trou à droite sur le mur de face (à 1,20 m du sol), un toit incliné (sur la gauche et au fond), un filet…

### Équipement

**Tenue** – Traditionnellement, elle est constituée de chaussures de tennis, d'un pantalon et d'une chemisette de couleur blanche. Seule tache de couleur, la ceinture, ou *cinta*, permet d'identifier les équipes. En pratique, et pour le haut niveau, la ceinture est abandonnée et les chemises sont de différentes couleurs, tandis qu'un casque est désormais de rigueur pour les spécialités pratiquées en intérieur avec une pelote de cuir.
**Gants et raquettes** – Même si la « main nue » est à l'origine de ce jeu, gants et raquettes ont fait leur apparition et déterminent différents types de spécialités. Le **chistera** est une prolongation du gant par une sorte de gouttière courbe en osier. Le **rebot** est une variante plus petite, tandis que la **pala** est une raquette en bois massif qui peut prendre différentes tailles et formes.

**La pelote** – Plus grosse qu'une balle de tennis, elle doit allier la dureté à l'élasticité. Elle comporte un noyau de caoutchouc serré et moulé, enrobé de coton et protégé d'une ou deux épaisseurs de cuir. Elle pèse un peu plus de 100 g et peut atteindre une vitesse de 300 km/h. La pelote de gomme creuse est de plus en plus utilisée.

## Spécialités

Difficile, pour le profane, de s'y retrouver dans les quelque 22 spécialités dont ne sont présentées ici que les plus célèbres. Dans les grandes parties, les *pelotaris*, en chemise et pantalon blancs, se distinguent par la couleur de leur ceinture, bleue ou rouge. Ils bondissent d'un bout à l'autre de la piste et renvoient la balle d'un puissant moulinet de bras.
Le *txatxaria* (crieur) chante les points d'une voix sonore.

**Le grand chistera** – Depuis 1900, la formule la plus appréciée des touristes est le jeu au grand chistera, qui ne se pratique qu'en France. Ce « grand jeu », très rapide, à deux équipes de trois joueurs, fut popularisé par les prouesses de **Joseph Apesteguy** (1881-1950), devenu célèbre sous le nom de Chiquito de Cambo. La pelote, lancée contre le mur du fronton, est reprise de volée, ou après un premier rebond, à l'intérieur des limites tracées sur le terrain.

**La cesta punta** – Cette variante du jeu de chistera est aussi spectaculaire qu'athlétique, d'où son succès actuel. Elle se joue sur le *jaï-alaï* et le but se marque sur le « mur à gauche », entre deux des lignes verticales numérotées.

**Et autres variantes…** – Les connaisseurs basques préfèrent d'autres jeux, plus anciens et plus subtils : le « **jeu net** » *(joko-garbi)* au petit gant (chistera de petit format), le jeu à main nue. Le jeu de **rebot** se joue à deux équipes se faisant face. Pour engager le point, le buteur fait rebondir la pelote sur un billot et la lance à la volée, vers le mur, dans le camp adverse.

On retrouve dans les jeux en trinquet, pratiqués en salle, le cadre des anciens jeux de paume. La pelote est lancée à **main nue**, avec une palette de bois (**paleta**, de plus en plus utilisée) ou la raquette argentine (jeu de **xare**). Dans le jeu de **pasaka**, pratiqué avec le gant, les murs sont utilisés comme les bandes d'un billard.

### LES JEUX DE FORCE

Il s'agit de mettre en concurrence des équipes de douze colosses venus défendre l'honneur de leur village. Chacun des équipiers a sa spécialité parmi huit épreuves, inspirées des activités quotidiennes à la ferme. Ces jeux animent de nombreuses fêtes locales, dont la plus connue est celle de St-Palais.

L'**orga joko** (lever de charrette) consiste à faire tourner à bout de bras une charrette de 350 kg sur son timon en faisant le plus grand nombre de tours possible, tandis que l'**aizkolari** (bûcheron) doit couper à la hache des troncs de 35 à 60 cm de diamètre le plus vite possible, et que le **segari** (scieur de bois) scie dix troncs de 60 cm de diamètre, toujours le plus rapidement possible. Le **zakulari** (porteur de sac) court avec un sac de 80 kg sur les épaules.

Le **lasto altxari** (lever de bottes de paille) consiste à hisser à 8 m de hauteur une botte de paille de 45 kg le plus grand nombre de fois possible en deux minutes.

Pour le **harri altxatzea** (lever de pierres), on effectue une levée de pierres de 250 ou 300 kg le plus de fois possible. Les **esneketariak** (porteurs de bidons de lait) doivent parcourir la plus grande distance possible avec deux bidons de 40 kg. Enfin, la **soka tira** (tir à la corde),

**LE VERT PARADIS DES SURFEURS**
Depuis maintenant plusieurs décennies, la Côte basque s'affirme comme le berceau européen du surf. Ce succès s'explique par une série de coïncidences géographiques *(p. 108)*. Depuis son apparition à Biarritz en 1957, le surf connaît une popularité grandissante, au point de compter aujourd'hui plus de 30 000 licenciés et 150 000 pratiquants. Le surf a même fait son entrée dans les épreuves physiques du baccalauréat. Cet engouement a généré une véritable manne économique pour la côte. En 2007, Anglet a même inauguré une ZAC (Baia Park) dédiée aux sports de la glisse… À défaut d'affronter en direct les vagues, les plus frileux profiteront des festivals de film qui se tiennent chaque année à Anglet et à St-Sébastien pour découvrir les sensations hautes en couleur qu'offre ce sport grisant *(p. 136)*.

épreuve reine, oppose deux équipes de huit hommes tirant chacune de son côté une corde afin que le milieu de celle-ci (marqué par un foulard noué) franchisse un repère au sol.

### LES COURSES DE TAUREAUX

Dans le moindre village, comme partout en Espagne (la Catalogne faisant seule exception), le taureau est le roi de la fête, quelle que soit la manière de l'approcher.
Universellement connues grâce à Ernest Hemingway, les corridas des **Sanfermines (St-Firmin)** de **Pampelune** attirent une grande foule entre le 6 et le 14 juillet (réservation indispensable). Les taureaux qui combattent dans l'arène l'après-midi sont lâchés au petit matin dans la rue, encadrés de bœufs dressés : c'est l'**encierro** qui se déroule sur un trajet de 800 m délimité par de hautes barrières. Des jeunes gens courent devant eux, *templant* (tempérant) la charge à l'aide d'un journal plié. Mais on ne s'improvise pas *corredor* d'*encierro* et les accidents, parfois graves, affectent surtout les profanes (23 blessés dont un dans un état grave en 2013) : restez donc spectateurs de cette course (rendue encore plus dangereuse par la foule qui se presse sur le trajet dans le seul souci de se donner des émotions fortes), que ce soit derrière les barrières fermant les issues, ou sur les gradins des arènes où elle se termine.
Les vrais aficionados ne manquent sous aucun prétexte les **corridas générales de Bilbao** (une semaine autour du 15 août), un des sommets de la saison taurine espagnole, ou celles de **Bayonne** *(juil.-sept.)*. Vous pourrez aussi assister aux ferias de **Tudela** (juillet), d'**Azpeitia** (autour du 1er août) et de **Vitoria** (feria de la Virgen Blanca, autour des 4-9 août).
Vous pouvez également suivre des **courses landaises** dans les arènes de Bayonne, écarts et sauts permettant d'esquiver les charges de la vache. Les concours de **recortadores** constituent un spectacle assez similaire et de plus en plus populaire en Espagne.
Mais à la différence des courses landaises, le taureau sort cornes nues et n'est pas maintenu par une corde.
*Programme détaillé des corridas de chaque feria sur www.mundotoro.com (rubrique « Carteles »).
Les affiches sont rendues publiques environ un mois avant le début de l'événement. Vous pouvez généralement vous procurer des places à l'avance sur le site Internet de chacune des arènes ou au guichet le matin de la course.*

## LES TRAÎNIÈRES

Comme pour les autres jeux de force, les courses de traînières (*traineras* en espagnol) font revivre des gestes d'antan. Ces bateaux étaient autrefois utilisés pour pêcher les baleines ou pour le remorquage, à rames, des grands navires approchant des côtes. Aujourd'hui, le Kevlar et le carbone ont remplacé le bois, et les équipages (13 rameurs) se mesurent dans de mémorables courses, dont la plus célèbre a lieu dans la magnifique baie de St-Sébastien lors de la Kontxako Bandera.

## BALLON OVALE OU ROND

Est-il besoin de rappeler que le Sud-Ouest est la patrie du rugby français ? D'**août à mai**, chaque rencontre du week-end prend l'allure d'une épopée, souvent contée avec beaucoup de verve. L'équipe locale est l'objet de toutes les attentions et de discussions interminables, avivées par la subtilité des règles du jeu et les décisions de l'arbitre. Vous pourrez vous procurer le calendrier des matchs d'amateurs auprès des offices de tourisme et des clubs.
Le rugby basque compte parmi ses clubs le prestigieux **Biarritz Olympique**. Créé en 1898, le club a pris ce nom en 1913 et a rapporté cinq fois le fameux Bouclier de Brennus (trophée attribué au champion de France) au Pays basque : 1935, 1939, 2002, 2005, 2006. Le club dirigé par le charismatique Serge Blanco a pour grand rival l'**Aviron Bayonnais**, qui a quant à lui remporté trois fois le titre suprême (1913, 1934 et 1943), pour quatre finales perdues… Mais face à l'émergence d'équipes ambitieuses aux budgets conséquents, comme Toulon ou le Racing-Metro 92, et la constance affichée des ténors, Toulouse et Clermont-Ferrand, l'élite du rugby basque marque le pas…
Au-delà de la frontière, c'est le **football** qui est le sport-roi : fondé en 1898 par des travailleurs anglais œuvrant sur les chantiers navals et par des étudiants de la bourgeoisie locale ayant étudié au Royaume-Uni, l'**Athletic Bilbao**, qui s'enorgueillit de n'aligner que des joueurs basques, est son plus illustre représentant. Les duels avec la **Real Sociedad** de St-Sébastien sont épiques, tandis que l'**Osasuna** de Pampelune défend, plus modestement, les couleurs navarraises dans la « Liga », le championnat espagnol. Mais s'il n'y a pas de club de haut niveau au Pays basque français, celui-ci a néanmoins donné des joueurs de talent comme le Luzien **Bixente Lizarazu** et le Bayonnais **Didier Deschamps**, champions du monde avec l'équipe de France en 1998.

## LE MUS

Considéré comme le plus ancien au monde, ce jeu de cartes, dont on trouve une première mention au 18e s., serait originaire du Pays basque. Deux couples de joueurs s'opposent en faisant des paris, ou mises, avec un décompte de points variable suivant les options choisies.
Le jeu se compose de 4 séries de 10 cartes chacune. Ce sont les ors, les coupes, les épées et les bâtons. Chaque série est constituée de trois figures (roi, cavalier, valet) et de sept cartes numérales.

# L'art du « tapeo »

## MODE D'EMPLOI

Pour goûter au meilleur des produits basques ou navarrais au sud des Pyrénées, et plus spécialement sur la côte, il suffit de *tapear*! Cette pratique gustative hautement conviviale consiste à aller de bar en bar en fin de journée (c'est-à-dire vers 20h côté espagnol) pour vous délecter de tapas et de *pintxos* accompagnés d'un verre de vin ou d'une bière. À cette heure-là, les bars sont littéralement pris d'assaut par les jeunes, les retraités, les parents et les enfants. Chacun papote tout en se servant directement au comptoir, ou en désignant au serveur toutes les préparations dont il a envie avant de récupérer l'assiette qu'il aura composée. Le plus souvent, l'addition se règle après dégustation. Le serveur liste alors les consommations. Gare à celui qui essaierait de frauder : le serveur a bonne mémoire et se souvient toujours de ce qui a été pris!

Au final, l'endroit est aux Basques ce que le pub est aux Anglais et le café aux Français : un pilier incontournable de sociabilité. La gourmandise en plus! En la matière, la réputation de St-Sébastien est inégalable, suivie de près par Hondarribia.

## TAPAS OU PINTXOS ?

Aujourd'hui connues un peu partout, les **tapas** sont des mises en bouche, qui, au terme de votre balade, auront constitué de véritables repas. Le choix est vaste pour ne pas dire infini et va des **piquillos** (poivrons) et des **olives** marinées jusqu'à l'assiette de **jambon** à la coupe en passant par les fameuses **tortillas** (omelettes), les **patatas bravas** (pommes de terre sautées avec une mayonnaise ou une sauce tomate pimentée), les **chipirones** ou les **tranches de pain** garnies de thon, de crevettes, de poivrons, de champignons ou de tout autre produit dont le cuisinier aurait eu l'idée et la fantaisie. Certaines préparations élaborées renouvellent le genre.

Si les tapas sont d'origine médiévale, les *pintxos* ont vu le jour plus récemment, sans doute dans le premier tiers du 20e s. à St-Sébastien. Certains vont même jusqu'à préciser que c'est au bar de La Espiga de la calle San Marcial que sont apparus les premiers *pintxos* (ou *pinchos* selon la graphie espagnole). Ils n'existent d'ailleurs sous ce nom qu'en Espagne. Parfois présentés comme de mini-brochettes, tartinés sur des croûtons de pain ou servis dans de petites cassolettes, ils déclinent la tradition culinaire basque sous forme miniature. Là encore, le choix est considérable, et vous aurez peut-être la chance de tomber sur une noix de St-Jacques assaisonnée à l'ail et au pesto ou un foie gras poêlé à l'émulsion de mangue et au vinaigre balsamique, voire un *marmitako* ou un *ttoro* lilliputien.

# Terroirs et gastronomie

**La gastronomie au Pays basque et en Navarre a été élevée au rang d'art, que ce soit dans les cuisines familiales où produits du terroir, poissons, gibiers et épices mijotent, dans les bons restaurants où se succèdent des générations de grands chefs, ou dans les *txoko*, ces lieux fermés où se rassemblent les hommes autour des fourneaux dans l'objectif d'exceller dans l'art culinaire, loin de leurs épouses !**

## Une grande variété de produits

### POISSONS DE L'OCÉAN

Avec près de 200 km de côtes, depuis Bayonne jusqu'à l'estuaire du Nervión, il est normal que Labourd, Guipúzcoa et Biscaye aient tiré de la mer leurs principales ressources alimentaires. Autrefois, chaque saison apportait son poisson : au printemps, l'**anchois**, à partir du 29 juin, le **thon** et, pendant l'hiver, la **dorade**, sans oublier les pêches plus lointaines qui ramenaient de Terre-Neuve la morue.
Aujourd'hui, grâce au commerce mondial ou à la congélation, on trouve ces poissons toute l'année, mais dégustez-les de préférence en saison. La **morue** en risotto, en salade ou en ragoût n'en sera que meilleure. Le **marmitako guipúzcoan**, ragoût à base de thon, de pommes de terre, de tomates et de poivrons prendra toute sa saveur, et le **ttoro**, cette soupe de poissons préparée avec ail et piment à St-Jean-de-Luz, sera justement appréciée.

### FRUITS DE MER ET COQUILLAGES

Autre spécialité venue de la mer et tout aussi délectable, les **chipirones** sont des petits encornets apprêtés dans leur encre ou avec de l'huile d'olive et de l'ail. Ce grand classique est servi dans de nombreux bars à tapas. En Guipúzcoa, les restaurants proposent également du **crabe farci**, tandis que ceux de Biscaye mettent à leur carte les **palourdes d'Urdaibai** et les **araignées de mer**.

### POISSONS D'EAU DOUCE

Plus à l'intérieur des terres, la **truite** occupe une place de choix dans les assiettes ; fraîche ou fumée, elle est mise en valeur dans de nombreuses recettes.
Enfin, s'il est une spécialité aquatique incontournable et de plus en plus recherchée, c'est bien la **pibale**, alevin d'anguille qui remonte les cours d'eau à la recherche d'un endroit où grandir en paix. Mais la pibale se faisant rare, sa pêche est strictement réglementée aujourd'hui, ce qui en fait un mets de choix, notamment pour les fêtes. Frite dans l'huile

et l'ail, elle se déguste dans une cassolette à l'aide d'une petite fourchette de bois.

## VIANDES ET CHARCUTERIE

Outre la mer, les provinces basques et navarraises peuvent se prévaloir de vastes espaces montagneux où agneaux, veaux et porcs paissent en toute tranquillité. Leur viande se retrouve tout naturellement dans les menus des *etxekoandreak* (maîtresses de maison) ou des restaurants, qui vous proposeront de l'**axoa** du côté d'Espelette (sorte de ragoût d'agneau ou de veau coupé en dés avec du piment), du **boudin** vers Laudio (Biscaye) et, partout, du **jambon**.

### Jambons

Le jambon de Bayonne est produit dans le bassin de l'Adour, aire géographique comprenant le département des Pyrénées-Atlantiques et quelques cantons limitrophes, à partir de porcs élevés dans tout le Sud-Ouest.
Le **jambon Kintoa** a, lui, une aire de production beaucoup plus restreinte puisqu'elle se limite au Pays Quint (*p. 242-243)*; les porcs pie noir du Pays basque y sont élevés en plein air et les jambons affinés au séchoir naturel des Aldudes. Inscrit dans une démarche AOC, ce jambon confirme sa place parmi les jambons secs haut de gamme.
Côté espagnol, la palette est très large, allant du savoureux **jabugo** à la viande de cochon sauvage ou de sanglier au **serrano**, en passant par le délicieux **bellota**, préparé avec de la viande de cochon ibérique *(ibérico) pata negra* nourri de glands et de châtaignes. Vous ne verrez pas un bar à tapas ou un restaurant sans son cuissot prêt à la coupe!

### Gibier

Des deux côtés des Pyrénées, la chasse est aussi à l'honneur, offrant en saison gibiers à plume et à poil, dont les fameuses **palombes**, tirées à l'automne vers St-Jean-Pied-de-Port (*p. 100)*.

## FRUITS, LÉGUMES ET ÉPICES

De par la surface importante de forêts et l'hygrométrie parfois élevée de certaines zones géographiques, les champignons, et plus particulièrement le **cèpe**, sont appréciés dans la cuisine basque. Ainsi, il n'est pas une fête en Álava où ce mets ne figure au menu. Chanterelles, morilles, russules et girolles lui font parfois concurrence.
Rien ne manque dans le panier de la ménagère basque, et surtout navarraise, puisque la vallée de l'Èbre constitue un potager à ciel ouvert. On y produit des asperges, fèves, bettes, artichauts, haricots verts, courgettes, betteraves, aubergines, petits pois, laitues, choux, poireaux, oignons… Autant de produits qui entrent dans la composition des tapas, ou de plats comme la piperade, sorte de ratatouille relevée au piment avec œufs brouillés et jambon.
Certaines communes s'enorgueillissent d'une production bien particulière, comme Guernica pour le piment vert, Hondarribia pour le petit pois, Tolosa pour le haricot, Lodosa pour le *piquillo*, Espelette pour le piment (AOC depuis 2000) et Itxassou pour la cerise noire, dont la confiture accompagne si bien l'Ossau-Iraty.

## FROMAGES

Culture pastorale oblige, les Basques et les Navarrais utilisent le lait des brebis pour fabriquer des fromages. Le plus connu est l'ossau-iraty, AOC depuis 1980, produit dans les Pyrénées-Atlantiques, et plus spécifiquement aux abords de la forêt d'Iraty dont il tire son nom. Il se fabrique à partir du lait entier de brebis manech à tête noire ou rousse, brassé, moulé et pressé puis salé au gros sel et affiné au minimum trois mois. Sur le versant navarrais, le fromage de Roncal, obtenu grâce au lait entier des brebis latxa est travaillé puis salé et affiné entre décembre et juillet. Quant au délicieux fromage d'Idiazabal, il est produit à la frontière entre Navarre et Guipúzcoa. Il s'agit d'un fromage à pâte sèche, élaboré exclusivement avec du lait de brebis latxa et affiné au moins deux mois. Autre produit laitier que vous retrouverez sur les tables des deux côtés de la frontière hispano-française : le **mamia**, du lait caillé de brebis que l'on déguste avec du miel liquide.

#### DOUCEURS

Impossible de repartir du Pays basque sans avoir goûté à son chocolat ! Les meilleurs se dénichent à Bayonne, St-Sébastien ou Tolosa, selon une tradition remontant au 16e s. Les amateurs de sucreries apprécieront également les *vasquitos* et *nesquitas* de Vitoria, ou les spécialités à base d'amandes produites par les différentes congrégations religieuses du Sud des Pyrénées. Côté pâtisseries, les gourmands se régaleront des macarons de St-Jean-de-Luz, de *goxua* (une sorte de baba au rhum à la crème pâtissière et au caramel) et, bien entendu, de gâteau basque.

#### VINS

### Cru côtier

Celui du **txakoli** demeure le plus confidentiel avec seulement 80 ha exploités du côté de Getaria et de Bakio, sur le golfe de Biscaye. Élaboré à partir d'un cépage local, il se caractérise par une légère acidité et une mousse à peine perceptible. La plupart du temps blanc et sec, il se déguste aussi en vin rouge dans les alentours de Bakio, devenant alors *txakoli ojogallo*. Consommé très frais, souvent en apéritif, il accompagne parfaitement les *pintxos*.

### Irouléguy

Le vignoble d'Irouléguy (aujourd'hui 200 ha) fut planté par les moines de Roncevaux au 11e s., non loin de St-Étienne-de-Baïgorry.

## GÂTEAU BASQUE À LA CRÈME OU À LA CONFITURE DE CERISE

**Pour 5-6 personnes** – *250 g de farine, 125 g de beurre, 125 g de sucre cristallisé, 2 œufs (+ 1 jaune pour dorer la pâte), 2 cuillers à soupe de rhum ou d'essence de vanille, une pincée de sel.*

Mélangez d'abord beurre et sucre, puis les œufs et enfin la farine, le sel et l'arôme. Malaxez le tout et faites durcir la pâte au frais le temps de préparer la crème, s'il s'agit d'un gâteau à la crème. Pour préparer celle-ci (1/4 l de lait, 2 jaunes d'œufs, 65 g de sucre semoule, 25 g de farine, 50 g de poudre d'amandes, 2 cuillers à soupe de rhum ou d'essence de vanille) : fouettez ensemble jaunes d'œufs et sucre, ajoutez la farine et mélangez. Versez ensuite la moitié du lait bouilli, tournez puis mettez le tout sur le feu jusqu'à ébullition, pendant 1mn. Ajoutez le rhum ou l'essence de vanille et laissez refroidir.

Étirez votre pâte sur une épaisseur de 4 à 5 mm. Prenez-en 60 % pour en garnir votre moule, beurré et fariné. Répartissez au choix la crème refroidie à laquelle vous ajoutez la poudre d'amandes ou bien la confiture de cerise noire, puis appliquez la pâte restante pour fermer le moule. Abaissez les bords de la pâte, rayez-la à l'aide d'une fourchette. Passez-la à l'œuf pour la faire dorer et enfournez pendant 30 à 40mn, à feu doux (160 °C).

## LES SOCIÉTÉS GASTRONOMIQUES

Ces provinces ont fait de la gastronomie un art de vivre, et ce n'est sans doute pas un hasard si la région concentre de part et d'autre de la frontière une quinzaine de restaurants étoilés. En Espagne il existe, depuis le 19e s., des sociétés gastronomiques. L'Euskadi en répertorie plus de 1 000, dont au moins 500 pour le seul Guipúzcoa, la palme revenant à St-Sébastien avec une centaine de sociétés, dont les plus prestigieuses et anciennes sont Gaztelubide et Euskal Billera. Elles étaient jadis l'apanage des hommes (des sociétés féminines se sont créées plus récemment) qui se réunissaient pour faire le marché, cuisiner, se transmettre les recettes et se retrouver dans un local réservé, le **txoko**. Dans les plus traditionnelles de ces sociétés, un « tour de cuisine » est établi entre les membres et scrupuleusement respecté. Il est toutefois douteux qu'en tant que touriste vous ayez accès à l'un de ces cénacles…

Déclaré AOC en 1970, il produit des vins rouges exclusivement à partir de tannat (*bordelesa* en basque), de cabernet franc *(acheria)* et de sauvignon. Les blancs s'obtiennent quant à eux à partir de courbu *(xuri cerratia)* et de manseng *(ixiriota xuri)*. Le rouge, à la robe pourpre foncée, possède un bouquet de fruit mûrs accompagné d'arômes de violette et de cannelle ; il accompagne les viandes rôties ou en sauce, le gibier et les fromages. Le blanc se boit sur les poissons, les fruits de mer, le pain d'épices, les confitures. Il existe aussi un rosé, qui se marie très bien avec les viandes et les poissons grillés.

### Les vins de la Rioja alavesa

La Rioja alavesa couvre quelque 8 000 ha, plantés essentiellement de *tempranillo*, un cépage qui donne un vin rouge généralement fruité et tannique. Les plus réputés sont élaborés dans les environs de Labastida. Côté blanc, le vignoble d'**Álava** en produit à partir de *viura*.

### La Navarre

Avec 13 000 ha de *tempranillo* et de grenache, la région arrive en tête des productions, en volume comme en qualité. Les **navarra** produits autour de Tafalla, Tudela, Olite et Estella comptent parmi les meilleurs vins d'Espagne. Ils sont rouges, rosés, blancs ou liquoreux.

## CIDRE

Les Basques se revendiquent les premiers producteurs de cidre *(sagardoa)*, avant même les Bretons et les Normands. Traditionnellement, ce breuvage acidulé et pétillant se déguste directement au tonneau (*kupela)*. Un repas dans une cidrerie constitue un moment convivial et inoubliable.

*Pour en savoir plus, visitez aussi, dans les environs de St-Sébastien, la Maison du cidre basque, p. 272.*

## SPIRITUEUX

Le **patxaran** ou **pacharán**, parfois appelé en basque *basarana*, est une liqueur de prunelles élaborée en Navarre. Titrant à 25 °C, elle se déguste toute l'année, tout comme l'**izarra,** spécialité d'Hendaye. Concocté à partir de plantes aromatiques, de graines, d'écorces et d'Armagnac, cet alcool présente une couleur verte ou jaune selon que dominent la menthe poivrée ou l'amande amère.

# Art et architecture

**Depuis des siècles, les pèlerins traversent les Pyrénées pour se rendre à Compostelle. Ces voies plus ou moins fréquentées ont toujours été un lien, parfois très fort, entre des provinces bien différentes. Cette variété est plus que jamais d'actualité et il serait impossible de comparer St-Jean-de-Luz ou Biarritz à Bilbao, Bayonne à Pampelune. La culture ici n'appartient pas au passé comme en témoigne l'importance de l'architecture moderne et de l'art contemporain, réveillés par l'incroyable succès du musée Guggenheim de Bilbao.**

## Art roman

À partir du 10e s., on assiste au repeuplement de la région et à la reconstruction d'églises : au nord des Pyrénées après la victoire des ducs de Gascogne sur les Normands ; au sud après la Reconquête sur l'Islam grâce aux rois d'Asturie-León, Castille et Navarre, et à l'aide légendaire de saint Jacques Matamoros lors de la bataille de Clavijo (844).

### LE RAYONNEMENT DES CHEMINS DE ST-JACQUES

La diversité des chemins de St-Jacques à travers le Pays basque et la Navarre fait surgir quantité de monastères, lieux d'hospitalité et de prière, et de nombreuses églises et chapelles : route côtière à travers le Labourd (Lahonce), le Guipúzcoa, la Biscaye (Cenarruza-Ziortza) et l'Álava (Estibaliz) ; route du col du Somport, conduisant les pèlerins par Jaca, Leyre et Sangüesa ; enfin route d'Ostabat et Roncevaux, la plus fréquentée à partir du 11e s.

Bâtisseurs et sculpteurs transmettent styles et motifs décoratifs d'une région à l'autre (Toulouse, Jaca, etc.). D'autres passent de Compostelle à Pampelune : ainsi, Pierre de Roda (Rodez), évêque de Pampelune et ancien moine de Conques, appelle maître Esteban sur le chantier de sa cathédrale. Des ouvriers, prisonniers arabes ou chrétiens mozarabes, introduisent, sur les murs et les fenêtres, des éléments décoratifs musulmans : entrelacs, rosaces, larges palmettes. Les coupoles à nervures sur plan octogonal à **L'Hôpital-St-Blaise,** en Basse-Soule, ou **Sta María de Eunate** et **Torres del Río** en Navarre témoignent de l'influence de l'art califal de Cordoue. Ces deux derniers édifices étaient peut-être des chapelles funéraires, car des escaliers, logés dans des tourelles adjacentes, permettent d'accéder au toit pour entretenir la lanterne des morts, toujours visible à Torres del Río.

Art de confluences, l'art roman est aussi un art populaire : dans les villages qui se créent et deviennent des étapes pour les pèlerins, des artisans locaux ornent les bâtiments religieux de sculptures, parfois assez frustes mais d'une grande force expressive. Ainsi à Villatuerta, en Navarre (1062), ou dans le groupe très curieux de la vallée d'Orba, au sud de Pampelune,

# ABC d'architecture

**Les dessins présentés dans les planches qui suivent offrent un aperçu visuel de l'histoire de l'architecture dans la région et de ses particularités. Les définitions des termes d'art permettent de se familiariser avec un vocabulaire spécifique et de profiter au mieux des visites des monuments religieux, militaires ou civils.**

**L'HÔPITAL-ST-BLAISE – Plan de l'église (12ᵉ-13ᵉ s.)**

Cette petite église romane de Soule, située sur les chemins de St-Jacques, surprend par ses décors très révélateurs de l'influence hispano-mauresque.

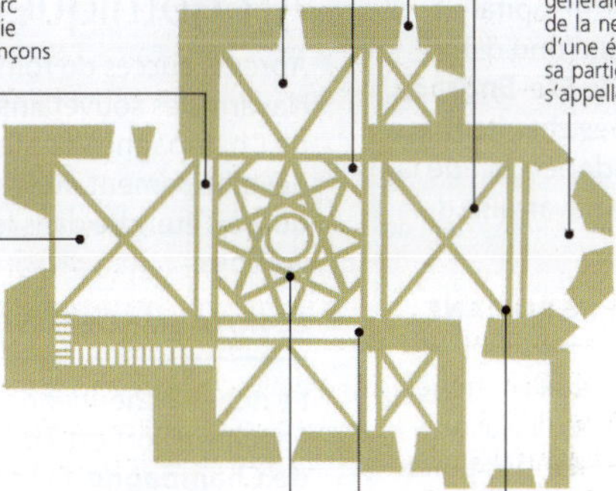


**MONASTÈRE DE LEYRE – Crypte (11ᵉ s.)**

Remarquable pour ces courtes colonnes et ses robustes chapiteaux, la crypte a été construite pour supporter l'église supérieure, de même plan.

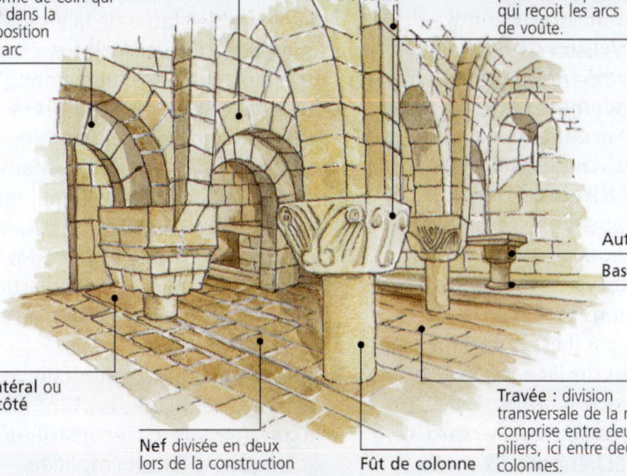

deux églises, Orisain et Olleta, et deux ermitages isolés, Echano et Catalain, présentent une très belle décoration sculptée, exécutée par la même équipe au 12e s. Un grand nombre de ces édifices comportent un porche méridional en appentis, supporté par des arcades ou des colonnes à chapiteaux.

Il ne subsiste que de rares vestiges d'hôpitaux et de monastères au nord des Pyrénées : en Labourd, Lahonce, en Basse-Navarre, Bidarray, en Soule, L'Hôpital-St-Blaise et, perdue au fond d'une vallée, la **collégiale Ste-Engrâce** (1075) aux superbes chapiteaux polychromes qui dépendait de la puissante abbaye navarraise de Leyre.

### LA NAVARRE, TERRE ROMANE

Traversée par les deux branches du principal chemin, la Navarre devient tout naturellement une des terres d'élection de l'art roman. Cette floraison artistique commence sous le règne de **Sanche le Grand** (1004-1035), le fondateur du chemin des Français ou *Camino Francés* (Pampelune, Puente-la-Reina, Estella). Il domine un très vaste royaume où s'élèvent de nombreux monastères : Irache, San Millán et surtout Leyre, « cœur et centre du royaume », dont les abbés deviennent souvent évêques de Pampelune. Consacrée en 1057, la crypte, avec ses colonnes ramassées et ses énormes chapiteaux, décorés de simples volutes, soutient un chevet à trois vaisseaux, abside et absidioles, d'une hauteur audacieuse. Ce chevet est le prototype des grandes constructions romanes du 11e s. espagnol, car il est antérieur aux sanctuaires de Jaca, Léon et même St-Jacques-de-Compostelle.

Près de deux siècles plus tard, l'ère romane s'achève avec **Sanche le Fort** (1194-1234), enterré à Roncevaux, grand champion de la croisade contre les Maures (victoire de Las Navas de Tolosa en 1212).

Les dernières réalisations romanes sont Ste-Marie de Tudela, bâtie sur une ancienne mosquée, et surtout les églises d'Estella, véritables synthèses de l'art du pèlerinage. Les influences musulmanes dans l'art chrétien après la Reconquête vont former le **style mudéjar**.

## Art gothique

Après le succès du roman en Navarre, les souverains venus de Champagne vont faciliter le développement du style gothique qui va s'étendre dans les régions voisines.

### LE ROYAUME DE NAVARRE

Le neveu et héritier de Sanche le Fort est **Thibaud Ier de Champagne**. Avec les rois champenois, suivis des capétiens, l'influence gothique pénètre le royaume. Premiers exemples : le monastère cistercien d'Iranzu, fondé en 1176, ceux de Fitero et de la Oliva (seconde moitié du 12e s.). Ces églises ont des croisées d'ogives et des piliers d'une sobre rigueur avec des éléments encore romans à la Oliva (le chevet).

L'église romane d'**Ujué**, dont la vénérable statue de la Vierge sanctifie le rôle de forteresse face aux royaumes musulmans, fut enveloppée à la fin du 14e s. par la splendide église gothique construite par Charles II le Mauvais.

La ville royale d'**Olite** connaît quant à elle une activité architecturale intense dès le 13e s. : San Pedro, Santa María la Real et une partie du château royal, agrandi aux 14e et 15e s.

À **Pampelune**, la cathédrale romane fut ravagée en 1277 lors de la guerre civile. La reconstruction gothique (1312) est amplifiée de 1387 à 1425 par Charles III le Noble : nef, bas-côtés et cloître sont de style flamboyant avec de remarquables sculptures (« la Puerta Preciosa »). Au 18e s., la façade sera détruite pour laisser place au néoclassique.

### LES PROVINCES BASQUES EN FRANCE ET EN ESPAGNE

Le vif développement urbain du 13e s. favorise l'essor de l'architecture gothique. En témoignent quelques édifices civils et surtout les cathédrales des principales villes. À **Bayonne**, après l'incendie de 1258 qui ravagea la ville et la cathédrale romane Ste-Marie, l'évêque Raymond de Martres fit appel à des maîtres d'œuvre sans doute champenois. L'influence de Soissons et de Reims est frappante dans l'abside avec son déambulatoire dont les voûtes se prolongent vers les chapelles rayonnantes, la croisée du transept et les sculptures du portail sud. Les clefs de voûte polychromes de la nef datent du 14e s., époque de la domination anglaise; le cloître et la façade ouest, avec les lys de France, sont du 15e s. Mais les flèches, en harmonie avec ce style gothique flamboyant, ne furent élevées qu'en 1877.

En Biscaye, il faut citer la cathédrale Santiago au cœur de **Bilbao**, la basilique de **Lekeitio**, le portail flamboyant de **Güeñes**… En Álava, à **Vitoria**, la cathédrale Santa María est l'objet d'un exemplaire chantier de restauration qui remet en valeur la nef et le portail du plus pur gothique français.

À **Laguardia**, Santa María de los Reyes présente un admirable portail sculpté du 14e s. Bien protégées des intempéries, les élégantes statues gothiques conservent la polychromie exécutée sans doute au 17e s. En Guipúzcoa, les églises Santa María de **Deba** et San Salvador de **Guetaria** sont de beaux exemples du gothique des 14e et 15e s.

## De la Renaissance au néogothique

Le développement économique s'accompagne d'une richesse décorative très marquée pendant la Renaissance en Espagne. Elle devient très ostentatoire dans le baroque qui se diffuse partout, du 16e au 18e s., en réaction à l'austérité de la Réforme, avant un retour vers le gothique au 19e s.

### LA RENAISSANCE

Avec la richesse venue du Nouveau Monde, le 16e s. est une période de grandes constructions en Pays basque espagnol : les églises sont achevées avec des voûtes aux articulations très complexes en pierre ou en bois, marquées encore par le gothique. Le style Renaissance, avec la disposition harmonieuse, symétrique des corps de bâtiments et l'importance donnée aux portails sculptés, apparaît à partir de 1526 avec la chapelle et l'université du St-Esprit à **Oñati** en Guipúzcoa. Le séminaire royal de **Bergara**, l'église d'**Elorrio**, entre autres, sont des exemples d'églises-halles à trois nefs de même hauteur, créant un espace unifié sur un modèle nordique. Sous l'influence castillane, la décoration sculptée des portails est souvent de **style plateresque**, ce style d'ornementation architecturale de la Renaissance espagnole dont les motifs évoquent l'orfèvrerie (*p. 314*).

### LE BAROQUE

De la fin du 16e au 18e s., le baroque marque profondément l'architecture, soit avec un style assez sobre mais imposant (églises d'Elgoibar et Segura en Guipúzcoa), soit avec un décor sculpté surabondant (basilique Santa María de **St-Sébastien**). Il a produit une œuvre grandiose en Guipúzcoa : le **sanctuaire de Loyola** en l'honneur de saint Ignace, fondateur de l'ordre des Jésuites. Conçu par l'Italien Carlo Fontana (1634-1714), élève du Bernin, l'influence romaine est visible dans la spectaculaire coupole de 65 m de hauteur et le majestueux portique d'entrée.

### Les églises à galeries en Labourd et Basse-Navarre

Pour faire face à l'accroissement de la population au 16e s., l'évêque de Bayonne conseille en 1556 aux villageois d'Ossès d'agrandir leur église en hauteur et de la garnir de galeries de bois. Cette disposition architecturale simple et peu coûteuse est adoptée presque partout, même dans les églises bâties après les destructions dues aux protestants. Les massifs **clochers-porches** abritent souvent une salle qui servait autrefois de lieu de réunion communal. Avec leur nef unique, leur plafond en bois, souvent peint, et leurs galeries sculptées et datées, les églises s'ouvrent largement sur le chœur, décoré d'un retable étincelant de dorures.

Les églises souletines comportent généralement des tribunes sans galeries latérales. Elles offrent de curieux **clochers-calvaires** : murs pignons à trois frontons de hauteur inégale, surélevés de croix pour rappeler la Crucifixion et la Trinité (l'église de Gotein au sud de Mauléon-Licharre en est un exemple caractéristique).

### Les retables

Déjà présents à la fin de l'époque gothique (retable flamand de Lekeitio en Biscaye), les retables prennent une importance considérable à partir de la Contre-Réforme lorsqu'ils servent l'enseignement religieux et l'exaltation de la foi catholique. Pour ces signes ostentatoires de la richesse d'une paroisse ou d'une ville, avec l'éclat des dorures, les sculpteurs rivalisent d'ingéniosité dans l'agencement des différents niveaux ou registres, des multiples volets, bas-côtés, autels latéraux. Outre les documents écrits, l'étude des styles des figures, des détails d'habillement, de la présence ou non d'éléments profanes permet de dater ces ouvrages et de reconnaître la marque d'un sculpteur ou d'une dynastie de sculpteurs.

En **Pays basque espagnol et en Navarre**, presque toutes les églises présentent de magnifiques retables, certains du 16e s. (Oñati, Bergara en Guipúzcoa, Galdakao en Biscaye, Artziniega en Álava, Arguiñano et Ciriza en Navarre), la majeure partie du 17e, du 18e et même du 20e s. (Arantzazu en Guipúzcoa).

En **Pays basque français**, le plus important est à St-Jean-de-Luz (1669), mis en place par le sculpteur Martin de Bidache après le mariage de Louis XIV. Les retables du Labourd et de Basse-Navarre datent presque tous du 17e s.

## LE NÉOGOTHIQUE DU 19e S.

L'engouement pour le Moyen Âge, le sauvetage et la redécouverte des grandes cathédrales influencent, au 19e s., les nouvelles constructions religieuses. Ce style gothique revisité apparaît alors comme le mieux adapté à l'expression de la foi, suivant un courant artistique en vogue.

Parmi les édifices néogothiques, on peut citer St-André à Bayonne, Ste-Eugénie à Biarritz et, en zone rurale, les églises rebâties des chefs-lieux de canton : Ustaritz, St-Palais, Hasparren, Bidache, etc. En Guipúzcoa, la ville de St-Sébastien, très marquée par l'influence française, se dote d'une nouvelle cathédrale de ce style.

**LAGUARDIA – Portail de l'église Sta-Maria-de-los-Reyes (12e-17e s.)**

Sculpté au 12e s., ce portail gothique impressionne toujours par la richesse de son décor polychrome restauré et protégé depuis le 17e s.

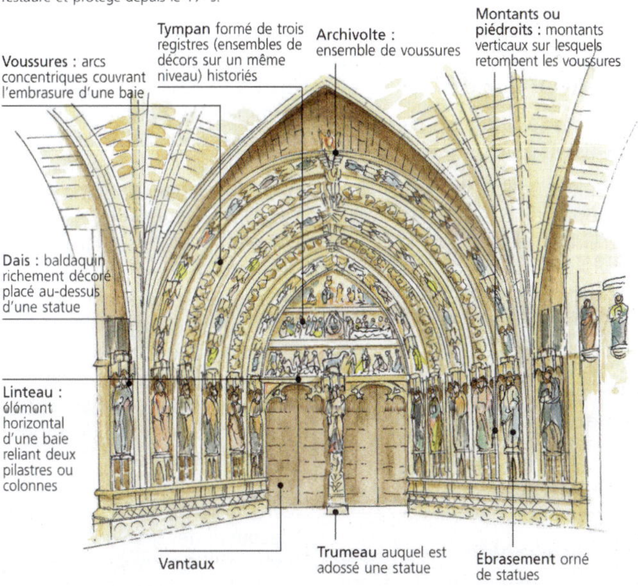


**ST-JEAN-DE-LUZ – Intérieur de l'église St-Jean-Baptiste (17e s.)**

Transformées pour la plupart au 17e s., les églises basques se distinguent par leur nef unique sur les murs latéraux de laquelle sont posées des galeries. Un retable monumental occupe le chœur.

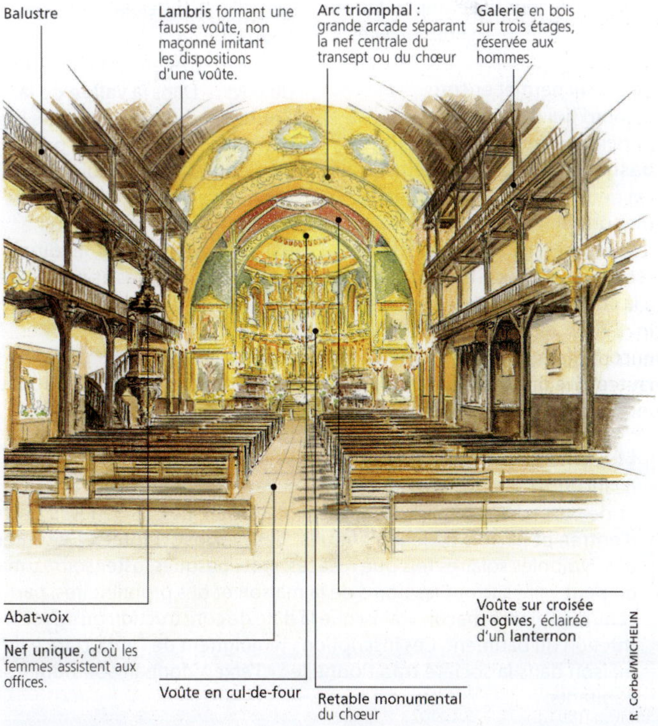


R. Corbel/MICHELIN

# Architecture traditionnelle

Une ferme aux murs blancs et aux boiseries rouges trônant dans un écrin de verdure… Dès le 19e s., la maison basque *(etxea)* est victime de ce cliché réducteur qui ne concerne que la maison rurale de la façade océanique, et qui ne résume pas la diversité de formes, de plans et de matériaux observable aujourd'hui. Voici quelques clés pour apprécier, loin des idées préconçues, cet art de bâtir.

## LA MAISON RURALE

### Inventaire rapide

Vers 1930, le géographe Théodore Lefèbvre, parcourant l'ensemble des provinces, établit plusieurs catégories de maisons rurales en fonction de leur site d'implantation et des activités humaines qu'elles abritent.

Ce travail permet encore aujourd'hui de distinguer les principaux types. – Dans le **Pays basque atlantique**, l'habitat rural est généralement dispersé et les maisons blocs abritent à la fois les hommes, les animaux et les récoltes. Les maisons, blanchies à la chaux, font appel à des matériaux légers, permettant les encorbellements. – Les **régions riveraines de l'Èbre** sont vouées au vin, au blé et à l'horticulture. Dans les « pays à vin », les maisons bâties au-dessus des caves se groupent sur des buttes ou des terrasses pour laisser les terres alluviales aux cultures ; dans les « pays à blé », l'habitat est plus dispersé et les maisons se développent en largeur pour abriter une étable et les récoltes ; une cour permet le battage.

On trouve peu de bois dans ces édifices qui font largement appel à l'argile. – Les **maisons de Haute-Navarre** sont regroupées sur les hauteurs. Le climat rude impose des bâtiments massifs, faisant appel au bois et à la pierre. Dans certaines vallées, on peut encore découvrir des greniers sur piliers *(hórreos)*. – En **Basse-Navarre**, l'habitat est dispersé mais les maisons souvent rassemblées en quartiers d'importance variable. Les constructions munies parfois de balcons possèdent souvent de beaux encadrements de portes et de fenêtres en grès, la pierre du pays. – Dans la **vallée de la Soule**, les maisons réunies le long d'une route ou près d'un pont sont petites et peu profondes. Les murs en galets, la charpente dont la forte pente se termine par un ressaut *(coyau)*, la toiture couverte d'ardoises et percée de lucarnes sont les caractéristiques de ces maisons montagnardes qui peuvent posséder plusieurs dépendances encadrant une cour.

**LES LINTEAUX DES MAISONS NAVARRAISES**

Beaucoup de maisons rurales, en particulier dans les provinces de Navarre et de Basse-Navarre, arborent des linteaux au-dessus de leurs portes d'entrée et parfois de leurs fenêtres. Ces pierres sculptées présentent des symboles solaires tels que rosaces, croix basques, ostensoirs… mais on peut y lire surtout les noms de la maison et des propriétaires, parfois celui du « maître maçon », ainsi que la date de construction ou de reconstruction du bâtiment. Ces inscriptions témoignent de l'importance de la maison dans la société traditionnelle : « l'*etxe* » donnait son nom à ses habitants.

### Des maisons très anciennes

Des recherches récentes ont permis de retrouver quelques maisons extrêmement anciennes qui, bien qu'ayant subi de nombreuses modifications au cours des siècles, témoignent d'un art de bâtir exceptionnel.
Certaines de ces maisons semblent remonter au 14e s. Elles sont constituées d'une ossature de bois dont les pièces principales sont des portiques assemblés par des queues d'aronde. La pierre ne s'est imposée qu'à partir des 16e-17e s. dans ces constructions dont les murs étaient eux aussi garnis de planches. Il s'agit là d'un type d'habitat vascon dont on trouve des traces jusque vers la Garonne.

### L'évolution des habitations

Les constructions rurales n'ont jamais été des modèles figés, mais elles se sont continuellement adaptées aux modes de vie.
C'est ainsi qu'en Pays basque français, l'introduction du maïs au 16e s. a nécessité plus de place pour entreposer le matériel agricole et les récoltes, mais aussi pour accueillir l'augmentation de la population résultant de ce contexte économique favorable. Les agrandissements en largeur et en hauteur, tout en s'intégrant dans la volumétrie traditionnelle, ont fait davantage appel à la pierre.
On peut encore lire ces évolutions sur les façades des maisons rurales en observant les murs pignons dont l'allure plus ou moins symétrique est soulignée par les jeux de lignes des pans de bois.

### Les maisons fortes

L'architecture régionale comprend encore de nombreux types de constructions.
Parmi les plus typiques, citons les **maisons-tours** ou maisons fortes, connues principalement en Pays basque espagnol. Ce sont des constructions fortifiées et imposantes, généralement « posées comme des sentinelles au centre des vallées », tel que l'affirmait l'architecte suisse Alfredo Baeschlin.
Si l'épaisseur des murs et l'étroitesse des ouvertures indiquent leur destination défensive, il s'agit aussi d'exploitations agricoles. Elles furent bâties entre le 13e et le 15e s., quand les habitants des vallées se livraient des luttes fratricides, et servaient de refuge en cas de raid ennemi. Beaucoup portent un **blason** sur leur façade.

### Les « palacios »

Connus seulement dans les provinces du sud, les palacios ont été construits entre le 15e et le 18e s., souvent sur d'anciennes maisons-tours, progressivement transformées en agréables résidences donnant plus d'importance à la décoration extérieure. C'est ainsi que les tours défensives placées aux angles des édifices militaires sont devenues des pinacles d'ornement.

## LA MAISON ET LA SÉPULTURE

Dans la société traditionnelle, il existait un lien très étroit entre le monde des vivants et celui des morts.
La maison était reliée à la sépulture par un chemin particulier *(hil bide)* que tout cortège funèbre devait emprunter. On ne pouvait vendre la maison sans vendre la tombe s'y rapportant. Avant l'aménagement des cimetières, chaque maison possédait sa sépulture dans la nef de l'église. Lors des offices, les femmes de la maison prenaient place sur une dalle appelée *jarleku* pour accomplir les rites funéraires tandis que les hommes étaient relégués au fond puis, plus tard, dans des galeries. Ceci

probablement pour des raisons pratiques : les travaux des champs les contraignaient à un va-et-vient peu propice au déroulement serein du culte.
Au cimetière, la sépulture familiale, orientée vers le soleil levant, était généralement signalée par une **stèle discoïdale** sur laquelle étaient sculptés le nom de la maison et différents signes dont certains renvoient à des conceptions très anciennes du monde et de la vie.
C'est le cas notamment de la fameuse **croix basque**, symbole solaire, souvent composée de trois éléments : le disque, représentant le ciel, le carré, la terre, et les quatre têtes, ou *lauburu*, orientées vers la droite, illustrant le mouvement, le passage.

### LES MAISONS URBAINES

L'architecture basque traditionnelle ne se limite pas à l'habitat rural. Il existe de nombreux types de maisons urbaines, à l'origine, souvent construites selon les principes appliqués dans les campagnes : mêmes matériaux, mêmes techniques. Destinées aux activités des négociants, des artisans et des bourgeois, ces maisons s'adaptaient au parcellaire urbain. Citons par exemple les deux types existant à **Bayonne** dès le Moyen Âge : dans la haute ville, près de la cathédrale, les maisons possédaient de belles caves voûtées pour abriter les marchandises, tandis que, dans les quartiers gagnés sur les barthes (marécages), elles étaient construites sur pilotis avec un rez-de-chaussée muni d'arceaux donnant sur un canal. À l'origine, ces édifices ne possédaient que deux étages avant d'être rehaussés d'un ou deux niveaux lorsque les faubourgs furent rasés sur ordre de Vauban au 17e s.

# Architecture urbaine

### LES GRANDES ÉVOLUTIONS DU 19e S.

#### Des villes en pleine croissance

À partir du début du 19e s., l'architecture urbaine se démarque complètement de l'architecture rurale. Destinée à des édifices municipaux de prestige, elle emprunte le style officiel à la mode dans les années 1800-1840, le **néoclassicisme**. Portiques et frontons, alignements de colonnades ou d'arcades, tous ces éléments se retrouvent dans les grandes villes. En Biscaye, la Casa de Juntas de Guernica, les mairies de Bilbao et d'Orduña, à Vitoria le palais de la Diputación et à Bayonne, alors seule ville importante du Nord, un vaste édifice un peu hétéroclite construit en 1842. Mairie, théâtre, douanes, voire musée et bibliothèque sont logés dans un bâtiment inspiré du grand théâtre de Bordeaux élevé au siècle précédent.

#### Les aménagements de places

À Vitoria et Bilbao, les « **plazas nuevas** » sont de majestueux quadrilatères très centrés, quasiment fermés et souvent entourés d'arcades. À St-Sébastien, la place de la Constitution est enserrée dans un réseau de rues quadrillées à angles droits car la ville se rebâtit après les destructions du début du 19e s.
Ce même plan régulier caractérise les nouveaux quartiers, les « **ensanches** » (extensions) de Pampelune, Vitoria et St-Sébastien. **Bayonne** est alors coincée dans ses fortifications de place forte. Elle ne peut qu'élever d'un ou plusieurs étages ses vieilles maisons, utiliser les arrière-cours et remblayer les quais sur la Nive pour loger le théâtre-mairie entre deux places

**ZARAUTZ – Tour Luzea (15e s.)**

Ce superbe palais-tour, sans doute le plus beau de la province, allie la solidité de sa construction et la beauté de son décor gothique.

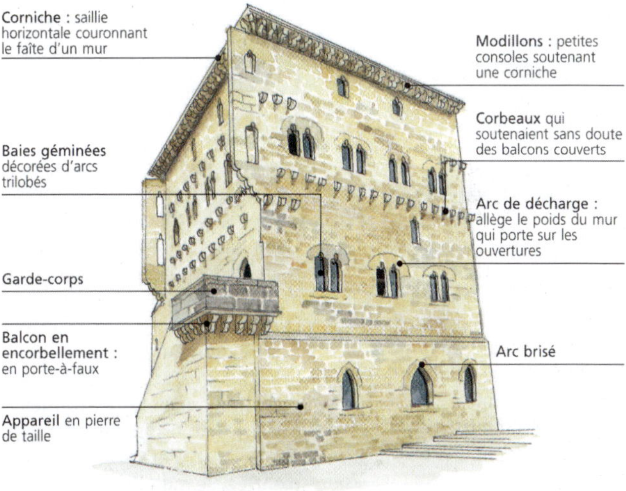


**OÑATI – Université du Saint-Esprit (16e s.)**

Dans cette université représentative de l'architecture Renaissance en Pays basque, la simplicité de l'appareil contraste avec la richesse décorative de son portail et des pilastres d'angle.

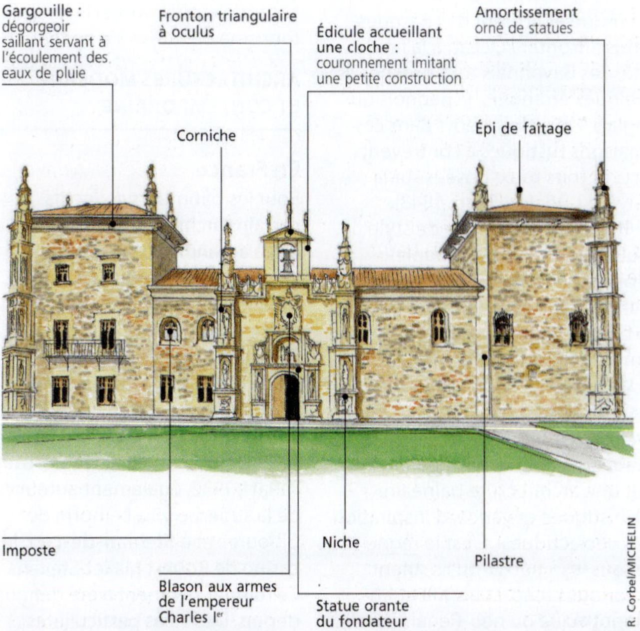

anciennes agrandies. La ville s'ouvre sur les Allées Marines, qui étaient à l'époque une large promenade ombragée de quatre rangées d'arbres majestueux.
Ce nouvel ensemble urbain déplace le centre-ville des abords de la cathédrale vers le confluent Nive-Adour.

### L'explosion industrielle en Espagne

Le triomphe de l'industrie sidérurgique et la présence de manufactures au Sud transformèrent les vallées du Guipúzcoa et de la Biscaye en « rues d'usines », entraînant de lourdes modifications urbaines. C'est le cas de Bilbao, qui se dota néanmoins d'un théâtre, d'un musée des Beaux-Arts, et d'une université, Deusto, dirigée par les jésuites.
Ces édifices furent bâtis dans un style éclectique assez pompeux, comme les villas cossues des beaux quartiers.

### Une architecture balnéaire

Dès 1830, les **bains de Biarritz** sont à la mode et attirent des Basques venus affronter l'Océan à la fin de l'été, des Bayonnais tout proches et quelques étrangers, Espagnols ou Anglais. On se loge alors dans ces « maisons rustiques à contrevents verts et toits roux, posées sur la bruyère » (Victor Hugo, 1843).
En 1855, la villa Eugénie de style Louis XIII, destinée au couple impérial, s'élève au-dessus de la Grande Plage et du premier pavillon de bains « à la mauresque ». Le seul témoignage, bien que remanié, de ce style balnéaire oriental est le **casino d'Hendaye**.

Avec l'arrivée spectaculaire de la haute aristocratie européenne naît une architecture balnéaire sophistiquée et variée, d'inspiration très « éclectique ». C'est le règne de tous les « néos » qu'ils soient historiques (néo-Louis XIII et XIV; néogothique ou néo-Renaissance) ou géographiques : andalou, irlandais, anglo-normand.
On retrouve aussi ces belles demeures à St-Sébastien devenu résidence royale d'été (palais Miramar).

### Le style néobasque

L'architecture néobasque s'élabore à l'extrême fin du 19e s. avec deux villas à **Biarritz**, Toki Eder et Haïtzura, et surtout la superbe demeure d'Edmond Rostand à Cambo, la **villa Arnaga** (œuvre d'Albert Tournaire) voulue expressément par l'écrivain en style basque pour mieux s'intégrer « entre montagnes mauves et Nive bleue ». Au 20e s., les maisons blanches, aux boiseries rouges ou vertes, toits dissymétriques à deux versants et vastes porches d'entrée, se multiplient. D'abord dans les somptueuses villas début de siècle, dont Hendaye possède de beaux exemples, puis schématisées, réduites à un catalogue assez directif d'éléments identifiants du régionalisme basque dans la seconde moitié du siècle lorsque le tourisme de masse s'amplifie.

## ARCHITECTURES MODERNE ET CONTEMPORAINE

### En France

Pour les bâtiments collectifs, certains architectes n'hésitent pas à agrandir démesurément le volume de la maison labourdine, pour édifier d'énormes hôtels-résidences, quand d'autres préfèrent résolument le style Art déco : à **Bayonne**, les douanes (Benjamin Gomez, 1938), à **Biarritz**, le casino municipal (Alfred Laulhé, 1929) et le musée de la Mer (Joseph Hiriart, 1932, également auteur de la superbe villa Leïhorra de Ciboure), et à **St-Jean-de-Luz**, le casino de Robert Mallet-Stevens. Ce dernier bâtiment a été défiguré depuis. Des villas particulières

### CAMBO-LES-BAINS – Villa Arnaga (début 20e s.)

Cette imposante maison à pans de bois, construite par Tournaire pour Edmond Rostand, est un des plus célèbres exemples de style néobasque.

### BILBAO – Musée Guggenheim (fin 20e s.)

La spectaculaire «fleur de titane», que l'on doit à Franck O. Gehry, séduit par sa silhouette sculpturale aux formes audacieuses.

sont aussi de véritables manifestes des qualités décoratives et stylistiques de l'Art déco. Après la Seconde Guerre mondiale, ces recherches régionalistes, ou modernistes, se sont appauvries. À côté d'une véritable mise en valeur du patrimoine architectural, commencent à apparaître quelques réhabilitations et créations dignes d'intérêt : Foyer des jeunes travailleurs à Bayonne, VVF d'Anglet, *ikastolas* (écoles associatives créées à partir des années 1960), médiathèque de Biarritz, etc.

### En Espagne

On peut noter, avant la guerre civile, quelques réussites modernistes : club nautique de St-Sébastien (Aizpurua, 1929), constructions de Victor Eusa à Pampelune. Dans les années 1950, la **basilique d'Arantzazu**, s'inscrivant dans le renouveau de l'architecture religieuse, relance la collaboration entre artistes de renom, principalement basques.

Depuis les années 1980, le gouvernement basque d'**Euskadi** développe une politique ambitieuse en matière d'urbanisme et de création architecturale.

**Vitoria-Gasteiz**, devenue capitale politique, a été dotée d'un palais de justice, d'un palais du Gouvernement et d'un musée d'art moderne, l'Artium. À **St-Sébastien**, l'apparition des deux cubes de verre translucide du centre culturel du Kursaal (Rafael Moneo, architecte navarrais né à Tudela en 1937) sur une nouvelle plage-promenade a transformé l'ancien *ensanche* de Gros.

Symbole le plus célèbre du pari culturel de rénovation d'une ville administrative et industrielle, la « Flor de Titanio » (« fleur de titane ») de **Bilbao**, le musée Guggenheim. Depuis 1997, l'œuvre de Frank O. Gehry, véritable fleur futuriste sur les rives du fleuve, a fait entrer Bilbao dans les grands circuits touristiques internationaux. La ville est devenue le terrain de jeu privilégié des plus grands noms de l'architecture contemporaine. Parmi les créations les plus récentes : le métro de sir Norman Foster, l'aéroport de Sondika et le pont de Zubizuri par Santiago Calatrava, le palais des congrès et de la musique Euskalduna, de Federico Soriano et Dolores Palacios, évoquant les anciens chantiers navals, les tours jumelles d'Arata Isozaki, la tour Iberdrola de César Pelli, la restructuration de l'Alhondiga par Philippe Starck, avec sa piscine suspendue… En attendant l'aménagement des rives du fleuve, sur 2 km, par Zaha Hadid, l'architecte star iraquo-britannique.

La **Navarre** à son tour, grâce notamment au statut d'autonomie,

Intérieur de l'Alhondiga de Bilbao, par Philippe Starck.
*W. Bikibow / age fotostock*

se lance dans des constructions ou rénovations audacieuses : université Opus Dei, musée de Navarre, fondation Oteiza, sièges d'entreprises industrielles…
Des aménagements urbains ont été réalisés en commun par le sculpteur **Eduardo Chillida** et l'architecte Luis Peña Ganchegui (Peigne des Vents à St-Sébastien, plaza de los Fueros à Vitoria). Des chais et boutiques vinicoles sont édifiés dans la prestigieuse **Rioja alavesa** par Gehry, Calatrava et Philippe Mazières. En dehors des villes, on note la renaissance de villages et de bourgs adroitement aménagés, équipés de mobilier urbain contemporain.

# La peinture moderne et contemporaine

La peinture a longtemps été influencée, tant au nord qu'au sud des Pyrénées, par la volonté de décrire le charme des paysages et des maisons, « l'exotisme » des manifestations ludiques, sportives et religieuses, la beauté des rivages et des montagnes. Des « vues » quasiment cartographiques du 18e s., on passe au « pittoresque » des lithographies et tableautins romantiques. À partir de la fin du 19e s., l'évolution picturale diverge entre les peintres français qui se fixent sur la côte et ceux des provinces du Sud où naît une véritable école basque, centrée sur Bilbao, « nouvelle Athènes ».

## MULTIPLES TENDANCES DE L'ART MODERNE JUSQU'EN 1950

### Le dynamisme espagnol

La **Navarre**, malgré son brillant passé artistique, reste très proche de l'enseignement académique madrilène.
Dans la riche **Biscaye**, les commandes affluent : décoration du palais foral de Biscaye à Bilbao ou de la Casa de Juntas à Guernica. Le musée des « Bellas Artes », fondé en 1914, s'ouvre largement aux artistes locaux. Dans les associations et cénacles divers, les discussions artistiques sont nombreuses. Faut-il suivre les directives nationalistes de Sabino Arana, au risque de tomber dans la très académique peinture d'histoire ? Faut-il revenir aux valeurs fortes de la peinture espagnole, aux couleurs austères, à la force expressive du dessin comme le voulaient les intellectuels de « la génération de 98 » ? C'est le chemin que choisit le meilleur représentant de cette génération, **Ignacio Zuloaga** (1870-1945), également le plus connu en France, car une partie de sa carrière s'est déroulée à Paris où il fréquente

Toulouse-Lautrec et Gauguin. Il représente avec un réalisme parfois assez cru et un grand sens dramatique, annonçant déjà l'expressionnisme, les personnages et les lieux typiques de la Castille. Un musée lui est consacré dans sa maison de Zumaia.

D'autres préfèrent suivre la voie de l'impressionnisme. C'est le cas d'**Aurelio Arteta** (1879-1940), qui s'attache à capter la lumière sur les rives du Nervión industrialisé dans des toiles empreintes de mélancolie, ou du paysagiste **Dario de Regoyos** (1857-1913), formé à Bruxelles. **Francisco Iturriño** (1864-1924) est un adepte du fauvisme. **Nicolás de Lekuona** (1913-1937), également auteur de photo-montages, adhère aux idées des constructivistes avant d'évoluer vers le surréalisme. Il faut aussi citer le peintre, dessinateur et céramiste **Ramiro Arrue** (1892-1971), l'un des fondateurs du Musée basque de Bayonne. De tous ces artistes (bien représentés dans les musées des Beaux-Arts de Bilbao et de Vitoria) émerge la force d'une humanité solide, burinée par les travaux de l'usine et des champs, campée fièrement sur sa terre. Cette voie est poursuivie (et renouvelée grâce aux apports du cubisme) par **Menchu Gal** (1918-2008), première femme peintre reconnue en Espagne.

### Le néobasque en France

Les peintres, souvent originaires d'autres régions de France, soulignent aussi la vigueur et la dignité du peuple basque tout en accentuant le côté intemporel, sinon archaïque, des paysages et des travaux agricoles. Une vision idyllique des paysages, des maisons, des activités sportives et religieuses. Une facture très classique à peine tintée parfois d'impressionnisme ou de cubisme. Au Musée basque de Bayonne figurent des œuvres célèbres de **Gustave Colin** (1828-1910), **Marie Garay** (1861-1953) et **Henri Zo** (1873-1933).

L'école bayonnaise, formée autour du peintre plus parisien que basque, **Léon Bonnat** (1833-1922), reste très académique : portraits et scènes de genre constituent leurs sources d'inspiration.

## LES CRÉATIONS CONTEMPORAINES

La peinture se modifie profondément et suit les courants internationaux. La rupture avec le traditionalisme basque se fait dans la décennie 1960-1970. Elle est marquée en Espagne par l'apparition des peintres du groupe Gaur tournés vers l'abstraction : **Rafael Ruiz Balerdi** (1934-1992),

### CHILLIDA LE FORGERON

Enfant du pays, Edouardo Chillida (1924-2002) a acquis une reconnaissance internationale qui dépasse le cadre de St-Sébastien, sa ville natale. Sa notoriété tient aux commandes publiques qu'il a réalisées en collaboration avec l'architecte Ganchegui, et à la présence de ses œuvres dans divers musées du monde. Non figuratives, souvent monumentales, en fer, en pierre, en béton, ses œuvres sont tantôt denses, refermées sur elles-mêmes, tantôt déchiquetées, tantôt inscrites dans l'espace en puissantes courbes. En 2000, l'artiste a ouvert à Hernani, à proximité de St-Sébastien, une **fondation** qui porte son nom (fondation Chillida-Leku), décrivant ainsi son projet : « Un jour, j'ai rêvé d'une utopie : trouver un espace où les sculptures pourraient reposer et où les gens pourraient se promener au milieu d'elles comme dans un bois ». Las, faute de moyens, la fondation a fermé ses portes début 2011… en attendant de retrouver des subventions ?

**Juan Antonio Sistiaga** (1932) ou le muraliste **José Luis Zumeta** (1939). En France, il n'y a pas de véritable école. Aujourd'hui, les jeunes artistes s'orientent vers une expression beaucoup plus technologique en utilisant tous les médias possibles. Mais d'autres restent fidèles à la peinture, figurative ou abstraite : notamment **Lydie Arickx**, née dans la région parisienne en 1954.
Actuellement, les liens nord-sud se développent grâce au rôle de « passeurs » de certains musées (Bonnat à Bayonne, San Telmo à St-Sébastien, Artium à Vitoria). Grâce aussi aux centres culturels comme Arteleku en Guipúzcoa, la Tabakalera de St-Sébastien, les biennales d'art contemporain, etc.

## La sculpture de l'art moderne à aujourd'hui

Le **groupe Gaur** renouvelle la sculpture au Pays basque espagnol. Profondément nationaliste, ce groupe, fondé en 1964 par le sculpteur charismatique **Jorge Oteiza** (1908-2003), veut mettre les nouvelles expressions de la sculpture et de la peinture à la recherche des racines profondes de l'identité basque. Les artistes les plus célèbres y adhèrent mais chacun poursuit sa propre quête. Sculpteur sur bois, **Remigio Mendiburu** (1931-1990) s'inspire de formes organiques ; **Néstor Basterretxea** (1924), sculpteur, peintre mais aussi cinéaste, réfléchit sur la mythologie basque.
L'évolution sculpturale de **Jorge Oteiza**, auteur de la très discutée frise des 14 apôtres d'Arantzazu (*p. 310*), est bien représentée à la fondation Alsasua de Pampelune. Il est passé de formes figuratives primitivistes à une recherche approfondie sur le vide.
Un peu écrasés par ces rénovateurs, les artistes d'aujourd'hui peinent parfois à trouver leur voie et les nombreuses sculptures abstraites en acier qui décorent les places ne révèlent parfois guère de personnalité. Certaines individualités émergent cependant. La diversité de leurs œuvres marque les places publiques de St-Sébastien : **Andrés Nagel** (1947) et la plaza de Europa, **Ricardo Ugarte** (1942) et le bâtiment de la Kutxa (mais aussi sa ville natale de Pasaia), **Aïtor Mendizabal** (1949) et la plaza d'Irun. Dans un autre genre, **Agustín Ibarrola** (1930) a transformé la forêt d'Oma, près de Guernica, en sculpture vivante.
En France, il faut citer une grande figure : **Jesús Echevarria** (1916-2009), né en Álava dans une famille de tailleurs de pierre mais fixé à Cambo-les-Bains à partir de 1944, célèbre pour ses séries narratives et symboliques. De nombreux autres artistes s'expriment de manières diverses : figurative (**Christiane Giraud**), abstraite (**Claude Viseux**, 1927-2008, **Jean Escaffre**), avec des matériaux et des techniques fort variés (**Killy Beall**, **Benoît et Jacques Lasserre**).
Comme partout ailleurs, d'autres jeunes artistes discutent le concept de sculpture, et adoptent les installations multimédias et les créations éphémères : **Cristina Iglesias**, **Txomin Badiola**…

# Langue, littérature et mythologie

**L'euskara est l'une des plus vieilles langues d'Europe. Elle compte aussi aujourd'hui parmi les plus vivantes, de par la richesse de sa production. Si les concours de *bertsu* célèbrent avec succès son oralité, la langue des Basques a gagné très tôt ses lettres de noblesse grâce à une littérature poétique originale. Comme toute langue régionale, elle aura servi des causes identitaires et politiques mais, depuis quarante ans, elle est surtout le vecteur d'une littérature reconnue internationalement, avec ses grands écrivains et poètes.**

## Une langue isolée au cœur de l'Europe

Objet de fascination pour les linguistes du monde entier, l'**euskara** fait partie, avec la famille des langues finno-ougriennes (le finnois, l'estonien et le hongrois), des seules langues non indo-européennes du Vieux Continent et l'on a coutume de la considérer comme la plus ancienne d'Europe. Elle possède, en outre, la particularité de n'être apparentée à aucune autre langue répertoriée, ce qui en fait une langue isolée. Son enracinement géographique actuel date de plusieurs millénaires, bien que la première mention écrite de son existence ne remonte qu'à la *Guerre des Gaules* de César (1er s. av. J.-C.).

### DES ORIGINES MYSTÉRIEUSES

Les hypothèses concernant l'origine de la langue basque sont nombreuses. Pour la communauté scientifique internationale, cinq théories méritent le respect, bien qu'aucune n'ait établi de certitude. Le **basco-ibérisme** a voulu relier l'euskara à la langue des Ibères. Le **basco-chamito-sémitisme**, dans le prolongement de cette hypothèse, fait provenir la langue basque d'Afrique du Nord. Une troisième voie explorée au milieu du 20e s. est le **basco-caucasique** qui entend relier la langue basque aux langues non apparentées du Caucase.
Selon la **théorie des substrats**, l'ancêtre de la langue basque aurait été parlé dans toute l'Europe occidentale avant la venue par vagues successives des peuplades indo-européennes. Cette hypothèse a été plus récemment élaborée à partir des données tirées de l'étude génétique des populations européennes actuelles. On y observe une concentration décroissante et régulière à partir du Pays basque vers le reste de l'Europe occidentale d'un certain type d'ADN, qui découlerait du repeuplement du continent à partir du Bassin aquitain et des Pyrénées après la dernière glaciation.
Enfin, la thèse de l'**apparentement na-déné-caucasique** soutient que le basque ferait partie d'une

plus vaste famille de langues qui aurait occupé le continent eurasien avant la venue des populations parlant l'eurasiatique (dont l'indo-européen).

## LES SPÉCIFICITÉS DU BASQUE

L'originalité de la langue ne réside pas tant dans son **vocabulaire**, dont on estime qu'il provient à 75 % de langues géographiquement voisines, que dans sa grammaire. La langue basque (qui ne compte pas moins de 22 cas de **déclinaison** !) est agglutinante, c'est-à-dire que les mots sont formés en « collant » au radical des préfixes, suffixes, voire des infixes. Si l'on ajoute à cela un système de **conjugaison** fort complexe, cela explique la fréquence de mots relativement longs. Ainsi, *daramakizudalako* signifie « parce que je te l'apporte ». Le basque suit généralement une **syntaxe** sujet-objet-verbe. Le **genre** (féminin/masculin) n'existe pas, sauf attaché au verbe pour le tutoiement.
L'euskara se sert de l'alphabet latin et possède une gamme phonétique proche de celle du latin classique. Toutes les lettres se prononcent, l'écriture est donc **phonétique**. Ce qui donne à la lecture pour un mot comme *euskalduna* (le basque, littéralement, celui qui possède la langue basque) : *éouchcaldouna*. Vous voyez que c'est simple !

## L'UNIFICATION DE LA LANGUE

Le 5 octobre 1968, l'**Académie de la langue basque** jette les bases de cette unification. L'abandon des diversités provinciales – le Pays basque compte **quatre dialectes** dotés d'une tradition littéraire écrite – est soutenu, voire précédé par les écrivains eux-mêmes. Ceux-ci contribueront par leurs œuvres à promouvoir l'**euskara batua** (le basque unifié), qui a aujourd'hui un rôle important dans l'enseignement et dans la vie culturelle.

## UNE LANGUE MINORITAIRE MAIS DYNAMIQUE

### Une présence contrastée

La langue basque est aujourd'hui parlée, écrite, audiovisuellement diffusée et enseignée aux enfants comme aux adultes. On dénombre environ 700 000 bascophones (dont un peu plus de 51 000 côté français) sur une population totale de 3 millions d'habitants.
Son assise est fragile **côté français**, où la langue est en perte de vitesse et ne bénéficie d'aucune officialité, la France n'ayant pas ratifié la Charte européenne des langues minoritaires. En 2011, on estime que 21,4 % des habitants de plus de 16 ans de la région sont bascophones et que 9,1 % comprennent la langue sans la parler correctement. Depuis quelques années, une nouvelle dynamique semble s'imposer car on dénombre de plus en plus de bascophones bilingues chez les 16-24 ans. C'est en Basse-Navarre et en Soule qu'ils sont les plus nombreux.
En Espagne, on doit distinguer la **Communauté autonome basque** dans laquelle le basque jouit de la co-officialité totale avec le castillan depuis 1979, et la **Communauté forale de Navarre** dans laquelle cette co-officialité (1982) se limite à certaines zones ; d'autres parties de la province sont pour des raisons historiques uniquement hispanophones, soit respectivement 32 % et 11,7 % de bascophones, des chiffres en constante progression.
Grâce à l'officialisation, l'euskara s'est hissé depuis un quart de siècle au rang de langue moderne et ouverte sur le monde (de la science, de l'administration, des médias, du droit, etc.). Sévèrement pénalisée sous le régime franquiste

en Espagne ainsi que sous la IVe République française, la langue basque rattrape aujourd'hui son retard.
*Office public de la langue basque - www.mintzaira.fr*

### L'enseignement

L'enseignement bilingue n'est plus le fait exclusif des **ikastolas** (écoles associatives créées à partir des années 1960).
Côté espagnol, depuis 1983, l'enseignement bilingue s'est rapidement développé dans le système d'éducation public de la Communauté autonome basque où l'on trouve trois modèles d'enseignement concurrents, selon le degré de bilinguisme proposé.
Il s'est également développé, à moindre échelle, du côté français. Le **public** (depuis 1983), le **privé** et les *ikastolas* désormais sous contrat avec l'État proposent l'euskara tantôt comme matière, tantôt comme langue d'enseignement. Plusieurs réseaux d'enseignement de l'euskara pour les adultes ont vu le jour, afin de répondre notamment aux besoins d'un public qui – au Pays basque espagnol – doit maîtriser la langue pour postuler à des emplois publics.

### Les médias

Le Pays basque espagnol est actuellement doté d'un **quotidien** *(Berria)* entièrement rédigé en basque, d'une **chaîne de télévision publique**, ETB, qui émet exclusivement en euskara, de nombreuses **radios bascophones**, d'une presse locale variée et vivante, ainsi que d'une industrie culturelle (**édition** de livres, de musique) capable de produire 1 200 ouvrages par an. La Foire du livre et du disque basques de Durango, qui a lieu tous les ans au début du mois de décembre et réunit des dizaines de milliers de visiteurs et de professionnels autour de la production bascophone, constitue un des moments forts de la vie culturelle du Pays basque.

## Littérature d'hier et d'aujourd'hui

#### LES PREMIERS ÉCRITS EN BASQUE

En 1545 paraît à Bordeaux le premier livre imprimé en langue basque, le *Linguae vasconum primitiæ* de **Bernat Etchepare**. Il s'agit d'un recueil de poèmes dans lequel l'auteur revendique la valeur littéraire et universelle de l'euskara et invite l'élite sociale de son temps à en prendre acte.
**Jeanne d'Albret**, reine protestante du royaume de Navarre, finance la traduction du Nouveau Testament en langue basque en 1563. Il s'agit pour la reine esseulée et menacée autant par la Castille que par la France, toutes deux catholiques, de rallier par ce geste le peuple à sa cause politique. Cette tâche sera accomplie par le pasteur **Joannes Leizarraga**. L'œuvre aurait pu jouer un rôle aussi important que celui de la Bible protestante de Luther pour la constitution de l'allemand littéraire, mais l'Histoire en a décidé autrement.

#### DES LETTRES SANS LITTÉRATURE

Le démantèlement de la Navarre marque le début d'une longue ère de disette littéraire au cours de laquelle l'euskara sera au mieux asservi à des fins utilitaires (religieuses), au pire défendu… en français ou en espagnol. Ainsi le jésuite **Manuel Larramendi** (1690-1766) publie en 1729 une *Grammaire de l'euskara*, puis en 1745 un *Dictionnaire basque-castillan-latin* (1745). Cette période verra toutefois l'éclosion du premier génie littéraire basque, **Pedro Aguerre,** dit **Axular** (1556-1644), auteur de l'ouvrage d'ascèse *Guero* (1643), sommet de la prose classique.

*Berria*, un quotidien en langue basque.
*Gonzalo Azumendi / age fotostock*

## UNE LITTÉRATURE IDENTITAIRE

Au 19e s., une inspiration profane s'impose sous l'impulsion des Lumières allemandes. Exhortés par le théoricien de l'« esprit de la nation », **Herder**, à puiser dans le trésor de la tradition orale l'essence de l'âme basque, les auteurs basques vont créer une tradition littéraire romantique et identitaire en accord avec l'esprit du temps. La disparition des **fors** ou coutumes écrites au Pays basque espagnol suite à la deuxième guerre carliste, en 1876, va donner à cette célébration identitaire une tonalité sombre. C'est dans ce contexte que le premier romancier basque, le Biscayen d'Ondarroa **Txomin Agirre** (1864-1920), va décrire sous un jour idyllique le monde rural traditionnel dans *Kresala (Eau de mer* - 1906*)* et *Garoa (Fougère* - 1912*)*, ouvrant la voie, avec de vraies qualités d'écrivain, au roman basque. Le point de vue de **Pío Baroja** (1872-1956) qui s'exprime, lui, en castillan, est bien différent : confronté à la misère, il se dresse avec vigueur contre toutes les règles religieuses et sociales. Ses héros sont volontiers révolutionnaires et aventuriers (*Mémoire d'un homme d'action* - 1913-1935).

Le changement de nature du projet littéraire des écrivains des années 1927-1937 accompagne l'avènement de la IIe République espagnole (1931), qui accorde son premier statut d'autonomie au Pays basque, ainsi que la montée en puissance du nationalisme basque. Une nouvelle génération de poètes entend mettre en avant sa connaissance de la littérature mondiale pour rompre avec le passé. Ils s'attachent essentiellement à recréer les principaux thèmes et motifs du symbolisme en les conformant à la pensée catholique et bien-pensante du nationalisme. **Esteban Urkiaga « Lauaxeta »** (1905-1937), fusillé par les franquistes, est le théoricien de cette modernité, tandis que **José María Agirre « Lizardi »** (1896-1933) écrit son chef-d'œuvre lyrique *Biotz begietan (Dans le cœur et dans les yeux)* en 1932.

### LANGUE BASQUE ET MODERNITÉ

L'unification de la langue par l'**Académie de la langue basque** à partir de 1968 marque un tournant majeur soutenu par des écrivains comme le Souletin **Jon Mirande** (1925-1972), le Guipúzcoan José Luis Álvarez Enparantza, dit **« Txillardegi »** (1929-2012), ou le Biscayen **Gabriel Aresti** (1933-1975). En outre, ces auteurs « hétérodoxes », qui rejettent le catholicisme du Parti nationaliste basque et son réformisme politique, libèrent la littérature basque de ses principaux tabous – sexuels, politiques ou langagiers – et la mettent au diapason des courants littéraires en vogue en Europe. Existentialisme, poésie sociale, néopaganisme, érotisme et humour noir constituent les principales nouveautés introduites par ces auteurs. D'autres écrivains, plus jeunes, continueront d'élargir l'horizon de la littérature de langue basque. **Ramon Saizarbitoria** (né en 1944) introduit les formes du nouveau roman tandis que la romancière **Arantxa Urretabizkaia** (1947) explore les voies du monologue intérieur (*Zergatik Panpox*, 1979).

## L'autonomie du fait littéraire

Dans le contexte de la « Transición » démocratique espagnole, un groupe de jeunes écrivains revendique l'autonomie du fait littéraire et le « désengagement » politique de l'écrivain. **Le groupe littéraire Pott (Désastre)**, constitué dès 1978 à Bilbao, comporte quelques-unes des figures les plus marquantes de la vie littéraire basque des années 1980 et 1990 : le poète et nouvelliste **Joseba Sarrionaindia** (1958), auteur d'une œuvre poétique raffinée et de quelques recueils de nouvelles, ainsi que **Bernardo Atxaga** (1951). Ce dernier obtient le prix national de littérature d'Espagne et une reconnaissance de la critique internationale inédite pour un auteur de langue basque avec le recueil de nouvelles *Obabakoak* (1988), traduit en 20 langues. Il y propose une relecture tragique du ruralisme littéraire de l'époque romantique. Les années 1990 sont marquées par l'arrivée à maturité du genre romanesque qui ose enfin le réalisme urbain et contemporain. Le génie ironique de **Ramon Saizarbitoria** éclôt en une série de romans où l'inconscient collectif basque contemporain est analysé avec autant de profondeur que d'humour : *Hamaika pauso (Les Pas incomptables,* 1995*)* ; *Gorde nazazu lurpean (Garde-moi sous terre,* 2000*)*. Régulièrement traduite, légitimée par la critique universitaire et constituant désormais un véritable marché, la littérature basque vit sa période la plus faste. En témoignent des romans comme ceux d'**Iban Zaldua** (1966) *(Mentiras, mentiras, mentiras,* 2006*)* ou l'accueil fait à la compilation de contes : *Mende berrirako ipuinak (Pintxos. Nuevos cuentos vascos,* 2005*)*.

## Mythes et légendes

Les légendes basques constituent un patrimoine singulier qui, étant donné la facilité de passage qu'offre le territoire, s'est continuellement enrichi d'apports étrangers.

### LE CIEL BASQUE

Dans le ciel des Basques, ou plus exactement dans le firmament, on ne rencontre guère que le **Soleil (Eguzki)** et la **Lune (Hilargi)** qui sont deux sœurs, filles de la Terre. Jadis, les bergers adressaient une invocation au soleil couchant : « Soleil saint et béni, va rejoindre ta mère ! ». Cette absence de divinités au-dessus des hommes est en opposition avec les mythes indo-européens pour lesquels les dieux commandent aux hommes depuis leur demeure céleste inaccessible.

## LE MONDE SOUTERRAIN

Les légendes basques constituent un ensemble de récits fortement liés au paysage et mettant en scène des personnages qui vivent dans les profondeurs de la terre.

### Mari, la Dame des grottes

Mari est le personnage central de cette mythologie. D'après les éléments recueillis, cet être féminin est considéré comme la personnification des forces de la nature et, si son nom a été probablement influencé par celui de la Vierge chrétienne, on suppose qu'elle doit beaucoup aux déesses antiques : Cybèle, Isis, Mithra… Mari traverse l'espace sous la forme d'une tourmente, d'une faucille de feu ou d'un vautour. Elle habite les cavités souterraines dans lesquelles elle enferme les filles des hommes. Étrangement, ces rapts ont pour but d'apprendre aux jeunes captives certains travaux domestiques, mais Mari les libère toujours, non sans leur offrir des présents. Souvent Mari est appelée « la Dame » et on connaît dans toute la chaîne pyrénéenne de nombreuses grottes censées abriter une « Dame Blanche ».

### Des animaux… rouges

Dans ce monde souterrain vivent des animaux surprenants : **Zezengorri** (le taureau rouge), **Behigorri** (la vache rouge)… Peu de récits sont parvenus à leur sujet, mais on reste surpris de la coïncidence entre ce bestiaire légendaire et les figures peintes dans les grottes ornées entre Lascaux, Niaux et Altamira (zone par ailleurs riche en toponymes basques).

## DANS LA MONTAGNE

### Des hommes forts

La mythologie basque nous présente les **Gentils** (les païens) comme le peuple des origines qui vit dans la montagne et possède le secret de l'agriculture et de la technologie. Les **humains** (que les légendes appellent « chrétiens ») s'emparent de ces secrets par ruse afin de les faire connaître dans les vallées. Plusieurs récits racontent que la race des Gentils s'est autodétruite après la chute de la première neige, signe qui annonçait l'arrivée d'une ère nouvelle, en l'occurrence le christianisme.
Dans la profondeur des forêts vivent les **Basajaun** et les **Basaandere** (seigneurs de la forêt) qui effraient les humains par leur aspect monstrueux : certains sont couverts de poils, d'autres n'ont qu'un pied, l'un d'entre eux est un cyclope. Cependant, les bergers respectent ces créatures frustes qui protègent les troupeaux en signalant l'arrivée des orages.

### Les Laminak

La nuit, le long des ruisseaux, les femelles Laminak (ou Lamiñak) coiffent leur longue chevelure avec des peignes en or. Ces êtres de petite taille sont pourvus de pattes de canard ou de chèvre, c'est selon, et elles sont généralement bienveillantes avec les humains. Leurs époux sont nettement plus inquiétants. Si ces travailleurs infatigables peuvent construire un pont ou une maison en une

### LA LITTÉRATURE POPULAIRE

La littérature de langue basque comporte un riche versant populaire, constitué de l'art des improvisateurs-poètes ou *bertsolari* et des diverses formes du théâtre souletin (*p. 49*).

## LES GROTTES, LIEUX MAGIQUES

Les légendes basques présentent les gouffres et les grottes comme les lieux de rencontre entre les êtres mythiques et les humains, ces derniers cherchant à dérober les immenses richesses de ces cavités.
À **St-Martin-d'Arberoue**, on racontait de génération en génération que la colline de Gaztelu abritait le trésor des **Laminak**. C'est précisément sous ce sommet que l'on a découvert les fameuses grottes d'Isturitz et d'Oxocelhaya !
Dans une falaise de **Bidarray**, une petite grotte abrite une stalagmite ressemblant à un tronc humain. La tradition veut que ce soit là le corps d'une jeune bergère pétrifiée, mais elle est devenue la grotte du saint qui « sue », dont les eaux sont réputées guérir les maladies de peau.

nuit (leur entreprise est toujours interrompue par le chant du coq, car les Laminak ne peuvent vivre au soleil), ils ont une fâcheuse tendance à capturer d'innocentes jouvencelles.
On dit que les Laminak ont disparu lorsque le pays s'est couvert d'églises. *p. 257.*

### SUR LA CÔTE

Peu de légendes ont été recueillies sur les côtes du Pays basque, sans doute parce que les influences extérieures y ont été plus précoces. Cependant, on y retrouve les mêmes personnages à quelques variantes près : les Laminak ont l'apparence de sirènes.

### L'influence du christianisme

La mythologie basque a progressivement assimilé des personnages fameux : on peut citer le **roi Salomon** qui parcourt le ciel à la poursuite d'un gibier ou encore **Roland**, le neveu de Charlemagne, qui marque son passage en lançant çà et là des rochers qui portent toujours le nom de « pierres de Roland ». Le « pas de Roland », lui, se trouve près d'Itxassou.

### Olentzero

Ce charbonnier, solitaire et ivrogne, travaille dans la montagne mais, lorsqu'il apprend la naissance du Christ, il descend dans la vallée porter la nouvelle. Chaque année, au moment du solstice d'hiver, il réapparaît, noir de charbon, dans les villes et les villages où sa venue annonce le retour des beaux jours. Cette fête populaire rend manifeste le métissage entre le vieux mythe des Gentils et les traditions chrétiennes de Noël.

### Les sorcières

Ici, comme ailleurs en Europe, on craint les sorcières. À l'origine, le terme de **sorgin** (sorciers) nomme les acolytes de Mari, mais ensuite, il a désigné les personnes accusées de jeter des sortilèges, mais qui ne faisaient rien d'autre que de mélanger culte catholique et croyances païennes ancestrales…
La chose fut à une certaine époque prise très au sérieux en Navarre par l'Inquisition, ainsi qu'au Labourd au début du 17$^{e}$ s. : nombre de malheureuses, accusées de sorcellerie, furent condamnées au bûcher.

Vue sur le mont Mugarra.
*Juan Carlos Cantero / age fotostock*

# Histoire

**Il est difficile de retracer l'histoire des territoires basques et navarrais. Ils ont connu des évolutions politiques propres qui les ont parfois rapprochés, mais parfois aussi éloignés. Séparés par des frontières nationales ou régionales, ils ont surtout en commun la fameuse langue basque, plus ou moins présente selon les régions, et l'expérience des fors, une organisation politico-juridique originale qui a marqué profondément la société jusqu'au 19e s., avant de disparaître.**

## La préhistoire

L'Ouest pyrénéen conserve le témoignage d'un peuplement humain ancien. Entre 300 000 et 40 000 av. J.-C., une quarantaine de sites attestent la présence de l'homme de Neandertal.

Les scientifiques sont mieux renseignés sur le **paléolithique supérieur** : les grottes d'Isturitz (Basse-Navarre), de Santimamiñe (Biscaye) et d'Ekain (Guipúzcoa) sont des gisements importants de l'art pariétal. Les fouilles ont fait apparaître qu'à la fin de cette période et au Néolithique, la région était peuplée par un homme à la morphologie différente des autres types européens, que certains ont nommé le « type pyrénéen occidental », car on en a retrouvé la trace de Burgos à la Garonne. D'où venait-il et comment expliquer ses particularités ? Les chercheurs en biologie, sérologie ou linguistique proposent différentes réponses mais, à ce jour, aucune ne s'impose.

Par la suite, les vagues successives de peuplement ont métissé ce type, tout en lui conservant des originalités que l'on retrouve aujourd'hui dans la région.

La **révolution néolithique** parvient jusqu'à l'homme pyrénéen puisque entre 4 000 et 3 000 av. J.-C., des signes de domestication sont repérés et que faucilles ou meules attestent les débuts de l'agriculture. À cette période, les dolmens, premiers monuments funéraires, apparaissent le long des voies pastorales. Des noyaux urbains (La Hoya en Álava) s'organisent aussi, signes de sédentarisation. L'ère du métal débute : on travaille le cuivre, puis le fer au 1er millénaire.

Au 6e s. av. J.-C., **Celtes** et **Ibères** arrivent en Europe occidentale, apportant des innovations techniques. Les pratiques évoluent, le rituel de l'incinération s'impose : on dépose les cendres du défunt au cœur d'un cercle de pierre nommé *baratz* ou *cromlech*.

Ces nouveaux peuplements permettent un brassage des populations ; l'actuelle Navarre est alors le territoire des Vascons.

## À l'époque romaine

### Romanisation, christianisation

La Rome conquérante, qui a déjà envahi la péninsule Ibérique, fait irruption dans la région : la **vallée de l'Èbre** tombe entre ses mains au 2e s. av. J.-C. Prétextant une révolte en Hispanie, Pompée affermit son emprise sur le Nord : il fonde **Pompaelo** (Pampelune) en 75 av. J.- C. sur le site vascon de Iruña. Puis l'**Aquitaine** est conquise par César en 56 av. J.-C. Entre ces deux zones romaines, les Vascons tentent de résister. Il faut attendre l'avènement d'Auguste pour qu'ils intègrent l'Empire.

**Provinces de l'Empire** – Au 1er s. de notre ère, l'ensemble des territoires basques et navarrais actuels sont sous autorité romaine : le Sud relève de la province de Tarraconaise et le Nord d'une province d'Aquitaine qui s'étend jusqu'à la Loire.
Une inscription découverte à Hasparren (Labourd) mentionne la création, au 3e s., de la province de **Novempopulanie** entre Pyrénées et Garonne.

**Romanisation** – Les peuples de l'Empire, notamment le plus important, celui des Vascons, subissent un processus de romanisation : les nouveaux maîtres tracent des routes et réaménagent les voies pastorales. Rome pénètre jusqu'au plus profond de la montagne : le trophée d'Urkulu, érigé non loin de la voie qui traverse les Pyrénées dans le pays de Cize, témoigne de la présence romaine.
Le castrum de Lapurdum (Bayonne), le port d'Oiasso (Irun), le camp d'Imus Pyraeneus (St-Jean-le-Vieux), la grande villa de Comunión (Álava), le trésor monétaire de Barcus (Soule), ainsi que l'exploitation des mines de fer et de cuivre dans les montagnes navarraises et bas-navarraises, sont autant de preuves de la romanisation du peuple vascon.

**Christianisation** – Par ailleurs, le christianisme se diffuse dans la région dès les premiers siècles de notre ère. Le processus est long (des zones païennes existent toujours au 10e s.), mais il ne semble pas marqué par des luttes religieuses.

### Fin de l'Empire, arrivée des Barbares

La crise qui frappe l'Empire au 5e s. a ici de graves répercussions : en 407, les **Barbares** entrent en Novempopulanie. Ils franchissent les Pyrénées en 409. Entre 451 et 454, de graves troubles se répandent dans la région de Pampelune : soulèvement des Vascons ou révolte des paysans appauvris ? Les rebelles sont néanmoins écrasés par une **armée wisigothe** au service de Rome.
Alors que l'Empire disparaît, la puissance wisigothe tente de s'imposer en Tarraconaise et en Aquitaine. Repoussés par les Francs, les Wisigoths se replient sur la péninsule Ibérique, où ils fondent leur royaume. De nombreuses rivalités opposent les Francs, au nord, les Wisigoths, au sud, et les Vascons qui se replient entre les deux. Tout au long du 6e s., les **rois wisigoths de Tolède** interviennent en territoire vascon pour mettre fin aux troubles qui agitent la région. Les chroniques franques relatent des entreprises similaires au nord des Pyrénées. Le mythe des féroces **Vascons** descendant des montagnes et semant la terreur est en train de se forger.
Au 7e s., les Francs créent un duché de Vasconie pour surveiller ce peuple turbulent. Au sud, des expéditions militaires très dures sont lancées contre les Vascons qui s'allient maintenant à l'aristocratie régionale. En 710, une guerre civile éclate entre les partisans du roi de Tolède et son rival soutenu par les Vascons. C'est dans ce contexte difficile que les musulmans débarquent dans la péninsule.

## Un royaume à Pampelune

Le royaume de Tolède, affaibli, s'effondre sous les coups des

armées musulmanes. Pampelune tombe en 714, les Pyrénées sont franchies en 720. Les Francs stoppent leur avancée à Poitiers, en 732, et reprennent peu à peu le contrôle du territoire vascon.
En 778, Charlemagne assiège sans succès les musulmans à Saragosse. Il ne peut se permettre un long siège et décide de regagner son royaume. Sur le chemin du retour, il fait raser les murailles de Pampelune, principale cité des Vascons dont la fidélité est incertaine. Lorsque l'arrière-garde de l'armée de Charlemagne, conduite par son neveu Roland, passe les Pyrénées près de **Roncevaux**, les Vascons lui tendent une embuscade, vengeant ainsi l'attaque contre Pampelune.
Charlemagne confie alors à son fils la charge d'un royaume d'Aquitaine pour maîtriser la **Vasconie**. Ce terme, que l'on retrouve dans les textes médiévaux sous le nom de *Wasconia,* désigne le territoire dominé par les Vascons; établis à l'origine dans l'actuelle Navarre, ils ont été repoussés, à partir du 6e s., au nord des Pyrénées (future Gascogne). Le terme « Navarros » apparaît, lui, dans les écrits des chroniqueurs carolingiens à la fin du 8e s. pour désigner les Vascons demeurant en dehors du royaume des Francs.

### Naissance des principautés vasconnes

Les Vascons trouvent un allié de taille avec les Banu Qasi, une famille wisigothe convertie à l'islam. Ainsi, en 824, le Vascon **Eneko Arista**, soutenu par ce clan, s'empare de la vieille Pompaelo : le royaume de Pampelune est né.
Outre-Pyrénées, une dynastie locale prend le titre de **ducs des Vascons** au 9e s., car le pouvoir carolingien déclinant ne protège plus la région agressée par les incursions normandes (Bayonne est pillée vers 840). Les ducs se lient à la famille royale de Pampelune.
En 905, **Sanche Ier de Pampelune** amorce la **Reconquista** (campagne de reconquête des territoires pris par les musulmans) en récupérant la vallée de l'Èbre. Ses efforts sont ruinés par le calife de Cordoue qui attaque le petit royaume et brûle la cathédrale en 924. Une alliance entre chrétiens (Castille, León et Pampelune) permet de repousser le calife. Les attaques ne cessent pas pour autant : en 997, al Mansūr, nouvel homme fort de Cordoue, écrase les Navarrais et entre dans Pampelune, dont le roi se soumet.

### L'apogée du royaume de Pampelune

La situation bascule au tournant de l'an mil : al Mansūr meurt, le califat plonge dans l'anarchie. En 1004, **Sanche III** (surnommé « le Grand ») devient roi de Pampelune. Se gardant d'intervenir dans les affaires musulmanes, il renforce ses possessions en réoccupant la Côte atlantique, l'Álava et la Rioja. Son entreprise majeure consiste à réunir les principautés chrétiennes sous un seul sceptre. Maître des comtés pyrénéens, il hérite de la Castille, pèse sur la destinée du royaume de León et s'allie aux Catalans. Sanche est proche de son cousin le duc de Vasconie (ou Gascogne) dont il revendique l'héritage dès 1022. Il offre la charge de vicomte de Labourd (Bayonne) à un parent et reçoit l'hommage du seigneur de Soule. À sa mort en 1035, Sanche III, maître de l'Espagne chrétienne, est appelé « el Mayor ».

## Le Moyen Âge (11e-14e s.)

### Les vicissitudes du royaume de Pampelune

Le patrimoine de Sanche le Grand est partagé entre ses fils : Garcia

**LES CAGOTS**
Durant le Moyen Âge, on recense au Pays basque français une population marginale dont on sait aujourd'hui peu de choses, les cagots. Ils firent l'objet de discriminations terribles : accès séparé à l'église et au cimetière, mariage interdit avec les autres citoyens, impossibilité d'exercer certains métiers ou toute charge publique, obligation de porter une marque distinctive... Les historiens sont partagés sur les raisons de cet ostracisme, certains y voyant le signe d'un handicap ou de la lèpre, d'autres évoquant leurs origines arabes ou wisigothes.

hérite du royaume de Pampelune, Ramiro reçoit l'Aragon et Fernando, qui obtient le comté de Castille, devient, par mariage, roi de León. Mais les ambitions de Fernando poussent les frères à la guerre. **Garcia III** est tué en 1054; son fils Sanche tombe à son tour, victime d'un complot familial. Les cousins se partagent son royaume. Rioja, Álava, Biscaye et Guipúzcoa vont à la Castille. Le roi d'Aragon s'attribue le Centre, autour de Pampelune. Désormais, le destin des Navarrais est lié à celui des rois d'Aragon qui se lancent dans la Reconquista : Saragosse tombe en 1118, puis Tudela en 1119. Mais à la mort d'**Alfonso Ier d'Aragon**, les Navarrais reprennent leur indépendance et désignent leur nouveau roi : le comte Garcia, qui devient ainsi **Garcia IV le Restaurateur**.

## Affirmation de la Navarre

**Sanche VI**, qui succède à Garcia IV en 1150, récupère temporairement l'Álava, le Guipúzcoa et la Biscaye. Mais ces territoires convoités ont maintenant leur personnalité propre. Le comté de Biscaye est favorable à la Castille. La seigneurie de Guipúzcoa suit peu à peu la voie biscayenne. Le comté d'Álava, terre stratégique, reste en bons termes avec Pampelune. Sanche VI développe les trois seigneuries, faisant de St-Sébastien et Vitoria de véritables noyaux urbains. Il est le premier monarque à abandonner le nom de « roi de Pampelune » pour prendre celui de **« roi de Navarre »** à partir de 1178. Il s'allie au roi d'Angleterre, devenu duc d'Aquitaine, se rapprochant ainsi des vicomtes de Labourd et de Soule qui sont sous domination anglaise.

Son fils, **Sanche VII le Fort**, perd définitivement Durango, le Guipúzcoa et l'Álava en 1200. Allié à la Castille lors de la croisade de 1212 contre les musulmans, il s'illustre toutefois à la bataille de **Las Navas de Tolosa**.

**Des princes français en Navarre** – Sanche VII s'éteint en 1234 sans héritier. C'est à son neveu, **Thibaud de Champagne**, que revient la couronne. Ce grand prince de France réorganise le royaume : le **fuero** de Navarre est mis par écrit et les *merindades* (circonscriptions), instituées. Son fils **Thibaud II** emmène les Navarrais en croisade à Tunis. En 1274, le trône passe à **Jeanne Ire**, épouse du roi de France Philippe le Bel, qui considère alors la Navarre comme l'annexe de son royaume. Refusant ce second rôle, les Navarrais se choisissent une nouvelle reine. En 1329, ils proclament reine Jeanne, petite-fille de Philippe le Bel : avec son mari le comte d'Évreux, **Jeanne II** poursuit la modernisation du royaume.

## Les autres provinces

**Basse-Navarre, Labourd et Soule** – Les territoires voisins de la Navarre connaissent des évolutions

différentes : autour de St-Jean-Pied-de-Port, la future Basse-Navarre relève directement du royaume de Navarre. Elle s'est organisée en vallées.
En conflit permanent avec le duc d'Aquitaine, le vicomte de Soule perd sa seigneurie en 1307. En 1193, le vicomte de Labourd est chassé de Bayonne par les Anglais et le siège de l'administration est déplacé à Ustaritz. Au siècle suivant, c'est ce village qui accueille le Bilçar (assemblée régionale populaire).
**Álava, Biscaye et Guipúzcoa** – Malgré une résistance farouche, l'Álava est annexée, puis intégrée au royaume de Castille en 1332.
En 1300, les comtes de Biscaye fondent Bilbao et, en 1379, la Biscaye est incorporée à la Castille. Les **rois de Castille** doivent jurer de respecter les *fueros* sous l'**arbre de Guernica**. Le Guipúzcoa est une « Merindad Mayor » du royaume de Castille en 1335.
La Junte (assemblée) se réunit pour la première fois en 1397.

# La crise de la fin du Moyen Âge

## Les conséquences de la guerre de Cent Ans

**Charles II de Navarre**, qui est aussi comte d'Évreux, s'engage contre le roi de France lorsque débute la guerre de Cent Ans. Prétendant au trône de France, il s'allie aux Anglais. Labourdins et Souletins, vassaux du duc d'Aquitaine, se retrouvent aussi dans le camp anglo-navarrais. Il n'est pas rare de trouver dans les Grandes Compagnies (troupes de soldats pillards) des hommes surnommés « Bascot ».
À partir de 1387, **Charles III de Navarre** inaugure quarante ans de paix pour son royaume : il se réconcilie avec le roi de France. À sa mort, son gendre, le roi d'Aragon, usurpe le pouvoir à Pampelune. Alors que la France reconquiert l'Aquitaine sur les Anglais (la Soule est prise en 1449 et le Labourd en 1451), la Navarre sombre dans la guerre civile.

### Fin du royaume de Navarre

Deux grandes familles navarraises, les **Gramont** et les **Beaumont**, se livrent une lutte acharnée, ruinant le royaume et entraînant dans leur sillage toute la noblesse navarraise. Les appétits français et castillan se réveillent : la Navarre, exsangue, est devenue une proie facile. En 1479, la couronne passe aux Foix-Béarn. Catherine de Foix-Béarn a épousé Jean d'Albret, héritier d'une riche famille d'Aquitaine. Jean et Catherine tentent de redresser leur royaume, mais ils ne peuvent éviter le pire : en 1512, le roi Ferdinand d'Aragon envahit la Navarre. Les Albret s'enfuient.

Malgré une résistance parfois héroïque (bataille d'Amaiur en 1522), la Navarre perd définitivement son indépendance pour devenir une vice-royauté dans la couronne de Castille. Seul subsiste le petit territoire du nord des Pyrénées dans lequel les Albret règnent toujours : c'est le royaume de « **basse** » **Navarre**, dont le centre administratif se trouve à St-Palais. **Jeanne III d'Albret** devient reine en 1555. Elle essaie d'implanter la Réforme protestante dans son royaume et ravive ainsi les démons de la guerre civile. Henri III, son fils, est un temps chef du Parti protestant.

En 1589, **Henri III de Navarre** devient Henri IV de France par le jeu des héritages dynastiques. L'indépendance de la Basse-Navarre est désormais en sursis.

## L'époque moderne (1589-1789)

### Le morcellement du royaume de Navarre

Avec le choix d'Henri IV de porter le titre de roi de France et de Navarre, le vieux royaume abattu au sud ne subsiste désormais que comme annexe du royaume de France. Il n'en conserve pas moins un statut à part, celui de royaume et non de province, distinction qu'il conservera jalousement jusqu'à la Révolution. Cette nuance étant acquise, le rattachement de la Basse-Navarre à la France est officialisé par l'**édit d'union**, signé par Louis XIII, en 1620.

Les rois de France deviennent automatiquement rois de Navarre. Enfin, en 1659, le **traité des Pyrénées** confirme le partage de la Navarre entre les royaumes de France et d'Espagne, fixant peu ou prou les limites actuelles entre les deux États. C'est à l'occasion du **mariage de Louis XIV** avec l'infante Marie-Thérèse d'Espagne, mariage hautement politique puisqu'il scelle une alliance entre deux ennemis traditionnels, que ce traité est signé sur l'île des Faisans, en plein milieu de la Bidassoa, fleuve désormais frontière.

### Sous le régime des fors

À partir du moment où la Basse-Navarre est intégrée au royaume de France, l'État central tout puissant sous Louis XIV impose son organisation administrative, ses impôts et ses lois. Mais, comme cela avait été le cas durant l'occupation anglaise, la société parvient à maintenir ses modes ancestraux d'organisation communautaire. Ainsi, durant cette période, les territoires basques et navarrais vivent sous le **régime des fors**, c'est-à-dire qu'ils bénéficient d'institutions spécifiques et d'un système politique original où la gestion des affaires est assurée par des assemblées de pays. Ces institutions donnent aux provinces des autonomies particulières, assurant aux petits propriétaires des droits qui n'existent pas dans d'autres pays, ou qui y sont le monopole de la noblesse ou de l'Église. Les droits de chasse et de port d'arme, par exemple, sont généralisés à toute la société.

**Les assemblées populaires** – Au-delà de forts particularismes sociaux, la population dispose d'une organisation politique propre, qu'elle arrive à conserver sous différents règnes, même en plein absolutisme. Héritées des périodes antérieures, des institutions populaires encadrent la société. Ainsi, la vie publique est-elle régie de manière communautaire à plusieurs niveaux. Dans chaque **paroisse**, l'assemblée des maîtres de maison se réunit tous les dimanches sous le porche de l'église, et débat à égalité de voix de la vie du village. Dans le Labourd, nobles et clercs en sont même exclus !

Tous les ans, chaque paroisse élit un représentant pour siéger à l'assemblée de pays, appelée selon les provinces *biltzar* (Labourd), *silviet* (Soule), états (Navarre) ou *juntas* (provinces du Sud). Cette assemblée débat de la loi régissant le pays de manière très autonome, puisque ni représentants du roi, ni noblesse, ni clergé ne sont admis. Les privilèges de l'assemblée varient selon les provinces mais ils peuvent être très étendus : levée et gestion de l'impôt (un forfait négocié avec le pouvoir lui est versé), privilèges judiciaires, militaires (propre police), autorité sur la coutume et ses modifications.

Ces institutions, relativement démocratiques pour l'époque, garantissent le respect des particularismes locaux à tous les niveaux, et même au niveau du droit. La législation française en matière de succession ou de mariage ne s'est véritablement imposée en Pays basque qu'à partir du milieu du 20e s. Au fur et à mesure que le pouvoir royal tente de mettre ces particularismes au pas, en particulier au 17e s., des révoltes s'ébauchent et se développent. C'est le cas de la **révolte de Matalas** (1661), en Soule, simple soulèvement antifiscal.

**Des particularismes forts** – Enfin, de part et d'autre de la frontière, le Pays basque se caractérise aussi par la permanence de traits culturels et religieux propres, que l'État ou l'Église ont tolérés jusqu'au 20e s. Alors que le concile de Trente réglemente de manière précise le rôle des prêtres, leur formation et la doctrine religieuse, la société basque conserve une foi mêlée de paganisme, rendue encore plus suspecte par l'omniprésence de la langue basque. Au fil des siècles, cela motive des tentatives de répression sans pitié. Ainsi, par exemple, en 1609, une campagne d'Inquisition est menée au Pays basque français par **Pierre de Lancre** pour éradiquer la « sorcellerie ». Le procès qui s'ensuit marque une réelle reprise en main par l'Église qui se solde par de nombreuses condamnations au bûcher. À la même époque, des procès similaires se tiennent à Logroño, du côté espagnol.

## La Révolution française

À la fin du 18e s., la révolution de 1789 entraîne la chute de la monarchie française et la fin des particularismes basques.

Les députés de l'Assemblée nationale constituante votent l'abolition des privilèges le 4 août 1789. Mais cela ne suffit pas à calmer les révolutionnaires. Leur principe est qu'aucune partie du territoire français ne doit connaître de régime de faveur ou de statut particulier. L'Assemblée constituante crée donc 83 départements pour remplacer les 34 anciennes provinces. Tout l'édifice politique de la société basque vole alors en éclats. Le Pays basque français est intégré au département des Basses-Pyrénées, futures Pyrénées-Atlantiques. « Ma province proteste » : c'est par ces mots que le député labourdin Dominique Joseph Garat fait part, à l'Assemblée nationale nouvellement créée, de son désaccord vis-à-vis de la création du département des Basses-Pyrénées. Le 8 février 1790, l'Assemblée nationale approuve la subdivision du département en 6 districts ainsi que la désignation de Pau comme chef-lieu.

Alors que la Révolution, puis l'Empire imposent un modèle politique et social à l'ensemble des régions françaises, balayant les derniers vestiges de l'organisation sociale et politique du Pays basque français, les institutions perdurent côté espagnol jusqu'au milieu du 19e s.

C'est par deux **guerres dites « carlistes »** que les *fueros* disparaissent, faisant les frais de querelles dynastiques madrilènes (sur les trois guerres carlistes, deux seulement ont touché le Pays basque et la Navarre).

En effet, lorsque le roi Ferdinand VII meurt sans fils, sa succession est convoitée par deux camps opposés : celui, libéral, de sa fille Isabelle et celui, conservateur, de son frère Carlos. Ce dernier obtient le soutien des campagnes basques et de la Navarre en se posant comme farouche défenseur de la foi catholique et des *fueros*. Une première guerre éclate en 1833, qui aboutit à la défaite des partisans de Carlos (les « carlistes »).

Les Basques voient leurs autonomies provinciales considérablement réduites lors de la convention de Vergara en 1839. Une seconde guerre éclate en 1873, qui se solde par une nouvelle défaite des troupes carlistes. La loi du 21 juillet 1876 supprime cette fois totalement les fors, mais les Basques et les Navarrais obtiendront deux ans plus tard des avantages fiscaux (accords économiques).

# Le 19e s., période charnière

## La révolution industrielle

Entre-temps, le contexte européen a considérablement changé. L'industrialisation, qui bat son plein, profite à l'économie du Pays basque espagnol, où la construction navale et la production minière, en plein essor, dopent l'activité. Cela favorise le développement urbain, en particulier dans la région de Bilbao qui est propulsée au rang de grand centre industriel. Cet envol économique provoque une création massive d'emplois et l'arrivée de nombreux immigrants d'autres provinces espagnoles. La révolution industrielle s'accompagne également de progrès techniques, en particulier dans le domaine des transports, qui va aussi faciliter la traversée de l'Atlantique, à une époque où se développe l'émigration.

Côté français, l'industrialisation est quasiment absente. La véritable nouveauté se trouve plutôt dans l'apparition et le développement du tourisme balnéaire, promu à Biarritz par l'impératrice Eugénie, épouse de Napoléon III. Cette éclosion, qui se confirme tout au long du 20e s., va marquer l'ensemble du littoral de manière presque continue jusqu'à nos jours.

# L'ère des nationalismes

## En France

C'est dans ce contexte que le Pays basque est confronté à l'autre grand phénomène marquant du 19e s., l'apparition des nationalismes.

En France, la République est

proclamée après la chute du Second Empire.en septembre 1870 Mais le nationalisme français reste un phénomène intellectuel, limité à la classe politique, car le peuple lui-même ne semble pas éprouver le sentiment d'appartenance nationale. La IIIe République attribue cette carence de l'identité nationale à la méconnaissance généralisée du français. Elle met en place deux principaux moyens pour y remédier : l'école et l'armée. Tandis que le nouveau système éducatif, gratuit et obligatoire, répand la langue française tout en enseignant une histoire et une géographie nationales aux enfants, le service militaire se charge de transformer les jeunes adultes en citoyens-soldats. Au lendemain des deux guerres mondiales, les Basques se sentent largement français.

### EN ESPAGNE

De l'autre côté des Pyrénées, les choses sont radicalement différentes, car l'Espagne n'a pas une tradition d'État-nation comme la France. Affaiblie par des problèmes sociaux liés à son industrialisation rapide, en Biscaye notamment, l'Espagne doit faire face au développement des régionalismes. En 1895, le Biscayen Sabino Arana Goiri fonde le **Parti nationaliste basque (PNV)** et entraîne une partie de la population dans un nationalisme radical.

En 1923, une crise politique majeure contraint le roi Alphonse XIII à nommer **Primo de Rivera** « président du directoire militaire chargé du gouvernement », sorte de dictature qui va durer sept ans, de 1923 à 1930. Ce dernier remet en cause le statut particulier d'autonomie de la Catalogne. Il doit démissionner en 1930 ; sa chute entraîne l'exil du roi et la naissance de la IIe République, le 14 avril 1931. Deux mois plus tard, comme les Catalans, les Basques proposent un projet d'autonomie incluant les trois provinces basques et la Navarre.

**La guerre de 1936** – En juillet 1936, le **général Franco** entreprend de renverser le régime avec le soutien d'une partie de l'armée en Afrique du Nord et dans la péninsule même. La guerre civile éclate. La République a besoin du soutien des nationalistes basques et leur reconnaît un statut d'autonomie très étendu. C'est le **statut d'Estella**, plusieurs fois renégocié avec la jeune République espagnole avant qu'elle ne l'accepte, poussée par les circonstances. Si les premières négociations prévoyaient un statut intégrant la Navarre, celle-ci reste finalement à part après un vote très tendu des maires de la province.

Ce nouveau statut donne au gouvernement basque dirigé par **José Antonio Aguirre** les droits de frapper monnaie, de posséder des ambassades et de lever une armée. En février 1937, l'offensive franquiste s'accentue sur le Pays basque.

Le 26 avril, Franco fait envoyer l'aviation de son allié Hitler, qui teste ses nouveaux bombardiers sur la ville de **Guernica**, symbole des anciennes institutions populaires biscayennes. Le premier bombardement de populations civiles de l'histoire cause l'indignation internationale, mais l'armée basque capitule le 26 août à Santona. La guerre d'Espagne s'achève en 1939, mettant en place une dictature qui durera 40 ans.

**L'apparition de l'ETA** – La dictature s'attaque résolument au nationalisme basque, et le gouvernement basque est contraint à l'exil. Le président Aguirre meurt en 1960, laissant des cadres du PNV épuisés et impuissants.

C'est une nouvelle génération de militants qui opère la mutation du

Manifestation pour la défense de la langue Basque.
*J. Larrea / age fotostock*

nationalisme basque durant les années 1960.

Voulant rompre avec les schémas traditionnels du nationalisme basque hérités de la fin du 19e s., une nouvelle mouvance apparaît, qui devient en 1959 **ETA** (*Euskadi Ta Askatasuna*, « Pays basque et liberté »). D'abord symbolique, l'action clandestine franchit un pas en 1968 avec l'assassinat du chef de la police de St-Sébastien, Melitón Manzanas.

Le Pays basque connaît alors plusieurs états de siège et des pics de tension, notamment le **procès de Burgos** en 1970. Pour servir d'exemple, le tribunal militaire y condamne six nationalistes basques à mort. Mais une campagne de soutien se crée et prend une ampleur internationale, contraignant Franco à commuer leur peine en réclusion à perpétuité.

L'escalade terroriste d'ETA atteint un sommet avec le spectaculaire attentat contre le Premier ministre espagnol Carrero Blanco, dauphin probable du dictateur, le 20 décembre 1973. Lorsque Franco meurt le 20 novembre 1975, c'est la dictature qui s'achève.

Juan Carlos Ier, petit-fils d'Alphonse XIII et chef d'État intérimaire depuis quelques mois, est proclamé roi d'Espagne dès le 22 novembre. Il prend très vite le contre-pied de la politique de Franco et choisit la mise en place d'une **monarchie parlementaire** et donc d'élections libres.

Si rien ne change en France, d'importantes évolutions ont lieu côté espagnol, avec les statuts particuliers de l'**Euskadi** (Communauté autonome basque) et de la **Communauté forale de Navarre**.

Cela ne suffit pas pour une partie des Basques dont certains veulent aller jusqu'à l'indépendance, ou au moins à l'autodétermination.

*Voir aussi « Le Pays basque et la Navarre aujourd'hui », p. 40.*

# Quelques personnalités à travers les siècles

Voici, parmi beaucoup d'autres, quelques personnages qui ont eu une influence ou un rôle majeur dans le monde de la politique, des arts, des idées ou de la culture, bref, des hommes qui ont activement participé à la construction de la région telle que nous la connaissons aujourd'hui.

## HOMMES POLITIQUES ET MILITAIRES

**Sanche III le Grand** – Roi de Pampelune entre 1003 et 1035, il est l'un des souverains occidentaux les plus puissants de son époque. Dominant la majorité des terres chrétiennes de la péninsule Ibérique, il ouvre les cols pyrénéens aux pèlerins de St-Jacques, permet la diffusion de la réforme monastique bénédictine et encourage le développement de l'art roman dans ses possessions.

**Juan Sebastián de Elkano** – Marin du village guipúzcoan de Getaria, il est le second de Magellan lorsque celui-ci entreprend son voyage. C'est lui qui accomplit le premier tour du monde en achevant l'expédition en 1522, après que le grand navigateur eut été tué.

**Henri III de Navarre / Henri IV de France** – Roi de Navarre par sa mère Jeanne d'Albret et prince de France par son père Antoine de Bourbon, Henri est le plus proche cousin du dernier Valois (Henri III, petit-fils de François Ier et fils d'Henri II). À la mort de ce dernier en 1589, il hérite du royaume de France, l'enrichissant de son patrimoine du Sud-Ouest, notamment la Basse-Navarre.

**Les frères Garat** – Dominique et Dominique Joseph Garat, avocats, sont originaires d'Ustaritz. Ils sont délégués par la province de Labourd à l'Assemblée nationale nouvellement créée en 1789. Dans l'enthousiasme de la nuit du 4 août, ils votent l'abolition des privilèges, mais s'opposent à l'intégration des provinces basques au nouveau département des Basses-Pyrénées. Dominique Joseph continuera sa carrière politique : ministre de la Justice en 1792, de l'Intérieur en 1793, il sera sénateur sous l'Empire.

**Maréchal Jean Isidore Harispe** – Originaire de St-Étienne-de-Baïgorry, il s'engage dès la Convention (1793-1795) aux côtés des révolutionnaires. Organisateur d'un corps d'armée appelé « chasseurs basques », il participe aux guerres napoléoniennes et est nommé maréchal sous le Second Empire.

**Sabino Arana Goiri** – Né en 1865 à Abando, près de Bilbao, il est le fondateur en 1895 du Parti nationaliste basque, dont il est l'idéologue, formulant une pensée qui imprégnera le premier nationalisme basque. Son idéologie est religieuse, très conservatrice, voire xénophobe, et il réclame la restauration des anciens fors. Il crée le néologisme Euskadi, « patrie des Basques », ainsi que *l'ikurriña*, le drapeau basque, qui apparaît pour la première fois publiquement un 14 juillet ! Il meurt en 1903.

**José Antonio Aguirre** – Alors qu'il n'est qu'un avocat biscayen d'à peine plus de 30 ans, il devient successivement maire de Guetxo en 1931, puis député et enfin, en 1936, premier président d'Euskadi. Contraint à la fuite après la victoire franquiste, il dirige le gouvernement basque en exil jusqu'à sa mort en 1960.

### HOMMES D'ÉGLISE… ET DE LETTRES

**Ignace de Loyola** – Ce noble guipúzcoan défend la cité conquise de Pampelune pour le roi de Castille lorsqu'un boulet navarrais le blesse gravement. Contraint à rester alité des mois entiers, il renie son passé militaire et fonde en 1537, avec son ami navarrais **François Xavier**, la Compagnie de Jésus (ou jésuites). Ignace se consacre à la consolidation de son ordre religieux à Rome tandis que François Xavier évangélise l'Asie (Inde et Japon). Saint Ignace devient le patron du Guipúzcoa et de la Biscaye, François Xavier celui de la Navarre.

**Bernat Dechepare** – Curé du village de St-Michel au 16e s., il est l'auteur du premier texte entièrement écrit en basque : *Contrapas*. Ce chant qui promet un bel avenir à l'euskara (langue basque) est aujourd'hui encore très populaire.

**Bernard de Goyhenetche, dit Matalas** – Curé du village souletin de Moncayolle, il prend en 1661 la tête d'une révolte antifiscale. Sa fin tragique (il est trahi, arrêté puis décapité) en a abusivement fait un mythe pour les nationalistes basques.

**Louis Lucien Bonaparte** – Petit-neveu de Napoléon Ier, il fait partie du courant européen éclairé du 19e s. qui s'intéresse aux peuples primitifs de l'Europe, et notamment aux Basques. Il est l'un des piliers de ce que l'on appellera la « bascologie », ou études basques, et l'auteur notamment de la première carte des dialectes de la langue basque en 1863.

**José Miguel de Barandiarán** – Préhistorien, ethnologue et anthropologue guipúzcoan, prêtre de son état, il est l'auteur d'une œuvre scientifique colossale. Son attention principale est portée à l'approfondissement de l'étude des origines des Basques ainsi qu'au recueil des légendes et récits de la mythologie. Refondateur de la Société d'études basques Eusko Ikaskuntza, il n'en oublie pas pour autant son sacerdoce, enseignant l'histoire des religions au séminaire.

**Jose Maria Iparraguirre** – Considéré au début du 19e s. comme un véritable barde, poète et voyageur, il est l'auteur de l'hymne basque, *Gernikako Arbola*, chant universaliste teinté d'idéologie carliste.

**Miguel de Unamuno** – Né à Bilbao en 1864, ce philosophe, mais aussi poète et écrivain, a compté parmi les hommes les plus influents dans la vie politique basque et espagnole au début du 20e s. Ses prises de position contre le pouvoir lui ont valu plusieurs destitutions de ses fonctions universitaires, et même un exil aux Canaries par Primo de Rivera. Socialiste, voire même marxiste et internationaliste à ses débuts, il fut un polémiste talentueux qui, face aux dures réalités sociales de l'époque, a évolué vers un certain pragmatisme avant sa mort en 1936.

# Paysages et biodiversité

**Cette terre entre montagnes et Océan fut un refuge pour les espèces aux temps des grands changements climatiques. Il en résulte un patrimoine végétal original, qui s'ajoute à la richesse de la faune. Lieu de passage des oiseaux migrateurs qui s'engouffrent dans ses vallées pour rejoindre d'autres latitudes, littoral d'un océan profond où passent les cétacés, elle accueille aussi mammifères et rapaces d'une beauté rare qui cohabitent avec les animaux domestiques peuplant les alpages. Mais la pression des activités humaines fragilise la pérennité de ce monde animal et végétal, et la cohabitation n'est pas toujours aisée. Si la chasse à la palombe, la disparition de l'ours des Pyrénées ou le déclin des ressources halieutiques ont des répercussions médiatiques, les pollutions et transformations agricoles questionnent aussi la préservation de ce patrimoine.**

## Le versant atlantique

Toute la partie nord de la région, du fond de la Biscaye aux confins souletins en passant par le Guipúzcoa et le nord des provinces d'Álava et de Navarre, constitue ce versant vert, humide, tempéré, océanique. Ici, les écarts de température sont faibles et les précipitations abondantes, allant de 1 200 mm à plus de 3 000 mm en haute montagne.

### UN RÉSEAU DE MONTAGNES INEXTRICABLE

Les montagnes proches de la côte n'atteignent pas les 1 000 m, mais la plupart des massifs montagneux, souvent calcaires (du crétacé, voire du jurassique), mais également schisteux ou granitiques, culminent vers les 1 000-1 500 m. Leurs pentes abruptes sont souvent recouvertes de **forêts** naturelles (chênes pédonculés, châtaigniers) ou artificielles (pins de Monterey ou eucalyptus en Guipúzcoa et Biscaye, plantations qui appauvrissent considérablement la biodiversité).

Dans les zones plus accessibles, les forêts laissent la place aux prairies ou aux landes à fougères ou à ajoncs, qui servent également de pacages aux troupeaux de brebis, vaches et **pottoks** (p. 45). Ces reliefs peu élevés sont utilisés comme zones d'hivernage des troupeaux qui passent la belle saison sur les estives des montagnes.

C'est en s'éloignant encore de la côte à travers des **vallées étroites**, complètement occupées par les routes, agglomérations et zones industrielles, que les montagnes prennent plus d'importance et que les paysages ruraux caractéristiques dominent.

Différents trajets, comme ceux de Tolosa à Azpeitia par Errezil (en Guipúzcoa) et de Markina à Guernica par Aulesti (en Biscaye), permettent d'apprécier la diversité

Armintza, sur la côte de la Biscaye.
*J. Larrea / age fotostock*

et la complexité des paysages traditionnels de ce versant. La traversée du **col d'Osquich** offre une vue remarquable sur la Soule, province très agricole, dominée au loin par les Pyrénées. Prairies de fauche, prairies pâturées et maïs dominent ces espaces cultivés. Plus haut, d'énormes entailles faites par les eaux dans les épaisses couches calcaires du crétacé sont visibles : ce sont les **gorges d'Ujarre, Kakuetta, Holçarté**…
L'altitude de 2000 m est dépassée vers l'est dès le massif du Pic-d'Anie, près duquel se trouvent les exceptionnels paysages de la forêt subalpine de pins à crochets dans le **karst de Larra** (Navarre).
Le Guipúzcoa et la Biscaye sont dans une grande mesure industrialisés, mais curieusement, les marges occidentales de la Biscaye, à peu de kilomètres des mines de fer de Somorrostro qui marquèrent l'essor industriel du Pays basque aux 18e et 19e s., sont restées très agricoles. Mais partout, l'horizon est réduit, parfois écrasé par les pentes.
Lorsque les montagnes ne retiennent pas les nuages chargés de pluie venant de la mer, elles apparaissent comme des sentinelles qui dominent les villages et les vallées : Txindoki, Anboto, Ernio, Béhorléguy, etc.
La douceur du climat est telle que la végétation reste verte toute l'année. De rares fougères subtropicales subsistent même dans quelques ravins encaissés, témoins de la flore d'avant la formation des Pyrénées.

## UNE CÔTE SAUVAGE ET ABRUPTE

Cette côte est extrêmement découpée, très sauvage et abrupte par endroits, comme on peut l'observer sur la corniche de Socoa ou autour d'Elantxobe en Biscaye. Les chaînes de montagne viennent se heurter directement à l'Océan. Ce sont essentiellement des falaises de **flysch** (formations géologiques prenant l'allure d'un empilement de couches de roches dures et tendres) qui plongent brutalement dans la mer, témoignant de la violence des éléments lors de l'émergence des montagnes.

## LE DÉCLIN DE LA PALOMBE

Les fameuses palombes monopolisent les esprits de beaucoup de chasseurs pendant un mois, de mi-octobre à mi-novembre. Les forêts, les cols et les montagnes sont alors pris d'assaut par des milliers de fusils et une pétarade incessante retentit dans tous les coins… Le **pigeon ramier**, également appelé **palombe**, est chassé depuis très longtemps. Une des méthodes traditionnelles consiste à rabattre le vol de palombes vers des filets à l'aide d'appelants, pigeons dressés à imiter les oiseaux sauvages, ou de raquettes lancées selon des trajectoires similaires aux vols de prédateurs. La pression de la chasse pèse sur l'espèce, et notamment sur sa population migratrice, à tel point que des voix s'élèvent depuis plus de trente ans pour la diminuer, en laissant par exemple des « couloirs » de migration que les oiseaux pourraient traverser sans risques… Les comptages effectués depuis la fin des années 1970 par l'association Organbidexka Col Libre sur une série de cols tels Organbidexka, Lindux et Lizarrieta confirment que cette population de palombes transpyrénéennes, se reproduisant en Europe du Nord et du Nord-Est et hivernant dans les *dehesas* (forêts ouvertes) ibériques, est en déclin.

Le haut des falaises est occupé par une végétation caractéristique de landes, parfaitement adaptée aux bourrasques et à l'excès de salinité. Ici, les arbres n'arrivent pas à se développer ; seuls des **arbustes** sculptés par le vent parviennent à s'élever un peu au-dessus du niveau de la lande à bruyère vagabonde ou de la pelouse littorale.
Curieusement, c'est proche de ces grandes falaises, en Biscaye près de Bakio ou en Guipúzcoa près de Getaria, que subsiste depuis le 13e s. un vignoble original donnant un vin blanc vif et pétillant, le **txakoli** (AOC).

### Peu de plages…

Pour une distance à vol d'oiseau de 130 km, l'Océan longe le Pays basque sur plus de 200 km, dont moins de 30 km de plages ! Les rares plages, au sable généralement fin, se répartissent sur toute la côte (Laida, Arrigorri en Biscaye, Ondarreta, Fontarabie en Guipúzcoa, Hendaye, Bidart, Biarritz ou Anglet en Labourd) mais n'ont rien à voir avec l'étendue des plages landaises.
Elles sont souvent surmontées par d'imposantes falaises de plus de 40 m comme Ogoño ou la Pointe-Ste-Anne à Hendaye.

### …mais des vagues réputées

Mise au goût du tourisme grâce aux villes de Biarritz, St-Sébastien ou Lekeitio, la Côte basque est le berceau européen du surf (*p. 55*). La qualité de ses tubes est mondialement reconnue et s'explique par une succession de coïncidences géographiques : d'une part, le **golfe de Gascogne** forme une espèce d'entonnoir, où viennent s'écraser les vagues formées par les tempêtes et dépressions de l'Atlantique Nord ; d'autre part, le plateau continental est ici très court et les fonds marins plongent de manière très abrupte, ce qui permet d'obtenir ces **vagues puissantes et rondes** que recherchent les amateurs de sensations fortes. Les vagues les plus spectaculaires sont situées au large, entre Hendaye et Ciboure, sur un site appelé **Belharra**, où le fond rocheux fait que des vagues démesurées s'écrasent en pleine mer !

## DES ZONES HUMIDES AUTOUR DES ESTUAIRES

L'**Adour**, qui prend sa source dans les Pyrénées centrales, est le seul « grand fleuve », avec un cours de plus de 300 km, qui se jette dans l'Océan, à Bayonne. Cette embouchure est récente, puisqu'elle fut définitivement stabilisée au 16e s., grâce à un canal creusé par Louis de Foix, à travers les dunes. Des **barthes**, prairies humides inondables abritant des tortues d'eau douce comme la cistude d'Europe, longent encore l'Adour ou la Nive en Labourd. D'autres fleuves, aux cours plus rapides, se jettent dans le golfe de Biscaye par le biais d'estuaires, ici appelés *rías*.

La **zone d'Urdaibai**, estuaire du fleuve Oka près de Guernica, constitue un bel exemple d'harmonie entre l'homme et la nature. Elle est, à ce titre, classée Réserve de la biosphère par l'Unesco depuis 1984. Dans ses eaux saumâtres, ses vasières et ses prés salés se reproduisent bon nombre de poissons et d'invertébrés jouant un rôle essentiel dans les chaînes alimentaires et les écosystèmes marins. Urdaibai est également un lieu de halte pour bon nombre d'oiseaux migrateurs.

## Le versant méridional

Très différent du nord, ce versant est une région sèche qui, avant les phénomènes d'exploitation des mines puis d'industrialisation de la zone atlantique, constituait un véritable grenier pour les régions voisines.

### LES COLS, LIMITES CLIMATIQUES

Il est très fréquent, notamment en été, lorsque l'on traverse les cols de Barazar, Urkiola, Etxegarate, Azpirotz, Belate, Izpegi ou Ibañeta, d'émerger soudain d'un brouillard dense enveloppant le versant atlantique et de découvrir un ciel bleu, le soleil et une visibilité extraordinaire, portant la vue à des dizaines de kilomètres. Sous nos pieds et au-delà s'étend le versant méridional, qui fut très tôt voué à l'agriculture, aux céréales, à la vigne et à l'olivier. L'Èbre, qui prend sa source plus à l'ouest, au sud des monts Cantabriques, atteint ici son statut de grand fleuve et continue sa route vers la Méditerranée, après avoir reçu, au cours de son passage, les eaux des rivières descendant des principaux massifs : Zadorra, Ega, Arga, Aragon etc.

### MONTAGNES SAUVAGES ET BOISÉES

Les massifs montagneux, orientés principalement est-ouest, donnent un caractère très marqué au paysage. Ils reçoivent plus de précipitations et abritent l'essentiel des **forêts**. Hêtres, pins sylvestres et chênaies méditerranéennes (chênes verts, chênes kermès et pubescents) se partagent les pentes plus ou moins abruptes. Les plateaux et les sommets sont ici aussi devenus d'immenses **pâturages**.

Ces forêts et ces zones plus ouvertes abritent des milieux très différents, remarquables tant par leur faune que par leur flore.

Les montagnes, atteignant les 1 000-1 500 m d'altitude, étaient autrefois bien peuplées, mais de nombreux villages des austères vallées navarraises (Aezkoa, Urraul, etc.) se sont vidés à partir des années 1950, et les forêts ont doucement reconquis une partie des territoires jadis défrichés par les habitants.

D'immenses **canyons** balafrent les montagnes qui barraient le passage aux puissantes rivières montagnardes, ce qui donne des paysages tout à fait extraordinaires, comme dans les **hoces** (de *hoz*, défilé) de Burgi, Arbayún, Lumbier et Irunberri.

L'une des originalités de ces montagnes est qu'elles sont, pour une large part, calcaires, certaines ayant des réseaux karstiques importants. Une multitude de gouffres, grottes et rivières souterraines minent ces massifs.

## DES VALLÉES PRÉSERVÉES

Les vallées sont plus larges, plus fertiles, mais toujours sous le regard des montagnes. Sakana, large trouée reliant Irurtzun en Navarre à Vitoria-Gasteiz en Álava, est ainsi dominée par les massifs d'Aralar, Urbasa et Andia, mais aussi par le Beriaín, dont la silhouette évoque la formidable étrave d'un bateau perdu au milieu de la vallée.
Ici, il tombe entre 500 et 1 000 mm de pluie par an, souvent de manière brutale au printemps ou à l'automne. L'été y est chaud, l'hiver froid, donnant une touche continentale à ce climat méditerranéen. Les zones non cultivées sont recouvertes d'une végétation de type **garrigue**, avec des arbustes épineux, ou de pelouses desséchées en été, mais vertes et riches en fleurs et en odeurs au printemps. Les cigognes blanches font partie du paysage et établissent leurs nids imposants sur les églises, châteaux ou autres édifices.
Le long des cours d'eau, ce sont des **forêts « couloirs »** qui prédominent, extrêmement importantes puisqu'elles permettent de relier, par des biotopes adéquats, des lieux très éloignés les uns des autres.
Les ormes, peupliers et saules peuvent y atteindre des tailles considérables et les oiseaux en sont les rois.
Les rivières aux eaux froides et oxygénées des montagnes conviennent aux poissons nobles tels que les truites ; ces dernières laissent leur place, dans les eaux plus chaudes et plus calmes, à des espèces comme les barbeaux et les gardons.

## DES PLAINES FERTILES

Les plaines de cette région méditerranéenne sont sèches, voire terriblement sèches en été. Mais elles sont également fertiles. La plaine d'Álava et la région entre Estella et Olite en Navarre, constituent le domaine des cultures de blé, d'orge ainsi que de la pomme de terre ou de la betterave. L'olivier et l'amandier bénéficient du climat méditerranéen et les huiles d'olive de Navarre et d'Álava sont réputées pour leur qualité. La **vigne** trouve ici des terroirs nobles (Rioja, vins de Navarre) et le vignoble de la Rioja alavesa, installé au pied du massif de Toloño, prend une coloration extraordinaire chaque automne.
L'un des plus curieux paysages de ces plaines se trouve à **Añana** au sud-ouest de l'Álava, où depuis le Moyen Âge et jusqu'à une époque récente, des sources salées étaient exploitées sur des terrasses exposées au soleil. Le sel était récolté après évaporation de l'eau.
Plus au sud, l'irrigation à partir de l'Èbre permet une production importante de **légumes**. Dans ce jardin sont cultivés des artichauts, piments, tomates, haricots ainsi que les asperges de Navarre. On produit même du riz à l'extrémité méridionale de la Navarre !

## UN DÉSERT PLEIN DE VIE AU SUD DE LA NAVARRE

**Les Bárdenas**, à l'extrême sud de la Navarre, sont en fait une steppe, ou un paysage qui s'en rapproche. Très peu de zones boisées subsistent ; il s'agit alors de pins d'Alep et de chênes verts. Les plantes sont ici particulièrement adaptées au climat méditerranéen : elles économisent l'eau grâce à leurs

### LES PLANTES DU NOUVEAU MONDE

Les ports basques furent des entrées importantes de la plupart des plantes venant du Nouveau Monde. Maïs, pommes de terre, haricots, tomates, courges, potirons et piments sont cultivés depuis très longtemps au Pays basque et en Navarre, assez pour que les paysans aient, là aussi, utilisé leur savoir-faire pour sélectionner ces végétaux et produire des variétés adaptées aux conditions locales. Aujourd'hui, plusieurs variétés sont réputées, comme les **piments** d'Espelette, de Lodosa ou de Guernica, les **haricots** de Tolosa, ainsi que le grand roux basque, **maïs** remis au goût du jour ces dernières années. Plus de 600 espèces actuellement présentes dans la région proviennent de pays lointains. Si certaines ont été introduites volontairement à des fins alimentaires ou ornementales, d'autres sont rentrées « clandestinement » et se sont développées au point de devenir envahissantes et problématiques : **l'herbe des pampas** forme des fourrés impénétrables, empêche la végétation autochtone de pousser et rend stériles certaines zones humides…

feuilles petites, charnues, parfois recouvertes d'une épaisse cuticule, souvent avec une pilosité blanche permettant de refléter le soleil et d'éviter la transpiration… Elles ont aussi une singulière capacité à profiter des rares pluies pour fleurir et se reproduire. Ainsi, les cycles biologiques peuvent-ils être très courts, avec des périodes de plusieurs années à l'état de graine, dans l'attente de conditions pour pouvoir germer… Mais ce paysage de steppe aride est également lié à l'activité humaine, puisque depuis des temps très anciens, les troupeaux de la vallée de Roncal viennent y hiverner… Les Bárdenas abritent une avifaune de steppe très particulière (*p. 460*).

Proches ou au cœur de ce désert, les zones d'eau sont de véritables oasis. C'est ici que viennent s'abreuver tous les oiseaux et les mammifères, et que vivent les amphibiens, grenouilles et autres reptiles. Les bosquets aussi forment des oasis et permettent aux oiseaux arboricoles de s'y reproduire.

**Eguaras**, en plein milieu de la Bárdena Blanca (sud de Murillo), est un véritable havre de paix, où la complexité et la diversité des milieux et des espèces atteignent leur apogée.

## Une biodiversité extraordinaire

Avec ces climats, reliefs et paysages différents, le Pays basque et la Navarre sont d'une richesse extraordinaire au niveau des espèces animales ou végétales. Ici sont recensés des milliers de plantes, des centaines d'espèces d'oiseaux, des dizaines de mammifères, batraciens, reptiles et poissons, des dizaines de milliers d'insectes ou autres invertébrés…

### QUELQUES ESPÈCES RARES

La nature réserve parfois des surprises, même pour les spécialistes qui observent attentivement les nombreux écosystèmes régionaux. Certaines espèces comme le **lagopède alpin**, la **dryade octopétale** ou le **pic à dos blanc** vivent ici en haute montagne ainsi que dans les Pyrénées, les Alpes, la taïga ou la toundra arctique. Cela s'explique par le retrait des glaciers vers le nord et en altitude, à la fin de la dernière glaciation, qui a permis à des espèces adaptées à ces rudes milieux de vivre sous nos latitudes, en se réfugiant dans les montagnes. D'autres espèces ne se retrouvent

nulle part ailleurs ; il s'agit essentiellement de plantes et d'insectes ; parmi elles, l'**euprocte des Pyrénées**, sorte de triton, que l'on retrouve dans les torrents des Pyrénées basques.
En montagne, de curieuses et rares zones humides, les tourbières, abritent une plante carnivore se nourrissant d'insectes : la **drosera**.

### UNE RICHE AVIFAUNE

La zone méridionale abrite des **oiseaux** hauts en couleur : huppe fasciée, guêpiers multicolores qui chassent les hyménoptères en vol, rollier au plumage d'un bleu intense. La garrigue est l'habitat de plusieurs espèces de **fauvettes** : orphée, passerinette, mélanocéphale, des jardins, à tête noire, grisette, pitchou… Une diversité impressionnante de petits oiseaux ! Tous ces insectivores migrent vers le sud du Sahara pendant la saison hivernale.
Les bordures de **rivières** hébergent les rossignols, les loriots d'un jaune intense ou les discrètes mésanges rémiz qui y suspendent leurs nids délicats.

#### Les grandes zones humides

Les grandes zones humides, outre leur rôle essentiel pour le repos et l'alimentation des oiseaux migrateurs, hébergent aussi des oiseaux fort rares.
Ainsi le beuglement sourd du **butor étoilé** hante-t-il les nuits de printemps dans la lagune de Pitillas. Spatules, avocettes, limicoles en tout genre utilisent les marais et vasières des estuaires de la Bidassoa à Txingudi, Urola à Zumaia et Urdaibai vers Guernica.
Vestiges d'une mer qui se déversa dans la Méditerranée, lorsque l'Èbre perça au miocène la barrière catalane au sud de l'Álava et de la Navarre, les lagunes endoréiques abritent canards et limicoles.
Ces zones humides, qui forment des écosystèmes originaux et très riches, sont pour la plupart classées dans la liste des zones humides d'importance internationale (sites Ramsar).

#### Les oiseaux des steppes

Tout à fait au sud de la Navarre, dans ses zones les plus sèches, ce sont des espèces africaines d'oiseaux qui sont les plus remarquables : dans les Bárdenas, le **sirli de Dupont**, petite alouette au bec légèrement recourbé caractéristique des steppes des bordures nord du Sahara, s'observe entre les touffes de graminées.
Les gangas, oedicnèmes et autres oiseaux des steppes et déserts sont ici dans leur milieu de prédilection.
C'est dans les plaines céréalières navarraises, près de Lerín, où se reproduisent les **perdrix rouges** et les **outardes canepetières**, que disparaissent les dernières grandes outardes, victimes de la chasse et de l'agriculture intensive.

#### Les grandes migrations

C'est une énorme proportion du patrimoine ornithologique européen qui se concentre sur l'ouest des Pyrénées, lors de sa migration d'automne. Ces barrières naturelles y sont plus faciles à traverser puisqu'elles perdent de l'altitude…
**Nord-sud** – Le spectacle commence dès le mois de **juillet** : les milans noirs et les martinets commencent leur voyage vers l'Afrique subsaharienne, à plus de 5 000 km ! **Août** est le mois des bondrées apivores, rapaces forestiers se nourrissant de nids de guêpes. C'est en **septembre** qu'on observe la plus grande diversité : aigles bottés, balbuzards pêcheurs, hirondelles, alouettes, bergeronnettes, pipits, verdiers, pinsons, cigognes blanches, cigognes noires… Pigeons ramiers et colombins, hirondelles, milans royaux et une multitude de petits passereaux migrent en octobre.

La forêt d'Iraty dans la Haute-Soule.
*A. Felix / hemis.fr*

En **novembre** et **décembre**, les vagues de migrateurs en route vers le sud s'achèvent avec les grues.

**Sud-nord** – La région est à nouveau survolée par les migrateurs qui, cette fois-ci, vont retrouver, au nord, leurs sites de reproduction. Les grues remontent dès **février**, les hirondelles et les palombes en **mars**… Cette migration prénuptiale, plus étalée dans le temps, l'est également dans l'espace. Moins spectaculaire, elle n'en reste pas moins indispensable pour la reproduction de ces espèces.

## DES MAMMIFÈRES DISCRETS

Souvent difficiles à observer, ils laissent en revanche nombre de traces et d'indices pour les yeux avertis. On les trouve en grand nombre, de la minuscule musaraigne pygmée à l'ours, en passant par les chauves-souris, le cerf, le chevreuil ou l'isard et le rare **vison d'Europe**. Ce dernier fréquente les zones humides et les abords de ruisseaux ; il risque de disparaître à cause de la pollution de ses milieux de prédilection et de la concurrence des visons d'Amérique, échappés d'élevages…

En septembre, le majestueux et impressionnant brame du **cerf** s'entend aussi bien dans les hêtraies des Arbailles que dans la forêt d'Iraty ou dans le massif de Gorbea.

Le chevreuil voit ses populations croître et se développer vers l'ouest.

Le sanglier, quant à lui, règne sur les forêts difficiles à pénétrer…

Fouines et renards peuvent vivre très près des habitations.

La **genette**, que les Égyptiens apprivoisaient comme animal de compagnie, est présente partout en zone méridionale, alors que le chat sauvage hante les forêts montagnardes.

Le **loup** vit à l'extrémité occidentale de la Biscaye et il pourrait remonter vers l'est, dans les Pyrénées occidentales, à partir des proches sierras de la *meseta* (plateau) de Castille. L'**ours**, réintroduit, suit une tendance similaire. Il semble mieux coexister avec les paysans du sud de la frontière qu'avec ceux du nord. Selon la discrétion de ces deux prédateurs, qui sera liée aux ressources qu'ils trouveront (animaux sauvages ou domestiques), leur cohabitation avec les éleveurs sera facile ou pas… L'avenir nous le dira.

### LA RICHESSE DES RIVIÈRES

Les rivières, dont la qualité est inégale, recèlent encore bien des trésors comme le saumon, qui remonte toujours vers ses frayères de la Bidassoa ou de la Nivelle, mais également la truite, omniprésente dès que la qualité de l'eau le permet. Le **desman**, curieux mammifère endémique des Pyrénées, ressemblant à une souris palmée avec une petite trompe en guise de museau, peuple également les rivières basques.
La **loutre** est présente dans la Bidassoa et surtout les affluents de l'Èbre comme l'Irati ou l'Arga.
Le **castor**, illégalement introduit, est présent sur l'Aragon avant sa jonction avec l'Èbre. Les tortues d'eau douce, cistude d'Europe et émyde lépreuse, barbotent dans les bras les plus calmes de ces rivières.

### LE RETOUR DES CHAROGNARDS

C'est dans les montagnes que l'on trouve les plus grandes colonies mondiales de **vautours fauves**, avec plus de 300 couples qui se reproduisent dans le défilé *(hoz)* d'Arbayún. Menacés de disparition il y a trente ans, ils ont su profiter de la protection légale dont ils font l'objet, ainsi que de l'augmentation conséquente des cheptels. Ils sont même visibles du centre de certaines grandes villes!
D'autres charognards comme le vautour percnoptère (qui hiverne en Afrique et vient se reproduire ici chaque année) ou le rare **gypaète barbu** (connu pour casser les os en les lançant sur des rochers afin de pouvoir les ingurgiter plus facilement) profitent de cette manne. L'**aigle royal**, chasseur de rongeurs et d'oiseaux, charognard à ses heures, est également présent, mais de manière plus discrète.

## Un littoral sauvage

Le golfe de Gascogne – ou de Biscaye – est remarquable pour la variété de ses ressources sous-marines et ses écosystèmes côtiers. Ces richesses qui ne sont pas inépuisables ont été largement exploitées, parfois surexploitées.

### LE BORD DE MER ET SES ESPÈCES

#### Sur les rochers et les plages

La zone battue par les vagues, notamment les rochers, abrite une vie intense de **crustacés** (crevettes, crabes, etc.) ou d'invertébrés (patelles, oursins, moules, étoiles de mer, etc.) et constitue un écosystème important. Les plages sableuses ou les vasières situées dans les estuaires abritent, quant à elles, des espèces fouisseuses comme des **annélides** (appelés communément « vers de vase ») et des **coquillages** comme les coques ou les tellines. Les prélèvements, au cours de pêches à pied, de nombre de ces animaux côtiers (oursins, moules, huîtres, crabes, etc.) sont tellement intenses qu'une réglementation a dû être mise en place sur les côtes du Guipúzcoa et de Biscaye.
La zone des marées est aussi le lieu de vie des **algues**, notamment algues rouges ou brunes, dont certaines espèces sont ramassées en période hivernale après les grandes tempêtes, pour fabriquer de l'agar-agar, un gélifiant alimentaire.
La Côte basque, riche en falaises, est assez pauvre en colonies **d'oiseaux marins** qui y trouvent en revanche la tranquillité nécessaire à leur reproduction.
Le **cormoran huppé** y niche en petits effectifs et les **goélands**

**argentés** se reproduisent en nombre dans l'île inhabitée d'Izaro, en Biscaye. Un curieux petit oiseau ne se posant sur terre que pour se reproduire, le **pétrel tempête**, niche dans des rochers face à la Grande Plage de Biarritz, ainsi que dans une grotte de la falaise d'Ogoño en Biscaye.

### Sur les falaises

Hors d'atteinte des vagues, c'est le domaine des **pelouses** ou de la **lande à bruyère**, où des arbustes arrivent à pousser, comme l'arbousier, le tamaris ou le baccharis, espèce venant de régions tropicales.
La flore locale compte de nombreuses raretés dont des espèces endémiques de **séneçon** et d'**armérie**. Les **dunes** ont quasiment disparu, conséquence des aménagements et implantations d'habitations… Seuls des vestiges subsistent, notamment du côté d'Anglet, où l'on peut observer le **lis des sables**. Très fréquentes sur la zone méridionale, les quelques **chênaies vertes**, forêts impénétrables, sont reléguées ici sur des pentes raides comme à Urdaibai, proche de Guernica, ou à Deba en Guipúzcoa. De même, si les forêts de **chênes-lièges** ont disparu, la race atlantique de cet arbre essentiellement méditerranéen existe toujours, surtout sur la côte, à la limite des Landes.

## UN RICHE MILIEU OCÉANIQUE

### Une grande variété de poissons

Le golfe de Gascogne est une sorte de « cul-de-sac » de l'océan Atlantique. L'effet du **Gulf Stream**, courant marin chaud, s'y fait sentir et explique la présence de poissons habituellement rencontrés dans des eaux subtropicales, comme les **murènes** ou des **balistidés**. Le réchauffement climatique a entraîné l'apparition de **poissons des eaux chaudes**, au détriment des espèces boréales comme le cabillaud, le lieu jaune ou le merlan. Ce sont les grandes profondeurs qui se trouvent à peu de kilomètres des côtes qui expliquent la présence de **poissons abyssaux**.
Dans les eaux douces soumises aux marées (pouvant atteindre quelques kilomètres en amont des embouchures) vivent des espèces adaptées à des niveaux de salinité faibles. L'**alose** fréquente ces milieux de même que d'autres espèces migratrices, comme l'anguille ou le saumon. En mer, les espèces pélagiques prennent le dessus.

### Les cétacés

Des marsouins, des dauphins et, plus rarement, des **phoques gris** sont parfois visibles de la côte. Mais le golfe de Biscaye est l'un des meilleurs sites au monde pour l'observation de **cétacés** : rorquals, orques, globicéphales, cachalots, curieuses baleines à bec et dauphins s'y rencontrent. À peu de kilomètres de la côte, les fonds sous-marins passent brutalement de -200 à -4 000 m. Ces reliefs impressionnants sont à l'origine de courants marins remontants, propices à la prolifération du plancton dont ces grands mammifères marins se repaissent. En revanche, il est devenu quasiment impossible d'y observer la **baleine de Biscaye**, celle-ci étant proche de l'extinction.

### Des poissons migrateurs

L'**anguille** a un comportement migratoire extraordinaire. Elle naît dans la mer des Sargasses (entre les Antilles et la Floride), puis traverse l'Atlantique au cours d'un long périple pour s'engouffrer dans les fleuves et rivières basques. C'est alors, en plein hiver, que les pêcheurs essaient, avec de plus en plus de difficultés, de capturer ces **civelles**, les fameuses pibales se vendant à prix d'or. Après quelques années passées à grandir en eau douce, les anguilles, terribles carnassières, repartent pour se reproduire dans la mer des Sargasses.

Les **saumons** aussi remontent les quelques rivières basques non polluées et vont frayer en hiver dans la Bidassoa, et dans l'Adour. Après 3 ans de vie locale, les jeunes saumons, sujets à des modifications physiologiques importantes, migrent vers les mers lointaines et froides du Groenland, d'où ils reviennent au bout de quelques années, pour se reproduire et souvent mourir dans les rivières qui les ont vus naître.

## La protection de la biodiversité en question

### INDUSTRIALISATION ET POLLUTION

Certaines régions comme la Biscaye et le Guipúzcoa ont été longtemps montrées du doigt comme ayant les rivières les plus polluées d'Europe. Une absence d'intérêt pour l'environnement pendant des décennies explique que des **rivières** tels le Nervión, l'Urola et l'Oria étaient, il y a encore peu de temps, des cours d'eau sans vie, gravement pollués par des métaux lourds.

Si, depuis quelques années, de sérieux efforts ont été réalisés afin de réduire les émissions et les rejets, certains niveaux de polluants restent toujours préoccupants.

La **mer** a reçu pendant des décennies des tonnes de déchets industriels et elle est parfois souillée volontairement (dégazages) ou accidentellement (naufrages des pétroliers *Erika* et *Prestige*) par des hydrocarbures.

Loin de ces pollutions, certains sites miniers abandonnés, comme les fameuses salines d'Añana, sont en train de réussir leur reconversion.

En outre, passerelle entre l'Europe continentale et la péninsule Ibérique, le Pays basque est devenu une voie de passage pour laquelle d'immenses **infrastructures** ont

### DE LA BALEINE À LA SARDINE : HISTOIRE D'UNE SURPÊCHE

Également appelée « baleine des Basques », la baleine de Biscaye est chassée depuis le 12e s. Bon nombre de ports et de villes côtières arborent son image dans leurs armoiries. D'une taille approchant les 15 mètres, elle s'identifie par l'absence d'aileron sur le dos et par la présence d'une excroissance sur la mâchoire supérieure, souvent infestée de parasites. Elle migrait à l'automne vers les eaux tempérées entre la péninsule Ibérique et les Açores pour s'y reproduire pendant l'hiver et était donc proche des côtes basques pendant cette saison. Avec l'évolution des techniques de chasse et de navigation, les prises augmentèrent jusqu'au déclin irrémédiable des populations à partir du 16e s. Les pêcheurs basques se retournèrent alors vers une espèce voisine dans les mers polaires avant d'abandonner également, faute de baleines ! Les efforts de pêche hauturière s'orientèrent vers la pêche à la **morue** dans les eaux de Terre-Neuve, d'Islande ou du Spitzberg dès le 15e s. Plus récemment, dans les années 1950 et 1960, les thoniers, notamment ceux des ports de St-Jean-de-Luz et de Ciboure, allaient pêcher le **thon** au large des côtes africaines, face au Sénégal et à la Côte-d'Ivoire. Vint ensuite la pêche à la **sardine**, à l'**anchois**, au **chinchard**... Éternel recommencement où s'affrontent nécessités économiques et préservation de l'écosystème.

été réalisées ou sont en projet (autoroute de Salies-de-Béarn à Pampelune, voies ferrées, zones portuaires, etc.) au détriment de paysages et de milieux naturels fragiles.

## UN RÉSEAU D'ESPACES PROTÉGÉS

Comme dans nombre de pays industrialisés, la demande sociale de protection des espaces et des espèces fragiles a entraîné la création de réserves naturelles, parcs naturels ou réserves intégrales. Les contextes administratifs et les niveaux de protection sont très différents. Les provinces espagnoles ne comptent pas de réserves naturelles, juste un arrêté de biotope sur les vestiges des marais de Txingudi à Hendaye, et quelques sites classés.
En revanche, en Biscaye, près de 23 000 ha constituent la Réserve de la biosphère de l'Unesco à Urdaibai près de Guernica, protégeant ainsi un écosystème et un patrimoine exceptionnels. De grands **parcs naturels**, plus récents, existent à **Valderejo** (environ 3 500 ha à l'extrémité occidentale de l'Álava), **Urkiola** (5 000 ha) et **Gorbea** (20 000 ha) en Biscaye, et à **Aralar** (11 000 ha) en Guipúzcoa. Ces quatre parcs naturels concernent des massifs montagneux abritant une flore et une faune caractéristiques.
Enfin, un très important réseau de **réserves naturelles**, parcs recouvrant plusieurs dizaines de milliers d'hectares, protège légalement en Navarre des milieux aussi divers que des bordures de rivières, des fragments de forêts primitives de haute montagne, des zones humides, des montagnes pastorales ou des steppes arides. 42 espaces de diversité biologique (soit 24 % du territoire de la communauté) ont ainsi été intégrés dans le réseau **Natura 2000**.

ACHETER

# 3/ DÉCOUVRIR LE PAYS BASQUE ET LA NAVARRE

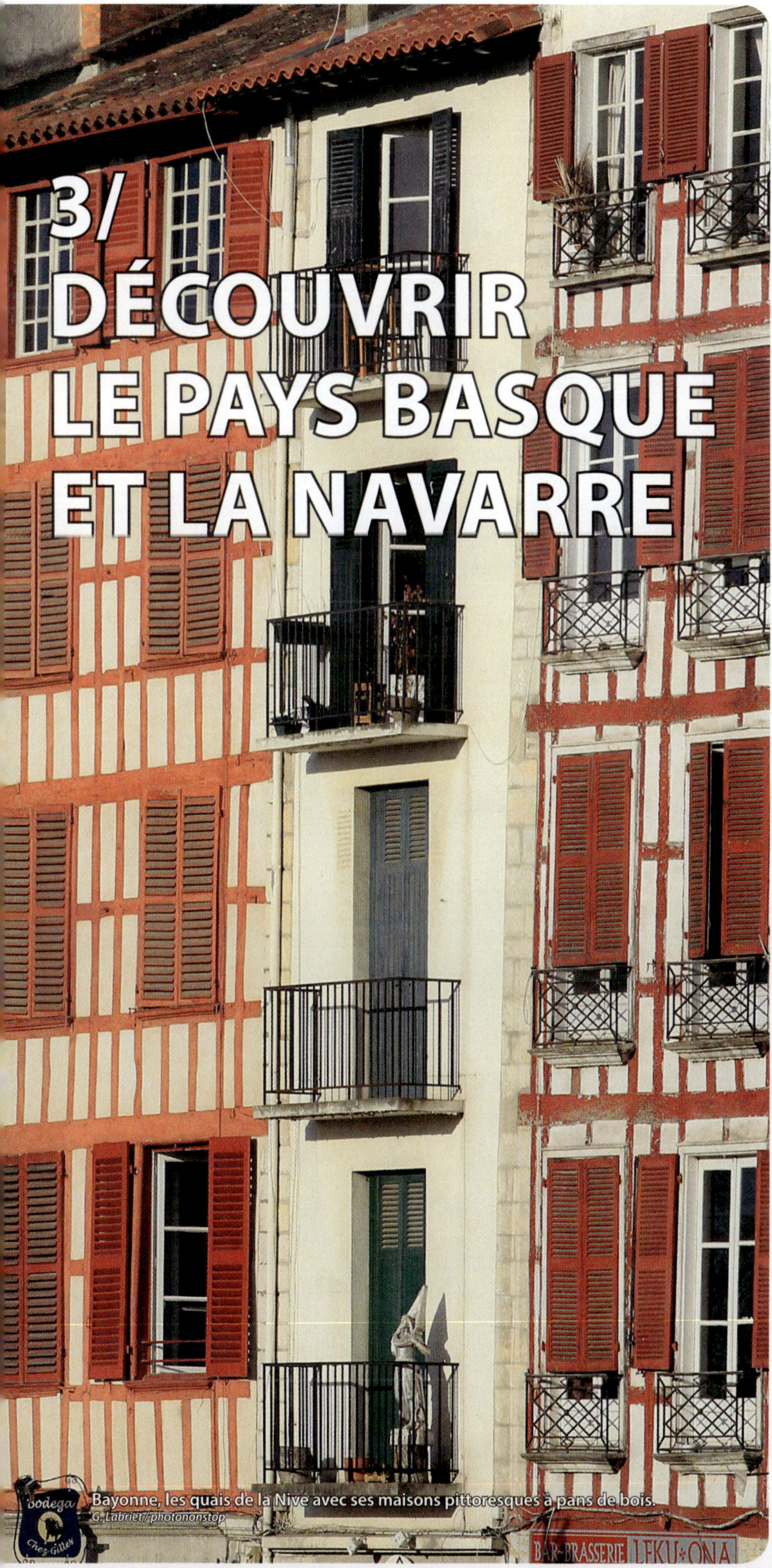


Bayonne, les quais de la Nive avec ses maisons pittoresques à pans de bois.
G. Labriet/photononstop

# La Côte basque et le Labourd 1

Carte Michelin Région n° 524 - Département n° 342 - Pyrénées-Atlantiques (64)



Biarritz, plage du Port Vieux et Rocher de la Vierge.

*J.-D. Sudres / hemis.fr*

A
B
LA CÔTE BASQUE ET LE LABOURD
0
3 km
GOLFE DE
GASCOGNE
CÔTE BASQUE
1
2
3
Pointe St-Martin
Grande Plage
Rocher de la Vierge
Port-Vieux
Biarritz
Côte-des-Basques
D 911
D 810
D 255
Bidart
Arbonne
Guéthary
A 63
D 810
D 655
D 255
Socoa
Corniche basque
St-Jean-de-Luz
Ouhabia
Abbadia
D 912
Ciboure
Hendaye
Urtubie
Urrugne
PYRÉNÉES
D 255
Écoparc
D 810
D 918
St-Pée-sur-Nivelle
Vallée de la Nivelle
IRÚN
A 63
Biriatou
D 4
D 4
Ascain
Maison Ortillopitz
DONOSTIA SAN SEBASTIÁN / ST-SÉBASTIEN
A 8
D 4
Col de St-Ignace
169
D 3
Bidassoa
Sare
GUIPÚZCOA
900
D 4
Nivelle
Col d'Ibardin
317
LA RHUNE
Musée du Gâteau basque
N 121A
D 406
NAVARRA
D 306
N
250
Col de Lizuniaga
Parc animalier Etxola
Zugarramurdi
Col de Lizarrieta
441
Grottes de Sare
Grotte des Sorcières
NA 4400
6
Ville de départ du circuit
Route impériale des Cimes
Les villages de l'arrière-pays biarrot
La Route des monts
La vallée de la Nivelle

C
DAX
BORDEAUX
D
LANDES
LA RHUNE ★★★ Vaut le voyage
Biarritz ★★ Mérite un détour
Hendaye ★ Intéressant
Guéthary À voir
La Barre
Chambre d'Amour
Bayonne
Adour
Anglet
D 936
D 22
A 63
D 1
A 64
PAU
1
2
3
Arcangues
Route impériale des Cimes
D 932
D 755
Nive
Ustaritz
Jatxou
Hasparren
ATLANTIQUES
Larressore
D 10
D 20
Cambo-les-Bains
Espelette
D 918
Mont Urzumu
213
D 249
Itxassou
D 349
Pas de Roland
Louhossoa
Ainhoa
D 4
Artzamendi
926
Urdazubi
N 121a
ESPAGNE
D 21

# Bayonne

**Baiona**

★★

44 820 Bayonnais - Pyrénées-Atlantiques (64)

NOS ADRESSES PAGE 126

## S'INFORMER

**Office du tourisme de Bayonne** – *25 pl. des Basques - 64100 Bayonne - 0 820 42 64 64 - www.bayonne-tourisme.com - juil.-août : lun.-sam. 9h-19h, dim. 10h-13h ; mars-juin et sept.-oct. : lun.-vend. 9h-18h30, sam. 10h-18h ; nov.-fév. : lun.-vend. 9h-13h, 14h-18h, sam. 10h-13h, 14h-18h.*

**Bayonne City Pass** – Valable 1 jour *(12 €)*, 3 jours *(16 €)* ou 7 jours *(20 €)*, il donne l'accès gratuit à l'ensemble du réseau **Chronoplus**, aux musées, à une visite guidée et à des réductions chez certains commerçants *(rens. à l'OT)*.

**Visites guidées** – Bayonne porte le label **Ville d'art et d'histoire**. L'office de tourisme organise des visites-découvertes thématiques, animées toute l'année par des guides conférenciers : Le Vieux Bayonne *(6 €, -12 ans gratuit)*, Chocolat gourmand *(10 €, -12 ans 4 €)*, visite du Musée basque *(10 €, -12 ans gratuit et 12/26 ans 6 € - rens. à l'OT)*.

**Transports** – *05 59 52 59 52 - www.chronoplus.eu*. Le vaste réseau de bus **Chronoplus** dessert l'agglomération de Bayonne et ses environs. Il gère notament la **Navette de Bayonne** qui dessert gratuitement les principaux sites des Grand et Petit Bayonne *(2 parcours, lun.-sam. 7h30-19h30 sf j. fériés)*. Le circuit **Pass'Adour** traverse l'Adour *(Mairie-Gare - 6h30-21h30 tlj sf j. fériés - gratuit)*. Plusieurs stations de **vélos gratuits** sont réparties dans la ville *(prêt à la journée, caution de 150 € ou dépôt d'une pièce d'identité par vélo - rens. à l'OT)*.

## SE REPÉRER

Carte de microrégion C1 (p. 114-115) et plan de ville (p. 117) – *Carte Michelin nº 573 B 25*. Les trois quartiers de la vieille ville sont délimités par la confluence de ses deux cours d'eau : l'Adour et la Nive. Le Grand et le Petit Bayonne se trouvent au sud et le quartier St-Esprit au nord. Le Nouveau Bayonne, où se situent les arènes de Lachepaillet, jouxte quant à lui le Grand Bayonne.

## SE GARER

Le centre-ville est piétonnier ou parcouru de ruelles qui rendent difficile le stationnement. Garez-vous plutôt dans l'un des nombreux parkings aménagés au bord des deux cours d'eau ou en périphérie des vieux quartiers : la Navette de Bayonne vous conduit au centre. Départ toutes les 6mn *(lun.-sam. 7h30-19h30 sf j. fériés, gratuit)*.

## À NE PAS MANQUER

Les impressionnantes collections du Musée basque.

## ORGANISER SON TEMPS

Shopping dans le Grand Bayonne le matin, visite du Musée basque l'après-midi, et petit verre en soirée dans l'un des nombreux cafés bordant la Nive ou les ruelles du Petit Bayonne, très animés en fin de semaine.

## AVEC LES ENFANTS

Le parcours de l'Atelier du chocolat, la plaine d'Ansot (maison des Barthes et Muséum d'histoire naturelle).

# BAYONNE



**Bayonne, « la bonne rivière », c'est d'abord une ambiance… Celle, estivale, des innombrables bars et bodegas du Petit Bayonne où, devant quelques pintxos arrosés de sagardoa (cidre), on commence à apprécier la convivialité basque. Celle-ci culmine bien évidemment lors des célébrissimes fêtes de Bayonne qui se déroulent début août, lorsque « garçons et filles gambillent pendant six jours de la Nive à l'Adour », comme le clame la chanson basque. Rien de tel pour se mettre en condition avant de partir à la découverte d'une cité historique dont les hautes maisons aux colombages sang-de-bœuf raviront aussi bien les amateurs d'art que les férus d'histoire, sans oublier les gourmands qui y découvriront le berceau du chocolat en France.**

SE LOGER

- Arceaux (Hôtel des) ② 
- Côte Basque (Hôtel) ①
- Grand Hôtel ⑤
- Péniche Djébelle ③
- Poteau rose (Le) ④

SE RESTAURER

- Belzunce (Le) ①
- Bodega Chez Gilles ③
- Chez Martin ⑤
- Chistera (Le) ②
- Grange (La) ⑨
- El Asador ⑥
- Péniche Talaia ④
- Ttipia (Cidrerie) ⑮
- Victor-Hugo (Le) ⑰

INDEX DES RUES

- Galuperie (Quai) 2
- Jauréguiberry (Quai) 4
- Marengo (Pont et R.) 5
- Pannecau (Pont) 7
- Roquebert (Q. du Cdt) 9

## Se promener Plan de ville

*Circuit tracé en vert sur le plan de ville (p. 117) - comptez 2h30. Partez de la place de la Liberté, sur la rive gauche de la Nive, à hauteur de son confluent avec l'Adour.*

### Place de la Liberté AB1

Située au débouché du pont Mayou, qui traverse la Nive à l'entrée de la vieille ville, elle est bordée par l'hôtel de ville et le théâtre. Les armoiries et la devise de la ville sont dessinées sur le pavage de marbre : *nunquam polluta*, « jamais souillée ».

*Depuis la place, engagez-vous dans la rue du Port-Neuf.*

### Rue du Port-Neuf A1-2

Le nom de cette charmante artère piétonne, bordée de maisons des 18e et 19e s., s'explique par le fait qu'elle occupe, comme beaucoup d'autres ruelles du quartier, l'emplacement d'un canal qui servait autrefois de port.

Elle abrite sous ses arcades les meilleurs chocolatiers de la ville et mène à un lacis de petites rues commerçantes qui constituent le cœur du Grand Bayonne. Notez la belle maison à colombages, à l'angle de la rue de la Monnaie et de la rue Orbe.

*La rue de la Monnaie, dans le prolongement, conduit à la cathédrale.*

### ★ Cathédrale Ste-Marie A2

*05 59 59 17 82 - ♿ - lun.-vend. 10h-11h45, 15h-18h45 (sam. 17h45), dim. et j. fériés 15h-18h45 - entrée libre - possibilité de visite guidée sur demande (1h).*

La cathédrale a été bâtie du 13e au 16e s., dans le style un peu sévère des églises du Nord. Au 19e s., on ajouta la tour nord et les deux flèches.

À l'intérieur, remarquez les vitraux Renaissance, en particulier la *Prière de la Chananéenne* qui date de 1531 *(2e chapelle à droite en entrant par la porte de gauche)*. Dans la 6e chapelle, une plaque commémorative de 1926 rappelle le miracle de Bayonne *(ci-contre, siège de 1451)*.

De l'axe central de la nef, on peut juger des belles proportions et de l'harmonie de l'édifice avec son élévation à trois niveaux. *Gagnez le déambulatoire.* Adoptant le parti architectural champenois, les voûtes en ogive rejoignent celles des cinq chapelles absidiales rayonnantes, décorées à la fin du 19e s.

Ne manquez pas, dans le bras gauche du transept, sur la porte, le heurtoir ciselé (13e s.) appelé « anneau d'asile » ; on raconte que le criminel pourchassé qui y posait les doigts était en sécurité.

### ★ Cloître A2

*Accès par la pl. Louis-Pasteur - 05 59 46 11 43 - 9h-12h30, 14h-17h - fermé certains dim. (se rens.), 1er janv. et 25 déc. - entrée libre.*

Il n'en subsiste que trois côtés, formant un bel ensemble gothique (14e s.) avec ses baies jumelées. De la galerie sud, vue sur la cathédrale.

*Revenez au portail de la cathédrale et, par la rue des Gouverneurs, gagnez le Château-Vieux et les remparts.*

#### LA BAÏONNETTE

Certains ferronniers et armuriers de la ville se sont rendus tristement célèbres en inventant la **baïonnette**, utilisée par l'infanterie française à partir de 1703.

# Longtemps anglaise, presque espagnole

## DOT DE PRINCESSE

Au 12e s., Bayonne fait partie du duché quasiment indépendant d'Aliénor d'Aquitaine, épouse quelque peu volage du triste roi de France, Louis VII. Lorsqu'elle se remarie avec Henri II Plantagenêt (1152), héritier du trône d'Angleterre, la ville devient donc anglaise et le restera trois siècles. Durant la guerre de Cent Ans, les flottes bayonnaise et anglaise courent bord à bord, le port regorge de marchandises et la ville est florissante.
Lorsque, le 20 août 1451, les troupes françaises cernent la ville, les habitants voient une croix blanche dans le ciel. Un tel signe divin en faveur de la reddition anglaise ne peut qu'être un bon présage. L'avenir ne sera malheureusement pas à la hauteur de leurs espérances. L'intégration de Bayonne au domaine royal français, après 1451, ne va pas sans grincements de dents : non seulement il faut payer une indemnité de guerre mais les rois de France empiètent sur les libertés locales plus largement que ne le faisaient les lointains souverains anglais. C'est ainsi que les actes et lois ne doivent plus être rédigés en gascon, mais en français. Les Bayonnais en garderont du ressentiment. Fort heureusement pour la prospérité de la ville, Charles IX décidera de rendre vie au port ensablé (l'embouchure de l'Adour s'étant déplacée 30 km au nord) : un chenal direct vers la mer est ouvert en 1578.

## COURSES LOINTAINES

Au 18e s., l'activité de Bayonne atteint son apogée. Les échanges avec l'Espagne, la Hollande et les Antilles, la pêche à la morue sur les bancs de Terre-Neuve et les chantiers de construction entretiennent une grande activité dans le port. La ville est déclarée port franc en 1784, ce qui triple son trafic. Les prises de guerre sont fabuleuses et les bourgeois arment maints bateaux corsaires. Les ministres de Louis XIV fixent par ordonnance le mode de partage du butin : un dixième à l'amiral de France, les deux tiers aux armateurs, le reliquat à l'équipage. Une somme est retenue pour les veuves, les orphelins et le rachat des prisonniers aux Barbaresques.

## DÉCLIN ET RENOUVEAU

Après la Révolution et les guerres napoléoniennes, Bayonne sombre dans une douce léthargie. Par chance, sous le Second Empire, grâce à l'attachement de l'impératrice Eugénie de Montijo à la Côte basque, la ville bénéficiera de quelques travaux. L'impératrice fait notamment aménager une gare dans le quartier St-Esprit, dès lors rattaché officiellement à la ville : les premiers « touristes » font leur apparition. Il faut attendre 1899 pour que les remparts soient démantelés. Jusque-là, les Bayonnais n'avaient d'autres ressources que de surélever les maisons, mais avec l'aménagement de nouveaux quartiers, Bayonne peut davantage respirer. Dès lors, malgré quelques aléas économiques, la cité se développe, entretient son patrimoine et se tourne avec dynamisme vers des activités de service où le tourisme se taille la part du lion.

### Château-Vieux A1-2
*Visites guidées exceptionnelles 2 à 3 fois par an, organisées par l'OT.*
Construit au 12ᵉ s., puis retouché par Vauban au 17ᵉ s., le Château-Vieux témoigne encore de l'architecture militaire médiévale. Il se visite rarement (domaine militaire oblige), mais si la porte est ouverte, vous pourrez au moins en apercevoir la cour intérieure.

### Jardin botanique A1
*Allée des Tarides (près du monument aux morts) - ✆ 05 59 46 60 93 - de mi-avr. à mi-oct. : 9h30-12h, 14h-18h - fermé lun. et j. fériés - entrée libre.*
Niché dans les remparts, à sept mètres au-dessus de la ville, il a des allures japonisantes et regroupe quelque 1 000 espèces de plantes.
*Revenez au rempart Lachepaillet et prenez la rue des Faures depuis la rue des Prébendés, afin de rejoindre la place Montaut.*

### Place Montaut A2
Cette place jouxte un quartier un peu endormi et pourtant typique du Grand Bayonne, avec ses habitations anciennes (maison du 18ᵉ s. au nº 51 de la rue des Faures, ou du 17ᵉ s. aux nᵒˢ 14-16, 21 et 23 de la rue Douer). Les noms de ces rues (Faures, Douer pour « tonnelier », Vieille Boucherie) indiquent une activité artisanale ancienne, qui se maintient vaille que vaille.
*Prenez la rue de Luc et la rue de la Poissonnerie pour rejoindre le pont Pannecau.*
Autres temps, autres mœurs : les femmes infidèles ou de mauvaise vie étaient autrefois jetées du **pont Pannecau** dans une cage en fer… Aujourd'hui, vous le traverserez paisiblement pour rejoindre le Petit Bayonne, qui, face au Grand Bayonne de tradition marchande, conserve son atmosphère populaire et une ambiance festive le soir, grâce à ses petits bars animés *(du jeu. au sam. hors saison, tous les soirs en été)*. Admirez au passage l'harmonie des façades 18ᵉ et 19ᵉ s. des maisons quai Galuperie *(à gauche)* et quai Chaho *(à droite)*.
*Par la rue Pannecau, ralliez la place Paul-Bert.*

### Place Paul-Bert B2
Deux édifices notables occupent cette place, dont le Château-Neuf. Élevé après la prise de Bayonne par les Français et remodelé au 19ᵉ s., il abrite aujourd'hui des administrations et une annexe du Musée basque *(prenez à gauche après l'entrée et passez sous le porche)*. Toutefois, son esplanade arrière est accessible et offre un très beau point de vue sur l'Adour et la ville.
À deux pas de lui se dresse l'**église St-André**, édifiée de 1856 à 1862 dans un style néogothique (messe en basque dim. 9h30). Tableaux de Léon Bonnat et Eugène Pascau à l'intérieur.
*Dirigez-vous vers la rue du Trinquet, face à l'église.*

### Trinquet St-André B2
Ce trinquet des 17ᵉ et 18ᵉ s. témoigne de l'évolution du jeu de paume. On y joue encore des parties de *pala*, et chaque jeudi à 16h, d'octobre à juin, des parties à main nue *(p. 54)* y sont aussi organisées *(p. 129)*. Admirez la vieille charpente.
*Rejoignez le Musée basque par la rue Pontrique et la rue Marengo.*

### ★★★ Musée basque et de l'Histoire de Bayonne B2
*37 quai des Corsaires - ✆ 05 59 59 08 98 - www.musee-basque.com - juil.-août : 10h-18h30, jeu. 10h-20h30 ; avr.-juin et sept. : 10h-18h30 ; reste de l'année : 10h30-18h - fermé lun. et j. fériés (sf juil.-août) - 6,50 € (-26 ans gratuit) - gratuit 1ᵉʳ dim. du mois - visite guidée chaque 1ᵉʳ dim. du mois à 11h et 15h, 2,50 €.*

Architecture traditionnelle des rues piétonnes du centre-ville.
P. Jacques / hemis.fr



Ce musée a investi en 1922 la belle **maison Dagourette**, l'une des plus anciennes de la ville (fin 16e s.), qui témoigne de l'opulence des marchands bayonnais aux 17e et 18e s. Elle abrita un couvent de visitandines de 1640 à 1680, puis devint hôpital civil jusqu'au Second Empire avant d'être dévolue à l'administration des douanes.

Rassemblées par William Boissel dans le souci de conserver la tradition basque, les collections d'origine ont été enrichies et sont actuellement présentées dans trois bâtiments à l'intersection desquels le jour descend par un puits de lumière. Loin d'être un lieu figé, le musée est un espace de vie et de rencontres : il s'y passe toujours quelque chose, conférence, projection, concert… À travers vingt salles réparties sur trois niveaux, le visiteur est invité à découvrir la **société basque** d'aujourd'hui avec les objets et les rites d'hier. On peut même prendre en main certaines pièces, et se faire une idée, par exemple, du poids des pelotes utilisées dans les différents jeux basques !

En guise d'introduction, on se familiarise avec plusieurs mots-clés du Pays basque (eau, chemin, maison, bois, etc.), accompagnés d'illustrations, qui serviront de fil conducteur à la visite. Le rez-de-chaussée présente les traditions de l'**agropastoralisme**.

**Premier étage** – On pénètre dans une **maison basque**, pivot de l'organisation sociale et économique. On découvre son fonctionnement, son contenu mais aussi l'artisanat et le costume traditionnel. Une magnifique **tapisserie** (*Trois groupes de femmes,* 16e s.) renseigne par exemple sur le langage des coiffes féminines : la coiffe corniforme portée baissée signalait une veuve, redressée, une femme mariée. On apprend également que les fameux **tissages basques** étaient à l'origine utilisés pour protéger les bœufs des insectes et de la chaleur ; les paysans les plus modestes se contentaient d'une toile indigo, tandis que les plus riches utilisaient des toiles marquées de sept rayures correspondant aux sept provinces basques. Ne manquez pas le spectaculaire **plan-relief** de Bayonne (1800) et les salles consacrées au commerce.

**LE ROI LÉON**
C'est en 1949 que Léon Dacharry, figure locale, interprète de répertoire lyrique et commis-vendeur d'imperméables, fut proclamé « roi de Bayonne » par la *banda* des Batsarous, lassée de la reine des fêtes ! Maintes chansons s'appliquent à réveiller chaque jour des fêtes ce « roi Léon, roi de Bayonne et des couillons » !

**Second étage** – Les **pratiques sociales** (jeux, sports, musique, danses, etc.) et **religieuses** (processions, rites, etc.) y sont évoquées. Saviez-vous que les abeilles jouaient autrefois un rôle lors des décès ? Lorsque quelqu'un mourait dans une ferme, le voisin le plus proche allait taper sur les ruches pour exciter les abeilles, lesquelles, énervées, sortaient et semaient la panique parmi le bétail. Le message passait ainsi chez tous les voisins qui prenaient en charge les détails pratiques pour laisser la famille se consacrer à son deuil. La visite s'achève par une partie dédiée à l'histoire et à la redécouverte du Pays basque, s'intéressant notamment au **style néobasque**.
Longtemps occultées, les fenêtres des salles sous les combles offrent dorénavant un point de vue magnifique sur les flèches de la cathédrale.
*Les rues Marsan et Jacques-Laffitte mènent ensuite au musée Bonnat.*

### ★★ Musée Bonnat-Helleu, musée des Beaux-Arts de Bayonne B1

*5 r. Jacques-Laffitte - 05 59 59 08 52 - www.museebonnat.bayonne.fr - Le musée est fermé depuis 2011 pour une rénovation complète. Date de réouverture indéterminée.*
Richement décoré dans un style éclectique, ce bâtiment a été spécifiquement conçu en 1897 par l'architecte Charles Planckaert pour recevoir les collections et les œuvres de l'artiste bayonnais **Léon Bonnat** (1833-1922) qui fit fortune en portraiturant la grande bourgeoisie de son temps. Grand esthète, il mit son argent au service de l'art. Ses collections (13e-19e s.), patiemment assemblées et enrichies depuis, font aujourd'hui les beaux jours du musée qui porte son nom. Les œuvres principales sont le grand tryptique *Bonnat et ses élèves basques et béarnais ;* les dessins de **Paul Helleu**, un artiste de la Belle Époque qui sut charmer la haute société par l'élégance de ses portraits (il inspira à Proust le personnage d'Elstir et découvrit, selon Mallarmé, « une couleur inconnue entre le délice et le bleu ») ; les esquisses de **Rubens** et les sculptures en terre cuite de la collection Cailleux, ainsi que les sujets religieux chrétiens, l'histoire du Christ, de la Vierge, des saints (*Christ bénissant* et *Sainte Vierge*, Toulouse vers 1330 ; ou encore une *Tête de Christ* de l'école vénitienne et une *Vierge et l'Enfant à la grenade* de l'école de Botticelli).
Parmi les œuvres collectionnées par Bonnat se trouvent aussi des tableaux d'Ingres, Degas, Delacroix, Flandrin, Géricault, Puvis de Chavannes, Rembrandt, Rubens, Tiepolo, etc. Le fonds de **peinture espagnole** comprend des œuvres de Murillo *(San Salvador de Horta et l'inquisiteur d'Aragon)*, de Goya *(Portrait de don Francisco de Borja)* ou du Greco, auxquelles s'ajoutent des tableaux de l'école aragonaise *(Saint Martin)* et des scènes bibliques ou inspirées par la mythologie antique (*Le Serment des Horaces*, de l'école de David).
Le musée possède enfin une collection d'archéologie antique, des céramiques et de l'orfèvrerie provenant de la collection Petithory, ainsi que des dessins originaux de grands maîtres français et étrangers.
*Revenez place de la Liberté par les allées Boufflers (le long de l'Adour) et le pont Mayou.*
Les plus courageux peuvent continuer la promenade en franchissant l'Adour par le pont St-Esprit qui conduit au quartier du même nom.

## Faire la fête à Bayonne

Les fêtes de Bayonne ont lieu du mercredi au dimanche, à la fin du mois de juillet. Des animations précèdent l'ouverture officielle : braderies, concerts, Foulée du Festayre (course à pied de 12 km de Biarritz à Bayonne - *www.fouleedufestayre.com*), championnat du monde d'omelette aux piments, régates d'aviron, etc. : de quoi se mettre en jambe avant cinq jours de fête !

### INFORMATIONS PRATIQUES

Code vestimentaire : tenue blanche, foulard et ceinture rouges !

Pour venir aux fêtes, privilégiez les transports en commun mis en place pour l'occasion : le train des fêtes depuis Dax ou Hendaye, les bus des fêtes jour et nuit depuis les communes avoisinantes. Le centre-ville étant fermé aux piétons, il sera très difficile, voire impossible, de circuler dans Bayonne. Un parking dans chaque quartier est néanmoins accessible 24h/24, mais coûteux. En matière d'hébergement, il faudra bien sûr avoir réservé longtemps à l'avance, mais pour les *festayres* de dernière minute, un camping sans réservation, dont l'emplacement varie chaque année, accueille les tentes *(1 500 emplacements - 60 €/2 pers. ; rens. à l'OT)*.

Pour éviter les débordements, la fête se termine désormais à 3h pour reprendre à 9h et les *festayres* récalcitrants pourront se faire sortir de la ville de manière musclée. Soyez vigilant pour passer des fêtes en toute sécurité : restez en groupe, évitez les ruelles isolées de l'animation ; le vendredi soir où les hommes et les femmes s'amusent chacun de leur côté peut amener quelques bagarres.

*Procurez-vous dès votre arrivée la brochure* L'Indispensable des Fêtes *à l'OT - ✆ 0820 42 64 64 (0,12 €/mn) - www.fetes.bayonne.fr*

### DÉROULEMENT DES FESTIVITÉS

Les fêtes sont inaugurées le mercredi à 22h par le maire et par des personnalités qui confient aux habitants les **trois clés de la ville**, une clé par quartier. Un feu d'artifice est alors tiré. Tous les matins se promène la cour des Géants et, à midi, on célèbre le lever du **roi Léon**, le roi des fêtes de Bayonne *(voir ci-contre)*, appelé à grand renfort de chansons. Les journées sont bien remplies par les fanfares, concerts, danses, concours de pétanque et surtout de **pelote**. Le soir, les danseurs de bal s'approprient les places. Le jeudi est la journée des enfants. Les **courses de vaches** constituent une attraction à ne pas manquer. Elles ont lieu place Paul-Bert tous les après-midi. Ici, contrairement à Pampelune, on peut toucher et taquiner les bestiaux ; on se mesure aux vachettes en contrant leurs charges à plusieurs, on bâtit des pyramides humaines dont elles testent l'équilibre, on les fait passer sous de longs ponts de bras, et on les attire même dans les bars ! Vendredi et samedi soir à minuit, le **Toro de Fuego** reproduit en un spectacle pyrotechnique une corrida. Mais l'événement important du samedi est le **corso**, défilé sur les berges à 22h de chars illuminés préparés par les *peñas*. Enfin, le dimanche, plusieurs messes sont célébrées ; les fêtes s'achèvent officiellement à minuit par un grand feu d'artifice et le départ du roi Léon.

## À voir aussi Plan de ville

### La Nive B2

Promenade incontournable pour tout Bayonnais qui se respecte, le bord de la Nive se rallie au niveau du ponton du club d'aviron (pont du Génie, B2). Suivant le tracé d'une ancienne voie de halage, le chemin peut conduire les plus motivés jusqu'à **Ustaritz**, à environ 11 km de là.

### Plaine d'Ansot Hors plan

*L'accès se fait par le pont Blanc (piétons et cyclistes uniquement). Laissez votre voiture au parking Floride au bout de l'av. Raoul-Follereau. Navette gratuite depuis le parking jusqu'au site les merc. et sam. de 14h30 à 16h30 (17h30 en été) - 15 avr.-14 oct. : 9h30-19h - 15 oct.-14 avr. : 10h30-17h30 ; fermé lun., 1er mai, 3 sem. pendant les fêtes de Bayonne, 25 déc. et 1er janv. - entrée libre.*

*2h30*. Depuis le pont Blanc, un premier sentier (1 km), agrémenté de panneaux sur l'écologie, vous mène à la **maison des Barthes**, une ferme du 18e s. devenue centre d'accueil du public (*☎ 05 59 42 22 61 - www.ansot.bayonne.fr - 15 avr.-14 oct. : mar.-dim. 10h30-18h) ; 15 oct.-14 avr. : mar.-vend. 13h30-17h, w.-end 11h-17h*. Trois autres sentiers thématiques *(2,5 à 3 km)* procurent d'agréables promenades à la découverte de la faune et de la flore de ces barthes, zones humides où s'épanchent les crues de la Nive et qui protègent ainsi le Petit Bayonne des inondations. Le site (100 ha) abrite une tour d'observation des oiseaux.

**Muséum d'histoire naturelle** - *15 avr.-14 oct. : 10h30-12h30, 13h30-18h ; 15 oct.-14 avr. : 13h30-17h, w.-end 11h-12h30, 13h30-17h - fermé lun. et jeu. - entrée libre.* Au rdc sont présentés les spécificités des barthes de la Nive et leur fonctionnement. Une maquette en 3D du bassin versant de la Nive illustre simplement l'effet des pluies et des marées, tandis qu'un accès au site Vigicrues ancre ces informations dans l'actualité. Très bonne animation interactive du fonctionnement hydraulique de la zone humide. À l'étage et de l'autre côté de la passerelle, les mammifères, poissons et insectes naturalisés vous montrent le type de faune qui peuple la plaine et les Pyrénées, et la nécessité de protéger cette biodiversité. Les enfants pourront caresser la peau d'un renard avant de se retrouver nez à nez avec un impressionnant ours brun, un silure glane carnivore ou un imposant gypaète barbu.

### Quartier St-Esprit AB1

Annexé à Bayonne en 1857 et déployé au pied de la citadelle *(ne se visite pas)*, il mêle toutes les époques architecturales, du 18e s. jusqu'à nos jours.

Sa **collégiale**, à l'origine romane du 11e s., concentre différents styles architecturaux. Le porche actuel date de 1891, les auvents côté gare ont été élevés en 1950, mais, à l'intérieur, le chœur est de style gothique flamboyant et l'on peut y admirer un bois sculpté polychrome du 15e s. représentant la Fuite en Égypte. Autre monument incontournable de cette rive : la **synagogue** néoclassique *(35 rue Maubec)*, construite en 1837, qui conserve sa vocation cultuelle. Sa présence rappelle que la communauté juive fut une composante sociale locale importante après l'arrivée de marchands juifs chassés de la péninsule Ibérique en 1492. Interdits de séjour dans la ville, ils s'installèrent à St-Esprit où ils implantèrent bientôt les premières fabriques de chocolat.

### ★ L'Atelier du chocolat Hors plan

*7 allée de Gibéléou - ☎ 05 59 55 00 15 - www.atelierduchocolat.fr - juil.-août : 9h30-18h30 ; reste de l'année : 9h30-12h30, 14h-18h - fermé dim. et 1er Mai - pour les tarifs se rens. - dern. visites 1h30 avant l'heure de fermeture.*

**L'ESPRIT DU CHOCOLAT**
Découvert par les conquistadores, le « xocoatl » des Aztèques n'aurait sans doute jamais conquis autant de gourmands si les Espagnols n'avaient eu l'idée de lui adjoindre du sucre, de la vanille et de la cannelle pour l'adapter au goût européen. Depuis 1585, les Sévillans détenaient le monopole de sa fabrication. Ce fut en toute logique une Espagnole, la reine Anne d'Autriche, qui le fit connaître et apprécier en France. Les premiers chocolatiers de Bayonne, des juifs espagnols et portugais chassés de leur pays par l'Inquisition, s'installèrent au début du 17e s. dans le quartier St-Esprit. En 1854, on ne comptait pas moins de 31 fabricants de chocolat à Bayonne. Ils sont aujourd'hui moins nombreux, mais les principaux tiennent encore boutique sous les arcades de la rue du Port-Neuf, surnommée par les Bayonnais la « rue du Chocolat » (*Nos adresses*).

Le chocolatier Andrieu a élaboré un parcours didactique allant des origines géographique et historique du chocolat jusqu'au produit fini, en passant par toutes les étapes de sa fabrication : composition, enrobage, moulage, tablage, décoration et emballage.
Agréablement éclairé et très olfactif, le circuit alterne astucieusement panneaux explicatifs, découverte des ateliers, exposition de machines anciennes et film pédagogique afin d'illustrer au mieux cette filière gourmande. Des écrans-quiz et une dégustation clôturent la visite.
Les artisans chocolatiers ne travaillant pas l'après-midi (des vidéos montrent alors l'activité de chaque atelier), prévoyez une visite en matinée.

**L'Atelier du jambon de Bayonne Pierre-Ibaïalde** B2
*41 r. des Cordeliers - 05 59 25 65 30 - www. pierre-ibaialde.com - juil.-août : 10h-13h30, 14h30-18h30 ; reste de l'année : 9h-12h30, 14h-18h - fermé dim. et j. fériés, ainsi que sam. et lun. de janv. à mars.*
Après la visite de cette conserverie artisanale *(30mn)*, le jambon de Bayonne n'aura plus aucun secret pour vous. Pierre Ibaïalde vous explique les étapes de sa fabrication, vous montre le saloir et le séchoir, et fait déguster ses produits. Jambon et foie gras sont en vente dans la boutique attenante.

## Circuit conseillé Carte de microrégion

### ★ ROUTE IMPÉRIALE DES CIMES

*Pour visualiser ce circuit de 30 km qui relie Bayonne à Hasparren, reportez-vous à la carte de microrégion (p. 114-115) - comptez env. 1h30. Sortez de Bayonne par la D 936. Quittez cette route après St-Pierre-d'Irube pour la D 22, à droite.*
Napoléon Ier fit aménager cette route sinueuse, tronçon d'une liaison stratégique de Bayonne à St-Jean-Pied-de-Port, par les hauteurs. La **vue★** se dégage sur la Côte basque et les sommets des Pyrénées proches de l'Océan : la Rhune, les Trois Couronnes et le Jaizkibel qui, de cette distance, donne l'illusion d'une île escarpée. Aux approches d'Hasparren (*p. 214*), les Pyrénées basques s'étendent au loin.

1

## NOS ADRESSES À BAYONNE

### HÉBERGEMENT

Attention, réservez longtemps à l'avance pendant les fêtes de Bayonne.

#### BUDGET MOYEN

**Hôtel Côte Basque** – *Pl. de la République, 2 r. Maubec - 05 59 55 10 21 - www.hotel-cotebasque.fr - 40 ch. 71/73 € - 9 €.* Juste à côté de la gare, cet élégant hôtel propose, sur quatre étages organisés autour d'un grand escalier de bois, des chambres entièrement refaites, spacieuses, calmes et confortables. Certaines sont climatisées. L'accueil est agréable. Ascenseur.

**Hôtel des Arceaux** – *26 r. du Port-Neuf - 05 59 59 15 53 - www.hotel-arceaux.com - 11 ch. 73/83 € - 7,50 €.* Ce petit hôtel, situé dans une rue piétonne du centre-ville, constitue un point de départ idéal pour visiter le Vieux Bayonne et les rives de l'Adour. Les chambres, rénovées, sont peintes chacune dans une couleur différente. Accueil sympathique.

#### POUR SE FAIRE PLAISIR

**Le Grand Hôtel** – *21 r. Thiers - 05 59 59 62 00 - www.bw-legrandhotel.com - 57 ch. 89/186 € - 13 €.* Difficile de faire plus central que cet établissement qui appartient à la chaîne Best Western. Les chambres, toutes différentes, sont de bon standing et certaines jouissent d'une vue sur les flèches de la cathédrale située à deux pas. Le bar, à l'ambiance feutrée, est agréable, tout comme la salle couverte d'une verrière où est servi le petit-déjeuner.

**Le Poteau Rose** – *51 av. Louis-de-Foix - 05 59 55 36 01 - www.lepoteaurose.com - 4 ch. 100/130 € (suppl. de 10 € pour une seule nuit et pendant les fêtes de Bayonne).* Dans cette vaste maison, construite autour d'un patio et agrémentée de terrasses sur jardin, vous séjournerez dans une autre dimension : celle de l'art ! Les grandes chambres, en duplex, lumineuses et colorées, sont décorées d'œuvres d'art et de meubles design. Celle de la Réserve se trouvant dans le dépôt du couvent des Méduses, un espace d'exposition *(www.lecouventdesmeduses.com)*, vous dormirez au milieu d'œuvres bientôt ou déjà exposées. Un lieu atypique, à l'ambiance cosy et surprenante, au calme, en dépit du bruit de l'avenue.

#### UNE FOLIE

**Péniche Djébelle** – *Face au 17-21 r. Thiers - 05 59 25 77 18 - www.djebelle.com - 2 ch. 145 € - se rens. pour les périodes d'ouv. de nov. à fév.* Amarrée dans le quartier de la gare, sur la rive droite de l'Adour, cette embarcation abrite deux superbes chambres d'hôte, occasion d'un séjour aussi agréable qu'original à Bayonne. Aux beaux jours, il fait bon profiter du Jacuzzi et des ponts où sont installés tables et transats.

### RESTAURATION

Entre le pont Mayou et le pont du Génie, les quais de la Nive comptent plusieurs restaurants sympathiques où il est possible de déjeuner à petit prix *(plat du jour à moins de 10 €, menus 13-16 €)*, généralement en terrasse à la belle saison.

#### PREMIER PRIX

**Chistera** – *42 r. du Port-Neuf - 05 59 59 25 93 - www.lechistera.com - fermé sf l'été lun. et mar.-merc. soir - menu 15,80 € -*

*25/30 €*. Restaurant familial sans prétention dans une maison du 17e s. au cœur du Vieux Bayonne. La décoration, à l'honneur de la pelote, est un peu vieillie, mais cette adresse reste d'un bon rapport qualité-prix pour déguster des spécialités basques.

### BUDGET MOYEN

**Le Belzunce** – *6 r. de la Salié - ✆ 05 59 25 66 50 - lun.-sam. midi, jeu., vend., sam. soir - 18/20 €.* À mi-chemin entre le restaurant et le salon de thé (longue carte des desserts), cet établissement tout simple étonne par la qualité de sa nourriture (quiches, grandes salades, risotto, etc.). Un repas savoureux ou une pause gourmande dans la salle un peu rustique, ou dans le patio.

**Le Victor-Hugo** – *1 r. Victor-Hugo - ✆ 05 59 25 62 26 - midi et soir - menus 17,50/26 € - 25 €.* Une carte terre/mer et des menus renouvelés marient, à table, au bar ou en terrasse, différentes spécialités basques bien préparées et généreusement servies : merlu au chorizo, *chipirones*, aixoa, etc. En fin de semaine, la fête bat son plein : musique live et piste de danse !

**La Grange** – *28 quai Galuperie - ✆ 05 59 46 17 84 - fermé dim. sf fêtes - menu 20 € - 25/30 €.* Le « plus » de ce restaurant est sa grande terrasse bordant la Nive. En cuisine, le maître mot est qualité ; les produits du terroir, achetés selon les arrivages du marché, sont privilégiés dans des plats qui révèlent toutes leurs saveurs : côte de veau et purée à l'huile de truffe, bar de ligne rôti, etc.

**Bodega Chez Gilles** – *23 quai de l'Amiral-Jauréguiberry - ✆ 05 59 25 40 13 - www.bodegachezgilles.com - 25/28 €.* Un endroit qui ne manque pas d'ambiance, un joli bar, une équipe sympa, des pierres apparentes et une belle terrasse confèrent à la bodega son caractère bayonnais. Au menu, de savoureuses spécialités locales, à découvrir par exemple dans de grandes assiettes-dégustation qui composent un repas *(17 €)*.

### POUR SE FAIRE PLAISIR

**Cidrerie Ttipia** – *27 r. des Cordeliers - ✆ 05 59 46 13 31 - été : soir seult ; reste de l'année : midi et soir sf dim. soir et lun. midi - 29 € (enf. 7 €).* Voyage au cœur des cidreries espagnoles : grandes tablées, poutres et pierres apparentes, vieux objets et surtout tonneaux, desquels coule à flots le *sagardoa* (cidre). On vient ici pour l'ambiance et la cuisine. Le menu traditionnel comprend omelette à la morue, merlu à l'espagnole, côte de bœuf, fromage de brebis, noix, pâte de coin, café et cidre à volonté, dont on se sert au tonneau.

**Péniche Talaia** – *Quai Pedros (devant la mairie de Bayonne) - ✆ 05 59 44 08 84 - de mar. midi à sam. soir - menu déj. 14,50 € - 30 €.* Efficace et inspirée, la carte propose surtout des plats du Sud-Ouest. Vue magnifique sur les monuments illuminés de la ville. Idéal pour le dîner…

**El Asador** – *19 r. de la Vieille-Boucherie - ✆ 05 59 59 08 57 - de mar. midi à sam. soir - menus 20 € (déjeuner) ou 30 € (dîner) - 30/35 €.* Beaucoup de poissons issus de la pêche locale, souvent cuisinés à la plancha, mais aussi des viandes du terroir. La brochette de lotte et de gambas est fameuse ! Ambiance feutrée mais pas guindée dans la salle joliment décorée d'affiches évoquant les fêtes de la Saint-Firmin. Intéressante carte des vins, dont beaucoup viennent d'Espagne, et belle terrasse.

**Chez Martin** – *29 r. d'Espagne - ✆ 05 59 55 84 41 - lun.- dim. midi, jeu.-sam. soir - 30 € - brunch dim. 18 €.* Lumière tamisée et décoration soignée, l'ambiance est plutôt calme chez Martin, ce qui n'exclut pas la convivialité. La cuisine est fine et originale, la carte souvent renouvelée et la cave réputée. Petite terrasse en été. L'un des meilleurs brunchs de Bayonne.

### PETITE PAUSE

**Salon de thé Lionel Raux** – *7 r. Bernadou - ✆ 05 59 59 34 61 - lun.-vend. 9h-19h30, sam. 8h-19h30, dim. 8h-13h - fermé apr.-midi des j. fériés et du dim.* Pâtissier, chocolatier, traiteur et salon de thé sont réunis sous cette enseigne proche des halles. Sandwichs, tartes salées, viennoiseries, macarons, gâteaux basques et, spécialité de la maison, le daudet (ganache au chocolat noir et crème brûlée à l'orange parfumée au Cointreau).

**Salon de thé Chocolat Cazenave** – *19 r. du Port-Neuf - ✆ 05 59 59 03 16 - mar.-sam. 9h15-12h, 14h-19h - fermé dim. et lun. hors vac. scol.* Attenant à la boutique *(Achats)*, l'atelier de chocolaterie a été transformé au début du 20e s. en élégant salon de thé. On y déguste le fameux chocolat chaud moussé à la main dans de la porcelaine de Limoges.

### EN SOIRÉE

Situé à l'angle formé par la Nive et l'Adour, le **Petit Bayonne** est le quartier jeune de la ville, où l'animation bat son plein les nuits de fin de semaine. Aux premières chaleurs estivales, l'ambiance tourne irrésistiblement à la fête, grâce à la trentaine de bars et de restaurants qui se partagent les festivités entre la rue des Cordeliers, la rue Pannecau et celle des Tonneliers.

#### Bar

**Chai Ramina** – *11 r. de la Poissonnerie - ✆ 05 59 59 33 01 - mar.-jeu. 9h30-20h, vend.-sam. jusqu'à 2h.* Fondé par Jacques « Ramina » Gardet, un ancien joueur de rugby bayonnais, ce bar de vieux copains a changé de propriétaire sans perdre sa bonne ambiance. Si l'on y boit surtout du whisky, la faute revient à une carte qui n'en propose pas moins de 300 ! Les supporters de l'Aviron bayonnais s'y rendent en masse les jours de match.

#### Spectacles

**La Luna Negra** – *7 r. des Augustins - ✆ 05 59 25 78 05 - www.lunanegra.fr - merc.-sam., spectacles à 20h30 - fermé août et dern. sem. de déc. - 4/15 €.* Lancé voilà 17 ans, ce lieu culturel de proximité offre au public une programmation de qualité, à la fois audacieuse et populaire, tournée vers le café-théâtre (comédie, improvisation, one man show, etc.) et les musiques du monde.

**Le Caveau des Augustins** – *7 r. des Augustins - ✆ 05 59 25 69 76 - www.lecaveaudesaugustins.com - mar.-sam., spectacles à 19h30 ou 21h - 5/10 €.* Cette belle salle voûtée se prête à toutes sortes de configurations : concerts, jam sessions gratuites *(mar. et jeu.)*, soirées dégustation de vin *(certains merc.)*, etc. Bar à tapas.

**Scène nationale Bayonne Sud-Aquitaine** – *Pl. de la Liberté - ✆ 05 59 59 07 27 - www.snbsa.fr - rens. et réserv. : mar.-vend. 10h-14h, 14h45-17h30, sam. 10h-13h - fermé 2 sem. en août et j. fériés - 7-30 € selon les spectacles.* Ce théâtre de 580 places accueille des spectacles variés : théâtre, danse, musique, humour, jeune public, etc.

## ACHATS

**Les Halles** – *Quai du Cdt-Roquebert - ✆ 05 59 59 21 65 - lun.-vend. 7h-13h30, sam. 6h-13h30 (14h en été), dim. 8h-13h30.* Ces halles de type Baltard bordent le cours de la Nive. Primeurs, boulangers, pâtissiers et poissonniers y côtoient les charcutiers-traiteurs venus proposer leurs produits à base de porc noir basque. Quelques petits producteurs des environs s'installent aussi à l'extérieur du bâtiment le samedi matin. Marché à la brocante vendredi *(7h-13h).*

**Maison Montauzer** – *17 r. de la Salie - ✆ 05 59 59 07 68 - www.montauzer.fr - tlj sf dim. 7h-12h30, 15h30-19h30 - fermé lun. sf été 7h30-12h30.* Parmi les spécialités de cette charcuterie, boudin, tripes et jambons proviennent de porcs élevés exclusivement au Pays basque et nourris aux céréales. Une spécialité : le jambon *ibaïona* qui, conformément à la tradition, est séché de 15 à 18 mois à l'air vivifiant du pays puis dans un séchoir pendant les quatre saisons.

**Chocolats** – Direction **rue du Port-Neuf** pour goûter à cette spécialité typiquement bayonnaise. Au n° 14, découvrez **Pariès** (1895), réputé pour ses mouchous, sorte de macarons, et ses kanougas, caramels fondants au chocolat; au n° 15, **Daranatz** (1890) propose plus de 20 sortes de tablettes et 50 bonbons au chocolat différents; au n° 19, **Cazenave** (1854) est connu pour son chocolat à boire *(➲ p. 128)*; au n° 37, **L'Atelier du chocolat** (1950) présente les créations de Serge Andrieu, dont les fameux bouquets. On peut aussi visiter l'atelier *(➲ p. 125)*.

**Loreztia Boutik'Expo** – *52 quai des Corsaires - ✆ 05 59 59 55 37 - mar.-sam. 10h30-13h, 15h-18h - entrée libre, visite guidée sur rdv.* Ici, miel, gelée royale et autres produits de la ruche, confitures, dont les fameuses aux cerises noires, vous feront succomber. Expo historico-ethnographique sur l'homme et l'abeille en Pays basque. Dégustations gratuites.

**M. Leoncini** – *37 r. de la Vieille-Boucherie - ✆ 05 59 59 18 20 - lun.-vend. 16h-18h30, sam. 10h-12h.* C'est l'un des derniers artisans à perpétuer la tradition du makhila, une canne basque en bois de néflier (sculpté à vif) renfermant une lame effilée. On l'utilise pour la marche et pour la défense.

**Elkar** – *Pl. de l'Arsenal - ✆ 05 59 59 35 14 - tlj sf dim. 9h30-19h.* On trouve tout dans cette grande librairie : guides de randonnée pédestre et VTT, ouvrages sur la faune et la flore des Pyrénées, recueils d'itinéraires de balades, cartes, sans compter les livres sur le Pays basque et les romans.

## SPORTS ET LOISIRS

**Trinquet moderne** – *60 av. Dubrocq - ✆ 05 59 59 05 22 - www.trinquet-moderne.com - à partir de 9h - fermé dim. soir. - 8/24 €.* De nombreuses parties de main nue (l'une des 22 disciplines de la pelote basque), où les Français excellent lors des compétitions de niveau mondial, se déroulent entre les parois de verre de ce trinquet couvert. Restaurant.

**Trinquet St-André** – *1 r. du Jeu-de-Paume - ✆ 05 59 25 76 81 - 9h-22h - fermé dim.* Ce trinquet du 17e s. est l'un des plus vieux de France. Les Basques viennent y faire leur partie de *pala* avant de se retrouver au bar. Des compétitions de main nue ont lieu du premier jeudi d'octobre au dernier jeudi de juin *(16h)*. Les palettes en bois sont louées à l'heure. C'est aussi un restaurant et un bar à vin proposant d'appétissantes assiettes de produits régionaux.

**Adour Loisirs** – *4 r. du Coursic - ✆ 05 59 25 68 89 ou 06 32 64 11 42 - http://adour.loisirs.free.fr - sans réserv., tte l'année, 3 sorties de 2h (16 €, enf. 12,80 €) : 10h, 15h, 17h20. En saison, autres croisières, plus ou moins longues, et excursions.* Un bateau-mouche de 72 places assises vous emmène à la découverte de l'Adour et de ses affluents. Les croisières, toujours commentées, empruntent différents parcours. Parmi les escales sur les rives de l'Adour : Urcuit, Urt et Peyrehorade.

**Tennis - L'Aviron bayonnais** – *Av. André-Grimard - ✆ 05 59 63 33 13 - www.tennisavironbayonnais.com - 10h-12h, 16h-19h, merc. et sam. 9h-19h - fermé j. fériés.* Le cadre dans lequel se situe ce club de tennis, les anciennes fortifications de Vauban, est suffisamment insolite pour ne pas manquer la visite, à défaut d'aller y jouer. Le club existe depuis 1922. Il est doté de 11 courts (9 en terre battue et 2 en GreenSet). Deux grands tournois y sont organisés : l'un à Pâques et l'autre durant la 2e quinz. de juillet.

**Rugby** – *Calendrier et billetterie en ligne sur le site du club : www.abrugby.fr.* Champion de France en 1913, 1934 et 1943, l'Aviron bayonnais (célèbre pour sa mascotte Pottoka) se distingua longtemps par son jeu élégant, qualifié par les spécialistes de « manière bayonnaise ». Ambiance festive et chaleureuse au stade Jean-Dauger. Inutile de dire qu'avec le Biarritz Olympique les derbys sont chauds !

**Arènes** – *Av. des Fleurs - ✆ 0 820 466 464 ; rens. visites au 05 59 25 48 19 - mi-sept.-juin : visites lun.-vend. 9h-12h, 14h-18h sf les jours de spectacles ou de corridas - programme et réserv. pour les corridas : www.corridas.bayonne.fr.* Construites en style hispano-mauresques, ces arènes d'une capacité de 10 000 places ont été inaugurées en 1893. Elles accueillent corridas et *novilladas* pour les fêtes de Bayonne *(fin juil.)*, la feria de l'Assomption *(autour du 15 août)* et la feria de l'Atlantique *(1er w.-end de sept.)* Des concerts et spectacles y sont aussi organisés *(Les Arènes en fête, juil.-août)*.

## AGENDA

**Fêtes de Bayonne** – Pendant cinq jours, fin juillet, le cœur des Bayonnais bat au rythme des musiques traditionnelles basques lors des fameuses fêtes. Après les courses de vaches landaises à St-André, les corridas et le corso lumineux, on danse sur les grandes places au son des *txirula* (flûtes) et des *ttun-ttun* (tambours). *aussi p. 123.*

**Foire au jambon de Bayonne** – *4 jours à partir du jeu. de Pâques, autour du Carreau des Halles.* Depuis 1426, le rendez-vous annuel des fermiers qui vendent leur production sur les quais de la Nive.

**Journées du chocolat** – *Vend. et sam. de l'Ascension.* Chaque année, un pays producteur, invité par l'Académie du chocolat et la Guilde des chocolatiers bayonnais, est à l'honneur. Au programme : visites guidées, expositions, démonstrations de « trempage de chocolat » dans la rue… et dégustation !

# Anglet

**Angelu**

38 032 Angloys - Pyrénées-Atlantiques (64)

## NOS ADRESSES PAGE 135

### S'INFORMER

**Office du tourisme d'Anglet (Cinq Cantons)** – *1 av. de la Chambre-d'Amour - 64600 Anglet - ☎ 05 59 03 77 01 - www.anglet-tourisme.com - juil.-août : 10h-19h ; reste de l'année : se rens.*

### SE REPÉRER

Carte de microrégion C1 (p. 114-115) et plan de ville (p. 134) – *Carte Michelin n° 573 B 25.* Anglet assure la jonction entre Bayonne, à l'est, et Biarritz au sud-ouest. Selon votre point de départ, vous y accéderez par l'avenue de Bayonne et la D 810, ou l'avenue de Biarritz et la D 910. Pour rejoindre les plages, visez les quartiers de la Chambre d'Amour, de Chiberta ou de La Barre. En suivant les panneaux Montbrun ou Chiberta, vous trouverez la forêt du Pignada. Quant à celle du Lazaret et au port de plaisance, vous les dénicherez au Blancpignon.

1

### À NE PAS MANQUER

Les vagues de la plage des Cavaliers, pour leur rondeur et leur taille, particulièrement impressionnantes en automne.

### ORGANISER SON TEMPS

Une petite promenade dans le quartier de la Chambre d'Amour offre un premier contact animé avec Anglet. Vous pouvez ensuite vous diriger vers les plages pour prendre un bon bain de mer ou choisir de découvrir la forêt du Pignada et ses sentiers. Les activités sportives ne manquent pas à Anglet : natation, surf, golf, équitation, VTT ou marche.

### AVEC LES ENFANTS

Le parcours aventure dans la forêt du Pignada.

**Qu'est-ce qui fait le charme d'Anglet ? Son littoral, unique au Pays basque, avec ses 4,5 km de plages de sable fin. Mais aussi sa belle pinède, pour le plus grand bonheur des marcheurs. Venir à Anglet, c'est prendre un grand bol d'air pur ! Avec ces deux principaux atouts, la petite station balnéaire fait figure de poumon vert pour la communauté d'agglomération de Biarritz-Anglet-Bayonne (BAB), d'où son surnom de « paradis vert ». Les sportifs, qu'ils soient golfeurs ou surfeurs, ne savent pas où donner de la tête, tandis que toutes sortes d'animations égaient ses rues ainsi que son bord de mer à la fin du printemps et en été. À vous les vagues, les balades sous les pins et les soirées festives !**

## Se promener Plan de ville

Le site d'Anglet présente les mêmes caractéristiques que les stations de la Côte d'Argent landaise du nord de l'Adour (*Le pays de l'Adour, p. 209*) : un terrain plat, une côte basse bordée de dunes et un arrière-pays planté de pins.

### LA TRAGÉDIE DE LA CHAMBRE D'AMOUR

Selon la légende, Saubade et Laorens s'aimaient, mais leurs familles étaient rivales. Les deux jeunes gens avaient donc pris l'habitude de se retrouver en cachette dans la grotte. Mais suite à un orage, la marée monta plus vite que de coutume et les noya…

## LES PLAGES

Onze plages de sable fin, pour certaines de renommée internationale, se succèdent le long des 4,5 km du littoral angloys. Une **promenade** les longe. Elle relie le quartier de la Chambre d'Amour à celui de La Barre (au nord).

### Plages du VVF et du Club A1

La première de ces plages doit son nom à la présence d'un village-vacances, construit en 1970 selon les plans des architectes Hébrard, Grésy et Percillier. La silhouette et les détails du bâtiment principal évoquent un paquebot.

La seconde accueille le très réputé Anglet Surf Club. Ses locaux ont trouvé place dans l'**établissement des bains**, bâtiment emblématique des années 1930, réhabilité en 2007 pour accueillir une salle des congrès. Entre les deux, la **grotte de la Chambre d'Amour** attire les romantiques de tous horizons.

La plage de **Marinella** est fréquentée par les familles et un public cosmopolite.

### Plages des Sables d'Or et des Corsaires A1

Ces deux plages sont le terrain de prédilection des familles angloyes. Sur celle des Sables d'Or, des terrains de beach-volley attirent les meilleurs joueurs. En août, elle accueille le Surf de Nuit Festival.

### Plages de la Petite Madrague, de la Madrague, de l'Océan et des Dunes A1

Ces étendues de sable fin sont les plus tranquilles du littoral angloys en raison de l'environnement, plus sauvage, et de la proximité du golf de Chiberta, voulu par le duc de Windsor et conçu par Tom Simpson en 1927. Un blockhaus, vestige du mur de l'Atlantique érigé à partir de 1942, veille encore sur les flots. La plage de la Petite Madrague a la réputation d'être la plus branchée d'Anglet, tandis que celle des Dunes, moins accessible, est surtout fréquentée par les surfeurs *(plages non surveillées).*

### Plage des Cavaliers A1

La plus réputée des onze plages d'Anglet accueille chaque année d'importantes compétitions internationales de surf. Attention, les vagues de *shore break* peuvent être très dangereuses.

### Plage de La Barre A1

Située à l'embouchure de l'Adour, c'est la plage la plus septentrionale d'Anglet. Elle doit son nom à une vague mythique, cassée aujourd'hui par la digue construite dans les années 1970. Côté terre, deux lacs marquent l'emplacement de l'ancien hippodrome inauguré en 1870. Un skate-park y a été aménagé.

Le **parc écologique Izadia** (14 ha), doté d'une Maison de l'environnement et du développement durable, permet de découvrir le fragile écosystème des zones humides littorales. *297 av. de l'Adour - ✆ 05 59 57 17 48 - www.izadia.fr - ♿ - juil.-sept. : 10h-12h30, 14h-18h (20h le jeu.) ; mars-juin et sept.-nov. : merc.-dim. 10h-12h30, 14h-18h - fermé déc.-fév. - visites guidées le w.-end 10h30 et 15h, 5 € (-17 ans 3 €).*

Surfeurs sur la plage de la Chambre d'Amour à Anglet.
J.-P. Degas / hemis.fr



## LES FORÊTS

Autre atout d'Anglet, les 250 ha de pinède ont été plantés sous le Second Empire. Ils se répartissent entre les forêts du Pignada au nord, la plus grande, du Lazaret à l'est et de Chiberta le long de la côte.

### ★ Forêt du Pignada AB1

Son nom lui vient des pommes de pin, les « pignes ». Elle comprend des aires de pique-nique, des sentiers goudronnés et des sentes que l'on peut arpenter à pied, à cheval ou à VTT. Un parcours « vitalité » de 2,5 km a été aménagé en son centre et, à l'angle de la promenade de La Barre et de l'avenue de l'Adour, dans la forêt de Chiberta, un **parcours aventure** propose, dans les arbres, des itinéraires adaptés à chacun. Adultes et enfants pourront choisir, selon leur niveau, entre les promenades acrobatiques Castors, Crockett ou Indiana.

### LA RÉVOLUTION DU 19e s.

La canalisation de l'Adour, décidée en 1578, ne bouleversa pas la vocation nourricière d'Anglet (sous domination anglaise, dès le 12e s., la ville fournissait Bayonne en produits de bouche) en dépit de la submersion de terres arables. Ce n'est qu'au 19e s. qu'Anglet se réorganisa en raison de l'intérêt porté à la côte par Napoléon III et l'impératrice Eugénie. Grâce à eux, la forêt du Pignada et de nouvelles infrastructures virent le jour. Après la construction d'un hippodrome sur le site de La Barre, un établissement de bains (1884) et des villas se déployèrent sur le littoral pour former le quartier de la Chambre d'Amour. À ceci s'ajouta l'amélioration des moyens d'accès. La ville fut très tôt reliée par le chemin de fer (1877), puis par l'avion (dans les années 1930). Aujourd'hui, Anglet fait partie avec Bayonne, Biarritz, Bidart et Boucau de l'agglomération Côte basque-Adour qui compte 126 000 habitants.

*✆ 05 59 42 03 06 - juil.-août : 10h-18h ; vac. de printemps : apr. midi ; mai-fin juin et de déb. sept. à vac. de la Toussaint : w.-end et j. fériés apr.-midi - tarifs selon le parcours et l'âge.*

**Forêt du Lazaret** B1

L'allée de l'Empereur, l'avenue du Prince-Impérial… autant de dénominations qui rappellent que Napoléon III fut à l'origine de la pinède d'Anglet. Aujourd'hui, cette partie de la forêt est circonscrite à 20 ha, mais elle reste toujours aussi agréable à parcourir.

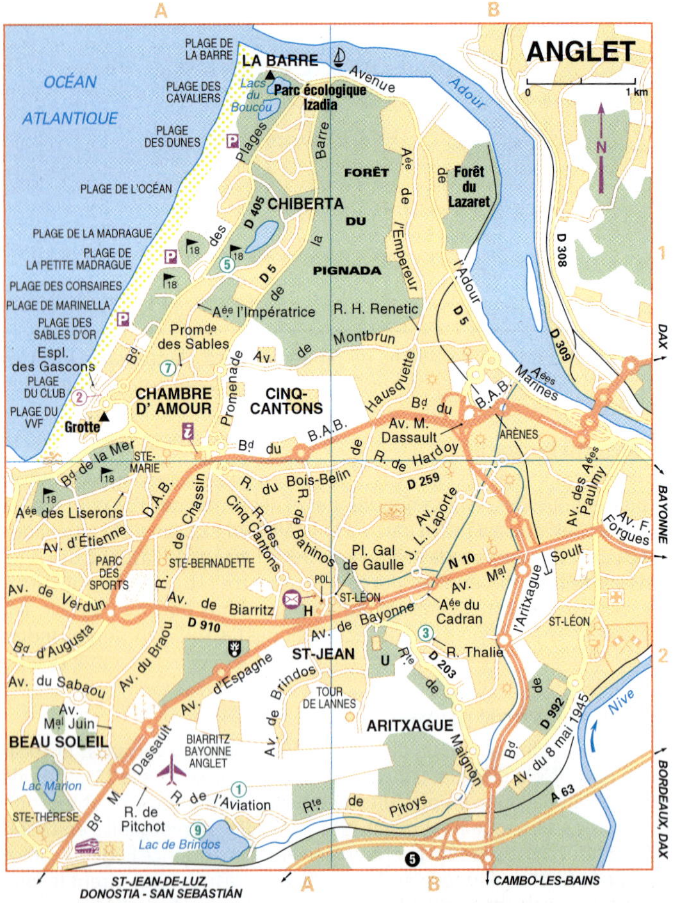


**SE LOGER**
- Arguia (Hôtel) ........ ⑤
- Azureva (Hôtel) ........ ⑦
- Biarritz-Parme (Camping) ... ①
- Château de Brindos ........ ⑨
- Musica (Chambre d'hôte La) ........ ③

**SE RESTAURER**
- La Mouche qui louche ...... ②

# À voir aussi

**Fabrique de chisteras Gonzalez**
*6 allée des Liserons - ✆ 05 59 03 85 04 - visite (1h30) : 17h lun., merc. et vend. - fermé sam. apr.-midi, dim. et j. fériés - 4 €.*
Depuis 1887, la fabrique Gonzalez confectionne manuellement des chisteras. Pour tout savoir sur l'histoire et la fabrication de la pelote et du chistera.

## NOS ADRESSES À ANGLET

### HÉBERGEMENT

#### PREMIER PRIX

**Biarritz-Parme Camping** – *2 allée Etchecopar, quartier Brindos (près de l'aéroport) - ✆ 05 59 23 03 00 - www.campingdeparme.com - de déb. avr. à déb. nov. - ♿ - réserv. conseillée - 60 empl. 32/36 € - 85 [mobile-homes] - 14 [chalets] - 30 bungalows toilés : sem. 560 à 1 078 € (2-3 pers./8 pers.).* C'est le seul camping-hôtellerie de plein air d'Anglet où l'on puisse réserver pour une nuit (hors saison) ou une semaine dans des locations variées en confort et en prix. Nombreux services proposés, de la piscine avec toboggan aquatique aux animations sans oublier le bar-restaurant à la décoration très design.

**Hôtel Arguia** – *9 av. des Crêtes - ✆ 05 59 63 83 82 - http://arguia.free.fr - ♿ - P - 30 ch. 44/76 € - ☕ 4,50 €.* Cette maison d'architecte construite dans les années 1920 se trouve dans une rue calme à environ 500 m de l'Océan. Réparties dans deux bâtiments, les chambres, très simples, donnent sur le jardin.

#### BUDGET MOYEN

**Chambre d'hôte La Musica** – *4 r. Thalie - ✆ 06 13 67 16 87 - www.maisonlamusica.fr - P - [non-fumeurs] - 3 ch. 75/85 € ☕.* La propriétaire de cette charmante villa basque vous accueille comme si vous étiez des amis. Elle propose trois chambres, pas très grandes mais totalement indépendantes. La plage, le golf et le centre-ville sont à deux pas. Partenariat avec la thalasso Atlanthal et le golf Makila (remise de 10 %).

**Hôtel Azureva** – *48 prom. des Sables - ✆ 05 59 58 04 70 - www.azureva-vacances.com - fermé en hiver (se rens.) - P - 135 ch. - 74,60 € ☕ - sem. 1 212 € pour 2 pers. pens. complète.* Lorsqu'il n'affiche pas complet, ce centre de vacances propose des nuitées en plus de ses locations à la semaine. Vous apprécierez les prix ultra compétitifs et pourrez également profiter des nombreuses animations du lieu.

#### UNE FOLIE

**Château de Brindos** – *1 allée du Château - ✆ 05 59 23 89 80 - www.chateaudebrindos.com - fermé 15 fév.-4 mars - P - 29 ch. 350 € - ☕ 25 €.* Dans la quiétude d'un domaine de 14 ha, cet hôtel Relais & Châteaux propose des chambres de grand confort, dont terrasses et balcons donnent sur un superbe lac privé. Nombreux services et activités sportives. Au **restaurant** *(menu déj. 30 €, menu dîner à partir de 50 €)*, le chef étoilé Christophe Grosjean réinterprète de manière créative les produits locaux.

### RESTAURATION

☺ Situé face à l'Océan, l'incontournable quartier d'Anglet joliment baptisé

**Chambre d'Amour** concentre de nombreux points de restauration. L'endroit regroupe également les boutiques de surf.

### BUDGET MOYEN

**La Mouche qui louche** – *16 av. des Dauphins - ✆ 05 59 29 51 86 - fermé dim. soir, mar. soir, merc. - 25 €.* Dans un décor hétéroclite qui évoque une brocante, une cuisine maison, simple et authentique, à base de spécialités locales (*chipirones*, piquillos, charcuteries, etc.) mais pas seulement (magret ou entrecôte). Belle terrasse.

## ACHATS

**Chocolaterie Henriet** – *3 av. de Bayonne - ✆ 05 59 63 86 16 - 9h30-19h30 (dim. et lun. 19h).* *p. 153.*

**Lames de Sames** – *1 av. de l'Adour - ✆ 06 08 28 50 83 - http://couteau-paysbasque.com - merc.-sam. 9h-12h, 14h-18h.* L'atelier de Christophe Lauduique fabrique des couteaux basques pliants selon un système à deux clous. Ces couteaux traditionnels des Pyrénées sont en corne ou en bois, souvent gravés; le couteau Marraza est la pièce maîtresse de l'atelier.

## SPORTS ET LOISIRS

**Plages** – Les plages de La Barre, des Cavaliers, de l'Océan *(juil.-août seulement)*, de la Madrague, des Corsaires, Marinella, des Sables d'Or et du VVF sont surveillées de mi-juin à mi-sept. Les plages du Club, de la Petite Madrague et des Dunes ne sont pas surveillées.

**Atlanthal** – *153 bd des Plages - ✆ 05 59 52 75 75 - www.biarritz-thalasso.com - 9h-21h.* Centre de thalassothérapie et espace de remise en forme. Complexe hôtelier.

**Le Club de la Glisse (École française de surf)** – *Av. des Goëlands - plage Marinella - ✆ 06 12 81 55 95 - www.leclubdelaglisse.com.* Ce club labellisé par la Fédération française de surf est une des rares écoles ouvertes toute l'année. Pour débutants et confirmés.

**Yacht-Club Adour Atlantique d'Anglet** – *118 av. de l'Adour - ✆ 05 59 63 60 31/51 91 (pêche); ✆ 05 59 52 36 04 (voile) - www.ycaa-voile.fr - vend. 18h-20h - sorties en mer: consulter le planning des chefs de bord sur le site - 25 à 60 €.* Initiation ou perfectionnement à la pêche sportive à moins de 5 km des côtes. Initiation à la voile le w.-end, stages en juil.-août.

**Golf de Chiberta** – *104 bd des Plages - ✆ 05 59 52 51 10 - www.golfchiberta.com - fermé jeu. hors vac. scol.* Adossé aux dunes, ce golf bénéficie d'un bel environnement. La partie la plus intéressante borde le lac de Chiberta. Complexe hôtelier.

**Patinoire** – *299 av. de l'Adour - La Barre - ✆ 05 59 57 17 30 - www.anglet.fr - généralement fermée 2 sem. en mai (se rens.).* Pour expérimenter d'autres sensations de glisse!

## AGENDA

**Surf de Nuit Festival** – *14 août.* Démonstration de surf de nuit.

**International Surf Film Festival** – *Mi-juil.* Quatre jours de compétition entre des films de glisse internationaux.

# Biarritz

★★

25 306 Biarrots - Pyrénées-Atlantiques (64)

NOS ADRESSES PAGE 145

### S'INFORMER

**Office du tourisme de Biarritz** – *Square d'Ixelles - 64200 Biarritz - ✆ 05 59 22 37 10 - http://tourisme.biarritz.fr - juil.-août : 9h-19h ; de mi-juin à fin juin et sept. : 9h-19h, w.-end 10h-18h ; d'avr. à mi-juin : 10h-18h, w.-end 10h-17h ; janv.-mars : 9h-18h, sam. 10h-12h, 14h-17h, dim. 10h-13h ; oct.-déc. se rens. fermé 25 déc. et 1er janv.*

**Transports** – Réseau **Chronoplus** - *✆ 05 59 52 59 52 - www.chronoplus.eu.* Trois circuits de navettes gratuites : Port-Vieux - Côte des Basques (en été) ; centre-ville ; Saint-Charles. Sur le réseau des lignes régulières, la n° 10 dessert la cité de l'Océan et le musée du Chocolat.

**Petit train touristique** – Depuis le casino, sur la Grande Plage, ou depuis le rocher de la Vierge, prenez le petit train pour un tour de Biarritz commenté (30mn) - *✆ 06 07 97 16 35 - http://petit-train-biarritz.fr - juil.-août : 9h30-23h ; juin et sept. : 10h-19h ; reste de l'année : 14h30-18h - départs de la Grande Plage et du rocher de la Vierge, ttes les 30mn env. - 5,50 € (-12 ans 4 €).*



### SE REPÉRER

Carte de microrégion B1 (p. 114-115) et plan de ville (p. 140) – *Carte Michelin n° 573 B 25.* Station balnéaire située à 8 km de Bayonne, par la D 810 et la D 910, Biarritz forme aujourd'hui avec Anglet, Bayonne, Bidart et Boucau une même et grande agglomération : l'agglomération Côte basque-Adour.

### SE GARER

Circuler dans Biarritz demande beaucoup de patience, quelle que soit la saison. Malgré la présence de quelques parkings en centre-ville, mieux vaut donc laisser sa voiture aux abords immédiats (par exemple, près du phare) et marcher : c'est encore le meilleur moyen de découvrir la ville.

### À NE PAS MANQUER

Le rocher de la Vierge, le musée de la Mer-Aquarium, la cité de l'Océan.

### AVEC LES ENFANTS

Le musée de la Mer-Aquarium et la cité de l'Océan, le musée du Chocolat.

**Plage des Fous et des Années folles, « reine des plages et plage des rois »… Villas princières, salles de casino, bâtiments Art déco, toute une architecture paillettes témoigne de l'euphorie d'un passé glorieux et mondain, où artistes et têtes couronnées se mêlaient dans des fêtes somptueuses. Mais l'ancienne cité baleinière n'est pas restée figée dans la nostalgie d'une époque révolue : en témoignent notamment les aménagements urbains confiés à Jean-Michel Wilmotte et l'audace de certains bâtiments contemporains (médiathèque, Centre de musiques actuelles ou cité de l'Océan), une vie culturelle intense où la danse se taille la part du lion, et une vie sportive, marquée par les surfeurs défiant les rouleaux et les matchs du Biarritz Olympique… La ville brigue désormais le titre de capitale de l'Océan, grâce à sa nouvelle Cité et à son extension du musée de la Mer.**

# Se promener Plans de ville

## LES PLAGES

« Quand on se prend à hésiter entre deux plages, l'une d'elles est toujours Biarritz », disait Sacha Guitry. Fleurie d'hortensias, la station doit une partie de son charme à ses **jardins-promenades** aménagés à flanc de falaise, sur les rochers et le long des trois principales plages, rendez-vous internationaux des surfeurs et hauts lieux de l'animation biarrote, de jour comme de nuit. *Rens. sur l'état quotidien des plages de Biarritz : de mi-juin à mi-sept. ✆ 0 805 20 00 64. Les plages sont surveillées de mai ou juin à sept.*

### Grande Plage D3

Dominée par le **casino municipal**, c'est la plus mondaine. Au 18e s., on y emmenait se baigner les aliénés (les bains de mer, c'est bien connu, peuvent tout guérir !). Elle en a gardé son nom de « Côte des Fous ». Autre relique des années passées : les fameuses cabines en toile, que l'on peut louer même si beaucoup sont réservées d'une année sur l'autre. *✆ 06 03 75 62 96 - location de mi-juin à mi-sept., sur la Grande Plage.*

Elle est prolongée, au nord, par la **plage Miramar**. Cette plage est assez dangeureuse pour la baignade ; le surf y est interdit.

### Plage du Port-Vieux C3

C'est ici que l'on amenait les baleines pour les dépecer. Abritée au fond d'une baie protégée par des rochers, cette petite plage garde un intérêt local et familial. Les enfants peuvent s'y initier au surf en toute sécurité. C'est aussi le repaire des « Ours Blancs », un club, devenu mythique, de nageurs courageux et passionnés qui se baignent par tous les temps, toute l'année.

### Plage de la Côte-des-Basques C4

La plus sportive et la plus exposée des plages de Biarritz, au pied d'une falaise périodiquement protégée contre les éboulements, doit son nom à un « pèlerinage à l'Océan » qui, le dimanche suivant le 15 août ou le 2e dimanche de septembre, rassemblait jadis pour un bain collectif les Basques de l'intérieur des terres. Aujourd'hui, on y voit surtout des surfeurs (ce fut le premier spot en Europe). À marée haute, la baignade est impossible !

Plus au sud, on trouve les **plages de Marbella** (accès par un long escalier) et de la **Milady**, appréciée des bodyboarders (aire de jeux pour les enfants et promenade aménagée).

Cabines sur la Grande Plage de Biarritz
*G. Azumendi / age fotostock*



*Pour visualiser cette promenade, reportez-vous aux plans I et II de la ville (p. 140 et 141) – comptez une demi-journée - départ de l'office de tourisme.*

À Biarritz, tout est récifs écumants, tourelles, arcades, donjons, escaliers, tours et détours. On découvre en se baladant cet éclectisme baroque, à l'occasion Art déco, témoignant de l'euphorie architecturale de la grande époque des « bains de mer », auquel sont venues s'ajouter au fil des ans quelques constructions moins heureuses.



## Château Javalquinto D3

*Square d'Ixelles.*

Haut lieu mondain depuis le Second Empire, Biarritz s'est couvert de villas et de résidences somptueuses, dont celle-ci, de style néogothique, dessinée par son propriétaire, le duc d'Osuna. Elle abrite aujourd'hui l'office de tourisme.

Avant de rejoindre la rue Pellot, passez par celle des Cent-Gardes pour voir la **Tête de Régina**, du sculpteur espagnol Manolo Valdés.

## ★ Chapelle impériale A1

*Rue Pellot - ✆ 05 59 22 37 10 - juin-sept. : jeu. et sam. 14h-18h ; avr.-mai et oct. : sam. 14h30-18h ; mars et nov.-déc. : sam. 14h-17h - fermé janv.-fév. - 3 € (gratuit Journées du patrimoine).*

Édifiée en 1865 non loin de la résidence du couple impérial, cette chapelle au décor travaillé, vouée à la célèbre Vierge mexicaine de Guadalupe, mêle styles roman-byzantin et hispano-mauresque. C'est le seul vestige intact datant du Second Empire.

## Avenue de l'Impératrice A1

**Hôtel du Palais** – *1 av. de l'Impératrice - www.hotel-du-palais.com.* Surplombant l'Océan, ce palace – l'un des plus beaux d'Europe – se dresse à l'emplacement de la **villa Eugénie**, élégante demeure offerte par Napoléon III à l'impératrice en 1854. C'est depuis 1893 un hôtel prestigieux que fréquentèrent tous les grands de ce monde, dont l'impératrice Sissi et la reine Victoria. Reconstruit en béton armé après un incendie en 1903, l'édifice a conservé ses façades auxquelles l'architecte a donné un style néo-Louis XIII. Il a conservé en particulier sa spectaculaire salle de restaurant en rotonde.

**Église orthodoxe russe** – *8 av. de l'Impératrice.* L'église fut construite en 1892, année de l'alliance franco-russe, pour répondre aux besoins des Russes qui

SE LOGER

Atalaye (Hôtel)................ (3)
Maïtagaria (Hôtel)........... (7)
Villa Koegui (Hôtel)......... (9)
Villa Le Goéland (Chambre d'hôte).......... (5)
Villa Vauréal (Chambre d'hôte).......... (1)

SE RESTAURER

Chez Albert.......................... (1)
Clos Basque (Le)................. (3)
Il Giardino............................. (7)
Surfing (Le).......................... (12)

INDEX DES RUES

Atalaye (Pl.)........................ 2
Goélands (Rue des)............ 3
Rocher-de-la-Vierge (Espl. du)...................... 5

venaient en villégiature à Biarritz. De style byzantin, elle est placée sous la protection de la Vierge et de saint Alexandre Nevski, et abrite des icônes provenant de St-Pétersbourg. *✆ 05 59 24 16 74 - mar., jeu. et dim. 16h-19h, sam. 15h-18h.*

**Villa La Roche Ronde** – *15 av. de l'Impératrice (ne se visite pas).* Construite en 1884, elle se reconnaît à son pur style néogothique avec ses toits crénelés et son échauguette en proue.

## Pointe St-Martin A1

**Phare** – *✆ 05 59 22 37 10 - www.tourisme.biarritz.fr - juil.-août : 10h-19h ; reste de l'année : w.-end et j. fériés 14h-17h ; vac. scol. : 14h-17h (18h été) - fermé 1er janv. et 25 déc. - 2,50 € (-12 ans gratuit).* À 73 m au-dessus du niveau de la mer, il offre une belle **vue★** sur la ville et les Pyrénées basques. Vous ne regretterez pas d'avoir monté les 248 marches !

Juste à côté, la **villa Etchepherdia** est construite sur le modèle des fermes basques.

*Revenez vers le centre-ville par la plage et l'allée Winston-Churchill.*

Dans le jardin de la Grande Plage se dresse l'**Arbre-Main**, sculpture en bronze haute de 4,50 m réalisée par l'artiste polonaise Magdalena Abakanowicz. Au bout de la plage, après le casino, le boulevard du Général-de-Gaulle passe en contrebas de la place Bellevue, réaménagée par l'architecte **Jean-Michel Wilmotte**. Elle est ornée d'une sculpture géométrique de **Jorge Oteiza** : *La Ferme basque*.

*Continuez en direction du rocher de la Vierge.*

On passe devant l'**église Sainte-Eugénie** de style néogothique (fin 19e-déb. 20e s.).

## Plateau de l'Atalaye C3

*Atalaya* signifie « promontoire » en espagnol. Ici s'élevait une tourelle d'où l'on guettait l'arrivée des baleines; des feux y étaient allumés pour donner l'alerte aux pêcheurs. Vue sur le minuscule abri du **port des Pêcheurs**, coincé



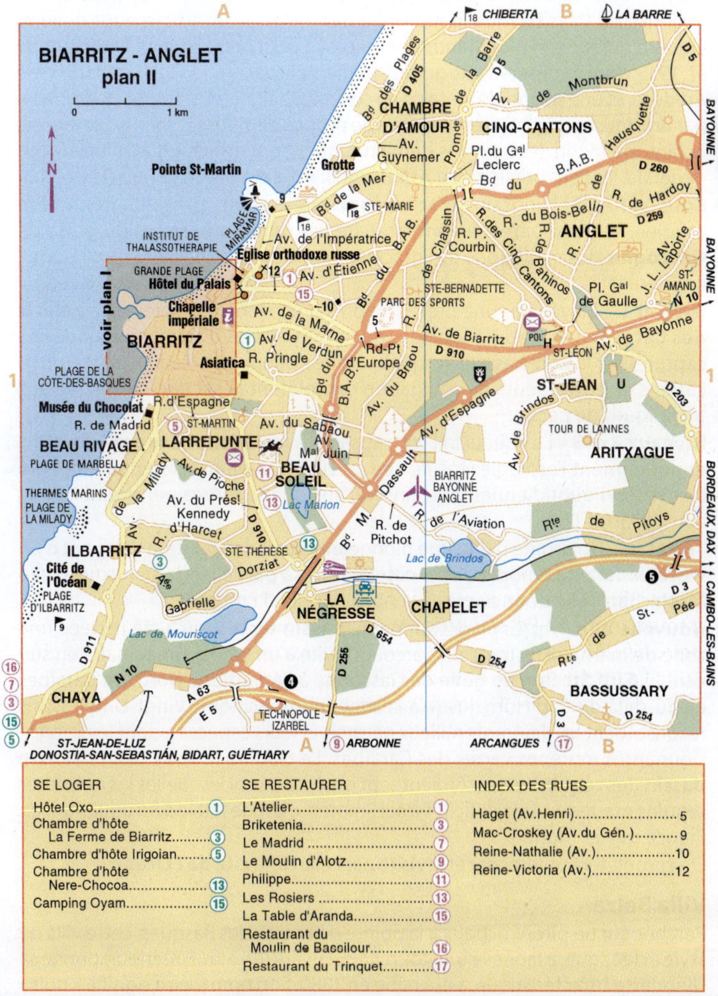


**SE LOGER**

- Hôtel Oxo .......... 1
- Chambre d'hôte La Ferme de Biarritz .......... 3
- Chambre d'hôte Irigoian .......... 5
- Chambre d'hôte Nere-Chocoa .......... 13
- Camping Oyam .......... 15

**SE RESTAURER**

- L'Atelier .......... 1
- Briketenia .......... 3
- Le Madrid .......... 7
- Le Moulin d'Alotz .......... 9
- Philippe .......... 11
- Les Rosiers .......... 13
- La Table d'Aranda .......... 15
- Restaurant du Moulin de Bassilour .......... 16
- Restaurant du Trinquet .......... 17

**INDEX DES RUES**

- Haget (Av. Henri) .......... 5
- Mac-Croskey (Av. du Gén.) .......... 9
- Reine-Nathalie (Av.) .......... 10
- Reine-Victoria (Av.) .......... 12

entre le rocher du Basta et le promontoire où se dressait une *atalaye*. En bas, le petit port est charmant avec ses maisons de pêcheurs aux couleurs vives.

### ★ Rocher de la Vierge C3

Napoléon III eut l'idée de faire creuser ce rocher, entouré d'écueils, et de le relier à la falaise par un pont de bois. Aujourd'hui, il est rattaché à la côte par une passerelle métallique sortie des ateliers d'Eiffel qui, par gros temps, est inaccessible, les fortes vagues balayant la chaussée. Surmonté par une statue immaculée de la Vierge, le rocher est devenu le symbole de Biarritz.

### ★★ Musée de la Mer- Aquarium de Biarritz C3

*Espl. du Rocher-de-la-Vierge - ✆ 05 59 22 75 40 - www.museedelamer.com - ♿ - juil.-août : 9h30-0h ; avr.-juin, sept.-déc. et vac. scol. de Pâques et de la Toussaint : 9h30-20h ; reste de l'année : tlj sf lun. (sf vac. scol.) 9h30-19h - fermé 3 dern. sem. de janv. - 13 € (-16 ans 9,50 €) ; billet combiné avec la cité de l'Océan 17,50 € (13 €).*

Remanié en 2011, le magnifique musée de la Mer-Aquarium, attraction majeure du Pays basque, a multiplié par deux sa superficie pour devenir aujourd'hui l'un des plus grands de France. Il a pour origine un musée inauguré en 1935, dont il conserve une grande partie de la décoration intérieure de style Art déco, et une splendide fontaine en céramique signée Cazaux (*p. 153*). Servi par une muséographie très bien faite, le propos demeure le même : présenter le biotope marin, les activités humaines qui y sont attachées et, d'une façon générale, les liens privilégiés qui unissent Biarritz et l'Océan depuis des siècles.

**Sous-sol** – Une vingtaine d'**aquariums** présentent, dans une pénombre étudiée, la faune particulièrement riche des différentes zones du **golfe de Gascogne** : les évolutions des gracieux hippocampes ne laissent personne indifférent !

**Niveau 1** – Étayée par une présentation sur la pêche à la baleine, la **galerie des Cétacés** expose des moulages ou des squelettes d'animaux échoués ou capturés sur la Côte basque (rorquals, orques, dauphins). Maquettes d'embarcations et instruments de navigation complètent la section consacrée aux techniques de pêche.

**Niveaux 2 et 3** – Le visiteur fait connaissance avec les **phoques** de l'Aquarium, et notamment l'espiègle Noëlla, née en 2009. On peut assister au repas qui lui est servi quotidiennement, ainsi qu'aux quatre autres pensionnaires du lieu *(10h30 et 17h)*.

**Terrasse** – On profite d'une **vue** plongeante sur le rocher de la Vierge et d'un vaste panorama embrassant la côte depuis sa partie landaise jusqu'au cap Machichaco. Elle donne accès à la nouvelle aile du musée.

**Nouvelle aile** – Après un détour par le **bassin tactile**, où a été recréée une zone de marnage (estran), un parcours invite à un voyage imaginaire en suivant le **Gulf Stream** du golfe de Gascogne à l'Atlantique Nord, les Caraïbes et, au-delà du Cap Horn, jusqu'à la zone indo-pacifique. Vingt-cinq bassins reconstituent les différents milieux naturels et leurs espèces – dont les impressionnantes murènes vertes des Caraïbes. Le clou de la visite réside dans le **bassin des requins** où se côtoient sept espèces parmi lesquelles les rarissimes requins marteaux, très difficiles à acclimater : c'est de fait le seul aquarium en France qui les montre.

On complétera utilement cette visite par celle de la **cité de l'Océan** (*p. 145*).

### Villa Belza C3

Perchée sur un piton rocheux à la pointe de la côte des Basques, cette villa de style éclectique, à laquelle une tourelle circulaire (un ajout ultérieur) donne sa silhouette caractéristique, a été bâtie en 1880. Son nom (*belza* signifie « noir »

Le Musée de la mer, de style Art Déco.
J. D. Sudres / hemis.fr



en basque) et son allure en firent le lieu de tous les fantasmes des amateurs d'ésotérisme et de sorcellerie, avant que, louée en 1923 par le beau-frère d'Igor Stravinski, elle ne devienne sous le nom de « Château basque » un cabaret russe, réputé dans les Années folles.

### La Perspective C4

Promenade tracée au-dessus de la plage de la Côte-des-Basques où se trouve l'**établissement des bains**, un bâtiment Art déco récemment rénové (bar en terrasse à la belle saison). **Vue**★★ dégagée jusqu'aux trois sommets basques : la Rhune, les Trois Couronnes et le Jaizkibel.

*Toute l'année, le littoral s'illumine de la tombée de la nuit à 1h du matin en hiver et à 3h en été. Retournez vers le centre par la rue Gambetta.*

### Musée historique D3

*Église St Andrew's - r. Broquedis - ✆ 05 59 24 86 28 - www.musee-historique-biarritz.fr - 10h-12h30, 14h-18h30 (juil.-août 19h) - fermé lun., dim. et j. fériés - 4 € (-10 ans gratuit). Le musée organise différentes manifestations (conférences, concerts, etc.) et des visites guidées à travers la ville (se rens. sur place ou sur le site Internet).*

Installé dans la première église anglicane de la ville (1861), ce musée évoque l'histoire de Biarritz, en particulier la glorieuse période du Second Empire, lorsque Napoléon III et l'impératrice Eugénie établirent leur résidence d'été – quelques objets leur ayant appartenu sont exposés –, et les Années folles.

*Reprenez la rue Gambetta jusqu'à la place Clemenceau, elle aussi réaménagée par Jean-Michel Wilmotte.*

## À voir aussi Plan de la ville I

### ★ Asiatica - Musée d'Art oriental A1

*1 r. Guy-Petit - ✆ 05 59 22 78 78 - www.museeasiatica.com - ♿ - juil.-août et vac. scol. : lun.-vend. 10h30-18h30, w.-end 14h-19h, j. fériés 14h-18h ; reste de l'année :*

## Reine des plages…

Au début du 19e s., Biarritz n'est qu'un petit port, autrefois tourné vers la pêche à la baleine, perdu dans la lande. Lorsque les Bayonnais prennent l'habitude de venir s'y baigner, le trajet se fait à dos d'âne ou de mulet…

### ÉLUE DES PRINCES

Mais voilà que la fille d'un grand d'Espagne, contrainte à l'exil pour ses sympathies françaises, y séjourne durant son enfance : la chose serait anecdotique si cette Eugenia de Guzmán (1826-1920), alias Eugénie de Montijo, n'était devenue en 1853 impératrice des Français. **Eugénie** décide **Napoléon III** à l'accompagner en 1854 sur la Côte basque. L'empereur est séduit et fait construire la villa Eugénie (aujourd'hui l'hôtel du Palais), qui devient la résidence estivale du couple impérial.

Biarritz est alors lancée. Charme, luxe, casino attirent maintes têtes couronnées : peu de stations balnéaires offrent un livre d'or aussi riche que Biarritz, qui entre même dans l'histoire de la diplomatie lorsque Bismarck vient y rencontrer l'empereur, en 1865. Séduits par le climat, des Anglais fortunés, puis des aristocrates russes y séjournent. Les palaces se multiplient tandis que les villas, surplombant la mer, rivalisent de luxe. Elles témoignent de cet engouement de la jet-set pour la ville, qui ne se démentira ni à la Belle Époque ni durant les Années folles. On assiste aux courses hippiques, on joue au golf et au tennis. **Jean Borotra** (1898-1994), dit le « Basque bondissant », l'un des fameux « Mousquetaires » qui remportèrent six fois la coupe Davis entre 1927 et 1932, était biarrot. Les grandes maisons de couture parisiennes y ont toutes une succursale. Biarritz attire aussi les artistes. Sarah Bernhardt et Lucien Guitry s'y produisent, Rostand, Ravel, Stravinski, Loti, Cocteau et Hemingway y séjournent, de même que Charlie Chaplin.

### NOUVELLE VAGUE

En 1956, le scénariste américain Peter Viertel tourne dans la région *Le soleil se lève aussi*, sous la direction d'Henry King, d'après le roman d'Hemingway. Il se fait envoyer de Californie une curieuse planche qui nargue les rouleaux. La mode du surf déferle bientôt sur Biarritz comme une vague de fond… Cinquante ans plus tard, ce sport est une option du baccalauréat en Aquitaine, et la station porte désormais le surnom de « capitale européenne du surf ». Un titre qui lui va bien car les compétitions de surf qui se déroulent sur ses vagues ne se comptent plus. Son établissement des bains Art déco, lieu de naissance du premier club de surf de France en 1959, le Waikiki Surf Club, a été reconstruit à l'identique et accueille (entre autres) plusieurs écoles de surf. Paradoxalement, du projet originel de Cité du surf et de l'Océan, la municipalité n'a finalement gardé que la partie Océan, soulignant sa volonté de donner à Biarritz un rayonnement qui s'étende au-delà des vagues de la côte.

Depuis 1998, Biarritz abrite aussi un **Centre chorégraphique national**, dont les studios sont installés dans l'ancienne Gare du Midi. Dirigée depuis son ouverture par le chorégraphe Thierry Malandain, cette institution est à l'origine d'une nouvelle activité culturelle pour la ville, incarnée notamment dans un prestigieux festival, Le Temps d'aimer la danse, organisé chaque année en septembre.

**UNE VILLE CINÉGÉNIQUE**
Depuis les années 1980, on retrouve Biarritz dans les salles obscures grâce à quelques cinéastes : André Téchiné et *Hôtel des Amériques* (1981), Éric Rohmer et *Le Rayon vert* (1986), Andrzej Zulawski et *Mes nuits sont plus belles que vos jours* (1989), Jean Dujardin et *Brice de Nice* (2005), les frères Larrieu et *Les Derniers Jours du monde* (2009) ou encore Patrice Leconte et *Voir la mer* (2011).

*lun.-vend. 14h-18h30, w.-end 14h-19h, j. fériés 14h-18h - 10 € (-25 ans 8 €, -12 ans 2 €) - audioguide 5 €.*
Passionné par l'Asie et notamment par l'Inde, où il a longtemps vécu, Michel Postel est dépositaire d'une fabuleuse collection, la deuxième du genre en France après celle du musée Guimet de Paris et la cinquième en Europe. Présentées sur deux niveaux, plus de mille pièces évoquent les pratiques religieuses et la vie quotidienne dans une vaste zone géographique. Parmi les points forts : la collection du Tibet, première au monde par sa richesse et sa qualité, les pierres sculptées du Cachemire, les arts gréco-bouddhique, satrapique et de l'Himalaya. Le lieu, à la fois calme et passionnant grâce à son intelligente muséographie et à ses explications pédagogiques, invite à prendre son temps…

1

### Musée du Chocolat - Planète Chocolat A1

*14-16 av. Beaurivage (bus n° 10) - ✆ 05 59 23 27 72 - www.planetemuseeduchocolat.com - ♿ - juil.-août : 10h-19h ; vac. scol. : 10h-12h30, 14h-18h30 (dim. se rens.) ; reste de l'année : lun.-sam. 10h-12h30, 14h-18h30 - 6 € (-12 ans 4 €).*
Créé par Serge Cozigou, un ancien de chez Henriet (*p. 153*), ce musée ne peut que séduire les gourmands ! On y entre, alléché par l'odeur, et on se retrouve plongé dans le chocolat jusqu'au cou : outils anciens, affiches de réclame, moules, sculptures, etc. Dégustation en fin de visite. Boutique remplie de tentations et visite de l'atelier de fabrication le matin.

### ★★ Cité de l'Océan (plan II - A)

*1 av. de la Plage La Milady (bus n° 10) - ✆ 05 59 22 75 40 - www.citedelocean.com - ♿ - haute saison 10h-22h, reste de l'année se rens. - fermé quelques semaines en janv. et 25 déc. - 10,50 € (-16 ans 7 €, - 6 ans gratuit) ; billet combiné avec le musée de la Mer-Aquarium 17,50 € (13 €).*
Dernier né des musées biarrots (2011), la cité de l'Océan est d'abord un incroyable bâtiment conçu par l'architecte américain Steven Holl comme une grande vague entre ciel et terre, non loin de la plage de la Milady. Sa visite apporte un éclairage complémentaire à celle du musée de la Mer-Aquarium. Grâce à différents **espaces ludiques et interactifs**, l'Océan prend corps, avec ses sautes d'humeur et ses secrets. Berceau de l'évolution, il est un partenaire que les hommes doivent apprendre à connaître, une entité vivante, **source de vie**, d'une richesse infinie et d'une grande fragilité. Ici, vous ne verrez pas de poissons et aucun parcours ne vous sera imposé. Accompagné du professeur et d'Archie, le calamar géant, vous déambulerez à votre guise, embarquant dans un bathyscaphe pour découvrir en 3D le gouf de Capbreton, véritable canyon dans le golfe de Gascogne. Vous pénétrerez dans la timonerie d'un bateau échoué ou dans les entrailles d'une baleine pour comprendre les origines de la vie, vous écouterez Christophe Colomb parler de son expérience sur la mer des Sargasses et un pilote américain raconter le triangle des Bermudes. D'où vient l'eau des océans ? Comment naissent les vagues ? L'Atlantide a-t-elle vraiment

**LE BARON PERCHÉ**

À Ilbarritz se trouve un château perché face à la mer, aussi étonnant que le baron de l'Espée qui le fit construire en 1890. Misanthrope, obsédé par l'hygiène et immensément riche, cet organiste passionné conçut son château autour d'une pièce centrale qui accueillit le plus grand orgue jamais construit par la maison Cavaillé-Coll. La propriété, vaste de 60 ha, était à l'image de son extravagant propriétaire : des souterrains reliaient le château à un établissement de bains et à sept cuisines disséminées pour pouvoir se restaurer à tout endroit; des galeries couvertes protégeaient les promeneurs des intempéries; une usine hydro-électrique alimentait le château... La demeure ne fut pourtant pas destinée à recevoir des invités; le baron y vécut de 1890 à 1898 avec sa maîtresse, Biana Duhamel, à qui il fit construire la villa des Sables. Il entretenait avec elle une relation exclusive et possessive, enfermant la belle comédienne dans sa prison dorée. Quand elle le quitta, il vendit orgue et château. *(Ne se visite pas.)*

existé ? Comment fonctionne une hydrolienne sous-marine ? Serions-nous là sans l'océan ? Autant de questions auxquelles vous devriez être en mesure de répondre à l'issue de la visite !

## À proximité Carte de microrégion

### BIDART B1-2

*Bidart se situe à 6 km au sud-ouest de Biarritz par la D 911.*

*R. Errétégia - 64210 Bidart - 05 59 54 93 85 - www.bidarttourisme.com - juil.-sept. : 9h-19h, j. fériés 9h30-12h30; reste de l'année : tlj sf dim. 9h-12h30, 14h-17h, sam. et j. fériés 9h-12h.*

Cette petite commune côtière aurait pu se faire dévorer par sa célèbre voisine Biarritz, mais rien de tel n'est arrivé : Bidart a préservé son identité et son authenticité. Il suffit de s'attabler à l'une des terrasses de sa place centrale, face à l'église et à la mairie, pour s'en convaincre.

Station la plus haut postée de la Côte basque, Bidart est nichée au bord de la falaise. De la chapelle Ste-Madeleine, située sur la corniche *(accès par la rue de la Madeleine, au centre du village)*, le **panorama★** englobe le Jaizkibel (promontoire fermant la rade de Hondarribia), les Trois Couronnes et la Rhune.

La **place centrale**, avec sa trilogie église-mairie-fronton, est quelque peu encombrée par les terrasses de café. Des compétitions et parties de pelote très suivies ont lieu au fronton principal.

L'**église** au clocher-porche est caractéristique du pays : beau plafond en bois et galeries superposées. Immense retable rutilant de dorures, du 17e s.; fonts baptismaux en marqueterie et bel orgue.

La rue de la Grande-Plage et la promenade de la Mer, rampe en forte descente, mènent à la **plage du Centre**. Le sentier du littoral *(p. 160)*, qui permet de rejoindre Hendaye, démarre de la plage d'Erretegia *(accès en voiture)*.

### GUÉTHARY B2

*À 3 km au sud-ouest de Bidart par la D 810.*

*74 r. du Comte-de-Swiecinski - 64210 Guéthary - 05 59 26 56 60 - www.guethary-tourisme.com - - été : lun.-sam. 9h-12h30, 14h-18h30; reste de l'année :*

*lun.-sam. 9h-12h30, 14h-17h30. Un plan comprenant deux promenades à travers le village est mis à disposition.*
La plus petite commune de la Côte basque dispose d'atouts de poids pour contrebalancer l'attrait de ses voisines. Le « joyau de la Côte basque » a su préserver son calme tout en accueillant l'année durant les surfeurs, attirés par ses spots réputés. La station se concentre entre la D 810 et la mer, descendant en pente plus ou moins douce vers les plages et son petit port.

### Musée de Guéthary

*117 av. du Gén.-de-Gaulle - parc municipal André-Narbaïts - ✆ 05 59 54 86 37 - www.musee-de-guethary.fr - juil.-août : 15h-19h ; mai-juin et sept.-oct. : 14h30-18h30 - fermé dim. et mar. - 2 € (-18 ans gratuit).* La villa Saraleguinea, belle maison de style néobasque (1900), édifiée pour un Basque ayant fait fortune en Amérique, accueille le musée qui présente les œuvres du sculpteur d'origine polonaise **Georges Clément de Swiecinski** (1878-1958). Arrivé en France en 1902, ce chirurgien s'installe en 1919 à Guéthary pour s'adonner à sa véritable vocation : la sculpture. Les collections regroupent aussi des livres et des lettres du poète Paul-Jean Toulet, ainsi que l'épitaphe funéraire romaine attestant de l'origine ancienne du bourg. La visite se poursuit dans le parc qui est parsemé de Laminak (*p. 257*), réalisés par le mosaïste local Michel Duboscq *(son atelier se visite)* et le sculpteur Claude Viseux.

### Église St-Nicolas

Au-delà de la D 810, sur la hauteur d'Elizaldia, l'**église** renferme un Christ en croix et une Pietà du 17e s., ainsi que le monument de Mgr **Pierre Mugabure** (1850-1910), enfant du pays parti comme missionnaire au Japon, où il deviendra le premier archevêque de Tokyo.

## Circuit conseillé Carte de microrégion

### LES VILLAGES DE L'ARRIÈRE-PAYS BIARROT

*Pour visualiser ce circuit de 21 km (28 km avec le détour), reportez-vous à la carte de microrégion (p. 114-115) - comptez 1h30. Depuis Biarritz, prenez la D 654, la D 254 puis la direction d'Arcangues (8 km).*

### Arcangues

Ce village, avec son église, son fronton et son auberge, compose un décor pittoresque. L'église fut édifiée à la fin du 12e s. puis remaniée au début du 16e s. À l'intérieur, galeries sculptées (déb. 18e s.), grand lustre Empire et bas-relief

### DU PORT DE PÊCHE À LA STATION BALNÉAIRE

Les premières traces d'activités humaines à Guéthary remontent à l'époque romaine, avec la présence de saloirs attestée par une épitaphe du 1er s. Mais sa principale source de richesse a toujours été la mer. Jusqu'au 19e s., on y chassait notamment la baleine franche noire, qui évoluait dans le golfe de Gascogne. L'animal était ramené au port où on le dépeçait sur le plan très incliné, encore visible aujourd'hui. Les pêcheurs pistaient aussi les bancs de thons et de sardines, mais leur port ne bénéficiant pas de mouillage, l'activité disparut progressivement au 20e s. Aujourd'hui, les villas de style labourdin ont remplacé le quartier des pêcheurs et les surfeurs ont investi ses eaux. Guéthary a réussi sa reconversion !

1

**LES CLOCHES DE LA BENOÎTE**
Autrefois, la « benoîte » ou *andere serora* s'occupait de l'église du village : elle y faisait le ménage, entretenait le linge et prenait soin des objets liturgiques. Seule autorisée à tirer la cloche, elle était censée écarter, par ses prières et ses sonneries, l'orage et la grêle.

illustrant la décollation de saint Jean-Baptiste, patron de la paroisse. Le cimetière paysager aux nombreuses stèles discoïdales offre un **panorama★** sur les Pyrénées basques. Remarquez, à l'extrême gauche de la première terrasse en descendant, la tombe (toujours abondamment fleurie) de Mariano Eusebio González Garcia, plus connu sous le nom de **Luis Mariano**, prince de l'opérette décédé le 14 juillet 1970.
**Château d'Arcangues** – *✆ 05 59 43 04 88 - www.chateaudarcangues.com - de mi-oct. à mi-déc. : tlj sf lun. et j. fériés 10h-12h, 14h-18h - 6 € (-12 ans gratuit).* Dans ce château construit en 1900, seules les salles du rez-de-chaussée se visitent. Elles révèlent d'intéressantes pièces de mobilier du 18e s., des tapisseries d'Aubusson et des Gobelins, une collection d'autographes, dont le plus ancien est une lettre patente de Louis XIII reconnaissant la validité du titre de marquis d'Arcangues. La chambre de Wellington conserve la même disposition qu'à l'époque où le duc y dormit (1813).
*Prenez la route secondaire à droite après Alotz.*

## Arbonne

Ce joli bourg était au Moyen Âge la résidence d'été des évêques de Bayonne. Aujourd'hui, son charme rural et sa proximité avec l'agglomération en font un lieu vivant et attractif.
La grande **église St-Laurent** a été construite au 12e s. Sa forme actuelle résulte des agrandissements effectués au fur et à mesure de la croissance de la population locale ; son clocher-pignon à arcades est doté d'un abat-son en bois, identique à celui du 12e s. À l'intérieur, remarquez les deux niveaux de galeries sculptées du 17e s., une Pietà en bois polychrome du 16e s. et un retable de 1790. Le bénitier extérieur au sud était réservé aux **cagots**. Le cimetière comprend de belles **stèles discoïdales** dont les plus anciennes datent du 16e s.
**Benoîterie** – *✆ 05 59 41 99 66 - visite guidée (20mn) sur demande préalable juil.-août : tlj sf dim. 10h-18h.* La petite maison de la benoîte (*l'encadré*), vraisemblablement du 17e s., complète l'ensemble. Elle abrite une présentation des benoîtes et des vieilles maisons d'Arbonne et accueille des expositions d'artistes locaux.
*Revenez à Biarritz par la D 255.*

## NOS ADRESSES À BIARRITZ

### HÉBERGEMENT

**Bon à savoir** – Il est possible de **réserver en ligne** votre hébergement à Biarritz sur le site de l'office de tourisme - *http://tourisme.biarritz.fr.*

#### PREMIER PRIX

**À Biarritz**

**Hôtel Atalaye** – *6 r. des Goélands - ✆ 05 59 24 06 76 - www.hotelatalaye.com - 24 ch. 55/95 € - ☕ 7 €.* Cette imposante villa 1900 a emprunté son nom au superbe plateau de l'Atalaye qui surplombe l'Océan. Chambres et salles de bains rénovées, que l'on choisira de préférence côté mer. Garage fermé (pour les deux-roues, matériel de surf, golf, etc.). Parking (gratuit hors saison) à proximité.

**À Bidart**

**Camping Club Airotel Oyam** – *Chemin Oyhamburua (à 1 km à l'est de Bidart par la rte d'Arbonne, puis rte à dr.) - ✆ 05 59 54 91 61 - www.camping-oyam.com - de déb. avr. à mi-sept. - ♿ - réserv. conseillée - 350 empl. et 31/37 €/j. - 80 - 18 - 14 appart. - 5 bungalows toilés - 10 tentes - sem. 476/896 €; uniquement location à la sem. en haute saison.* Ce terrain possède des locatifs variés et en grand nombre : tentes lodges (certaines avec sanitaire), tipis, mobile homes, chalets ainsi que, face au camping, des appartements avec terrasse pour un plus grand confort. De nombreux services sont proposés aux vacanciers (animations, bar-restaurant, club enfants, etc.), mais le plus est sans conteste le magnifique parc aquatique dans un environnement verdoyant ! Une très bonne option.

#### BUDGET MOYEN

**À Biarritz**

**Chambre d'hôte La Ferme de Biarritz** – *15 r. Harcet - ✆ 05 59 23 40 27 - www.fermedebiarritz.com - P - - 5 ch. 630/805 € (uniquement location à la sem. en haute saison) - ☕ 8,50 €.* Près de la plage, ferme basque du 17e s. bien restaurée. Coquettes chambres mansardées aux meubles anciens. Petit-déjeuner servi dans le jardin ou devant la cheminée. Une chambre est équipée d'une kitchenette *(suppl. 15 €).*

**Chambre d'hôte Nere-Chocoa** – *28 r. Larreguy - ✆ 06 08 33 84 35 - www.nerechocoa.com - - 4 ch. 80/130 € - ☕ 9,50 €.* Cette maison au milieu des chênes a hébergé des hôtes illustres, dont l'impératrice Eugénie. Vastes chambres soignées, galerie d'art exposant sculptures et peintures, agréable salon pour soirées musicales.

#### POUR SE FAIRE PLAISIR

**À Biarritz**

**Hôtel Maïtagaria** – *34 av. Carnot - ✆ 05 59 24 26 65 - www.hotel-maitagaria.com - fermé les 2 prem. sem. de déc. - 15 ch. 99/160 € - ☕ 9,50 €.* Emplacement stratégique et accueil sympathique dans cette demeure de style régional qui a revu son aménagement et affiche des allures Art déco. Agréable terrasse pour prendre le petit-déjeuner.

**Hôtel Oxo** – *38 av. de Verdun - ✆ 05 59 24 26 17 - www.hotel-oxo.com - ♿ - 20 ch. 100/125 € - ☕ 8 €.* Très bien situé, à moins de 500 m de la plage et du casino, au calme dans une rue semi-piétonne, cet hôtel à la décoration zen et design est l'occasion d'un séjour agréable. De taille moyenne,

1

les chambres sont parfaitement équipées et toutes différentes. Petite terrasse pour prendre le soleil et accueil charmant. Parking payant à proximité.

### À Bidart

**Chambre d'hôte Irigoian** – *1215 av. de Biarritz - ✆ 05 59 43 83 00 - www.irigoian.com - 🅿 - ♿ - 5 ch. 120/130 € - ☕ 9 €.* Cette ancienne ferme du 17e s. se trouve à 300 m des plages, en lisière d'un golf. Chambres du meilleur goût, chacune d'une couleur différente, avec beau plancher ancien et spacieuses salles de bains. Piscine intérieure chauffée, hammam, salle de gym et massage à la demande.

**UNE FOLIE**

### À Biarritz

**Chambre d'hôte Villa Vauréal** – *114 r. Vauréal - ✆ 06 10 11 64 21 - www.villavaureal.com - 🅿 - 5 ch. 160/195 € - ☕* 9,50 €. Confortable villa dans un grand jardin aux arbres magnifiques, à deux pas de la plage de la Côte-des-Basques. Grandes chambres ou suites personnalisées (nom et couleur d'un fruit), dotées d'une kitchenette pour les séjours prolongés *(location à la sem. 980/1 225 €)*. Parking payant.

**Chambre d'hôte Villa Le Goéland** – *12 plateau de l'Atalaye - ✆ 05 59 24 25 76 - www.villagoeland-biarritz.com - 🅿 - 4 ch. 170/250 € - ☕ 10 €.* Dans une des villas les plus extraordinaires et emblématiques de Biarritz, construite dans le style anglo-normand au début du 20e s., de ravissantes chambres d'hôte sont décorées d'objets anciens et diposent d'une vue exceptionnelle allant de l'Espagne aux Landes. Terrasses et balcons privatifs.

**Hôtel Villa Koegui** (ex-Hôtel 7B) – *7 r. de Gascogne - ✆ 05 59 50 07 77 - www.hotel7b.com - ♿ - 13 ch. 190/260 € - ☕ 14 €.* Ce petit hôtel du centre-ville cache un établissement haut de gamme à la décoration design, aux chambres spacieuses et parfaitement équipées. L'excellent accueil et la belle terrasse sans vis-à-vis sont parmi les points forts, tout comme le copieux petit-déjeuner qui fait une part de choix aux produits locaux. Parking payant à proximité.

## RESTAURATION

**Bon à savoir** – L'office du tourisme de Guéthary voisine avec plusieurs petites adresses proposant des casse-croûte, assiettes et salades tout à fait honorables, souvent servis en terrasse.

**PREMIER PRIX**

### À Biarritz

**Il Giardino** – *5 r. du Centre - ✆ 05 59 22 16 41 - 18/20 € - fermé dim. midi et lun.* Petit restaurant italien aux couleurs acidulées. Les plats, composés selon les saisons, sont authentiques, généreux et à prix doux. Excellentes spécialités de pâtes fraîches.

### À Bidart

**Restaurant du Moulin de Bassilour** – *ZA Bassilour - ✆ 05 59 41 94 01 - fermé nov.-fév. et lun. - 15/20 €.* Scrutez le ciel pour savoir si ce petit restaurant pourra vous accueillir aujourd'hui, car les tables sont dressées à l'extérieur, à l'ombre de grands arbres, d'une pergola et de quelques parasols, comme dans les guinguettes d'antan. Une salle à l'intérieur pourra néanmoins vous accueillir en cas de pluie. La carte propose des spécialités locales :

charcuterie, axoa, omelette aux poivrons, thon en piperade, etc. Une adresse tout indiquée avec des enfants qui ont aussi leur menu *(5 €)*. Dans le moulin en activité depuis 1741, on fabrique artisanalement des gâteaux basques fourrés à la crème ou à la cerise noire, des sablés, des pains, des gâteaux de maïs à l'anis et toutes sortes de bonnes choses.

### BUDGET MOYEN

#### À Biarritz

**La Table d'Aranda** – *87 av. de la Marne - ✆ 05 59 22 16 04 - fermé dim. et hors saison lun., 2 sem. en janv. - menu déj. 15/20 €, menu dîner 30/55 € - env. 40 €.* Le bouche-à-oreille soutient cette table au cadre rustique et basque, située dans les murs d'une ancienne rôtisserie. Cuisine personnelle et inventive, maniant avec brio le sucré-salé, et menu changé chaque semaine, selon le marché.

**Le Clos Basque** – *12 r. Louis-Barthou - ✆ 05 59 24 24 96 - fermé dim. soir sf juil.-août et lun. - menu 26/31 € - env. 40 €.* Pierres apparentes et *azulejos* donnent un air ibérique à la petite salle à manger où règne une ambiance conviviale. Spécialités régionales. Terrasse d'été très courue, pensez à réserver!

**Le Surfing** – *9 bd du Prince-de-Galles - ✆ 05 59 24 78 72 - tlj dès le matin - env. 30 €.* Face à la plage de la Côte-des-Basques, ce restaurant à la vue imprenable et décoré selon un thème cher à Biarritz est indiqué à tout moment. Pour le petit-déjeuner, pour avaler un copieux hamburger à midi, une assiette de serrano à l'apéritif, un poisson à la plancha ou un plat plus recherché le soir. Dans les assiettes, quelques touches exotiques bienvenues. Excellent accueil.

#### À Arcangues

**Restaurant du Trinquet** – *✆ 05 59 43 09 64 - fermé lun.-mar. et en fév. - menu 22/29,80 € - env. 30 €.* Une copieuse cuisine traditionnelle est servie dans cette salle ouverte sur la *cancha* où se disputent les parties de pelote – souvent des défis organisés par le patron des lieux. Chants basques en sus pour accentuer la couleur locale.

#### À Guéthary

**Le Madrid** – *563 av. du Général-de-Gaulle - ✆ 05 59 26 52 12 - fermé lun. et mar. sf vac. scol. et j. fériés - 25/28 €.* Deux grandes terrasses, l'une côté village, l'autre côté plage, pour apprécier un repas de qualité. La carte, qui change tous les 15 jours, compte des plats inventifs et de belles assiettes de produits locaux. Soirées souvent animées.

### POUR SE FAIRE PLAISIR

#### À Biarritz

**Chez Albert** – *Allée du Port-des-Pêcheurs - ✆ 05 59 24 43 84 - fermé merc. sf en saison et 20 nov.-fin janv. - 45 €.* Les produits de la mer sont à l'honneur dans ce restaurant animé et décontracté, d'où l'on aperçoit le petit port de pêche. Terrasse très prisée en été.

**Philippe** – *30 av. du Lac-Marion - ✆ 05 59 23 13 12 - ouv. le soir merc.-dim. (tlj en août) - fermé 2 sem. en mars, 2 sem. en nov., 1 sem. en juin - 35/70 €.* Dans une cuisine ouverte sont préparés agneau, cochon de lait et plats inventifs, à déguster dans un décor de meubles design années 1950-1970, sans cesse renouvelé. Terrasse et jardin d'aromates l'été. Un restaurant surprenant et séduisant, où vous pourrez même acheter votre chaise, puisque le mobilier est en vente.

### À Guéthary

**Briketenia** – *R. de l'Église - ✆ 05 59 26 51 34 - fermé mar. hors saison et 2 sem. en nov - menu déj. (sf dim. et j. fériés) 35 € - env. 60 €.* Installé dans une maison du 17e s., qui abrite aussi un bon hôtel, ce restaurant gastronomique conjugue les talents de deux générations de chefs. Ils préparent une savoureuse cuisine traditionnelle nouvelle manière. Belle terrasse avec vue sur l'Océan et la montagne.

UNE FOLIE

### À Biarritz

**L'Atelier** – *18 r. de la Bergerie - ✆ 05 59 22 09 37 - fermé 2 sem. en janv. et en oct., 1 sem. en juin, sam. midi, dim. soir et lun. sf juil.-août - menu déjeuner 25/35/60 €, menu dîner 60/78 € - env. 55 €.* Cet atelier culinaire vous réserve la surprise de préparations actuelles relevées d'un trait de créativité et de bons vins. Côté décor, il mise sur l'élégance d'un espace feutré.

**Les Rosiers** – *32 av. Beausoleil - ✆ 05 59 23 13 68 - juil.-août tlj sf midi lun.-merc. - sept.-juin merc.-dim. - menu dégustation 78 € - env. 55 €.* Accueillante maison tenue par un couple (dont la femme est la première « Meilleur Ouvrier de France » de l'histoire) qui réalise à quatre mains une cuisine séduisante et raffinée. La carte change tous les deux mois. Décor sobre et élégant.

### À Arcangues

**Le Moulin d'Alotz** – *Chemin Alotz-Errota - depuis la D 755 à Alotz, prendre la rte secondaire à droite - ✆ 05 59 43 04 54 - fermé mar. et merc., janv., 1 sem. fin juin - env. 50 €.* Dans un moulin du 17e s. entouré de verdure, le jeune chef Benoît Sarthou propose une cuisine haut de gamme, modifiée au fil des saisons. Le gâteau frangipane à la pistache et la crème glacée à la verveine sont fameux !

## EN SOIRÉE

**Bon à savoir** – À Biarritz, il fait bon prendre un verre près des bateaux de pêche. Au **port des Pêcheurs** vous attendent plusieurs bars, dont La Casa de Juan Pedro, très agréable à l'heure de l'apéritif. Vers l'intérieur de la ville, la place **Georges-Clemenceau** est bordée de brasseries et de bodegas. Dans le centre, les rues qui bordent **les Halles** comptent plusieurs adresses où faire une pause gourmande plus ou moins copieuse, à toute heure de la journée : le Bar Jean *(5 r. des Halles)*, le Bar du Marché *(au 8)*, le Café Jean *(au 13)*, le Comptoir du foie gras *(1 r. du Centre)*. Enfin, la **Grande Plage** présente de nombreux atouts, aussi bien en journée qu'en soirée : l'Océan, le Café de la Grande Plage et du **casino**.

**L'Artnoa** – *56 r. Gambetta - ✆ 05 59 24 78 87 - fermé dim. soir et lun. hors sais.* La « maison des vins à Biarritz » est aussi un lieu d'exposition ouvert aux artistes contemporains. On y boit évidemment de très bons vins, accompagnés d'une assiette de charcuterie ou de fromages. Accueil chaleureux.

**Bar Impérial (Hôtel du Palais)** – *1 av. de l'Impératrice - ✆ 05 59 41 64 00 - P - 9h-0h.* Face à l'Océan, on rêve aux fastes d'antan, une coupe de champagne à la main. Pour parfaire le charme du lieu, un pianiste joue chaque soir entre 20h et 23h.

**Arena Café** – *Espl. du Port-Vieux - ✆ 05 59 24 88 98 - fermé mar. soir et merc. hors sais.* Superbe terrasse sur l'Océan. Un lieu

incontournable des soirées biarrotes.
**Gare du Midi** – *23 av. du Mar.-Foch - ✆ 05 59 22 44 66 - www.biarritz.fr - ouv. les soirs de spect.; billetterie gérée par l'office de tourisme.* C'est la principale salle de spectacles de la ville (1 400 places). Toutes sortes de représentations y ont lieu : pièces de théâtre, concerts de variétés, ballets… La Gare du Midi abrite également les studios du Malandain Ballet Biarritz.

### À Bidart

**Le Blue Cargo** – *Av. Ilbaritz - 64210 Bidard - ✆ 05 59 23 54 87 - P - avr.-sept. tlj. à partir de 12h.* De jour, une plage agréable pour déjeuner léger et siroter des cocktails. De nuit, un lieu très à la mode, qui plaira à ceux qui aiment faire la fête jusqu'au petit matin.

## ACHATS

### À Biarritz

**Les Halles** – *R. des Halles - 7h-13h30.* Inauguré en 1885, le marché couvert de Biarritz a fait peau neuve. Étals alléchants de produits frais et terrasses alentour pour une pause café animée.
**Maison Arostéguy** – *14 bis av. Victor-Hugo - ✆ 05 59 24 00 52 - fermé dim. sf à Pâques et en saison - 9h30-13h, 15h30-19h30.* Fondée en 1875, l'ancienne épicerie du Progrès a conservé ses murs, ses étagères et sa façade d'époque. On y déniche de nombreuses spécialités et des produits difficiles à trouver ailleurs.
**Chocolaterie Henriet** – *Pl. Georges-Clemenceau - ✆ 05 59 24 24 15 - 9h-19h.* Née après la Seconde Guerre mondiale, la maison Henriet est une référence en matière de chocolat et de spécialités gourmandes : calichous (caramels au beurre d'Échiré et à la crème fraîche), rochers de Biarritz (chocolat amer, écorces d'orange, amandes), etc.
**Maison Pariès** – *1 pl. Bellevue - ✆ 05 59 22 07 52 - en sais. 8h30-19h30; hors sais. 9h-13h, 14h30-19h.* *p. 129.*
**Maison Adam**– *27 pl. Clemenceau - ✆ 05 59 26 03 54 - en sais. 9h-19h30, hors sais. 9h-13h, 14h-19h30.* *p. 167.*
**Daranatz** – *12 av. Foch - ✆ 05 59 24 21 91 - tlj sf dim. 10h-13h, 14h30-19h30.* *p. 129.*
**Galerie Cazaux Biarritz** – *10 r. Broquedis - ✆ 05 59 22 36 03 - www.cazauxbiarritz.com - horaires se rens.* Potiers céramistes depuis le 18e s., l'atelier Cazaux est installé à Biarritz depuis 1893. Dans le respect de la tradition, sept générations – aujourd'hui Jean-Marie et Joël – ont fait évoluer les formes de l'utilitaire (cruches, pichets, écuelles) vers le décoratif (grandes jarres de jardin), la décoration et la céramique d'art. Également créations personnalisées.
**Maison Charles Larre** – *1 r. des Halles - ✆ 05 59 24 92 02 - http://maisoncharleslarre.com - 10h-12h30, 14h30-19h, dim. slt le matin.* La maison Larre fabrique de la toile basque depuis 1925. Tissu traditionnel aux motifs rayés vendu au mètre, linge d'office, nappes, créations originales et vaisselle.

## SPORTS & LOISIRS

### À Biarritz

**Biarritz Olympique** – *Stade Aguilera - ✆ 05 59 01 64 64 - www.bo-pb.com.* Ce complexe regroupe courts de tennis, piste d'athlétisme, salles de musculation, de fitness, de danse, etc., autour du stade de rugby du Biarritz Olympique, présidé par l'ancien international Serge Blanco. Cinq fois vainqueur du Bouclier de Brennus (champion de France), le club a également été deux fois vice-champion d'Europe (H Cup).

**Euskal Jaï Fernand Pujol** – *R. Cino-del-Duca - Parc des sports Aguilera - ✆ 05 59 23 91 09.* Cette école de pelote basque organise des compétitions de *cesta punta* de juin à septembre, presque chaque mercredi et samedi ; gala de pelote basque les lundi et mercredi, hors saison le jeudi.

**Biarritztarrak** – *Plaza Berri - 42 av. du Mar.-Foch - ✆ 05 59 22 15 72 - www.biarritztarrak.fr.* Fin juillet, festival de force basque et chants ; en été, galas de pelote basque (main nue, *paleta* cuir et petit chistera), voir le calendrier sur le site Internet. En dehors des périodes de compétitions, on peut s'essayer à la *pala* (raquette en bois).

**Cycle Océan** – *24 r. Peyroloubilh - ✆ 05 59 24 94 47 - www.cycle-ocean.com - juil. août : 9h-19h - hors sais. 9h30-18h.* Location de VTT, scooters, motos et voiturettes.

**Thalassa Sea & Spa Biarritz** – *13 r. Louison-Bobet - ✆ 05 59 41 30 01 - www.thalassa.com - réserv. centrale ✆ 0 825 825 528.* Sur un emplacement idéal face à l'Océan, ce centre de thalassothérapie, composé de quatre pavillons, propose : harmonie, remise en forme, rééducation, « maman et bébé », minceur, détente et golf, etc. Espace beauté dernier cri.

**Thalmar** – *80 r. de Madrid - ✆ 05 59 23 01 22 - www.biarritz-thalasso.com - réserv. centrale ✆ 0 825 126 464.* Centre de thalassothérapie doté d'une piscine de détente et d'un Jacuzzi, où vous pourrez bénéficier de nombreux soins. Espace fitness.

**Lagoondy École de surf** – *Établissement des bains - plage de la Côte-des-Basques à Biarritz ; 7 r. de l'Étape à Bidart - ✆ 05 59 24 62 86 - www.lagoondy.com - cours de surf : initiation 1h30 35 €, 5 cours 160 € - stages avec hébergement à partir de 510 €.* École de surf labellisée par la Fédération française de surf. Location de planches à la plage du Pavillon Royal à Bidart.

**Golf Le Phare** – *2 av. Édith-Cavell - ✆ 05 59 03 71 80 - www.golfbiarritz.com - merc.-lun. : hte saison 7h30-20h ; moyenne saison 8h-19h30 ; basse saison 8h-19h - fermé mar. sf vac. de Pâques, en été et vac. de Noël - 72 € (- 18 ans 36 €).* L'ancien British Golf Club (inauguré en 1888) propose aujourd'hui un parcours de 18 trous et conserve l'avantage d'être situé en pleine ville.

**Piscine municipale** – *Bd du Gén.-de-Gaulle - ✆ 05 59 22 52 52 - www.biarritz.fr - horaires variables selon calendrier scolaire.* Située au bord de l'Océan, cette piscine est équipée de bassins d'eau de mer chauffée, ainsi que d'un Jacuzzi, d'un hammam et d'un sauna.

## À Bidart

Sur les six **plages** que compte Bidart, seules deux d'entre elles sont accessibles en voiture : **Ilbarritz** et l'**Uhabia**. Restaurants et boutiques de loisirs longent cette dernière. On peut, entre autres, y louer scooters des mers et planches à voile. Les amateurs de golf ont, quant à eux, l'embarras du choix.

**Golf d'Ilbarritz** – *Av. du Château - ✆ 05 59 43 81 30 - www.golfilbarritz.com - fermé lun. hors saison - 36 €.* Ce golf 9 trous bénéficie d'une superbe vue sur la mer et d'un concept original permettant de recréer autour d'un espace circulaire toutes les situations qu'un joueur pourrait rencontrer sur un parcours traditionnel.

**Golf d'Arcangues** – *05 59 43 10 56 - www.golfdarcangues.com - fermé lun. de nov. à mars - 70 €.* Installé dans un superbe site, face à la chaîne des Pyrénées, ce golf (18 trous) a pour autre atout un agréable clubhouse, logé dans une ferme du 15e s.

**École de surf Taïba** – *Camping de la plage - av. d'Espagne - plage de l'Uhabia - 06 14 01 13 11 - www.surf-taiba.com - cours initiation 2h 28 €, stage 5 jours 120 €.* École de surf labellisée par la Fédération française de surf.

### À Guéthary

La grande **plage de Parlementia**, que se partagent Guéthary et Bidart, est sans aucun doute la plus agréable du coin. Surveillée en juillet et en août, elle est longée par un sympathique chemin piétonnier. Les plages de **Cenitz** et de **Harotz Costa** (sentier près du port) ne sont pas surveillées.

**École de surf de Guéthary** – *582 av. du Gén.-de-Gaulle - 64210 Guéthary - 06 08 68 88 54 - http://surf.guethary.free.fr - cours initiation 2h 45 €, stage 5 jours 190 €; stages avec hébergement à partir de 580 €.* École de surf et de bodyboard, depuis 1996, où l'on enseigne aussi le *stand up paddle.*

## AGENDA

### À Biarritz

**Semaine des restaurants** – *Mars.*
**Maïder Arosteguy** – *W.-end de Pâques.* Compétition de surf.
**Festival des Arts de la rue** – *Mai.*
**Roxy Pro**– *Juil.* Compétition de surf.
**BIG Festival** – *2e quinz. de juil.* Un festival international pop et rock, avec des concerts dans plusieurs points de la ville, dont le stade Aguilera. *www.bigfest.fr.*
**Championnats du monde des professionnels de Cesta Punta** – *Août.*
**Festival Le Temps d'aimer la danse** – *Sept.*
**Festival Biarritz Amérique latine** – *Sept.-oct.*

### À Bidart

**Festival de culture basque** – *Avr.*
**Fêtes d'automne** – *Sept.*

# Saint-Jean-de-Luz

**Donibane Lohitzun**

★★

12 969 Luziens - Pyrénées-Atlantiques (64)

## NOS ADRESSES PAGE 164

### S'INFORMER

**Office du tourisme de St-Jean-de-Luz** – *20 bd Victor-Hugo - 64500 St-Jean-de-Luz - ✆ 05 59 26 03 16 - www.saint-jean-de-luz.com - avr.-oct. : 9h-12h30, 14h-19h (18h de nov. à mars), dim. 10h-13h - fermé j. fériés.*

**Visite guidée** – Découverte des principaux monuments et quartiers de la ville *(rens. à l'OT).*

**Train touristique** – Visite commentée de la vieille ville en petit train - *✆ 05 59 41 96 94 - petit-train-saint-jean-de-luz.com - visite guidée (30mn) juil.-août : 10h30-19h30 ; avr.-juin et sept.-oct. : 10h30-12h30, 14h30-18h30 ; reste de l'année : se rens. - 5,50 € (-12 ans 3 €) - circuit de 30mn - départ du rond-point du port de pêche.*

**Navette maritime** – Une navette traverse la baie. Elle relie St-Jean-de-Luz (port et digue aux Chevaux), Ciboure et Socoa. *✆ 06 11 69 56 93 - www.ciboure-paysbasque.com - mai-sept. - horaires se rens. - 2,50 € (-5 ans 1,80 €), carte 10 trajets 18 €.*

### SE REPÉRER

Carte de microrégion B2 (p. 114-115) et plan de ville (p. 159) – *Carte Michelin n° 573 B 24-25.* À 17 km au sud de Biarritz par la D 810 et l'A 63. La vie à St-Jean-de-Luz se concentre entre la Nivelle au sud-ouest et les plages au nord, c'est-à-dire entre le port et la mer.

### SE GARER

Choisissez la place du Mar.-Foch, à deux pas de la place Louis-XIV et du port, pour laisser votre voiture. En été, des navettes gratuites vous emmènent depuis les parkings-relais, à l'entrée de la ville, jusqu'au centre-ville.

### À NE PAS MANQUER

La splendide église St-Jean-Baptiste et son retable.

### ORGANISER SON TEMPS

Visite du centre-ville le matin, pour découvrir son église, ses maisons basques et ses musées ; farniente sur la plage l'apr.-midi ; sentier botanique depuis la pointe de Ste-Barbe en fin de journée ; petit verre en terrasse sur le port le soir : voilà le planning idéal d'une journée à St-Jean-de-Luz.

### AVEC LES ENFANTS

Un tour de la ville en petit train ; une visite de l'écomusée de la Tradition basque ; les activités nautiques.

**Cité d'armateurs fortunés, St-Jean-de-Luz fut aussi celle de corsaires émérites presque aussi célèbres que leurs voisins malouins ! Face à l'Océan, la ville, dotée d'une baie superbe, était prédestinée à être gagnée par le tourbillon mondain né à Biarritz dans les années 1850. Les villas balnéaires poussèrent aux côtés des maisons basques en bois peint,**

Le port de St-Jean-de-Luz.
*VH/Oriental Touch / age fotostock*



**des grosses demeures d'armateurs et des palais du 17e s. Il se dégage aujourd'hui de cet heureux mélange de styles une exquise douceur de vivre que l'on savoure en farniente sur la Grande Plage ou en balades dans le petit port de pêche.**

## Se promener Plan de ville

### ★ Port A2

Le temps des baleines est fini, mais le port reste important pour la sardine, le thon et l'anchois. C'est un vrai port de carte postale avec ses bateaux de couleurs vives et ses pêcheurs œuvrant sur le quai auprès des filets amoncelés, avec, en plus, une odeur de saumure et un délicieux concert cristallin joué par le ponton sur pilotis, qui roule avec la marée.

De l'autre côté du port se dressent l'église St-Vincent et les maisons de **Ciboure** (*« À proximité » p. 160*).

**Maison de l'Infante** – *1 r. de l'Infante - ✆ 05 59 26 36 82 - juin-nov. : 11h-12h30, 14h30-18h, dim.-lun. 14h30-18h30 - fermé janv.-mai - 2,50 € (-18 ans gratuit) - commentaires audio - possibilité de visite guidée (20mn).* Dite **Joanoenia** (A2), cette riche demeure en brique et pierre, avec ses galeries à l'italienne, semble veiller sur les bateaux. Elle accueillit l'infante et la reine mère. Dans la grande salle 17e s., cheminée monumentale sculptée et peinte ainsi que des poutres décorées de peintures de l'école de Fontainebleau.

### Rue Mazarin A2

Domaine des armateurs au 17e s., la langue de terre isolant la rade du port fut réduite des deux tiers par le raz-de-marée qui, en 1749, anéantit 200 maisons de la ville. Elle conserve quelques nobles demeures, comme la **maison St-Martin** (A2), au no 13.

*Sur la droite de la rue s'ouvre la place Louis-XIV.*

### ★ Maison Louis XIV A2

*✆ 05 59 26 01 56 - www.maison-louis-xiv.fr - visite guidée (35mn) ttes les h, juil.-août 10h30-12h30, 14h30-18h30 ; de déb. juin à mi-oct. : tlj sf mar. 11h-17h - fermé de mi-oct. à fin mai - 6 € (-12 ans gratuit).*

Dite **Lohobiague enea**, cette noble demeure fut construite pour l'armateur Lohobiague en 1643-1645. À l'intérieur, le caractère « vieux basque » est donné surtout par l'**escalier** à volées droites, travail robuste de charpentier de marine : comme pour tous les planchers anciens des pièces d'habitation, les lattes sont fixées par de gros clous apparents, qui interdisent le rabotage et le ponçage.

Du palier du 2e étage, une passerelle intérieure conduit aux appartements, où la veuve de Lohobiague reçut Louis XIV en 1660. En passant dans la **galerie à arcades**, prenez le temps de savourer le panorama des Pyrénées basques. Dans la salle à manger aux lambris verts, table de marbre Directoire et cadeau de l'hôte royal à la maîtresse de maison : un service de trois pièces en vermeil décoré d'émaux niellés.

### Centre-ville

Avec son quartier piéton (rues de la République et Gambetta, *dans le prolongement de la rue Mazarin*), il a beaucoup de caractère. Au n° 17 de la rue de la République se trouve la plus vieille maison de la ville ; en pierre de taille, elle contraste avec les maisons basques voisines.

### ★★ Église St-Jean-Baptiste A2

*✆ 05 59 26 08 81 - ♿ - mai-sept. : 8h30-12h, 14h-18h30, j. fériés 8h15-11h30, 15h-19h30 ; reste de l'année : 8h30-12h, 14h-18h, dim. et j. fériés 8h15-11h30, 15h-19h30 - visite guidée gratuite : juil.-août : tlj 17h. Messe bilingue le dim. à 8h30.*

Extérieurement, elle est d'une architecture très sobre, presque sévère avec ses hautes murailles percées de maigres ouvertures et sa tour massive sous laquelle se glisse un passage voûté. Un bel escalier à rampe en fer forgé donne accès aux galeries.

#### LE MARIAGE DU ROI-SOLEIL

Prévu par le **traité des Pyrénées** (*p. 173*), le mariage de Louis XIV avec l'infante d'Espagne Marie-Thérèse a lieu à St-Jean-de-Luz. Accompagné de sa suite, le roi arrive le 8 mai 1660 et loge à la maison Lohobiague. Le 9 juin, entre les Suisses qui font la haie, le cortège royal s'ébranle en direction de l'église. Derrière deux compagnies de gentilshommes, le cardinal Mazarin, en costume somptueux, ouvre la marche, suivi par Louis XIV en habit noir orné de dentelles. À quelques pas derrière, Marie-Thérèse, en robe tissée d'argent et manteau de velours violet, la couronne d'or sur la tête, précède Monsieur, frère du roi, et l'imposante Anne d'Autriche. Toute la cour suit. Le service, célébré par Mgr d'Olce, évêque de Bayonne, dure trois heures, dans une église en construction. La porte par laquelle sort le couple royal sera murée quelques années après la cérémonie, le portail principal ayant été ouvert. Le cortège regagne la maison de l'Infante. Puis les jeunes époux soupent à la maison Lohobiague en présence de la cour. Une étiquette rigoureuse les conduit jusqu'au lit nuptial dont la reine mère ferme les rideaux en donnant la bénédiction traditionnelle. Marie-Thérèse sera, pour Louis XIV, une épouse douce et digne. Quand elle mourra, le roi dira : « C'est le premier chagrin qu'elle me cause. »

SE LOGER

- Camping Les Tamaris-Plage ........ 1
- Chambre d'hôte Nun Obeki ........ 5
- Chambre d'hôte Villa Argi-Eder ........ 6
- Château d'Urtubie ........ 7
- Hôtel Agur Denerri ........ 2
- Hôtel de la Plage ........ 3
- Hôtel La Caravelle ........ 4
- Hôtel La Marisa ........ 9
- Hôtel Ohartzia ........ 13

SE RESTAURER

- Arrantzaleak ........ 1
- Ibaïa ........ 3
- Olatua ........ 5
- Petit Grill Basque "Chez Maya" ........ 7
- L'Acanthe ........ 9
- L'Éphémère ........ 11
- Le Brouillarta ........ 2
- Tarterie Muscade ........ 12
- Zoko Moko ........ 14

L'intérieur, somptueux, date pour l'essentiel de son agrandissement de 1649, effectué par l'architecte bayonnais Louis de Milhet. Trois étages de galeries de chêne (cinq au mur du fond) encadrent la nef unique que couvre une remarquable voûte en carène lambrissée. Le chœur très surélevé, clos par une belle grille de fer forgé, porte un **retable★** (vers 1670, restauré en 1987) resplendissant d'or. Entre les colonnes et les entablements qui l'ordonnent en trois registres, des niches abritent une foule de statues : saints populaires locaux, apôtres, saint Laurent et son gril. Remarquez en outre la chaire (17e s.) supportée par des sphinges (sphinx femelles) menaçantes ; dans l'embrasure de la porte murée, statue parée de **N.-D.-des-Douleurs** et, à côté, petite Vierge de rosaire en tenue de cérémonie.

## À voir aussi Plan de ville

### Sentier du littoral hors plan par B1

St-Jean-de-Luz donne accès à deux portions du sentier du littoral, totalement différentes : vers Hendaye, la promenade dévoile les montagnes et surtout la **Corniche basque**★★ (p. 161), mais elle longe la route, tandis que vers Bidart, elle traverse des espaces naturels, urbains ou semi-urbains. On part alors du jardin de la pointe de Ste-Barbe, au bout de la promenade des Rochers.

### Jardin botanique littoral Paul Jovet hors plan par B1

*05 59 26 34 59 - www.jardinbotanique-saintjeandeluz.fr - juil.-août : 11h-19h ; avr.-juin et sept.-oct. : ouv. merc., sam. et j. fériés 11h-18h - fermé nov.-mars - possibilité de visite guidée (1h).*

Sur la falaise d'Archilua, dans ce jardin de 2,5 ha, on découvre au gré d'une promenade les plantes des différents écosystèmes de la Côte basque : chênaie, lande littorale, dunes colonisées par la végétation, zones humides, mais aussi des spécimens du monde entier. Petit labyrinthe botanique et jardin des simples.

### Écomusée de la Tradition basque Jean Vier B1

*Au nord de St-Jean-de-Luz, par la D 810 - 05 59 51 33 23 - www.jean-vier.com - visite guidée (55mn) juil.-août : 10h-18h15 ; avr.-juin et sept.-oct. : tlj sf dim. et j. fériés 10h-11h15, 14h30-17h30 ; vac. scol. : se rens. - 7,50 € (-12 ans 3,20 €) - visite avec audioguide - départ ttes les 15mn - film en 3D, lunettes fournies. Boutique de linge et de produits basques.*

Cette ferme traditionnelle du 19e s., qui est aussi une succursale de la marque de linge Jean-Vier, occupe un domaine de 10 ha. Un parcours scénographique, accompagné de projections en 3D, évoque les différents savoir-faire et activités traditionnels : fabrication de l'*izarra* (avec une dégustation), histoire du linge basque, pelote, danses, artisanat (bérets, espadrilles, gourdes), etc. Une véritable ode à la culture basque et à l'amour que portent les habitants à leur pays !

## À proximité Carte de microrégion

### ★ Ciboure / Ziburu A2

*À 1 km de St-Jean-de-Luz, de l'autre côté du pont Charles-de-Gaulle.*

*27 quai Maurice-Ravel - 64500 Ciboure - 05 59 47 64 56 - www.ciboure.fr - juil.-août : lun.-sam. 9h30-13h, 14h30-19h30, dim. 10h-13h ; mai-juin et sept. : lun.-sam. 9h30-13h, 15h-19h ; avr. : lun.-vend. 10h-12h30, 15h-18h30 ; janv.-mars et oct.-déc. : lun.-vend. 10h-12h30, 15h-18h. Visites guidées, à pied ou en voiture à cheval.*

Petite sœur de St-Jean-de-Luz, la charmante Ciboure gravit, entre ciel et mer, une colline sur la rive sud du port. L'office de tourisme occupe la **maison natale de Maurice Ravel**, au n° 27 du quai portant son nom. Au bout du port, le phare de Ciboure fait face à son jumeau de St-Jean-de-Luz. Tous deux ont été conçus par Pavlovsky en 1936 dans un style néobasque. Les marins se servent de leur alignement pour s'orienter vers le port. De l'autre côté de celui-ci se dresse la silhouette de l'ancien couvent des Récollets, construit en 1610, dont la chapelle a été rénovée *(des expositions et manifestations y sont occasionnellement organisées - rens. à l'OT)*. Des habitations et les Affaires maritimes ont investi son cloître, qui conserve une fontaine, offerte par Mazarin en 1660.

La **rue Pocalette** mêle les maisons labourdines à pans de bois (maison de 1589 à encorbellement au coin de la rue Agorette) et de hautes demeures de pierre plus nobles, comme le n° 12, au chevet de l'église.

**Église St-Vincent** – On aperçoit de loin l'original clocher de charpente à deux étages. Cette église du 16e s. est accessible latéralement par un beau parvis dallé, porteur d'une croix en pierre de 1760. L'intérieur abrite un joli retable aux tons bleus, ainsi qu'une triple galerie qui avance sur la nef.

**Villa Leïhorra** – *1 imp. Muskoa - www.villa-leihorra.com.* Construite en 1926-1929 par l'architecte **Joseph Hiriart**, cette villa est de style **Art déco**, tant dans son architecture que dans sa décoration intérieure. Il est possible de la louer et parfois, de visiter les jardins *(rens. à l'OT).*

**Tour Bordagain** – *Empruntez la route de Socoa et tournez à gauche au panneau indiquant la tour. Au rond-point, prenez à gauche et encore à gauche au carrefour suivant (en direction de l'hôtel) - ✆ 05 59 47 64 56 - www.ciboure.fr - visite dans le cadre des visites commentées de l'OT - sur réserv. uniquement.* Sur la colline de Bordagain se dresse une tour octogonale adossée à une ancienne chapelle du 12e s. D'abord clocher, ensuite tour de guet, elle a probablement aussi servi d'*atalaye* pour prévenir les pêcheurs de la présence de baleines près des côtes. Lors des visites, on peut apprécier la **vue à 360°** du sommet de la tour.

## Socoa A2

▶ *À 3 km à l'ouest de St Jean-de Luz, à 2 km à l'ouest de Ciboure, par la D 912. Laissez la voiture sur le port et poursuivez vers la jetée (45mn à pied AR).*

L'entrée de la baie de St-Jean-de-Luz était défendue autrefois par le fort de Socoa, construit sous Henri IV et remanié par Vauban. La tombe de l'auteur de *L'Atlantide*, **Pierre Benoit**, se trouve dans le cimetière de l'Untxin à Socoa.

**Chai Egiategia** – *Zone portuaire - ✆ 06 27 29 29 85 - http://paysbasqueactivites.fr - visite sur réserv. le matin et dim. 14h-18h - à partir de 5 €.* La Maison des Blocs de Socoa accueille désormais les chais du seul vignoble de la région à s'épanouir au bord de l'Océan. Emmanuel Poirmeur a planté plusieurs hectares de vignes sur la Corniche (commune d'Urrugne) et produit un délicieux vin blanc qui possède la particularité d'être vinifié dans des cuves immergées à 15 m de profondeur dans la baie de St-Jean-de-Luz ! La visite permet d'y goûter (les enfants ont droit à du jus de raisin), avec plusieurs formules dont l'une peut inclure une tournée dans les vignes.

★★ **Corniche basque** – *Depuis le parking du port de Socoa, prenez la voie de sortie, puis tournez immédiatement à droite dans la rue du Phare, très pentue, puis à gauche dans la rue du Sémaphore. Garez-vous au sémaphore et poursuivez à pied.* **Vue★★** au sud-ouest sur la Côte basque, du cap du Figuier (cabo Higuer) en Espagne jusqu'à Biarritz. Au premier plan, les falaises plongent en oblique leurs roches feuilletées vigoureusement attaquées par les flots. Le site est particulièrement beau les jours de tempête.

*Prenez la D 912 qui longe le littoral jusqu'à Hendaye.*

La route sinueuse, bordée d'ajoncs, se rapproche des falaises de Socoa. Au gré des échappées s'ouvrent de jolies **vues★★** sur l'Océan qui vient battre les rochers. Le point de vue face au camping Juantcho est le lieu idéal pour observer aux jumelles la vague **Belharra** (*l'encadré ci-dessous*) quand elle se forme.

### LA DIVA DES VAGUES

Surfée pour la première fois en 2002, **Belharra** est la plus grosse vague de la Côte basque et… d'Europe ! Une vague qui sait se faire désirer puisqu'elle se forme généralement une fois par an, au large de la **corniche d'Urrugne**, si trois conditions sont réunies : un vent d'est, un fort coefficient de marée, une marée basse. Elle peut atteindre plus de 10 m de haut. Autant dire que seuls les *big wave riders* chevronnés dévalent cette montagne au-devant d'un gigantesque déferlement de mousse !

## ★ Château d'Urtubie A2

*Rue Bernard de Coral (à 3 km au sud-ouest de St-Jean-de-Luz) par la D 810 - 05 59 54 31 15 - www.chateaudurtubie.net - avr.-nov. : 10h30-12h30, 14h-18h30 - 6,50 € (-16 ans 3,50 €) - possibilité de visite guidée (1h).*

Du simple donjon construit par autorisation du roi Édouard III d'Angleterre en 1341, ce château est devenu au fil des âges une élégante demeure classique avec ses **toits à l'impériale** coiffant les deux tours qui, au 14$^{e}$ s., encadraient le pont-levis. Dans la tour centrale, remarquable **escalier à vis suspendu** datant du 16$^{e}$ s. Dans la chapelle édifiée au 17$^{e}$ s., au chœur redoré au 19$^{e}$ s., une salle de bains fut aménagée derrière la sacristie en 1830.

L'intérieur du château est décoré de grandes **tapisseries** de Bruxelles du 16$^{e}$ s. (grand salon), d'un ensemble de chaises et de fauteuils espagnols de l'époque Louis XIV (salle à manger) ainsi que de divers meubles et bibelots ayant appartenu depuis des générations aux châtelains d'Urtubie. Dans la **salle de chasse**, au rez-de-chaussée, plusieurs pièces (coffre, armoire) évoquent le mobilier basque traditionnel.

Le château (en partie reconverti en hôtel, *Nos adresses*) s'inscrit aujourd'hui au cœur d'un agréable parc à l'anglaise. L'**orangerie** accueille des expositions et un salon de thé accessible aux visiteurs *(goûter et visite : 10 €).*

## Urrugne / Urruña A2

*À 5 km au sud-ouest de St-Jean-de-Luz par la D 810.*

*Pl. René-Soubelet - 64122 Urrugne - 05 59 54 60 80 - www.urrugne.com - juil.-août : lun.-vend. 9h-19h, w.-end et j. fériés 10h-13h ; reste de l'année : lun.-jeu. 9h-12h30, 14h-18h, vend. 9h30-12h30, 14h-18h30, sam. 9h-12h30.*

La commune d'Urrugne est très vaste : elle relie Ciboure et Hendaye, et s'étend de la côte à la frontière espagnole. Socoa en fait partie. Son petit centre-ville a pourtant une atmosphère de village. L'**église St-Vincent**, de style Renaissance, garde à l'extérieur une allure militaire. Elle s'adosse à un clocher-porche du 16$^{e}$ s., qu'orne un cadran solaire affichant la devise *Vulnerant omnes, ultima necat* (« Toutes les heures blessent, la dernière tue »). Son vaisseau peu ajouré et joliment peint affiche une hauteur de 22 m, mise en valeur par des galeries en bois sculpté.

**Notre-Dame-de-Socorri** – *Sur la grand-place d'Urrugne, prendre le chemin en montée vers N.-D.-de-Socorri.* Joli **site★** de chapelle de pèlerinage, dans l'enclos d'un ancien cimetière. Vue sur un paysage mamelonné dominé par l'éperon de la Rhune et, à l'horizon, sur le Jaizkibel et les Trois Couronnes.

**Écoparc d'Urrugne** – *( p. 174).*

## Col d'Ibardin A3

*À 12 km au sud d'Urrugne par la D 4, puis une route secondaire.*

Le col d'Ibardin est un endroit insolite pour qui n'est pas habitué au mode de vie frontalier. La route qui y mène depuis Herboure est étroite et sinueuse, et surchargée le w.-end ! Elle offre une jolie **vue** sur le territoire d'Urrugne. Au col, une étrange araignée métallique semble posée sur le versant et vous invite à d'autres réjouissances que d'admirer le paysage : c'est un centre commercial, avec sa station essence, jouxtant d'autres boutiques où affluent les acheteurs, attirés par les différences de prix entre la France et l'Espagne. Le col est aussi un départ de randonnées et de parcours VTT.

St-Jean-de-Luz, match de pelote basque au fronton municipal.
*J.-D. Sudres / hemis.fr*

## NOS ADRESSES À SAINT-JEAN-DE-LUZ

### HÉBERGEMENT

#### PREMIER PRIX

**À St-Jean-de-Luz**

**Camping Les Tamaris-Plage** – *Quartier Acotz - 720 rte des Plages (à 5 km au nord-est) - ☎ 05 59 26 55 90 - www.tamaris-plage.com - ouv. avr.-sept. - ♿ - 79 empl. 30 € - 37 € - 30 - 4 studios - 14 bungalows toilés - loc. uniquement à la sem. en hte saison 644/952 €.* Idéalement situé à deux pas de la plage, ce camping à l'ambiance familiale propose, en plus des emplacements pour tentes ou caravanes, un grand choix de formules d'hébergement. Pour les loisirs : un club enfants et une petite piscine.

**Chambre d'hôte Villa Argi Eder** – *58 av. Napoléon-III (à 3 km par D 810 et rte secondaire) - ☎ 05 59 54 81 65 - www.chambresdhotes-argi-eder.com - - 4 ch. 55 € - 5,50 €.* Une adresse conviviale, à deux pas de la plage, mais loin de la foule. Vastes et paisibles, les chambres de plain-pied ouvrent sur des terrasses privées très agréables pour le petit-déjeuner.

#### BUDGET MOYEN

**À St-Jean-de-Luz**

**Hôtel Ohartzia** – *28 r. Garat - ☎ 05 59 26 00 06 - www.hotel-ohartzia.com - 17 ch. 85/91 € - 8 €.* Bien que située en plein centre-ville, cette demeure aux volets bleus, longuement restaurée, dégage un charme bucolique. Les chambres ne sont pas très grandes, mais certaines donnent sur le jardin planté de platanes et de fleurs.

**Hôtel de la Plage** – *Prom. Jacques-Thibaud (angle r. Garat) - ☎ 05 59 51 03 44 - www.hoteldelaplage.com - ♿ - P 10 € - 22 ch. 89/129 € - 11 € - réserv. 5 nuits min. du 5 juil. à mi-sept. - fermé nov.-fév. sf vac. de la Toussaint.* Très bien placé, juste au-dessus de la plage, cet hôtel de charme propose plusieurs catégories de chambres spacieuses et impeccables dont certaines ont un balcon sur l'Océan. Excellent accueil. Le restaurant Le Brouillarta (*Restauration*) est une des grandes tables de la ville.

**Chambre d'hôte Nun Obeki** – *6 r. Élie-de-Sèze - ☎ 05 59 26 30 71 - www.nunobeki.com - P - - 5 ch. 95 € - 7,50 €.* Cette grande maison basque peut s'adapter à maintes demandes d'hébergement. Chambres simples, petit appartement ou villa : les possibilités de séparer ou de regrouper les différentes pièces sont nombreuses. Autres atouts : le décor très cosy, la proximité de la plage et du centre-ville, et surtout la quiétude du jardin.

#### POUR SE FAIRE PLAISIR

**À St-Jean-de-Luz**

**Hôtel La Marisa** – *16 r. Sopite - ☎ 05 59 26 95 46 - www.hotel-lamarisa.com - ♿ - P 15 € - 16 ch. 122/172 € - 12 € - réserv. 3 nuits min. juin-sept. - fermé janv.-fév.* Dans une petite rue calme, à deux pas de la plage, cet établissement abrite des chambres bien équipées, coquettes et rustiques, avec quelques accents contemporains. Une belle bibliothèque est mise à la disposition des clients et le patio ombrageux est délicieux pour prendre le petit-déjeuner.

**À Ciboure**

**Hôtel La Caravelle** – *1 bd Pierre-Benoit - ☎ 05 59 47 18 05 - www.hotellacaravelle-stjeandeluz.*

*com - 18 ch. 90/145 € - ☕ 8 €.* De l'extérieur, cette petite maison blanche aux volets bleus ne se remarque pas. Mais on est charmé à l'intérieur par l'élégance des pierres taillées et par le goût de la décoration des chambres. Vue sur la mer, balcon sur le jardin, terrasse intérieure, Jacuzzi. Les chambres sont toutes différentes ; celles qui donnent sur la mer peuvent être bruyantes à cause de la proximité de la route.

**Hôtel Agur Deneri** – *14 chemin de Muskoa - ✆ 05 59 47 02 83 - www.hotel-agur-deneri.com - P - 17 ch. 105/155 € - ☕ 9 € - réserv. 3 nuits min. en été.* À deux pas de la villa Leïhorra, cet hôtel qui surplombe Ciboure a un air de vacances. Transats sur les terrasses privées, décoration colorée et superbe vue. Les chambres sur l'Océan ou avec terrasse sont équipées d'une baignoire balnéo ou d'une douche hydro-massante. Certaines chambres ont un balcon. Buffet copieux au petit-déjeuner. Clientèle d'habitués.

### À Urrugne

**Château d'Urtubie** – *64122 Urrugne - ✆ 05 59 54 31 15 - www.chateaudurtubie.net - avr.-oct. - P - 10 ch. 125/165 € - ☕ 11,50 €.* Sur la route de l'Espagne, ce château fort du 14e s. remanié au fil du temps *(p. 162)* abrite un hôtel aux vastes chambres, décorées de tableaux et de meubles anciens. La ferme Lizarraga, dépendance du château, fait demi-pension au dîner *(28 €).*

## RESTAURATION

#### PREMIER PRIX

### À St-Jean-de-Luz

**Tarterie Muscade** – *20 r. Garat - ✆ 05 59 26 96 73 - tlj sf lun. 12h-16h, 18h-22h ; service continu en juil.-août - 11/17 €.* Une très bonne adresse pour déguster toutes sortes de tartes salées et sucrées à petits prix. On savoure des parts copieuses, attablé au comptoir ou à de petites tables. Vente à emporter.

**L'Acanthe** – *31 r. Garat - ✆ 05 59 26 85 59 - juil.-août : 9h-19h ; hors sais. : tlj sf lun. 9h-19h - fermé 15-30 janv. - 6,50/15 €.* Un joli salon de thé où prendre une collation à toute heure (salades, quiches, plats du moment), une boisson chaude ou froide (grand choix de thés en feuilles), un dessert, ou encore goûter au superbe jambon exposé dans la salle.

#### BUDGET MOYEN

### À St-Jean-de-Luz

**Petit Grill Basque « Chez Maya »** – *2 r. St-Jacques - ✆ 05 59 26 80 76 - fermé env. 20 déc.-25 janv., dern. sem. de juin, jeu. midi, lun. midi et merc. - menus 21/30 €.* Incontournable, cette auberge authentiquement basque ! Fresques et assiettes de Louis Floutier, cuivres et amusant système de ventilation manuelle. Cuisine régionale immuable.

**Ibaïa** – *39 r. Tourasse - ✆ 05 59 51 12 21 - fermé lun. - menus 16/23/34 €.* Les copieux menus de spécialités basques font la réputation de cet établissement. L'accueil est sympathique et la salle agréable, avec sa décoration ocre et verte et ses peintures colorées. Petite terrasse.

**Olatua** – *30 bd Thiers - ✆ 05 59 51 05 22 - www.olatua.fr - menus déj. 21/23/25 € - 30/35 €.* Institution locale revisitant le répertoire culinaire basque dans un cadre frais et coloré. Intérieur aux tons jaunes et chocolat ; terrasse d'été protégée en bois exotique et jardin couvert.

1

POUR SE FAIRE PLAISIR

### À St-Jean-de-Luz

**Zoko Moko** – *6 r. Mazarin – ✆ 05 59 08 01 23 - menus déj. 19/24 €, menus dîner 43/50/70 € - fermé lun.* On vient ici pour se délecter d'une cuisine basque gastronomique et raffinée, dans une belle maison du 18e s. où les pierres apparentes et la cheminée contrastent avec le mobilier design mais confortable. Les menus changent au fil des saisons, mais la table est toujours très raffinée.

**Le Brouillarta** – *48 prom. Jacques-Thibaud - ✆ 05 59 51 29 51- fermé merc. en juill.-août, mar. et merc. hors saison - menus déj. 19/24 €, menu dîner et dim. 49 € - env. 40 €.* Le restaurant de l'hôtel de la Plage jouit d'une vue imprenable sur l'Océan et la digue centenaire de l'Artha. On y sert une cuisine inventive à base de produits régionaux : merlu de ligne, jambon des Aldudes, rumsteak du Pays basque, etc. La carte évolue selon les produits du moment.

### À Ciboure

**Arrantzaleak** – *18 av. Jean-Poulou - ✆ 05 59 47 10 75 - fermé janv., lun. et mar. sf mar. soir en haute saison - menus 36/46 € - env. 40 €.* Sur les bords de la Nivelle, dans un cadre rustique, une institution où l'on vient surtout déguster poissons et fruits de mer fraîchement pêchés et préparés avec simplicité : anchois frais, *chipirones*, turbot, merlu, etc., le meilleur de la pêche locale.

UNE FOLIE

### À Ciboure

**L'Éphémère** – *15 quai Maurice-Ravel - ✆ 05 59 47 29 16 - fermé 2 sem. fin nov.-début déc., mar. et merc., uniquement lun. midi et merc. midi en haute saison - menus 28 (déj. en sem.)/45/58/90 € - env. 50 €.* Considéré comme une des grandes tables de la région, ce restaurant est installé dans une belle maison dont la terrasse embrasse la mer. Cuisine raffinée et créative, préparée exclusivement avec des produits achetés auprès de producteurs locaux. La carte, courte, est renouvelée au fil des saisons et on se régale autant, ici, que l'on aime la viande ou le poisson.

## EN SOIRÉE

Autour de la **place Louis-XIV** s'étalent les terrasses de nombreux bars, brasseries et autres restaurants. Lieu de rendez-vous majeur des Luziens et Luziennes, cette place vit en été au rythme des manifestations et concerts qui y sont organisés.

**Le Duke** – *Pl. Maurice-Ravel - ✆ 05 59 51 12 96 - été : jusqu'à 3h ; hors sais. : 8h-2h.* Ce bar d'ambiance est tenu par Michel Chardié, un ancien champion de surf qui a baptisé l'endroit du nom de son idole, le Duke, une star hawaïenne du surf qui se jouait des vagues dans les années 1950. Musique branchée… et clientèle en accord !

**Casino** – *Pl. Maurice-Ravel - ✆ 05 59 51 58 58 - www.joa-casino.com - 10h-2h, w.-end 10h-3h.* Ce casino est doté d'une salle pour les jeux et d'un espace pour machines à sous. Animations musicales un samedi sur deux au restaurant-bar à tapas Le Comptoir Joa, qui bénéficie d'une vue magnifique sur la mer.

## ACHATS

### À St-Jean-de-Luz

**Place des Halles** – *✆ 05 59 26 38 38 - www.halles-saintjeandeluz.com - halles ouv. ts les matins ; marché alimentaire autour des halles les mar. et vend. matin, le* *sam. matin en juil.-août.* Ces halles de type Baltard, fraîchement rénovées, réunissent des « indépendants » de la région venus vendre leur production.

**Maison Adam** – *6 r. de la République - ✆ 05 59 26 03 54 - www.maisonadam.fr - 8h-12h30, 14h-19h30 - fermé de mi-janv. à mi-fév. et 1 sem. en nov.* La famille Telleria-Adam tient cette pâtisserie depuis le 17e s., soit 12 générations. C'est dire si elle a vu défiler les gourmands ! Les macarons Adam auraient même été servis lors du mariage de Louis XIV avec l'infante Marie-Thérèse en 1660. Gâteaux basques, tourons et chocolats mettent l'eau à la bouche. Au n° 4, la même famille tient une **épicerie basque** : pains maison, produits de la mer, salaisons, fromages, confitures, cave à vin.

**Maison Thurin** – *32 r. Gambetta - ✆ 05 59 26 05 07 - 10h-13h, 14h30-19h30.* Cette boutique de poche renferme des produits du terroir dénichés de part et d'autre de la frontière franco-espagnole : excellent jambon de Bayonne, goûteux fromages de brebis, piments d'Espelette, bon foie gras. Minicave de vins basques.

**Maison Pariès** – *9 r. Gambetta - ✆ 05 59 26 01 46 - www.paries.fr - 8h30-19h30 ; en saison : 8h30-21h30, jusqu'à 23h30 en été.* La maison créée à Bayonne *(☛ ce nom)* figure parmi les « références gourmandes » de la région : mouchou basque (macaron à base d'amandes), kanouga (caramel tendre), 50 sortes de chocolat aux saveurs exotiques… L'atelier de production situé à **Socoa** *(Zone de Putillenea)* se visite - *rens. au 05 59 22 06 00.*

## À Ciboure

**Marché** – *Pl. Camille-Jullian, face à la mairie - dim. matin.* Marché aux produits régionaux.

**Le Comptoir Cibourien** – *19 quai Maurice-Ravel - ✆ 05 59 22 58 40 - lun.-sam. 10h-12h30, 15h30-19h30, dim. 16h-19h ; fermé dim. et lun. en basse saison.* Cette boutique propose des productions locales : linge basque, liqueurs, cidres et vins, mais l'adresse vaut surtout pour le large choix de produits de la mer luziens (bocaux, conserves).

### SPORTS ET LOISIRS

## À St-Jean-de-Luz

**Scooter Loisirs** – *7 r. Pierre-Louis Tourasse - ✆ 05 59 47 79 24 - www.scooter-loisirs.com.* Location de VTT, vélos, scooters et motos pour découvrir la région en toute liberté.

**Hélianthal** – *Pl. Maurice-Ravel - ✆ 05 59 51 51 51 - www.helianthal.fr - 9h-19h45 - 22 € - accès à partir de 17h30 en sem. au Spa bio-marin, sauna, hammam, espace forme.* Tout un choix de formules à la carte, de la demi-journée à la semaine en passant par le w.-end découverte, pour traiter toutes sortes de maux. Bel hôtel sur place et plusieurs restaurants ouverts aux non résidents.

**Jaï-Alaï** – *Av. André-Ithurralde - ✆ 05 59 51 65 36 - www.cestapunta.com - tlj sf w.-end 9h-12h30, 14h-19h - fermé oct.-mars - 12 € (-10 ans gratuit).* La *cesta punta* est le sport emblématique du Pays basque : elle se joue sur un fronton espagnol couvert *(jaï alaï)* à trois murs (devant, derrière et à gauche). De juillet à fin août, des matchs professionnels de *cesta punta* ont lieu à cette adresse les mardi et jeudi à 21h.

**Trinquet Maïtena** – *42 r. du Midi - ✆ 05 59 26 05 13 - 9h-22h.* Même si les Basques pratiquent volontiers d'autres sports, ils en reviennent tous à la *pala*, qu'ils pratiquent dans un trinquet (petite salle couverte). Après une partie, c'est à cette adresse qu'ils se retrouvent pour se désaltérer.

**Luzaz Gazte** – *1 av. André-Ithurralde - ✆ 05 59 26 13 93 - http://perso.wanadoo.fr/luzazgazte/ - juil.-sept. : lun., vend. 21h15-23h15 - 8 € pour les ateliers de pratique (-12 ans 5 €).* De juillet à septembre, parties de chistera le lundi et de grand chistera le vendredi (à 21h15), voire compétitions de force basque, souvent accompagnées de chants et de danses. Ouvert à tous en dehors des compétitions, le fronton est souvent occupé par des ateliers de pratique encadrés pour enfants et adultes.

**Le Billabong** – *16 r. Gambetta - ✆ 05 59 26 07 93 - www.newschoolsurf.com - juil.-août : lun.-dim. 10h-23h ; reste de l'année : lun.-sam. 10h-12h30, 14h30-19h - 2h, 40 €.* Cette boutique de sport organise des cours de surf et de bodyboard. Deux autres magasins situés dans la même rue proposent des services similaires : il s'agit de Bakea (au n° 37) et du H2O (au n° 72).

**Sports Mer** – *Secrétariat : 7 bd Thiers - Base nautique : digue aux Chevaux, face au 58 bd Thiers - ✆ 06 80 64 39 11 - http://sportsmer.fr - juil.-août : 10h-20h - fermé j. fériés sf été - à partir de 12 €.* Parachute ascensionnel en solo ou en tandem, bouée tractée, *flyfish* et scooter des mers : poussée d'adrénaline assurée ! On accueille ici enfants et adultes pour organiser des randonnées en pleine mer en jet-ski qui, si elles ne nécessitent pas de permis, sont tout de même encadrées par un moniteur diplômé…

**Nivelle V** – *Départs de l'embarcadère du port de pêche de St-Jean-de-Luz - ✆ 06 09 73 61 81 - http://croisiere-saintjeandeluz.com - d'avr. à mi-oct., réserv. obligatoire en juil.-août - croisière 45mn : départ 16h (et 17h en juil.-août), 10 € (-10 ans 7 €) ; croisière 1h45 : départ 10h30 (juill.-août), 14h, 17 € (-10 ans 10 €).* Le *Nivelle V* prend la mer pour une croisière au large de la corniche d'Urrugne (45mn) ou plus loin, jusqu'à Hendaye et l'Espagne (1h45). Organisation de matinées de pêche en mer *(départ 8h, retour 11h30) - cannes et appâts fournis - 35 € (-10 ans 25 €).* Également balades en zodiac de 12 places sur la Nivelle *(1h45, sur réserv.) au départ du port -15 €.*

**Golf de Chantaco** – *Rte d'Ascain - ✆ 05 59 26 14 22 - www.chantaco.com - sais. : 8h-19h ; hors sais. : 9h-18h - de 58 à 77 €.* Parcours de 18 trous renommé, dessiné par Harry Colt. Les 9 premiers sont tracés en forêt.

## À Ciboure et Socoa

**École de voile internationale** – *Parking de Socoa - 64500 Ciboure - ✆ 05 59 47 06 32 - www.evi-nautika.com - 9h-19h - 165 € stage de voile (-10 ans 120/145 €).* Cette école propose des stages de voile, des tours de ski nautique, bouée tractée ou wake-board, la location de bateaux à voile, ainsi que des stages et croisières sur monocoque habitable.

**Atlantic Pirogue** – *Port de Socoa - ✆ 05 59 47 21 67 - www.atlantic-pirogue.com - ouv. tte l'année sur rdv ; juil.-août : 4 départs par jour - 2h de pirogue ou kayak 29 € (-12 ans 23 €).* Balades de 2h en pirogue hawaïenne, kayak de mer ou tawati. Pour les fans de glisse, session vagues en pirogue, kayak-surf, wave-ski et kayak de mer. Initiation au *stand up*.

**Yacht-Club Basque** – *Parking dériveurs Socoa - 64500 Ciboure - ✆ 05 59 47 18 31 - www.ycbasque.org - juil.-août : 9h-19h30 ; hors sais. : 9h-17h - 120 à 230 €.* Ce club ouvert toute l'année organise des stages de voile durant les vacances scolaires à bord de Hobie Cat 16, d'Open 5.70 et en planche à voile. Les enfants peuvent se former sur le traditionnel Optimist ou à bord d'un petit catamaran nommé Colibri. Sorties-découverte en Open 5.70. Bon vent !

**École de plongée Odyssée Bleue** – *Hangar 4, chemin des Blocs - 64500 Socoa - ✆ 06 63 54 13 63 - www.odyssee-bleue.com - baptême 50 € ; 3 séances 160 € ; balade palmée 22 €*. La Côte basque regorge de surprises aquatiques avec ses grottes, ses failles et ses épaves. Le pack découverte de 3 séances de plongée bouteille vous donnera un aperçu de ces merveilles. L'école organise aussi des balades palmées commentées, dans la baie, avec tuba et masque (2h). **Tech-Océan** propose les mêmes services, incluant en plus la plongée de nuit pour les initiés - *45 r. du Commandant-Passicot - ✆ 05 59 47 96 75 - www.tech-ocean.fr*

**Golf de la Nivelle** – *Pl. William-Sharp - 64500 Ciboure - ✆ 05 59 47 18 99 - www.golfnivelle.com - été 7h-20h30 ; hors sais. 9h-18h*. Ce sport a toujours compté parmi les plus populaires au Pays basque. Ici, on découvre un parcours de 18 trous avec des vues sur l'Océan et les montagnes.

## AGENDA

*Rens. à l'office du tourisme de Saint-Jean-de-Luz - ✆ 05 59 26 03 16 - www.saint-jean-de-luz.com.*

**Festival andalou** – *W.-end de Pentecôte*. Danses, concours de sévillanes, restauration.

**Fête de la St-Jean** – *Juin, w.-end de la St-Jean*. Grand-messe, concerts, chistera, force basque, feux de la St-Jean, bal, *toro de fuego*, etc.

**Fête du thon** – *1er sam. de juil.* Défilé, animations et jeux, dégustation de thon-piperade, *bandas* et bals.

**Internationaux professionnels de cesta punta** – *Juil.-août.*

**Musique en Côte basque** – *3 sem. en sept. Rens. au 05 59 26 03 16 - www.musiquecotebasque.fr* - Concerts classiques à St-Jean-de-Luz, Hendaye, Biarritz, etc.

**Festival international des jeunes réalisateurs** – *Oct. Rens. www.jeunes-realisateurs.com.*

**Festiorgues** – *Avr.-déc. Rens. dans les offices de tourisme ou au 05 59 26 92 71 - www.orgues-urrugne.org/festiorgues - 12 € (-18 ans gratuit)*. Concerts d'orgue sur les différents instruments de la région, particulièrement ceux de St-Jean-de-Luz, Urrugne et Hendaye.

1

# Hendaye

**Hendaia**

★

15 370 Hendayais - Pyrénées-Atlantiques (64)

NOS ADRESSES PAGE 175

### S'INFORMER

**Office du tourisme d'Hendaye** – *67 bd de la Mer - 64700 Hendaye - ✆ 05 59 20 00 34 - www.hendaye-tourisme.fr - juil.-août : lun.-sam. 9h-19h, dim. et j. fériés 10h-12h30, 15h30-18h ; juin et sept. 9h30-12h30, 14h-18h30 (sam. 18h), dim. 10h-12h ; avr.-mai et oct. : tlj sf dim. 9h-12h30, 14h-18h30 (sam. 18h), j. fériés 10h-12h ; janv.-mars, nov.-déc. : tlj sf dim. 9h-12h30, 14h-18h (sam. 17h30) - fermé 1er janv., 1er Mai et 25 déc.*

**Visites guidées** – L'office de tourisme propose deux visites guidées : l'une autour du bourg historique, et l'autre côté plage - *mar. et jeu. à 10h30 - sur inscription - 4 € (famille 10 €) - chasse au trésor 7 € (7 à 12 ans).*

**Train** – Le forfait **Passbask** permet de voyager librement entre Bayonne et San Sebastián. *En vente dans toutes les gares SNCF d'Aquitaine et celles d'Eusko Tren - ✆ 0 800 872 872 - www.ter-sncf.com/aquitaine - utilisable tlj en juil.-août et le w.-end le reste de l'année - 11 € (-12 ans 7 €, -4 ans gratuit).*

**Bus**– Deux lignes en service toute l'année *(8h-12h, 14h-20h, 1 départ/h, gratuit)* desservent notamment pour l'une le château Abbadia, pour l'autre la plage, le quartier du port de plaisance, et passent par l'office de tourisme.

**Navette ferroviaire** – Le petit métro aérien **Topo** relie Hendaye à St-Sébastien en 35mn - *départs tlj du bâtiment à gauche de la gare SNCF, ttes les 3 et 33mn de chaque heure : 7h03, 7h33… 22h33 - ✆ (+34) 902 543 210 - www.euskotren.es - 2,70 € AR.*

**Navette maritime** – Une navette maritime relie le port d'Hendaye à Hondarribia en 5mn - *départs ttes les 15mn 9h-1h en juil.-août - 1,60 €.*

**Aéroports** – Voir Bayonne-Anglet-Biarritz (à 25mn) et St-Sébastien-Hondarribia (à 10mn).

### SE REPÉRER

Carte de microrégion A2 (p. 114-115) – *Carte Michelin n° 573 B 24.* À 31 km au sud de Biarritz par la D 810, l'A 63 et la D 811. Située sur la rive droite de la Bidassoa qui se jette dans l'Océan, Hendaye est formée de trois quartiers : Hendaye-Gare, Hendaye-Ville et Hendaye-Plage.

### SE GARER

Les places de parking de la plage et des rues voisines sont pratiques mais payantes ; le stationnement est gratuit quand on s'éloigne de la plage.

### À NE PAS MANQUER

Le château d'Antoine d'Abbadie.

### AVEC LES ENFANTS

La longue plage en pente douce et le centre nautique restent des valeurs sûres pour les plus jeunes qui sont particulièrement choyés dans la station *(voir programme des activités à l'OT).*

Le château de l'explorateur et astronome Antoine d'Abbadie, réalisé par Viollet-le-Duc.
*N. Thibaud / Photononstop*

1

**Posée entre mer et montagne, Hendaye est connue pour son immense plage abondamment fleurie ponctuée par la silhouette emblématique des Deux-Jumeaux, idéale pour la baignade, la planche à voile et le surf ! Les abords de son port de plaisance, les jolies rives de la baie et son centre-ville discret sont autant de lieux agréables. La ville n'est séparée de l'Espagne que par la Bidassoa. Autant dire que les soirées estivales, partagées entre la station française et ses voisines Irun et Hondarribia, aux multiples bars à pintxos, sont animées !**

## Se promener Carte de microrégion

### Hendaye-Plage

Si une chose ne manque pas à Hendaye-Plage, c'est bien le vert : dans les jardins ou sur les avenues, magnolias, palmiers, tamaris, eucalyptus, mimosas et lauriers foisonnent.

Dans l'ancien casino de style mauresque (1884), vous flânerez entre boutiques, cafés et restaurants. Il marque le point de départ du GR 10 qui traverse les Pyrénées d'ouest en est.

Au nord-est de la plage, se dressent les rochers des Deux-Jumeaux, au large de la pointe de Ste-Anne ; à l'opposé, le **cap du Figuier★** (Cabo Higuer), déjà en Espagne, marque l'embouchure de la Bidassoa.

**ILLUSTRES HENDAYAIS**

L'écrivain **Pierre Loti** est mort à Hendaye le 10 juin 1923, dans une modeste maison basque *(r. des Pêcheurs)*. La station est aussi la ville natale de **Bixente Lizarazu**, champion du monde avec l'équipe de France de football en 1998 et aujourd'hui consultant télé et radio populaire. En 2010, la jeune Hendayaise **Pauline Ado** est devenue championne d'Europe junior de surf après un titre de championne du monde junior l'année précédente.

N'hésitez pas à marcher jusqu'au bout de la digue, d'où vous aurez une belle vue sur le littoral hendayais.
Entre le boulevard du Gén.-Leclerc et la rue des Oliviers, en arrière de la plage, vous pourrez admirer les maisons de **style néobasque** (déb. 20e s.) qui caractérisent le patrimoine architectural d'Hendaye : il y en a plus de soixante-dix, classées, dont beaucoup sont dues à l'architecte **Edmond Durandeau** (1878-1960), Hendayais d'adoption.
Le quartier Sokoburu, entre la plage et le port de plaisance, regroupe salle des congrès, espace culturel, centre de thalasso, casino et restaurants avec terrasse ; il accueille également les marchés et foires, dont les Nuits du port, en été *(Nos adresses)*.

### Baie de Chingoudy

L'estuaire de la Bidassoa forme à marée haute un lac tranquille : la baie de Chingoudy, où l'on peut pratiquer toutes sortes d'activités nautiques.
Port de plaisance avec navettes pour **Hondarribia** *(p. 286)*. Jolie vue sur le port et la baie depuis le quai de la Floride.

### Chemin de la Baie

Du port de plaisance à l'île de la Conférence, cette promenade de 15 km autour de la baie de Txingudi offre une belle vue sur les villes d'Irun et Hondarribia.

### Port de Caneta

*Depuis le bd du Gén.-de-Gaulle, tournez dans la rue de la Liberté ; parking en contrebas.*
Joli petit port de pêcheurs surplombé par une fortification Vauban, détruite dès le premier assaut espagnol en 1793. À la fin de sa vie, Pierre Loti habitait dans la maison de style mauresque.

### Église St-Vincent

Les harmonieuses proportions de cette église typiquement basque, située au cœur d'un dédale de petites rues, dominent la baie de Chingoudy et l'estuaire de la Bidassoa. Sa présentation actuelle – fragments de retable détachés de leur meuble, statues en bois polychrome – permet de détailler chaque œuvre. À droite, un baptistère a été installé dans une niche à fronton du 17e s. ; un bénitier roman décoré de la croix basque sert de cuve. La première galerie des tribunes supporte un petit orgue dont le buffet doré est décoré d'une Annonciation.

### SAUVÉE PAR LE RAIL

De par sa situation stratégique en bord de fleuve, Hendaye a toujours fait office de ville-frontière et en a subi les inconvénients. Jusqu'au 18e s., la cité se trouve en effet régulièrement en conflit avec ses voisines Irun et Hondarribia, notamment à propos des droits de pêche sur le fleuve et dans le golfe. Cela lui vaut même d'être détruite en 1793. La prospérité ne revient qu'à partir de 1864, avec l'arrivée du chemin de fer. Hendaye voit alors se construire le château Abbadia (1864), le casino de style mauresque (1884), un golf et l'hôtel Eskualduna (1911), ainsi que de nombreuses villas d'inspiration basque témoignant de son attrait balnéaire. Mais son atout économique est avant tout lié au train, puisque la ville devient un nœud ferroviaire incontournable entre l'Espagne et la France (notamment en raison de la différence d'écartement des rails entre les deux pays, ce qui nécessitait des arrêts).

### UNE ÎLE EN PARTAGE

Le 7 novembre 1659, Mazarin et son homologue espagnol, Luis de Haro, signent à Hendaye le **traité des Pyrénées**, mettant officiellement fin à la guerre de Trente Ans. Symboliquement, la cérémonie se déroule sur l'**île des Faisans** posée au milieu de la Bidassoa, entre Hendaye et Hondarribia. Grâce au traité, le royaume de France s'empare du Roussillon, du Vallespir, du Conflent, du Capcir, de la Cerdagne, de l'Artois ainsi que de quelques places fortes de Flandres et de Lorraine. Une frontière est tracée entre les deux territoires. Clause annexe : le jeune roi de France, Louis XIV, épousera l'infante d'Espagne, Marie-Thérèse, l'année suivante à St-Jean-de-Luz… et s'engage à renoncer à ce que ses héritiers briguent le trône espagnol. La dot de Marie-Thérèse n'ayant jamais été versée, Louis XIV revendiquera plus tard la couronne d'Espagne, ravivant les guerres entre les deux peuples. Depuis le traité des Pyrénées, l'île des Faisans (ou île de la Conférence) est toujours un condominium, soit une copropriété divisée, dont la gestion est assurée à intervalle de six mois par chacun des pays.

Remarquez, dans la chapelle du St-Sacrement, un grand **crucifix★**, œuvre sereine du 13e s.



## À voir aussi Carte de microrégion

**Sentier du littoral** (*St-Jean-de-Luz*)

Sur 25 km, parcourez le sentier en découvrant la faune et la flore au fil des stations d'interprétation.

**Domaine Abbadia** A2

*Éloignez-vous de la plage par la route de la Corniche et, au rond-point, tournez à gauche en suivant le fléchage. 05 59 20 37 20 - www.abbadia.fr - chiens, VTT et cueillette sont interdits - juil.-août : 9h30-12h30, 14h30-18h30 ; reste de l'année : tlj sf dim. et lun. 10h-12h, 14h30-18h30 (17h30 de mi-oct. à fin mars) - fermé vac. de Noël - plusieurs formules de visites commentées sont proposées de mi-juin à mi-sept. (voir site Internet). Prévoir des jumelles pour observer les oiseaux.*

À la pointe Ste-Anne, le domaine Abbadia est un site naturel protégé aux caractéristiques de la Côte basque : prairies couvertes de landes à ajoncs et à bruyères s'arrêtant en falaises abruptes sur la mer. Vous pouvez voir les rochers des Deux-Jumeaux et, à l'aide de jumelles, observer les oiseaux migrateurs, tels le pluvier argenté, le busard cendré, l'outarde canepetière et le milan royal.

★★ **Château-Observatoire Abbadia** A2

*Suivez la D 912 que vous quitterez à gauche pour entrer dans le parc du château. 05 59 20 04 51 - www.chateau-abbadia.fr - 14h-18h - fermé janv. - 7,90 € (enf. 4 €) - possibilité de visite guidée sur demande (60mn).*

Étonnant bâtiment néogothique, ce château fut la demeure d'**Antoine d'Abbadie** (1810-1897), un « savanturier », explorateur, géodésien, géographe, astronome, linguiste, philologue, ethnologue, mécène de la culture basque… Après dix années passées à cartographier l'Éthiopie, il choisit la pointe Ste-Anne pour faire bâtir un château digne de ses rêves africains. Mais, afin de satisfaire son goût pour le Moyen Âge et pour la science, il fit appel à l'architecte **Viollet-le-Duc** et à son élève Edmond Duthoit. Le mélange ne manque pas de piquant : tours crénelées à la médiévale, façades ponctuées d'un bestiaire fantastique et toits en poivrière dominent le parc planté d'essences et de plantes exotiques, dessiné par les **frères Bühler**. Dans toutes les pièces – peintes, ornées de fresques, tendues de cuir de buffle… –, on peut lire des vers, des devises en anglais, en basque et en amharique (langue éthiopienne). Dans le grand salon, pièce circulaire à dominante bleue, on découvre le blason et la devise d'Antoine, « Plus être que paraître », son monogramme et celui de son épouse Virginie; tous deux reposent dans la crypte aménagée sous la chapelle du château.

**Bibliothèque** – Placée au cœur de la demeure, lieu de travail et de réflexion, l'impressionnante bibliothèque garnie de rayonnages du sol au plafond comptait plus de 10 000 volumes.

**Observatoire** – Instrument servant principalement à déterminer la position des étoiles dans le ciel, la lunette méridienne fut utilisée par les astronomes jusqu'en 1975. L'observatoire prend toujours des mesures sismographiques. Dans le château en perpétuelle rénovation, l'un des prochains chantiers le concerne; on projette d'y installer une nadirane version 21e s., un instrument unique destiné notamment à détecter les faibles secousses telluriques, avec l'ancêtre duquel Antoine d'Abbadie effectua de nombreuses observations.

Mort sans héritier, Antoine d'Abbadie légua son château à l'Académie des Sciences dont il était un correspondant. Loin d'être un musée figé, le château-observatoire Abbadia est un lieu vivant où il se passe toujours quelque chose : visites thématiques, concerts, etc.

# À proximité

### Écoparc d'Urrugne A2

*Depuis le carrefour au bout de la route de la Corniche, prenez à droite la rue de la Glacière. L'écoparc, assez mal indiqué, se trouve à côté du parcours aventure Oihana. ✆ 05 59 54 84 95 - www.ecoparc-urrugne.com - 1er avr.-31 oct. : 10h-19h - fermé le lun. sf juil.-août - 3 € (-12 ans gratuit).*

Ce parc paysager propose une belle balade (2h) dans des sous-bois odorants, sur des terrasses aux allures méditerranéennes, dans des jardins de plantes aromatiques, autour de lacs où abondent les truites. Au milieu des chants d'oiseaux et des parfums des fleurs, c'est là une apaisante promenade à la découverte de plantes régionales ou exotiques.

### Biriatou / Biriatu A2

*À 5 km au sud-est. Quittez Hendaye par la route de Béhobie.*

Une placette à fronton avec son auberge attenante, quelques marches et une église, voilà une image de carte postale. Du village, la vue s'étend sur les montagnes boisées, la rivière-frontière en contrebas et l'Espagne de l'autre côté. Jadis, l'activité de ce lieu était en grande partie consacrée à la contrebande et d'anciennes traditions se perpétuent encore. Le **jeu de l'oie** en est un exemple : des jeunes gens à cheval doivent trancher ou arracher le cou d'un de ces malheureux volatiles, rite initiatique nécessaire pour devenir un homme. Ce jeu se déroule durant les fêtes du village *(autour du 11 novembre)*.

## NOS ADRESSES À HENDAYE

### HÉBERGEMENT

#### PREMIER PRIX

Hendaye compte sept campings de 2 à 4 étoiles parmi lesquels :

**Camping Dorrondeguy** – *Rte de la Glacière (à 5 km au nord-est par D 912 et D 658 à dr.) - ✆ 05 59 20 26 16 - www.camping-dorrondeguy.com - de déb. avr. à fin oct. - ♿ - P - réserv. conseillée - 120 empl. 26 € - 27 mobile homes - 9 chalets - 4 bungalows toilés - sem. 540/660 €.* Très agréable, ce camping propose des emplacements bien ombragés et séparés par des haies, des mobile homes tout neufs et un charmant petit village d'une dizaine de chalets. Parmi les activités : un fronton de pelote basque et une grande piscine chauffée. En haute saison, snack-épicerie et navette gratuite pour Hendaye.

**Camping Ametza** – *Chem. de l'Empereur - ✆ 05 59 20 07 05 - www.camping-ametza.com - ♿ - mai-sept. - réserv. conseillée - 280 empl. 31 € - 30 mobile homes - sem. 810/910 €.* Le camping Ametza reste une valeur classique et sûre. Parmi ses principaux atouts : l'accueil souriant, le cadre boisé et ombragé, le bon entretien des lieux, le snack-épicerie, la piscine, le club enfants. Le camping dispose aussi d'une aire pour camping-cars. Navette gratuite pour la plage en juill.-août.

#### BUDGET MOYEN

**Hôtel Valencia** – *29 bd de la Mer - ✆ 05 59 20 01 62 - http://hotelvalencia.fr - fermé 20 déc.-31 janv. - ♿ - P - 21 ch. 68/105 € - petit-déj. 7,30 €.* Seule la route sépare cet hôtel de la Grande Plage d'Hendaye. La salle où est servi le petit-déjeuner, située au 1er étage, et quatre chambres bénéficient de la vue sur l'Océan et les côtes espagnoles. Décor et mobilier sobrement fonctionnels. Bar et salon de thé au rez-de-chaussée. Hébergement possible dans des studios et appartements très bien aménagés.

**Hôtel Uhainak** – *3 bd de la Mer - ✆ 05 59 20 33 63 - www.hotel-uhainak.com - fermé déc.-janv. - ♿ - P - 14 ch. 81/116 € - petit-déj. 6,60 €.* Cet hôtel donne sur la Grande Plage d'Hendaye. Les chambres et les salles de bains possèdent de beaux volumes. Celles du premier étage ont un balcon (à choisir de préférence côté Océan) et sont meublées dans le style basque. Accueil simple et convivial.

**Résidence Azureva** – *Galbarreta - 175 bd de l'Empereur - ✆ 05 59 48 26 26 ; info. et réserv. centralisées ✆ 0 825 825 432 - www.azureva-vacances.com - fermé déc.-fév. - ♿ - P - 120 ch. 644 €/pers./sem. en pension complète (-14 ans 579 €, -6 ans 386 €) - poss. de séjours courts et de réservation à la nuitée en dehors de la haute saison et des vacances scolaires.* Ce village de vacances récent compte neuf bâtiments disséminés dans un parc qui domine l'Océan, dans lesquels sont aménagées des chambres vastes et confortables, avec terrasse ou balcon. La plage se trouve à moins de 400 m et les prestations sont excellentes : piscine chauffée couverte, salle de sports, équipements sportifs, jeux et animations pour les enfants, boutique, navettes gare ou aéroport… Parfait en famille pendant la haute saison et nettement plus calme en dehors des vacances scolaires !

**Les Jardins de Bakéa** – *R. Herri-Alde - 64700 Biriatou - ✆ 05 59 20*

*02 01 - www.bakea.fr - fermé approx. 17 nov.-4 déc. et 20 janv.-6 fév. - ♿ - 🅿 - 25 ch. 75/134 € - ☕ 10 € - menus 25/35/50/70 €.* Cette maison régionale du début du 20e s. a fait en partie peau neuve et propose huit chambres « prestige », dont quatre mansardées, et dix-sept traditionnelles avec mobilier basque. Nouveau restaurant (poutres apparentes) et agréable terrasse d'été sous les platanes.

### POUR SE FAIRE PLAISIR

**Villa Goxoa** – *32 av. des Magnolias - ✆ 05 59 20 32 43 - www.villa-goxoa.com - ♿ - 9 ch. 115/145 € - ☕ 10/13 € (brunch).* Cette belle villa traditionnelle, dans une rue calme à deux pas de la plage, abrite un hôtel de charme qui tient de la chambre d'hôte. L'ambiance est sereine et raffinée, à l'image des chambres impeccables et design, pourvues pour certaines d'une petite terrasse privative ou d'un balcon. L'établissement dispose d'un espace bien-être avec piscine et poss. de massages thérapeutiques. Parking couvert payant à proximité *(10 €/j).*

**Hôtel Lafon** – *99 bd de la Mer - ✆ 05 59 20 04 67 - www.hotel-lafon.com - ♿ - 14 ch. 110/140 € - ☕ 7 €.* Face à la mer, cet hôtel entièrement rénové propose de jolies chambres aux salles de bains spacieuses. Préférez celles face à la mer ou celles qui, côté rue, ont un balcon. L'accueil est amical et le petit-déjeuner est servi dans une agréable salle donnant sur la mer. Terrasse-bar en été.

## RESTAURATION

### PREMIER PRIX

**La Cidrerie** – *Maison Camino Berry (D 810) - 64700 Biriatou - ✆ 05 59 20 66 25 - fermé 2 sem. fin oct., 2 sem. fin déc.-déb. janv., 1 sem. en juin, dim. soir et mar. soir sf juil.-août et lun. - 🅿 - menus 12,50/17/19,50/24/26 €, menu cidrerie 29 € (réserv. 24h à l'avance).* À La Cidrerie, vous boirez bien sûr le cidre de la propriété, que vous accompagnerez d'une copieuse côte de bœuf ou d'une daurade grillées, spécialités de la maison. Le décor est simple – murs blancs, bois et petites fenêtres – et le service sans chichi. Possibilité d'acheter du cidre toute l'année.

### BUDGET MOYEN

**La Pinta** – *121 bd de la Mer, port de Sokoburu - ✆ 05 59 48 12 12 - fermé déc., mar. sf juil.-août -menus 18/32 €.* Cette *bodega-sidreria* à la chaleureuse décoration rouge et blanc est l'occasion de goûter comme il se doit au menu complet qu'offre toute bonne cidrerie. On y trouve d'autres bonnes choses, dans le respect des traditions basques : poissons à la plancha, axoa au piment d'Espelette, etc. Également belle terrasse sur la marina.

**Hegoa Café** – *2 bd de la Mer - ✆ 05 59 20 64 82 - fermé déc.-janv., le soir en fév.-mars- menu 17,50 € - 20/25 €.* On pourrait se croire en croisière sur un bateau dans ce restaurant avec ses boiseries claires, ses rampes et ses objets en cuivre. Et par ses larges baies vitrées, la baie d'Hendaye, l'estuaire de la Bidassoa, la mer et… l'Espagne. Dans l'assiette, les poissons tiennent la vedette, mais il y a aussi de bonnes pizzas.

**La Cabane du Pêcheur** – *Quai de la Floride, port de pêche - ✆ 05 59 20 38 09 - http://lacabanedupecheur64.free.fr/ - fermé dim. soir et lun., et le mar. en hiver - menu 22,50 € - env. 26 €.* Sur le port de pêche, cette maison blanc et bleu au décor marine accueille un restaurant récent, tenu par deux jeunes Biarrots. De la terrasse couverte, vue sur les vagues de la baie, le passage des bateaux et de quelques avions, la vieille ville d'Hendaye et la côte espagnole. Côté table, une agréable cuisine de fruits de mer et de poisson, variant selon les saisons et accompagnée d'un choix de vins originaux. Service élégant et rapide.

**Le Battela** – *5 r. d'Irun - ✆ 05 59 20 38 09 - fermé de mi-déc. au 1er mars, lun. midi et mar. midi en saison, et de dim. soir à mar. midi hors saison - menus 19,50/23 € - 30/35 €.* Ce petit établissement situé dans une rue perpendiculaire à l'Océan est apprécié des Hendayais pour son poisson ultra frais et ses recettes originales : ravioles de piment doux, salade de *chipirones* et de salicorne, authentique soupe de poisson, à savourer dans une salle à l'ambiance intime.

## EN SOIRÉE

Les noctambules français prolongent souvent leurs sorties festives à **Irun**, de l'autre côté de la frontière. L'animation se concentre autour de la place San Juan et de la rue de Karrika Nagusia, où des dizaines de bars à tapas restent ouverts jusqu'à des heures indues.

**Casino de Sokoburu** – *121 bd de la Mer - ✆ 05 59 48 02 48 - www.casino-hendaye.com - 10h-4h.* Dans ce casino situé face à la plage et à proximité du centre de thalassothérapie, on tente fortune sur les 52 machines à sous… Black-jack et roulette en soirée. Animations le sam. soir en saison.

## SPORTS ET LOISIRS

**Complexe hôtelier et thalassothérapie** – *125 bd de la Mer - ✆ 05 59 51 35 35 - fermé 3 sem. en déc. - ♿ - P.* W.-end initiation thalasso comprenant une nuit en pension complète, 3 soins d'hydrothérapie (sam.) et l'accès libre à l'espace de remise en forme (dim.). Forfaits remise en forme ou beauté au Spa.

**L'Hendayais II** – *Port de plaisance de Sokoburu - ✆ 05 59 47 87 68 - www.hendayais.com - fermé nov.-fév. - 9/15 € selon la croisière (enf. 5/8 €) - durée des sorties : 45mn/1h30.* La découverte de la Côte basque à bord de *L'Hendayais II* montre tour à tour les falaises de schiste, la petite baie de Loya au pied du château Abbadia et les contreforts des Pyrénées. Si vous le souhaitez, vous pouvez aussi participer à une pêche en mer.

**Centre nautique** – *Bd de la Baie-de-Txingudi - ✆ 05 59 48 06 07 - www.centrenautique.hendaye.com.* Stages et cours particuliers de voile (Optimist, Topaz, Déclic, New Cat F2 - *initiation 80 €/2h, stages 1 sem. 120/160 €*), d'aviron et de planche à voile. Location de kayaks *(10 €/h)*, planches à voile *(17 €/h)* et petits voiliers.

**Memphis Jet** – *Port de pêche, chai n° 19, r. des Orangers - ✆ 06 21 06 40 28 - www.memphis-jet.com - rando de 90 € (45mn) à 200 € (2h) en jet-ski - location de 90 € (1h) à 300 € (1 j.) - à partir de 18 € / pers. pour les engins tractés.* En compagnie d'un moniteur, jet-ski sans permis, le long des côtes d'Hendaye, de St-Jean-de-Luz, de St-Sébastien et de Biarritz. Sessions de *fly fish*, banane ou bouée tractée.

**Onaka** – *12 r. des Mimosas - ✆ 05 59 20 85 88 - www.onaka.fr - cours 1h30, 35 €.* École de surf proposant des cours collectifs ou particuliers. Location de surfs et combinaisons à l'heure, à la journée ou à la semaine.

**Kalapo Kayak** – *Plage de Sokoburu - ✆ 06 11 66 50 02 - www.*

1

*kalapo-kayak.fr.* Découverte du littoral et de la baie de Txingudi en kayak de mer *(25/55 €)* ; wave-ski pour profiter des vagues de Sokoburu. Également, initiation au tir à l'arc *(15 €)*.

**Planet Océan** – *Locaux de Tribord, port de pêche de la Floride - ✆ 06 62 63 66 27 - www.planetocean.fr - baptême de plongée 60 € (-13 ans 50 €) - randonnée palmée 25 €.* École de plongée proposant des baptêmes, des stages, des sorties exploration et des randonnées palmées à la découverte de la côte et de ses merveilles aquatiques.

**Oihana** – *Rte de la Glacière - 64122 Urrugne - ✆ 06 03 40 52 31 - www.oihana-64.com - juil.-août : 9h-20h ; avr.-juin et sept.-oct. : hors vac. scol. merc. 13h-18h, w.-end et j. fériés 10h-18h - 22 € (enf. 15 €) - réserv. obligatoire - parcours en nocturne en juil.-août 30 €, sur réserv.* Sept parcours pour plus de 2h30 d'aventures dans les arbres ! Tyroliennes géantes, saut de Tarzan, surf des cimes et *base jump*, un saut de plus de 15 m ! Activité de paintball également proposée.

## AGENDA

**Fêtes de la Bixintxo** – *Autour du 22 janv.* En l'honneur de saint Vincent, patron de la ville.

**Festival international du film de la mer Filmar** – *Salle Antoine-d'Abbadie - avr. - ✆ 05 59 20 00 34 - http://filmar.hendaye.com - gratuit.*

**Mai du théâtre** – *Autour du 3e w.-end de mai - http://theatre-des-chimeres.com.*
Des spectacles dans différents lieux de la ville.

**Les Nuits du port** – *Pl. Sokoburu - juil.-août : lun. soir 19h30-23h30.*
Marché nocturne d'art et d'artisanat.

**Fête du chipiron** – *Grande Plage - 13 juil.* Précédée par **Hendaye fête l'été**, 3 j. de spectacles de rue.

**Fête basque** – *2e w.-end d'août.*

**Semaine des enfants** – *✆ 05 59 20 00 34 - vac. de Pâques et de la Toussaint - gratuit sur inscription.*
Animations et ateliers pour les enfants à partir de 4 ans.

**Fêtes de la Saint-Martin** – *Biriatou - autour du 11 Nov.*
Fête du village durant une dizaine de jours.

Le petit train de la Rhune.
*J. Baker / International Photobank/ age fotostock*



# La Rhune

**Larrun**

★★★

Pyrénées-Atlantiques (64)

## NOS ADRESSES PAGE 183

### S'INFORMER

**Office du tourisme d'Ascain** – *R. Ernest-Fourneau - 64310 Ascain - 05 59 54 00 84 - www.ascain-tourisme.fr - juil.-août : lun.-vend. 9h-12h30, 14h-18h30, sam. 9h30-12h30, 14h-18h30, dim. et j. fériés 10h-13h ; mi-avr.-juin et sept.-mi-oct. : lun.-vend. 9h-12h30, 14h-17h30 ; de mi-oct. à mi-avr. : lun.-vend. 9h-12h30, 14h-17h30.*

**Office du tourisme de Sare** – *p. 86.*

**Office du tourisme de St-Pée-sur-Nivelle** – *Pl. du Fronton - 64310 St-Pée-sur-Nivelle - 05 59 54 11 69 - www.saint-pee-sur-nivelle.com - juil.-août : lun.-sam. 9h30-12h30, 14h-19h, dim. et j. fériés 9h30-12h30 ; reste de l'année : lun.-vend. 9h30-12h30, 14h-18h, sam. 9h30-12h30, 14h-18h.*

### SE REPÉRER

Carte de microrégion B2 (p. 114-115) – *Carte Michelin n° 573 B 24-25.* À 23 km au sud de St-Jean-de-Luz par la D 704 puis la D4. Pour accéder au sommet, rejoignez le col de St-Ignace sur la D 4 entre Ascain et Sare.

### SE GARER

Parkings gratuits au col de St-Ignace, près de la gare.

**Navettes gratuites** – En juil.-août entre la gare routière de St-Jean-de-Luz ou la place de Sare et le col de St-Ignace - *juil.-août : ttes les 30mn - départs de St-Jean-de-Luz ou Sare de 10h à 17h, retours depuis le col de 10h30 à 20h - gratuit.*

**ORGANISER SON TEMPS**
Il vaut mieux faire l'ascension de la Rhune tôt le matin quand il y a moins de monde. Enchaînez avec la maison Ortillopitz et le circuit de la Nivelle.

**AVEC LES ENFANTS**
L'ascension de la Rhune en petit train, en évitant si possible les périodes trop chargées ; la base de loisirs du lac de St-Pée-sur-Nivelle.

**La Rhune, montagne emblématique du Pays basque, identifiable entre toutes à la pointe qui occupe son sommet, domine le paysage. On l'admire au rythme du petit train à crémaillère qui y mène, ou on la mérite en gravissant son versant à pied. Elle offrira une vue embrassant toute la région et un aperçu de la beauté des villages qu'elle surplombe, à la fois liés à l'Océan et à la montagne.**

## Se promener Carte de microrégion

### ★★★ La Rhune B3

*Renseignez-vous au préalable sur la visibilité au sommet (inutile de monter par temps couvert) et prévoyez un vêtement chaud. Pour vous rendre au sommet de la Rhune, vous avez le choix entre 2 options :*

**Le petit train à crémaillère de la Rhune** – *Col de St-Ignace - 64310 Sare - 05 59 54 20 26 - www.rhune.com - juil.-août : ttes les 35mn entre 8h30 et 17h30 ; de mi-fév. à juin et de sept. à mi-nov. : 9h30-11h30, 14h-16h - 14/17 € AR (-12 ans 10 €). Départ du col de St-Ignace. Achat des billets à la gare ou directement dans la navette.*

**Le sentier balisé en vert** – *2h30 pour la montée, 2h pour la descente. Munissez-vous de bonnes chaussures.*

La Rhune (en basque, *larrun* : « bon pâturage ») est la montagne-emblème du Pays basque français. De son sommet-frontière où trône un émetteur de télévision, le **panorama★★★** porte jusqu'à l'Océan, la forêt des Landes, les Pyrénées basques et, au sud, la vallée de la Bidassoa.

Un obélisque rappelle que l'impératrice Eugénie en fit l'ascension à dos de mulet en 1859.

En haute saison, la route qui y mène est littéralement prise d'assaut. Si vous partez assez tôt, peut-être pourrez-vous profiter tranquillement du trajet qui s'élève au-dessus d'un gracieux vallon jusqu'au col de St-Ignace (alt. 169 m). Là, le petit chemin de fer à crémaillère de 1924 mène en 35mn au sommet. Son allure (8 km/h) laisse tout le loisir d'admirer les vautours fauves, les **pottoks** et les **manechs** (brebis locales à tête noire) qui paissent tranquillement.

Pendant les vacances scolaires et les week-ends de mai-juin, des animations sont organisées au sommet *(se rens. sur le programme)*, où se tiennent également quelques *ventas*.

*Depuis le col, une petite route mène à la maison Ortillopitz (1 km).*

## Visiter Carte de microrégion

### ★ Maison Ortillopitz B2

*05 59 85 91 92 - www.ortillopitz.com - visite guidée de mi-juil. à mi-août : 10h45, 12h, 14h15, 15h30, 16h45, 18h, dim. 14h15, 15h30, 16h45, 18h ; d'avr. à mi-juil. et de mi-août à fin sept. : 14h15, 15h30, 16h45 ; de fin sept. à fin oct. : 15h30 - fermé sam. et de fin oct. à fin mars - 8 € (-13 ans 4 €).*

C'est une belle et grande ferme (600 m² sur trois étages) labourdine du 17e s. que fit construire un armateur, d'où le confort des lieux. Sa visite permet d'entrer dans la vie quotidienne d'une famille basque. À noter : l'escalier droit en bois sur le modèle d'un bateau, la cuisine avec son four à pain, la belle charpente du grenier (qui nécessita 600 arbres !) ; à l'extérieur : le pressoir avec son impressionnante poutre maîtresse et le lavoir.
Ortillopitz possédait 18 ha de terres alentour qui assuraient une vie en autarcie. Vous découvrirez à votre gré le potager, le verger, les vignes, les parcelles de maïs, de chanvre et de piment. Vente des légumes du potager en été.

## Circuit conseillé Carte de microrégion

### ★ LA VALLÉE DE LA NIVELLE

*Pour visualiser ce circuit de 23,5 km, reportez-vous à la carte de microrégion (p. 114-115) - comptez 3h. Depuis le col de St-Ignace, Ascain est à 3,5 km sur la D 4 ; depuis St-Jean-de-Luz, Ascain est à 7 km par la D 918.*

★ **Ascain** / Azkaine B2
Construit au bord de la Nivelle, le bourg est dominé par trois sommets : la Rhune, l'Esnaur et le Bizkarzun. Le sommet de la Rhune à un jet de pierre, une place de village on ne peut plus basque, des maisons labourdines où le bleu, le vert ou le rouge tranchent sur les crépis blancs, et l'inévitable fronton de pelote où jouent les enfants : voilà Ascain en toutes saisons, un lieu propice à la flânerie !
**N.-D.-de-l'Assomption** – Un massif clocher-porche dresse sa silhouette au bord de la place. Il marque l'entrée de l'église, inaugurée par Louis XIII en 1626. Admirez les trois étages de galeries, la voûte peinte, les pierres funéraires en granit de la Rhune et le retable du 18e s. Dans le cimetière, ne manquez pas la stèle discoïdale de 1657 (à droite, entourée de végétation) - *visite audioguidée (15mn) : tlj sf dim. 10h, 11h, 15h, 16h, 17h, 18h - gratuit.*
Derrière l'église, les parkings marquent le départ de plusieurs chemins de randonnée : celui des Bergeries, celui de St-Ignace et celui des Sommets.
*Pour rejoindre les autres sites, prenez la voiture. Derrière l'église, empruntez le chemin des Carrières et suivez-le jusqu'au parking du sentier de la Rhune, où vous*

**ASCAIN, ENTRE TERRE ET MER**
Proche de l'Océan, Ascain a fourni de nombreux marins aux flottilles régionales. Le village disposait d'un port sur la Nivelle et constituait un important centre de construction navale qui faisait venir le chanvre du Nord et le bois des Landes ou des Pyrénées. Mais son économie était également pastorale du fait de son implantation au pied des sommets pyrénéens. Les Azkaindars ont longtemps vécu de cette double richesse.
**Une tradition d'accueil** – La frontière espagnole étant toute proche, Ascain s'est trouvé lié aux Basques de Guipúzcoa aussi bien par le commerce que par l'histoire. Pour preuve, l'accueil prodigué aux exilés ibériques lors des guerres carlistes du 19e s. et pendant la guerre civile de 1936-1939. À l'inverse, les sentiers de contrebande servirent de points de passage pour ceux qui fuyaient la France entre 1940 et 1945. Actuellement, c'est aux visiteurs curieux de découvrir une authentique communauté labourdine qu'Ascain offre l'hospitalité.

*laisserez votre véhicule. Empruntez la route qui monte avant le parking ; plus loin, vue sur le manoir. Attention aux chiens sur le chemin.*

**Manoir Azkubea** – *Propriété privée.* Cette demeure du 16e s., située à 500 m du village sur la route des Carrières, se reconnaît à son portique à boules et à son donjon.

*Redescendez le chemin des Carrières et continuez tout droit.*

**Pont romain** – Cet ouvrage de 40 m a été édifié au 17e s. mais en suivant la méthode romaine, reconnaissable aux arches inégales et à la chaussée à deux pentes. Une pierre sculptée en tête de personnage, surnommée « César » (visible à marée basse), sert d'indicateur pour le niveau de l'eau.

Sur la rive opposée, vous ne pourrez manquer une étrange villa rose, semblant importée directement de Santa Fe. Vue d'avion, cette « maison du fou » a une forme de revolver. Elle est en fait la réplique d'une villa de Malibu et appartenait à l'original Ferdinand Pinney Earle, célèbre décorateur de cinéma hollywoodien, qui vécut là de 1930 à 1940.

*Revenez vers le centre-ville et prenez la 1re à droite, puis la rue Ernest-Fourneau à droite, puis tout droit au rond-point.*

**Portua** – Ancien port local ancré sur la Nivelle, au nord du bourg. Les canoës ont remplacé les gabares, autrefois chargées de pierres ou de produits manufacturés et agricoles.

*Reprenez la D 4, puis empruntez la D 918 en direction de St-Pée.*

### St-Pée-sur-Nivelle / Senpere B2

Il suffit de se promener dans les rues de St-Pée, bordées de maisons traditionnelles aux volets peints, pour se rappeler que l'on est bien en terre basque… pour ceux qui l'auraient oublié ! Les plus vieilles demeures entourent l'église, dressée en bordure de Nivelle.

**Église St Pierre** – Admirez la voûte en cul-de-four dont la forme rappelle, au choix, un soleil levant ou une coquille. Elle domine un très beau **retable** aux tons dorés et bleu pâle du 17e s., réalisé en l'honneur de saint Pierre, patron de la paroisse. Le panneau de gauche montre la scène du reniement au chant du coq et celui de droite, sa libération d'une prison par un ange. Les portes du tabernacle mettent en scène saint Antoine de Padoue. Notez la nef plate et peinte en bleu, ainsi que la beauté des galeries.

**Moulin** – *Louise Daguerre - Plazako Errota (près de l'église) - ✆ 05 59 54 19 49 - visite guidée sur rdv, de juin à sept.* Ce moulin à eau du 15e s. fonctionne avec deux roues horizontales en fonte actionnant deux paires de meule.

### PIERRE DE LANCRE, L'INQUISITEUR

Pierre de Rosteguy, seigneur de Lancre (1553-1631), fut l'instigateur d'une terrible chasse aux sorcières dans le Labourd. Formé en droit et théologie et conseiller au parlement de Bordeaux, il fut chargé par Henri IV en 1609 de lutter contre les pratiques de sorcellerie et les mauvaises mœurs dans la région (les femmes de marins, seules une partie de l'année, semblaient bien trop libres !). Depuis le château de St-Pée, il organisa de nombreux procès, avec interrogatoires et torture, et 60 à 80 personnes, dont des prêtres, furent brûlées sur le bûcher ! Mais quand les hommes rentrèrent de Terre-Neuve en septembre et découvrirent les exécutions, de violentes émeutes éclatèrent. La mission de Pierre de Lancre prit fin le 1er novembre. En 1612, il publia un ouvrage s'appuyant sur son expérience : *Tableau de l'inconstance des mauvais anges et démons.*

**Écomusée de la Pelote et du Xistera** – *Pl. du Fronton - ✆ 05 59 54 11 69 - www.saint-pee-sur-nivelle.com - ♿ - juil.-août : lun.-sam. 9h30-11h30, 14h-18h, dim. et j. fériés 9h30-11h30 ; reste de l'année : tlj sf dim. et j. fériés 9h-11h30, 14h-17h - 5 € (-18 ans 2,50 €) - visite audioguidée - possibilité de visite guidée (45mn).*
La visite de ce petit musée s'avère dense en informations et incontournable pour comprendre et apprécier l'art de la pelote. On y fait la connaissance de Gantxiki, ce Senpertar qui, à 13 ans, inventa le **chistera** en utilisant un panier d'osier pour recevoir la pelote. Les méthodes de fabrication du chistera ou des pelotes, les différents trinquets et murs, les divers jeux (*pala, xare, pasaka*, chistera, grand chistera), leurs règles, le nom des champions et les défis relevés par les premières équipes féminines n'auront plus de secret pour vous ! *Ne manquez pas en juillet-août les parties de grand chistera à 21h au fronton, ou le vendredi soir la présentation des cinq spécialités au fronton couvert à 21h30.*
**Château** – *En direction de Cambo, ne se visite pas.* Appartenant jadis aux seigneurs de St-Pée, l'une des plus puissantes familles de la région, il fut le théâtre de procès en sorcellerie menés par Pierre de Lancre *(voir encadré ci-contre)*. Incendié en 1793, il n'en reste qu'une massive tour carrée des 15e et 17e s., ainsi que des bâtiments du 18e s.
*La D 918 ramène à St-Jean-de-Luz en longeant la Nivelle.*

1

## NOS ADRESSES LE LONG DE LA NIVELLE

### HÉBERGEMENT

#### PREMIER PRIX

**À St-Pée-sur-Nivelle**

**Camping Goyetchea** – *Quartier Ibarron (à 3,8 km à l'ouest de St-Pée-sur-Nivelle par la D 918 et la D 855, rte d'Ahetze à Ibarron) - ✆ 05 59 54 19 59 - www.camping-goyetchea.com - mai-sept. - réserv. conseillée - 140 empl. 27 €.- 30 🚐 - nuitée (2mn en haute saison) 50/60 € - sem. 610/780 €.* Terrain très apprécié des amateurs de silence. Vraiment isolé au milieu des champs, il offre des emplacements ombragés et quelques mobile homes de bon confort à louer à la nuitée ou à la semaine. Salle TV, snack, jeux pour enfants et piscine sont là pour agrémenter le séjour.

#### BUDGET MOYEN

**À Ascain**

**Hôtel Axafla-Baïta** – *Rte d'Olhette - ✆ 05 59 54 00 30 - www.hotel-achafla-baita.com - fermé du 11 nov. à mi-déc., dim. et lun. soir en basse saison- ♿ - P - 11 ch. 68 € - ☕ 7,50 € - demi-pension 65 € / pers. - menus 17,50/24,50/32,50 €.* La famille Inda tient cet établissement depuis trois générations. Onze chambres sobrement et confortablement aménagées, dont certaines ont vue sur la montagne. À table, recettes basques servies, selon la saison, sur la belle terrasse ou devant la cheminée.

**Chambre d'hôte Arrayoa** – *64310 Ascain - ✆ 05 59 54 06 18 - www.arrayoa.com - 🚭 - P - 4 ch. 62 € ☕.* Ferme d'élevage de brebis et de canards située à l'écart du village. Accueil charmant, grande salle commune dotée d'un coin cuisine et d'une bibliothèque, chambres au mobilier campagnard, fronton privé et prix raisonnables en font une adresse très courue. Vous pourrez repartir avec quelques conserves maison (confits ou foie gras).

**Chambre d'hôte Haranederrea** – *Accès par le chemin des Carrières - ✆ 05 59 54 00 23 - fermé déc.-janv. - 4 ch. 62 € ☕.* Paysage champêtre, canards et poules qui se promènent, brebis qui paissent dans les champs… Dans ce cadre enchanteur, vous séjournerez à la ferme, imposante maison aux multiples pièces, aux meubles anciens et au plancher patiné par les pas de générations de paysans. Chambres spacieuses et très calmes. Au petit-déjeuner, délicieuses confitures maison.

### À St-Pée-sur-Nivelle

**Hôtel Bonnet** – *Quartier Ibarron - ✆ 05 59 54 10 26 - www.hotel-bonnet-paysbasque.com - 80 € - ☕ 7,50 € - menus 24/30 €.* Un hôtel sans prétention aux chambres simples et confortables. Une vingtaine d'entre elles ont été rénovées ; les autres, propres, ont un air plus vieillot. L'hôtel dispose d'une piscine, d'un court de tennis et d'une salle de sport. On déjeune dans la salle du devant aux nappes colorées, on dîne dans une salle plus traditionnelle aux poutres apparentes et lustre en fer forgé. Cuisine simple, portions généreuses !

## RESTAURATION

#### PREMIER PRIX

### À Ascain

**Etorri** – *Bidehandia - r. Ernest-Fourneau - ✆ 05 59 54 02 78 - avr.-sept. : tlj sf merc. - oct.-mars : ouv. tlj à midi sf merc., ouv. le soir le w.-end ; menus 13/40/16,40 € - assiette de pays 17,40 €.* Un petit resto qui ne paye pas de mine mais qui propose de bons plats régionaux, copieux et à prix sympas. La salle, très simple, se trouve à l'arrière. Service agréable.

**Cidrerie artisanale Txopinondo** – *D 918, rte de St-Jean-de-Luz - ZA Lan Zelai - ✆ 05 59 54 62 34 - www.txopinondo.com - ♿ - fermé 5-21 janv. - vac. scol. des 3 zones : tlj midi et soir ; reste de l'année : à midi jeu.-dim. - forfait 9 tapas, boisson à volonté et dégustation commentée 11 €, rest. 13/25 € - visites de la cidrerie avr.-oct. : mar.-sam. 10h-12h, 15h-19h ; nov.-mars : jeu.-sam. 15h-19h.* Au milieu des chais, de longues tables vous accueillent pour un festin basque. *« Txotx ! »* C'est le signal : le *sagardoa* (boisson fermentée à base de pomme) jaillit d'une barrique. *Pintxos*, cassolette de thon ou *txuleta* (côte de bœuf) grillée au charbon de bois dans la salle, à partager *(25 €)*. Monsieur Lagadec, seul artisan cidrier du Pays basque côté français à faire visiter ses installations au public, fabrique de savoureuses spécialités : *sagardoa*, *muztioa* (jus), *dultzea* (pâte de fruits accompagnant le fromage de brebis) et *patxaka* (liqueur anisée aux pommes sauvages). Il a installé un petit musée-atelier du goût dont la découverte est un bon prélude au repas !

#### POUR SE FAIRE PLAISIR

### À St-Pée-sur-Nivelle

**Le Fronton** – *Quartier Ibarron - rte de St-Jean-de-Luz - ✆ 05 59 54 10 12 - fermé de déb. fév. à mi-mars - vend.-sam. et dim. midi - menu 39 €.* Ici, cuisine rime avec tradition : produits du marché et nombreux poissons frais vous mettront en appétit. Décor confortable, façon jardin d'hiver ; terrasse, porte en fer forgé.

## ACHATS

### À Ascain

**Cidrerie artisanale Txopinondo** – *Restauration.*

**L'Art Dit Vin** – *R. Ernest-Fourneau - ✆ 05 59 54 84 52 - 10h-13h, 15h30-19h30 - fermé dim. apr.-midi.* Sympathique caviste proposant vins de pays et de région. Le bar à vin voisin, avec ses jolis tonneaux colorés, accueille des dégustations le vendredi soir, ainsi que des cours d'œnologie et de sommellerie *(se rens. pour le calendrier)*.

**Lartigue 1910** – *D 918, rte de St-Jean-de-Luz - ZA Larre Lore - ✆ 05 59 26 81 81 - www.lartigue1910.com - boutique 9h-19h, vis. guidée atelier avr.-oct. 10h, 11h, 14h30, 15h30, nov.-mars 10h et 14h30*. Avec Ona Tiss à St-Palais *(p. 223)*, Lartigue est l'un des deux derniers ateliers de tissage du Pays basque encore en activité. L'entreprise familiale, née en 1910 et spécialisée dans les toiles à espadrilles, s'est diversifiée. Ses belles toiles colorées déclinées en linge de maison ne sont vendues que dans deux boutiques, dont celle-ci, et en ligne. La visite de l'atelier (40mn) permet de comprendre le long processus de fabrication.

**Brasserie Akerbeltz** – *D 918, rte de St-Jean-de-Luz - ZA Larre Lore - ✆ 05 59 23 84 21 - www.akerbeltz.fr - juil.-août : 11h-19h ; avr.-juin et sept.-oct. : lun.-sam. 11h-18h ; nov.-mars : mar.-sam. 11h-18h - visite guidée juil.-août : lun.- sam. 11h, 15h, 17h, dim. 15h, 17h ; avr.-juin et sept.-oct. : mar.-sam. 11h, 15h, 17h ; nov-mars : jeu., vend., sam. 11h, 15h, 17h - 5 €*. Ambrée, blanche, blonde, bière de Printemps et de Noël, les bières naturelles Akerbeltz, sans OGM, ni conservateurs, sont fabriquées selon une méthode qui sublime la délicatesse des arômes et les rendent uniques… Vous êtes invité à assister à leur fabrication, à les goûter dans un espace bar très sympathique et à les acheter !

### À St-Pée-sur-Nivelle

**La ferme Machalenea** – *✆ 05 59 54 16 37 - 9h-21h*. Dans cette ferme familiale typique, les hommes cultivent la terre et élèvent les bêtes pendant que les femmes assurent la fabrication du fromage de brebis, de Noël à fin mai, et de vache (lait cru et pâte cuite) toute l'année. Vente sur place.

**Maison Pereuil** – *Chemin Karrika, en face du fronton - ✆ 05 59 54 10 05 - 8h-13h, 15h-19h - fermé merc. sf juil.-août*. Seulement deux parfums de gâteau basque dans cette maison créée en 1876 : cerise noire ou crème. La recette est transmise de mère en fille, sa réputation sans doute aussi !

## SPORTS ET LOISIRS

### À St-Pée-sur-Nivelle

**Le Lac** – *Base de loisirs - ✆ 05 59 54 18 48 - http://lacsaintpee.jimdo.com - base de loisirs ouv. uniquement en juil.-août*. Ce lac de 12 ha, que l'on nomme ici « la petite mer intérieure », est alimenté par quatre sources. Il regroupe maints services et activités : plage surveillée, pédalos, canoës, toboggan aquatique, jeux pour les enfants, tennis, minigolf, pêche, parcours de santé (tour du lac, 3 km), promenades en poney, aires de pique-nique et divers points de restauration.

**Aquabalade** – *D 918 au km 5 - ✆ 06 62 58 09 97 - www.aquabalade.com - juil.-août : 10h-18h ; reste de l'année sur rdv - de 15 à 30 € pour 1h30 selon le canoë*. Location de canoës insubmersibles de 1 à 4 places. Dépaysement, silence, découverte de la faune et de la flore font le charme d'une balade sur la Nivelle.

# Sare

**Sara**

★

2 508 Saratars - Pyrénées-Atlantiques (64)

NOS ADRESSES PAGE 189

### S'INFORMER

**Office du tourisme de Sare** – *Herriko etxea - 64310 Sare - ✆ 05 59 54 20 14 - www.sare.fr - juil.-août : lun.-vend. 9h30-12h30,14h-18h30, w.-end 9h30-12h30, 14h-18h ; avr.-juin et sept. : lun.-vend. 9h30-12h30,14h-18h, sam. 9h30-12h30 ; reste de l'année : lun.-vend. 9h30-12h30, 14h-17h30.* Visites guidées du village *(4 €)* et du clocher de l'église *(3 €).*

### SE REPÉRER

Carte de microrégion B3 (p. 114-115) – *Carte Michelin n° 573 C 25.* À 3 km de la frontière espagnole et à 14 km au sud-est de St-Jean-de-Luz via Ascain, par la D 918 puis la D 4.

### SE GARER

Parking devant la mairie ou à l'entrée de la ville.

### AVEC LES ENFANTS

Les grottes de Sare ; le musée du Gâteau basque ; le parc animalier Etxola pour ceux qui aiment les animaux, même en cage.

**Posé au pied de la Rhune, Sare, haut lieu de la préhistoire, a soigneusement préservé son authenticité basque avec son grand fronton, ses rues ombragées et sa belle église aux galeries de bois. Connue pour ses festivités, l'attachement de ses habitants à leurs traditions et pour sa gastronomie, Sare est aussi l'une des cités les plus vivantes du Pays basque.**

## Se promener

### Église St-Martin

Elle abrite trois étages de galeries et de riches retables. La chaire peinte surplombant l'assemblée est du 18e s. Remarquez à gauche de la nef la plaque en l'honneur de **Pedro Axular**, auteur de *Guero*, un classique de la littérature basque paru en 1643. À l'extérieur, notez les fenêtres découpées dans l'épaisseur du mur, ainsi que l'escalier donnant accès aux galeries. Des concerts y sont donnés régulièrement *(rens. à l'OT).*

*Depuis la place du Fronton, remontez la rue qui passe devant l'hôtel Arraya.*

En haut de la côte, une belle vue embrasse la campagne environnante.

*Au rond-point, poursuivez tout droit (D 4) et prenez tout de suite à gauche.*

### Quartier Ihalar

Cet ensemble de maisons à flanc de colline forme le plus vieux quartier de Sare ; ses fermes labourdines avec leurs toits à deux versants et leurs arrangements de pierre et de bois datent des 16e et 17e s.

**RAMUNTCHO**
Écrit en 1897, ce roman de **Pierre Loti** se déroule à Etchézar, autrement dit Sare, où l'écrivain a habité dans les années 1890. Il présente le milieu des contrebandiers dans un Pays basque de folklore, que le lecteur se gardera de prendre au pied de la lettre.

# Visiter

### Musée du Gâteau basque

*Sur la D 406 - Quartier Lehenbiscay - Maison Haranea - ✆ 05 59 54 22 09 - www.legateaubasque.com - ♿ - visite guidée (45mn) juil.-août 11h-17h30; avr.-juin et sept. 15h15-16h30 - 7,50 € (-12 ans 5,60 €) - atelier 15 €.*

La *sukalde* (cuisine), garnie de meubles et d'objets d'époque, vaut déjà le détour, et la suite vous réserve bien des surprises… Vous aurez le choix entre deux visites : dans la « visite classique », le chef pâtissier vous donnera quelques conseils avisés en réalisant devant vous ce gâteau traditionnel *(45mn - 7,50 €)*. L'atelier-visite *(1h30 - 15 €)* vous permet de préparer vous-même le fameux dessert et de l'emporter à la fin du cours. Pour les randonneurs *(sur réserv.)* et les gourmands, un goûter est proposé par le musée. Passez à la boutique *(9h-18h en période d'ouverture du musée)* pour faire quelques emplettes et cadeaux qui seront bienvenus !

### ★ Maison Ortillopitz *(p. 180)*

*Le chemin indiqué en contrebas de Sare pour aller à cette maison vous conduit du côté du col de St-Ignace.*

# À proximité Carte de microrégion

### Parc animalier Etxola B3

*Rte des Grottes (à 3 km au sud-ouest de Sare par la D 306, peu après l'intersection menant aux grottes de Sare, sur la gauche) - ✆ 06 15 06 89 51 - www.etxola-parc-animalier.com - avr.-déb. nov. 10h-18h - fermé du 11 Nov. à mars - 5 € (-12 ans 4 €).*

Les clapiers à lapins côtoient les enclos à poules, les cages des calopsytes (perruches) jouxtent celles des dindons et des poules huppées, et les pigeons frisés de Hongrie voisinent avec les sabelpoots (poules naines). Quant au cochon vietnamien, il dort non loin du parc à chèvres tandis que le mouton de Valachie partage son pré avec celui de Jacob. Yack et highland paissent sous le regard dédaigneux des lamas et dromadaires. Bref, c'est

**L'ENFER DES PALOMBES**
C'est ainsi que les connaisseurs appellent Sare. Mais leur enfer s'étend en fait à tout le Sud-Ouest, où la chasse au pigeon ramier prend des allures de sport national. Elle a lieu en automne, quand les palombes venues des pays nordiques descendent vers des horizons plus cléments. Les volatiles font halte dans les forêts landaises ou pyrénéennes. Depuis les palombières (tours-cabanes placées sur les lieux de passage des oiseaux), on les rabat en effet à grand renfort d'appelants (pigeons ou palombes dressées) et de raquettes (imitant le vol des prédateurs) vers les filets tendus ou, usage de plus en plus fréquent, vers les canons des fusils. *(p. 100.)*

1

### LE PATRIARCHE DE LA CULTURE BASQUE

Entré au séminaire de Vitoria en 1906, le jeune **José Miguel de Barandiarán** (1889-1991) se passionne pour la culture mégalithique après avoir découvert des dolmens près de sa ville natale. Voyageant en Allemagne en 1913, il suit à Leipzig un enseignement sur la psychologie des peuples, ce qui l'incite à entreprendre à la Sorbonne des études d'ethnologie, d'anthropologie et de paléontologie. Ordonné prêtre à son retour en Espagne, il enseigne à Vitoria et Salamanque, multiplie les recherches et les publications scientifiques et crée la Société d'études basques. Mais survient la guerre civile : contraint de s'expatrier, il se fixe à Sare où il poursuit ses travaux avant d'être assigné à résidence en Normandie. De retour en Espagne en 1953, il poursuit son activité inlassablement… au point de mettre la dernière main à un atlas ethnographique alors qu'il a atteint l'âge canonique de cent ans ! Le musée des Grottes de Sare lui est aujourd'hui dédié.

une véritable arche de Noé que vous découvrirez, sans doute presque aussi rustique que l'originale.
Possibilité d'acheter du pain à l'entrée pour les animaux.

### Lezea (Grottes de Sare) B3

*Au sud-ouest de Sare par la D 306. 05 59 54 21 88 - www.grottesdesare.fr - visite guidée (1h) de mi-avr. à juil. et sept. : 10h-18h ; août : 10h-19h ; d'oct. aux vac. de la Toussaint 10h-17h ; des vac. de la Toussaint à mi-avr. : 14h-17h, w.-end 13h-17h - fermé 25 déc. et 1er janv. - 8 € (-14 ans 4 €).*

Faisant partie d'un vaste réseau de galeries creusées dans du calcaire dur, une des cinq grottes préhistoriques de Sare, **Lezea** (« grotte » en basque), est ouverte à la visite : le travail de corrosion et d'abrasion a fait apparaître toutes sortes de cavités karstiques, dont une monumentale spirale creusée par l'eau dans la roche. Les outils de silex (grattoirs, haches, pointes de sagaie, etc.) et débris d'os découverts témoignent d'une occupation humaine, dont la phase la plus dense a été située au Périgordien supérieur (20 000 av. J.-C.). Passé le vaste porche, on suit un parcours de 900 m mis en valeur par des éclairages et un montage audiovisuel sur fond de *txalaparta* (instrument à percussion qui évoque le son d'un galop) : cette ambiance sonore contribue au projet d'ensemble qui est de retracer (assez grossièrement) l'histoire du peuplement basque. La visite s'achève sur la découverte d'un **musée** évoquant notamment les travaux de l'ethnologue basque José Miguel de Barandiarán (1889-1991) et d'un **parc mégalithique** attenant à la grotte qui présente des reconstitutions de sites funéraires, dolmens et cromlechs.

*2h AR.* Le sentier des Contrebandiers mène aux grottes de Zugarramurdi en Navarre. *Ainhoa, p. 191.*

### Col de Lizarrieta B3

*À 9 km au sud-ouest par la D 406, sur la frontière espagnole, vers Etxalar. Alt. 441 m.*

La route qui y conduit est étroite ; au col, pas de centre commercial mais une seule *venta* et une vue apaisante sur les collines en contrebas. Le col est très animé à l'époque de la chasse à la palombe : les postes de guet et de tir sont nombreux le long du chemin de crête (*l'encadré, p. 376*).

### ★★★ La Rhune B3 (*p. 179*)

*À 3 km au nord-est de Sare, sur la route d'Ascain (D 4) jusqu'au col de St-Ignace.*

## NOS ADRESSES À SARE

### HÉBERGEMENT ET RESTAURATION

#### PREMIER PRIX

**Hôtel-Restaurant Baratxartea** – *Quartier Ihalar - ✆ 05 59 54 20 48 - www.hotel-baratxartea.com - P - fermé 15 nov.-15 mars - 22 ch. 50/57 €/pers. en demi-pension obligatoire 11 juil.-15 sept.; reste de l'année 55/70 € ☕ - menus 19/26 €.* Dans ce havre de paix qu'est le quartier Ihalar, entouré de prairies et de collines, le mot « apaisant » vient immédiatement à l'esprit. Les chambres, bien qu'un peu anciennes, sont agréables et calmes; certaines ont une terrasse privative. Le restaurant, avec ses nappes rouges et ses serviettes à carreaux, propose de bonnes spécialités locales. Excellent rapport qualité-prix et très bon accueil.

**Chambre d'hôte Ttakoinenborda** – *Sur la D 306 av. l'embranchement vers les grottes de Sare - ✆ 05 59 47 51 42 - www.chambredhotebasque.fr - P - ⊠ - 4 ch. 60 € ☕.* La partie la plus ancienne (1680) de cette jolie ferme en bord de ruisseau a été aménagée en chambres d'hôte. Colorées, élégantes et spacieuses, elles disposent d'une entrée indépendante. Le petit-déjeuner, composé de pain et de confitures maison, vous sera servi à l'extérieur si le temps le permet. Cet endroit bucolique est très demandé, pensez à réserver tôt!

#### BUDGET MOYEN

**Maison Olhabidea** – *✆ 05 59 54 21 85 - www.olhabidea.com - fermé 3 prem. sem. de déc. et janv. - P - 5 ch. - 75 € ☕ - rest. fermé lun., mar., dim. soir - menu déj. 25 €, menu soir, dim. midi et j. fériés 42 €.* Au bord de la rivière, dans cette ferme posée au milieu de la montagne, vous trouverez plusieurs chambres d'hôte jolies et confortables, parfaites pour se reposer, sans TV mais avec une grande bibliothèque à disposition. On peut aussi venir y déguster le menu surprise, concocté avec les produits du potager, comme le risotto aux cèpes et foie gras à l'automne ou la meringue au mascarpone et fraises gariguettes en été. Terrasse aux beaux jours.

#### POUR SE FAIRE PLAISIR

**Hôtel Lastiry** – *Pl. du Village - ✆ 05 59 54 20 07 - www.hotel-lastiry.com - ♿ - fermé nov.-fév. - 11 ch. 105/120 € - ☕ 11 €.* Cette demeure historique du 18e s., avec poutres et pierres apparentes, abrite des chambres de charme, spacieuses, calmes, disposant d'une belle vue sur les montagnes environnantes.

### SPORTS ET LOISIRS

**Centre équestre Olhaldea** – *Zalditokia - ✆ 05 59 54 28 94 - www.olhaldea.com - ouv. w.-end et vac. scol.* Centre spécialisé dans le tourisme équestre à travers le Pays basque, il organise des promenades de 1h à une journée et, pour les passionnés de grands espaces, des randonnées itinérantes de 2 à 7 jours avec guide.

### AGENDA

**Fêtes de Sare** – *2e dim. de sept. pendant 4 j.*

**Chants basques, concours et démonstrations de jeux** – *En haute saison (rens. à l'OT).* Force basque, pelote, etc.

# Ainhoa

★

683 Ainhoars - Pyrénées-Atlantiques (64)

NOS ADRESSES PAGE 192

**S'INFORMER**

**Maison du patrimoine** – *R. Principale (face à l'église, derrière la mairie) - 64250 Ainhoa - ☏ 05 59 29 93 99 - www.ainhoa-tourisme.com - juin-oct. : lun.-vend. 10h-13h, 14h-18h30, sam. 10h-13h ; nov.-mai : 9h-13h, 14h-18h - 3 € (enf. 2 €).* Projection d'un film de 25mn sur l'histoire d'Ainhoa et du pays de Xareta.

**SE REPÉRER**

Carte de microrégion C3 (p. 122-123) – *Carte Michelin n° 573 C 25.* À 8 km au sud-ouest de Cambo-les-Bains, dans le Labourd. La petite D 20 mène au centre de ce village-rue.

**À NE PAS MANQUER**

Le site de la grotte des Sorcières (Cueva de las Brujas), à Zugarramurdi.

**ORGANISER SON TEMPS**

Le village constituant un point départ de randonnées ou d'excursions vers la vallée du Baztan, on pourra le visiter avant de partir en promenade ou en fin d'apr.-midi, lorsque la lumière le rase et l'enflamme.

**AVEC LES ENFANTS**

Découvrez les grottes des environs *(aussi Sare).*

**Il suffit de parcourir les rues d'Ainhoa pour reconnaître qu'il s'agit d'une ancienne bastide, comme en témoigne son plan rationnel. Mais c'est aussi et surtout LE village basque par excellence. Tout y est : maisons rouge et blanc, fronton de pelote faisant presque corps avec l'église, cimetière hérissé de stèles discoïdales. Au coucher du soleil, la montagne elle-même prend une teinte « rouge basque ». Charme assuré !**

## Se promener

### ★ Rue principale

Cette ancienne bastide est un lieu vraiment plaisant ! Haie de maisons des 17e et 18e s., toits débordants, façades de guingois sous une chaux datant de la dernière St-Jean, volets et colombages colorés, poutres ornées de frises et d'inscriptions : on ne sait où poser son regard ! Les vastes *lorios* (porches) des maisons conservent des anneaux d'attache pour les mules, souvenirs du temps où Ainhoa était, outre une halte pour les pèlerins, un relais pour les marchands transitant par la frontière espagnole.

**Église** – Précédée d'un clocher-porche, elle est dédiée à N.-D.-de-l'Assomption. Son agencement et sa décoration sont typiquement basques : boiseries dorées du chœur (17e s.), nef à double galerie et plafond à caissons.

*Prenez la rue à gauche de la mairie et suivez le balisage du GR 10.*

**LE PAYS DE XARETA**
En 2004, Sare, Ainhoa, Zugarramurdi et Urdazubi-Urdax se sont regroupés dans l'association Xareta, « vallée boisée », selon le nom donné à la région par José Miguel de Barandiarán (*p. 188*). Ces quatre villages, entre lesquels a été tracée la frontière franco-espagnole, sont liés par leur histoire, leur culture et leurs rapports familiaux. Le réseau des routes faisait d'ailleurs fi des postes-frontières et l'activité de contrebande était prospère. Depuis les années 1990, ils développent en commun leurs activités touristiques.

### N.-D.-d'Aranzazu (N.-D.-de-l'Aubépine)

*Comptez 2h AR. Pèlerinage lun. de Pentecôte avec messe en basque à 10h30 - 05 59 29 92 60.*

Sur le tracé du GR 10, ce chemin vous mène à la chapelle, construite sur les lieux où la Vierge serait apparue dans un buisson d'aubépine. Ce lieu de pèlerinage est l'occasion d'une belle promenade. En haut, vue sur Ainhoa et panorama sur la rade de St-Jean-de-Luz et Socoa. Plus loin apparaissent les premiers villages espagnols au pied des hautes montagnes navarraises.

## À proximité Carte de microrégion

1

### Zugarramurdi B3

*À 7 km au sud-ouest par la D 20, puis la NA 4401 après la frontière.*

Difficile d'imaginer, en parcourant ce charmant village, que son nom est associé depuis des siècles à la sorcellerie. Pourtant, en 1610, plus de 300 personnes y furent arrêtées par l'Inquisition de Logroño et une quarantaine condamnées pour avoir organisé des messes noires dans la grotte.

**Musée des Sorcières** (Museo de las Brujas) – *948 599 004 - haute saison : lun.-vend. 11h-19h, sam.-dim. 11h-19h30 ; reste de l'année : lun.-vend. 11h-18h, sam.-dim. 11h-19h - 4,50 €.* Ce petit musée retrace les événements de 1610.

★ **Grotte des Sorcières** (Cueva de las Brujas / Akelarrenlezea) – *Panneau directionnel sur la place de l'église. 948 599 305 - 10h30-20h - 3,50 €.* Un parcours balisé mène au canyon creusé par le ruisseau de l'Enfer, lieu de réunion des sorcières. Tout autour, plusieurs sentiers empruntent d'anciens chemins de contrebande. Une très belle vue sur le village et ses alentours attend les plus motivés depuis le mirador aménagé en haut de la colline.

### Urdazubi / Urdax C3

*À 5,5 km au sud-ouest par la D 20 puis, en Espagne, par la N 121B et la NA 4402.*

Des petits canaux et une rivière sillonnent ce village dont le nom signifie « eau et pont ». Il conserve quelques maisons anciennes, signalées par la massive silhouette de l'église San Salvador, dernier vestige d'un monastère prémontré, autrefois hôpital pour les pèlerins en route vers Compostelle.

**Grottes d'Urdazubi** (Cueva de Urdazubi / Gruta de Ikaburu) – *Tournez à droite avant d'arriver au village, puis à nouveau à droite à l'embranchement 500 m plus loin - 948 599 241 - visite guidée mars-déc. 11h-18h, horaires des visites se rens. - fermé lun. (sf mars-oct.), 1er janv. et 25 déc. - 4,50 € (enf. 2,50 €).*

Patiemment sculptée par l'Urtxurme (« ruisseau humble ») dans lequel évoluent toujours truites et anguilles, cette grotte déploie de fascinants tableaux de silex, de marbre, de colonnes de calcite (dont la crèche) et de racines d'arbres prises dans des gangues de calcaire.

## NOS ADRESSES À AINHOA

*Voir aussi Nos adresses à Bidassoa p. 406.*

### HÉBERGEMENT ET RESTAURATION

#### PREMIER PRIX

**Hôtel-Restaurant Etchartenea** – *Dancharia - 05 59 29 90 26 - www.hotel-etchartenea.com - P - fermé merc. - 6 ch. 55 € ☕, poss. de demi-pension 90 €/2 pers. - menu 18 €.* Une halte originale que cet hôtel-restaurant situé sur la frontière. Les chambres sont simples et impeccables, la terrasse, sous les arbres et au bord de l'eau, est fort sympathique. Attention, si vous empruntez le petit pont enjambant le ruisseau, vous vous retrouverez en Espagne ! Cuisine familiale.

**Maison Ohantzea** – *R. Principale - 05 59 29 57 17 - http://ohantzea.e-monsite.com - 3 ch. 60/70 € ☕.* Cette pâtisserie-salon de thé réputée pour ses gateaux basques aux noix et à l'abricot, doublée le soir d'un lieu de concert, propose aussi trois belles chambres d'hôte, le tout dans une hostellerie de la fin du 17e s. pleine de charme.

#### BUDGET MOYEN

**La Maison Oppoca** – *Au bourg - 05 59 29 90 72 - www.oppoca.com - fermé de mi-janv à déb. fév. et de fin nov. à mi-déc. - ♿ - P - 10 ch. 97/157 € - ☕ 11 € - menus 28/52 € - avr.-sept. : bistrot Le Pilotari ouv. à midi menus 18/34 €.* Les murs de cette demeure basque datent de 1663. Ils accueillent des chambres confortables où règne une ambiance d'autrefois. Dès l'arrivée des beaux jours, le jardin offre un cadre parfait pour le petit-déjeuner. Au restaurant, cuisine gastronomique. L'établissement dispose aussi d'un salon de thé et d'un espace sauna et Jacuzzi pour une détente parfaite.

### ACHATS

**Pierre Oteiza** – *R. Principale - 05 59 29 30 43 - www.pierreoteiza.com - 10h-12h30, 14h-17h30 - fermé lun. et janv.-mars.* Fabrication artisanale de succulents jambons de porc pie noir de la vallée des Aldudes et de plats cuisinés basques.

**Pains d'épice d'Ainhoa** – *Grande-Rue - 05 59 29 34 17 - www.pain-epice.net - 11h-18h- fermé janv.* Seul un chevalet portant la mention « Pains d'épice d'Ainhoa » indique l'existence de ce fabricant. À peine entré, on est enivré par l'odeur du miel à laquelle se mêlent, selon la saison, sept autres parfums : pain d'épice nature, orange, thé bergamote, pruneaux-noix-armagnac, gingembre confit toute l'année, chocolat et orange à Noël, et figue en été.

### EN SOIRÉE

**Dancharia** / Dantxarinea est le lieu de la fête les soirs de fin de semaine. Les habitants de la région s'y retrouvent dans les restaurants, bodegas, bars, salles de jeux, bowlings et dans la grande discothèque La Nuba *(www.la-nuba.com).*

### AGENDA

**Fête des sorcières** – *Le 21 juin.* À Ainhoa.

**Zikiro-jate** – *Le 18 août.* À Zugarramurdi, repas populaire autour d'un agneau rôti à la broche, en commémoration des anciens sabbats.

# Espelette

**Ezpeleta**

★

1 974 Ezpeletars - Pyrénées-Atlantiques (64)

NOS ADRESSES PAGE 195

**S'INFORMER**

**Office du tourisme d'Espelette** – *145 rte Karrika-Nagusia - 64250 Espelette - ✆ 05 59 93 95 02 - www.espelette.fr - juil.-août : lun.-vend. 9h-12h30, 14h-18h30, sam. 9h30-12h30, 14h-18h ; avr.-juin et sept.-oct. : lun.-vend. 9h-12h30, 14h-18h, sam. 9h-12h30 ; nov.-mars : tlj sf w.-end et j. fériés 9h-12h30, 14h-17h.*

**Randonnées au clair de lune** – *Mar.-merc. 19h-23h. Inscription à l'office de tourisme - 28 € (enf. 20 €).* Promenades en soirée en montagne pour découvrir le pastoralisme, la contrebande, la Côte basque de nuit… Casse-croûte inclus.

**SE REPÉRER**

Carte de microrégion C2 (p. 114-115) – *Carte Michelin n° 573 B 25.* À 6,5 km au nord-est d'Ainhao par la D 20, à 5 km au sud-ouest de Cambo-les-Bains par la D 918 et la D 20.

**SE GARER**

Plusieurs parkings dans le village pour laisser votre véhicule et découvrir Espelette à pied.

**ORGANISER SON TEMPS**

Il fait bon flâner dans les rues, notamment pendant les jours de marché (*Nos adresses).*

**Espelette fait partie de ces lieux dont le nom fait frétiller les papilles des gourmets : c'est bien entendu le piment qui lui vaut cette réputation quasi universelle, et les images des guirlandes rouge foncé des piments mis à sécher en automne sur les façades ont fait le tour du monde. Cela mis à part, vous ne regretterez pas une flânerie dans les rues tortueuses et pentues de ce charmant village plein de vie…**

## Se promener

Village du piment, Espelette est aussi celui du pottok (prononcez *pottiok*). Ce petit cheval docile, trapu et pansu, habitué à une vie semi-sauvage sur les

### LE PAPA DU PANDA

Espelette a donné le jour à un ecclésiastique dont la personnalité sort de l'ordinaire. **Armand David** (1826-1900) a mené des explorations en Chine entre 1866 et 1874. Naturaliste tout autant que missionnaire, collaborateur du Muséum d'histoire naturelle de Paris, il est le premier Occidental à avoir rencontré, en 1869, un panda géant… charmant animal qui fut longtemps appelé « l'ours du père David ».

1

**LA PLANTE À TOUT FAIRE**

Provenant d'Amérique et arrivé dans la région via l'Espagne au 17e s., le **piment** devient vite le condiment favori des Basques. Séché au soleil avant d'être réduit en poudre, on le met d'abord dans le chocolat, puis il remplace le poivre dans la cuisine locale : poulet basquaise, boudins de veau *(tripotxa)*, émincé de veau *(axoa)*… Le piment d'Espelette gagne ses lettres de noblesse en décrochant l'AOC en 2000 et l'AOP en 2002 (ces appellations concernent dix villages). Cette reconnaissance a relancé son exploitation, le nombre de producteurs passant d'une trentaine en 1997 à 161 en 2012. Mais le terroir ne fait pas tout, il faut soigner les semis : certains se fient à la Lune, pour d'autres, c'est le jour de la St-Joseph qu'il faut pratiquer cette délicate opération… L'épice est la plante à tout faire des Ezpeletars : en bain de pieds, ce fruit soigne même les grippes et les bronchites ! *www.pimentdespelette.com.*

versants inhabités des montagnes, était jadis utilisé comme auxiliaire dans les mines. Il s'est aujourd'hui reconverti dans le tourisme puisqu'il accompagne les randonneurs dans leurs excursions en qualité de porteur de bagages (Attention : on ne monte jamais un pottok !).

La balade dans le village vaut à elle seule le détour, mais l'église du 17e s. et l'ancien château méritent une attention particulière.

### Église

*En bas d'Espelette.* Fortifiée et dotée d'un massif clocher-porche depuis 1627, elle présente les galeries traditionnelles des églises basques. Dans la chapelle des Ezpeleta, beau retable du 16e s. À voir également, les stèles discoïdales des 17e et 18e s. dans le cimetière attenant.

### Château des barons d'Ezpeleta

*05 59 93 95 02 - www.espelette.fr - ♿ - juil.-août : 8h30-12h30, 14h-18h30, sam. 9h-12h30 ; reste de l'année : lun. 8h30-12h, 14h-18h, sam. 9h30-12h30 - fermé dim. et j. fériés - gratuit.*

Mairie et office de tourisme sont installés dans ce château, élevé au 11e s. et plusieurs fois remanié. **Exposition** permanente sur le « piment dans le monde ».

### L'Atelier du piment

*Elizaldeko Bidea - 05 59 93 90 21 - www.atelierdupiment.com - mai-oct. 9h-19h ; le reste de l'année 10h-18h - visite gratuite.*

Cette exploitation de piments vous ouvre ses portes : vous pourrez vous promener dans les champs, pénétrer dans l'atelier de transformation et déguster toutes sortes de produits à base de piment. Vente de ces produits, bien sûr, et de spécialités régionales.

## NOS ADRESSES À ESPELETTE

### HÉBERGEMENT

#### BUDGET MOYEN

**Hôtel Euzkadi** – *285 Rte Karrika-Nagusia - ℘ 05 59 93 91 88 - www.hotel-restaurant-euzkadi.com - fermé mar. hors sais. et lun. - ♿ - 🅿 - 27 ch. 78/84 € - ☕ 9 € - demi-pension 72 €/pers. - menus 18/36 €.* On ne peut rater cette adresse typiquement basque tant le rouge de sa façade se voit de loin. Chambres entièrement rénovées dans le bâtiment principal, climatisées, d'un réel confort. Piscine et tennis. Vous dégusterez une cuisine régionale dans un cadre rustique agrémenté de guirlandes de piments d'Espelette.

### RESTAURATION

#### BUDGET MOYEN

**Pottoka** – *Pl. du Jeu-de-Paume - ℘ 05 59 93 90 92 - fermé lun. hors sais. - menu 26 €.* De magnifiques piments d'Espelette décorent ce restaurant typiquement basque. La cuisine accorde une large place aux produits du terroir. Goûtez donc l'axoa (épaule de veau hachée, assaisonnée du piment local), le gâteau basque ou le gratin de fraises. C'est un régal. L'été, profitez de la terrasse couverte.

### ACHATS

**Marché** – Mercredi matin (et sam. matin en juil.-août).

**Maison Bipertegia** – *Pl. du Jeu-de-Paume - ℘ 05 59 93 83 76 - tlj sf dim. mat. 10h-13h, 14h-19h.* Cette maison organise des dégustations de piment d'Espelette. Sitôt en bouche, qu'il soit séché, en poudre, en purée ou en gelée, son goût se diffuse en même temps qu'une douce chaleur. À découvrir aussi : le *gotoxi*, une sauce pour grillades, l'huile d'olive pimentée, la confiture de piment doux et la piperade maison.

**Ttipia** – *Pl. du Marché - ℘ 05 59 93 97 82 - été 10h-19h ; reste de l'année 10h-18h30 - fermé en janv.* Cette boutique propose évidemment la spécialité locale, mais aussi une belle sélection d'autres savoureux produits régionaux : foie gras, conserves de canard, vin d'Irouléguy, confiture de cerise noire, fromages, jambons, etc. Vous y trouverez également du linge basque.

**Ferme Kukuluia** – *Rte d'Itxassou - ℘ 05 59 93 92 20 - www.fromagekukulu.com.* Le fromage de brebis fabriqué ici a déjà obtenu maintes récompenses. La grande qualité du lait et de l'affinage (de 4 à 16 mois selon les goûts) y est bien sûr pour beaucoup. La maison vend également des spécialités basques et le *mamia* (caillé de brebis).

### AGENDA

**Foire au pottok** – *Derniers mar. et merc. de janv. sur le fronton.* Ambiance de foire agricole très authentique. *(Rens. à l'OT.)*

**Fête du piment d'Espelette** – *Dernier w.-end d'oct.* Au programme : bénédiction du piment, défilé des confréries et nomination des Chevaliers du piment d'Espelette. *(Rens. à l'OT.)*

1

# Cambo-les-Bains

**Kanbo**

★

6 518 Camboars (Kanboars) - Pyrénées-Atlantiques (64)

NOS ADRESSES PAGE 201

### S'INFORMER

**Office de tourisme** – *Av. de la Mairie - 64250 Cambo-les-Bains - ✆ 05 59 29 70 25 - www.cambolesbains.com - juil.-août : lun.-sam. 9h-18h30, dim. et j. fériés 9h-13h ; sept. : lun.-sam. 9h-12h30, 14h-18h30, dim. 9h-13h ; reste de l'année se rens.*

**Randonnées** – L'office de tourisme organise en saison plusieurs randonnées : « Sur les traces des vautours » *(merc. 9h-12h45 et vend. 13h45-17h30, 16 €, -16 ans 11 €)* et « Gourmandises au crépuscule » *(jeu. 18h30-23h, 26 €, -16 ans 19 €) - réserv. obligatoire.*

**Le Petit train de Cambo**– Trois circuits différents pour découvrir la ville et ses environs - *du 1er Mai au 10 oct. - 8/12 € (-12 ans 4/6 €) - rens. à l'OT et au ✆ 06 16 90 29 21 - www.petit-train-de-cambo.fr.*

### SE REPÉRER

Carte de microrégion D 2 (p. 114-115) – *Carte Michelin n° 573 B 25.* À 5,5 km au nord-est d'Espelette par la D 20 et la D 918. À 30 km à l'est de St-Jean-de-Luz par la D 918. Le Haut-Cambo, quartier administratif, commerçant et résidentiel, groupe ses propriétés et ses hôtels sur le rebord d'un plateau qui domine la Nive ; le Bas-Cambo, vieux village basque, est situé près de la rivière. En amont se trouve le quartier thermal (direction Hasparren).

### À NE PAS MANQUER

La villa Arnaga.

### ORGANISER SON TEMPS

Une fois la maison d'Edmond Rostand et l'église visitées, Cambo peut servir de point de départ pour rayonner, à la demi-journée ou à la journée, dans le Pays basque.

### AVEC LES ENFANTS

Le musée de la Chocolaterie ; la Maison labourdine à Ustaritz ; la forêt des Lapins à Itxassou.

**Dans un superbe cadre naturel, Cambo-les-Bains, connue pour ses eaux curatives et la douceur de son climat, dévoile le charme un peu nostalgique des stations thermales du début du 20e s. Si de prestigieuses ombres du passé (Sarah Bernhardt, Anna de Noailles, Isaac Albéniz, etc.) la peuplent encore, c'est bien sûr à Edmond Rostand que l'on pense tout d'abord, tant l'auteur de Cyrano est lié à la cité où il avait choisi de s'installer.**

La villa Arnaga où vécut Edmond Rostand.
*R. Cintract / hemis.fr*

1

# Se promener

### Thermes

Dans un parc planté de palmiers *(ouvert au public)*, l'établissement thermal est un petit bijou de style néoclassique (1927) paré de mosaïques Art déco et de ferronneries. Les deux sources thermales sourdent aux abords du parc.

### Église St-Laurent

Une magnifique galerie sculptée et un retable baroque en bois doré du 17e s., niché dans un chœur chaudement coloré, caractérisent cette église dominant la Nive. Profitant de l'excellente acoustique, des concerts y sont organisés tout au long de l'année *(rens. à l'OT)*.

### Colline de la Bergerie

*Depuis l'avenue d'Espagne, prendre la rue de la Bergerie jusqu'au parking.* *20mn AR.* Depuis le sommet, on admire un beau panorama à 360° sur la ville et les sommets alentour.

# Visiter

### ★★ Villa Arnaga

*Av. du Dr Alexandre-Camino - ✆ 05 59 29 83 92 - www.arnaga.com - de fin mars à fin août : 10h-19h ; de sept. à déb. nov. : 9h30-12h30, 14h30-18h30 - fermé de déb. nov. à fin mars - 7,20 € (-18 ans 3,60 €) - de mi-juil. à fin août : balade théâtralisée le vend. à 11h, visite commentée des jardins par le jardinier lun. 16h30 et jeu. 11h - possibilité de visite guidée (1h).*

« Toi qui viens partager notre lumière blonde… n'entre qu'avec ton cœur, n'apporte rien du monde », écrit Edmond Rostand sur le seuil de sa villa Arnaga. « Je ne mesure que les beaux jours », lui répond un cadran solaire, de l'autre côté de la maison. Lumineuse, elle l'est en effet, cette belle demeure. Clarté et chaleur des lambris boisés, fraîcheur des peintures décoratives et des frises de carreaux, raffinement des faux marbres et des trompe-l'œil, éclat des vitraux de couleur... On y verra aussi de nombreux documents sur la famille Rostand et la carrière du dramaturge : dessins originaux des costumes de *Chantecler*, épées d'académicien d'Edmond et de Jean Rostand, lettres de Léon Blum, Jules Renard, Cocteau... et même le César obtenu par Gérard Depardieu pour *Cyrano de Bergerac*. Conçue par Rostand lui-même grâce aux droits de son *Cyrano*, l'immense villa de style basque-labourdin s'élève sur un promontoire aménagé en jardins à la française. La perspective vers les montagnes d'Itxassou s'achève sur un pavillon à pergola évoquant la gloriette du château de Schönbrunn à Vienne.

### Musée de la Chocolaterie Puyodebat

*05 59 59 48 42 - www.chocolats-puyodebat.com - ♿ - avr.-sept. tlj sf dim., oct.-mars tlj sf dim. et lun., 9h30-11h30, 14h15-17h45 - 5 € (-10 ans 2,50 €) - possibilité de visite guidée sur demande (45mn).*

À l'aide d'un film et de multiples objets (machines anciennes, affiches publicitaires, moules, chocolatières, etc.), ce petit musée retrace l'histoire de la production du chocolat au Pays basque et décrit les étapes de la fabrication des chocolats. Dégustation des spécialités de la maison en fin de visite, dans la boutique.

### Maison du miel et de l'abeille

*Ferme Harizkazuia, dans le Bas-Cambo par la rte des Sept-Chênes - 06 63 79 43 54 - www.harizkazuia.fr - visites guidées (5 €, 50mn) vac. scolaires printemps et automne : merc. et jeu. à 14h, été : mar., merc. et jeu. à 14h ; hors vac. scolaires : jeu. à 14h30 - fermé déc.-mars.*

La visite de cette exploitation apicole biologique se termine par une dégustation. Vente de miel (acacia, châtaignier, bruyère) et de produits dérivés.

## À proximité Carte de microrégion

### Larressore / Larresoro C2

*À 3,5 km au nord-ouest par la D 932 en direction de Bayonne, puis, au rond-point, la D 650 à gauche.*

À côté du fronton, l'atelier **Ainciart-Bergara★**, fondé avant la Révolution, est animé par des artisans de cette même famille qui, selon des méthodes d'antan, fabriquent des **makhilas**. Il s'agit de cannes en bois de néflier, finement ouvragées, symboles de liberté pour le peuple basque. Le makhila est à la fois un bâton de marche et une arme de défense (une pointe d'acier acérée est dissimulée dans le manche). Que son pommeau soit d'or, d'argent ou de maillechort, le « makhila cuir » est gainé dans sa partie supérieure de cuir tressé ; le « makhila d'honneur », quant à lui, a un manche de métal. Tressage du cuir, coloration naturelle du bois et montage des pièces restent des secrets de famille bien gardés. En face de l'**atelier**, ne manquez pas l'espace d'exposition, la **Maison du makhila**, avec un documentaire sur les étapes de sa fabrication (30mn). *05 59 93 03 05 - www.makhila.com - 9h-12h, 14h-18h - fermé dim. et j. fériés, fin août (se rens.) - atelier : gratuit, Maison du makhila : 3 €.*

### Jatxou / Jatsu C2

*À 6 km au nord-ouest par la D 932 dir. Bayonne, puis, au rond-point, la D 650 à dr.*

**Église St-Sébastien** – Construite au 13e s., cette église a été agrandie en 1782. Son porche comprend une salle capitulaire où se réunissait l'assemblée

**UN DRAMATURGE ET UN « PELOTARI »**
Venu à Cambo soigner une pleurésie à l'automne 1900, **Edmond Rostand** (1868-1918) tombe sous son charme et décide de s'y installer à demeure. Son œuvre théâtrale *Chantecler*, née de ses promenades à travers la campagne basque, et la villa Arnaga suffiront, jusqu'en 1910, à matérialiser ses rêves. Peut-être a-t-il eu l'occasion de vibrer aux exploits de **Joseph Apesteguy** (1881-1950) ? Surnommé « Chiquito de Cambo », ce célèbre *pelotari* mit à l'honneur le jeu de pelote basque dit « au grand chistera ». Il était très en vogue, à l'époque, de venir y assister… d'autant que l'on risquait d'y croiser Édouard VII, roi d'Angleterre.

paroissiale. À l'intérieur, admirez le beau plafond de bois peint, au centre duquel se détachent la mitre papale et les évangélistes. Le retable du 18e s. est dédié à saint Sébastien.

**Ustaritz** / Ustaritze C2
*À 6,5 km au nord-ouest par la D 932 en direction de Bayonne.*
Après que Richard Cœur de Lion décida de séparer Bayonne du Labourd à la fin du 12e s., le village resta capitale de la province jusqu'en 1790. À partir de 1451, il accueillit le **biltzar**, une assemblée locale qui avait pour charge d'administrer les biens collectifs, de répartir les impôts et de gérer les rapports entre communautés. Quelques belles maisons traditionnelles à colombages avec leurs volets rouges ou verts subsistent dans le centre du bourg. Si vous flânez dans les alentours immédiats, vous verrez également certaines des villas construites à la fin du 19e s. par les « Américains », ces Basques revenus des Amériques après y avoir fait fortune.
**Maison labourdine (Elizalderena)** – *05 59 70 35 41 - www.lamaisonlabourdine.com - visite guidée (1h) de déb. avr. à mi-nov. - 5 € (-12 ans gratuit) - horaires se rens.* Cette auberge (17e s.) restaurée rassemble objets et documents évoquant la campagne labourdine d'autrefois. Un coin école, une épicerie (début 19e s.) et une bergerie ont été reconstitués. Dégustation et vente de produits régionaux à la boutique.

★ **Itxassou** / Itsasu D3
*À 4 km au sud de Cambo-les-Bains par la D 918 et la D 932, ou à 6 km au sud-est d'Espelette par la D 249.*
Itxassou baigne dans une lumière douce où ciel et pentes verdoyantes se mêlent pour donner un paysage immuable et mystérieux.
Les hameaux du village sont dispersés parmi des centaines de cerisiers *(Fête des cerises, Nos adresses)*. Le quartier de la Place, qui comprend le fronton et la mairie, est en surplomb, tandis que celui de l'Église s'est développé près de la Nive, dans un bassin verdoyant entouré d'une couronne de monts.
★ **Église St-Fructueux** – Très bel édifice du 17e s., doté de trois étages de galeries, d'une chaire aux beaux réchampis (ornements ressortant du fond) dorés et d'un **retable**★★ en bois doré sculpté à la mode espagnole du 18e s. Tous ces éléments, ainsi que les confessionnaux et les bancs du fond, sont classés. Notez la statue de la Vierge, polychrome et dorée (17e s.), à gauche dans la nef, et les stèles discoïdales et tabulaires le long de l'église, à l'extérieur.
**La forêt des Lapins** – *Fléchage en forme de lapin au niveau de l'entreprise de carrosserie (à droite sur la D 918 dir. Louhossoa, avant le pont routier). 05 59 93 30 09 - www.laforetdeslapins.com - juin-sept. : 10h-18h30 ; reste de l'année : 14h-17h30 - 7 € (-10 ans 4 €) - réserv. uniquement en hors sais. - possibilité de visite guidée sur demande (150mn).*

Point de sophistication ici, mais beaucoup de soins apportés aux 60 variétés de lapins et 30 races de cochons d'Inde qui peuplent les clapiers et les cages accrochés à flanc de colline. Ravissement assuré pour les enfants, les portées ayant lieu toute l'année. Les plus grands profiteront de l'agréable panorama sur les collines environnantes.

**Louhossoa** / Luhuso D3

*À 4 km au sud-est d'Itxassou par la D 918.*

Fondé en 1684, ce village labourdin conserve un remarquable **retable** polychrome dans l'église de **N.-D.-de-l'Assomption** (17e s.). Admirez ses couleurs et, dans sa partie supérieure, la belle statue en bois polychrome représentant la Vierge portée par les anges. Des scènes de la Passion encadrent le tabernacle et des panneaux sculptés représentent les quatre évangélistes dans le chœur. Ce dernier déploie une jolie décoration de lierre et de tiercerons.

## Circuit conseillé Carte de microrégion

### LA ROUTE DES MONTS

*Pour visualiser ce circuit au départ d'Itxassou, reportez-vous à la carte de microrégion (p. 114-115) - comptez env. 2h. Depuis l'église d'Itxassou, descendez vers la Nive en passant à côté de l'hôtel du Chêne. Une fois sur la route principale, prenez à droite et suivez le panneau « Pas de Roland ». La D 349 mène au site.*

**Pas de Roland** D3

Faites un arrêt sur l'élargissement peu après une petite croix sur le parapet, pour regarder en contrebas. Juste en dessous de la route, le rocher percé fut, selon la légende, ouvert par Roland, poursuivi par les Vascons : un coup de sa fameuse épée, Durandal, suffit à ouvrir la brèche dans la pierre. Évitez les marches, assez dangereuses, et faites le petit détour par le sentier.

*Poursuivez jusqu'à Laxia. Là, ne franchissez pas la rivière et tournez à droite pour monter jusqu'à Artzamendi.* La route, très étroite, à fortes rampes et virages serrés *(comptez 40mn de montée)*, traverse une forêt aux arbres et aux pierres couverts de mousse et de fougères. Prenez votre mal en patience si vous vous trouvez derrière un troupeau montant à l'estive. Le paysage récompensera largement votre attente !

★ **Artzamendi** C3

*La route qui mène au sommet est en très mauvais état et il vous faudra laisser votre voiture en bas pour monter à pied. Compter 1h AR.* Des abords de la station de télécommunications, le **panorama★** s'étend au nord sur la basse vallée de la Nive, le bassin de la Nivelle et ses hauts pâturages, et, au-delà de la frontière, sur les hauteurs de la vallée de la Bidassoa. Rapaces et vautours survolent souvent le sommet, occupé par les pottoks.

*Redescendez vers Laxia et, à l'intersection qui précède le lieu-dit Fagola, tournez à gauche en direction d'Itxassou.*

**Mont Urzumu** C3

De la table d'orientation, près d'une statue de la Vierge, panorama sur les Pyrénées basques et sur la côte, de la pointe Ste-Barbe à Bayonne.

*Revenez à Itxassou par la même route.*

## NOS ADRESSES À CAMBO-LES-BAINS

### HÉBERGEMENT

#### PREMIER PRIX

#### À Cambo-les-Bains

**Hôtel-Café du Trinquet** – *R. du Trinquet - ✆ 05 59 29 73 38 - www.hotel-trinquet-cambo.net - fermé en nov. - 12 ch. 30/50 € - ☕ 7 €.* Dans une grande maison, chambres, simples et bien tenues, dont quatre aménagées au-dessus d'un café. Les moins chères sont seulement équipées d'un lavabo. Ambiance familiale.

**Auberge Chez Tante Ursule** – *Quartier Bas-Cambo (à 2 km au nord de Cambo) - ✆ 05 59 29 78 23 - www.auberge-tante-ursule.com - fermé mar. - 7 ch. 45 € en demi-pension/pers. - rest. menus 16/35 €.* Cet établissement est situé en bordure du fronton de Bas-Cambo, où se déroulent parfois des parties de pelote. Chambres rustiques soignées. Cuisine régionale servie dans une salle à manger à l'âme basque, agrémentée d'un joli vaisselier.

#### À Itxassou

**Camping Hiriberria** – *À 1 km au nord-ouest par D 918, rte de Cambo-les-Bains et chemin à dr. - ✆ 05 59 29 98 09 - www.hiriberria.com - ♿ - P - réserv. conseillée - 228 empl. 25 € avec électricité - 13 mobile homes - 17 chalets - nuitée 75 € - sem. 490 €.* Arbres, haies taillées et fleurs délimitent agréablement les emplacements de ce camping. Mobile homes et jolis chalets aux couleurs basques. Petit snack et piscine chauffée, couverte ou découverte en fonction de la météo.

#### BUDGET MOYEN

#### À Cambo-les-Bains

**Hôtel Ursula** – *Quartier Bas-Cambo (à 2 km au nord) - ✆ 05 59 29 88 88 - www.hotel-ursula.fr - fermé 20 déc.-10 janv. - ♿ - P - 15 ch. 69/75 € - ☕ 9 €.* Ce petit hôtel familial et convivial, situé dans le pittoresque quartier du Bas-Cambo, met à votre disposition de grandes chambres personnalisées et bien tenues. Copieux petit-déjeuner avec produits du terroir.

#### À Ustaritz

**Chambre d'hôte Maison Bereterraenea** – *469 Elizako Bidea - quartier Arrauntz - ✆ 05 59 93 05 13 - www.chambres-cote-basque.com - fermé déc.-mars - P - non-fumeurs - 4 ch. 68/75 € ☕. Poss. de loc. à la sem. 400 € ☕.* Tournée vers un verger de pommiers à cidre (vente à emporter), cette maison basque du 17e s. domine la vallée de la Nive. Simple et bien rénovée avec ses murs blancs et ses pierres de montagne, elle a retrouvé sa noblesse d'antan. Chambres sobres avec poutres et portes anciennes.

#### À Itxassou

**Chambre d'hôte Soubeleta** – *64250 Itxassou - ✆ 05 59 29 22 34 - www.gites-de-france-64.com/chambre-soubeleta - P - non-fumeurs - 5 ch. 60/65 € ☕.* Sur les hauteurs, imposante demeure du 17e s. dont la tourelle et la façade agrémentée d'un bel encadrement en granit sculpté sont restées intactes. Chambres spacieuses, meubles de famille, et cheminée en marbre pour certaines. Cuisine commune. Aux beaux jours, le petit-déjeuner est servi sur la terrasse.

#### POUR SE FAIRE PLAISIR

#### À Louhossoa

**Chambre d'hôte Domaine de Silencenia** – *64250 Louhossoa - ✆ 05 59 93 35 60 ou 06 72 63*

1

*81 66 - www.domaine-silencenia.com - P - - 5 ch. 90 € - table d'hôte 30 € bc.* Une douce quiétude règne en cette maison de maître du 18e s. où tout est synonyme d'un véritable art de vivre. Chaque chambre raconte une des passions du propriétaire : rugby, pêche au gros, vin, bonne chère… La cuisine exalte les produits du terroir et s'accompagne de bons crus.

### À Itxassou

**Chambre d'hôte Legordia Borda** – *Rte de l'Artzamendi - 05 59 29 87 83 - www.legordia.fr - - 3 ch. 145 € - 8 € - table d'hôte 20 €.* Hors du commun, ces trois cabanes perchées dans les arbres à côté de l'ancienne bergerie ! Elles abritent les chambres d'hôte, un peu exiguës mais confortables, idéales pour un retour au calme, en pleine forêt. Petit-déjeuner et repas bio sont livrés dans un panier hissé à l'aide d'une corde. Une expérience !

## RESTAURATION

#### PREMIER PRIX

### À Itxassou

**Restaurant du Pas de Roland** – *Juste à côté des gorges du Pas-de-Roland - 05 59 29 75 23 - fermé merc., en hiver ouv. le soir sur réserv. - P - menus 9,50/25 €.* On déguste des truites provenant du torrent voisin mais aussi magrets, confits de canard et de porc, piperade, etc.

#### BUDGET MOYEN

### À Cambo-les-Bains

**Le Pavillon Bleu** – *Thermes de Cambo - 05 59 29 38 38 - fermé de mi-déc. à mi-fév. - P - menus 27/38 €.* Belle architecture, décor intérieur en boiseries claires et terrasse donnant sur un jardin planté de palmiers. L'accueil est agréable, le service efficace, la cuisine associe recettes d'aujourd'hui et produits du terroir : ce restaurant a tout pour séduire.

**Le Bellevue** – *29 r. des Terrasses (restaurant), 30 allée Edmond-Rostand (hôtel) - 05 59 93 75 75 - www.hotel-bellevue64.fr - fermé 8 janv.-12 fév. - P - formule déj. 20 €, à la carte 25/30 € - 6 appart. et 1 studio 80/115 € - 7 €.* Décor actuel et soigné autour d'une cuisine dans l'air du temps. Deux terrasses sont ouvertes aux beaux jours : la première donne sur le jardin, la seconde sur la jolie campagne environnante. Autre charme de cette maison du 19e s. bien rénovée, ses suites familiales d'esprit contemporain, sans oublier la piscine chauffée.

### À Itxassou

**Venta Burkaitz** – *Sur la route d'Artzamendi - 05 59 29 82 55 - fermé en janv. - P - - menu 18 €.* Sur le versant espagnol, *venta* composée de deux salles : la plus authentique conserve son traditionnel comptoir où l'on peut prendre l'apéritif ou acheter alcools et conserves ; la seconde, en véranda, offre une jolie vue sur la vallée. Copieuse cuisine locale.

## ACHATS

### À Cambo-les-Bains

**Domaine Xixtaberri** – *Chemin de Macaye - 06 85 54 26 27 - www.myrtilles-cambo.fr - ouv. tte l'année ; cueillette des myrtilles juin-juil.* En saison, sur les coteaux de ce verger biologique planté en myrtilles et cerises, on profite de la vue tout en cueillant les baies. L'exploitation produit confitures de cerises et de myrtilles, coulis, jus et vinaigres.

### À Itxassou

À Itxassou, on cueille trois variétés de **cerises** : la *peloa*, cerise noire sucrée qui mûrit fin mai ; la *xapata* acidulée de couleur rose qui mûrit déb. juin ; la *beltxa* très foncée, cueillie à la mi-juin.

**Jenofa** – *05 59 29 33 20 - www. confitures-jenofa.com - tlj sf dim. et merc. mat. 9h-12h30, 13h30-18h30 (hiver 18h).* La renommée de cette belle maison blanche décorée d'une corde de piments dépasse largement les frontières d'Itxassou. Jenofa, la propriétaire, fabrique ici une inégalable confiture de cerises noires, qu'elle vend dans sa petite boutique ou sur les marchés locaux. Autres spécialités : le piment d'Espelette AOC et le pâté basque.

### À Lohossoa

**La Biscuiterie Basque** – *64250 Louhossoa - 05 59 70 50 63 - www.labiscuiteriebasque.com - 10h-19h.* C'est un festival de couleurs et de saveurs qui vous attend dans cette biscuiterie : sablés de maïs, croustillants aux amandes, macarons à la noisette, gâteau à la broche et gâteau basque mais aussi pralines et berlingots. Un paradis pour les gourmands !

## SPORTS ET LOISIRS

**Établissement thermal** – *5 av. des Thermes - 64250 Cambo-les-Bains - 0 820 003 535 - www. chainethermale.fr - 8h-17h (sf sam. 8h-12h) - fermé 12 déc.-2 mars et dim. - 55 € forfait Spa Découverte : une demi-journée de 4 soins.* Cet établissement thermal, construit dans les années 1930, a bénéficié d'une cure de jouvence qui n'a pas dénaturé son joli cadre d'esprit Art déco. Il est spécialisé en rhumatologie, dans les affections des voies respiratoires et l'aide au sevrage tabagique. Forfaits à la demi-journée ou séjours thématiques plus longs : mal de dos, gestion du stress, souffle, etc. Institut de beauté sur place.

**Évasion** – *Maison Errola - quartier Errobi - 64250 Itxassou - 05 59 29 31 69 - www.evasion64.fr - ouv. tte l'année - sports d'eaux vives 24 € (enf. 18 €) ; sports de montagne 22/35 €.* Cette base de loisirs organise des sessions de rafting, airyak, hydrospeed, canoraft, canyoning et aqua rando le long de la Nive. On peut aussi y pratiquer l'escalade, prendre des cours de surf et de pelote basque.

**Base de loisirs du Baigura** – *p. 220.*

## AGENDA

### À Cambo-les-Bains

**Soirées basques, tournois de force et de pelote basques** – *Juin-sept. Rens. : 05 59 29 30 27 - www.accords-asso.org.*

**Festival de théâtre** – *Août.* Une cinquantaine de représentations en plein air dans les jardins de la Villa Arnaga. *Rens. : 05 59 29 30 27 - www.accords-asso.org.*

### À Itxassou

**Fête des cerises d'Itxassou** – *1er dim. de juin.* Kermesse, messe, parties de pelote, repas, vente de cerises, etc. La cerise noire d'Itxassou sert à préparer la fameuse confiture dont on fourre souvent les gâteaux basques, ou que l'on mange avec le fromage de brebis.

**Festival de la Nive (Errobiko Festibala)** – *2e quinz. de juil.* Festival de musiques et danses du monde. *Rens. : www. errobikofestibala.fr.*

# La Basse-Navarre et la Soule 2

Carte Michelin Région n° 524 - Département n° 342 – Pyrénées-Atlantiques (64)



La vallée verdoyante de Larceveau.

*Club photo Begi Rada/Office de tourisme de Basse-Navarre*

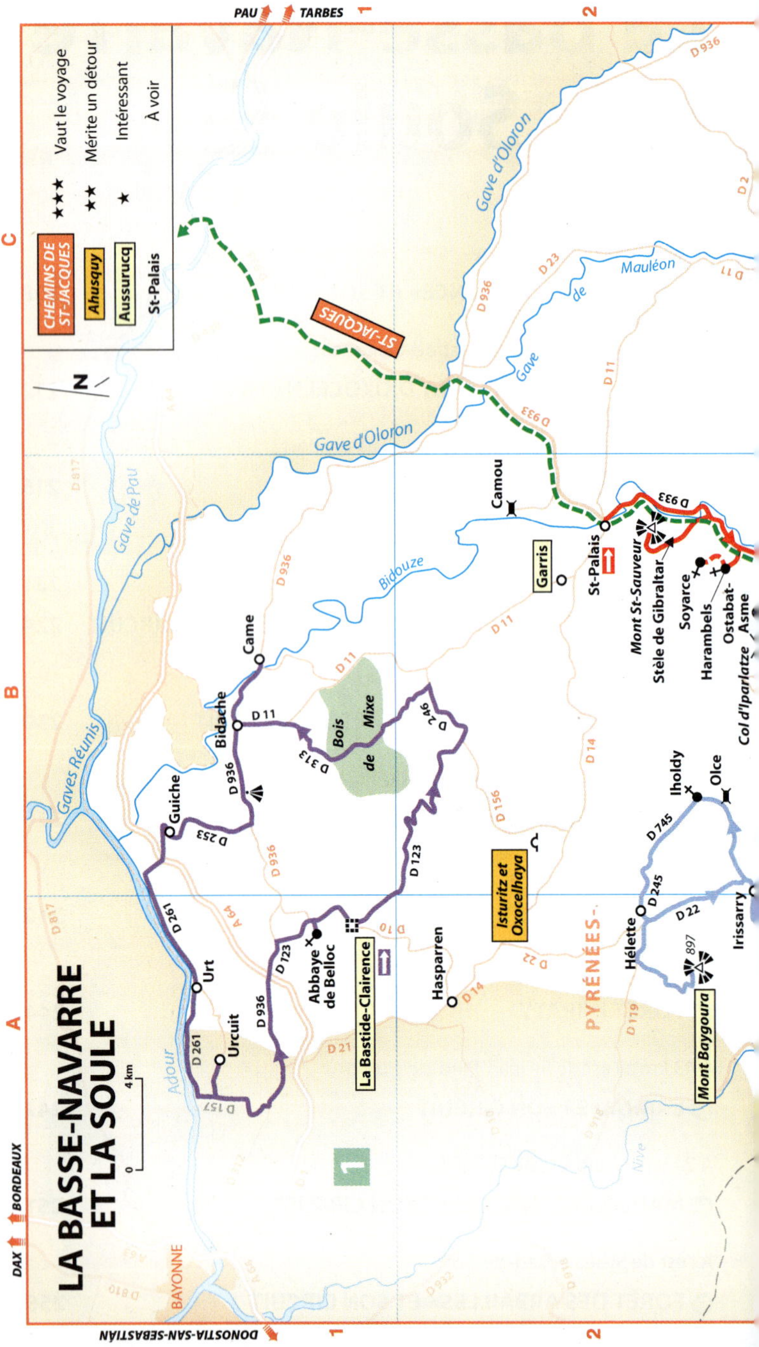
LA BASSE-NAVARRE ET LA SOULE
CHEMINS DE ST-JACQUES
Ahusquy
Aussurucq
St-Palais
★★★ Vaut le voyage
★★ Mérite un détour
★ Intéressant
À voir
0
4 km
DAX
BORDEAUX
PAU
TARBES
DONOSTIA-SAN-SEBASTIÁN
ST-JACQUES
Gave d'Oloron
Gave de Mauléon
Gave de Pau
Gaves Réunis
Adour
Bidouze
Nive
BAYONNE
Urcuit
Urt
Guiche
Bidache
Came
Bois de Mixe
Abbaye de Belloc
La Bastide-Clairence
Hasparren
Isturitz et Oxocelhaya
Garris
Camou
St-Palais
Mont St-Sauveur
Stèle de Gibraltar
Soyarce
Harambels
Ostabat-Asme
Col d'Iparlatze
Iholdy
Olce
Hélette
Irissarry
Mont Baygoura
897
PYRÉNÉES-
D 261
D 157
D 936
D 123
D 253
D 11
D 313
D 246
D 156
D 14
D 10
D 22
D 21
D 933
D 745
D 245
D 119
D 23
D 2
D 817
A 64
1
2
A
B
C

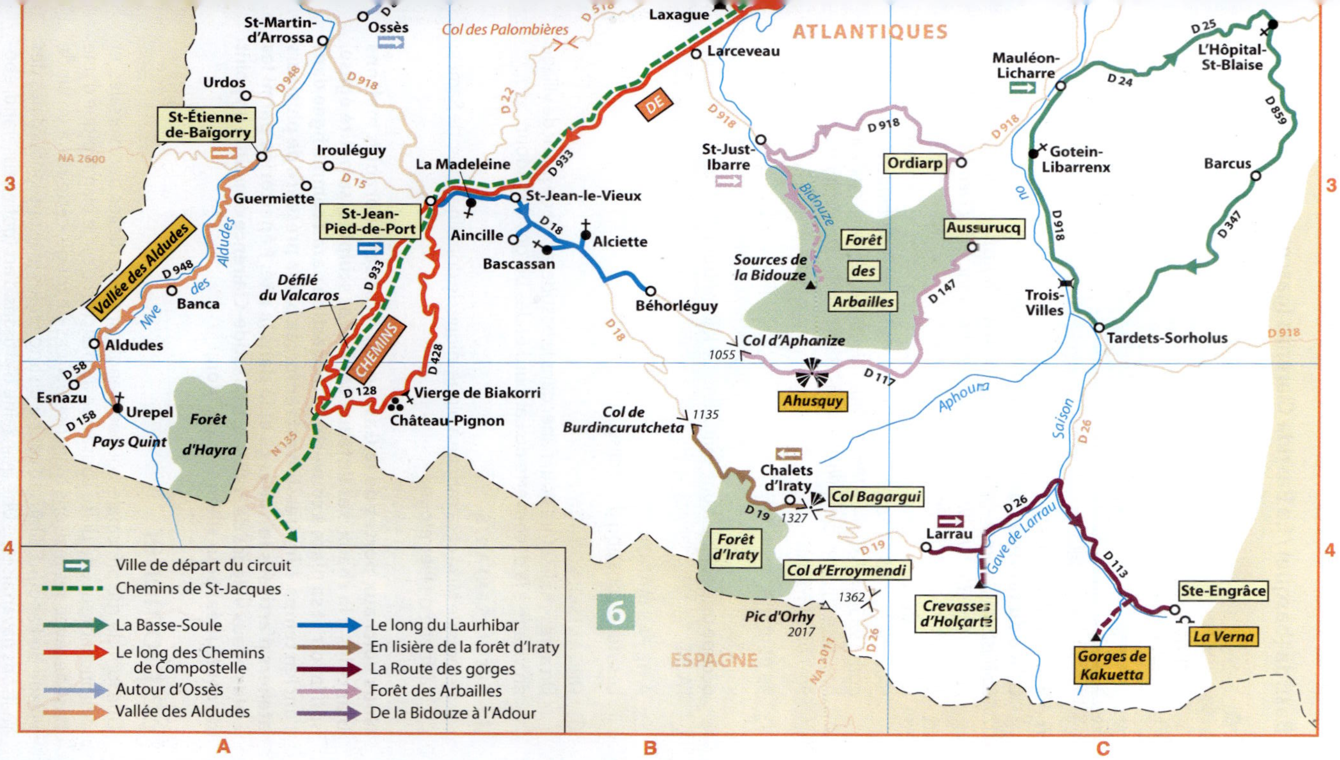
ATLANTIQUES
ESPAGNE
6
St-Martin-d'Arrossa
Ossès
Col des Palombières
Laxague
Larceveau
Urdos
St-Étienne-de-Baïgorry
Irouléguy
La Madeleine
Guermiette
St-Jean-Pied-de-Port
St-Jean-le-Vieux
Aincille
Bascassan
Alciette
Béhorléguy
Vallée des Aldudes
Nive des Aldudes
Banca
Aldudes
Esnazu
Urepel
Pays Quint
Forêt d'Hayra
Défilé du Valcaros
CHEMINS
DE
Vierge de Biakorri
Château-Pignon
Col de Burdincurutcheta
1135
St-Just-Ibarre
Bidouze
Sources de la Bidouze
Forêt des Arbailles
Ordiarp
Aussurucq
Col d'Aphanize
1055
Ahusquy
Aphoura
Chalets d'Iraty
Col Bagargui
1327
Forêt d'Iraty
Col d'Erroymendi
1362
Pic d'Orhy
2017
Mauléon-Licharre
Gotein-Libarrenx
L'Hôpital-St-Blaise
Barcus
Trois-Villes
Tardets-Sorholus
Saison
Larrau
Gave de Larrau
Crevasses d'Holçarté
Ste-Engrâce
La Verna
Gorges de Kakuetta
D 918
D 948
D 22
D 15
D 933
D 18
D 428
D 128
D 58
D 158
D 147
D 117
D 19
D 26
D 24
D 25
D 859
D 347
D 113
N 135
NA 2600
NA 2011
3
4
A
B
C
Ville de départ du circuit
Chemins de St-Jacques
La Basse-Soule
Le long des Chemins de Compostelle
Autour d'Ossès
Vallée des Aldudes
Le long du Laurhibar
En lisière de la forêt d'Iraty
La Route des gorges
Forêt des Arbailles
De la Bidouze à l'Adour

# La Bastide-Clairence

**Bastida (basque) / La Bastida Clarenza (gascon)**

★

997 Bastidots - Pyrénées-Atlantiques (64)

NOS ADRESSES PAGE 211

### S'INFORMER

**Office du tourisme de La Bastide-Clairence** – *Pl. des Arceaux - 64240 La Bastide-Clairence - ✆ 05 50 29 65 05 - www.labastideclairence.com - juil.-août : 10h-13h, 15h-19h ; reste de l'année : lun.-mar. et jeu.-vend. 9h30-12h30, 14h-18h, merc. 10h-12h.*

**Office du tourisme du Pays de Bidache** – *1 pl. du Fronton - 64520 Bidache - ✆ 05 59 56 03 49 - www.tourisme-pays-de-bidache.com - juil.-août : 9h30-12h30, 14h-18h30, dim. 14h-18h30 ; de janv. aux vac. de fév. et nov. : merc., vend.-sam. 9h-12h, 14h-18h ; reste de l'année : tlj sf dim. et lun. 9h-12h, 14h-18h.*

### SE REPÉRER

Carte de microrégion A1 (p. 206-207) – *Carte Michelin n° 573 B 26.* Le village occupe une colline à une quinzaine de kilomètres à l'est de Bayonne par l'A 64.

### À NE PAS MANQUER

Les stèles sous abri de l'église.

### ORGANISER SON TEMPS

Un après-midi suffira pour flâner dans la bastide, avant de partir de village en village à la découverte du Labourd et des berges de l'Adour.

### AVEC LES ENFANTS

Le bois de Mixe et sa cabane à pique-nique ; le domaine du lac de Sames ; l'asinerie de Pierretoun.

**Nous voici aux portes de la Gascogne ! Avec ses adorables maisons blanchies à la chaux, ses linteaux colorés et sculptés, sa petite église, son lavoir et sa place à couverts, cette bastide paraît comme figée dans l'ancien temps. L'impression est renforcée par la présence de plusieurs ateliers d'artisans installés çà et là dans la cité. Répertoriée parmi les « plus beaux villages de France », La Bastide-Clairence constitue un point de chute idéal pour sillonner la région.**

## Se promener

Une longue rue principale, coupée à angle droit de ruelles transversales, et débouchant sur une place consacrée au marché : c'est le plan typique d'une bastide. Avec ses maisons blanches barrées de rouge, cette rue a un air de village du Labourd. Amusez-vous à distinguer les maisons labourdines des maisons navarraises… Une quinzaine d'artisans d'art (potier, tisserand, ébéniste, photographe, etc.) y ont installé leurs ateliers, ouverts à la visite.

### Église N.-D.-de-l'Assomption

Typiquement basque avec ses étages de galeries, elle est flanquée de deux allées couvertes et pavées de dalles funéraires des plus vieilles familles de La Bastide. On parle ici du « cimetière préau ».

## Circuit conseillé Carte de microrégion

### DE LA BIDOUZE À L'ADOUR : UNE ENCLAVE GASCONNE EN TERRE BASQUE

*Pour visualiser ce circuit au départ de La Bastide-Clairence, reportez-vous à la carte de microrégion (p. 206-207) - comptez environ 1h30. Quittez La Bastide-Clairence par la D 123 en direction de St-Palais. À La Haranne, prenez à gauche la D 246 vers Orègue, puis la première à gauche (D 313) en direction de Bidache et roulez tout droit pendant environ 10mn. Parking aménagé en bordure de route, à gauche.*

### Bois de Mixe B1

Cette petite forêt de 800 ha permet de découvrir, en plus des essences endémiques (noisetiers, chênes, hêtres), des arbres importés tels que le chêne rouge d'Amérique ou le tulipier de Virginie. Un **sentier★** jalonné de panneaux permet de les repérer et de traverser la Patarena sur des plots ou des ponts suspendus *(1h - départ à droite de la cabane à pique-nique).*

*Poursuivez par la D 313 et prenez la D 11, à gauche, en direction de Bidache.*

### Bidache / Bidàishen / Bidaxun B1

L'unique rue aux maisons claires et percées de portes cintrées donne au bourg un aspect navarrais. Les seigneurs de Gramont établis là depuis le 14e s. tirèrent parti de la situation de leurs terres à la limite de la Navarre, du Béarn et du royaume de France pour s'ériger en princes souverains de Bidache, indépendance qui dura jusqu'à la Révolution. À l'époque de la paix des Pyrénées (1659), Antoine III, seigneur de Gramont et maréchal de France (le fameux De Guiche brocardé par Cyrano chez Rostand), y reçut Mazarin et se rendit en Espagne afin de demander la main de l'infante Marie-Thérèse pour Louis XIV. De cette époque restent les belles ruines du **château-forteresse** des ducs de Gramont *(pour les visites et les animations, se rens. au 05 59 56 03 49)* détruit dans un terrible incendie en 1796. Le donjon du 15e s. est un vestige du château médiéval et offre un panorama à 360° sur la vallée de la Bidouze et les Pyrénées. Le tombeau des ducs se trouve dans l'**église**, construite au 19e s. Remarquez à l'intérieur le Chemin de Croix réalisé par **René-Marie Castaing** (1896-1943), Grand Prix de Rome en 1924.

2

### TERRE D'ACCUEIL

Cette bastide fut fondée en 1312 dans la vallée de la Joyeuse par Louis Ier, roi de Navarre (qui devint ensuite roi de France sous le nom de **Louis X le Hutin**). Il désirait assurer à la région un débouché sur la mer. Attirée par les privilèges de ce nouveau village, une population composite s'y implanta : Basques, Gascons, mais aussi pèlerins de St-Jacques-de-Compostelle, que l'on appelait les « francos ». Chacun reçut un bout de terrain *(plaza)* sur lequel il implanta sa maison et son jardin, le *cazalot*. Le 17e s. vit l'arrivée d'une colonie juive, fuyant l'Espagne et le Portugal. Aujourd'hui encore, à La Bastide-Clairence, on parle aussi bien français que basque ou gascon. Cela tient au brassage des populations. Il semblerait toutefois que l'on emploie, intra-muros, plus souvent le gascon que le basque.

**Came** / Càmer / Akamarre B1

*À 3 km de Bidache, par la D 936.*

Traversé par la Bidouze dont les berges sont aménagées en promenades, Came se consacre, depuis le 19e s., à la confection artisanale de **chaises**, utilisant des bois comme le hêtre, le merisier, le chêne, le noyer et, pour le paillage, le jonc des marais de l'Adour. Plusieurs ateliers sont encore installés dans le village.

**Musée** – *La Chaumière, D 936 - ✆ 05 59 56 05 12 - www.museedelachaise.fr - sur rdv.* Tenu par un artisan, il retrace l'histoire des chaisiers de Came et présente l'outillage traditionnel.

*Reprenez la D 936 en direction de Bayonne.*

Après Bidache, la route monte au milieu des premières collines basques.

*À Bardos, prenez la D 253 en direction de Guiche et tournez dans la rue Maulio.*

On atteint bientôt la **butte de Miremont** dont l'observatoire domine de ses vingt mètres la vallée de l'Adour. La **vue**★★ sur les Pyrénées jusqu'au pic d'Anie, premier sommet (alt. 2 504 m) de la haute chaîne, est splendide.

*Revenez sur la D 253 en direction de Guiche.*

**Guiche** / Guíshen / Gixune B1

*À 14 km au nord-ouest de Came, par la D 936.*

Le parvis de l'**église St-Jean-Baptiste** offre un joli panorama sur les méandres de la Bidouze et le paysage moutonnant, caractéristique de ce coin du Labourd. Au-dessus de l'entrée du cimetière, se trouve une amusante construction sur piles, dite « **maison du Fauconnier** » (ancienne mairie). À l'intérieur de l'église, des vitraux modernes aux couleurs vives égayent la nef menant au retable des 17e et 18e s.

Plus bas, à Guiche-Bourgade, se dressent les ruines d'un **château** (12e-14e s.) avec un donjon carré. L'édifice appartient à la famille de Gramont depuis 1534, après avoir fait partie du système défensif anglais pendant la guerre de Cent Ans. Il domine le minuscule port de Guiche, à la confluence de l'Adour. Le chemin de cale d'Harriet suit un ancien chemin de halage *(4,5 km)* et rappelle le temps où la cité, l'un des ports les plus importants du bas Adour, comptait huit ports… Ponctué de panneaux d'interprétation, le circuit de l'Adour maritime passe notamment par là *(rens. OT et www.paysbasque-adour.com).*

*Suivez la Bidouze pour longer ensuite l'Adour sur la D 261.*

**Urt** / Ahurti A1

*Office de tourisme - pl. du Marché - 64240 Urt - ✆ 05 59 56 24 65 - hors saison : merc. 8h-12h ; de mi-juin à mi-sept. : 9h-12h30, 15h-18h30 - fermé lun. matin, jeu. apr.-midi et dim.*

Village typiquement basque avec son église blanche, au sobre intérieur rehaussé de galeries et d'orgues. On peut marcher le long de l'Adour en suivant la petite route asphaltée qui part de son port.

*Rejoindre Urcuit par la D 261, puis la D 257.*

**Urcuit** / Urketa A1

Comme sa voisine **Urt**, cette petite ville s'est mise à l'ambiance basque, avec sa charmante **église** à galerie extérieure. Stèles discoïdales dans le cimetière attenant.

*Rejoignez Briscous, puis prenez la D 936 et la D 123 en direction de La Bastide-Clairence.*

Avant d'entrer dans le bourg, remarquez sur une hauteur l'**abbaye de Belloc** fondée en 1875 et toujours en activité *(ne se visite pas).*

## NOS ADRESSES À LA BASTIDE-CLAIRENCE

### HÉBERGEMENT ET RESTAURATION

#### PREMIER PRIX

**Résidences de tourisme Les Collines Iduki** – *Au bourg - ✆ 05 59 70 20 81 - www.iduki.net - P - ♿ - 36 appart. - sem. 965 €, poss. de courts séjours hors saison ; demi-pension 1 357 €/ 2 pers.* À la sortie du village, ces maisons disséminées dans la verdure séduisent par leurs couleurs et leur architecture basque. Les intérieurs, souvent spacieux, sont décorés avec goût. À l'entrée, excellent restaurant *(menus 22/28 €)* avec terrasse et piscine.

**Chambre d'hôte La Croisade** – *Rte de St-Palais - ✆ 05 59 29 68 22 - www.la-croisade.com - P - 4 ch. 60 € - repas 23 €.* Les pèlerins de St-Jacques faisaient jadis halte dans cette imposante maison basque. Les chambres, d'un goût exquis, et le salon (murs cirés, tapis et grande cheminée) donnent envie de rester. Table d'hôte 2 ou 3 fois/sem. Possibilité d'utiliser une cuisine bien équipée.

#### BUDGET MOYEN

**Le Clos Gaxen**– *Route d'Hasparren - ✆ 05 59 29 16 44 - www.closgaxen.fr - 3 ch. 75 € - gîte (4 pers.) 650 €/sem.* Posée au milieu d'une vaste propriété, cette belle ferme du 18e s. abrite de confortables chambres d'hôte. Excellent accueil des maîtres de maison et petits-déjeuners mémorables (confitures, gâteau, yaourts maison, etc.). Piscine.

**Les Arceaux** – *Pl. des Arceaux - ✆ 05 59 29 66 70 - ouv. tlj en saison ; hors saison : tlj sf lun. midi, merc.-sam. sur réserv., fermé en janv. - menu déj. 12,50 €, assiette Bastidote 18 €.* On y vient dès 7h30 pour un café et un croissant, le midi pour déjeuner sur la terrasse ombragée, le soir pour déguster une assiette du pays dans la salle à l'arrière qui donne sur la nature. Bons produits locaux et accueil très sympathique.

### ACHATS

**La Ferme Bethanoun** – *GAEC du Lucq - 64240 La Bastide-Clairence - ✆ 06 12 40 72 00 - www.lafermebethanoun.com - tlj sf dim. 10h-12h, 14h-19h - visite de la ferme sur rdv.* Vente des produits de l'élevage de brebis et de blondes d'Aquitaine. Tomme d'Ossau-Iraty et, spécialité de la ferme, le « bethia » (fromage de brebis persillé) ainsi que différents produits à base de viande.

### SPORTS ET LOISIRS

**Asinerie de Pierretoun** – *Hameau de Pessarou - ✆ 05 59 31 58 39 - www.anes-pays-basque.com - juil.-août 9h-19h ; juin et sept. : merc. 14h-18h, w.-end sur rdv.* Espèce un temps menacée, l'âne des Pyrénées est connu pour son aptitude au travail et la qualité de son lait. Ils sont les rois de cette ferme que l'on peut visiter et où l'on peut acheter des produits cosmétiques bio à base de lait d'ânesse. Les enfants (-40 kg) pourront aussi faire une balade guidée à dos d'âne *(13 €/h, 40 €/j.)*.

### AGENDA

**Fête du bourg** – *Fin juil.* Pendant 4 jours et 4 nuits, La Bastide-Clairence se pare de rouge et de blanc. *Bandas, encierros*, courses de vaches et méchoui, tous les ingrédients sont réunis pour de grandes fêtes à la basquaise !

# Grottes d'Isturitz et d'Oxocelhaya

★★

Pyrénées-Atlantiques (64)

NOS ADRESSES PAGE 215

**S'INFORMER**

**Office du tourisme d'Hasparren** – *2 pl. St-Jean - 64240 Hasparren - 05 59 29 62 02 - www.hasparren-tourisme.fr - juil.-août : 9h-19h, dim. et j. fériés 10h-12h ; reste de l'année : lun.-mar. et jeu.-vend. 9h-12h, 14h-17h, merc. 14h-17h, w.-end 9h-12h.*

**SE REPÉRER**

Carte de microrégion B2 (p. 206-207) – *Carte Michelin n° 573 B 26.* Les grottes se trouvent à 14 km à l'est d'Hasparren et à 21 km à l'ouest de St-Palais. Accès par le village de St-Martin-d'Arberoue.

**SE GARER**

Parking aménagé à l'orée du site (aire de pique-nique).

**ORGANISER SON TEMPS**

Entre la visite des grottes et celle d'Hasparren, comptez une demi-journée.

**AVEC LES ENFANTS**

Les grottes ; la ferme Agerria.

**Littéralement « le champ du loup » et « le lieu de la fontaine », ces grottes constituent l'un des plus riches sites préhistoriques d'Europe. De véritables cathédrales de calcaire aux colonnes monumentales et aux draperies majestueuses. Qui est à l'origine de ces merveilles ? Des artisans que l'on nomme l'eau, le calcaire… et le temps. Ces grottes plurent tout d'abord à l'homme de Neandertal venu s'y installer, puis à celui de Cro-Magnon, laissant tour à tour derrière eux de vrais trésors. C'est donc un étonnant voyage au centre de la Terre, au cœur de la colline de Gaztelu, qui vous attend.**

## Visiter les grottes Carte de microrégion

*Depuis le parking, les grottes sont à 10mn à pied. La visite englobe les deux grottes. 05 59 29 64 72 - http://grottes-isturitz.com - visite guidée (limitée à 1 000 pers/j. en juil.-août) - température constante à 14 °C à l'intérieur des grottes.*
**Visites thématiques** – Art & Préhistoire - *05 59 29 41 83 - dim. 11h-13h (adultes uniquement, 13,50 €)* ; visite-conférence géologique - *vend. 17h-19h - sur rdv.*
Les grottes, superposées, correspondent à deux niveaux, abandonnés, du cours souterrain de l'Arberoue (qui coule à présent au troisième niveau).

### Grotte d'Isturitz B2

On pénètre dans la montagne par cette grotte, dont l'intérêt est avant tout scientifique. Sur un **pilier** ont été gravés trois rennes superposés épousant le

Grottes d'Isturitz.


## PASSIONNANTES DÉCOUVERTES

En 1895, les ouvriers qui travaillent dans l'exploitation de phosphate de la **grotte d'Isturitz** trouvent des pierres taillées. En les examinant, le pionnier de la préhistoire, Édouard Piette, pressent l'importance de cette mise au jour. Une première campagne de fouilles (1912-1922) révèle une série de couches stratigraphiques. Elle est suivie d'une seconde qui atteste de 80 000 ans de présence humaine.

En 1929, la **grotte d'Oxocelhaya** est découverte par hasard. Devant la magnificence des lieux, le propriétaire des grottes, André Darricau, décide de l'ouvrir au public, faisant percer en 1953 un tunnel entre les deux grottes. Les représentations pariétales seront ensuite découvertes au fil des ans.

Une troisième grotte, **Erberua**, est découverte en 1973, mais elle reste encore aujourd'hui fermée au public.

Les collections exceptionnelles d'objets sont exposées au musée de St-Germain-en-Laye et une série aurignacienne a rejoint le musée national des Eyzies. Depuis les premières découvertes, la volonté du propriétaire (prolongée par ses descendants qui ont pris la relève) est de faire partager ces richesses qui renseignent sur l'histoire de l'homme. Le **musée** didactique en est la preuve, tandis que, depuis 2007, un **espace culturel** permet à des artistes (musiciens, conteurs, plasticiens ou danseurs) de réaliser des performances in situ *(www.grottes-isturitz-espaceculturel.com)*. Ces réalisations s'accompagnent d'un engagement fort de la famille Darricau en faveur d'un tourisme responsable, respectueux tant de l'environnement que des cultures humaines présentes ou passées.

Alors que s'achève la campagne de fouilles qui visait à mieux cerner l'évolution culturelle des premiers *Homo sapiens*, une nouvelle recherche débute (2011-2016) avec, pour objectif, l'analyse approfondie de l'art pariétal.

**LES GROTTES, LIEUX MAGIQUES**
Les légendes basques présentent les gouffres et les grottes comme les lieux de rencontre entre les êtres mythiques et les humains, ces derniers cherchant à dérober les immenses richesses cachées dans les cavités. Á **St-Martin-d'Arberoue**, on racontait de génération en génération que la colline de Gaztelu abritait le trésor des Laminak (*p. 257*). C'est précisément sous ce sommet que l'on a découvert les fameuses grottes d'Isturitz et d'Oxocelhaya ! Dans une falaise de **Bidarray** (*p. 217*), une petite grotte abrite une stalagmite ressemblant à un tronc humain. La tradition veut que ce soit là le corps d'une jeune bergère pétrifiée, mais elle est devenue la grotte du saint qui « sue », dont les eaux sont réputées pour guérir les maladies de peau.

relief de la pierre, ainsi qu'un cheval. Achevées en 2010, les fouilles ont mis au jour des objets quotidiens mais aussi vingt-deux fragments de flûtes taillées dans des os de rapaces, de gypaètes et de vautours, ainsi que des objets d'art. Parmi ceux-ci, des baguettes demi-rondes sculptées et des gravures, dont vous pourrez admirer les copies dans l'espace-musée des grottes.

**Grotte d'Oxocelhaya** / Otsozelaia B2
Quinze mètres plus bas se trouvent des salles décorées de **concrétions** dont les formes étranges et variées sollicitent l'imagination : stalactites, stalagmites, colonnes, draperies translucides, cascade pétrifiée scintillante.
En outre, deux reproductions illustrent la trentaine de **dessins** (contours au charbon de bois, raclage ou tracé au doigt sur argile) découverts sur les parois, qui ne sont pas montrés au public par mesure de préservation.

## À proximité Carte de microrégion

**Hasparren** / Hazparne A2
*À 10 km au nord-ouest par la D 251, puis la D 14.*
La « cité des chênes » est un village labourdin autrefois dédié à la tannerie. **Francis Jammes** (1868-1938) s'y installa en 1921 et vécut jusqu'à sa mort dans la maison Eyhartzea. Poète admiré de Gide, Claudel, Rilke ou Kafka, mais néanmoins père de neuf enfants et sans le sou, il parcourut le Béarn et le Pays basque à la recherche d'un toit qu'il finit par trouver à Hasparren, avec l'aide d'un père bénédictin. *Centre Culturel Eihartzea - 81 r. Francis-Jammes - 05 59 29 43 36 - http://eihartzea.com - Association Francis-Jammes - 05 59 69 11 24 - www.francis-jammes.com.*
**Chapelle du Sacré-Cœur** – Édifice de 1933 construit pour la Maison des frères missionnaires. À l'intérieur, grande fresque murale dans la nef et Christ Pantocrator néobyzantin en mosaïque dans le chœur.

## NOS ADRESSES PRÈS DES GROTTES

### HÉBERGEMENT ET RESTAURATION

#### PREMIER PRIX

**Gîte d'étape Ferme d'Urkodéa** – *Quartier Zelaï - 64240 Hasparren - ✆ 05 59 29 15 76 - http://urkodea.ffe.com - ♿ - P - gîte 14 pers. - 6 ch. 20 €/pers. en colocation, 300 €/gîte/w.-end et tarifs dégressifs pour nuits supplémentaires et longs séjours.* Réhabilitée en gîte, cette ferme labourdine est aussi un centre de randonnée équestre, qui organise des sorties à travers la lande d'Hasparren et la vallée de la Joyeuse. Chambres à plusieurs lits, remarquables par leur propreté et leur calme.

#### BUDGET MOYEN

**Hôtel Les Tilleuls** – *Pl. de Verdun - 64240 Hasparren - ✆ 05 59 29 62 20 - www.hotellestilleuls-hasparren.com - ♿ - fermé prem. sem. de nov., 2 sem. aux vac. scol. de fév., dim. soir et sam. de fin sept. à déb. juil. sf j. fériés - 25 ch. 60/65 € - ☕ 8 € - poss. de demi-pension 97/108 €; menus 12 (déjeuner)/14/25/30 €.* La maison qu'habita l'écrivain Francis Jammes est à deux pas de cette construction de style basque disposant de chambres bien rénovées qui donnent sur la place du village. Face à l'hôtel, le Relais des Tilleuls est doté de chambres plus grandes avec balcon ou terrasse privative et peut accueillir des groupes ou des familles. Sympathique salle de restaurant rustique où l'on vous proposera de goûter aux recettes régionales.

### ACHATS

**Ferme Agerria** – *Quartier Corlorotz (D 4) - 64640 St-Martin-d'Arberoue - ✆ 05 59 29 45 39 - www.agerria.fr - visites tlj sf dim. 10h-11h30, 15h-18h30 - gratuit.* Cette ferme d'élevage vous fera connaître les brebis manech à tête rousse (agnelage de nov. à mars, traite de déc. à juil.) dont le lait est l'élément de base du fromage ossau-iraty. Des porcs basques se promènent dans les prairies. À la fin de la visite, vous pourrez déguster les produits de la ferme : fromage de brebis, charcuterie, confits, jambons… Si les vacances à la ferme vous tentent, des emplacements pour camping-cars et un gîte pour 5 pers. *(490 €/sem)* sont disponibles sur le site.

2

# Ossès

## Ortzaize

1 601 Ossessois– Pyrénées-Atlantiques (64)

NOS ADRESSES PAGE 219

### S'INFORMER

**Office du tourisme communautaire de St-Jean-Pied-de-Port-Baïgorri** – *14 pl. du Gén.-de-Gaulle - 64430 St-Étienne-de-Baïgorry - ✆ 05 59 37 03 57 - www.pyrenees-basques.com - juil.-août : 9h-19h ; reste de l'année : tlj sf dim. 9h-12h, 14h-18h, j. fériés 10h-13h.* Beaucoup de renseignements, en particulier à propos des randonnées : topoguide indiquant une vingtaine de balades (5 €) et fiches individuelles (0,50 €).

**Office du tourisme d'Hasparren** – *2 pl. St-Jean - 64240 Hasparren - ✆ 05 59 29 62 02 - www.hasparren-tourisme.fr - juil.-août : 9h-19h, dim. et j. fériés 10h-12h ; reste de l'année : lun.-mar. et jeu.-vend. 9h-12h, 14h-17h, merc. 14h-17h, w.-end 9h-12h.*

### SE REPÉRER

Carte de microrégion A3 (p. 206-207) – *Carte Michelin n° 573 C 25.* Ce village est posté au rebord du bassin dessiné par le confluent de la Nive des Aldudes et de la Grande Nive. On y accède par la D 918 depuis Cambo-les-Bains (22 km) ou St-Jean-Pied-de-Port (13 km). St-Étienne-de-Baïgorry n'est qu'à 10 km (D 948).

### À NE PAS MANQUER

La randonnée des crêtes d'Iparla.

### AVEC LES ENFANTS

La base de loisirs du Baigura ; les sports d'eaux vives.

**À quelques tours de roue des sommets pyrénéens, ce village éclaté en différents quartiers sert de porte d'entrée aux collines verdoyantes de Basse-Navarre. Vous y découvrirez des maisons nobles à l'architecture typique et des paysages de prairies baignés d'une lumière éthérée.**

## Se promener

Ossès se partage en sept quartiers différents *(voir les principaux ci-après).* La plupart des maisons anciennes témoignent d'une double influence : labourdine par la présence de pans de bois et basse-navarraise par les murs latéraux en avancée, les auvents et les parements de pierre. On admire de très belles demeures nobles telles que l'imposante et opulente **maison Harizmendi**, reconnaissable à ses pans de bois et ses fenêtres à meneaux.

### Église St-Julien

Le clocher de cet édifice du 16e s., orné d'une superposition de pierres blanches et rosées, comporte sept côtés (sans doute en référence au nombre de quartiers de la vallée). L'église abrite un retable baroque du 17e s. et un bel escalier à vis. Remarquez son portail, baroque lui aussi, construit en 1668 à la demande de l'évêque d'Olce, qui présida la cérémonie de mariage de Louis XIV.

Sur la **place** bordée de vieilles maisons à l'architecture navarro-labourdine, un puits jouxte un petit bâtiment longé par une espèce de balustrade : cette dernière signale la présence d'une ancienne balance à peser les animaux ou les chargements.

### Vers Irissarry

*Prenez la route à gauche de l'église.*

Il faut dépasser les maisons anciennes qui entourent l'église (1673, 1783) et se diriger vers la sortie du village pour voir la **maison Sastriarena**, autrefois résidence secondaire des évêques de Bayonne. Admirez sa façade en encorbellement et ses colombages ouvragés (1628 indique la date de réfection de la maison). Mgr d'Olce, évêque de Bayonne qui bénit le mariage de Louis XIV et de l'infante d'Espagne, Marie-Thérèse, le 9 juin 1660 (*St-Jean-de-Luz*), y aurait fini ses jours.

### Quartier de Gahardou

*En direction de St-Martin-d'Arrossa.*

On aperçoit en bord de route quelques belles demeures traditionnelles dont les linteaux affichent souvent les noms et les dates de construction, remontant pour la plupart aux 17e et 18e s. Ne manquez pas la **maison Apalatzia** (1635) avec ses encadrements de grès rouge, au croisement des deux départementales *(D 8 et D 948)*.

### Quartier d'Eyharce

*Au carrefour des D 948 et D 918.*

Voyez la **maison Arrosagaray** du 16e s., repérable à ses fenêtres à meneaux, et la **maison Arrossa** (linteau de 1613).

### Village d'artisans

*Sur la D 918, en direction de St-Jean-Pied-de-Port.*

Un potier, un ferronnier, un sandalier, des ébénistes et des producteurs de pays proposent directement le fruit de leur travail : fromages, miel, foie gras... Ce regroupement d'artisans a pris possession de la D 918 afin d'offrir l'éventail le plus large possible du savoir-faire basque. Certains ont aménagé leur espace de façon à montrer leur atelier : n'hésitez pas à pousser les portes.

## À proximité Carte de microrégion

### St-Martin-d'Arrossa / Arrosa A3

*Sur la D 608 depuis le quartier d'Eyharce.*

Cet ancien quartier d'Ossès conserve quelques belles fermes anciennes et une église dont l'autel est en bois doré.

*812 m - 13 km, 7h AR, chemin balisé en jaune.* Depuis la voie de chemin de fer qui franchit la Nive à l'entrée du village, une randonnée conduit vers le nord en direction du mont Jarra.

### Bidarray / Bidarrai A2

*À 8 km d'Ossès par la D 918 en direction de Cambo ou par la D 608 dans le prolongement de St-Martin d'Arossa.*

En contrebas des crêtes d'Iparla, accroché au bord du plateau, le petit village de Bidarray, quartier d'Ossès jusqu'en 1791, surplombe la confluence de trois rivières, le Baztan et le Begieder se jetant dans la Nive. Depuis l'église et la place du fronton, belle **vue**★ sur les vallées.

La silhouette imposante de l'**église romane** du 12e s. domine le paysage, avec ses hauts murs de grès rose et son clocher-mur du 17e s. Cette chapelle

appartenait à un prieuré sur la route de St-Jacques-de-Compostelle et jouxtait un hôpital dépendant de Roncevaux. Observez les figures des chapiteaux supportant le porche. Le cimetière abrite de belles stèles discoïdales.
La route qui descend de l'église mène au **pont Noblia** (14e s.). L'arche principale forme avec son reflet dans l'eau un cercle parfait ; à n'en pas douter, c'est là l'œuvre des Laminak *(p. 257)* !
Le village était aussi réputé pour sa **source miraculeuse** du « Saint qui Sue », dont on dit qu'elle guérit les maladies de peau (*p. 84 ; on l'atteint par le GR 10).*
*4h AR (7h jusqu'à St-Étienne-de-Baïgorry).* Le GR 10 vous emmène depuis Bidarray vers le pic d'Iparla. On marche sur la ligne de crête le temps d'une superbe randonnée au plus près du ciel. Le site est propice à l'observation des rapaces et des vautours, parfois très proches.

## Circuit conseillé Carte de microrégion

### AUTOUR D'OSSÈS

*Pour visualiser ce circuit au départ d'Ossès, reportez-vous à la la carte de microrégion (p. 206-207) - comptez 1h. Quittez Ossès par la D 8.*

**Irissarry** / Irisarri AB2
Le village a conservé la **commanderie** des chevaliers de St-Jean-de-Jérusalem édifiée au 12e s. et reconstruite pour l'ordre de Malte au 17e s. Cet ordre assurait la sécurité et l'hébergement des pèlerins en route pour Compostelle, mais le bâtiment lui-même ne constitua jamais une étape du pèlerinage. Il représentait plutôt le siège de la puissance seigneuriale et fut saisi à ce titre sous la Révolution. Restauré, il accueille aujourd'hui **Ospitalea**, un centre d'exposition et d'éducation au patrimoine *(05 59 37 97 20 - www.ospitalea.cg64.fr - lun.-sam. 10h-12h30, 13h30-17h - fermé dim. et j. fériés).* Remarquez les bretèches qui s'accrochent aux angles du bâtiment. Il s'agit d'éléments défensifs.
**Église** – Le plafond en berceau avec effet de caissons modernes abrite un orgue classique et un retable baroque représentant le baptême du Christ.
*Poursuivre en direction d'Iholdy.*
La D 8 se déploie dans un paysage de douces collines dont le vert est parfois ponctué de bosquets, plus sombres.

**Iholdy** / Iholdi B2
*À 6 km d'Irissarry.*
L'église, avec sa grande galerie extérieure en bois, et le fronton accolé forment un bel ensemble.

**Château d'Olce** B2
*Dans le bourg d'Iholdy, un panneau indique le château à droite - 05 59 37 51 07 - de mi-avr. à mi-sept. : 14h-18h - fermé merc. et de mi-sept. à mi-avr. - 6 € (-16 ans 3 €) - possibilité de visite guidée (1h).*
Cette demeure mérite une visite autant pour Mgr Jean d'Olce, qui la fit rebâtir en 1664 sur un château de famille (14e s.), que pour ses actuels propriétaires qui ont sauvé de la ruine un bâtiment longtemps laissé à l'abandon. Vous pourrez apprécier le beau travail de restauration des plafonds à la française et surtout de récupération des stucs en relief (en vogue sous Louis XIV). À commencer par la chapelle avec son retable cannelé et le blason d'Olce qui orne le plafond, puis l'escalier monumental, à vide central (15 m de haut), avec

sa coupole baroque. Chaque pièce s'orne d'une cheminée au décor plus ou moins chargé. L'ensemble est meublé 17e-18e s.
*Quittez Iholdy par la D 745, en direction d'Hélette.*

### **Hélette** / Heleta A2

*À 7,5 km.*

**Agour - Musée basque du Pastoralisme et du Fromage** – *Sur la D 119, en direction de Louhossoa. ✆ 05 59 37 63 86 - www.agour.com - ♿ - 8h30-12h, 14h-18h, sam. 8h30-12h - fermé dim. et j. fériés - 5 € (-12 ans gratuit) - possibilité de visite guidée (40mn).* Quel meilleur moyen de mettre en valeur ses produits que d'organiser un musée pour en expliquer la fabrication ? C'est ce qu'a fait cette fromagerie sur son site de production. On peut écouter la voix du berger Joanes expliquer la tradition basque du pastoralisme et observer la reconstitution d'une *etxe* et d'une bergerie. La visite s'achève par un film sur les procédés actuels de fabrication et une dégustation, accompagnée au choix d'un verre d'Irouléguy ou de cidre. On peut voir les salles d'affinage à travers les vitres.
*Prenez la direction d'Herauritz puis la D 119 jusqu'à la base de loisirs du Baigura.*

### **Mont Baygoura** / Baigura A2

**Petit train** – *Au départ de la base de loisirs - rens. et réserv. ✆ 05 59 37 69 05 - juin-sept. : 10h, 11h30 et ttes les heures de 14h à 18h ; hors sais. : 13h30-17h30 - 7 € (enf. 4 €), 4,50 € jusqu'à mi-pente.* Pour monter au Baygoura, rien de plus simple que ce petit train ! VTT et parapentes sont embarqués à l'arrière. L'arrêt à mi-pente se fait à l'entrée d'un **sentier de découverte** jalonné de panneaux d'interprétation, bon compromis pour ceux qui veulent découvrir la nature sans marcher depuis la base de loisirs. Du sommet, vous profiterez par beau temps d'une **superbe vue** ★ sur les villages de Basse-Navarre, la Côte basque et les montagnes pyrénéennes *(table d'orientation).*
*Revenez à Herauritz. La D 22 ramène à Irissary, d'où l'on peut rejoindre Ossès par la D 8.*

2

## NOS ADRESSES À OSSÈS

### HÉBERGEMENT ET RESTAURATION

À Hélette, la **place du Fronton** regroupe plusieurs restaurants dont l'auberge Aguerria.

**BUDGET MOYEN**

**Hôtel-Restaurant Mendi-Alde** – *Pl. de l'Église - ✆ 05 59 37 71 78 - www.hotel-mendi-alde.fr - fermé 10 j. début oct., 15 j. fin nov.-déb. déc. - ♿ - P - 15 ch. 65/78 € - ☕ 10 € - poss. demi-pension 120/142 € - menus 20/26/33 €.* Ce bel hôtel typique – le seul du village – réserve un accueil sympathique. Les chambres offrent un calme olympien et l'espace détente (piscine, hammam, sauna, massages, etc.) est une bonne occasion de se ressourcer. La cuisine regorge de saveurs : goûtez la piperade et le gâteau basque… On peut même prendre des cours ! L'adresse est connue dans la région.

**La Ferme gourmande** – *Maison Landaburia (à 2 km du bourg) - ✆ 05 59 37 77 32 - www.restaurant-fermegourmande.com - ouv. merc.-dim. midi - fermé janv.-fév. - P - menus 29,50/38 € - 27/32 € - réserv. conseillée.* Cette belle maison située en pleine nature abrite un restaurant gastronomique inattendu. La carte, courte et renouvelée toutes les six semaines, réserve de succulentes surprises préparées avec des produits provenant d'artisans et producteurs locaux. Au printemps, betterave fumée, asperge et mousse de salade, ou caramélisé de radis au merlu. Cours de cuisine.

**Hôtel-Restaurant Eskalduna** – *Chez Katina - 64780 St-Martin-d'Arrossa - ☏ 05 59 37 71 72- www.chezkatina.fr - fermé janv.-fév. - ♿ - 🅿 - 36 ch. 90/95 € ☕ - poss. demi-pension 106/110 € - menus 18,50/27/42 €.* Avec un grand souci de confort et de détente (piscine, espace fitness, Spa, sauna, etc.), cet hôtel familial possède le charme et l'authenticité d'une maison privée. Et pour cause. Construit en 1745, ce relais de diligence a toujours appartenu à la même famille. Trois salles de restaurant pour une seule et même cuisine, traditionnelle et savoureuse.

## SPORTS ET LOISIRS

**Ur Bizia Rafting** – *Erramondeguya - 64780 Bidarray - ☏ 05 59 37 72 37 - www.ur-bizia.com - 9h-18h30 - 28 € 1h30 de descente en eaux vives sur la Nive - au choix : rafting, canoraft, hydrospeed, kayak (-12 ans 14 € : descente en rafting pour les enfants accompagnés d'un adulte).* Sports d'eaux vives et d'aventure, toute l'année.

**Cocktail Aventure** – *64780 Bidarray - ☏ 05 59 37 76 24 - www.cocktail-aventure.com - sur réserv. - rafting en eaux vives 26 € 1/2 j., 46 € 1 j. ; canyoning à la 1/2 j. (à partir de 12 ans) - 37 €.* 7 km de descente sur la Nive d'Ossès à Bidarray propices à la pratique des sports d'eaux vives : rafting, miniraft, hot-dog, hydrospeed et canyoning.

**Ferme équestre Les Collines** – *Chemin derrière l'église - 64780 Ossès - ☏ 05 59 37 75 08 - www.fermelescollines.com - sur réserv.* Si vous avez plus de 10 ans, la ferme équestre Les Collines vous propose de belles randonnées à cheval à travers le Pays basque. Les promenades durent deux heures, une demi-journée ou une journée, les randonnées de 3 à 7 jours.

**Base de loisirs du Baigura** – *D 117 - 64240 Mendionde - ☏ 05 59 37 69 05 - www.baigura.fr - ouv. de fév. à oct. - initiation au vol en parapente biplace avec moniteur : env. 15mn - 65 € - réserv. 3 j. avt ; VTT : circuit en boucle 26 €, descente 30 € ; « Arapaho » : descente initiation 45mn 25 €, descente sportive 1h30 30 €.* La base de loisirs propose plusieurs activités de plein air, profitant de sa situation idéale au pied du Baygoura. Un petit train (*p. 219*) emmène au sommet les stagiaires de l'école de parapente ainsi que les descendeurs en VTT et « Arapaho », trottinette tout terrain qui vous procurera de nouvelles sensations ! Sur la base, aérotrampoline *(5 € pour env. 10mn)*. 45 km de sentiers sont balisés aux alentours, dont un sentier éducatif aménagé sur le massif.

## AGENDA

**Fête-Dieu** – *Juin - 64640 Iholdy ou Hélette.* Messe et processions costumées.

# Saint-Palais

**Donapaleu**

1 862 Saint-Palaisins – Pyrénées-Atlantiques (64)

NOS ADRESSES PAGE 223

### S'INFORMER

**Office du tourisme de St-Palais** – *14 pl. Charles-de-Gaulle - 64120 St-Palais - ☏ 05 59 65 71 78 - www.montagne-paysbasque.com - juil.-août : lun.-sam. 9h30-12h30, 14h-18h, dim. et j. fériés 10h-12h30 ; reste de l'année : tlj sf dim., lun. et j. fériés 9h30-12h30, 14h30-18h - fermé j. fériés.*

### SE REPÉRER

Carte de microrégion B2 (p. 206-207) – *Carte Michelin n° 573 C 26.* En lisière de Soule, cette cité de Basse-Navarre se rallie par la D 933 depuis St-Jean-Pied-de-Port (31 km au sud-ouest) ou par la D 11 depuis Bidache (23 km au nord-ouest).

### ORGANISER SON TEMPS

Prévoyez une demi-journée pour découvrir St-Palais et ses environs.

### AVEC LES ENFANTS

La visite du château de Camou.



**Vous voici dans un haut lieu du pèlerinage de Compostelle, l'ancienne capitale du royaume de Basse-Navarre. Sur une terre paisiblement vallonnée, cette bastide du 13e s. vibre toute l'année au rythme de ses traditions : galas de pelote, festival de force basque, courses en sac... sans oublier sa vocation commerciale qui fait d'elle un gros centre agricole de la région. Il s'y tient, tous les vendredis matin sur la place du Foirail, un important marché qu'il serait dommage de rater.**

## Se promener

*Départ devant la mairie, rue Gambetta. Partez à gauche vers l'église et prenez la première venelle qui s'ouvre à gauche.*

### Rue de la Monnaie

Adorable ruelle bordée de murs où serpentent les glycines. Face aux volets blancs et à la façade d'ardoise de la maison du fond, le temps s'arrête.

*Tournez à droite dans la rue du Palais-de-Justice.*

### Palais de justice

Après avoir servi de siège aux États de Navarre aux 16e et 17e s. ainsi que d'église réformée sous Jeanne d'Albret et Henri IV, l'ancienne église St-Paul est devenue édifice civil sous la Révolution.

### Maison des Têtes

*Face au tribunal.*

Ancienne maison noble Derdoy-Oyhenart (16e s.), elle se reconnaît aux cinq médaillons sculptés qui ornent sa façade. Ils caricaturent entre autres les rois de Navarre : Henri II, sa fille Jeanne d'Albret et le fils de celle-ci, le futur Henri IV

**UNE ANCIENNE CAPITALE**
Le nom de Saint-Palais viendrait du culte d'un jeune Navarrais, Pelayo (Pélage), martyrisé à Cordoue en 925. Fondée au 13e s. comme ville neuve, la cité a été, à partir de 1512 (et jusqu'en 1620 lorsque Louis XIII intégra le royaume de Navarre à la France), capitale de la Basse-Navarre après que la partie espagnole du royaume eut été rattachée à la Castille. Elle a battu monnaie de 1351 à 1672. Vers elle convergeaient les pèlerins de St-Jacques en provenance du Puy, de Paris, de Tours et de Vézelay. C'est pourquoi la ville s'est développée autour de sa rue principale d'alors, autrefois bordée de remparts et fermée par les péages : l'actuelle rue du Palais-de-Justice.

de France. Ceux du diable et de la femme au bandeau ont été rajoutés au 17e s. Plus loin dans la rue, remarquez la maison en renfoncement, à gauche, dont le linteau affiche la date de 1660. Il s'agit de l'ancienne prison. Elle abrita la sénéchaussée de Navarre entre 1639 et 1790.
*Revenez sur vos pas et dirigez-vous vers l'église.*

### Église
Édifice néogothique du 19e s. au tympan Art nouveau. À l'intérieur, bel orgue de Cavaillé-Coll.
*La rue Gambetta ramène à la mairie.*

## À proximité Carte de microrégion

### ★ Garris B2
*À 3 km au nord-ouest par la D 11.*
Fondée sur la voie romaine de Bordeaux à Astorga, cette très ancienne petite cité est antérieure à St-Palais. Elle a forgé sa réputation au Moyen Âge grâce à ses foires, mais a toujours été moins importante que sa voisine, sauf pendant les cinq années durant lesquelles elle a organisé les états généraux de Basse-Navarre (18e s.). Subsistent aujourd'hui de sa prospérité la tradition de ses foires aux bestiaux et surtout un village au charme indéniable.
Arpenter la rue principale de cet adorable village admirablement entretenu revient à faire une promenade dans le temps. Ce n'est qu'une succession de maisons traditionnelles des 17e et 18e s. ! Certaines sont à pans de bois, d'autres en briques ou à encorbellement, la plupart donnant sur des bas-côtés pavés de galets. Les plus anciennes se trouvent à l'opposé de l'église. Remarquez les chevrons en têtes sculptées qui décorent la façade de la maison Sehabla (1641).

### Château de Camou B2
*À 5 km au nord par la D 29 - ✆ 06 44 30 04 57 - visite sur rendez-vous - 3,50 € (-12 ans gratuit).*
Sur une motte médiévale du 11e s., cette maison forte datée du 16e s. présente, par le biais de petites mises en scène réalisées avec des outils, les travaux et les jeux agricoles d'autrefois. À l'étage, le guide explique, démonstration à l'appui, le mécanisme des inventions de Léonard de Vinci et de Francesco di Giorgio.

## NOS ADRESSES À SAINT-PALAIS

### HÉBERGEMENT ET RESTAURATION

#### PREMIER PRIX

**Hôtel-Restaurant du Midi** – *Pl. du Foirail - ✆ 05 59 65 70 64 - www.hotel-restaurant-dumidi.fr - fermé 3 sem. fin oct.-déb. nov., vac. d'Hiver, vend. soir et sam. hors saison - menus 15/30 € - 13 ch. 52/66 € - ☕ 6 €.* Une adresse toute simple, fréquentée par les gens du coin et les pèlerins. Selon la saison vous attendent palombes flambées au capucin *(de mi-oct. à mi-nov.)*, ris d'agneau aux cèpes, assiettes du terroir, etc. Aux beaux jours, jolie terrasse couverte. Marché sur la place le vend. matin.

**Hôtel de la Paix** – *33 r. du Jeu-de-Paume - ✆ 05 59 65 73 15 - www.hotellapaix.com - fermé fin juin-début juil., mi-déc.-fin janv., dim. soir et sam. sf juil.-août - 27 ch. 59/64 € - ☕ 7,50 € - poss. de demi-pension 108 €/2 pers. - menus 14/27/33 €.* Cette jolie façade ornée de briques rouges et de loggias en bois donne sur la place du Marché. Les chambres, certaines dotées d'un balcon, ont toutes bénéficié d'une rénovation réussie. Salle à manger rustique prolongée d'une terrasse ombragée. Cuisine traditionnelle.

#### BUDGET MOYEN

**Chambre d'hôte La Maison d'Arthezenea** – *42 r. du Palais-de-Justice - ✆ 05 59 65 85 96 - www.gites64.com/maison-darthezenea - fermé janv.-mars - P - 4 ch. 70/75 € ☕ - repas 28 €/pers. bc.* Dans un joli jardin, une demeure en pierre où l'on se sent comme chez soi. Les chambres, aux meubles anciens ou de style, se distinguent par leur couleur et leur nom. À la table d'hôte, belles spécialités (foie gras maison, ris d'agneau et palombe flambée en saison).

**Le Trinquet** – *31 r. du Jeu-de-Paume - ✆ 05 59 65 73 13 - www.le-trinquet-saint-palais.com - fermé 3 sem. autour des vac. scolaires de zone C et 2 sem. fin sept.-déb. oct. - rest. fermé dim. soir et lun. - 9 ch. 62/73 € - ☕ 7,50 € - formule déj. en sem. 13 € - 25/30 €.* Sur la place centrale, cette maison, qui sort d'une cure de jouvence, est dotée d'un authentique trinquet de 1891. Carte régionale servie dans un décor moderne très agréable, avec aux murs des œuvres d'artistes contemporains. Chambres refaites au goût du jour.

### ACHATS

**Ona Tiss** – *23 r. de la Bidouze - ✆ 05 59 65 71 84 - www.onatiss.com - lun.-jeu. 9h-12h, 14h-17h, vend.-sam. en saison.* On pénètre dans l'un des derniers ateliers de tissage traditionnel et artisanal du Pays basque. Créé en 1948, il fabriquait à l'origine la toile des espadrilles. La visite, gratuite, raconte l'histoire du linge basque.

### SPORTS ET LOISIRS

**Sentier des contrebandiers** – *www.rando64.fr.* Ce parcours équestre et VTT relie St-Palais à Hendaye par St-Jean-Pied-de-Port, Sare et les crêtes. Itinéraire sportif que les cavaliers mettront 10 jours à parcourir ; les vététistes le couvriront en 6 jours.

### AGENDA

**Fêtes de la Madeleine** – *Juil.* Code de couleurs : bleu et blanc !

**Foire de Garris** – *31 juil.-1er août - 64120 Garris.* Foire agricole.

**Festival de force basque** – *3e dim. d'août - ✆ 05 59 65 95 77.*

# Les chemins de Saint-Jacques

★★★

Pyrénées-Atlantiques (64)

NOS ADRESSES PAGE 229

**S'INFORMER**

**Office du tourisme de St-Jean-Pied-de-Port** – *14 pl. Charles-de-Gaulle - 64220 St-Jean-Pied-de-Port - 05 59 37 03 57 - www.pyrenees-basques.com - juil.-août : lun.-sam. 9h-19h, dim. 10h-13h, 14h-17h ; reste de l'année : lun.-sam. 9h-12h, 14h-18h - fermé j. fériés.*

**Accueil St-Jacques** – *39 r. de la Citadelle - 64220 St-Jean-Pied-de-Port - 05 59 37 05 09 - www.aucoeurduchemin.org - mars-nov. : 7h30-22h30.*

**SE REPÉRER**

Carte de microrégion A3 (p. 206-207) – *Carte Michelin n° 573 C 25.* L'itinéraire relie St-Palais à St-Jean-Pied-de-Port par la D 933 (chemin de Vézelay). Une boucle qui emprunte cette même départementale est effectuée sur les hauteurs de St-Jean.

**À NE PAS MANQUER**

La chapelle d'Harambels et la route des Ports de Cize.

**Avancer sur les traces de ces milliers de pèlerins qui, depuis le 12e s., poussés par la foi ou le désir d'aventure, gravissent les Pyrénées pour rejoindre Saint-Jacques-de-Compostelle est un voyage qui ne peut laisser indifférent. Chapelles perdues au milieu des champs, villages fortifiés et paysages à couper le souffle vous attendent le long des chemins. Que vous soyez croyant ou non, laissez-vous porter par la dimension mystique qui, de villages en montagnes, enveloppe chacune des étapes.**

## Circuit conseillé Carte de microrégion

### ★★★ LE LONG DES CHEMINS DE COMPOSTELLE

*Pour visualiser ce circuit de 65 km au départ de Saint-Palais, reportez-vous à la carte de microrégion (p. 206-207) - comptez une journée.*

**Saint-Palais** B2 (*p. 221*)

*Quittez St-Palais par la D 933 en direction de St-Jean-Pied-de-Port.*

**Stèle de Gibraltar** B2

*À l'entrée d'Uhart-Mixe, prenez à droite la D 302 qui marque un angle aigu. Laissez la voiture à un carrefour de chemins et empruntez le premier à droite.* À flanc du mont St-Sauveur, ce monument (1964), surmonté d'une stèle discoïdale, marque le point de convergence de trois des principaux chemins de Compostelle.

*10 km - 3h30.* La stèle se trouve sur une petite boucle de randonnée dont le départ se prend à Uhart-Mixe, après le « château » qui longe la rivière, au-delà du petit pont de l'église, à gauche.

*Poursuivez en voiture le chemin qui monte depuis la stèle et tournez à droite vers le mont St-Sauveur. Laissez la voiture à la statue de la Vierge et poursuivez à pied sur le chemin.*

Route du col de Bentarte, sur le chemin de St-Jacques.
M. Dozier / hemis. fr

Belle **vue** sur les monts blancs des Pyrénées au sud (massif du Pic-d'Anie et pic du Midi d'Ossau) et la campagne de la vallée de la Bidouze au nord.
*Revenez à Uhart-Mixe et suivez la D 933, puis à droite une petite voie.*

2

## **Harambels** / Haranbeltz B2

*Quartier Harambels - ✆ 05 59 46 55 97 - www.lesamisdharanbeltz.fr - de Pâques à la Toussaint 14h-18h - fermé mar. - 2 €.*

À partir de la fin du 10e s., le pèlerinage de St-Jacques-de-Compostelle attire de plus en plus de voyageurs. Ils demandent asile dans les villages traversés. Les hôpitaux, financés par les seigneurs locaux, se multiplient le long du chemin. À Harambels, les paysans s'organisent en une communauté de donats qui se consacre à l'accueil des pèlerins et des pauvres. La réputation du village va grandissante.

La voie empruntée par les pèlerins passe alors sous le porche de la **chapelle St-Nicolas★** (fin 12e s.-déb. 13e s.). Sous celui-ci (pavage et arche du 17e s.), la porte à droite, très ancienne avec ses serrures et clous forgés, menait à l'hôpital aujourd'hui disparu. Arrêtez-vous un instant à l'entrée de la chapelle. Le tympan porte un **chrisme** de l'époque de construction de l'église ; vous y verrez les lettres grecques du nom du Christ, ainsi que l'alpha et l'oméga, symboles d'éternité. Il fait partie des chrismes très anciens les mieux conservés ; saluons le travail des artisans qui ont dû le recomposer car, fragilisé par le poids du clocher, il est tombé en 17 morceaux au moment des travaux de rénovation de la chapelle ! Au-dessus est sculptée une croix de Malte. Notez le visage taillé dans la pierre du montant latéral gauche : il s'agit sans doute d'un bloc provenant d'un temple païen réutilisé pour la chapelle.

L'intérieur de l'édifice est fascinant par ses **peintures en trompe l'œil** (briques de la voûte, faux marbre) et par son **retable★★** aux colonnes torsadées (1736). Saint Nicolas y est représenté sur le bas-relief principal, dans son habit d'évêque, devant le saloir d'où s'échappent les trois enfants sauvés. Il est surmonté d'une colombe et d'un Christ en croix. La Trinité est complétée par Dieu le Père peint au plafond, encadré par la Lune et le Soleil. Parmi les saints représentés sur les **fresques sur bois**, remarquez saint Roch, pèlerin du 13e s. Le bas-relief de la Vierge date du début du 18e s., mais a été réalisé à la manière du 12e s.

*3 km AR - 45mn*. Au-dessus du hameau, le sentier (GR 65) mène à la **chapelle de Soyarce** (19e s.). Table d'orientation et jolie vue sur les Pyrénées.

*Retournez sur la D 933 et prenez la direction d'Ostabat.*

## Ostabat-Asme / Oztibarre B2

Ostabat était autrefois une importante étape sur la route de St-Jacques : porte d'entrée de la Navarre, trois voies y convergeaient, venant de Tours, de Vézelay et du Puy-en-Velay. Au 12e s., on érigea là une bastide ; la partie basse accueillait les pèlerins pauvres et les malades, la partie haute, du fait de son droit d'entrée, était réservée aux marchands et pèlerins aisés. Prospère, la ville obtint en 1381 le droit d'organiser un marché ; des notaires s'installèrent et les hôtels se multiplièrent dans la ville haute. Mais son déclin commença lorsque les itinéraires des pèlerins se décalèrent vers la côte. Aujourd'hui, le village ne conserve de ses auberges et de ses deux hôpitaux que le souvenir. Quelques vestiges des remparts détruits en 1228 sont visibles près de la maison Portalia.

*6 km - 1h AR - le chemin peut se révéler boueux après la pluie.* Le sentier de randonnée (GR 65) part de l'église, descend la rue principale (escalier à droite de la maison) et tourne ensuite à gauche, hors du village. Il mène à la chapelle d'Harambels à travers la forêt communale.

*Longez le versant par la D 508 qui monte vers le col d'Iparlatze (325 m).*

À votre gauche, en contrebas, vous pouvez admirer le **château Laxague**, château fort avec ses hautes murailles et son imposante tour d'entrée à la porte en arc brisé. L'ancienne demeure de Pees de Latsaga, chambellan du

# Le renouveau des chemins de St-Jacques

## UN NOUVEL ENGOUEMENT

Au 21e s., les nouveaux pèlerins de Compostelle prennent la route pour toutes sortes de raisons : démarche mystique, besoin de faire le point, simple désir de randonnée. Leurs motivations pour ce voyage sont diverses, mais toutes constituent une expérience personnelle forte. Ce n'est pas un hasard si, depuis 1998, les tronçons français figurent au Patrimoine mondial de l'humanité et si le bureau de St-Jean-Pied-de-Port a accueilli 45 409 pèlerins en 2012, soit 11 % de plus que l'année précédente. Autre signe qui ne trompe pas : de nouveaux gîtes ouvrent chaque année le long du chemin français, rendant vie à des villages navarrais autrefois désertés.

## PÈLERINAGE PRATIQUE

Préparez-vous physiquement et pensez à voyager léger. Limitez votre bagage au strict nécessaire : affaires de toilette, pharmacie, habillement adapté à la saison, poncho imperméable, chaussettes, chaussures de marche, gamelle et gobelet, duvet, carte internationale de téléphone. Soyez prévoyant et renseignez-vous auprès de votre assurance. Demandez aussi la carte européenne d'assurance maladie pour d'éventuels frais médicaux en Espagne. Outre sa carte d'identité (s'il est ressortissant de l'espace Schengen), le vrai pèlerin doit aussi se munir d'un carnet appelé « créanciale » lorsqu'il est délivré par l'évêché (le sien ou celui du lieu de départ), ou « credencial » lorsqu'il est émis par une association laïque. Ce carnet fait office de passeport (sauf pour la frontière !), chaque étape du chemin étant tamponnée par une instance civile ou religieuse. Il permet parfois d'avoir des réductions sur l'entrée de certains musées ou monuments, mais il est surtout indispensable, côté espagnol, pour accéder aux gîtes. Enfin, c'est sur sa présentation que sera délivrée la **compostela** à St-Jacques.

Autrefois, un réseau très complet d'**hospices** gérés par des **donats** facilitait le voyage et assurait l'hébergement et le bien-être spirituel des pèlerins. Actuellement, il s'agit de gîtes d'étape. Moins nombreux, ils jalonnent les itinéraires qui convergent en Basse-Navarre, à Ostabat, avant d'atteindre St-Jean-Pied-de-Port. Aujourd'hui encore, les pèlerins gagnent Roncevaux par la route des hauteurs.

*Organiser son voyage, p. 18.*
*Les chemins de St-Jacques, côté espagnol, p. 423.*

roi de Navarre, mort en 1394, est aujourd'hui une ferme en activité *(ne se visite pas).* *Boucle - 1h.* Depuis le haut du village, un sentier balisé en jaune passe non loin du château.
L'arrivée au col d'Iparlatze dévoile une belle vue sur les collines et la vallée de la Joyeuse.
*Faites demi-tour au col pour revenir sur la D 933.*
*Si l'on souhaite s'éloigner des chemins de St-Jacques, la route qui continue depuis le col pour aller à St-Jean-Pied-de-Port par le col des Palombières (D 518) et Jaxu (D 22) est un itinéraire agréable avec de beaux paysages.*

### Larceveau / Larzabale B3

**Centre d'interprétation des stèles discoïdales et de l'art funéraire basque** – *05 59 37 81 92 - www.lauburu.fr - 9h-19h - gratuit - demandez la carte magnétique donnant accès aux commerces et restaurants voisins.*
L'association Lauburu, qui travaille depuis 1972 à sauver le patrimoine lapidaire basque, expose ici, dans une ambiance de jardin zen, une belle collection de stèles, la plupart du 17e s. L'exposition et les 12 vidéos très pédagogiques proposées visent à expliquer la symbolique des stèles, l'organisation des rites funéraires et la place de la mort dans la société basque; un pan de la culture basque à la fois intime et très présent dans le paysage, dont on peut ainsi mieux comprendre la dimension spirituelle.
*Reprenez la D 933 vers St-Jean-Pied-de-Port.*
À la croix de Galtzetaburu (18e s.), à 4 km, on croise le chemin des pèlerins.
*Poursuivez sur 9 km, un panneau à gauche vous indique La Madeleine.*

### La Madeleine B3

L'église Ste-Madeleine-de-Beigbeder (Betbeder), joli bâtiment à vaisseau unique en pierre rose, fut construite au début du 13e s. Elle relevait de l'abbaye de Lahonce. Croix navarraise près du parking. De l'autre côté du ruisseau Laurhibar, le moulin Peko Eihera, du 13e s. lui aussi (1249), a été entièrement rénové - *visite sur rdv - M. Lacroix - 05 59 37 06 72.*
*Par la D 933, on arrive à St-Jean-Pied-de-Port, étape importante avant l'ascension des Pyrénées.*

### ★ St-Jean-Pied-de-Port A3 (*p. 230*)

### ★★ Route des Ports de Cize A4

*Itinéraire à n'emprunter que par beau temps : mieux vaut renoncer à l'ascension si le brouillard se lève. Comme les pèlerins, quittez St-Jean-Pied-de-Port par la porte d'Espagne et empruntez la route de Napoléon (D 428).*
La route doit son nom aux vestiges de redoutes qu'elle longe. Elle monte raide dans sa première partie et découvre rapidement les superbes **paysages** de la vallée de la Nive de Béhérobie. Après le deuxième virage en épingle à cheveux, là où le sentier rejoint de nouveau la route, une table d'orientation sur la gauche permet de se repérer.
*Attention – Assourdis par le vent et concentrés sur leur marche, les pèlerins n'entendent pas les voitures arriver; roulez prudemment et respectez leur effort.*
La route passe à droite du pic d'Orisson (1 064 m) et de l'Itchachéguy (1 161 m). On atteint alors la **Vierge de Biakorri** (dite d'Orisson), surplombant le versant.
*Revenez sur vos pas et prenez la route qui se détache vers l'ouest.*
À gauche, sur le mont, la redoute de **Château-Pignon** n'est plus que ruines. Construite en 1512 par Ferdinand d'Aragon, elle servit à de nombreuses batailles (1521, 1793, 1813).

*Peu après, laissez les pèlerins traverser la frontière au col (port) dit « passage de Cize » et prenez à droite (D 128).*
*Au col d'Héganzo, si l'on prend à droite puis à gauche, on peut redescendre par une route d'estive jusqu'à Arnéguy, avec une belle vue sur la vallée. Tout droit, la D 128 permet de suivre au plus près le défilé du Valcarlos ; elle est plus longue et comporte de nombreux virages, mais elle traverse de beaux paysages.*

### Défilé du Valcarlos A4

*Continuez sur la D 128.*
À Ondarolle, on rejoint l'itinéraire de pèlerinage du Valcarlos, obligatoire par mauvais temps. Le chemin suit la D 128 jusqu'à Arnéguy.
*De là, la D 933 ramène à St-Jean-Pied-de-Port en longeant la Nive d'Arnéguy.*

## NOS ADRESSES SUR LES CHEMINS DE ST-JACQUES

*Voir aussi St-Jean-Pied-de-Port.*

### HÉBERGEMENT

#### PREMIER PRIX

Les adresses que nous indiquons ici sont destinées à l'accueil des pèlerins sur les chemins de St-Jacques : on y gagne souvent en convivialité ce qu'on perd en confort !

**L'Esprit du chemin** – *40 rue de la Citadelle - 64220 St-Jean-Pied-de-Port - 05 59 37 24 68 - www.espritduchemin.org - 1er avr.-fin sept. - 18 lits 8 € - 3 €.* Ce gîte « de, par et pour » les pélerins, entièrement tenu par des bénévoles, garantit une immersion totale dans l'univers de Compostelle. Hospitalité généreuse, esprit de service et melting pot sont au rendez-vous. Les randonneurs qui suivent d'autres parcours (comme le GR 10) sont aussi les bienvenus. Dans l'esprit du pélerinage, un repas simple *(9 €)* est servi à ceux qui s'arrêtent pour la nuit.

**Refuge Orisson** – *64220 Uhart-Cize - 05 59 49 13 03 - www.refuge-orisson.com - mars-oct. - 18 lits - 32 € en demi-pension.* Cet ancien *kaiolar* (bergerie) a plus d'un atout : trois chambres meublées de 6 lits superposés, une vue panoramique et une table bien achalandée : rustique mais satisfaisant au terme d'une journée de marche ! Réservation conseillée.

#### POUR SE FAIRE PLAISIR

**Chambre d'hôte Oyhanartia** – *64120 Larceveau - 05 59 37 88 16 - 6 ch. 69/74 € - table d'hôte 28 €.* Elle était professeur de français, il était exploitant de jeux de bistrot. Ils ont changé de vie pour s'installer à Larceveau, au cœur des paysages verdoyants du Pays basque intérieur, et restaurer une vieille ferme navarraise. C'est aujourd'hui une agréable maison d'hôte, halte idéale sur le chemin de St-Jacques ou point d'ancrage pour découvrir la région. Atmosphère détendue et repos garanti, dans le salon-bibliothèque, abondamment pourvu ou sur la terrasse, à l'ombre des platanes… Sur l'immense table en noyer de la salle à manger, Chantal sert une cuisine savoureuse, à base de produits du pays : un régal !

2

# Saint-Jean-Pied-de-Port

**Donibane-Garazi**

★

1 471 Saint-Jeannais - Pyrénées Atlantiques (64)

## NOS ADRESSES PAGE 234

### S'INFORMER

**Office du tourisme communautaire de St-Jean-Pied-de-Port-Baïgorri** – *14 pl. du Gén.-de-Gaulle - 64220 St-Jean-Pied-de-Port - ✆ 05 59 37 03 57 - www.pyrenees-basques.com - juil.-août : 9h-19h ; reste de l'année : 9h-12h, 14h-18h.* Beaucoup de renseignements, en particulier à propos des randonnées : topoguide indiquant une vingtaine de balades (5 €) et fiches individuelles (0,50 €).

**Visites guidées** – Découverte de la citadelle, des monuments et des rues de la vieille ville ou visite par des Raconteurs de pays - visite nocturne le merc. *Rens. à l'OT.*

**Train touristique** – *✆ 05 59 37 00 92 - fermé du 1er nov. à Paques - 5,50 €.*

### SE REPÉRER

Carte de microrégion A3 (p. 206-207) et plan de ville (page de droite) – *Carte Michelin n° 524 C 26.* St-Jean-Pied-de-Port se trouve à 34 km au sud-est de Cambo-les-Bains, soit à 53 km de Bayonne et 61 km de St-Jean-de-Luz. La ville se situe également à 31 km au sud-ouest de St-Palais et à 8 km de la frontière espagnole.

### SE GARER

Laissez votre voiture près de la porte de France ; suivez les remparts et prenez l'escalier pour gagner la porte St-Jacques par laquelle les pèlerins pénétraient dans la cité. Il y a également des parkings à l'entrée et à la sortie de la ville.

### À NE PAS MANQUER

La vieille ville, les chapelles d'Alciette et de Bascassan, une promenade à la nuit tombée dans la rue de la Citadelle, quand tout est calme.

### ORGANISER SON TEMPS

La découverte de la ville en elle-même ne prend qu'une demi-journée, mais les possibilités d'excursions aux alentours sont très nombreuses.

**Dans un superbe cadre de montagnes, posée comme son nom l'indique au pied du port de Roncevaux, voici la dernière étape française des pèlerins de Compostelle. Modelée par une histoire militaire agitée dont témoignent ses remparts et sa citadelle, l'ancienne capitale de Basse-Navarre est aujourd'hui une cité aussi agréable que tranquille. Les maisons de grès rose se dorent paresseusement au soleil et seules viennent les envahir, aux beaux jours, des armées pacifiques de touristes… et, toujours, de pèlerins.**

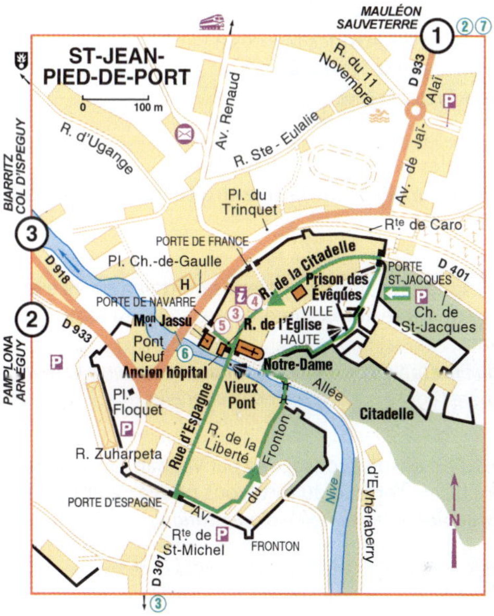


SE LOGER

Camping Narbaïtz............ 7

Chambre d'hôte Ferme Etxeberria.................... 2

Chambre d'hôte Maison Donamaria........ 3

Hôtel Central.................... 6

SE RESTAURER

Hurrup Eta Klik................ 3

Iratze Ostatua.................. 4

Paxkal Oillarburu............. 5



# Se promener Plan de ville

## ★ SUR LES PAS DES JACQUETS

*Accès par la porte St-Jacques.*

### Porte St-Jacques

Encore aujourd'hui, les pèlerins entre dans la ville par cette porte du rempart médiéval, inscrite au Patrimoine de l'Unesco. Elle était autrefois dotée d'un péage. Récemment aménagé, le **chemin de ronde** relie la porte St-Jacques et la porte de Navarre pour une agréable balade sur les remparts.

### ★ Rue de la Citadelle

*Dans le prolongement.*

En descente vers la Nive, elle est très fréquentée tant par les touristes que par les pèlerins. Elle est bordée de maisons des 16e (remarquez au n° 32 la maison Arcanzola de 1510) et 17e s. avec de beaux portails arrondis et des linteaux droits sculptés. Au n° 41, la **prison des Évêques** (sans doute un ancien entrepôt, utilisé comme prison du 18e au 19e s., où jamais nul évêque ne fut enfermé) abrite une exposition évoquant les chemins de St-Jacques au Moyen Âge - *✆ 05 59 37 00 92 - juil.-août : 10h30-19h ; avr.-juin et sept.-oct. : 11h-12h30, 14h30-18h30 - 3 € (-14 ans gratuit).*

### Rue de l'Église

Elle mène à la porte de Navarre. Vous y verrez l'**ancien hôpital** et la **maison Jassu**, qui fut celle des ancêtres paternels de saint François Xavier (1506-1552).

### Église N.-D.-du-Bout-du-Pont

Gothique, elle présente de beaux piliers de grès rouge (18e s.). Sa fondation remonterait à Sanche le Fort, victorieux des Maures à Las Navas de Tolosa (1212). Sous le clocher s'ouvre la **porte Notre-Dame**.

*Passez sous cette porte et franchissez la Nive.*

### Vieux Pont

Belle vue sur l'église et les vieilles maisons au bord de l'eau.

Le chemin qui remonte la Nive, sur la rive droite, mène au pont d'Eyheraberry *(10mn AR)*.

### Rue d'Espagne

Elle monte vers la porte d'Espagne, par où les pèlerins quittaient la ville en direction de Roncevaux. La rue est restée commerçante, fidèle au temps où les **jacquets** l'empruntaient.

*Prenez à gauche l'avenue du Fronton et, après avoir à nouveau traversé la Nive, empruntez les escaliers derrière l'église pour monter à la citadelle.*

### Citadelle

Cette citadelle, bâtie en 1627, fut ensuite consolidée par Vauban. De la demi-lune formant un belvédère face à l'entrée du fort, vous pouvez voir tout le bassin de St-Jean et ses agréables villages *(table d'orientation)*.

## Circuit conseillé Carte de microrégion

**LE LONG DU LAURHIBAR**

*Pour visualiser ce circuit au départ de St-Jean-Pied-de-Port, reportez-vous à la carte de microrégion (p. 206-207) - comptez 1h30. Quittez St-Jean-Pied-de-Port par la D 933 en direction de St-Palais, puis obliquez à droite sur la D 18.*

### La Madeleine B3 (*p. 228*)

### St-Jean-le-Vieux / Donazaharre

Jusqu'à la fondation de St-Jean-Pied-de-Port, qui entraîna son déclin, c'était le principal centre urbain de la région et une halte importante pour les pèlerins, qui y trouvaient six églises ou chapelles. Aux alentours du village ont été retrouvées des traces de l'occupation romaine, le site d'un oppidum près de la rivière, dont les résultats des fouilles sont exposés au petit **Musée archéologique** *(après 50 m dans le village en venant de St-Jean, tournez à droite - 05 59 37 91 08 - www.placesfortes64.fr - juil.-août : lun., merc., vend. 16h, mar., jeu. 10h, 16h ; reste de l'année : sur RV - fermé 1er janv., 14 Juil., 15 août et 25 déc. - possibilité de visite guidée d'1h30).*

**UNE CITÉ DISPUTÉE**

Ville neuve créée au 12e s. au confluent des trois Nive (la Nive d'Arnéguy, de Béhorléguy et le Laurhibar), St-Jean entre dans l'histoire en 1512 lorsque Ferdinand le Catholique, roi de Castille et d'Aragon, chasse le roi de Navarre, Jean d'Albret, au-delà des Pyrénées. Poursuivant leur avantage, les troupes espagnoles s'emparent de la ville en août 1512. Dès lors, la place forte sera l'objet de sièges perpétuels, Navarrais et Espagnols s'y succédant jusqu'en 1530. À cette date, Charles Quint, devenu roi de Castille et de León, l'estimant trop difficile à défendre, l'abandonne aux Albret et reconnaît du même coup l'indépendance de la Basse-Navarre.

### SUR LE CHEMIN DE ST-JACQUES

Au Moyen Âge, St-Jean-Pied-de-Port, dernière étape avant l'Espagne, est un grand centre de regroupement de jacquets venus de tous les coins d'Europe. Dès qu'un cortège est signalé, la ville est en émoi : les cloches sonnent, les prêtres récitent des prières ; les enfants escortent les pèlerins vêtus du manteau gris, le bourdon à la main ; les habitants, sur le pas de leur porte, tendent des provisions. Le cortège s'éloigne en chantant des répons. Ceux qui sont trop las font halte rue de la Citadelle, où le monastère de Roncevaux leur a ménagé un abri.

*Quittez le village par la D 18 en direction de Mendive. Après 1,5 km, tournez à droite et prenez la D 118.*

**Aincille** / Ahintzila

L'église, d'extérieur sobre, conserve un chœur de style baroque (18e s.) ainsi qu'une jolie Vierge ancienne du 14e s.

*Revenez sur la D 18 et, après environ 2 km, prenez à droite vers Bascassan.*

**Bascassan** / Bazkazane

La petite **église St-André**, romane, en haut du hameau, présente des fresques naïves récemment restaurées. Plafond étoilé, retable du 16e ou 17e s. et baptistère peint : ses thèmes se retrouvent dans sa chapelle jumelle à Alciette.

*Revenez sur la D 18 et roulez en direction de Mendive. Dépassez l'intersection menant à gauche sur Ahaxe, et prenez la suivante sur la gauche (ne manquez pas le panneau !).*

**Alciette** / Alzieta

**Église St-Sauveur** – Cette chapelle de campagne recèle des **décors peints sur bois★** touchants de naïveté, récemment restaurés. Notez le baptistère caché derrière des panneaux de bois dont les vantaux du haut représentent le baptême du Christ. *Demandez la clé de la chapelle à la ferme Bidart, dans le hameau en contrebas. Pour y accéder : au carrefour central du hameau, prenez la voie de droite qui fait une courbe.*

*Retournez sur la D 18 et roulez vers Mendive. Dans le village, prenez à gauche de l'église pour suivre la D 117.*

**Béhorléguy** / Behorlegi

Pittoresque petit village accroché à flanc de colline, gardé par son église qu'entoure le cimetière (alignement de croix basques).

*On peut poursuivre au-delà de Mendive : en continuant le long de la D 18, gagnez la forêt d'Iraty (**p. 244**). En empruntant la D 417 à gauche, on peut partir à la découverte de la forêt des Arbailles (**p. 256**).*

## NOS ADRESSES À ST-JEAN-PIED-DE-PORT

### HÉBERGEMENT

#### PREMIER PRIX

**Camping Narbaïtz** – *Route de Bayonne - Ascarat (à 2,5 km au nord-ouest par D 918 et chemin à gauche) - ✆ 05 59 37 10 13 - www.camping-narbaïtz. com - de déb. mai à mi-sept. - ♿ - 🅿 - réserv. conseillée - 133 empl. 30 € - 12 [mobile homes] - 3 [gîtes] - sem. 680/730 €.* Face au vignoble d'Irouléguy, à 50 m de la Nive et au bord d'un ruisseau, ce camping se tourne résolument vers la nature. Location de gîtes de construction écologique décorés soigneusement et offrant un réel confort *(ouv. tte l'année, 1 050/1 200 €/sem., poss. de courts séjours hors saison)*. À cela s'ajoutent tentes ou caravanes ainsi que des mobile homes pour une nuit *(basse saison)* ou une semaine. Enfin, pour les plus jeunes, un club enfants et, pour la détente, une agréable piscine.

**Chambre d'hôte Ferme Etxeberria** – *Domaine Mourguy - 64220 Ispoure - ✆ 05 59 37 06 23 - www.domainemourguy. com - 🅿 - [non-fumeurs] - 4 ch. 53/57 € [petit-déj. compris].* Dormez dans l'ancienne grange de cette ferme face à la campagne, à deux pas de St-Jean-Pied-de-Port. Chambres sobres, pas très grandes mais avec une mezzanine, idéale pour les enfants. Belle véranda pour un petit-déjeuner face aux vignobles d'Irouléguy. Balades en famille inoubliables à dos d'âne et prêt de vélos. Visite du chai, dégustation et vente du vin de la propriété.

#### BUDGET MOYEN

**Hôtel Central** – *Pl. Ch.-de-Gaulle - ✆ 05 59 37 00 22 - fermé de déc. à mi-mars - 12 ch. 64/80 € - [petit-déj.] 9 € - menus 21/42 €.* Vraiment central, cet hôtel est situé à deux pas de la citadelle. Escalier bicentenaire en bois ciré desservant de grandes chambres ancrées dans la tradition. Préférez celles donnant sur la rivière, très agréables. Plats régionaux servis dans la salle à manger-véranda ou sur la toute petite terrasse au bord de la Nive.

**Chambre d'hôte Maison Donamaria** – *1 chemin d'Olhonce - ✆ 05 59 37 02 32 - www. donamaria. fr - [non-fumeurs] - 5 ch. 70 € [petit-déj. compris].* Le temps semble s'être arrêté dans cette grande demeure du 18e s. Ses chambres, véritablement coquettes, ouvrent leurs fenêtres sur la Nive, la petite cascade, le pont romain et le parc boisé. Le petit-déjeuner est servi sur la terrasse en surplomb de la rivière ou dans le salon près de la cheminée. Un pur bonheur !

### RESTAURATION

#### PREMIER PRIX

**Paxkal Oillarburu** – *8 r. de l'Église - ✆ 05 59 37 06 44 - fermé merc. soir et jeu. soir en nov.-déc., 1 sem. en janv. et mar. sf juil.-août - réserv. conseillée - menus 14,50/23 €.* Posé contre les remparts, ce restaurant joue le répertoire régional : garbure, ris d'agneau au chorizo et poivrons, truitelles d'Iraty au beurre aillé, anguilles en persillade et bien d'autres spécialités du terroir tout au long de l'année.

**Hurrup Eta Klik** – *3bis r. de la Citadelle - ✆ 05 59 37 09 18 - fermé de mi-janv. à mi-mars et merc. sf juin-oct. - menus 13/26 €.* Cidrerie moderne sans tonneaux, ce restaurant propose une cuisine locale simple mais bien menée. Vous pourrez choisir entre la salle aux murs de pierre et décoration en bois foncé et la petite terrasse dans la cour, surplombée par le chemin de ronde des remparts.

## BUDGET MOYEN

**Iratze Ostatua** – *11 r. de la Citadelle - ☎ 05 59 49 17 09 - http://iratzeostatua.blogspot.fr/ - fermé mar. et janv.-mi-fév.- menu 25 €, à la carte env. 30/40 € - réserv. conseillée.* Une petite salle et quelques tables dans un joli jardin aux beaux jours : un cadre parfait pour déguster une cuisine fine et savoureuse, préparée avec des produits frais, comme le jambon Kintoa, porc de la vallée des Aldudes, ou le riz Gaxuxa au poulet, la paella basque.

## ACHATS

**Marché** – *Pl. Ch.-de-Gaulle - lun. (ou mar. si lun. férié).*

**Étienne Brana** – *Distillerie : 3bis av. du Jaï-Alaï; cave : 6 r. de l'Église - ☎ 05 59 37 00 44 - www.brana.fr - distillerie : lun.-vend. 9h-12h, 14h-18h, fermée 2e quinz. de janv. - cave : 8h30-12h, 14h-18h, fermé janv.-mi-fév., dim., mar. sf juil.-août - visite du vignoble et des chais à Ispoure : juil.-août, fermé dim. : 10h-12h30, 14h30-19h - 9 €.* Au fil de la visite des chais, l'étendue de la gamme d'eaux-de-vie produites par ce domaine au charme indéniable se dévoile. Connus et réputés sur tout le territoire français, le marc d'Irouléguy, l'eau-de-vie de poire williams et le *txapa* à base de vin blanc, cerises et épices n'ont plus besoin de faire leurs preuves.

**Poterie navarraise** – *36 r. d'Espagne - ☎ 05 59 37 34 46 - www.poterie-navarraise.info - de Pâques à nov. 9h-19h ; reste de l'année 10h-19h - fermé janv.-fév.* Sitôt franchi le seuil, des rayonnages remplis d'objets, plats et autres ustensiles en terre cuite s'offrent à votre regard. L'atelier de poterie se trouve dans l'arrière-boutique. Olivier Carriquiry façonne devant le public et cuit à 1 300 °C ses pièces selon les gestes transmis par son père ; les objets sont émaillés à la cendre de bois.

**Charcuterie et séchoirs Mayté** – *Le Bourg - 64220 St-Jean-le-Vieux - ☎ 05 59 37 10 02 - www.charcuterie-mayte.com - visite des séchoirs à jambon : juil.-août : tlj sf dim. 10h-11h30, 14h15-17h45 (17h le sam.) ; avr.-juin et sept.-oct. : lun.-vend. 10h-11h30, 14h-17h ; boutique : lun.-vend. 8h-12h30, 14h-19h15, sam. 8h-12h30, 14h10-19h - fermé le dim.* Depuis 1884, la famille Mayté excelle dans l'art de la salaison et des cochonnailles. Vous pourrez visiter les séchoirs et remplir votre panier de bonnes charcuteries (jambons, saucissons, pâtés, terrines, etc.).

**La Fabrique de macarons** – *25 r. de la Citadelle - ☎ 05 59 37 19 95 - www.lafabriquedemacarons.fr - 10h-13h, 14h-19h - fermé janv.-mi-fév. et 3 dern. sem. de nov.* Réalisés à base d'amande ou de noix de coco, nature ou aromatisés, les macarons de Christophe Berthold sont un hommage réussi à ceux que préparait sa grand-mère. La bonne odeur qui émane de la boutique ne trompe pas !

## SPORTS ET LOISIRS

**Syndicat Mendi Gaiak - bureau des accompagnateurs du Pays basque** – *Errobi Baztera - 64780 St-Martin-d'Arrossa - ☎ 05 59 49 17 64 - www.mendi-gaiak.fr - juil.-août : 10h-18h ; tte l'année pour les groupes (min. 12 pers.) sur rdv - tarif selon l'activité choisie : 11 à 55 €.* Organisation et accompagnement, par des guides diplômés, de randonnées pédestres, escalade, canyoning, activités sportives de montagne, VTT, pêche, etc.

# Saint-Étienne-de-Baïgorry

**Baigorri**

★

1 601 Baigorriars – Pyrénées Atlantiques (64)

NOS ADRESSES PAGE 238

**S'INFORMER**

**Office du tourisme communautaire de St-Jean-Pied-de-Port-Baïgorri** – *Maison Elizondoenea - 64430 St-Étienne-de-Baïgorry - ✆ 05 59 37 47 28 - www.pyrenees-basques.com - lun.-vend. 9h-12h, 14h-18h.* Beaucoup de renseignements, en particulier à propos des randonnées : topoguide indiquant une vingtaine de balades (5 €) et fiches individuelles (0,50 €).

**SE REPÉRER**

Carte de microrégion A3 (p. 206-207) – *Carte Michelin n° 573 C 25.* À 11 km à l'ouest de St-Jean-Pied-de-Port par la D 15.

**À NE PAS MANQUER**

La belle église St-Jean-Baptiste et son retable.

**AVEC LES ENFANTS**

La chocolaterie Laia.

**C'est un lieu où il fait bon vivre, ne serait-ce que pour ses célèbres vins d'Irouléguy (dont il partage la vedette avec Ispoure) ! Des maisons typiquement basques, une belle place ombragée de platanes, un vieux pont romain : tous les ingrédients du pittoresque sont réunis dans ce village paisible. Avec, en outre, l'originalité de ses quartiers répartis de part et d'autre de la Nive des Aldudes. Autrefois secoués par des rivalités, ils perpétuent ensemble aujourd'hui traditions et particularismes d'une terre montagnarde, posée entre France et Espagne.**

## Se promener

### ★ Église St-Jean-Baptiste

*9h-12h, 14h-18h - fermé 1er janv. et 25 déc. - entrée libre.*

Reconstruite au 18e s. sur une base romane, elle est intéressante pour ses galeries, son chœur surélevé, dont les trois autels sont ornés de retables de bois doré, son orgue (contemporain) de style baroque et son arc triomphal peint. Notez, à droite de l'entrée principale, la porte des cagots avec le

**SITUATION**

La commune de St-Étienne-de-Baïgorry compte dix-sept quartiers dispersés le long de la vallée. Les plus importants sont celui de Mitchelene, en amont du pont romain sur la rive gauche, autrefois quartier des cagots (*p. 000*) ; le quartier Urdos-Bastide, vers Bayonne ; et enfin Guermiette, vers St-Jean-Pied-de-Port.

**UN PEU D'HISTOIRE**

Le bourg et son territoire étaient rattachés à Pampelune et à la Navarre jusqu'au couronnement d'Henri IV, après lequel ils tombèrent dans l'escarcelle du royaume de France. Cela n'a pas empêché la famille d'Etxauz de régner en maître sur le village et la vallée des Aldudes pendant des siècles. Certains de ses membres se distinguèrent par de prestigieuses carrières, comme Bertrand d'Etxauz qui fut nommé évêque de Bayonne en 1599 et conseiller de Louis XIII.

bénitier qui leur était réservé. Des concerts d'orgue y sont régulièrement organisés.
*Passez sur l'autre rive.*

### Château d'Etchauz / Etxauz

*✆ 06 31 14 19 13 - www.etxauzia.com - mai-oct. : visite guidée (1h) mar. et jeu. à 14h30 et 15h30 - 7 € (enf. 5 €) ; ouv. aux groupes toute l'année sur réserv.*
Sur la rive gauche se dresse ce château au corps de logis rectangulaire flanqué d'échauguettes et de tours (11e et 14e s.). Après la Révolution, il passa à la famille Harispe, puis fut racheté par la famille d'Abbadie d'Arrast. La salle d'armes et l'escalier médiéval sont remarquables, ainsi que la charpente du 16e s.

### Pont romain

Il date en fait de 1661, mais porte ce nom en raison de son arche unique, inspirée de l'architecture romaine. Notez l'empreinte des charrois dans les galets qui recouvrent son tablier. Très beau point de vue sur le château.

2

## À proximité Carte de microrégion

### Guermiette / Germieta A3

*En direction de St-Jean-Pied-de-Port, 200 m après la cave Irouléguy, prenez à la fourche la direction de Germieta.*
Fermes à l'abandon et maisons habitées se partagent ce hameau plein de charme où subsistent quelques demeures du 17e s. Elles se repèrent à leur linteau, souvent daté et parfois sculpté. Celui de la **chapelle** affiche 1668. Vous la dénicherez en prenant à droite du vieux lavoir.

### Irouléguy A3

*À 5 km à l'est par la D 15.*
Petit village typiquement basque avec des fermes et des maisons crépies de blanc aux volets rouges. Connu pour ses vins, classés AOC depuis 1970 (*p. 23*), il n'est cependant pas noyé dans les **vignes** (185 ha) qui s'étagent plutôt à flanc de colline.
Un panneau devant l'église indique des itinéraires de randonnée *(entre 1h et 5h30 de marche)*.

### Urdos A3

*En direction de Bayonne. Après Eyrehalde, prendre la première à gauche après avoir dépassé de quelques centaines de mètres un hameau doté d'un restaurant.*
Le hameau situé au pied d'Iparla comprend une petite chapelle du 17e s. dotée d'une voûte en trois plans, d'une double galerie et d'un retable de style classique. À deux pas se dresse la massive demeure des Ahaxe, autrefois propriété des seigneurs d'Urdos ; elle abrite aujourd'hui des chambres d'hôte.

## NOS ADRESSES À ST-ÉTIENNE-DE-BAÏGORRY

### HÉBERGEMENT ET RESTAURATION

#### PREMIER PRIX

**Chambre d'hôte Jauregia** – *Quartier d'Urdos (à 4 km du bourg) - ✆ 05 59 37 49 72 - www.vacances-au-pays-basque.com - P - 3 ch. 55 €.* Cette imposante demeure du 16e s., jadis halte sur le chemin de Compostelle et ancienne propriété de Jeanne d'Albret, est aussi une ferme laitière. Ses vastes chambres, où se mêlent meubles anciens et modernes, sont desservies par un magistral escalier en chêne. Le patron, guide, organise des randonnées.

**Le Manexenea** – *Quartier Urdos (à 4 km du bourg) - ✆ 05 59 37 41 68 - www.manexenea.com - fermé déc.-janv. - P - 9 ch. 53/55 € - 6,50 € - menus 18/26/30 €.* Cette auberge compte quelques chambres simples qui donnent sur la belle campagne environnante. Le restaurant, protégé par les crêtes d'Iparla, et sa terrasse, ombragée de platanes et surplombant un ruisseau, offrent un cadre bucolique à souhait. Sa cuisine du terroir, à prix tout doux, ravira les papilles les plus difficiles.

#### BUDGET MOYEN

**Hôtel Juantorena** – *Rte de Banca - ✆ 05 59 37 40 78 - www.hotelrestaurantjuantorena.fr - P - fermé de mi-janv. à fin fév., rest. fermé merc. et dim. soir sf en août - 16 ch. 65 € - 7 € - menus 13/21 € - 23/25 €.* Joli hôtel non loin de l'église. Les chambres sont calmes avec une agréable vue sur les montagnes environnantes. Le restaurant propose des plats régionaux à prix raisonnables dans un cadre frais. Vous apprécierez particulièrement la terrasse ombragée aux beaux jours.

La place de la mairie compte quelques commerces, une boulangerie-pâtisserie et le **bar du Fronton**, l'endroit idéal pour une pause revigorante autour de ses belles salades et omelettes, à base de produits frais. Si le temps le permet, vous vous régalerez sur la terrasse ombragée d'énormes platanes.

### ACHATS

**Laurent Petricorena** – *Rte de St-Jean-Pied-de-Port - ✆ 05 59 37 41 36 - www.petricorena.com - tlj sf dim. 8h30-12h30, 13h30-18h30 - fermé janv.* Ce magasin fabrique maintes spécialités gastronomiques locales. On trouve d'un côté les produits traditionnels à base de canard ou de brebis, de l'autre les créations maison : sauce *sakari* (huile, vinaigre, piment et aromates) et confiture de piments doux.

**Chocolaterie Laia** – *R. de l'Église - ✆ 05 59 37 51 43 - www.laia.fr - Pâques-fin sept. : 9h-19h ; reste de l'année : tlj sf dim. et lun. 9h-12h30, 14h-19h - visites à 11h et 14h30 ou sur rdv - 2 €.* Cette chocolaterie à côté de l'église est aussi un salon de thé. Sur sa petite terrasse, c'est dans une ambiance de bistrot que vous dégusterez les chocolats chauds à l'ancienne et les ballotins de chocolats fins ! Vous êtes convié aussi à découvrir les différentes étapes de la fabrication du bonbon au chocolat : torréfaction, broyage et conchage.

**GAEC Tambourin - Maison Enautenea** – *Enautenea - ✆ 05 59 37 40 64 - www.fromagetambourin.com - lun.-*

*sam. 9h-19h, dim. 9h-13h*. M. et Mme Tambourin, avec leur fils Michel, entretiennent l'exploitation familiale fondée en 1718. Dans leur laboratoire, et grâce à leur élevage de brebis manex à tête rousse, ils fabriquent leur propre fromage fermier, onctueux et affiné comme il se doit : l'AOC Ossau-Iraty. Le sésame de la maison ? Dites « ardi gasna », autrement dit « fromage de brebis », et les portes s'ouvriront…

**Domaine Ameztia** – *À Germieta - ✆ 05 59 37 93 68 - tlj sf dim. 10h30-12h30, 16h-19h*. Héritier de la vigne parentale plantée dans les années 1960, Jean-Louis Costera a commercialisé sa première cuvée en 2001. Ses 7 ha donnent des vins rouges, blancs et rosés puissants. Le Domaine Ameztia 2002 plaira à ceux qui aiment les vins toniques. Le rosé de la Réserve du Domaine égaiera vos repas d'été.

**Cave d'Irouléguy** – *Rte de St-Jean-Pied-de-Port - ✆ 05 59 37 41 33 - www.cave-irouleguy.com - avr.-sept. : 9h-12h, 14h-18h30 ; reste de l'année : 9h-12h, 14h-18h - fermé j. fériés en basse saison et pendant les vendanges*. La réputation de cette cave qui, depuis une cinquantaine d'années, vinifie et commercialise l'essentiel des vins d'AOC Irouléguy blancs, rouges et rosés, n'est plus à faire. Elle propose de nombreuses cuvées de qualité.

# Vallée des Aldudes

**Aldude**

★★

1 601 habitants – Pyrénées-Atlantiques (64)

## NOS ADRESSES PAGE 243

### S'INFORMER

**Office du tourisme communautaire de St-Jean-Pied-de-Port-Baïgorri** – *Maison Elizondoenea - 64430 St-Étienne-de-Baïgorry - 05 59 37 47 28 - www.pyrenees-basques.com - lun.-vend. 9h-12h, 14h-18h.* Beaucoup de renseignements, en particulier à propos des randonnées : topoguide indiquant une vingtaine de balades (5 €) et fiches individuelles (0,50 €).

### SE REPÉRER

Carte de microrégion A3 (p. 206-207) – *Carte Michelin n° 573 C 25.* La vallée des Aldudes est contournée par la frontière. La D 948 suit la vallée de la Nive des Aldudes depuis St-Étienne-de-Baïgorry jusqu'à l'Espagne.

### À NE PAS MANQUER

Une dégustation de jambon Kintoa.

### AVEC LES ENFANTS

La ferme aquacole de Banca et le parcours-découverte du porc basque à Aldudes.

**Occupée depuis l'Antiquité, comme en témoignent les cromlechs du site d'Argibel, la vallée des Aldudes est une terre riche. D'abord indivis puis coupé par une frontière, le Pays Quint, dont elle faisait partie, fut le lieu de conflits d'intérêts locaux et internationaux. Aujourd'hui, elle est le berceau du renouveau de la race porcine basque, porté par la forte volonté des habitants des Aldudes. Quand la lumière rasante illumine les verts pâturages, vous apprécierez les randonnées en compagnie des brebis, des blondes d'Aquitaine et de ces cochons aux grandes oreilles noires.**

## Circuit conseillé Carte de microrégion

### ★★ VALLÉE DES ALDUDES

*Pour visualiser ce circuit au départ de St-Étienne-de-Baïgorry, reportez-vous à la carte de microrégion (p. 206-207) - comptez 1h30. Sortez de St-Étienne-de-Baïgorry par la D 948 en direction de Banca.*

**Banca** / Banka A3

Le village qui s'étage à flanc de montagne s'est développé au 18e s. grâce à la fonderie située sur la rive gauche de la rivière, à l'entrée du village (aujourd'hui en ruine).

La **ferme aquacole** occupe le site d'un moulin du 19e s. *(rte des Aldudes - 05 59 37 45 97 - www.truitedebanka.com - tlj sf dim. 8h30-12h30, 15h-18h - fermé*

Vallée des Aldudes.
*I. Caperochipi / age fotostock*

*j. fériés - visite libre ou guidée (45mn) gratuite ; sur rdv pour les groupes).* Ici, vous verrez comment la truite de Banca, issue d'une pisciculture pyrénéenne réputée, est élevée au plus proche de la nature, avec une nourriture saine et sans aucun antibiotique. Suivez le petit sentier qui longe les bassins pour voir évoluer les poisson dans une eau de qualité exceptionnelle, puis visitez le petit musée. La boutique vend des produits transformés (terrines, caviar), mais pas de truites fraîches !



## LA RENAISSANCE DU PORC BASQUE

L'élevage du porc de race basque (Euskal Xerria) est intimement lié à l'histoire de la vallée. Au début du 19e s., cet élevage décline pourtant au profit des troupeaux de brebis, dont les pâturages remplacent les hêtraies, chênaies et châtaigneraies parcourues par les porcs. Des races porcines plus productives sont préférées pour un élevage intensif dans les plaines. En 1981, la race pie noir du Pays basque est finalement déclarée en voie de disparition ; elle ne compte plus que 25 femelles.

En 1988, Pierre Oteiza, éleveur et boucher des Aldudes, découvre la race au Salon de l'agriculture de Paris et décide de la ramener dans la vallée. Une dizaine d'éleveurs s'associent au projet et fondent en 1990 une association qui a pris, depuis, le nom de Filière Porc Basque. En 2000, le séchoir collectif de la vallée des Aldudes est créé.

Aujourd'hui, 80 éleveurs participent au développement de l'activité, et plus de 450 truies et 60 verrats vivent dans le périmètre fixé par le cahier des charges visant l'obtention de l'appellation d'origine contrôlée. Les porcs sont élevés en plein air, nourris de glands, châtaignes, herbes, racines et céréales, et abattus à un âge avancé, ce qui donne à la viande sa couleur foncée et son goût particulier. Preuve du succès de la réhabilitation, les jambons Kintoa s'exportent en Europe, au Canada, et même à Hong-Kong et au Japon.

*Après le village de Banca, prenez la deuxième à gauche; la route s'enfonce dans la forêt d'Hayra jusqu'au mont Lindus.* La forêt de hêtres d'Hayra est un des joyaux de la vallée; en arrivant au Lindus, vous serez surpris d'y trouver un paysage vallonné, propice à de belles randonnées.

**Aldudes** / Aldude A3

Ce grand centre de la chasse à la palombe (*p. 100*). s'organise autour d'une placette, où se dresse une église à la belle voûte de bois en berceau et aux galeries originales. Une grille fixée au sol précède l'auvent pour empêcher les animaux d'accéder à l'édifice. À voir, dans le cimetière, les stèles basques du 19e s., entreposées contre le mur.

★ **Randonnée du col de Lepeder** *4 km - 2h - balisage jaune - départ avant la station-service (dir. Urepel), prenez l'escalier en retrait sur la gauche.* Une sente pierreuse et pentue marque le début de cette promenade qui dévoile de beaux **panoramas** sur la vallée verdoyante et la frontière espagnole, plus découpée. La fin du circuit passe devant des élevages de cochons pie noir.

Vous ne pourrez manquer, dans les champs, ces étranges huttes de bois qui servent d'abri aux cochons.

*2,5 km, 1h.* L'entreprise Pierre Oteiza (*Nos adresses*) propose un **parcours-découverte du porc basque** qui forme une boucle sur le versant. Accompagné d'un âne, vous passerez près des parcs d'élevage, de la « maternité » aux parcs en montagne. Le sentier vous offrira aussi un joli point de vue sur Roncevaux et le quartier pastoral d'Eznazu. Au lieu dit Balcon de la vallée, **belle vue** sur la vallée avec table d'orientation et espace pique-nique.

En prenant la première à droite en sortant du village, vous arriverez à **Esnazu**, dont la petite église renferme un retable en bois doré du 17e s. provenant

## LE PAYS QUINT, HISTOIRE D'UNE FRONTIÈRE

Le Pays Quint, composé des vallées des Aldudes, du Baztan et de l'Erro, doit son nom à l'impôt ordonné en 1237 par la couronne de Navarre. Cette région de pâturages indivis accueillait les troupeaux de porcs en transhumance; un porc sur cinq était alors prélevé au titre de l'**impôt du « Quint »**, « Kinto Real » en espagnol, « Kintoa » en basque. À la fin du 16e s., la pression démographique poussa les cadets de St-Étienne-de-Baïgorry vers les hauteurs du Kintoa, créant les bourgs de Banca, des Aldudes et d'Urepel. La tension entre la France et l'Espagne sur l'occupation de la vallée augmenta alors, jusqu'à un accord en 1615, qui fixa l'utilisation des pâturages au profit de l'élevage bovin et porcin, et supprima l'impôt féodal du Quint. Consensus bientôt remis en question avec la croissance du marché de la laine. Un nouvel accord franco-espagnol en 1785 traça une frontière au milieu du Pays Quint, coupant les zones d'estive et suscitant la grogne. Mais la Révolution et la guerre d'Espagne le laissèrent sans effet. C'est le **traité de Bayonne** du 2 décembre 1856, signé entre Napoléon III et Isabelle II, qui scella l'avenir de la région. Il confirma la frontière de 1785 et la fin de l'indivision des pâturages. La France conserva la vallée des Aldudes et les habitants obtinrent un droit de jouissance des pâturages du Pays Quint côté espagnol, moyennant une redevance annuelle et un fermage pour la partie sud, encore versés aujourd'hui par la France à l'Espagne.

de l'ancienne église de Larressore *(demandez la clé à la famille Arambel, sur la place).*

*2 km - 40mn.* Possibilité de faire le tour du bourg et de ses fermes en suivant le balisage jaune qui commence à gauche de l'église. Après environ 20mn de marche, au bout du chemin de terre, tournez à droite, quoi qu'en dise le marquage. Jolies vues sur les hauteurs des Aldudes.

*Revenez sur vos pas et reprenez la D 948 à droite.*

**Urepel** / Urepele A4

À l'entrée du village, une stèle commémore un enfant du pays, Fernando Aire Etxart, dit **Xalbador** (1920-1976), berger et agriculteur, qui fut un *bertsolari* réputé (*p. 49*). Église intéressante avec sa voûte de bois et sa coupole.

★ **Randonnée Elizamendi** *2 km - 1h30 - balisage jaune.* Depuis l'église, partez en direction de Bordaluzea. La route longe la rivière canalisée. Au premier hameau, un sentier, très raide, part sur la gauche. Prenez-le : votre effort sera récompensé par une belle vue sur la vallée suivante, moutonnante et verdoyante. Le **panorama**★★ se dévoile pleinement depuis la petite éminence qui se dresse à gauche. Le sentier descend ensuite dans un vallon boisé, traversé par un torrent, avant de remonter vers une route goudronnée qui ramène à l'église d'Urepel.

*Prenez la D 158 (6 km AR) qui s'amorce à hauteur de l'église d'Urepel.*

**Pays Quint** / Quinto Real / Kintoa A4

Autrefois indivis entre les vallées française et espagnole, ce territoire (*l'encadré page de gauche*) présente, depuis le traité de Bayonne de 1856, la particularité d'être reconnu à l'Espagne mais donné en bail perpétuel aux habitants de la vallée des Aldudes, les Quintoars (au nombre de sept familles), qui jouissent des pâturages en territoire espagnol et ont le statut de ressortissants français à l'étranger.

2

## NOS ADRESSES DANS LA VALLÉE DES ALDUDES

### HÉBERGEMENT

#### PREMIER PRIX

**Hôtel-Restaurant St-Sylvestre** – *Esnazu - 64430 Les Aldudes - 05 59 37 58 13 - P - fermé janv.-fév. - 10 ch. 45/55 € - 7 € - menus 12,50/28 €.* En bord de route vers l'Espagne (D 58), cette grande maison est un pied-à-terre pratique pour randonner dans la vallée. Les chambres sont modestes mais confortables. Au restaurant, vous goûterez aux spécialités régionales.

### ACHATS

**Pierre Oteiza** – *Rte d'Urepel - 64430 Les Aldudes - 05 59 37 56 11 - www.pierreoteiza.com - 10h-18h30 - fermé 1er janv., 25 déc. et dim. en janv.* C'est ici que sont élevés en liberté les porcs pie noir du Pays basque avec lesquels sont fabriquées les fameuses charcuteries. Le sentier de découverte permet de découvrir librement les élevages de la vallée des Aldudes. Une dégustation clôt la visite.

### SPORTS ET LOISIRS

**Syndicat Mendi Gaiak**– *Nos adresses à St-Jean-Pied-de-Port.* Balades pédestres nocturnes dans les Aldudes *(5h AR, niveau facile).*

# Forêt d'Iraty

**Bosque del Irati**

★

Pyrénées-Atlantiques (64) et Navarre

## NOS ADRESSES PAGE 246

### S'INFORMER

**Office de tourisme et centre d'interprétation de la nature** (Centro de Interpretación de la Naturaleza) **- Ochagavía** – *Ctra Izalzu s/n - 31680 Ochagavía - ✆ 948 890 641 - www.ochagavia.com - www.irati.org - de mi-juin à mi-sept. : lun.-sam. 10h-14h, 16h-20h, dim. 10h-14h ; reste de l'année : vend.-sam. 10h-14h, 16h-19h, dim.-jeu. 10h-14h.*

**Office du tourisme communautaire de St-Jean-Pied-de-Port-Baïgorri** – *Maison Elizondoenea - 64430 St-Étienne-de-Baïgorry - ✆ 05 59 37 47 28 - www.pyrenees-basques.com - lun.-vend. 9h-12h, 14h-18h.* Beaucoup de renseignements, en particulier à propos des randonnées : topoguide indiquant une vingtaine de balades (5 €) et fiches individuelles (0,50 €).

### SE REPÉRER

Carte de microrégion B4 (p. 206-207) – *Carte Michelin n° 573 C-D 26.* On atteint le nord de la forêt d'Iraty par la D 18 en provenance de

### UN POUMON VERT TRANSFRONTALIER

La plus grande hêtraie d'Europe couvre 17 195 ha de plateaux, de montagnes et de vallées, comme celles d'Aezkoa et de Salazar, en Navarre. Ses sommets pointent en moyenne à 1 300-1 400 m, mais le plus haut, le **pic d'Orhy**, qui est aussi le plus oriental, culmine sur la frontière à 2 021 m. La forêt et le massif d'Iraty tirent leur nom d'une rivière qui naît de la convergence des torrents Urtxuria et Urbeltza, au niveau de N. S. de las Nieves. De là, elle file se jeter dans le lac d'Irabia pour ensuite couler vers Orbaiceta/Orbaitzeta, puis vers le sud. À la même latitude que Pampelune, elle bifurque vers le sud-est en direction de Sangüesa, pour rencontrer l'Aragón.

Deux zones sont particulièrement préservées : la **Reserva Integral de Lizardoia**, au nord du lac d'Irabia, et la **Reserva Natural de Mendilatz**, au nord-ouest du même lac, vaste hêtraie-sapinière occupant un plateau karstique. Ces zones sont plantées de hêtres, de sapins, de houx ou de sorbiers, et constituent un habitat naturel idéal pour une foule d'animaux sauvages : oiseaux (roitelet triple-bandeau, rouge-gorge, pic noir et pic à dos blanc), petits mammifères (musaraigne, rat musqué, loir), petits carnassiers (chat sauvage, putois, belette, marte, renard, blaireau) ou seigneurs des forêts (cerf, sanglier, chevreuil). Au cours des siècles, les hommes ont trouvé matière à exploiter le massif forestier. Charbonniers, forestiers, forgerons, mineurs et bergers ont occupé ses pentes jusqu'au 20e s. Aujourd'hui, Iraty est surtout parcouru par les troupeaux et les randonneurs.

St-Jean-Pied-de-Port (32 km à l'ouest). Côté espagnol, le massif forestier se rejoint par la NA 140 qui relie les trois vallées à l'est de Roncevaux. On parvient alors à la forêt depuis Orbaiceta ou, plus à l'est, depuis Ochagavía.

**SE GARER**

Versant français, laissez votre voiture aux Chalets d'Iraty ou un peu plus haut que le chalet de Cize, à proximité de l'embranchement avec la D 301 sur le parking herbeux à gauche de la route. Pour le massif sud, garez-vous à la Fábrica de Orbaiceta pour rejoindre le GR 11. Depuis Ochagavía, montez jusqu'à Nuestra Señora de las Nieves pour retrouver le GR 11. Mais vous pouvez déjà partir à pied de la ville.

**ORGANISER SON TEMPS**

Les randonnées dans le massif s'échelonnent de une à plusieurs heures, avec des degrés de difficulté différents. Le choix est donc très large.

**À cheval sur la frontière, la hêtraie d'Iraty constitue l'un des plus vastes massifs de feuillus d'Europe. Dès le 18e s., elle fournissait des mâts de navire aux marines de France et d'Espagne. Tendez l'oreille, vous entendrez peut-être le souffle des grandes batailles navales… La forêt est traversée par deux sentiers pédestres, les GR 10 et 11, qui enchanteront les amoureux de nature.**

## Se promener Carte de microrégion

### EN LISIÈRE DE LA FORÊT D'IRATY

*Pour visualiser ce circuit au départ des Chalets d'Iraty, reportez-vous à la carte de microrégion (p. 206-207) - comptez 1h (sans les randonnées).*

**Chalets d'Iraty** B4

Le petit village de loisirs des Chalets d'Iraty a été construit dans les années 1960 au cœur de la forêt d'Iraty. Entre 1 200 et 1 500 m d'altitude, les 45 km de pistes de ski de fond et les nombreux sentiers pédestres offrent une vue unique sur la montagne.

Plusieurs sentiers de randonnée partent du village, mais deux s'enfoncent dans la forêt : celui de la **crête d'Orgambideska**, qui mène à une altitude de 1 420 m *(1h, facile)*, et, dans son prolongement, celui du **pic d'Orhy** *(5h AR, relativement difficile, à n'entreprendre que bien équipé et par beau temps)* qui rejoint le sommet *(départ sur le chemin asphalté face à la réception)*. Les randonnées les plus faciles commencent quant à elles derrière le chalet d'accueil, en descendant vers le centre hippique.

**★ Col Bagargui** B4

*Sur la D 19 entre les chalets d'Iraty et Larrau.*

**Vue★** à l'est sur les montagnes de la Haute-Soule et les hautes Pyrénées d'Aspe et d'Ossau. Proche sur la droite, la masse du pic d'Orhy où convergent les transhumances ; plus loin, les sommets calcaires du massif du Pic-d'Anie derrière lesquels se profile le pic du Midi d'Ossau. Sous les couverts de la forêt s'échelonne le village touristique des Chalets d'Iraty.

**Col de Burdincurutcheta** B4

*À 9 km à l'ouest des Chalets d'Iraty, sur la route de St-Jean-Pied-de-Port, par la D 19 puis la D 18. Faites halte 1 km en contrebas au nord du col, à l'endroit où la route se rapproche d'une crête rocailleuse.*

Vue sur les contreforts lacérés du massif-frontière, séparés par des vallons ; au loin s'épanouit le bassin de St-Jean-Pied-de-Port, centre du pays de Cize. Non loin de là, le **plateau d'Iraty** sert d'estive aux chevaux et autres têtes de bétail.

## NOS ADRESSES DANS LA FORÊT D'IRATY

### HÉBERGEMENT

#### BUDGET MOYEN

**Village-Vacances Les Chalets d'Iraty** – *64560 Larrau (à 14 km à l'ouest par D 19, rte de St-Jean-Pied-de-Port) - ✆ 05 59 28 51 29 - www.chalets-iraty.com - 36 chalets (2-12 pers.) - sem. 450/995 € ; poss. de louer pour 2 nuits hors saison - loc. de vélo et VTT, de matériel de ski et de raquettes.* Les amateurs d'espace, de grand air et de calme trouveront leur bonheur en louant un de ces chalets disséminés dans la forêt d'Iraty. Certains se trouvent tout près de l'accueil, du restaurant et de l'épicerie. D'autres sont totalement isolés. Les jours de neige, une chenillette est même nécessaire pour les rejoindre.

**Le Chalet Pedro** – *Dans la forêt d'Iraty - 64220 Mendive - ✆ 05 59 28 55 98 - www. chalet pedro. com - ouv. 10 avr.-13 nov., vac. scol. zone C - rest. fermé merc. sf juil.-août - ♿ - P - 💳 - 4 gîtes (4-5 pers.) 520 €/sem. ; poss. de louer pour courts séjours hors vac. scolaires - menus 24/31 €.* À deux pas de la frontière espagnole, ce charmant chalet est niché dans un petit vallon au milieu de la forêt. Au restaurant : décor simple style bistrot familial avec ses tables en chêne. Au menu : truites de la rivière (en saison), anguilles, côte de bœuf aux *piquillos*, etc. La maison voisine abrite des gites très confortables, avec cheminée, et s'est récemment dotée d'un espace détente & Spa avec un Jacuzzi et un sauna.

### RESTAURATION

#### PREMIER PRIX

**Restaurant d'Iraty** – *Au col Bagargui sur D 19 - 64560 Larrau - ✆ 05 59 28 55 86 - www.restaurantdiraty.com - ♿ - fermé 3 sem. en nov. - menus 11,50/13/19 €.* Ce restaurant jouit d'une situation exceptionnelle à 1 327 m d'altitude et en pleine forêt. L'hiver, les tables sont dressées autour de la cheminée centrale. L'été, la terrasse vous accueille pour profiter pleinement de la magnifique vue sur les Pyrénées. Dans l'assiette (fort bien garnie), goûteuses spécialités régionales.

#### BUDGET MOYEN

### SPORTS ET LOISIRS

**Ski de fond - Iraty** – *Au col Bagargui - 64560 Larrau - ✆ 05 59 28 51 29 - www. chalets-iraty.com - 8h-12h, 13h30-19h - 6,50 € (-16 ans 4 €).* La station de ski de fond de Larrau offre quelque 40 kilomètres de pistes damées. Matériel de ski et raquettes peuvent être loués à la demi-journée, à la journée ou à la semaine. Forfaits à la journée ou à la semaine.

# Larrau

**Larraine**

199 habitants - Pyrénées-Atlantiques (64)

NOS ADRESSES PAGE 250

**S'INFORMER**

**Mairie de Larrau** – *64560 Larrau - 05 59 28 62 80 - www.larrau.org - lun.-vend. 9h-12h, 14h-18h.*

**Mairie de Ste-Engrâce** – *Quartier de la Caserne - 64560 Ste-Engrâce - 05 59 28 60 83 - www.sainte-engrace.com - lun.-vend. 9h-12h (sur place), 14h-17h30 (par téléphone).*

**SE REPÉRER**

Carte de microrégion C4 (p. 206-207) – *Carte Michelin nº 573 C 27.* Larrau se trouve à 43 km à l'est de St-Jean-Pied-de-Port, par la D 18 puis la D 19 (12 km après les Chalets d'Iraty), et à 31 km au sud de Mauléon-Licharre en suivant la D 918 puis la D 26.

**SE GARER**

Près du fronton couvert.

**À NE PAS MANQUER**

Les crevasses d'Holçarté, les gorges de Kakuetta et la salle de La Verna, proche de Ste-Engrâce.

**AVEC LES ENFANTS**

Les gorges de Kakuetta.

**Ancienne étape sur la route de Compostelle, Larrau a tout du village typique de la Haute-Soule : des toits pentus en ardoise, des maisons regroupées autour d'une église et un paysage grandiose. Niché au pied du pic d'Orhy, et face aux falaises noires du massif de Mendibelza, Larrau est un excellent point de départ pour de belles randonnées, notamment pour découvrir les crevasses d'Holçarté.**

## Se promener

### Église

*Minuterie derrière l'harmonium.*

Retouchée en 1655, elle conserve une abside romane où est exposée une belle **Vierge à l'Enfant** en bois polychrome. La tribune occupe presque toute la nef. Du temps des pèlerins de Compostelle, l'église a fait office de prieuré puis d'hôpital.

*Demandez le dépliant des randonnées à la mairie.* On peut marcher sur les traces des pèlerins en suivant le chemin qui monte à l'ermitage St-Joseph, à 1 300 m *(départ derrière le fronton. Compter env. 2h).*

2

# À proximité Carte de microrégion

### ★ Col d'Erroymendi B4

(Alt. 1 362 m). Vaste **panorama★** de montagne, illustrant la vocation pastorale et forestière du haut pays de Soule. Quelques pas vers l'est vous feront découvrir les vallées du haut Saison, affluent du gave d'Oloron, et, à l'horizon, le massif rocheux du Pic-d'Anie.

# Circuit conseillé Carte de microrégion

## LA ROUTE DES GORGES

*Pour visualiser ce circuit de 37 km au départ de Larrau, reportez-vous à la carte de microrégion (p. 206-207) - comptez 2h. Quittez Larrau en direction de Tardets-Sorholus et Mauléon-Licharre par la D 26. Aussitôt après le café et le pont de Laugibar s'amorce le GR 10 en direction des crevasses d'Holcarté.*

### ★ Crevasses d'Holçarté / Holzarte C4

*1h30 à pied AR par le GR 10.* Le site a été exploré en 1908 par le spéléologue **Édouard-Alfred Martel**. Après une montée rude, vous apercevrez l'entrée des « crevasses », gorges taillées dans le calcaire sur près de 200 m de hauteur. Le sentier passe au-dessus de la gorge affluente d'Olhadubi, qu'il franchit sur une passerelle lancée, en 1920, à 171 m de hauteur !

*Reprenez la direction de Mauléon. La route suit le* **gave de Larrau**, *encaissé et verdoyant. À l'intersection avec la D 113, tournez à droite en direction de Ste-Engrâce, village dispersé en divers hameaux. Continuez vers Ste-Engrâce-Bourg. La D 113 surplombe les gorges de Kakuetta, alimentées en eau par un barrage.*

### ★★ Gorges de Kakuetta C4

*Parking le long de la D 113, route de Ste-Engrâce. Passerelles aménagées sur les 2 km du parcours (à reprendre au retour, comptez 2h). ✆ 05 59 28 60 83 - de mi-mars à mi-nov. : 8h à la tombée de la nuit - 5 € (enf. 4 €) - billets en vente au bar La Cascade ou à la mairie.*

L'entrée du « Grand Étroit » est le passage le plus grandiose : ce splendide canyon verdoyant, taillé à pic dans le calcaire, large de 3 à 10 m et profond de plus de 200 m, mène à une cascade haute de 20 m formée par une résurgence. On franchit le torrent sur des passerelles. Ce superbe parcours s'achève par une grotte ornée de stalactites et de stalagmites géantes.

*Reprenez votre voiture et revenez en direction de Ste-Engrâce.*

Des niches, sur le bas-côté de la route, permettent d'admirer les gorges.

### ★ Ste-Engrâce / Santa Grazi C4

Ce village de bergers est entouré de montagnes boisées. Son église romane, une ancienne abbatiale du 11e s., dresse son toit asymétrique dans le **site★** pastoral de la combe supérieure de l'Uhaitza ; elle jalonnait autrefois un itinéraire vers St-Jacques. Le chœur montre des **chapiteaux★** richement ornés. À gauche : scènes de bateleurs ; au centre : scènes de chasse et une Résurrection ; à droite : Salomon et la reine de Saba.

*Sentier pédestre balisé et réservé aux bons marcheurs - 7h AR - 900 m de dénivelé.* Devant l'église, un panneau marque le point de départ d'une randonnée pour les gorges Ujarre. Larges et grandioses avec leur profil en auge, elles ne sont pas aménagées pour la visite.

Pont au-dessus des crevasses d'Holçarté.
*J. Fco. Sobrino / age fotostock*

2

### ★★ Salle de La Verna C4

*Espace d'accueil Arrakotchepia à Ste-Engrâce, avec exposition sur le site et la région - ✆ 09 75 17 75 66 ou 06 37 88 29 05 - www.laverna.fr - accueil de mi-avr. à mi-nov. 9h-12h30, 13h30-17h - parking et accès en navette 4x4 (20mn) - visite guidée de la salle (1h) de mi-avr. à mi-nov., sur réserv. uniquement (30 pers. max.) - ♿ - 9h-18h - possibilité d'acheter ses billets en ligne - à partir de 9,50 € (enf. 6,50 €). Prévoir des chaussures fermées et des vêtements chauds car la température ambiante dans la salle est de 6 °C - visite déconseillée aux enfants de moins de 5 ans. Des formules de visites plus longues sont proposées en fonction du niveau physique du visiteur et de sa familiarité avec la spéléologie, se rens. Visites aussi en hiver (sur réserv.) avec poss. d'accès en raquettes.*

C'est en 1953 qu'une expédition de spéléologues pénétra pour la première fois dans La Verna, gigantesque grotte de 194 m de haut et 245 m de diamètre. En découvrant cette salle extraordinaire, dans laquelle disparaît une rivière souterraine, on apprend l'histoire des pionniers qui, dès 1950, commencèrent l'exploration du karst de La Pierre-St-Martin, parfois au prix de leur vie, comme Marcel Loubens mort dans un accident de treuillage en 1952. Des mannequins et des jeux d'éclairage donnent la mesure de l'immensité de l'espace – **la 3e plus grande cavité connue au monde** – qui pourrait contenir dix fois la cathédrale Notre-Dame de Paris (5 ha). Aujourd'hui, 380 km de réseaux souterrains et 2 000 gouffres, creusés par treize grandes rivières, ont été explorés. Ouverte au public en juillet 2010, La Verna invite le visiteur à une exploration formidable du monde souterrain, grâce à un parcours vivant et documenté, servi par des spéléologues aussi sympathiques que compétents ; vous n'y serez d'ailleurs pas seul car, aussi incroyable que cela puisse paraître, une vingtaine d'espèces animales vivent dans la grotte.

*8 km - 2h30 AS.* On peut également accéder au site par le GR 10 depuis Ste-Engrâce et le ravin d'Arphidia *(n'oubliez pas de réserver si vous souhaitez visiter la grotte).*

## NOS ADRESSES À LARRAU

*Nos adresses dans la forêt d'Iraty.*

### HÉBERGEMENT ET RESTAURATION

#### PREMIER PRIX

**Hôtel-Restaurant des Touristes** – *Au bourg - 64560 Licq-Athérey (à 11 km au nord par la D 26) - 05 59 28 61 01 - www.hotel-des-touristes.fr - mars-oct. - P - 20 ch. 50/60 € - 8 € - menus 18/25 €.* Le plus ancien hôtel de la Soule, tenu par la même famille depuis cinq générations, propose des chambres meublées à l'ancienne, certaines avec terrasse. À table, copieuse cuisine régionale. Piscine et activités proposées sur place (promenades en 4x4, pêche, etc.). Boutique de produits du terroir attenante à l'hôtel.

**Auberge Elichalt** – *64560 Ste-Engrâce (à 20 km au sud-est par les D 26 et D 113, face à l'église) - 05 59 28 61 63 - www.gites-burguburu.com - P - janv.-oct. - 1 gîte d'étape (15 places) 12 €/pers., 1 gîte rural (4 pers.) sem. 440 €, 5 ch. d'hôte 47 € - 6 € - poss. de demi-pension 83 €/2 pers. - menus 17/18 €, pique-nique à emporter.* L'auberge tenue par la famille Burguburu est fréquentée par un public d'habitués. Les chambres d'hôte et le gîte rural sont bien aménagés. Cuisine familiale roborative. Accueil chaleureux et bons conseils.

#### BUDGET MOYEN

**Village-Vacances Les Chalets de Soule** – *Quartier Cazenave - 64470 Montory (à 15 km au sud-est par la D 26 et la D 918) - 05 59 28 53 28 - www.leschaletsdesoule.com - 11 - sem. 490 €; poss. de séjours plus courts hors saison.* Niché dans un domaine verdoyant, ce parc résidentiel comprend onze mobile homes confortables et bien isolés grâce à des haies d'arbustes, avec terrasse, salon de jardin et barbecue pour chacun.

### ACHATS

**Ferme Elixabe** – *Rte d'Iraty - 05 59 28 58 23 - gaecbiak@live.fr - fermé dim. apr.-midi du 1er oct. au 15 mars.* Plantée sur un piton, cette ferme offre une vue impressionnante sur les Pyrénées. Elle produit par ailleurs un excellent fromage de brebis d'AOC Ossau-Iraty. Ce dernier est mis en vente à partir du 15 mars jusqu'à rupture du stock (en général fin septembre).

### SPORTS ET LOISIRS

**Canyoning Eau Sud** – *06 03 42 98 71 - www.eau-sud.com - à la demi-journée, la journée ou au w.-end, se rens. pour les tarifs. Point d'accueil des activités : bar le Goïz Eder - pl. de Tardets - 64470 Sauguis (à 22 km au nord par la D 26).* Rien de tel pour découvrir les environs des gorges d'Holçarté et Kakuetta que de parcourir les torrents avec un guide. Eau Sud propose aussi de vous accompagner pour des randonnées dans le massif de La Pierre-Saint-Martin. Spéléologie en Haute-Soule.

**Ski et randonnée** – *La Pierre-St-Martin (à 32 km au sud-est par les D 26, D 113 et D 132) - 1 650/2 200 m d'alt. - rens. à l'OT - Maison de La-Pierre-St-Martin - 64570 Arette - 05 59 66 20 09 - www.lapierrestmartin.com.* Station de ski familiale pour le ski alpin et, surtout, le ski de fond. En été, site idéal pour les randonnées à pied ou en VTT.

# Mauléon-Licharre

**Maule-Letxarre**

3 218 Mauléonnais – Pyrénées-Atlantiques (64)

NOS ADRESSES PAGE 254

### S'INFORMER

**Office du tourisme de Soule** – *10 r. J.-B.-Heugas - 64130 Mauléon-Licharre - 05 59 28 02 37 - www.soule-xiberoa.fr - juil.-août : lun.-sam. 9h-13h, 14h-19h, dim. 10h-12h30 ; reste de l'année : tlj sf lun. 9h30-12h30, 14h-18h.*

### SE REPÉRER

Carte de microrégion C3 (p. 206-207) – *Carte Michelin n° 573 C 27.* À 24 km au sud-est de St-Palais par la D 11. Le quartier de Licharre, siège des États de Soule, s'étend sur la rive gauche, autour de la place des Allées, bordée par quelques édifices dont le château d'Andurain. La ville neuve se blottit vers l'aval tandis que le château fort domine toujours la rive droite.

### SE GARER

Sur la place des Allées.

### À NE PAS MANQUER

L'adorable église de L'Hôpital-St-Blaise.

2

**Au pied d'une colline où s'élèvent les ruines d'un château fort coule le Saison. Joli nom pour un gave. Sur ses rives, Mauléon-Licharre est la capitale de la plus petite des sept provinces basques : le rude pays de Soule. C'est dans cette bastide du 13e s. que vous trouverez chaussure à votre pied, l'ancienne place forte étant aussi la patrie de l'espadrille.**

## Se promener

### Château d'Andurain

*05 59 28 04 18 - visite guidée de déb. juil. à mi-sept. : tlj sf jeu., dim. matin et j. fériés 11h, 15h, 16h, 17h30 - 5 € (-15 ans 2,40 €).*

Cet édifice au décor Renaissance fut construit vers 1600 par un membre d'une illustre famille souletine, Arnaud Ier de Maytie, évêque d'Oloron. Belles cheminées sculptées, mobilier des 17e-18e s. et exposition d'in-folio restaurés des 16e et 17e s. Les combles sont couverts de bardeaux de châtaignier, avec une belle charpente de chêne.

### Château fort de Mauléon

*Montée un peu raide à pied. Possibilité d'accès pour les voitures uniquement. 05 59 28 02 37 - www.soule-xiberoa.fr - fermé pour travaux (se rens.).*

Élevé au 12e s. sur une colline surplombant la vallée du Saison, il aurait dû être démoli au 17e s. sur ordre royal. Dans la cour restent le puits et les bases de murs de bâtiments, mais on peut également voir le cachot et une salle de réserve. Sur le chemin de ronde, trois canons datant de 1685.

*Le document de la visite décrit la bastide, que vous pourrez visiter ensuite (escalier sur la droite en descendant du château).*

## Une histoire tumultueuse

Mauléon, c'est le « mauvais lion ». Une façon affectueuse de rappeler la fonction défensive de la cité, ses résistances et ses coups de sang ? À l'origine, Mauléon est une bastide fondée en 1280 et dominée par son château fort, et c'est autour des murs de ce dernier que la capitale de la Soule vécut ses heures les plus mouvementées. La place forte résista en effet pendant cinquante ans avant de se rendre aux Anglais en 1307. Ces derniers y installèrent une capitainerie jusqu'à ce qu'ils la cèdent à la maison de Foix en 1449. C'est après que se focalisa sur Mauléon le mécontentement des croquants. En 1662, écrasés par les charges fiscales qu'impliquaient entre autres la démolition et la reconstruction de l'édifice, ces derniers suivirent Bernard de Goyhenetche, dit **Matalas**, curé de Moncayolles, et refusèrent de payer leur dû. Ils furent écrasés par les troupes royales et seigneuriales, et leur meneur décapité à Licharre. Licharre était à l'époque une commune indépendante. Elle ne devint que récemment un quartier industriel de Mauléon, celui où sont concentrées les fabriques d'espadrilles. La mairie y est installée, dans l'ancien **hôtel de Montréal** (17e s.) qui servait de résidence au gouverneur de la Soule.

### LA CAPITALE DE L'ESPADRILLE

*Espartina* en basque, cette chaussure de toile à la semelle de chanvre a été utilisée dès le 18e s. Elle fait vivre Mauléon depuis cent cinquante ans. D'abord fabriquée à domicile par les paysans en appoint de leurs travaux agricoles, elle est produite à l'échelle industrielle à la fin du 19e s., lorsque les premières usines ouvrent leurs portes vers 1880. On appelait *hirondelles* les jeunes Espagnoles qui venaient travailler dans ces usines pour la saison, de mai à septembre. Aujourd'hui, 70 % de la production française sort des manufactures mauléonnaises, qui souffrent de la concurrence internationale. Elles privilégient désormais des motifs originaux et des formes renouvelées pour transformer l'espadrille en un objet de mode, et la demande augmente !

### CÉLÉBRITÉS LOCALES

Pierre Bordaçarré (1908-1979), natif quant à lui de Trois-Villes, adopta le nom de plume d'**Etxahun Iruri**. Poète et musicien autodidacte, il a laissé une centaine de chansons. Un monument à son effigie se dresse devant le fronton de sa ville natale.

Enfin, qui l'eût cru ? Les **Mousquetaires** d'Alexandre Dumas ne sont pas qu'une invention. Certains d'entre eux étaient originaires de la Soule, cette terre située à la frontière entre le Pays basque et le Béarn, d'autres y ont passé une partie de leur vie. Ainsi, **M. de Tréville**, capitaine des mousquetaires dans le roman de Dumas, se nommait-il en réalité Arnaud-Jean du Peyrer, comte de Trois-Villes. Il fut nommé par le roi Louis XIII capitaine-lieutenant des mousquetaires en 1625. Isaac de Porthau, né à Pau en 1617 et devenu mousquetaire en 1643 après avoir été garde du roi, inspira le personnage de **Porthos**. Il avait une résidence à Lanne (sur la D 918 à l'est de Tardets). Quant à **Aramis**, c'est Henri d'Aramits, écuyer et abbé laïque d'Aramits (à 2 km de Lanne), entré chez les mousquetaires la même année que son acolyte.

Les espadrilles de Mauléon.
*CDT64*

# Circuit conseillé Carte de microrégion



## LA BASSE-SOULE

*Pour visualiser ce circuit de 50 km, reportez-vous à la carte de microrégion (p. 206-207) - comptez 1h30. Quittez Mauléon-Licharre par la D 24, puis la D 25.*

### L'Hôpital-St-Blaise / Ospitalepea C3

Ce minuscule village du pays de Soule se distingue par son **église★★** du 12e s., classée Monument historique depuis 1888 et aujourd'hui inscrite au Patrimoine mondial de l'Unesco. *05 59 66 07 21 - www.hopital-saint-blaise.fr - 10h-19h - visite audioguidée - tarif : à l'appréciation des visiteurs - de juin à sept., les mar., jeu. et vend. à 18h30 - spectacle Son & Lumière 5 € (-12 ans 2,50 €).*

Construite par les chanoines augustins de l'abbaye Ste-Christine-du-Somport, l'église est l'ultime vestige de l'ensemble édifié à l'époque pour accueillir les pèlerins en route pour Compostelle. De construction romane très ramassée, elle est un précieux témoin de l'art hispano-mauresque au nord des Pyrénées. Les quatre corps de son plan en croix grecque contrebutent la tour centrale. La croisée est couverte d'une **coupole** à huit pans bandés de nervures en étoile. Admirez les bagues sculptées de façon naïve. Les grilles de pierre aux fenêtres sont d'inspiration espagnole.

Prenez le temps, en sortant de l'église, de flâner dans les rues du village. Vous verrez quelques belles demeures des 17e et 18e s.

*Sortez du village en direction d'Oloron-Ste-Marie et prenez à droite la D 859.*

### Barcus / Barkoxe C3

L'intérieur de son **église** surprend par la richesse de sa décoration baroque et de son agencement : galeries de bois, murs peints et retable baroque doré figurant l'Ascension.

La D 347 qui vous mène à Tardets-Sorholus passe à travers les collines couvertes d'un patchwork de bocages dont les vaches n'ont cure, préférant paître en bord de route.

**Tardets-Sorholus** / Atharratz C3

**Office du tourisme de Tardets** – *Pl. Centrale - 64470 Tardets - ✆ 05 59 28 51 28 - www.soule-xiberoa.fr - juil.-août : lun.-sam. 9h-13h, 14h-19h, dim. 10h-12h30 ; juin, sept. et vac. scol. : lun.-jeu. 9h-12h30, 14h-18h ; reste de l'année : lun.-sam. 9h-12h30, 14h-18h - fermé dim. et j. fériés (sf juil.-août).*

Ancienne bastide pourvue d'une place centrale entourée de maisons à arcades du 17e s. Le village sert de point de départ pour différentes randonnées ou excursions *(rens. à l'OT).*

*Reprenez la route en direction de Mauléon.*

**Trois-Villes** / Iruri C3

Le nom, plus que le château construit par Mansart entre 1660 et 1663, rappelle la carrière militaire et le personnage littéraire de M. de Tréville (*p. 252*). La demeure affiche deux avant-corps et des fenêtres à meneaux. Elle profite également de jardins à la française.

*Continuez vers Mauléon-Licharre.*

**Gotein-Libarrenx** / Gotaine Irabarne C3

Arrêtez-vous pour admirer le **clocher-mur** à trois pointes de cette église du 16e s. Il est typique de ce que l'on appelait auparavant les clochers trinitaires, formés d'un solide mur de pierre percé d'alvéoles pour les cloches et surmonté de trois frontons triangulaires, comme les clochers-calvaires. À l'intérieur, remarquez le beau retable en bois doré du 18e s., une jolie Vierge et un bénitier Louis XIII.

*Le circuit s'achève à Mauléon-Licharre.*

## NOS ADRESSES À MAULÉON-LICHARRE

### HÉBERGEMENT

PREMIER PRIX

**À Mauléon-Licharre**

**Hostellerie du Château** – *R. de la Navarre - ✆ 05 59 28 19 06 - www.hotel-chateau-mauleon.com - P - 26 ch. 50,50 € - 6,50 € - repas en demi-pension 12,50 € - menus 19,90/29,90 € - rest. fermé dim. soir hors saison.* Cette immense bâtisse est un vrai labyrinthe. Reprise en 2002, elle a été progressivement restaurée et les chambres rénovées. Situées côté jardin, elles respirent le calme. À table, cuisine régionale pleine de saveurs. À la belle saison, les tables sont dressées dehors.

### RESTAURATION

PREMIER PRIX

**À L'Hôpital-St-Blaise**

Le petit village de L'Hôpital-St-Blaise abrite deux restaurants situés face à l'église romane : l'auberge du Lausset et le restaurant St-Blaise. Les prix y sont similaires *(12/31 €).*

### ACHATS

**Espadrilles Mauléon** – *Pl. Centrale - ✆ 05 59 28 28 48 - www.espadrilles-mauleon.fr - magasin : avr.-oct. : tlj 9h30-12h, 14h-19h ; atelier : tlj sf w.-end 8h-12h, 13h-18h (17h hors saison).* Passez à la boutique faire quelques emplettes avant de découvrir comment ces chaussures traditionnelles cousues main sont fabriquées à l'atelier, grâce à une vidéo *(30mn)*.

### SPORTS ET LOISIRS

**Cycles Poppe** – *Zone industrielle de la gare - ✆ 05 59 28 13 62 - www.velo-oxygen.fr - tlj sf dim. et lun. - fermé 2 sem. en août*. Si vous souhaitez découvrir Mauléon à bicyclette, adressez-vous à ce magasin de cycles. Il loue des vélos et VTT à l'heure, à la demi-journée ou à la journée.

**Rafting Eaux Vives** – *Le Pont - 64190 Navarrenx - ✆ 05 59 66 04 05 - http://rafting-eaux-vives.com - 9h-18h, uniquement sur réserv. - 32 € formule découverte 13 km (-15 ans 25 €) - pique-nique 10 € (-15 ans 8 €)*. Descente du gave d'Oloron, entre Navarrenx et Sauveterre-de-Béarn (20 km), dans un raft pneumatique ou, pour des sensations plus fortes, à bord d'un miniraft de 2 ou 3 personnes. Si vous optez pour la sortie d'une journée complète, vous profiterez d'une pause-repas (grillades) sur une plage sauvage.

### AGENDA

**La Mascarade** – *Itinérant dans les villages - de mi-janv. à fin avr.* Défilés costumés codifiés opposant les rouges, nobles et élégants, et les noirs, sales et vulgaires ; barricades, danses et mort et résurrection du « pitxu ». On mange, on boit et on colporte les nouvelles !

**Fête de l'espadrille** – *15 août*.

# Forêt des Arbailles

**Arballa**

★

Pyrénées-Atlantiques (64)

## NOS ADRESSES PAGE 259

### S'INFORMER

**Office du tourisme de Tardets** – *Pl. Centrale - 64470 Tardets - ✆ 05 59 28 51 28 - www.soule-xiberoa.fr - juil.-août : lun.-sam. 9h-13h, 14h-19h, dim. 10h-12h30 ; juin, sept. et vac. scol. : lun.-jeu. 9h-12h30, 14h-18h ; reste de l'année : lun.-sam. 9h-12h30, 14h-18h - fermé dim. et j. fériés (sf juil.-août).*

**Randonnées** – Pour préserver la forêt des Arbailles, les randonnées balisées restent limitées aux territoires de bordure (souces de la Bidouze ou d'Ahusquy). Si vous souhaitez vous enfoncer davantage, mieux vaut vous adresser à un guide *(liste des guides disponible à l'OT).*

### SE REPÉRER

Carte de microrégion B3 C3 (p. 206-207) – *Carte Michelin n° 573 C 26-27.* Au sud de la route reliant St-Jean-Pied-de-Port à Mauléon-Licharre, la forêt s'étend sur les hautes surfaces (1 265 m au pic de Béhorléguy) d'un bastion calcaire bien détaché entre les sillons du Saison, du Laurhibar et de la Bidouze, à l'est de St-Jean-Pied-de-Port. À cette hêtraie, criblée de gouffres, succède, au sud, une zone pastorale s'achevant à pic face à la frontière.

### À NE PAS MANQUER

Le panorama depuis Ahusquy.

### ORGANISER SON TEMPS

On peut, au choix, faire le tour du massif forestier en moins d'une journée, ou bien entreprendre une randonnée d'une ou plusieurs heures.

**Aucune route ne pénètre au cœur de ce massif que l'on découvre uniquement par les pistes pastorales. Mais qui s'en plaindrait ? C'est le meilleur moyen de capter la lumière mystérieuse de ses hêtraies, les effluves de mousse et de champignons et le son du vent malmenant les branches ou caressant l'herbe des clairières. C'est aussi la seule façon de rencontrer les Laminak, du moins s'ils le veulent bien…**

## Circuit conseillé Carte de microrégion

### ★ FORÊT DES ARBAILLES

*Pour visualiser ce circuit de 36 km au départ de St-Just-Ibarre, reportez-vous à la carte de microrégion (p. 206-207) - comptez env. 2h.*

**St-Just-Ibarre** / Donaitxi-Ibarre B3

Ce village bas-navarrais posté en lisière de Soule compte sept quartiers, symbolisés par les sept bassins de la fontaine moderne dressée à côté de la mairie.

# Un haut lieu de la mythologie basque

## DES PAYSAGES VARIÉS

Les 4 535 ha des Arbailles s'étendent sur un grand massif calcaire parsemé d'énormes dolines (dépressions circulaires tapissées d'argile), de crevasses inattendues et de gouffres où l'eau circule, discrète. Cette diversité de reliefs explique la grande variété des paysages : hêtraies, pâturages, reliefs doux et crêtes ravinées.
Le secteur compte aussi de nombreuses grottes et autres abris rocheux qui servaient déjà de protection aux hommes préhistoriques, avant d'être utilisés comme bergeries ou caches de contrebande. Depuis bien longtemps, l'homme a su tirer parti de ce milieu naturel qui offre eau, bois de hêtre, gibier et champignons (cèpes et girolles).

## LE ROYAUME DES LAMINAK

Sans doute impressionné par le brouillard fréquent qui confère aux lieux une atmosphère d'étrangeté, l'homme a également fait du massif le lieu de toutes les légendes. Selon la tradition, on y croiserait des **Laminak**, ces petits êtres malicieux au talent de bâtisseurs reconnu, qui habitent les grottes et les sources. Mais si les dames Laminak sont inoffensives et se contentent de peigner leurs longs cheveux à proximité des sources, il n'en va pas de même de leurs époux qui ont la regrettable habitude de s'attaquer à la vertu des innocentes bergères et sont capables de se transformer en araignée ou en serpent…

## LES SEIGNEURS DE LA FORÊT

On dit aussi qu'on y croise parfois un **Basajaun** (ou **Baxajaun**, le terme signifiant « seigneur des forêts »), sorte de *yeti* local. Ce géant qui atteindrait une taille de 3 m et porterait une chevelure rouge lui descendant jusqu'aux genoux a de quoi impressionner ! Ce n'est pourtant pas un mauvais bougre puisqu'il protège les troupeaux en criant lorsque les loups s'en approchent. Il a aussi transmis aux hommes l'agriculture. Si d'aventure vous en rencontrez un, posez-lui une devinette : il a la réputation d'avoir l'esprit si lent que vous aurez tout le temps de vous enfuir pendant qu'il réfléchit à la solution ! Peut-être mettrez-vous la main sur ses richesses qu'il dissimule dans une des cavités de la forêt…

## FATALE GOINFRERIE

Non loin de la source d'Ahusquy vivait un redoutable serpent à sept têtes du nom d'**Herensuge**. Il habitait la grotte d'Azalegi et se nourrissait des bergers et des troupeaux qui passaient à proximité de son antre. Lassé de voir régner la terreur sur les estives, le fils du comte Zaro imagina une ruse pour se débarrasser du monstre. Il emplit la peau d'une vache de poudre et d'allumettes, et l'incorpora à un troupeau destiné au festin de l'immonde bête. Celle-ci, comme à son habitude, aspira le tout et prit feu tout en s'envolant vers Itxasgorrieta, la mer rouge du couchant. Cet être maléfique aurait occupé d'autres lieux mythiques, comme le gouffre d'Aralar en Navarre.

**Maison de saint Michel Garicoïts** – *Depuis l'église, descendez vers la rivière en passant derrière la mairie et franchissez le pont. À la fourche, prenez à droite, puis à gauche sur la départementale. Au hameau, suivez à droite la direction « Ibarre ». À l'entrée du village, un panneau à droite indique la maison. Entrée gratuite. Pas de parking.*

Les herbes folles envahissent le chemin menant à la maison natale de **saint Michel Garicoïts** (1797-1875), parfois appelé le « dernier saint du Pays basque » et fondateur des pères de Bétharram. La confiance est ici totale puisque la clé se trouve sur la porte ! Un autel est aménagé au centre de la pièce principale, sur laquelle donnent différentes portes de bois *(pour les ouvrir, passez le doigt dans l'orifice et soulevez le loquet)* : celle du débarras, celle de la chapelle et celle de la cuisine, avec son âtre, sa pierre à évier, sa table et son vaisselier. La visite donne une idée précise de l'architecture intérieure d'une humble ferme d'époque.

## Sources de la Bidouze B3

*À la sortie de St-Just en direction du col d'Osquich et de Mauléon, prenez le premier embranchement qui descend vers la vallée et la rivière. Suivez les panneaux. Le départ, bien fléché, se fait à la hauteur du parking. 9 km - 3h AR - 350 m de dénivelé.*

Après avoir longé quelques prairies, le sentier s'enfonce dans les sous-bois et grimpe alors jusqu'à la grotte, d'où jaillit la rivière dans un paysage bucolique. Prenez garde de bien suivre le balisage, car l'endroit peut se révéler escarpé. *Balisage jaune.*

*Revenez à St-Just jusqu'à la D 918 et prenez, à droite, la direction de Mauléon. Après 9 km, prenez à droite la D 348 en direction d'Ordiarp et d'Aussurucq.*

## ★ Ordiarp / Urdiñarbe C3

Charmant village traversé par une rafraîchissante rivière où caquettent les canards. Le cours d'eau est bordé d'un seul côté par les traditionnelles maisons souletines aux toits d'ardoise. Un pont romain l'enjambe.

★ **Église** – 12e s. Cette jolie église romane en surplomb de l'Arangorena arbore un original **clocher-mur** au clocheton carré. Elle est le seul vestige du relais hospitalier et de la commanderie des Augustins de Roncevaux, qui étaient installés dans ce village-étape du pèlerinage de Compostelle.

**Centre d'évocation du patrimoine souletin** – *05 59 28 36 47 - ♿ - juil.-août : lun., vend., w.-end 9h-17h ; le reste de l'année : sur réserv. - 3 € (-12 ans gratuit) - possibilité de visite guidée sur demande (1h30).* Culture basque, mythologie, art roman et témoignages de pèlerins de Compostelle se mêlent dans cet espace d'exposition. Des visites guidées *(1h30)* du village par un « raconteur de pays » sont organisées par l'office du tourisme de Soule *(14 juil.-15 août : merc. à 20h - sur inscription auprès de l'office de tourisme).*

## ★ Aussurucq / Altzürükü C3

Pittoresque village composé de fermes anciennes, du château de Ruthie (tours du 15e s.) et d'une église entourée de son cimetière. Notez le clocher-calvaire, typique de la Soule.

*Suivez la D 147 vers Ahusquy.*

## ★★ Ahusquy B4

De ce lieu de rassemblement de bergers, établi dans un site panoramique, subsiste une auberge (rénovée). En montant par la piste, sur 1 km, vous pouvez vous rafraîchir à l'excellente source d'Ahusquy (derrière un abreuvoir nettement visible sur la pente) qui, jusqu'à la Seconde Guerre mondiale, justifiait des cures très courues (affections des reins et de la vessie).

*10 km - env. 5h30 AR - 420 m de dénivelée - balisage jaune.* Une randonnée d'une demi-journée permet de rejoindre le plateau d'Elzarreko depuis la fontaine.

*Continuez sur la D 117.*

### Col d'Aphanize B3

Dans les pacages autour du col évoluent librement des chevaux. Les pâturages servent de lieux d'estive pour de nombreux troupeaux. À un kilomètre à l'est du col, la **vue★★** devient immense, embrassant le pic des Escaliers, immédiatement au sud, le pic de Ger, à l'horizon au sud-est, en passant par le pic d'Orhy, le pic d'Anie et le massif de Sesques (entre Aspe et Ossau).

## NOS ADRESSES DANS LA FORÊT DES ARBAILLES

#### HÉBERGEMENT ET RESTAURATION

##### PREMIER PRIX

**Hôtel-Restaurant Eppherre** – *64130 Aussurucq - ✆ 05 59 28 00 02 - fermé fév. et lun. sf juil.-août - P - 8 ch. 42/52 € - 6 € - menus 12,50/18,50/20/28,50 €.* Cette petite auberge au centre du village propose une cuisine traditionnelle très copieuse, toujours élaborée avec des produits du terroir. La terrasse ombragée est bienvenue en été. Chambres simples et calmes.

##### BUDGET MOYEN

**Chambre d'hôte Maison Elixondoa** – *Quartier Elichoudoborde - 64120 Pagolle - ✆ 05 59 65 65 34 ou 06 46 80 00 49 - www.elixondoa.com - fermé nov.-fév. - P - 4 ch. 64/79 € - table d'hôte 23 € lun., merc. et vend. seult.* Dans un petit village basque, cette ferme du 17e s. bien restaurée est parfaite pour méditer au calme en pleine nature. Campagne et collines pour décor extérieur, vieilles poutres, pierres apparentes et couleurs gaies à l'intérieur : un charme pastoral rare. Petite cuisine à disposition des hôtes près de la piscine.

**Chambre d'hôte Biscayburu** – *64470 Sauguis-St-Étienne - ✆ 05 59 28 73 19 - www.chambres-hotes-pays-basque.com - fermé vac. de Noël - P - 4 ch. 60/70 €.* Cette ancienne ferme restaurée dont le nom signifie « la maison en haut de la colline » offre un magnifique panorama sur la vallée et les Pyrénées. Ses chambres, décorées avec goût, bénéficient d'une grande tranquillité. Le matin, l'odeur du petit-déjeuner, préparé par le patron, ancien boulanger, aide au réveil. Belle piscine pour lézarder.

**L'Auberge d'Ahusquy** – *Col de Burdin sur D 117 - 64130 Ahusquy - ✆ 05 59 28 57 27-ouv. de déb. mai au 11 Nov. : tlj midi et soir du 20 juin au 11 Nov., seult w.-end et j. fériés de mai au 20 juin - menus 20/32 €.* Seul le son des cloches suspendues au cou des vaches pourrait perturber votre repas. C'est dire si cette auberge isolée, nichée à plus de 1 000 m d'altitude, au col de Burdin, est tranquille. Vous y dégusterez une cuisine familiale, tout en profitant d'une vue imprenable sur les Pyrénées.

# Saint-Sébastien et la province de Guipúzcoa 3

Carte Michelin Région n° 573 – Guipúzcoa



Le Palais des congrès et l'auditorium de Saint-Sébastien.

*J.-D. Sudres / hemis.fr*

ST-SÉBASTIEN ET LA PROVINCE DE GUIPÚZCOA
0
10 km
N
OCÉANO ATLÁNTICO
GOLFO
DE
Costa
de
Saturrarán
Ondarroa
Gl 638
Mutriku
Deba
Itziar
Zumaia
N 634
Getaria
Zarautz
VIZCAYA
4
A 8
Gl 631
Zestoa
Parque
Aia
Lasao
BILBAO
N 634
A 8
AP 1
R. Deba
Gl 2634
Azkoitia
Azpeitia
S. Ignacio de Loiola
Errezil
Gl 2634
Gl 2635
Gl 627
Gl 631
R. Urola
Beizama
Gl 3720
Bergara
GUIPÚZCOA
Gl 632
Sta María la Antigua
Gl 2635
Ordizia
Beasain
N I
Ormaiztegi
Lazkao
VITORIA-GASTEIZ
Gl 2630
AP 1
Oñati
Gl 2630
Gl 627
Embalse de Urkulu
Zerain
Idiazabal
Ataun
Segura
Gl 3591
Sta Maria de Gurutzeta
Arantzazu
Zegama
Gl 2120
VITORIA-GASTEIZ
5
Gl 2637
N I
ÁLAVA
Embalse de Ullibarri
Embalse de Urdalur
A 1
VITORIA-GASTEIZ
VITORIA-GASTEIZ, PAMPLONA
A
B
1
2
3

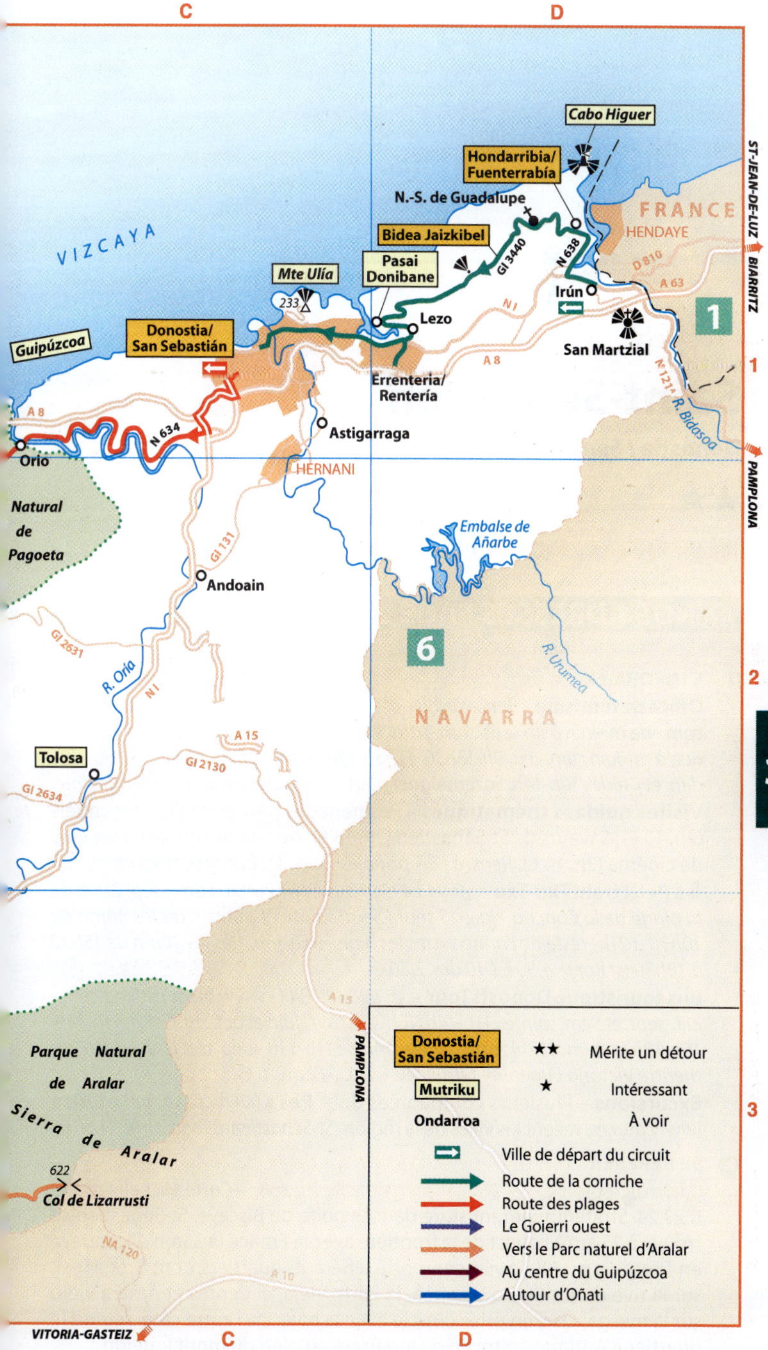
C
D
VIZCAYA
Cabo Higuer
Hondarribia/
Fuenterrabía
N.-S. de Guadalupe
Bidea Jaizkibel
GI 3440
N 638
Pasai
Donibane
Mte Ulía
233
Lezo
Irún
FRANCE
HENDAYE
D 810
A 63
ST-JEAN-DE-LUZ
BIARRITZ
1
N I
San Martzial
Guipúzcoa
Donostia/
San Sebastián
A 8
Errenteria/
Rentería
N 121 A
R. Bidasoa
Astigarraga
N 634
Orio
HERNANI
PAMPLONA
Natural
de
Pagoeta
Embalse de
Añarbe
GI 131
Andoain
GI 2631
6
R. Urumea
R. Oria
N I
2
NAVARRA
A 15
Tolosa
GI 2130
GI 2634
A 15
PAMPLONA
Parque Natural
de Aralar
Sierra de Aralar
622
Col de Lizarrusti
NA 120
A 10
3
Donostia/
San Sebastián
★★ Mérite un détour
Mutriku
★ Intéressant
Ondarroa
À voir
Ville de départ du circuit
Route de la corniche
Route des plages
Le Goierri ouest
Vers le Parc naturel d'Aralar
Au centre du Guipúzcoa
Autour d'Oñati
VITORIA-GASTEIZ
C
D

# Saint-Sébastien

**Donostia / San Sebastián**

★★

186 185 habitants - Espagne, province de Guipúzcoa

NOS ADRESSES PAGE 273

## S'INFORMER

**Office de tourisme** – *Boulevard, 8 - 943 481 166 - www.sansebastianturismo.com - de mi-juin à fin sept. : lun.-sam. 9h-20h, dim. et j. fériés 10h-19h ; de déb. oct. à mi-juin : lun.-jeu. 9h-13h30, 15h30-19h, vend. 10h-19h, sam. 10h30-19h, dim. et j. fériés 10h-14h. Se renseigner pour les horaires pendant la Sem. sainte.*

**Visites guidées thématiques** – Promenades pédestres : Les Essentiels (2h, 10 €) ; Saveurs de St-Sébastien (2h, 18 €, avec dégustations) ; Une ville de cinéma (2h, 14 €). *Rens. à l'OT pour les jours, les horaires et les langues.*

**Petit train Txu-Txu** – *943 422 973 - www.txu-txu.com - dép. 25 bd de la plage de la Concha - juil.-15 sept., Sem. sainte et ponts : ttes les 30mn de 10h30 à 21h ; reste de l'année : ttes les h de 11h à 13h, ttes les 30mn de 15h30 à 18h30 (sf lun.) - 4,50 € (-10 ans 2,50 €).*

**Bus touristique Donosti Tour** – *696 429 847 - www.busturistikoa.com - juil.-sept. et Sem. sainte : 11h-14h, 16h-19h ; avr.-juin et oct. : tlj sf mar. 11h-13h, 16h-18h (avr.-mai 17h) ; nov.-janv. et mars : 11h-13h - dép. ttes les h en face du théâtre Victoria Eugenia - fermé fév. - 12 € (-12 ans 6 €).*

**Excursions** – Plusieurs compagnies dont **Pesa** *(www.pesa.net)* et **Alsa** *(www.alsa.es)* relient les villes de la région *(St-Sébastien-Bilbao, 1h10, 11,50 €).*

## SE REPÉRER

Carte de région C1 (p. 262) et plan de ville (p. 268) – *Carte Michelin n° 573 C 23-24.* Stratégiquement situé dans le golfe de Biscaye, St-Sébastien se trouve à 25 km à l'ouest de la frontière avec la France (à 35mn d'Hendaye en Topo - *p. 170*). La ville comporte différents quartiers, dont Gros à l'est, sur la rive droite du río Urumea, la Parte vieja, el Centro et Amara viejo sur la rive gauche, en prise directe avec la baie. De l'autre côté s'étend le quartier d'Antiguo, mitoyen d'Ondarreta au pied du mont Igueldo.

La baie de la Concha vue depuis le mont Igueldo.
*J.-D. Sudres / hemis.fr*

**SE GARER**
La voiture est à proscrire dans le centre-ville. Mieux vaut se garer dans l'un des parkings souterrains au stationnement illimité.

**À NE PAS MANQUER**
Le musée San Telmo, le soleil couchant sur la baie de la Concha, les bars à *pintxos*.

**AVEC LES ENFANTS**
L'aquarium, le musée de la Science, le petit parc d'attractions au sommet du mont Igueldo, la Maison du cidre basque à Astigarraga et le petit train Txu-Txu.

**Une baie en forme de coquille, la Concha, qui lui a valu le doux surnom de « perle du Cantabrique », des plages de sable à la courbure parfaite, des immeubles cossus de la Belle Époque, d'agréables promenades et des jardins : rien ne manque à St-Sébastien (« Sanse », comme l'appellent affectueusement les Espagnols) pour passer un séjour idyllique. Pas même la gastronomie puisque la réputation de ses *pintxos* et de ses grands chefs a dépassé les frontières. L'art de vivre est ici porté à son zénith : profitez-en !**

3

## Se promener Plan de ville

Les noms des rues sont indiqués en basque et en espagnol et n'ont parfois rien à voir, ce qui peut prêter à confusion… mais il suffit de faire quelque pas pour s'y retrouver car la signalisation est donnée dans chacune des langues, un pâté de maison sur deux.

**★★ LA VIEILLE VILLE** (Casco Viejo)

*Circuit* 1 *tracé en vert sur le plan de ville (p. 268) - comptez 2h sans l'ascension du mont Urgull, 3h avec.*
La vieille cité a été reconstruite après l'incendie de 1813. Bien que les bâtiments datent du siècle dernier, ses rues étroites contrastent avec les avenues de la ville moderne.
*Partez du Boulevard et prenez la calle San Juan qui longe la halle couverte en direction du mont Urgull.*

**PLAISIRS TERRESTRES ET SPIRITUELS**
La vocation balnéaire de St-Sébastien s'éveille à partir de 1865 lorsque la reine Marie-Christine, régente d'Espagne et veuve d'Alphonse XII, la choisit comme lieu de villégiature : tout le beau monde madrilène vient dès lors y passer les mois d'été. De cette époque, la ville a notamment conservé le palais Miramar, construit à la demande de la reine.

## Place de Zuloaga B1

En contrebas du mont Urgull, cette vaste place séduit par le contraste de ses architectures, les immeubles des 19e et 20e s. ainsi que la devanture moderne des cafés faisant face au **Museo San Telmo**, autrefois couvent de dominicains.

## ★★ Musée San Telmo (Museo de San Telmo) B1

*Pl. Zuloaga, 1 - ✆ 943 481 580 - www.santelmomuseoa.com - tlj sf lun. (sf j. fériés) 10h-20h - fermé 25 déc., 1er et 20 janv. - 5 € - visite guidée sur réserv. téléphonique av. vend. 14h (à partir de 10 pers.) 3 € (entrée non incluse) - audioguide particulièrement intéressant. Café avec terrasse et bon restaurant attenant (même maison que Bokado - Nos adresses).*

Fondé au 16e s., ce couvent dominicain a été transformé en musée en 1932 et a fait l'objet d'une importante rénovation entre 2007 et 2011. Un édifice moderne a été ajouté, dont la façade perforée s'intègre dans le panorama rocheux du mont Urgull. L'endroit mérite une visite pour l'intérêt de ses collections qui invitent à un parcours à travers l'histoire et la culture basque, mais aussi pour la remarquable muséographie interactive qui tire admirablement parti de l'organisation des lieux (plusieurs salles donnent sur le très beau cloître). Les collections permanentes sont essentiellement présentées dans la partie ancienne, tandis que la partie moderne accueille plutôt des expositions temporaires, des conférences et des activités culturelles.

**Rez-de-chaussée** – On découvre une exceptionnelle collection de **stèles discoïdales**, dont les plus anciennes sont antérieures à l'ère chrétienne. On y lit le lieu d'inhumation ou de décès, en cas de mort violente, et différents éléments pour identifier le défunt. Plusieurs salles évoquent l'histoire et le développement économique de la région au fil des siècles, et notamment la **chasse à la baleine**, avec tous les produits extraits du mammifère marin. C'est aussi à ce niveau que se trouve l'ancienne **église** du couvent. Elle est décorée de onze magnifiques panneaux, réalisés en 1929 par le Catalan **José María Sert** (1874-1945), qui figurent l'histoire, la vie et les activités des hommes en Guipúzcoa.

**SAINT-SÉBASTIEN VU D'EN HAUT**
**Mont Igueldo** A1 – *Accès par funiculaire - ✆ 943 213 525 - www.monteigueldo.es - août : 10h-22h ; reste de l'année, se rens. sur le site Internet - fermé merc. en basse saison - 3 € AR (-7 ans 2,10 €).* Le sommet est occupé par un parc d'attractions et un restaurant. Splendide **panorama**★★★ sur la mer, la rade avec l'île de Sta Clara et St-Sébastien dans son cirque de montagnes. Le soir, la ville illuminée offre un beau spectacle.
**Mont Urgull** B1 – Il est occupé par un jardin public et par le château de la Mota. Du sommet, beau **panorama**★★ sur la Concha et sur les monuments de la vieille ville.

### NAISSANCE DE MARTÍN ZALACAÍN

C'est à St-Sébastien qu'a vu le jour **Pío Baroja** (1872-1956) considéré comme le plus grand romancier de l'Espagne du début du 20e s. et dont l'influence fut considérable chez ses confrères de l'après-guerre. Inspiré par le roman populaire, il a laissé une œuvre importante, évoquant sa terre natale dans une trilogie basque d'où se détache *Zalacain l'aventurier* (1909).

**1er étage** – Une **section ethnographique** retrace l'évolution de la société basque, illustrée par de nombreux objets et vidéos : intéressant panorama couvrant cent ans d'art basque et l'effervescence artistique des années 1920, passionnant montage d'images filmées sur la lutte des classes, conquête de la reconnaissance de la langue et de l'identité, histoire de l'industrialisation moteur du changement, et nombreuses marques basques, de l'électroménager Fagor aux scooters Lambretta...

**2e étage** – Les salles présentent une centaine d'œuvres sur les quelque 1 400 que compte la **collection des beaux-arts** du musée, un peu à la manière d'une pinacothèque du 19e s. : beaucoup de peintres espagnols (Greco, Ribera, Cano, etc.) et quelques étrangers (Tintoret, Hubert Robert).

*Engagez-vous dans la calle 31 de Agosto et tournez presque tout de suite à gauche.*

### Église San Vicente B1

*San Vincente - ✆ 943 422 199 - 9h-13h, 18h-20h.*

Cette église du 16e s est l'édifice religieux le plus ancien de la ville. De style gothique, il abrite un remarquable **retable★** réalisé par Ambrosio de Bengoechea et Juan de Iriarte (16e s.). Remarquez à l'extérieur les statues de saint Vincent, patron de la paroisse, et de saint Sébastien, patron de la ville.

*Descendez la calle Narica et tournez dans la troisième rue à droite.*

### Place de la Constitution B1

Entourée de maisons à hautes arcades, elle fut jadis utilisée comme arènes. Les numéros que portent encore les balcons rappellent qu'ils servaient alors de tribunes.

*Traversez la place droit devant vous et engagez-vous sous le passage qui débouche sur la calle San Jerónimo. Tournez à droite et prenez la première à gauche, la calle Puerto. Elle croise la calle Mayor qui aboutit à droite à l'église de Sta María.*

### Basilique Sta María del Coro B1

*31 de Agosto, 46 - ✆ 943 423 124 - 10h15-13h15, 16h45-19h45.*

On est frappé par l'exubérance de son **portail★** (fin 18e s.). La sobriété de l'architecture intérieure rend plus saisissante encore la profusion des autels baroques.

*Derrière l'église, un chemin grimpe au mont Urgull.*

### Mont Urgull (Monte Urgull) B1

Un jardin public couvre cette colline, couronnée par la statue du **Sagrado Corazón** haute de 30 m. Non loin, le **château de la Mota** fut du 15e au 18e s. une importante place militaire ; il abrite la **Casa de la Historia**, petit musée d'histoire *(ouv. vac. scol. et haute saison 8h-20h)*. Sur son flanc nord se trouve le **cimetière des Anglais**, établi en hommage aux troupes britanniques pour leur participation aux guerres d'indépendance et de Succession du 19e s.

**Paseo Nuevo** B1 – Cette large promenade en corniche autour du mont Urgull offre de belles vues sur la mer Cantabrique et la baie. Elle débouche sur le port, trapu et coloré, où se côtoient bateaux de pêche et voiliers.

**Port** (Puerto) B1
Le port est séparé de la vieille ville par des restes de remparts. De petites maisons de pêcheurs aux façades carrelées de rouge ou de blanc bordent son quai, où l'on peut encore voir des femmes raccommoder les filets. Le soir, les bateaux y déchargent la pêche du jour devant les badauds.
Le quai mène au **Musée maritime** et aboutit à l'**aquarium★**.
*Longez le port vers la ville et dirigez-vous vers la plage.*

**Musée maritime** (Untzi Museoa / Museo Naval) B1
*Paseo del Muelle, 24 - ✆ 943 430 051 - www.untzimuseoa.net/es - ♿ - mar.-sam. 10h-13h30, 16h-19h30, dim. et j. fériés 11h-14h - fermé lun., 25 déc., 1er, 6 et 20 janv. - 1,20 € (-10 ans gratuit) - visite guidée mar.-vend. 1 € (entrée non incluse).*
Installé dans un édifice du 18e s. qui abritait autrefois la Bourse du commerce, il accueille chaque année une ou deux expositions temporaires qui soulignent l'importance de la mer dans l'histoire du Pays basque.

★ **Aquarium de San Sebastián** B1
*Pl. Karlos Blasco de Imaz, 1 - ✆ 943 440 099 - www.aquariumss.com - ♿ - juil.-août : 10h-21h ; oct.-mai. : lun.-vend. 10h-19h, w.-end et j. fériés 10h-20h ; juin, sept. et*

SE LOGER
- Alemana ① 
- Altair ②
- Astoria 7 ③
- Joakina ④
- Koxka ⑥
- Niza ⑤
- Parma ⑦
- Pensión Aida ⑨

SE RESTAURER
- A Fuego Negro ②
- Astelena ①
- Bodegón Alejandro ③
- Bokado ④
- Borda Berri ⑤
- Ganbara ⑦
- La Cepa ⑧
- La Cuchara de San Telmo ⑥
- La Muralla ⑨
- La Perla ⑪
- Ni Neu ⑫
- Restaurante Chomin ⑬
- Txondorra ⑲
- Zeruko ㉒

**LA TAMBORRADA**
N'espérez pas fermer l'œil si vous vous trouvez à St-Sébastien le 20 janvier, jour de la Tamborrada ! Ce jour-là, aux douze coups de minuit, une centaine de groupes déguisés et munis de tambours se donnent rendez-vous sur la plaza de la Constitución avant de parcourir la ville sans discontinuer jusqu'à… minuit (24 heures plus tard !). Les habitants se mettent à l'unisson en frappant sur des tambours de fortune. Bref, un vacarme ahurissant, vestige probable de l'ancien carnaval.

*Sem. sainte : lun.-vend. 10h-20h, w.-end et j. fériés 10h-21h - fermé 1er et 20 janv. et 25 déc. - 12 € (4-12 ans 6 €).*
Le palais de la Mer abrite un **Musée océanographique** et un **aquarium**, deuxième attraction la plus populaire du Pays basque. La belle muséographie et la présence d'explications en français rendent la visite particulièrement intéressante.
**2e étage** – Le parcours débute dans la partie du musée qui évoque l'histoire des **activités de pêche et de commerce** dans la région. On découvre notamment l'importance du port, lequel accueillait les navires de la Compagnie royale guipúzcoana de Caracas, fondée en 1728, qui détenait le monopole du commerce avec le Vénézuéla et possédait ses propres chantiers navals. De belles maquettes anciennes et de judicieux commentaires expliquent la construction des bateaux qui ont fait la prospérité de la ville, dotée à proximité des ressources nécessaires en bois et en fer.
**1er étage** – D'autres dioramas expliquent les différentes techniques de pêche. On accède ensuie à l'**aquarium** proprement dit, premier espace consacré aux sciences naturelles inauguré en 1928 à initiative de la Société océanographique de Guipúzcoa. La faune marine est présentée dans différents milieux reconstitués. Les visiteurs empruntent un tunnel très impressionnant de 360 m qui passe sous l'**Océanorium**, grand bassin où évoluent mérous, requins, tortues, raies, dorades, etc., avec l'incroyable sensation d'être immergé dans l'Océan.

3

### Hôtel de ville (Ayuntamiento) B1
Ce bâtiment, inauguré en 1897, était à l'origine un casino. Fermé en 1927 suite à l'interdiction des salles de jeux par le dictateur Primo de Rivera, il servit d'hôpital de convalescence pendant la guerre civile, et ce n'est qu'en 1947 que St-Sébastien en fit son hôtel de ville.
*Terminez votre promenade sur le Boulevard, ou bien prolongez ces instants de flânerie sur le front de mer.*

**QUARTIER MODERNE** (Parte Moderna)

*Circuit 2 tracé en vert sur le plan de ville (p. 268) - comptez 1h30.*
Surnommée le *barrio romántico* (quartier romantique), cette partie de la ville s'est développée à partir de la fin du 19e s., d'où l'influence prononcée de l'Art nouveau, appelé ici modernisme. C'est le quartier du shopping et des avenues résidentielles.
*Départ du Boulevard.*

### Boulevard B1
Trait d'union entre le vieux centre et la partie moderne de St-Sébastien, il occupe l'emplacement des anciens remparts et est en grande partie réservé aux piétons. Son **kiosque** à musique est typique de la Belle Époque.
*La calle Loiola mène directement à la cathédrale.*

## CAPITALE EUROPÉENNE DE LA CULTURE

Ville balnéaire, réputée pour sa gastronomie et ses nombreux festivals, San Sebastián sera la capitale européenne de la culture en 2016. Transfrontalière, la « perle du Cantabrique » est aussi une ville ouverte dont le caractère cosmopolite se révèle dans l'usage des langues (basque, espagnol, français) et dans la création artistique. Sa nomination donnera lieu à de nouveaux aménagements culturels et à de nombreuses manifestations.

**Cathédrale du Bon Pasteur** (Catedral del Buen Pastor) B1

*Pl. Buen Pastor - ✆ 943 430 051 - lun.-vend. 8h30-12h30, 17h-20h, sam.-dim. pendant les offices (entre autres, messe en basque dim. 11h).*

Sa tour culmine à 75 m de hauteur et sert de point de repère à presque toute la ville. Tout comme l'édifice, elle a été érigée en 1897 dans un style néogothique. Grande sobriété à l'intérieur. Notez les gigantesques coquillages à l'entrée en guise de bénitiers, dignes de *Vingt mille lieues sous les mers*.

*Passez par la calle Urbieta (parallèle droite par rapport à la cathédrale) et descendez-la jusqu'à la plaza Centenario, bordée par un jardin public.*

En vous retournant, vous aurez une belle perspective sur le mont Urgull.

**Rue Prim** (Calle Prim) B1

*Première à gauche, à angle aigu avec la calle Urbieta.*

Cette artère (et ses voisines immédiates) rassemble tout ce que l'architecture de la Belle Époque et de la première moitié du 20e s. a pu produire. Bow-windows, vitraux et majoliques ornent certaines façades (n° 10, n° 17). L'œil repère d'autres détails cubistes ou Art nouveau (ornements du n° 28, ferronneries du n° 23). Il faut s'y promener le nez en l'air.

*Tournez à droite à la calle Valentín Olano.*

**Pont María Cristina** (Puente María Cristina) B1

Inauguré en 1905, le pont doit son nom à la reine Marie-Christine qui « lança » St-Sébastien. Ses obélisques portent l'écu de la ville et symbolisent la Paix et le Progrès.

**Promenade de Francia** (Paseo de Francia) B1

Promenade longeant le fleuve jusqu'au pont Sta Catalina. Ornée d'une pelouse, plantée d'arbres et de palmiers, elle tire son nom des anciens hôtels particuliers « à la française » qui la bordent.

*Traversez la plaza de Euskadi, devant le puente Sta Catalina, et engagez-vous dans le paseo Colón, puis la calle Peña y Goñi à gauche, pour rejoindre la plage.*

**Kursaal** B1

Symbole du renouveau architectural de la ville, cet édifice moderne, composé de deux cubes en verre, surveille la plage de la Zurriola et l'embouchure du río Urumea. Signé **Rafael Moneo**, il accueille des congrès et des manifestations culturelles.

★ **Plage de la Zurriola** B1 – *À l'embouchure du río Urumea, au-delà du Kursaal et le long du quartier Gros.* La plage préférée des surfeurs. Elle est aussi plus conviviale et plus « intime » que celles de la baie *(voir ci-après)*, car moins étendue. Sa promenade est bordée d'immeubles 19e s. ou plus modernes.

*Traversez le fleuve pour revenir sur le Boulevard.*

## ★★★ BAIE DE LA CONCHA

*Circuit 3 tracé en vert sur le plan de ville (p. 268) – comptez 1h.*

★★ **Promenade de la Concha** (Paseo de la Concha) B1
Commençant à l'hôtel de ville, cette promenade, mondialement réputée pour la vue qu'elle offre sur la baie, se déploie jusqu'au parc de Miramar.
**Parc de Miramar** A1 – Ancienne résidence d'été de la famille royale, il s'élève entre les plages de la Concha et d'Ondarreta. Il a été dessiné par le jardinier franco-espagnol **Pierre Ducasse** (1836-1892) et la demeure de style anglais, par l'architecte Selden Wornum. Celle-ci accueille des expositions et un centre de musique, d'où les gammes et les vocalises qui s'en échappent parfois ! Son esplanade offre un splendide **panorama**★★★ sur la baie et l'îlot de Sta Clara.
**Église San Sebastián** A1 – *Derrière le parc, sur la plaza Alfonso III accolée à Ondarreta.* Cette église mérite le coup d'œil pour son intérieur très contemporain et la fresque moderne fermant la nef (à gauche, un homme tire ses chaînes ; à droite, saint Sébastien subit son martyre).

### Plages de la baie

★★ **Plage de la Concha** B1 – Elle s'étend sur 1 350 m, de l'hôtel de ville jusqu'au parc de Miramar. Cette magnifique étendue de sable fin, qui s'enflamme au soleil couchant, présente une courbe parfaite. Elle est très appréciée des amateurs de bains de mer et de soleil.
★★ **Plage Ondarreta** A1 – Dans le prolongement de la précédente *(au-delà du parc)*, elle s'étend jusqu'au pied du mont Igueldo. Seul un rocher la sépare de sa voisine car, pour le sable comme pour l'ensoleillement, cette aristocratique plage reliée au quartier d'Ondarreta n'a rien à envier à sa rivale !
Au pied du mont Igueldo se trouve le *Peine de los Vientos* (Peigne du vent), œuvre du sculpteur basque **Eduardo Chillida** (1924-2002), installée en 1977. Cet ensemble de sculptures en acier évoque les interactions entre art et nature.

3

# À voir aussi Plan de ville

**Musée de la Science** (Miramón Kutxaespacio de la Ciencia) hors plan
*Accès par le bus 28 (Amara-Hospitales), direct depuis le centre-ville (env. 20mn) - comptez 1h30 à 2h de visite. Mikeletegi, 43 - ☎ 943 012 478 - www.kutxaespacio.es - juil.-août : lun.-vend. 10h-20h, w.-end 11h-20h ; reste de l'année : consulter le site Internet - 10 € (musée + planétarium) (4-17 ans 8 €).*
Les principaux monuments de la province, représentés en maquette à l'entrée, précèdent le bâtiment qui abrite les salles d'exposition et un

### DES AMATEURS DE BONNE CHÈRE

Réputée pour sa gastronomie, San Sebastián compte trois chefs étoilés au *Michelin* : Juan Marí Arzak (trois étoiles en 1989), Pedro Subijana (trois étoiles en 2007) et Martín Berasategui (trois étoiles en 2001). Bien caractéristique de ce goût des Donostiarras pour la bonne cuisine, une trentaine d'associations réunissent des amis et amateurs de bonne chère. Les associés, uniquement des hommes, se confectionnent d'excellents repas qu'ils arrosent de cidre ou de *txacoli*, un vin basque. Parmi les spécialités du lieu, évoquons les poissons (dorades, merlus, sardines) et les fameux *chipirones* (calmars).

**SOUVENIR D'ENFANCE ?**
La bataille d'Hernani a opposé classiques et modernes à Paris en 1830. Cette pièce de Victor Hugo, sa première, n'a qu'un rapport d'homonymie avec la ville d'Hernani, située à 9 km de St-Sébastien, sur le río Urumea. La cité n'en a pas moins donné à l'une de ses rues le nom du poète, qui avait traversé la région lorsqu'il était enfant.

planétarium *(juil.-août : séances en espagnol 13h et 19h, en basque 12h et 18h ; le reste de l'année : mar.-vend. séances en espagnol 18h, en basque 17h30, w.-end et j. fériés séances en espagnol 13h et 18h, en basque 12h et 17h - 3,50 €, -17 ans 2,50 €)*. Chaque salle aborde un thème différent (lumière, énergie, effets mécaniques, etc.). Des expériences illustrent chaque phénomène. Les enfants apprécient la visite de ce lieu, qui se révèle didactique et amusante, et notamment l'une des dernières attractions : les simulateurs de Formule 1.

### ★★ Parque Cultural de Aiete B2

*Accès en bus, lignes 19, 23, 31, 32, 35. Entrée principale : été 8h-21h, hiver 8h-19h30 ; entrée nord : lun.-sam. 8h-22h, dim. 21h en été, 19h30 en hiver - gratuit.*
Déployé sur une colline, ce magnifique parc est sans doute le plus attrayant de St-Sébastien. Conçu, comme le parc Miramar, par Pierre Ducasse, il entoure un palais néoclassique, construit en 1878, résidence d'été de Franco, qui abrite depuis 2010 la **Maison de la paix et des droits de l'homme** *(lun.-sam. 10h-14h, 16h-18h)*. Au pied du palais, des espaces bâtis en souterrain accueillent le **Centre culturel d'Aiete** *(℘ 943 481 920 - www.donostia.org - merc.-vend. 16h-20h30, sam. 10h-14h, 16h30-20h ; dim. 10h-14h)* qui programme des expositions temporaires, des conférences et des projections de films. Le Parc d'Aiete est complété par un espace culturel dédié aux enfants, la **Tour des contes**, tandis que les écuries abritent désormais un espace de réunion pour les personnes âgées, le **Topaleku**. Aires de jeux et bancs pour les lecteurs ou les rêveurs sont aussi au rendez-vous dans le parc et les jardins.

## À proximité Carte de région

### ★ Mont Ulía (Monte Ulía) C1

▶ *À 7 km à l'est de St-Sébastien, suivez la N 1 en direction d'Irun.*
Avant d'atteindre le sommet et de redescendre vers St-Sébastien, prendre la première route à droite. Après plusieurs lacets au cours desquels les vues se déploient sur la ville et son site, on atteint le sommet d'où un chemin à droite conduit, à travers un beau parc, au restaurant du mont Ulía.

### Astigarraga C1

▶ *À 10 km au sud de St-Sébastien, dir. Hernani.*
**Maison du cidre basque** (Sagardoetxea) – *Centre-ville, à flanc de colline, repérable par le tonneau posé sur la rue - ℘ 943 550 575 - www.sagardoetxea.com - juil.-août : mar.-sam. 11h-13h30, 16h-19h30 ; reste de l'année : mar.-sam. 11h-13h30, 16h-19h30, dim. et j. fériés 11h-13h30 - 4 € (-10 ans gratuit).*
Le Pays basque compte 53 variétés de pommes. Pour le cidre, ou *sagardoa* dont Astigarraga est la capitale basque, il en faut 80 % d'acides et 20 % de douces. Vous apprendrez tout sur l'élaboration de cette boisson très appréciée dans la région en arpentant le verger, où l'on greffe les pommiers, et l'allée du musée où sont expliquées toutes les étapes de fabrication au travers de schémas, de vidéos et d'objets. Dégustation en fin de visite.

## NOS ADRESSES À SAINT-SÉBASTIEN

### HÉBERGEMENT

La vieille ville compte un grand nombre de **petites pensions**, toutes du même genre, généralement aménagées dans de grands appartements en étage, parfois sans ascenseur. Les chambres sur la rue sont un peu bruyantes, celles sur cour, un peu sombres…

La plupart des hôtels ont des accords avec des **parkings** et proposent à leurs clients des tarifs préférentiels entre 10 et 18 €/j.

Pendant la Semana Grande et en été, les **prix** des hébergements grimpent fortement.

#### PREMIER PRIX

**Pensión Joakina** B1 – *Del Camino, 4 - ✆ 656 301 690 - www.pensionjoakina.com - P - 4 ch. 78/95 €.* Une vraie pension familiale, bien située, où l'on est accueilli par Joakina en personne… exclusivement en espagnol ! L'occasion de réviser, mais son fils est souvent là et parle anglais. Les chambres sont propres, toutes avec un balcon ; deux partagent une salle de bains. Comme il s'agit d'un appartement dans un immeuble d'habitation (4e ét.), il faut respecter quelques règles, comme ne pas prendre de douche après 22h.

#### BUDGET MOYEN

**Pensión Aida** hors plan – *Iztueta, 9-1º - ✆ 943 327 800 - www.pensionesconencanto.com - P - ♿ - 9 ch. 84/90 € - ☕ 4 €.* Vous serez surpris par le confort de cette pension, située à quelques pas du centre historique et du Kursaal. Les chambres, dont sept avec balcon, sont charmantes et bien équipées.

**Pensión Altair** B1 – *Padre Larroca, 3 - ✆ 943 293 133 - www.pension-altair.com - P - 8 ch. 88 €.* Plus calme que celles de la vieille ville, cette pension située dans le quartier de Gros reste néanmoins toute proche de l'action diurne et nocturne. Les chambres sont toutes différentes, modernes et confortables. Excellent rapport qualité-prix. Également des appartements à louer.

**Pensión Koxka** B1 – *31 de Agosto, 22 - ✆ 943 426 885 - www.pensionkoxkasansebastian.com - P - 7 ch. 100/113 € - ☕ 4,50 €.* Prenez l'ascenseur jusqu'au 2e étage pour atteindre la réception. Pas très grandes, les chambres sont néanmoins parfaitement équipées et joliment décorées selon des thèmes évoquant des monuments de la ville. Celles qui donnent sur la rue piétonne ont un petit balcon. L'accueil est très sympathique et l'emplacement stratégique.

#### POUR SE FAIRE PLAISIR

**Pensión Alemana** B1 – *San Martin, 53 - ✆ 943 462 544 - www.hostalalemana.com - ♿ - P (à réserver) - 21 ch. 137 € - ☕ 7 €.* Située au 1er étage de l'hôtel, la réception vous réserve un accueil charmant. De la salle des petits déjeuners, on aperçoit la playa de la Concha. Chambres très tendance.

**Hôtel Niza** B1 – *Zubieta, 56 - ✆ 943 426 663 - www.hotelniza.com - P - 40 ch. 132/157 € - ☕ 11 €.* L'entretien parfait et la décoration agréable de cet hôtel créent un cadre d'où émane un certain charme. Les chambres, aux tons clairs et au mobilier classique, ont pour la moitié d'entre elles un balcon avec vue sur la mer. Le très bon **restaurant Narru** est au pied de l'hôtel *(menu 26 €).*

**Hotel Parma** B1 – *Paseo de Salamanca, 10 - ✆ 943 428 893 -*

*www.hotelparma.com* - P - *27 ch. 154/169 €* - ☕ *10 €*. Situé au bord de l'Urumea, en face du centre de congrès Kursaal, cet hôtel familial propose des chambres standard confortables. La vieille ville, avec ses nombreux bars et restaurants, est à deux pas.

UNE FOLIE

**Hôtel Astoria 7** – B1/2 - *Sagrada Familia, 1* - ✆ *943 445 000* - *www.astoria7hotel.com* - ♿ - P - *102 ch. 193 €* ☕ Situé à une quinzaine de minutes à pied de la vieille ville (3 arrêts de bus), ce bel hôtel moderne a toute sa place dans une cité qui possède un grand festival de cinéma ! Les chambres sont vastes et design, et rendent chacune hommage à un protagoniste du 7e art. Décoré sur le même thème, le bar est parfait pour faire une pause en savourant des tapas ; excellent restaurant attenant *(12/35 €)*.

## RESTAURATION

St-Sébastien offre le meilleur de la cuisine basque. Ici, les **tapas** et les **pintxos** composent des festins gourmands (*p. 57*). Du côté des restaurants, la qualité des produits est également à la hauteur : pêche du jour, légumes guipúzcoans, fromage de brebis ou **kaiku** (fromage caillé). La plupart des adresses sont concentrées dans le quartier historique, mais vous en trouverez aussi dans le *barrio romántico* et à Gros.

### Bars à pintxos

La cité s'anime tous les soirs, à l'heure de l'apéritif. C'est dans les rues Portu, Muñoz, 31 de Agosto et Fermín Calbetón, autour de la plaza de la Constitución et le long du port, que l'art des tapas atteint des sommets ! Pour découvrir l'extraordinaire variété des *pintxos* du vieux St-Sébastien, voilà quelques bars qui permettent un intéressant *txikiteo* ou l'art de passer d'un bar à l'autre en consommant des *pintxos* autour d'un ou plusieurs *txiki* (petit verre de vin rouge). Pour les amateurs de chiffres, il y aurait dans le quartier 148 bars, soit la plus grande densité du pays !
*Rens. et itinéraires sur www.todopintxos.com.*

Les **prix des tapas** varient selon qu'elles sont servies chaudes ou froides et en fonction des ingrédients ; comptez en moyenne entre 2 et 5 € la pièce. La plupart des bars à tapas sont aussi de très bons restaurants.

**Txondorra** B1 – *Fermín Calbetón, 7* - ✆ *943 420 782* - *fermé lun.* À tester sans hésiter : croquette de poireaux et fromage avec une sauce aux figues *(katafi crujiente de puerro)*.

**La Cuchara de San Telmo** B1 – *31 de Agosto, 28* - ✆ *943 435 446* - *fermé lun. et mar. midi.* Essayez les tapas au foie et à la compote de pomme *(foie con compota de manzana)*.

**Borda Berri** B1 – *Fermín Calbetón, 12* - ✆ *943 430 342* - *fermé lun.* Le manchon de canard laqué, accompagné d'une sauce mangue, miel et soja *(manchon lacado con mango)* est un régal.

**Astelena** B1 – *Pl. de la Constitución* - ✆ *943 425 245* - *fermé lun.* À tester : *chipirones a la plancha* (petits calamars).

**Ganbara** B1 – *San Jerónimo, 21* - ✆ *943 422 575* - *fermé dim. soir et lun.* Si vous aimez la charcuterie, essayez le *holjadre de txistorra*, une sorte de saucisse en croûte.

**A Fuego Negro** B1 – *31 de Agosto, 31* - ✆ *650 135 373* - *fermé lun.* Beaucoup de préparations très originales comme le *makobe*, une sorte de mini-hamburger au bœuf de Kobé.

**Zeruko** B1 – *Pescaderia, 10 - ☏ 943 423 451 - fermé lun.* Même genre que le précédent, réputé pour ses *pintxos* peu classiques. Tentez la cassolette à la morue *(hoguera).*

### BUDGET MOYEN

**La Perla** B1 – *Paseo de la Concha - ☏ 943 462 484 - fermé lun., dim. soir, et mar. soir d'oct. à mars - menus en sem. (sf en août) déj. 18 €, dîner 27 € - 30/40 €.* Dans le grand centre de thalassothérapie de la ville, un magnifique emplacement face à la plage de la Concha. Belle verrière ou terrasse avec vue sur la mer ; cuisine moderne et légère : lotte grillée sauce à l'ail, foie de veau à la mangue, etc.

**La Cepa** B1 – *31 de Agosto, 7 - ☏ 943 426 394 - menu 30 €.* Parfait pour avaler des *pintxos* chauds ou froids, ce bar se double d'un bon restaurant traditionnel où l'on sert des spécialités de la mer, comme le crabe farci basquaise, des plats de cèpes et du gibier en saison. Décor rustique et atmosphère chaleureuse.

**La Muralla** B1 – *Embeltrán, 3 - ☏ 943 433 508 - www.restaurantelamuralla.com - fermé dim. soir - menus 26/38 € - réserv. conseillée.* Le jeune patron gère avec fierté son affaire. Derrière la discrète façade, on découvre une petite salle au cadre soigné et contemporain, à atmsophère tranquille. La carte met l'accent sur les produits issus de la pêche locale : anchois frais, cabillaud, langoustines, etc.

**Ni Neu** B1 – *Zurriola, 1 - ☏ 943 003 162 - restaurant : lun.-dim. 13h-15h30, 20h30-22h30 - bar : lun., merc. et dim. 10h-23h, jeu.-sam. 10h-0h - menu déj. 18 €, menus dîner 26/38 €.* Situé dans le palais des Congrès, ce restaurant branché est très agréable avec sa verrière et sa terrasse au bord de la *ría*. La carte s'articule autour des produits de saison. Le comptoir, chargé de *pintxos*, est une alternative informelle.

### POUR SE FAIRE PLAISIR

**Restaurante Chomin** A1 – *Av. Infanta Beatriz, 16 - ☏ 943 317 312 - fermé dim. soir et lun. - menu 38,50 €.* À deux pas du funiculaire d'Igueldo, du Peine de los Vientos et de la plage, ce classique de la gastronomie donostiarre, situé dans une belle demeure bourgeoise, est l'occasion de goûter une cuisine basque raffinée et généreuse. Le superbe patio et les larges tables, attirent hommes politiques, chefs d'entreprise, vedettes, familles et touristes de passage qui se mélangent aisément.

**Bokado** B1 – *Pl. Jacques-Cousteau, 1 - ☏ 943 431 842 - fermé lun., dim. soir et mar. soir - 55 €.* Situé à côté de l'aquarium, ce restaurant très design vaut d'abord pour la vue panoramique époustoufflante qu'il offre sur la baie. Tendance « nouvelle cuisine » basque.

## FAIRE UNE PAUSE

Comme ailleurs en Espagne, les Basques sont friands de douceurs. Plusieurs pâtisseries sont des institutions et possèdent un comptoir ou une terrasse pour grignoter une spécialité avec un café. Parmi les plus célèbres :

**Pastelería Izar** B1 – *Mayor, 2 - ☏ 943 423 438.* Réputée pour ses millefeuilles depuis 1949.

**Barrenetxe** B1 – *Pl. de Guipúzcoa, 9 - ☏ 943 367 266.* Tenue par la même famille depuis 1699 ! Il faut essayer le *txintxorro*, gâteau à base d'amande et d'orange.

**Pastelería Otaegui** B1 – *Narrica, 15 - ☏ 943 425 606.* Une des plus anciennes de la ville, réputée pour ses tourons et sa *pantxineta*, une base de pâte feuilletée, avec de la crème et des amandes, servie tiède.

### EN SOIRÉE

**Teatro Victoria Eugenia** B1 – *Paseo de la República Argentina, 2 - ✆ 943 481 160 - www.victoriaeugenia.com.* C'est le grand lieu des rendez-vous culturels de la ville depuis 1912 : musique, théâtre, danse. Programmation variée et de qualité.

**Cafe Victoria** B1 – *Dans le théâtre - ✆ 943 420 334 - www.victoriacafe.es - fermé lun.* Un endroit à fréquenter quelle que soit l'heure : café, bar branché et restaurant, discothèque *(vend.-sam.)*.

**Coctelería Dickens** B1 *(Boulevard, 2 - ✆ 943 427 233)* et **Museo del whisky** B1 *(Boulevard, 5- ✆ 943 424 678)* – Deux bars agréables, réputés le premier pour ses cocktails, le second pour ses whiskies.

**Altxerri Jazz Bar** B1 – *Reina Regente, 2 - ✆ 943 424 046 - www.altxerri.com.* Le rendez-vous incontournable des amateurs de blues et de jazz. C'est aussi une galerie d'art avant-gardiste réputée.

### ACHATS

**Minimil** – *Elkano, 7 - ✆ 943 428 677 - www.minimil.es - lun.-vend. 10h-13h30, 16h30-20h.* Des vêtements pour femme conçus et réalisés à St-Sébastien. Coupes sobres et modernes, tissus de grande qualité.

**Benegas** – *Garibay, 12 - ✆ 943 420 305 - perfumeriabenegas.com - lun.-vend. 10h-13h30, 16h30-20h.* Cette parfumerie « à l'anglaise » vend aussi ses propres créations. Une institution depuis 1908.

**Alboka**– *Pl. de la Constitución, 8 - ✆ 943 426 300 - lun.-vend. 10h-13h30, 16h30-20h.* Une caverne d'Ali Baba, autre institution depuis 1939, avec le meilleur de l'artisanat régional.

### AGENDA

Pour tout renseignement concernant les manifestations culturelles et les programmes : *www.donostiakultura.com.*

**Festival du film sous-marin** – *En avr. - ✆ 943 465 535.*

**Surfilm Festibal** – *Déb. juin - www.surfilmfestibal.com.*

**Festival de jazz** – *Fin juil. - ✆ 943 481 900 - www.jazzaldia.com.*

**Semana Grande** – *sem. du 15 août.* Chaque soir un feu d'artifice est tiré par l'une des plus grandes compagnies du monde. Installez-vous sur la plage de la Concha, vous serez aux premières loges ! *✆ 943 481 168.*

**Quincena musical** – *En août.* Festival de musique classique avec projections, concerts, master classes, etc. *✆ 943 003 170 - www.quincenamusical.com.*

**Euskal Jaiak ou Fêtes basques** – *1er et 2e dim. de sept. - ✆ 943 481 168.*

**Kontxako Bandera** – *Deux prem. w.-ends de sept.* Régate annuelle de traînières (depuis 1879).

**Festival international du cinéma de San Sebastián** – *Fin sept. - au Kursaal - ✆ 943 481 212 - www.sansebastianfestival.com.*

**Festival du film fantastique** – *Oct.-nov. - ✆ 943 481 157.*

# Côte de Guipúzcoa

**Costa de Guipúzcoa / Guipuzkoa**

★

NOS ADRESSES PAGE 284

**S'INFORMER**

**Office du tourisme d'Irun** – *Luis Mariano Plaza - ✆ 943 020 732 - www.irun.org - juil.-sept. : 10h30-13h, 15h-20h ; oct.-juin : mar.-sam. 10h30-13h30, 15h30-19h, dim. 10h-14h.*

**Office du tourisme de la région Bidassoa** – *Minatera 9, Puerto Deportivo - 20280 Hondarribia - ✆ 943 645 458 - www.bidasoaturismo.com - juil.-15 sept. : 10h30-13h30, 15h30-20h ; reste de l'année : mar.-sam. 10h30-13h30, 15h30-19h, dim. 10h-14h.*

*Pour les autres offices de tourisme, se reporter aux localités décrites.*

**SE REPÉRER**

Carte de région A1 D1 (p. 262) – *Carte Michelin n° 573 C 24-23-22.* Le circuit croise et recroise l'A 8, depuis Irun, à la frontière française, jusqu'à Mutriku, à 46 km à l'ouest de St-Sébastien.

**À NE PAS MANQUER**

La corniche basque de Hondarribia à Pasai.

**ORGANISER SON TEMPS**

Un long week-end peut suffire pour parcourir l'intégralité de cette côte, étape à St-Sébastien comprise.

**AVEC LES ENFANTS**

Le musée romain d'Oiasso, l'ensemble archéologique de Sta María la Real à Zarautz.



**Porte d'entrée de l'Espagne pour les voyageurs transfrontaliers, la côte guipúzcoane doit en partie sa notoriété à la ville de St-Sébastien. Moins préservée et sauvage que la côte de Biscaye, elle n'en demeure pas moins attirante pour ses petits ports authentiques qui restent très attachés à la pêche, ses plages de sable fin et ses grosses villas parsemées le long du littoral. Entre mer et colline, vous découvrirez un pays à l'identité bien marquée où la langue basque y est très vivace.**

## Se promener à Irun

**IRUN** / IRÚN D1

Au premier abord, la ville-frontière d'Irun, cité natale de **Luis Mariano**, ne déborde pas de charme. Il faut dire qu'elle a subi de nombreuses destructions, tant durant les guerres carlistes qu'au cours de la guerre civile. Ses rues réservent cependant quelques surprises agréables.

**Notre-Dame du Juncal** (N. S. del Juncal/Andra Mari del Juncal)
Bel exemple d'église gothique basque du 16$^{e}$ s. Notez l'extérieur austère et massif, à l'exception du portail baroque. L'intérieur abrite un orgue Cavaillé-Coll

et une statue gothique de la Vierge (la plus ancienne de la province) qui a donné son nom à l'église.

### Place de San Juan Harria

Bordée de vieilles demeures et de l'hôtel de ville baroque (18e s.), elle arbore une colonne datant de 1564, symbolisant l'indépendance de la ville (l'histoire dit qu'elle commémorerait la résistance à l'invasion française).

### Musée romain d'Oiasso (Museo Romano de Oiasso)

*Eskoleta, 1 (à deux pas de la plaza de San Juan Harria, à l'opposé de l'hôtel de ville) - ✆ 943 639 353 - www.oiasso.com - avr.-août : mar.-sam. 10h-20h ; sept.-mars : mar.-jeu. et dim. 10h-14h, vend.-sam. 10h-14h, 16h-19h - 6 € (6-14 ans 3,70 €) ; billet combiné avec celui de l'ermitage Sta Elena en visite guidée 10,70 €.*

Entrepôt, puis école, ce vaste bâtiment rénové abrite aujourd'hui un musée consacré aux origines d'Irun. Des panneaux et quelques vestiges archéologiques replacent l'antique **Oiasso** dans le contexte romain et autochtone, avant d'aborder sa vie et son activité.

Au premier étage, un film en 3D fait la joie des enfants qui peuvent se déplacer, par exemple, dans les thermes romains.

Le deuxième étage s'attache à l'urbanisme et au port, plaque tournante du commerce impérial, à travers un film et les découvertes archéologiques faites à Irun.

### Salle d'exposition Menchu Gal

*Pl. Urdanibia - ✆ 943 505 152 - vend.-sam. 18h-21h, dim. 11h30-13h30 - gratuit.*

Installée dans l'ancien hôpital Sancho de Urdanibia, cette salle d'exposition possède une quarantaine d'œuvres de l'artiste **Menchu Gal**, originaire d'Irun. Les œuvres sont exposées au public sous forme d'expositions temporaires, offrant un dialogue renouvelé avec d'autres artistes basques.

### Ermitage Sainte-Hélène (Ermita Sta Elena)

*En lisière du centre-ville, à proximité du río Estebenea, après le petit pont de pierre sur la droite en direction de l'ermitage San Marcial et de la France. Billet combiné avec celui du musée romain d'Oiasso 10,70 €.*

Des fouilles entreprises dans cet ermitage (le bâtiment actuel date du 14e s.) ont permis de mettre au jour les vestiges d'une nécropole romaine. Ceux-ci sont présentés à l'intérieur même de l'ermitage.

Face au pont, remarquez la fontaine Sta Elena, de style baroque.

### Marais du Txingudi

*Entre la voie ferrée et l'aéroport. Visez la gare, passez au-dessus des voies de chemin de fer, poursuivez tout droit jusqu'au rond-point et suivez le fléchage. ✆ 943 619 389 - www.euskadi.net/txingudi - ♿ - Centre d'interprétation (avr.-oct : 10h-14h, 16h-19h ; nov.-mars : 10h-14h, 15h30-17h30 - fermé 1er et 6 janv., 30 juin, 24, 25 et 31 déc. - gratuit). Prêt de jumelles contre une pièce d'identité.*

Déployé sur la baie de Txingudi, Hondarribia et Irun, cette réserve de 23,4 ha protège une zone de marécages riche en faune et en flore (jusqu'à 212 espèces d'oiseaux y nichent en période de migration). De la zone d'activités qui en avait pris possession demeure un stade, encadré par des étangs où s'ébattent aigrettes, martins-pêcheurs et canards. Leurs rives sont jalonnées d'observatoires : pensez à vos jumelles !

Un sentier en fait le tour, ponctué de panneaux et de belles vues sur la baie… comme sur la piste de l'aéroport située sur la rive opposée de la Bidassoa. Le centre d'interprétation présente toute la biodiversité et l'histoire du site.

### Ermitage San Marcial (Ermita San Martzial) D1

*À 5 km au sud d'Irun. Prenez la direction Béhobie puis, au rond-point, prenez la 3e sortie et continuez tout droit sur la GI 3453.*

Une route étroite conduit au sommet boisé (225 m). De la terrasse près de l'ermitage, **panorama★★** qui s'étend de St-Sébastien à la plage d'Hendaye au loin et, plus près, de Hondarribia et Irun à l'île des Faisans, qui a été le cadre de différents faits historiques – dont la signature du traité des Pyrénées en 1659, stipulant le mariage de Louis XIV avec l'infante Marie-Thérèse.

## Circuits conseillés Carte de région

### ROUTE DE LA CORNICHE C1 D1

*Pour visualiser ce circuit de 43 km au départ d'Irun, reportez-vous à la carte de région (p. 262) - comptez env. 1h15. Quittez Irun par la N 638.*

### ★★ Hondarribia (Fuenterrabía) D1 (p. 286)

*Sortez du bourg par la GI 3440.*

### Route de Jaizkibel D1

Le **parcours★★** sur cette route est magnifique, surtout au coucher du soleil. À 5 km, la **vue★**, depuis la chapelle de Nuestra Señora de Guadalupe, dévoile l'embouchure de la **Bidassoa** et la Côte basque française. La route s'élève ensuite dans les pins et les ajoncs, dominant la mer. À l'Hostal du Jaizkibel, situé à proximité du sommet qui domine à 584 m, un belvédère offre une très belle **vue★★** *(table d'orientation)*.

La descente sur Pasai Donibane découvre des **aperçus★** magnifiques sur la côte déchiquetée, les monts Cantabriques et les monts Ulía, ainsi que sur Urgull et Igueldo, qui surplombent St-Sébastien.

3

### ★ Pasaje de San Juan (Pasai Donibane) D1

*Casa de Victor Hugo - Donibane, 63 - 943 341 556 - www.oarsoaldea-turismo.net - 11h-14h, 16h-18h - fermé 1er et 6 janv., 25 déc.*

Outre le point d'information touristique, la maison de Victor Hugo abrite un **musée** avec exposition et espace multimédia consacré au poète, qui a parcouru le Pays basque à deux reprises, une fois enfant et l'autre en 1843.

Entourant à l'embouchure de l'Oyarzun/Oiartzun une baie remarquablement abritée puisqu'elle ne communique avec l'Océan que par un étroit goulet, Pasaia comprend trois agglomérations de part et d'autre de l'estuaire : **Pasai Antxo** (port de commerce), **Pasai Donibane★**, au charme intact, et **Pasai San Pedro** (ports de pêche). La côte est ici très abîmée par les infrastructures industrielles.

*Pour accéder à Pasai Donibane, laissez la voiture à l'entrée du village ou prenez, à San Pedro, la vedette qui traverse la ría.*

L'arrivée en vedette ménage une **vue** pittoresque sur les hautes façades aux balcons de bois peints de couleurs vives. Un certain Francisco Rabaneda, plus connu sous le nom de **Paco Rabanne,** y naquit en 1934. La voie se faufile entre les maisons et sous leurs voûtes, dévoilant au passage l'église St-Jean-Baptiste (17e s.) et de charmants petits embarcadères. On peut longer la rade jusqu'à l'Océan par le chemin du Phare *(45mn)*.

**Centre de la culture maritime** – *Pasai San Pedro, Ondartxo - 943 392 426 - uniquement vis. guidée (45mn) sur demande - 3 € (-16 ans 2 €).* Ne manquez pas la visite de ce centre qui perpétue les techniques de construction navale du Pays

basque : plus de trente embarcations d'une grande valeur ethnographique ont été recréées, ainsi que la drague à vapeur, *Jaizkibel*, ayant fonctionné pendant plus de 50 ans jusqu'à la fin des années 1980. À côté de l'embarcadère se trouve le thonier *Mater*. La visite guidée vous éclairera sur l'histoire maritime. Le centre assure également des visites guidées de la baie.
*En direction de St-Sébastien, traversez Lezo et prenez la sortie « Errenteria ».*

### Lezo D1

*Aialde, 2 - Oiartzun - 943 494 521 - www.oarsoaldea-turismo.net - vac. de Pâques, juil. et août : 9h-14h, 16h-19h ; reste de l'année : 10h-14h, 16h-18h - fermé lun. tte l'année et dim. sf en été.*
Dans ce village, corsaires et constructeurs navals se partageaient la vedette. Sa basilique Sto Cristo du 16e s. abrite l'une des rares représentations en Europe d'un **Christ imberbe** (13e s.), avec celles de l'ermitage d'Azitain à Eibar et de Cracovie (Pologne). Impressionnante de sobriété et de jeunesse, la statue n'en est que plus émouvante.

### Errenteria (Rentería) D1

*Point d'information dans le fort San Marcos - San Marko bidea - 943 449 638 - www.oarsoaldea-turismo.net - ouv. uniquement en haute saison : 11h-14h, 16h-18h.*
Classé « ensemble monumental », le centre médiéval de la cité comprend une dizaine de rues et de ruelles alignant quelques manoirs des 16e, 17e et 18e s. Seul le blason les distingue des autres maisons anciennes, plus communes. Voyez l'hôtel de ville du 17e s., Nuestra Señora de la Asunción, qui conserve un retable néoclassique du 18e s. et un autre, l'« autel des âmes », de la fin du 15e s., ainsi que l'ermitage de Sta María Magdalena, un peu excentré.

### ★★ St-Sébastien (San Sebastián/Donostia) C1 (p. 264)

### ROUTE DES PLAGES A1 B1-2 C1

*Pour visualiser ce circuit de 58 km au départ de St-Sébastien, reportez-vous à la carte (p. 262) – comptez 1h. Quittez St-Sébastien par l'A 8 vers Bilbao. Au niveau de la sortie 10, prenez la direction de Pampelune et Vitoria et sortez presque immédiatement à Txikierdi. Prenez ensuite la direction d'Usurbil et suivez la N 634.*

### Orio C1

*Palacio Iturriaga - Kale Nagusia, 17 - 943 835 565 - www.turismo.oriora.com - été : lun.-sam. 10h-14h, 16h-20h, dim. 10h-14h ; reste de l'année : mar. 9h30-13h, merc.-vend. 9h30-13h, 16h-19h, sam. 9h30-14h, 16h-19h, dim. 11h-14h.*
**Iglesia San Nicolás de Bari** – *À l'orée du quartier médiéval ou Goiko Kale.* Cette église, reconstruite à la Renaissance, conserve tout de même des allures de forteresse, rappelant l'époque où elle servait de tour de guet.
La rue principale, kale Nagusia, qui la longe est bordée de maisons anciennes des 15e, 16e ou 17e s., souvent blasonnées.

### Parc naturel d'Aia Pagoeta B-C 2

**Centre d'information du parc** – *943 835 389 - www.aiapagoeta.com - juil.-sept. : mar.-vend. 10h-14h, 16h30-18h30, w.-end 10h-14h ; reste de l'année : mar.-dim. et j. fériés 10h-14h - centre : gratuit ; musée 1 € (5-12 ans 0,50 €).*

La route qui longe la mer entre Zumaia et Getaria.
J. Larrea / age fotostock

Frontalier avec la Navarre, ce parc correspond au massif d'Aiako et couvre une superficie de 6 145 ha où les zones de pâturages alternent avec les hêtraies ou les chênaies. Il culmine avec Las Peñas de Aia à 833 m d'altitude. Sur la route de Zarautz, n'hésitez pas à faire un détour par la GI 2631 qui monte à **Aia**. Ombragée, la route ménage de beaux points de vue sur la côte et passe devant le jardin botanique d'**Iturraran**, lequel abrite aires de pique-nique, parcours fléché et surtout la Maison du **parc de Aia Pagoeta**. Vous y trouverez toutes les informations nécessaires pour effectuer quelques randonnées.
*Revenez sur la N 634.*

### Zarautz B1

*Nafarroa, 3 - ✆ 943 830 990 - www.turismozarautz.com - 10 juin-15 sept. : lun.-sam. 9h-20h30, dim. et j. fériés 10h-20h ; 16-29 sept. et 8 avr.-9 juin : lun.-vend. 9h30-13h, 15h30-19h30, sam. 10h-14h, 16h30-19h30, dim. et j. fériés 10h-14h ; reste de l'année : lun.-vend. 9h30-13h, 15h30-19h30, sam. 10h-14h, dim. fermé, ouv. tlj pdt les ponts : 10h-14h, 16h30-19h30 - fermé 6 janv., 9 sept., 24 déc.-1er janv.*
Cette station balnéaire, célèbre depuis que la reine Isabelle II en fit, au 19e s., sa villégiature, est agencée dans un site agréable où les collines voisinent avec une immense **plage** plebiscitée par les surfeurs.
Le centre piétonnier est agréablement aménagé. Les façades colorées de la plaza Musika encerclent un joli kiosque ovale doté d'une charpente en bois. Dans la calle Mayor, la **tour Luzea** *(ABC d'architecture, p. 71)*, munie d'élégantes fenêtres, abrite aujourd'hui une banque. Le **marché** couvert *(lun.-vend. 8h15-13h15, 17h-20h15, sam. 8h-13h30)* lui fait face et apporte l'animation de la ville.
La ville a également conservé un **palais** dominant la plage, celui du marquis de Narros (16e s.), aux angles agrémentés d'échauguettes. À côté, à l'écart de l'église de Sta María, s'élève le clocher.
**Ensemble archéologique et monumental de Sta María la Real** – *Elizaurre, 1 - ✆ 943 835 281 - www.menosca.com - juil.-août : mar.-sam. 10h-14h, 16h30-18h30, dim. et j. fériés 16h30-18h30 ; Pâques, 15-30 juin et 1er-15 sept. : mar.-sam. 10h-14h, 16h-18h, dim. et j. fériés 16h-18h ; 15 fév.-15 juin et 15 sept.-30 déc. : vend.-sam. 10h-14h, 16h-18h, dim. et j. fériés 16h-18h - possibilité de vis. guidée - 2 €.*
Il comprend la tour-clocher et l'église mitoyenne du 15e s., dans lesquelles ont été mis au jour des sépultures (visibles dans la nécropole avec vidéo et éclairages) et des gisements remontant pour certains à l'âge du fer. La tour présente l'histoire de la Côte basque et de Zarautz, ainsi que des expositions de peintures d'artistes contemporains. On peut voir aussi, à tous les étages, le mécanisme de l'horloge. La visite de l'église se fait à heures fixes avec un guide.
**Photomuseum** – *San Ignacio, 11 - ✆ 943 130 906 - www.photomuseum.es - tlj sf lun. 10h-14h, 17h-20h - fermé 1er janv., 26 juin, 9 sept. et 25 déc. - 6 € (-18 ans 3 €).*
Espace consacré à l'art de la photo (paysages, portraits, surréalisme…) et à l'histoire de ses techniques, depuis la lithographie jusqu'au numérique avec appareils et clichés à l'appui, en passant par ses applications scientifiques en médecine, botanique, etc.
Après Zarautz, la route, taillée en **corniche★★** au bord de l'Océan jusqu'à Zumaia, devient très pittoresque.
Une promenade bien aménagée de 3,5 km longe la côte pour rejoindre Getaria. On arrive bientôt en vue du rocher *(el Ratón*, « la souris », ou île San Antón) de Getaria.
*Avant d'accéder à ce pittoresque port, faites un détour par l'intérieur des terres sur la route d'Azpeitia.*

**Getaria** (Guetaría) B1

*Parque Aldamar, 2 - ✆ 943 140 957 - www.getaria.net - juin-sept. : mar.-sam. 10h-13h30, 16h30-19h30, dim. 10h-13h30 ; reste de l'année : mar.-jeu. 10h-13h30, 15h-18h, vend.-sam. 10h-13h30, 16h30-19h30, dim. 10h-14h - fermé lun. - demandez le plan de la ville pour la description des façades remarquables.*

Près du *ratón*, péninsule à laquelle le relie une digue, Getaria est un joli petit **port de pêche** réputé pour ses *chipirones* (calamars) et ses poissons grillés. On n'y part plus pour la pêche à la baleine, ni pour les Indes comme **Juan Sebastián de Elkano**, natif du lieu ; celui-ci ramena des Philippines, où Magellan avait été assassiné, l'unique bateau survivant de l'expédition, concluant ainsi le premier tour du monde (1522).

Les rues piétonnes sont étroites et pavées. L'une d'elles mène à l'**église de San Salvador** (14e-15e s.), dont la curiosité est la pente qui monte vers le chœur. Une ruelle passe sous celui-ci. À l'intérieur, belle galerie de style flamboyant.

Fief de la production de *txakoli*, célèbre vin blanc local, Getaria réserve aussi de belles balades entre les vignes pour les amoureux d'espaces verts.

**Museo Balenciaga** – *Parque Aldamar, 6 - ✆ 943 008 840 - http://cristobal balenciagamuseoa.com - juil.-août : 10h-20h ; juin et sept. : mar.-dim. 10h-20h ; reste de l'année : mar.-jeu., dim. et j. fériés 11h-17h, vend.-sam. 11h-20h - 10 € (-18 ans 7 €).* Ce musée dédié au grand couturier **Cristóbal Balenciaga** (1895-1972), originaire de Getaria, a ouvert ses portes en juin 2011 dans le palais Aldamar (19e s.), ancien lieu de villégiature de l'aristocratie locale. Il s'est doté d'une annexe contemporaine pour accueillir la collection permanente dédiée au célèbre créateur.

Très belle **vue** depuis le sommet de l'escalator sur le musée, les deux plages et le port de pêche de cette petite ville.

**Zumaia** B1

*Kantauri plaza, 13 - ✆ 943 143 396 - http://zumaia.net - de mi-juin à mi-sept. : 10h-14h, 16h-20h ; reste de l'année : mar.-sam. 10h-14h, 16h-19h, dim. 10h-14h - fermé 1er janv. et 25 déc.*

À l'embouchure de l'Urola, Zumaia possède deux plages.

La première, **Itzurun**, est enclavée, cernée par les falaises. On accède, depuis le pied de l'**église de San Pedro** (15e s.), à l'impressionnante nef unique (grand retable de Juan de Anchieta, 16e s.), par un passage bordé de très hauts murs. La meilleure vue sur ses **falaises** plissées s'obtient depuis le sanctuaire de San Telmo *(depuis le pied de San Pedro, par la rue San Telmo, prenez la 2e à gauche et suivez-la jusqu'au bout).*

La deuxième plage, **Santiago**, se trouve à l'entrée de la localité. C'est à proximité de celle-ci que vécut le peintre **Ignacio Zuloaga** (1870-1945). Sa maison a été convertie en **espace culturel**. Ses œuvres, aux couleurs ardentes, aux tracés vigoureux, illustrant des thèmes réalistes et populaires, y sont exposées, ainsi que sa collection personnelle (tableaux du Greco, de Goya, de Zurbarán, de Luis Morales, et sculptures de Rodin). *Santiago Etxea - ✆ 943 862 341 - www.espaciozuloaga.com - ouv. uniquement avr.-sept. : vend.-dim. 16h-20h - 6 €.*

*Après Zumaia, faites un détour à l'intérieur des terres par la GI 631 jusqu'à Zestoa.*

**Zestoa** (Cestona) B2

Cette petite station thermale dut sa renommée au 19e s. à l'infant Francisco de Paula Antonio, frère de Ferdinand VII. Très fréquenté jusqu'à la guerre civile, l'établissement de bains de la ville est encore en activité aujourd'hui.

*Revenez sur vos pas jusqu'à la N 634 et prenez à gauche pour atteindre Itziar.*

**Itziar** (Icíar) B1
Le sanctuaire-forteresse Nuestra Señora renferme, dans un retable en bois, une souriante Vierge romane du 12e s. habillée d'un manteau somptueux.

**Deba** (Deva) B1
À l'embouchure du Deba, on découvre ce petit port de pêche. L'**église de Sta María la Real** cache, sous le porche de sa façade fortifiée, un beau **portail gothique**★ dont la statuaire montre beaucoup de naturel. Son cloître, d'inspiration arabe, présente des arcades composites.
*À Deba, prenez la GI 638.*
Sur le trajet en **corniche**★ de Deba à Lekeitio, du promontoire qui ferme l'estuaire du Deba, **vue**★ splendide sur la côte.

★ **Mutriku** (Motrico) A1
*Pl. Txurruka/Churruca - ✆ 943 603 378 - www.mutriku.net - juil.-août et Sem. sainte : 10h-14h, 16h-18h ; reste de l'année : mar.-sam. 11h-13h, 16h-18h, dim. et j. fériés 10h-14h - fermé 1er et 6 janv., 24, 25 et 31 déc.*
Mutriku s'honore de posséder l'une des plages les plus enchanteresses de la Côte basque, la **plage de Saturraran**. Son centre ne manque pas d'attrait non plus, entre ses maisons blasonnées et ses ruelles mystérieuses. Voyez notamment le palais Arrietakua (18e s.) à l'avant-toit joliment sculpté ou le palais Zabiel aux colonnes torsadées. Vous apercevrez aussi le magnifique blason du palais Olazarra-Mizquia (17e s.).
*Poursuivez jusqu'à Ondárroa (p. 330).*

## NOS ADRESSES SUR LA CÔTE DE GUIPÚZCOA

### HÉBERGEMENT

#### BUDGET MOYEN

**À Zarautz**
**Hôtel Roca Mollarri** – *Zumalakarregi, 11 - ✆ 943 890 767 - www.hotel-rocamollarri.com - P - fermé 12 déc.-6 janv. - 12 ch. 85/110 €.* Bel établissement dont une partie est consacrée à l'hôtel et l'autre à des habitations privées. Ses parties communes sont en harmonie avec des chambres chaleureuses et accueillantes.

#### POUR SE FAIRE PLAISIR

**À Zarautz**
**Hôtel Zarauz** – *Nafarroa, 26 - ✆ 943 830 200 - www.hotelzarauz.com - fermé 22 déc.-7 janv. - P - 75 ch. 93/123 € - ☕ 7,50 € - rest. 12,90 €.* Hôtel confortable et bien équipé. Chambres classiques, un peu vieillottes, mais compensées par des parties communes avenantes.

### RESTAURATION

#### BUDGET MOYEN

**À Getaria**
**Mayflower** – *Katrapona, 4 - ✆ 943 140 658 - fermé nov.-déc. - 35/45 €.* La terrasse surplombe le petit port de pêche. Les poissons sont grillés sous vos yeux par un chef affairé ! Et les *calamares a la plancha* sont dignes de leur réputation.

#### POUR SE FAIRE PLAISIR

**À Getaria**
**Iribar** – *Nagusia 34 - ✆ 943 140 406 - fermé 10 j. en avr., juin, sept. et nov. - 35/51 € - 5 ch. 50/70 €.* Situé dans la vieille ville, ce restaurant propose une carte de spécialités basques riche en produits de la mer. Quelques

chambres rénovées et fonctionnelles sont à disposition.

**El Astillero** – *Portua, 1 - ✆ 943 140 412 - fermé dim. soir, mar. soir, Noël, janv. et 20 j. en fév. - 30/40 €.* Véritable cantine familiale où l'on se régale de poissons grillés à la braise. Contrairement à ses concurrents sur le port, cet établissement n'a pas de terrasse, mais c'est ici que l'on déguste les produits les plus frais.

### ACHATS

## À Getaria

**Salanort** – *Nagusia, 22 - ✆ 943 140 624 - www.salanort.com - 15 juin-15 sept. 10h-20h ; reste de l'année 10h-19h.* Vous trouverez nombre de poissons, sauces, piments… en conserves ou sous vide ainsi que du fromage et des vins de La Rioja.

### SPORTS ET LOISIRS

## À Zarautz

**Alitan-Sub** – *Aritzbatalde, 2 - ✆ 943 132 647 - www.alitan-sub.com.* Pêche sous-marine ou sportive, plongée, cours d'apnée, conférences sur l'Océan, promenades en mer : si vous souhaitez faire du tourisme actif, ce club nautique, fondé en 1989, répondra à vos attentes grâce à ses multiples activités pour débutants et confirmés.

## À Mutriku

**Buceo Euskadi** – *Puerto, s/n - ✆ 943 195 088 ou 617 333 003 - www.buceoeuskadi.com.* Si vous n'avez jamais essayé la plongée, contactez le centre Buceo Euskadi. Il propose aux débutants un programme baptisé « À la découverte de la plongée », très bien pensé. Les confirmés peuvent quant à eux parcourir les fonds marins de l'Euskadi grâce aux nombreuses sorties en mer (tous niveaux).

**Route du Flysch** – *www. geoparkea.com - rens. à l'OT.* Randonnées (4h) sur les falaises spectaculaires de la côte ou excursions en bateau (1h15) entre Mutriku, Deba et Zumaia, pour explorer des millions d'années d'histoire géologique.

## À Zumaia

**Begi-Bistan** – *Bidasoa, 1- ✆ 943 862 241 - www.begi-bistan.com.* Parmi les propositions les plus intéressantes de cet organisme de loisirs : visite culturelle de Zumaia, Getaria et Orio, trekking côtier, sorties naturalistes et activités nautiques (kayak, bateau, plongée…).

# Hondarribia

## Fuenterrabía

★★

16 499 habitants

NOS ADRESSES PAGE 289

### S'INFORMER

**Offices de tourisme** – *Minatera, 9 - Puerto deportivo - ✆ 943 645 458 - www.bidasoaturismo.com - juil.-15 sept. : 10h30-13h30, 15h30-20h ; reste de l'année : mar.-sam. 10h-13h30, 15h30-18h30, dim. 10h-14h ; pl. de Armas, 9 - ✆ 943 643 677.* Vous trouverez dans ce dernier un mini-musée ainsi que des livres et ressources historiques sur la ville.

### SE REPÉRER

Carte de région D1 (p. 262) – *Carte Michelin n° 573 B 24.* Hondarribia occupe une position stratégique sur l'embouchure de la ría de la Bidassoa, face au port français d'Hendaye. Son vieux quartier s'accroche à une colline tandis que la marina, quartier animé de pêcheurs, fait face à la mer.

### SE GARER

Au pied de ses remparts.

### À NE PAS MANQUER

Le vaste panorama depuis l'ermitage de San Marcial.

### ORGANISER SON TEMPS

Flânez dans la vieille ville jusqu'à l'heure des tapas dans le quartier des pêcheurs, plus particulièrement dans la calle San Pedro où l'ambiance est très festive !

### AVEC LES ENFANTS

Une promenade en bateau.

**Séparée d'Hendaye par l'estuaire de la Bidassoa, Hondarribia a choisi l'un des plus beaux paysages côtiers du Guipúzcoa pour s'établir. Le charme de cette station balnéaire ne se limite pas à ses plages. Elle a conservé un quartier fortifié aux ruelles tortueuses qui s'appréhende le nez en l'air, pour ne manquer aucun détail architectural de ses vieilles maisons. Son port, quant à lui, n'a rien perdu de son authenticité et nombreux sont les autochtones ou les Français venus « tapear » dans ses nombreuses tavernes.**

### DES VIKINGS BASQUES ?

Au cours d'un de leurs raids, des Vikings se seraient installés du côté de Hondarribia et s'y seraient reproduits… C'est du moins ce que veut une légende locale qui explique ainsi le nombre anormalement élevé de blondes et de blonds dans la ville… dont les habitants ont pour sobriquet : *los Vikingos.*

Maisons typiques d'Hondarribia.
*N. Thibaud / Photononstop*

# Se promener

**VIEILLE VILLE** (Ciudad Vieja)

Entre les effluves de lessive et les trilles mélodieux des oiseaux en cage, les ruelles escarpées de la vieille ville ne manquent pas de pittoresque, tandis que la marina déborde d'une activité plus festive avec ses boutiques et ses cafés. Sur la butte dominant la Bidassoa, l'ancienne place forte est encore entourée de remparts. Percée dans ces murailles qui datent du 15e s., la **puerta de Sta María** est surmontée des armes de la ville et de deux anges vénérant N.-D. de Guadalupe.

3

## ★ Rue principale (Calle Mayor)

Étroite rue très pittoresque, bordée de maisons anciennes aux balcons de fer forgé et corniches en bois sculpté. Remarquez notamment les galeries des nos 26, 24, 22, les blasons de la casa Consistorial au no 28, les poutres travaillées du palais Zuloaga au no 8, et la très belle porte ouvragée de la maison de Casadevante au no 5, là où fut négociée la trêve du siège de 1638.

## Église Sta María de la Asunción y del Manzano

Gothique, remaniée au 17e s. (tour baroque), l'église de Sta María est un édifice imposant étayé à l'abside par d'épais contreforts. C'est là que le 3 juin 1660, six jours avant la cérémonie solennelle à St-Jean-de-Luz, don Luis de Haro, ministre espagnol, épousa par procuration, au nom de Louis XIV, l'infante Marie-Thérèse.

## Château (Castillo)

Le château de Charles Quint fut construit au 10e s. par le roi de Navarre Sanche II Abarca (vers 935-994). Charles Quint le fit restaurer au 16e s. Aménagé en *parador* (hôtel de luxe), il donne sur la place d'armes, qui offre une belle vue sur la mer.

**UNE FORTERESSE CONVOITÉE**

Du fait de sa situation stratégique en bord d'estuaire, Hondarribia n'a eu d'autre choix que de se fortifier très rapidement pour protéger sa position. Les plus anciennes traces de fortifications remontent ainsi au 7e s. Les remparts actuels datent quant à eux du règne des Rois Catholiques (fin 15e s.), et ils se révélèrent par la suite fort utiles pour résister aux assauts d'ennemis désireux de posséder ce port florissant qui commerçait avec les Flandres et l'Europe entière. En 1638, pendant la guerre de Trente Ans, la ville subit l'assaut des troupes françaises de Condé durant deux mois. Elle ne dut son salut qu'à l'intercession de N.-D. de Guadalupe : ses défenseurs tentèrent une sortie et parvinrent à chasser l'armée française. En souvenir de cet épisode et pour honorer la Vierge, Hondarribia organise chaque année une *alarde* (sorte de parade militaire) le 8 septembre *(Nos Adresses).*

### MARINA

*Le quartier des pêcheurs et la nouvelle ville qui s'étage derrière lui se déploient le long de la* ría.

**Calle San Pedro**

Bordée de maisons de pêcheurs aux balcons et aux volets de bois rouges, verts ou bleus, cette rue dégage une atmosphère de gaieté communicative. C'est ici comme dans les rues adjacentes que se concentrent tavernes et bars à tapas.

Trois rues la séparent du front de mer, caractérisées par des immeubles de taille modeste, dont les boutiques ont parfois deux entrées, une sur l'avant, l'autre sur l'arrière.

**Front de mer** (Front de ría)

Sans charme particulier en raison des immeubles en béton qui le ponctuent, le front de mer se déroule jusqu'au port de plaisance en longeant à un moment une sorte de jetée dont les pierres sont couvertes de croquettes pour chats (ces animaux y viennent en nombre).

**Plage** – Depuis la plage, on voit les bateaux de pêche sortir du port. Les jeunes viennent y décortiquer des *pipas* (graines de tournesol) et les retraités y promener leur chien.

**Port de plaisance** (Marina) – Belle **vue**, à travers une forêt de mâts, sur la vieille ville et le clocher de Sta María. À voir en fin de journée avec la chaîne des Pyrénées en toile de fond.

## À proximité Carte de région

**Sanctuaire (Santuario) Nuestra Señora de Guadalupe** D1

*À 4 km à l'ouest de Hondarribia par la GI 3440, en direction de Pasai Donibane par le Jaizkibel. Laissez votre voiture au parking de l'église.*

Cette chapelle, que jouxte l'enceinte d'un ancien fort, est le centre de convergence d'un vaste réseau de randonnées, allant du cap Higuer *(voir ci-après)* au mont Jaizkibel *(« la Côte de Guipúzcoa », p. 279)*. La promenade menant à ce dernier commence par une pente très inclinée et emprunte ensuite les crêtes, révélant d'époustouflantes **vues★★** sur le littoral et la mer *(4 km - balisage blanc-rouge).*

**Cap du Figuier** (Cabo Higuer) D1

▶ *À 4 km au nord. Quittez Hondarribia par la plage. Prenez la route de gauche.* En montant parmi les villas vers le cap, la route offre une belle **vue★** sur la plage, la ville et la jetée. De l'extrémité du cap, on distingue la côte française et Hendaye.

## NOS ADRESSES À HONDARRIBIA

### VISITES

**Excursions Jolaski** – *Paseo Butrón - ✆ 639 617 898 - www.jolaski.com.* Visite guidée de Hondarribia pour les groupes et promenades en bateau. Trajet en bateau de Hondarribia à Hendaye - *1,70 € (10mn).*

### HÉBERGEMENT

#### PREMIER PRIX

**Chambre d'hôte Maidanea** – *Barrio de Arkoll - ✆ 943 640 855 - - P - 6 ch. 50/60 € - 5 €.* Les propriétaires ont insufflé une atmosphère particulière à cette maison de campagne, avec un salon-bibliothèque, une salle de petit-déjeuner et des chambres modernes.

#### BUDGET MOYEN

**Hôtel Palacete** – *Pl. de Gipúzkoa, 5 - ✆ 943 640 813 - www.hotelpalacete.net - 9 ch. 78/105 € - 7 €.* Au cœur du quartier historique, cet hôtel occupe une vieille demeure de style médiéval. Le confort moderne des chambres se mêle au charme et à la sobriété du lieu.

#### POUR SE FAIRE PLAISIR

**Hôtel Obispo** – *Pl. del Obispo, 1 - ✆ 943 645 400 - www.hotelobispo.com - 16 ch. 88/168 €* Cet hôtel de charme est installé dans un palais des 14e-15e s. Les chambres combinent avec bonheur le bois des poutres et la pierre des murs pour créer une ambiance très accueillante.

### RESTAURATION

#### PREMIER PRIX

**Gran Sol** – *San-Pedro, 65 - ✆ 943 642 701 - www.bargransol.com - fermé 1 sem. en sept. et lun. - tapa 3 €.* Ce restaurant néorustique de tradition a été repris par le fils du propriétaire. Vous pourrez y déguster au comptoir de délicieuses brochettes très bien préparées.

#### BUDGET MOYEN

**Restaurante Kaialde** – *Itsasargi, 8 - ✆ 943 644 622 - 50 € - fermé dim. soir et lun.* Oscar González, le chef, propose une superbe aventure gastronomique. Jeu des saveurs et respect des ingrédients sont ses maîtres mots.

#### POUR SE FAIRE PLAISIR

**Sebastián** - *Mayor, 11 - ✆ 943 640 167 - www.sebastianhondarribia.com - fermé 10 j. en nov., dim. soir et lun. (sf en été) - 29/52 €.* Restaurant installé dans une demeure du 16e s. Succulents plats élaborés avec des produits de saison et pleins de créativité.

**Alameda** – *Minasoroeta, 1 - ✆ 943 642 789 - www.restalameda.com - fermé 24 déc.-6 janv., 1-8 juil., dim. soir, mar. soir et lun. - 56/70 €.* Magnifique restaurant familial dont la cuisine a su s'adapter aux temps modernes. Terrasse et deux salles bien aménagées.

### AGENDA

**Fête de la Kutxa** – *25 juil.*
**Alardes d'armes** – *8 sept.*

3

# Tolosa

★

18 232 habitants

NOS ADRESSES PAGE 295

### S'INFORMER

**Office de tourisme** – *Pl. Sta María, 1 - ✆ 943 697 413 - www.tolosaldea.net - été : 10h-14h, 15h-19h ; reste de l'année : mar.-sam. 11h-14h, 15h-18h, dim. 10h-14h.*

### SE REPÉRER

Carte de région C2 (p. 262) – *Carte Michelin n° 573 C 23.* Étape incontournable sur la route reliant St-Sébastien à l'intérieur des terres (Vitoria ou Pampelune), Tolosa est accessible depuis la côte par la N 1 (26 km).

### SE GARER

Le vieux centre étant piétonnier, mieux vaut vous séparer de votre voiture dès que vous le pouvez.

### À NE PAS MANQUER

Le marché couvert du samedi le long de la rivière.

### ORGANISER SON TEMPS

Tolosa constitue un point de rayonnement idéal pour découvrir la vallée de l'Oria. Passez-y une matinée avant de partir en excursion.

**Réputée pour être un bastion du séparatisme basque, Tolosa est aussi une ancienne ville industrielle de pâte à papier. Son centre historique abrite demeures anciennes, palais, églises ainsi qu'un moulin récemment restauré. Vous prendrez plaisir à arpenter ses marchés colorés et animés. Ne manquez pas de goûter les haricots qui font sa célébrité !**

## Se promener

★ **VIEILLE VILLE** (Casco Viejo)

Le cœur de la cité est délimité au sud par la Triangulo plaza, à l'est par le río Oria et à l'ouest par la calle Pablo Gorosabel, un ancien bras de la rivière. Commerces et marchés y entretiennent une animation quotidienne.
*Départ depuis la Triangulo plaza.*

**Place du Triangle** (Triangulo plaza)
Reconnaissable à son plan et surtout à l'œuvre du sculpteur **Jorge Oteiza**, *Atauts*, qui précède la porte de Castille donnant accès au quartier historique.
*Prenez tout droit la calle Solana.*

**Halles**
Érigées au 19e s., elles bordent un alignement de façades colorées ainsi que la rivière voisine. Le marché aux produits locaux s'y tient tous les samedis.
*Au bout de la calle Solana, tournez à gauche.*

### Zaharra plaza

Le drapeau basque flotte au balcon de l'**Ayuntamiento** (hôtel de ville) aux briques roses (17e s.), qui partage la place avec de vieilles demeures baroques et blasonnées. Face à elles s'étale la vitrine du chocolatier Xaxu, qui organise les visites du **musée de la Confiserie** (Museo de la Confitería, *dans la rue voisine de Letxuga - ☏ 943 697 413 - www.gorrotxategi.com - août, Sem. sainte et j. fériés : 10h-14h, 15h-19h ; reste de l'année : mêmes horaires mais fermé dim. après-midi et lun. - visite guidée en français, espagnol, anglais et basque à 10h et 18h (sur réserv.), dégustation d'un chocolat chaud à la fin de la visite -2 €).*

*Prenez la rue qui part sur la droite de la mairie pour aboutir à Sta María plaza.*

### Église Sta María

D'extérieur baroque (1761), l'édifice déploie à l'intérieur une architecture gothique basque.

*En sortant de l'église, prenez la rue de droite qui mène à la rivière.*

### Bords d'Oria

Le palacio Idiakez du 17e s. donne la réplique à la façade mi-ancienne, mi-moderne du palacio Aramburu (17e s.), reconverti en centre d'expositions.

*Rejoignez Sta María plaza et engagez-vous dans la kale Emperador. Au bout se trouve la Felipe Gorriti plaza, prenez la Kale Nagusia à gauche.*

### Rue principale (Kale Nagusia)

Représentative des rues de la vieille ville, cette artère est bordée de façades anciennes dont la plus significative est celle du **palacio Atodo** (16e s.) au nº 33, que vous repérerez à son blason et à son double avant-toit.

Remontez la rue, à droite, et passez devant la torre Andia (15e s.)

### ★ Berdura plaza

Une halle couverte d'une **verrière** occupe le centre de la place bordée de maisons à arcades. C'est ici que se tient chaque samedi le marché aux fleurs.

*Traversez-la et prenez à gauche dans la kale Korreo, puis à droite dans la kale Letxuga. Encore à droite, la kale Aroztegieta (marché le samedi matin) pour arriver enfin sur la Euskal Herria plaza.*

### Euskal Herria plaza

Bordée d'arcades de style néoclassique, cette place accueille un marché chaque samedi matin.

*Reprenez la kale Rondilla pour revenir à la Triangulo plaza.*

Pour prolonger la promenade, n'hésitez pas à flâner dans les autres rues parallèles à la kale Korreo.

## À proximité Carte de région

### ★ Ordizia B3

▶ *À 14 km au sud de Tolosa par la N 1.*

ℹ *Centro d'Elikatuz - Casa Barrenetxe, Sta María, 24 (le point touristique est situé au rdc du Centre de l'alimentation) - ☏ 943 882 290 - lun.-vend. 10h-13h, 16h-19h, w.-end. et j. fériés 11h-14h, 16h-19h - fermé 1er et 6 janv., 25 déc.*

Porte de la *comarca* (région) de Goierri, Ordizia comporte un agréable quartier historique en surplomb de la gare. Il compte plusieurs demeures notables telles que le palais Barrena du 17e s., le palais Zabala reconnaissable à son balcon ouvert sur une double-fenêtre en arcs, ou encore le palais Abaria à l'angle de

**DU PAPIER AU BÉRET**
En partie détruite par les Français en 1794, Tolosa retrouva une certaine prospérité avec l'industrialisation. La première usine de papier ouvrit en effet ses portes en 1842 et la ville prit le surnom de « cité papetière ». Cette industrie a aujourd'hui presque disparu, ce qui ne signifie pas que toutes ont périclité, car la ville a su se diversifier, avec notamment la création du polygone d'Apattaerreka. Il perdure une activité traditionnelle, dont la popularité ne se dément pas : la fabrication de bérets. On continue à dire que ce sont les meilleurs du pays.

la plaza Mayor, dont la halle fut inaugurée en 1925. Cette dernière accueille l'un des plus grands marchés du Guipúzcoa.
**Centre de l'alimentation et de la gastronomie D'elikatuz** (Centro de la Alimentación y de la Gastronomía D'elikatuz) – *Juste à côté du palais Barrena. ☏ 943 882 290 - www.delikatuz.com -juil.-août, tous les merc. de l'année, tous les ponts, 2 sem. à Nöel et 2 sem. à Pâques : lun.-vend. 10h-13h, 16h-19h, w.-end 11h-14h, 16h-19h ; reste de l'année mar.-vend. 9h-13h, w.-end 10h-14h - 3,20 € (-12 ans 2,20 €).*
Chacun des trois niveaux de ce musée moderne aborde un angle différent de la culture culinaire locale : le premier présente les villages de la *comarca* ; le deuxième, l'histoire de l'alimentation et l'art de bien doser ses repas (amusant plateau-repas à composer soi-même) ; quant au troisième, il recense les spécialités régionales.

### Beasain / Beasáin B3

▶ *À 18 km au sud-ouest de Tolosa par la N 1.*
Cette importante cité industrielle ne séduit pas au premier abord… Mais en prenant la direction de Zumarraga dans le centre-ville, vous passerez à proximité de ce qui subsiste du hameau médiéval entouré d'immeubles modernes. Il s'agit, dans le *barrio* (quartier) de Igartza, de quelques **maisons anciennes** (13e-15e s.), dont certaines à pans de bois, qui se répartissent de part et d'autre de la rivière enjambée par un vieux pont. Souvent abandonnées, elles sont parfois hélas assez dégradées, en dépit de quelques efforts de réhabilitation. À droite de la route sont fléchés deux sanctuaires : celui de N. S. de Loinaz, sorte de petite chapelle campée à côté d'une maison et, plus loin, la basilique de San Martín.

## Circuits conseillés Carte de région

### LE GOIERRI OUEST B3

▶ *Pour visualiser ce circuit de 27 km, reportez-vous à la carte de région (p. 262) - comptez 2h. Quittez Beasain par la N 1 en direction d'Altsasu / Alsasua et Vitoria, et sortez à l'échangeur 416 pour suivre la GI 637 en direction d'Idiazabal.*
ℹ *Goitur - ☏ 943 161 823 - www.goierri.org.*

### Idiazabal

Le nom évoque un fromage de brebis, mais il correspond d'abord à un petit village tranquille, parsemé de quelques maisons des 13e et 14e s. Sur ses hauteurs se trouve le sanctuaire de **Sta María de Gurutzeta★** *(fléché à partir de l'église)*. Accolé à une maison *(demandez la clé)*, il séduit par son charme rustique (la charpente est en bois brut, des volets ferment les fenêtres), sa Vierge du 13e s. et son retable du 16e s.

L'Oria à Tolosa.
*Arturo Cano Miño / age fotostock*

Il offre le prétexte de découvrir les pâturages puisque fermes traditionnelles et prés se succèdent dans la montée.
*Suivez la GI 2637 pour rejoindre Segura.*

## Segura

Charmant bourg perché qui conserve de ses remparts deux portes ouvertes vers les monts alentour. Ses rues sont pavées et bordées de demeures autrefois prospères. La plus intéressante est celle des Guevara, identifiable à ses blasons et ses gargouilles. Elle se situe sur la calle Mayor *(Nagusia Kalea)* à quelques pas de la jolie église fortifiée N. S. de la Asunción (portail Renaissance). Voyez également le palais Lardizabal (17e s.), reconverti en mairie.
*Poursuivez sur la GI 2637.*



## Zegama

Bâtiments modernes et anciens se partagent le village, au cœur duquel se dressent la mairie à arcades et l'église au portail Renaissance.
*Revenez sur vos pas et, après environ 3,5 km, prenez à gauche la GI 3520.*

## Zerain

Ce hameau isolé dans la montagne conserve quelques maisons typiques comme le palais Jauregui, caractéristique de l'architecture rurale basque, non loin de la place de l'église (13e s., refaite au 18e s.).

### UNE POSITION STRATÉGIQUE

Fondée en 1256 par Alphonse X de Castille, dit « le Sage », et baptisée en hommage à Toulouse, Tolosa fut dès l'origine contrainte de se fortifier du fait de sa situation sur le couloir de passage qu'est la vallée de l'Oria, entre la côte et la Navarre. Mais l'avantage qu'elle en tirait compensait les agressions et les invasions, puisqu'elle prélevait un droit de péage qui fit sa richesse.

### À LA GUERRE COMME À LA GUERRE

Né à Ormaiztegi, **Tomás de Zumalacárregui** (1788-1835) participe à la guerre d'indépendance de 1808-1814 contre les troupes napoléoniennes. À la mort de Ferdinand VII (1833), il entre dans l'histoire en embrassant la cause de l'infant Don Carlos, frère du roi défunt. Alors en garnison à Pampelune, il se soulève contre les partisans d'Isabelle II, et Don Carlos le nomme général en chef de son armée. Employant la tactique de la guérilla, et n'hésitant pas à user d'une certaine cruauté envers ses prisonniers qu'il fait volontiers fusiller, Zumalacárregui remporte quelques succès. Mais il est grièvement blessé alors qu'il inspectait les défenses de Bilbao qu'il s'apprêtait à assiéger. Mal soigné, il meurt quelques semaines plus tard.

**Musée** – *✆ 943 801 505 (office de tourisme) - www.zerain.com - lun.-vend. 10h30-13h30, 15h30-18h30, w.-end : 11h-14h, 16h-19h - 3 €.* Une vidéo de 14mn présente la démarche des habitants qui ont voulu préserver leur patrimoine et sauvegarder leurs traditions. Le résultat est visible au grenier où panneaux et objets expliquent le travail du bois, de l'élevage, de l'agriculture, du fromage, de la chasse, etc.

*Reprenez la GI 2637, dépassez Segura et prenez sur votre gauche la GI 3571 menant à Mutiloa puis Ormaiztegi.*

## Ormaiztegi

**Musée Zumalacárregui** – *✆ 943 889 900 - www.zumalakarregimuseoa.net - mars-oct. : merc.-dim. 10h-14h, 16h-19h ; nov.-fév. : merc.-vend. 10h-14h, w.-end et j. fériés 10h-14h, 16h-19h - fermé 1er et 6 janv., 30 nov., 24, 25 et 31 déc. - 1,20 € (-10 ans et jeu. gratuit).* Installé dans une maison traditionnelle du 18e s. où Tomás de Zumalacárregui vécut quelques années, ce musée retrace l'histoire du Pays basque au moment des guerres carlistes et du mouvement libéral qui s'est développé dans les provinces au 19e s. Une vidéo de 10mn en castillan, des reproductions de gravures et des objets personnels du général ponctuent la visite d'un lieu qui honore un héros mal connu (en France du moins) de la cause carliste.

*Revenez à Beasain en suivant la GI 632 puis la N 1.*

### VERS LE PARC NATUREL D'ARALAR B3

*Pour visualiser ce circuit de 15 km au départ de Beasain, reportez-vous à la carte de région (p. 262) - comptez 1h. À Beasain, franchissez la N 1 pour rejoindre Lazkao.*

## Lazkao

Mieux préservé que Beasain, ce bourg rassemble quelques beaux monuments *(aucun ne se visite)* autour de l'église San Miguel (16e s.). Au plus près d'elle, le **palais de l'Infante** (palacio del Infantado) est entouré d'un beau jardin. Admirez sa façade et son entrée, organisée en trois parties. Face à l'église, notez le blason du couvent des bernardines.

*Suivez la GI 2120.*

## Ataun

Le village s'étire en fond de vallée et s'éparpille le long de l'Agauntza en divers quartiers. À l'entrée de celui de San Gregorio, arrêtez-vous à la **maison Sare** (Sara). Contre son mur et devant elle sont disposées des œuvres d'art moderne en métal oxydé qui reprennent la forme des stèles discoïdales traditionnelles.

Elles sont signées **Jon Iturrarte Artola** et ont été réalisées en 1990 pour le centenaire de l'anthropologue Joxemiel (José Miguel) de Barandiárán (1889-1991), natif du village (*l'encadré p. 188*).

**Museo Barandiarán** – *943 180 335 - mai-sept. : mar.-vend. 10h30-14h30, sam. 10h30-14h30, 16h-18h, dim. et j. fériés 10h30-14h30 ; reste de l'année : sam. 10h30-14h30, 16h-18h ; dim. et j. fériés 10h30-14h30 - 1 € (5-12 ans 0,50 €).* Il est consacré à l'œuvre de l'anthropologue et à la mythologie basque.

*Poursuivez sur la GI 2120 jusqu'au col de Lizarrusti.*

**Centre d'interprétation du Parc de Aralar** – *943 582 069 - www.lizarrusti.com - - juil.-août : tlj sf lun. 11h-14h30 ; avr.-juin et sept.-oct. : sam. 11h-14h30, dim. et j. fériés 11h-14h30 ; fév.-mars et nov.-déc. : dim. et j. fériés 11h-14h30 - gratuit.* On y découvre la flore et la faune du parc, ainsi qu'une maquette où est figurée la ligne de partage des eaux du Pays basque. Vous pourrez vous y procurer des cartes de randonnées. Certains parcours dédiés à la mythologie partent d'ici. Des excursions à pied dans le parc sont organisées le w.-end *(se renseigner).*

Comptez 2h AR pour aller au **lac de Lareo**.

## NOS ADRESSES À TOLOSA

### HÉBERGEMENT

#### PREMIER PRIX

**À proximité de Tolosa**

**Segore Etxeberri** – *Santa Marina Bailara - Albiztur - 943 580 976 ou 610 460 751 - www.segore.com - 5 ch. 50 € - 3,50 € - table d'hôte 25 € ; 8 menus w.-end 22/35 €.* Entourée de verts paysages, cette récente maison basque propose des chambres claires avec vue panoramique sur l'Aralar. Dans le grand jardin, des jeux divertiront les enfants. Préparés avec les produits du terroir, les repas sont servis dans la grande salle ou à l'extérieur.

#### BUDGET MOYEN

**Hôtel Oria** – *Oria, 2 - 943 654 688 - www.hoteloria.com - 45 ch. 87/130 € - 10 €.* Hôtel fonctionnel et confortable. Les chambres sont réparties dans deux bâtiments, l'un de construction moderne et l'autre datant du début du 20e s., qui ressemble à un chalet. Fonctionnel et confortable. Vaste restaurant, type rôtisserie, meublé de longues tables et décoré de tonneaux de cidre.

#### POUR SE FAIRE PLAISIR

**À proximité de Tolosa**

**Iriarte Jauregia** – *Eliz Bailara, 8 - Bidegoian - 943 681 234 - www.iriartejauregia.com - 19 ch. 120/148 € - rest. 42/49 €.* Ce palais du 17e s. entièrement restauré est entouré d'un beau jardin aux arbres centenaires. Les chambres confortables marient le style rustique et le mobilier moderne. En cuisine, les plats traditionnels sont à l'honneur.

### RESTAURATION

#### PREMIER PRIX

**Botarri** – *Oria, 2 (Bajo) - 943 654 921 - fermé jeu. soir et dim. - 25/40 €.* Ce restaurant se trouve dans l'hôtel Oria, mais sa gestion est totalement indépendante. Son décor intérieur, où domine le bois, rappelle celui d'une cidrerie

3

traditionnelle. En cuisine, le chef utilise les produits de saison et élabore des menus équilibrés très bien présentés.

### POUR SE FAIRE PLAISIR

**Frontón** – *San Francisco, 4 - ✆ 943 652 941 - www.restaurantefronton.com - fermé fêtes de Noël, dim. soir, mar. soir et lun. - 36/48 €.* Cet établissement occupe un édifice de 1930 de style rationaliste, avec accès direct à un fronton. Vous y trouverez un bar à *pintxos* au rez-de-chaussée et un restaurant Art déco à l'étage.

## FAIRE UNE PAUSE

**Pastelería Eceiza** – *Pablo Gorosabel, 34 - ✆ 943 652 089 - lun.-sam. 7h30-20h30 ; dim. et j. fériés 8h-20h.* Ne quittez pas Tolosa sans avoir visité la délicieuse Pastelería Eceiza et goûté ses exquis *tejas y cigarillos* (tuiles aux amandes et cigarettes russes). La boutique, qui existe depuis 1924, vend également de savoureux tourons, truffes et tartes artisanales. Sur place, vous pourrez déguster un café.

## ACHATS

**Marché** – Sam. matin.

**Artzai-Gazta (Queso de Pastor)** – *Nagusia, 37 - Idiazabal - ✆ 943 187 129 - www.artzai-gazta.net.* La coopérative Artzai-Gazta regroupe 120 fromagers du Pays basque espagnol et de Navarre. Plus connue sous le nom de Casa del pastor (maison du berger), elle est à la fois un centre d'interprétation du fromage de brebis Idiazabal et un lieu de vente. Profitez-en pour en acheter car il n'est pas toujours facile d'en trouver en France…

**Boinas Elosegui** – *Av. Iruña Etorbidea (av. de Pamplona), 10 - Tolosa - ✆ 943 670 566 - www.boinaselosegui.com.* Cette illustre maison fabrique depuis 1853 les fameuses **boinas (bérets)** qui coiffent traditionnellement les bergers basques…

## AGENDA

**Carnaval de Tolosa** – *Six jours en fév.*

**Festival de marionnettes Titirijai** – *Fin nov.-déb. déc.*

# Sanctuaire Saint-Ignace-de-Loyola

★

NOS ADRESSES PAGE 300

### S'INFORMER

**Office du tourisme d'Oñati** – *San Juan, 14 - ✆ 943 783 453 - www.oinati.org - avr.-sept. : lun.-vend. 10h-14h, 15h30-19h30, sam. 10h-14h, 16h30-18h30, dim. 10h-14h ; oct.-mars : lun.-vend. 10h-13h, 16h-19h, w. end 11h-14h - fermé 1er et 6 janv., 29 et 30 sept., 25 déc.*

### SE REPÉRER

Carte de région B2 (p. 262) – *Carte Michelin n° 573 C 23.* On accède au sanctuaire, au sud-ouest de St-Sébastien, par la N 1 au sud, *via* Tolosa et Azpeitia, ou bien par la côte en prenant, à la hauteur de Zumaia, la GI 631.

### SE GARER

Devant le sanctuaire St-Ignace-de-Loyola.

### ORGANISER SON TEMPS

Le sanctuaire et la visite de ses environs peuvent faire l'objet d'une journée d'excursion depuis la côte, avec la découverte de la ville et de ses musées en matinée, et celle des vallées avoisinantes l'après-midi.

### AVEC LES ENFANTS

Le passionnant musée du Chemin de fer, le musée de l'Environnement.

3

**Dans un écrin de verdure entouré du massif d'Izarraitz se dresse le monumental sanctuaire dédié à saint Ignace de Loyola, fondateur de l'ordre des Jésuites. Sa maison natale, un manoir médiéval relativement modeste, est conservée comme une relique au centre du vaste complexe baroque qui l'englobe. Situé en bordure du fleuve Urola, le site attire de nombreux visiteurs venus contempler ce singulier ensemble architectural, ainsi que des pratiquants à la recherche d'une retraite spirituelle.**

## Se promener

### ★ Sanctuaire St-Ignace-de-Loyola

(Santuario San Ignacio de Loyola / Loiola) B2

*✆ 943 025 000 - www.santuariodeloyola.org - 10h-12h30, 15h30-18h15 (visite de la maison natale 3 €, 8-16 ans 2 €, -8 ans gratuit).*

Près d'Azpeitia, à côté de l'ancien manoir de la famille de saint Ignace, les jésuites construisirent à la fin du 17e s., sur les plans de l'architecte romain Carlo Fontana, un **sanctuaire**, devenu un important lieu de pèlerinage. De grandes solennités s'y déroulent le 31 juillet, jour de la St-Ignace.

## SOLDAT DE DIEU

Íñigo de Oñaz y Loyola, alias **Ignace de Loyola,** naît au château de Loyola en 1491, dans une famille d'ancienne, mais petite, noblesse. En 1521, devenu officier, il est blessé au siège de Pampelune. Pour occuper ses huit mois de convalescence, il s'adonne à la lecture d'ouvrages pieux et c'est alors un « soldat de Dieu » qui se relève et qui quitte, en 1522, le manoir familial : il part en pèlerinage pour Arantzazu, puis Montserrat et enfin se retire dans une grotte à Manresa en Catalogne où il écrit les *Exercices spirituels*. Il arrive à Paris en 1528. Au collège Ste-Barbe, il regroupe autour de lui le Savoyard Favre ainsi que deux compatriotes, Diego Laínez et le Navarrais Francisco de Javier, aujourd'hui connu sous le nom de François Xavier (*p. 419*). En 1534, à Montmartre, tous jurent de se consacrer au prosélytisme et de rester unis. En 1537, ils sont ordonnés prêtres. Ignace a 46 ans. À Rome, il est reçu par le pape qui approuve les statuts de la Compagnie de Jésus en 1540. Il mourra en 1556. Saint Ignace a été canonisé en 1622 en même temps que saint François Xavier, saint Philippe Neri, sainte Thérèse d'Avila et saint Isidore le Laboureur.

★★ **Basilique** – On doit ce splendide exemple d'architecture baroque aux plans de Fontana, retouchés par Martín de Zaldua. Son inauguration eut lieu en 1738. Ne manquez pas d'étudier de près le **maître-autel★**, dessiné par Ignacio de Ibero, de style churrigueresque (interprétation espagnole du baroque, ce style a pris le nom de la célèbre fratrie d'artistes et d'architectes, réputée pour la profusion de ses torsades et de son ornementation). La richesse de sa marqueterie de pierre ne laisse pas d'impressionner le visiteur, quels que soient ses goûts. Une statue en argent de saint Ignace trône en son centre depuis 1758. Circulaire, elle est surmontée d'une vaste coupole (65 m de haut) construite par **Joaquín Churriguera** (1674-1724).

**Palais de Saint Ignace (Santa Casa)** – Accolée à la basilique et enchâssée dans les bâtiments du sanctuaire se trouve la demeure familiale de saint Ignace (1491-1556). Au premier niveau, on aperçoit les meurtrières de la tour du 15e s. La plupart des pièces ont été transformées en chapelles et surchargées de décorations. On voit ainsi la chambre où Ignace naquit, celle où il passa sa convalescence et où il se convertit. La visite se prolonge par un diorama sur la vie du saint et des panneaux sur la Compagnie de Jésus, qu'il fonda en 1534.

Le complexe abrite également un centre de spiritualité, une auberge de jeunesse, un hôtel, une bibliothèque et une station de radio.

*Depuis le sanctuaire de St-Ignace-de-Loyola, franchissez la rivière et longez-la en direction d'Azpeitia.*

### Musée de l'Environnement (Museo de Medio Ambiente)

*Loiola-Auzoa, 1 - ☎ 943 812 448 - www.ingurugiroetxea.org - ♿ - lun.-vend. 10h-13h, 15h-17h30, sam. 10h-13h30, 15h30-17h30, dim. 10h-13h30 - fermé j. fériés - gratuit.*

Autrefois musée des Enfants, ce centre d'interprétation de l'environnement a ouvert ses portes en 1998 dans l'ancienne casa Egibar. Quatre salles sur deux niveaux replacent la Terre dans son contexte écologique, abordant les questions du changement climatique, de la gestion des ressources naturelles (l'eau, notamment), les problèmes de la sauvegarde de la biodiversité, les sources de pollution et les solutions possibles comme la notion de développement durable, à travers des panneaux explicatifs et des maquettes.

Basilique de Saint-Ignace-de-Loyola.
*B. Boensch / age fotostock*

## À proximité Carte de région

### Azkoitia / Azcoitia B2

*À 4,5 km à l'ouest de Loyola par la GI 631.*

Tranquille bourgade dont le quartier ancien borde la rivière, à l'instar de la massive casa Idiakaz Ederra et de la torre Idiaquez qui encadrent le parvis de l'église **Sta María la Real (16e s.)**. Celle-ci s'enorgueillit d'accueillir l'un des derniers orgues construits en 1898 par la firme Cavaillé-Coll. Vous pourrez l'admirer uniquement pendant les offices.

La rue principale relie l'hôtel de ville au vieux centre, où l'on peut encore admirer d'anciennes maisons fortifiées.

La **promenade** plantée menant à San Ignacio de Loyola offre une vue magnifique sur le sanctuaire jésuite, dont le dôme contraste avec la rectitude des bâtiments.

3

### Azpeitia B2

★ **Musée basque du Chemin de fer** (Museo Vasco del Ferrocarril) – *À 5 km sur la route de Zumaia - ✆ 943 150 677 - www.bemfundazioa.org - ♿ - juil.-août : mar.-sam. 10h30-14h, 16h-19h30, dim. et j. fériés 10h30-14h ; reste de l'année : mar.-vend. 10h-13h30, 15h-18h30, sam. 10h30-14h, 16h-19h30, dim. et j. fériés 10h30-14h - fermé lun., 19-31 déc. - 3 € (5-16 ans gratuit). Circulation d'un train à vapeur entre Azpeitia et le musée : sam. 12h30 et 18h30, dim. et j. fériés à 12h30 (5 km, 35mn AR - 6 € incluant la visite du musée).* Voilà une reconversion plutôt réussie : au lieu de conserver sa gare désaffectée, Azpeitia l'a reconvertie en musée, utilisant pour cela tous les bâtiments libérés, depuis le hall de gare jusqu'aux ateliers d'entretien et aux hangars. On peut pour une fois traverser les voies sans risques, et découvrir des espaces jusque-là réservés aux cheminots. Incontournable, le **hangar aux locomotives** : petit coup de cœur pour les wagons « salon » en bois d'*Ashbury* (1895) et le monstre rutilant qu'est la *Robert Stephenson* de 1887. Un tram fait un trajet de quelques mètres sur les rails, pour le plus grand plaisir des tout-petits. Le reste des bâtiments abrite les machines d'entretien, un musée des Uniformes, des distributeurs de billets.

## Circuit conseillé Carte de région

### AU CENTRE DU GUIPÚZCOA B2

*Pour visualiser ce circuit de 36 km, reportez-vous à la carte de région (p. 262) - comptez environ 1h. Du sanctuaire, prenez la direction d'Azpeitia. Une fois dans la ville, prenez la GI 2635, puis la GI 3720.*
La route à flanc de montagne révèle des bois et des prairies. Quelques fermes la bordent, signalées par la présence d'oies, de poules ou d'ânes sur la voie.

**Beizama**
Accroché à la pente, ce petit village, qui s'enorgueillit d'être au centre géographique de la province, se concentre autour de sa mairie (17e s.) et de son église Renaissance (16e-17e s.). Joli point de vue sur la vallée depuis le parvis.
*Poursuivez jusqu'à Santutxo et prenez à gauche la vallée d'Errezil par la GI 2634.*

**Errezil** / Régil
L'**église St-Martin** (13e-16e s.), qui abrite un joli retable en bois doré, domine les toits de ce village posté au pied du mont Ernio (1 072 m). Ce dernier marque le centre géographique de la région.
*La route continue jusqu'à Azpeitia dans un paysage de collines verdoyantes et de crêtes austères. Empruntez ensuite la GI 631 pour rejoindre le sanctuaire.*

## NOS ADRESSES PRÈS DU SANCTUAIRE

### HÉBERGEMENT

#### BUDGET MOYEN

**À Azpeitia**
**Larrañaga** – *San Martín - Urrestilla (à 3 km d'Azpeitia) - ✆ 943 811 180 - www.hotel-larranaga.com - P - 8 ch. 72/89 € ☕ - rest. 12/26 €.* Chambres confortables dans une demeure du 14e s. entièrement rénovée. Les voûtes et la pierre ajoutent leur charme à l'endroit.

#### POUR SE FAIRE PLAISIR

**À Zestoa**
**Balneario de Cestona** – *✆ 943 147 140 - www.relaistermal.com - P - 127 ch. 121/138 € ☕* Ce grand hôtel thermal (1895) prodigue des soins thérapeutiques renommés. Chambres, vastes et confortables. Deux ambiances dans le restaurant : mauresque ou classique.

### RESTAURATION

#### BUDGET MOYEN

**À Azpeitia**
**Kiruri** – *Loiola Hiribidea, 24 - ✆ 943 815 608 - www.kiruri.com - fermé 20 déc.-7 janv. et lun. soir - 20/40 €.* Tenu par une même famille depuis trois générations et destiné surtout aux groupes et réceptions, ce restaurant porte une attention soignée aux clients de passage. Plats à la carte uniquement.

### AGENDA

**Fiestas de San Ignacio** – *Autour du 1er août.* Deux ou trois corridas aux arènes - *✆ 943 157 200.*

# Oñati

**Oñate**

★

11 033 habitants

NOS ADRESSES PAGE 305

## S'INFORMER

**Office de tourisme** – *San Juan, 14 - 943 783 453 - www.oinati.org - avr.-sept. : lun.-vend. 10h-14h, 15h30-19h30, sam. 10h-14h, 16h30-18h30, dim. 10h-14h ; oct.-mars : lun.-vend. 10h-13h, 16h-19h, w.-end 11h-14h - fermé 1er et 6 janv., 29 et 30 sept., 25 déc.*

**Visites guidées** – *Quatre parcours possibles, certains incluant la visite de monuments 22-30 € (3,60-4,75 €/pers. à partir d'un groupe de 6 pers.). Réserver au moins 24h à l'avance.*

## SE REPÉRER

Carte de région A3 (p. 262) – *Carte Michelin n° 573 C 22.* Oñati se trouve au cœur d'une belle vallée, à 71 km à l'est de Bilbao, à 45 km au nord-est de Vitoria-Gasteiz et à 74 km au sud-ouest de St-Sébastien.

## SE GARER

Dans le centre-ville, à proximité de l'hôtel de ville.

## À NE PAS MANQUER

Le remarquable bâtiment de l'université du St-Esprit.

3

**Au creux d'une agreste vallée, Oñati, la « Tolède basque », pour reprendre l'expression du peintre Ignacio Zuloaga, semble assoupie entre ses palais, ses couvents et son ancienne université, ménageant au visiteur une paisible halte avant de partir à la découverte des sanctuaires et des petites cités alentour. L'église moderne d'Arantzazu mérite en effet le détour, tout comme l'antique église de Sta María la Antigua à Zumarraga.**

# Se promener

*Partez de l'office de tourisme qui fait face au Deba et à l'université du St-Esprit.*
Palais baroques et églises jalonnent la découverte du centre historique d'Oñati.

### ★ Université du St-Esprit (Universidad Sancti Spiritus)

*943 783 453 - visite guidée (40mn) sur réserv. à l'OT au moins 24h à l'avance - 10 €/visite (1-5 pers.), 6 pers. ou plus : 1,50 €/pers.* *ABC d'architecture p. 71.*

Elle fut créée en 1545 par un prélat natif d'Oñati, l'évêque Rodrigo Mercado de Zuazola, et demeura en activité jusqu'en 1901. Elle est actuellement occupée par les services administratifs de la province de Guipúzcoa et l'Institut international de sociologie juridique. Unique université du Pays basque lors de sa fondation, elle eut un grand prestige culturel. Surmonté de pinacles,

son **portail★** de style plateresque, œuvre du Français Pierre Picart (artiste très actif dans La Rioja et en Navarre), est chargé de statues, parmi lesquelles on reconnaît, en haut, l'évêque fondateur, à droite, saint Grégoire et, à gauche, saint Jérôme. La même décoration exubérante se retrouve aux angles des tours. Dans le même style, le patio est d'une grande élégance.
*Dirigez-vous à droite du bâtiment vers l'église.*

### Église San Miguel

*✆ 943 783 453 - visite guidée (1h) sur réserv. à l'office de tourisme au moins 24h à l'avance, combinée avec l'université - 16 €/visite; 6 pers. ou plus : 2,50 €/pers.*
Cette église d'origine gothique a été transformée à l'époque baroque. Dans le collatéral gauche, une chapelle Renaissance, gardée par de belles grilles, renferme un intéressant retable de bois doré et le tombeau en marbre, parfois attribué à Diego de Siloé, du fondateur de l'université. Avec sa galerie ajourée, ses arcs en accolade, ses niches à statues et la couleur dorée de ses pierres, l'extérieur du cloître se rattache au style plateresque isabélin. Détail inattendu : la rivière traverse son cloître!
Face à elle, de l'autre côté de la rue, se dresse la **casa Hernani** du 16e s. Elle accueillit provisoirement l'université pendant les travaux de construction.
*Contournez l'église. Vous arriverez face à la mairie.*

### Hôtel de ville (Ayuntamiento)

Dominant la plaza de los Fueros, c'est un bel édifice baroque construit au 18e s. par l'architecte Martín de Carrera. Sur la place ont lieu, le jour de la Fête-Dieu (Corpus Christi), d'étranges danses et des processions dont la tradition remonte au 15e s.
À sa gauche se déploie la plaza Sta Marina, bordée par trois grands palais du 18e s. : les maisons Madinabeitia, Antia et Baruenua.
*Prenez la rue qui part à gauche de la mairie.*

### Église San Martín

Cet édifice du 15e s. porte une armature en bois et abrite un retable central de Pierre Picart.
*La calle Patrue fait l'intersection avec Kalebarria par laquelle vous êtes arrivé. Remontez-la sur votre gauche jusqu'à la plaza Sta Marina.*

#### UNE CITÉ PRIVILÉGIÉE

Le bourg s'est développé à la source du Deba, au pied de monts dont le plus élevé, l'Aizkorri, culmine à 1 549 m. Les archives attestent son existence à partir du 14e s. D'abord seigneurie, il fut élevé au rang de comté et vécut sous l'égide de puissantes familles telles que les Vela, puis les Guevara de l'Álava. Les bourgeois essayèrent de se rebeller contre leur autorité. Ils demandèrent en 1540 le rattachement du bourg au Guipúzcoa. Le procès dura plus d'un siècle et le village le perdit en 1653. Ce n'est qu'en 1845, avec la suppression des droits seigneuriaux, qu'il put réaliser son souhait et devenir guipúzcoan.
Pendant la première guerre carliste, il servit à deux reprises de quartier général à don Carlos, et c'est la prise de la ville par le général Espartero qui obligea les carlistes à signer la convention de Vergara (aujourd'hui Bergara) mettant fin à la guerre. Quant à Espartero, il y gagna le titre de duc de Vergara.

**Place Sta Marina**
Ce petit espace vert est entouré du monastère de Bidaurreta, fondé en 1510 par Juan López de Lazarraga (haut dignitaire des Rois Catholiques), de la casa Otadui Jausoro, reconnaissable à son balcon en coin (fin 16e s.-début 17e s.), et de la tour Zubiaur.

## À proximité Carte de région

### ★★ Arantzazu A3

*9 km au sud d'Oñati par la GI 3591.*
*Barrio Arantzazu, Oñati - 943 718 911 - www.turismodebagoiena.com - juin-sept. et Sem. sainte : 10h-14h, 15h-18h30 ; reste de l'année : uniquement w.-ends et j. fériés 10h-14h.*
Le **parcours★** suit en corniche les gorges du río Arantzazu. Le sanctuaire est perché à 800 m d'altitude dans un **site★** élevé, au-delà du mont Aizkorri, l'un des points culminants de la province (1 549 m).
**Sanctuaire** *(8h-20h) – Garez-vous sur le vaste parking aménagé à cet effet devant l'église. 943 796 463 - entrée libre - visites guidées (possibilité de visite en français ou en anglais, sur réserv.) : juin-sept. 10h30, 11h30, 12h30, 16h et 17h ; reste de l'année : w.-end, j. fériés et ponts 10h30, 11h30 et 12h30, lun.-vend. sur demande 8h-14h - 2 €.*
Cet impressionnant **édifice★** moderne a pris la place d'un sanctuaire qui existait depuis le 15e s. C'est en 1950 que la décision fut prise de l'élever. Résultat : deux tours et un immense campanile en pierre calcaire taillée en pointes de diamant dressent leur silhouette dans un site à la fois verdoyant et minéral (selon l'horizon que l'on regarde).
On y accède par un escalier pavé en pente douce, qui conduit aux portes conçues par Eduardo Chillida, creusées dans la terre. Elles sont dominées par une frise comportant 14 silhouettes (les apôtres ?) signée Jorge Oteiza. Notez la façade en pointes de diamant : elles symbolisent les épines du buisson dans lequel la Vierge apparut au berger en 1468. *Arantzazu* signifie d'ailleurs « aubépine » en basque.
À l'intérieur, le regard est irrémédiablement attiré par le puits de lumière qui tombe sur le gigantesque **retable★** de Lucio Muñoz. Ce dernier a travaillé le bois jusqu'à lui donner une apparence de rocher, si bien que sa fresque ressemble à une falaise, tourmentée à sa base et plus lisse au fur et à mesure que le regard monte à la lumière. Au centre, une niche abrite la statue de la Vierge, trouvée en 1468.
Notez la forme originale des **vitraux★** à dominante bleue dessinés par Xabier Alvarez de Eulate.
Le hameau sert de point de départ pour des randonnées dans la sierra de Alona-Aizkorri. Pour les pâturages d'Urbia, comptez 1h. Pour aller au-delà vers le sommet d'Aketegi (1 549 m), ajoutez 3h *(plaquette au centre d'informations d'Arantzazu).*

## Circuit conseillé Carte de région

### AUTOUR D'OÑATI A2 B2-3

*Pour visualiser ce circuit de 47 km, reportez-vous à la carte de région (p. 262) - comptez env. 2h. Quittez Oñati en direction de Zumarraga par la GI 2630. À Zumarraga, suivez les panneaux « Sta María la Antigua ».*

### ★★ Sta María la Antigua à Zumarraga B2

L'extérieur massif de cet ermitage du 15e s. ne laisse pas soupçonner le côté aérien et chaleureux de sa nef unique. Celle-ci est en effet dominée par une galerie et une magnifique **charpente★★** de bois dont tous les éléments sont visibles. Admirez le soin du détail dans les sculptures des poutres et de la galerie. L'ensemble constitue un exemple éclatant d'architecture religieuse populaire.

Prenez le temps de profiter du paysage (à l'exception de la vue sur Zumarraga l'industrielle). Une aire de pique-nique a été aménagée à l'arrière du sanctuaire, au point de départ de sentiers de randonnée.

*Reprenez la route en direction de Bergara par la GI 632.*

### Bergara / Vergara A2

*Garez-vous sur le parking, face à l'église Sta Marina, car le centre est piétonnier.*

*Casa Consistorial, pl. San Martín Aguirre, 1 - ✆ 943 779 128 - www.bergaraturismo.net - ouv. seult 1er juin-29 sept., Sem. sainte et ponts : lun.-sam. 10h-14h30, 15h30-18h30, dim. et j. fériés 10h30-13h30 - visites guidées en français ou en anglais.*

Cette agréable bourgade a su conserver un centre historique cohérent, en dépit de son développement industriel du 19e s.

**Sta Marina** – Cette église haute et massive (16e-17e s.) est parfaitement représentative du gothique basque, si l'on excepte le clocher baroque. Elle renferme un impressionnant **retable★** baroque en bois sculpté, réalisé entre 1739 et 1742 par Martín de Irazusta.

**Place de San Martin Agirre** – Elle constitue le centre du quartier historique et du bourg en général, puisque les arcades de la mairie (édifice du 17e s. arborant les écus : de la province à gauche, d'Espagne au centre et de la ville à droite) donnent dessus. Le séminaire royal et la casa Jauregui la bordent aussi.

**Real Seminario de Bergara** – Faisant face à l'hôtel de ville, cet édifice rappelle que Bergara accueillit à la fin du 18e s. un centre d'enseignement et de recherche scientifique comptant parmi les plus importants d'Europe.

**Maison (Casa) Jauregui** – Sa **façade★** présente sur presque toute sa largeur, au niveau du premier étage, un bas-relief délicatement sculpté, qui daterait du 16e s. Il mêle végétaux, personnages royaux ou galants (troubadour avec sa dame), et animaux fantastiques.

#### « LA COLÈRE DE DIEU »...

C'est près d'Oñati qu'a vu le jour le redoutable **Lope de Aguirre** (vers 1510-1561). Arrivé au Pérou en 1544, cet hidalgo réputé pour sa violence (et surnommé « el Loco » – le Fou – par ses contemporains) s'enrôle en 1559 dans l'expédition de découverte du mythique El Dorado après avoir pris part aux guerres civiles entre Espagnols. Mais bientôt, il prend la tête d'une mutinerie et entre en rébellion contre le roi Philippe II : il envisage en effet de fonder un royaume indépendant... Chemin faisant, il se débarrasse, sous des prétextes divers, de la plupart de ses compagnons et parvient à rallier au prix de mille épreuves la côte du Vénézuéla où il succombe à son tour, assassiné par l'un de ses derniers partisans. Cet extraordinaire destin lui a valu de devenir le personnage central de nombre de romans, tant en Espagne qu'en Amérique latine, mais c'est sous les traits de **Klaus Kinski** qu'il passe à la postérité grâce au film réalisé par **Werner Herzog**, *Aguirre ou la Colère de Dieu* (1972).

**San Pedro de Ariznoa** – Cette église dresse son clocher Renaissance derrière la mairie.

**Rue (Calle/Kalea) Barren** – Partant de la place de San Martín Agirre, c'est l'une des trois artères délimitant le vieux centre. À l'intersection avec la rue Arrese, à gauche, remarquez l'originale **fenêtre en angle**, décorée d'un blason et d'un balcon. En la suivant jusqu'au bout, vous parviendrez à la place **Egino Mallea** sur laquelle donne le palais du même nom, belle bâtisse de 1585.

*Revenez à Oñati par la GI 632, puis, après Elorregi, la GI 2630.*

## NOS ADRESSES À OÑATI

### HÉBERGEMENT

#### PREMIER PRIX

**À proximité d'Oñati**

**Hôtel Mauleon** – *Nafarroa Kalea, 16 - Legazpi - ☎ 943 730 870 - www.hotelmauleon.com - P - 12 ch. 54 € - ☕ 4 €.* Ce magnifique édifice du début du 20e s., rénové en 2001, propose des chambres personnalisées, parfois dotées de meubles anciens. Le restaurant, décoré dans le style des années 1920, sert des plats au goût du jour et des pâtisseries maison.

**Hôtel Ormazabal** – *Barrenkale, 11 - Bergara - ☎ 943 763 650 - 14 ch. 55 € - ☕ 5 €.* Cette maison du 18e s., très calme, donne le sentiment de remonter le temps. Salle pour le petit déjeuner décorée d'objets anciens, accueillant salon commun et chambres chaleureuses avec mobilier d'époque.

### RESTAURATION

#### BUDGET MOYEN

**Soraluze Ostatua** – *Arantzazuko bidea (à 1 km d'Oñati) - ☎ 943 716 179 - www.soraluzeostatua.es - menu gastronomique 32 € - menu économique 18 € - 12 ch. 62,85 € - ☕ 6,16 €.* Ce restaurant possède deux grandes salles avec une vue panoramique sur la vallée d'Oñati. Les repas révèlent le caractère traditionnel de la cuisine basque.

**À proximité d'Oñati**

**Zumelaga** – *San Antonio, 5 - Bergara - ☎ 943 762 021 - www.zumelaga.com - fermé août et lun. - 26/35 €.* Des touches de style rustique médiéval sont visibles dans tous les recoins. Le cadre est agrémenté d'une série d'arcs de pierre, et l'on y propose une carte bien pensée.

#### POUR SE FAIRE PLAISIR

**Etxe Aundi** – *Torre Auzo, 9 - Oñati - ☎ 943 781 956 - www.etxeaundi.com - fermé quelques jours à Noël - 36/42 € - 12 ch. 54 € - ☕ 7 €.* Ancienne maison familiale à l'ambiance accueillante où est servie une cuisine aux accents du pays. L'établissement compte en outre une salle de réception plus simple et des chambres confortables.

### AGENDA

**Corpus Christi y Trinidad** – *Mai-juin.* Fête médiévale comprenant la procession de la confrérie du Saint-Sacrement, les danses et la musique traditionnelles.

# Bilbao et la Biscaye 4

Carte Michelin Region n° 573 – Viscaya

C
OCÉANO ATLÁNTICO
GOLFO DE VIZCAYA
Laida
Laga
Elantxobe
Ogeia
Vizcaya
Ea
Lekeitio
Ispaster
BI 3438
Ondarroa
Reserva natural de Urdaibai
Santimamiñe
Bosque de Oma
BI 2235
BI 3242
BI 633
GI 638
R. Oka
Balcón de Bizkaia
Markina-Xemein
BI 3231
Bolibar
Cenarruza
DONOSTIA-SAN SEBASTIÁN
A 8
N 634
R. Deba
Durango
3
N 636
Elorrio
GI 627
Parque natural de Urkiola
Puerto de Urkiola
△1331
Anboto
GI 632
PAMPLONA
BI 623
GI 3554
N 240
Otxandio
GUIPÚZCOA
AP 1
A 623
VITORIA-GASTEIZ
1
2

PLENTZIA
Plentzia
L-1
Urduliz
Sopelana
SOPELANA
Larrabasterra
Berango
BERANGO
Bidezabal
Algorta
Aiboa
GETXO
Neguri
Gobela
Areeta
Lamiako
Leioa
Astrabudua
Erandio
ERANDIO
Lutxana
LEIOA
Unibertsitatea
LOIU
metro bilbao
EuskoTren
feve
renfe Cercanías
EuskoTran
Lotura Correspondencia
L-1 Plentzia - Basauri
L-2 Kabiezes - Basauri
L-3 Etxebarri - Casco Viejo
C-1 Abando - Santurtzi
C-2 Abando - Muskiz
C-3 Abando - Orduña
Bilbao - Lezama
Bilbao - Bermeo/Ermua
Barakaldo
Sestao
Urbinaga
La Iberia
C-1
Santurtzi
Peñota
Portugalete
Abatxolo
Bagatza
Lutxana
Barakaldo
SESTAO
Galindo
BARAKALDO
SANTURTZI
PORTUGALETE
L-2
Kabiezes
Ansio
Gurutzeta Cruces
Trapaga
TRAPAGARAN
L-2
C-2
Trapagaran
Sda. Familia
ORTUELLA
Urioste
Gallarta Muskiz
Ortuella

## TRANSPORTS DE BILBAO

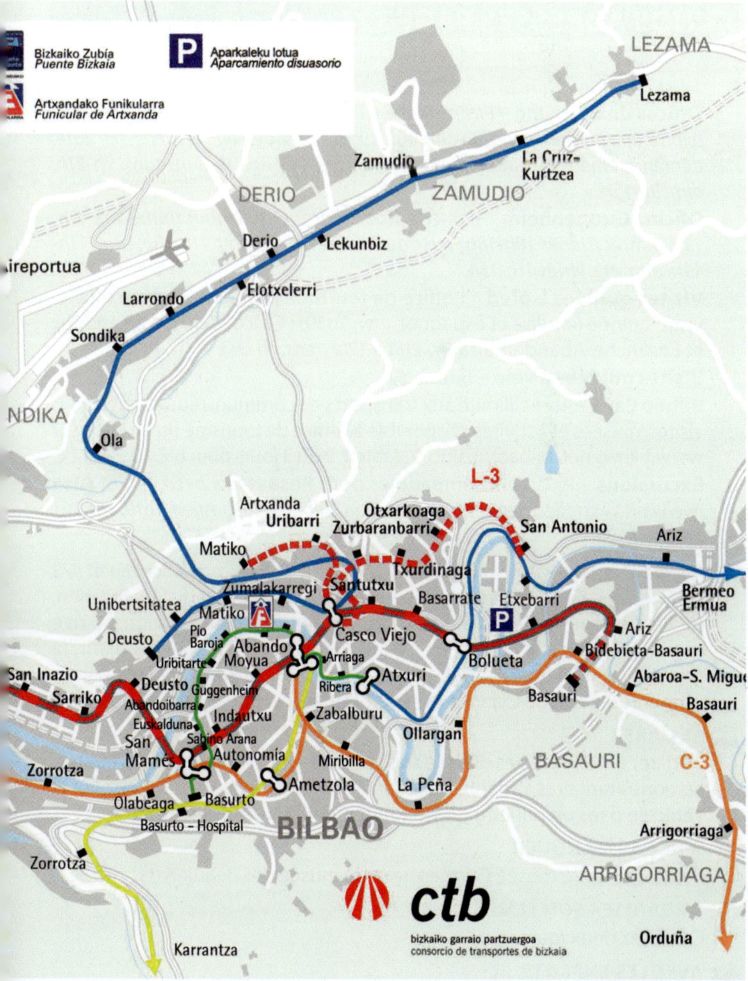

# Bilbao

**Bilbo**

★★

352 700 habitants - Espagne, province de Viscaya (Biscaye)

## NOS ADRESSES PAGE 324

### S'INFORMER

**Offices de tourisme –** *Pl. Ensanche, 11 - ✆ 944 795 760 - www.bilbao.net/bilbaoturismo - lun.-vend. 9h-14h, 16h-19h30 - fermé w.-end et j. fériés. En 2014, déménagement Pl. Circular.* Aéroport - *✆ 944 710 301 - lun.-sam. 9h-21h, dim. 9h-15h.*

**Oficina Guggenheim** - *Alameda Mazarredo, 66 - juil.-août : lun.-sam. 10h-19h, dim. et j. fériés 10h-18h ; reste de l'année : mar.-vend. 11h-18h, sam. 11h-19h, dim. et j. fériés 11h-15h.*

**Visites guidées à pied** – L'office de tourisme propose deux circuits de visite guidée (anglais et espagnol, env. 1h30) : Casco Viejo *(w.-end à 10h)*, et Ensanche-Abandoibarra *(w.-end à 12h) (rens. à l'OT).*

**Visites guidées à vélo** – *p. 325.*

**Bilbao Card** – Accès illimité aux transports en commun, réductions sur les visites, musées et activités. Disponible à l'office de tourisme ou en ligne sur www.bilbao.net/bilbaoturismo. Valable 1, 2 ou 3 jours pour 6 €, 10 € et 12 €.

**Excursions** – Plusieurs compagnies dont **Pesa** *(www.pesa.net)* et **Alsa** *(www.alsa.es)* relient les villes de la région *(Bilbao-St-Sébastien, 1h10, 11,50 €).*

### SE REPÉRER

Carte de région B1 (p. 306) et plan de ville (p. 316) – *Carte Michelin n° 573 C 21.* La capitale de la Biscaye est située à 102 km à l'ouest de St-Sébastien, de part et d'autre de la ría de Bilbao, l'embouchure du Nervión. Sa rive droite concentre les quartiers historiques (Casco Viejo) et étudiant, la gauche, l'ancien quartier des affaires et le nouveau Bilbao. Ceinte par de nombreuses collines, la ville est surnommée « el Botxo » (le Trou).

### SE GARER

Se garer en ville est très difficile : les temps de stationnement sont limités, les zones tarifaires variables et les policiers très vigilants… Laissez votre véhicule dans un parking de stationnement longue durée.

### À NE PAS MANQUER

L'extraordinaire musée Guggenheim, le musée des Beaux-Arts.

### ORGANISER SON TEMPS

Comptez deux jours.

### AVEC LES ENFANTS

Prenez le funiculaire d'Artxanda pour voir Bilbao de haut, visitez le musée Guggenheim et le Musée maritime, la forge d'El Pobal.

**Prononcez aujourd'hui le nom de Bilbao, on vous répondra : Guggenheim ! La « fleur de titane », cet extraordinaire bâtiment imaginé par Frank O. Gehry, est devenue le symbole d'une ville qui est parvenue en quelques années à changer complètement son image**

Le musée Guggenheim par l'architecte Frank O. Gehry sur la *ría* de Bilbao.
*R. Cintract / hemis.fr / @ Franck Gehry*

**et à faire oublier son passé de cité industrielle sans charme. Il faut dire que les Bilbaínos n'ont pas lésiné sur les moyens pour réussir la prodigieuse métamorphose de leur ville : les plus grands architectes contemporains semblent s'y être donné rendez-vous. Ce Bilbao new-look sait aussi mettre en valeur les vestiges de son passé, que ce soit dans la cité médiévale ou dans l'Ensanche où les immeubles Art nouveau et éclectiques témoignent de l'euphorie d'une bourgeoisie plus que prospère à l'ère industrielle. Ajoutez-y un musée des Beaux-Arts qui fait partie des plus riches du pays, un passionnant Musée maritime et vous comprendrez comment Bilbao a réussi l'exploit de dépasser St-Sébastien en termes de fréquentation touristique !**

4

## Découvrir Plan de ville

Inauguré en 1915, le **funiculaire d'Artxanda** E1 conduit au sommet de cette colline qui domine la ville depuis la rive droite. On y accède depuis le musée Guggenheim en suivant le Nervión que l'on franchit par la passerelle Zubizuri (« le pont blanc »), dessinée par Santiago Calatrava.
**Panorama★** sur le Nervión, le Guggenheim et toute l'étendue de Bilbao ! *Pl. del Funicular, calle Castaños sur la rive droite de la ría, parallèle au paseo Campo de Volantín - ✆ 944 454 966 - www.bilbao.net/funicularartxanda - lun.-sam. 7h15-22h, dim. et j. fériés 8h15-22h (23h juin-sept.) ttes les 15mn - 0,90 € (-12 ans 0,28 €).*

### ★★★ MUSÉE GUGGENHEIM DE BILBAO D1

*Abandoibarra, 2 - ✆ 944 359 080 - ♿ - www.guggenheim-bilbao.es - juil.-août : 10h-20h ; reste de l'année : tlj sf lun. 10h-20h (ferm. à 17h les 24 et 31 déc.) - visites guidées gratuites (en espagnol) 12h20 et 17h - visites guidées payantes (1h30, sur réserv. au moins deux sem. à l'avance) - ateliers, conférences, rencontres et concerts - fermé 1er janv. et 25 déc. - 13 € (-12 ans gratuit), audioguide inclus - billet combiné avec le musée des Beaux-Arts 13,50 €. Deux restaurants (Nos adresses).*

Devant le musée, *Puppy*, l'œuvre végétale de **Jeff Koons** est devenue la mascotte de la ville de Bilbao. D'autres pièces sont installées autour du bâtiment, dont, côté fleuve, *Maman* (1999), impressionnnante araignée de Louise Bourgeois, et *Fire Fountain* (1961) d'Yves Klein. Cette étoile architecturale, financée par le gouvernement basque, s'ajoute à la constellation de musées gérée par la Fondation Solomon R. Guggenheim, laquelle comprend le siège new-yorkais (bâtiment emblématique de Frank Lloyd Wright) et la collection Peggy Guggenheim de Venise.

### Édifice

L'architecte canadien **Frank O. Gehry** (né en 1929 ; prix Pritzker d'architecture en 1989, prix impérial japonais en 1992 et prix du Dorothy et Lillian Gish en 1994) a imaginé dans la zone industrielle au bord du Nervión une colossale sculpture de titane, en calcaire jaune et en verre, mariée au pont de la Salve. Il est parvenu à revaloriser l'environnement immédiat et à intégrer l'édifice dans le paysage, en faisant s'entremêler bassins, estuaire et mur de verre du grand atrium, et en incorporant le pont à la tour-sculpture qui se dresse à l'extrémité de la grande salle.

Principal matériau choisi, le **titane** recouvre le musée d'écailles où jouent toutes les nuances de la lumière. L'imposante silhouette, composée d'un enchevêtrement de courbes, dégage un extraordinaire dynamisme qui surprend et séduit.

Si l'architecture extérieure est originale, l'intérieur n'en est pas moins fascinant, avec ces courbes qui s'affrontent, se superposent et s'enlacent. Le regard se porte sur les murs, les plafonds, les passerelles, les volumes, tous différents et sans cesse surprenants. Le musée compte **vingt galeries** distribuées sur trois niveaux autour du monumental atrium central, haut de plus de 50 m. La plus grande galerie, longue de 130 m, se glisse sous le pont jusqu'à la tour-sculpture.

### Collection de la fondation Solomon R. Guggenheim

Fondée dans les années 1930 et consacrée à l'**art du 20e s.**, la collection de la fondation est l'une des plus riches au monde. Elle comprend des œuvres significatives de tous les mouvements, depuis les grands maîtres de l'avant-garde classique aux représentants des tendances les plus récentes, en passant par l'expressionnisme abstrait, le pop art, l'art conceptuel et le minimalisme. Elle inclut également des toiles d'artistes espagnols. Le fonds est présenté par roulement entre les différents musées Guggenheim qui organisent aussi de grandes expositions temporaires.

La collection propre du musée de Bilbao comprend des œuvres d'Eduardo Chillida, d'Yves Klein, d'Antoni Tàpies, d'Andy Warhol (pour ne citer que les artistes les plus renommés). Située derrières les caisses, une salle d'orientation, **Zero Espazioa**, propose des activités interactives qui aident à la visite.

Visite guidée **Guggenheimplus** –Pendant 1h30, on déambule à travers les recoins les plus secrets du musée, habituellement inaccessibles au visiteur *(réserv. indispensable au moins deux sem. à l'avance - 95 €/groupe)*. Comprend l'entrée au musée, la visite et l'apéritif inspiré d'une expérience culinaire créative dans le restaurant Nerua.

## Se promener Plan de ville

★ **LA VIEILLE VILLE** (Casco Viejo)

*Circuit 1 tracé en vert sur le plan de ville (p. 316) - Comptez 1h30, sans les visites. Départ depuis le pont del Arenal.*

## El Arenal E2

Cette vaste esplanade qui sert aujourd'hui de promenade aux touristes et aux autochtones doit son nom à la zone sableuse qu'elle a remplacée et qui s'étendait jadis jusqu'à la place Unamuno.

Un élégant kiosque, en son centre, accueille chaque dimanche l'ensemble musical municipal.

**Théâtre (Teatro) Arriaga** – Du nom du compositeur Juan Crisóstomo de Arriaga (1806-1826). Il fut construit en 1890 par Joaquín Rucoba dans un style résolument néobaroque, et restauré après les inondations de 1983.

**San Nicolás de Bari** – *Tlj 9h30-13h, 17h-20h30.* Église baroque (1756) dédiée au saint patron des navigateurs, elle se reconnaît à son dôme octogonal, précédé par deux tours-clochers. À l'intérieur, les statues du maître-autel baroque (18e s.), représentant saint Nicolas, flanqué de saint Laurent et de saint Vincent, ont été réalisées par Juan Pascual de Mena.

**Banco de Bilbao** – Face à l'église, ce bâtiment opulent, signé par le Français Lavalle et inauguré en 1868, sert de centre de conférence et d'exposition.

*Prenez la calle de los Fueros et contournez la plaza Nueva par la gauche afin de rejoindre la plaza Unamuno.*

## Place Miguel de Unamuno E3

Le buste de cet écrivain (1864-1936), dont la maison natale se trouve dans la calle Ronda, trône sur une colonne corinthienne au centre de la place.

**Musée basque** (Museo Vasco) E3 – *Pl. Miguel de Unamuno, 4 - ✆ 944 155 423 - www.euskal-museoa.org - ♿ - mar.-sam. 11h-17h, dim. 11h-14h - fermé lun. et j. fériés - 3 € (-10 ans gratuit) - gratuit jeu.* Le Musée basque est installé dans l'ancien collège San Andrés. Sa vaste collection ethnographique permet de découvrir les activités basques traditionnelles : pêche, tissage du lin, artisanat, forgeage.

Admirez la remarquable **croix de procession** en bois polychrome (16e s.), dans la vitrine consacrée aux croyances et à la religion des marins. Elle provient de l'île d'Izaro, dans la ría de Guernica, et appartenait à une communauté franciscaine, dispersée au 17e s. Au centre du cloître classique se dresse la mystérieuse *Idole* de Mikeldi.

Au dernier étage, l'accent est mis sur une maquette en relief de la Biscaye. Au même niveau, vous pourrez admirer des armoires à archives de 1761.

Derrière le musée s'élève l'église des Santos Juanes (17e s.).

**Musée des Chars de processions de la Semaine sainte** (Museo de Pasos de Semana Santa) hors plan vers E3 – *Iturribide, 3 - ✆ 944 150 433 - www.museodepasosbilbao.com - mar.-vend. 11h-13h30, 17h-19h30, w.-end 11h-14h (sam. 17h-20h) - fermé lun., j. fériés et une sem. avant et après Pâques - 2 €.* Il serait dommage de ne pas pousser jusqu'à cette vieille demeure jouxtant la plaza Unamuno. Elle abrite, dans un cadre soigné, les *pasos* (scènes sculptées représentant la Passion) qui sont portés en procession à l'occasion de la Semaine sainte. Ornements et patrimoine des confréries sont aussi exposés.

Les courageux prendront les escaliers de Mallona qui mènent à la **basilique de Begoña** et le **parc Etxebarria**, poumon vert de la capitale biscayenne.

*Depuis la plaza Unamuno, gagnez la plaza Nueva par la calle Sombrería.*

## Plaza Nueva E3

Entourée de portiques néoclassiques et de 64 arcades élevées au 19e s., elle accueille chaque dimanche un marché aux livres et aux oiseaux.

*Quittez la place par la calle Correo et suivez-la en direction des Siete Calles et de la cathédrale.*

### Cathédrale de Santiago E3

*Lun.-vend. 10h-13h, 17h-19h30. Vis. du cloître 1,50 €.*

Érigé en cathédrale en 1950, l'édifice gothique, qui serait inspiré de l'église N.-D. de Caudebec-en-Caux (Normandie), date pour sa partie la plus ancienne du 14e s. Elle abrite notamment une statue de saint Jacques, patron de la ville, et de la Vierge de Begoña, patrone de la Biscaye. Les chapelles et le cloître furent construits au siècle suivant dans un style flamboyant, et le grand portail Renaissance élevé au 17e s.

*Engagez-vous dans la calle Sota, qui touche au chevet de la cathédrale, pour aboutir calle Ronda. Cette dernière conduit, par la droite, au Nervión et à San Antón.*

### Église San Antón E3

*Lun.-vend. 10h-13h, 17h-19h30.*

Son plan et sa silhouette gothiques sont complétés par une façade Renaissance et une tour baroque. Elle fut édifiée au 15e s. à la place d'une tour défensive. L'intérieur abrite un retable plateresque de Guiot de Beaugrant.

### Musée diocésain d'Art sacré

(Museo Diocesano de Arte Sacro) hors plan vers E3

*Pl. de la Encarnación, 9B - ✆ 944 320 125 - www.eleizmuseoa.com - ♿ - mar.-sam. 10h30-13h30, 16h-19h, dim. et j.fériés 10h30-13h30 - fermé lun., 1er, 6 janv., 24, 25 et 31 déc. - 2 € (-18 ans 1 €).*

L'intéressant Musée diocésain qu'accueille l'ancien couvent de l'Incarnation (16e s.) est remarquable pour sa collection d'orfèvrerie (admirez le calice en argent doré du 18e s. exposé dans un étui de 20 cm de haut) et pour son ensemble de Vierges à l'Enfant en bois du 12e au 15e s. Parmi toutes ces statues, une se distingue par son sujet inattendu : sainte Anne et la Vierge enfant en train de coudre. Le musée présente également des œuvres d'art religieux contemporain, comme le Christ Pantocrator en bronze de Vicente Larrea réalisé en 1973.

*Revenez au marché, puis regagnez le quartier ancien par la calle Tendería. Sur la plaza de Santiago, prenez sur la gauche et marchez jusqu'à l'intersection des calles Sta María et Pelota.*

### Marché de la Ribera (Mercado de la Ribera) E3

*Lun.-vend. 8h30-14h, 17h-20h, sam. 8h30-14h30 - fermé lun. apr.-midi.*

Accolé à l'église, le marché de la Ribera occupe l'emplacement de la plaza Vieja. Construit en 1929, il compte 11 500 m² répartis sur deux niveaux, où les produits étaient autrefois regroupés par type, ce qui n'est plus le cas aujourd'hui. Sa surface en fait le marché couvert le plus important d'Espagne.

Nantis de leurs provisions de bouche, les amateurs d'art sacré peuvent alors remonter le Nervión en passant devant le pont de San Antón, où l'on prélevait autrefois le péage, pour rejoindre la plaza de la Encarnación.

### Palais de John dit aussi Bâtiment de la Bourse

(Palacio de John o Edificio de la Bolsa) E3

*Pelota, 10 - lun.-vend. 9h-21h30, sam. 9h-13h30.*

Aujourd'hui transformée en centre culturel, cette demeure baroque (18e s.) tire son premier nom d'un émigrant est-européen, Leandro Yohn. Son second lui vient de l'enseigne d'une entreprise de ferronnerie et de quincaillerie qui occupa un temps ses murs. Bref, jamais on n'y échangea la moindre valeur… Notez l'image de la Vierge de Begoña ornant la façade.

Sur la droite, la calle del Perro mène à la **fontaine** du même nom construite, paraît-il, avec les pierres de l'ancien rempart.

# Les métamorphoses d'une cité

## UNE VILLE ET UN PORT

C'est au pied d'une colline portant le sanctuaire de Begoña sur la rive droite du Nervión, que **Diego López de Haro**, seigneur de Biscaye, fonda Bilbao le 15 juin 1300. Surnommée *las Siete Calles* (les Sept Rues) en raison de son plan, la cité alors entourée de murailles se serre autour de la future cathédrale de Santiago. Dès sa fondation, Bilbao se lance dans le commerce maritime, qu'elle développe sous l'autorité du consulat instauré au 16e s. (et qui ne sera dissout qu'en 1829). Elle noue des relations avec l'Europe du Nord (France et Flandres, puis Angleterre), mais doit lutter au 17e s. pour son indépendance territoriale et décisionnelle. Au 18e s., sa population atteint les 10 000 habitants.

## LA RÉVOLUTION INDUSTRIELLE

C'est la révolution industrielle qui assura à la cité son essor économique après les guerres carlistes. Elle prit de l'ampleur avec l'exploitation des mines de fer des montagnes environnantes. Les bateaux emportaient ce minerai vers l'Angleterre et revenaient chargés de houille, ce qui permit de mettre en place une importante industrie sidérurgique. Cet essor s'accompagna du développement, de l'autre côté du pont d'El Arenal, du quartier moderne El Ensanche, conçu à partir de 1876 sur un plan géométrique. Industriels, banquiers et armateurs y édifièrent des immeubles cossus répondant aux tendances architecturales alors en vogue : éclectisme ou Art nouveau.

## LA RÍA ET LE GRAND BILBAO

La *ría* est un immense port fluvial, le premier d'Espagne pour le trafic de marchandises. Depuis 1945, ce que l'on nomme « le Grand Bilbao » réunit les communes qui la bordent jusqu'à l'Océan, de Bilbao à Getxo. Les industries se concentrent sur la rive gauche à Baracaldo, Sestao, Portugalete, d'où part le pont transbordeur construit en 1893, et à Somorrostro (raffinerie de pétrole). Santurtzi, port de pêche, est connu pour ses sardines. Sur l'autre rive, la ville d'Algorta, plus aérée, présente un caractère plutôt résidentiel, tandis que Deusto est célèbre pour son université.

## L'ART DE RÉPONDRE AU DÉCLIN

Les années 1970-1980 entraînent une crise importante. Les usines ferment. Bilbao tente alors une reconversion inattendue : le musée Guggenheim en est le premier fleuron. À la suite de Frank O. Gehry, les architectes du monde entier exercent leur talent dans la capitale de la Biscaye : l'Argentin Cesar Pelli édifie une tour, l'Anglais sir Norman Foster dessine le métro (dont les stations ont reçu le surnom affectueux de *fosteritos*), l'Espagnol Santiago Calatrava conçoit une passerelle et le nouveau terminal de l'aéroport, le Français Philippe Starck rénove un vaste entrepôt pour en faire un centre de loisirs, Soriano et Palacios créent le palacio Euskalduna. Les friches industrielles sont réhabilitées, les espaces verts se multiplient tandis que l'économie évolue vers la haute technologie et les services.

*Parvenu à l'intersection avec la calle Bidebarrieta, tournez à gauche.*

**Bibliothèque Bidebarrieta** E3

De style éclectique, ce bâtiment accueille aujourd'hui la bibliothèque municipale. Notez dans son hall la phrase interdisant l'entrée aux carlistes (façon de rappeler que Bilbao ne tomba jamais entre leurs mains !).

*Allez jusqu'au bout de la rue pour retrouver le théâtre Arriaga et El Arenal.*

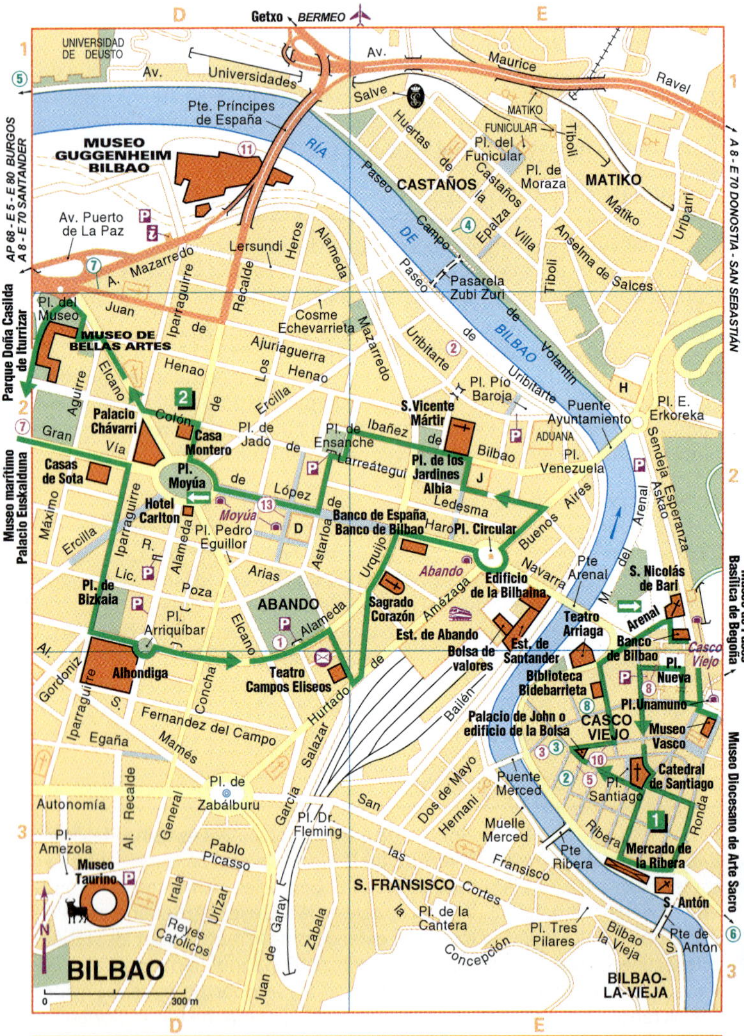


SE LOGER
- Bilbao Jardines ........ 2
- Bilborooms ........ 8
- Hesperia Bilbao ........ 4
- Iturrienea Ostatua ........ 3
- Miró ........ 7
- Plaza San Pedro ........ 5
- Sirimiri ........ 6

SE RESTAURER
- Atea ........ 2
- Berton ........ 5
- Bitoque ........ 7
- Colmado Ibérico ........ 1
- El Gatz ........ 3
- El Globo ........ 13
- Nerua ........ 11
- Victor ........ 8
- Xukela ........ 10

## ★ L'EXTENSION (El Ensanche)

*Circuit 2 tracé en vert sur le plan de ville (page de gauche) - comptez 2h30. Départ de la plaza Moyúa.*

### Place Moyúa D2

Cette belle place, reconnaissable à son terre-plein fleuri, porte le nom d'un maire de Bilbao. Elle est traversée d'est en ouest par la grande artère commerçante de la ville, Gran Via ou calle Diego López de Haro, du nom du fondateur de Bilbao. On la surnomme également la place elliptique du fait de sa forme. De là, on peut apercevoir les monts Artxanda et le Pagasarri qui dominent la ville.
**Hôtel Carlton** – À défaut de séjourner dans l'hôtel mythique de la ville, jetez un œil à la superbe verrière qui coiffe le hall.
**Palais Chávarri** – Dessinée par l'un des maîtres bruxellois de l'Art nouveau, **Paul Hankar** (1859-1901), cette demeure de style éclectique porte le nom de l'industriel pour lequel elle fut construite en 1894.
*Prenez la deuxième rue à droite, Alameda de Recalde, et tournez à gauche à la première intersection, dans la rue Colón de Larreátegui.*
**Maison Montero** (Casa Montero) – Parfois appelée « casa Gaudí » en raison de sa ressemblance avec certains immeubles conçus par le génial architecte catalan, cette maison fut réalisée en 1904 dans le style moderniste (appellation espagnole de l'Art nouveau) par un architecte très actif à Bilbao, **Luis Aladrén**. Vous ne manquerez pas d'admirer la richesse décorative des balcons.
*Continuez sur la calle Colón de Larreátegui jusqu'à la prochaine intersection et prenez ensuite la calle Elcano en direction du Nervión.*
Admirez au passage la **vue** sur le musée Guggenheim dans la perspective de la calle Iparraguirre.

### ★★ Musée des Beaux-Arts (Museo de Bellas Artes) D2

*Pl. del Museo, 2 - ✆ 944 396 060 - www.museobilbao.com - ♿ - tlj sf lun. 10h-20h (14h les 24 et 31 déc.) - fermé lun., 1er et 6 janv., 25 déc. - 6 € (merc. et -12 ans gratuit, -25 ans 4,50 €), possibilité de visite guidée sur demande le dim. 12h (en anglais) 11 € - audioguide 1 € - billet combiné avec le musée Guggenheim 13,50 €.*

Situés à l'orée du parc Doña Casilda de Iturrizares, ces deux bâtiments, l'un construit en 1945 et l'autre dans les années 1960, reliés par une nouvelle structure, abritent la deuxième collection d'œuvres d'art d'Espagne.
Au fil des salles réparties sur deux niveaux, le visiteur découvre l'art du 13e s. à nos jours selon un accrochage chronologique. Parmi les acquisitions récentes, remarquez la *Lucrèce* de Lucas Cranach l'Ancien (1534), l'un des plus beaux portraits du peintre (salle 5).
Nombre d'**artistes espagnols** sont évidemment représentés : Greco (*Annonciation*, v. 1596, salle 7), Murillo (*Saint Pierre en larmes*, v. 1650, salle 8), Ribera (*Saint Sébastien*, v. 1621, salle 8), Zurbarán (*Vierge à l'Enfant*, 1662, salle 10). Le musée conserve aussi une importante collection de tableaux de **Sorolla**, proche des impressionnistes, dont le musée possède une vingtaine d'œuvres exposées par roulement (salle 25), des œuvres d'**artistes basques** comme Arteta (salle 28), Arrue (salle 30), Zubiaurre (salle 31). Parmi les peintres étrangers, Gauguin est représenté par *Les Lavandières d'Arles* (1888, salle 21).
Vastes espaces sous de hauts plafonds, éclairées par d'immenses baies vitrées, les salles dédiées à l'**art contemporain** (32-33) sont particulièrement remarquables. Les œuvres sont exposées par roulement : peintures, sculptures, installations rendent compte du travail d'artistes espagnols, tels Solana, Vázquez Díaz, Jorge Oteiza, Chillida, Tàpies, Miquel Barcelò, ou, pour

la jeune génération, Gortazar par exemple, et également d'artistes étrangers (Delaunay, Léger, Bacon, Hockney, Alechinsky, Kapoor, etc.).
En un mot, une remarquable collection que l'engouement actuel pour le musée Guggenheim ne doit en aucun cas occulter !

### Parc Doña Casilda de Iturrizar hors plan vers D2

Ce parc, dessiné entre 1912 et 1920, doit son nom à la veuve d'un banquier, connue pour ses bonnes œuvres. Ombragé et odorant, il ménage d'agréables surprises comme cette pergola, où sont organisés des événements culturels en été, ou encore la fontaine cybernétique agrémentée d'un son et lumière.

### Palais des congrès et de la musique

(Palacio Euskalduna de Congresos y de la Música) hors plan vers D2
*Av. Abandoibarra, 4 (à l'extrémité ouest du parc, au-delà de l'avenue) - ☏ 944 035 000 - www.euskalduna.net - visite guidée du bâtiment sam. 12h, à confirmer avant - 2 € (enf. 1 €).*
Dessiné par les architectes **Federico Soriano** et **Dolores Palacios**, et inauguré en 1999, ce bâtiment de verre, de béton et de métal est l'un des fleurons architecturaux du nouveau Bilbao. L'une de ses façades, tapissée de fer rouillé, évoque les constructions navales qui occupaient autrefois le site.
L'édifice peut servir de point de départ pour une promenade sur les berges du Nervión, aménagées en agréables jardins. En remontant en direction du Guggenheim, vous passerez devant des sculptures d'artistes contemporains rendant hommage au passé maritime de la ville. Vous pouvez aussi traverser le fleuve pour découvrir une magnifique **vue★** sur « la fleur de titane ».
*Descendez l'avenue Abandoibarra jusqu'au rond-point (plaza Sagrado Corazón) et prenez vers le puente (pont) Euskalduna.*

### ★ Musée maritime de la ría de Bilbao

(Museo marítimo Ría de Bilbao) hors plan vers D2
*Muelle Ramón de la Sota, 1 - ☏ 946 085 500 - www.museomaritimobilbao.org - juin-oct. : tlj sf lun. 10h-20h ; nov.-mai : mar.-vend. 10h-18h, w.-end et j. fériés 10h-20h - 6 € (-6 ans gratuit) - gratuit mar.*
Fort de ses 7 000 m², ce musée aborde de façon didactique et parfois ludique (parcours dédié aux enfants) ce que fut l'activité maritime, commerciale et industrielle du port de Bilbao (aujourd'hui au 111e rang mondial), sans oublier celle de ses chantiers navals (le musée donne d'ailleurs sur les digues des anciens chantiers navals – *astilleros* en espagnol – Euskalduna). Des explications en français apportent un intelligent contrepoint à la visite.
Le rez-de-chaussée se concentre sur le développement de la *ría*, avec un film en 3D bien conçu *(plusieurs langues disponibles)* et le rappel du travail d'**Evaristo de Churruca** (1841-1917), ingénieur qui aménagea l'estuaire au 19e s. Remarquez les chaloupes de sauvetage, les photos aériennes, le mur lumineux dédié aux activités humaines et l'**épave d'Urbieta★** (15e s.) mise au jour en 1998 dans l'estuaire de Guernica ; des panneaux expliquent sa restauration.
Une **barge de parade**, longue de 13,92 m, comme en possédait le Consulat de Bilbao au 17e s., a été fidèlement reconstituée. On peut monter à bord et, grâce à un écran vidéo, avoir l'impression de naviguer sur la *ría* dans le Bilbao d'aujourd'hui.
Le second niveau présente Bilbao sous son aspect port de commerce, port industriel et chantier naval. Le marché de San Antón est ainsi reconstitué, tout comme la salle du Consulat qui régentait l'activité marchande. Une grande

Bilbao, la passerelle Zubizuri ou Campo Volantin, de l'architecte Santiago Calatrava.
*R. Cintract / hemis.fr / ADAGP, Paris 2014*

carte murale interactive permet de suivre les routes commerciales de différentes époques. D'autres espaces traitent de l'industrialisation de la ville, de la cartographie et de la navigation à voile (documentaires, photos et maquettes à l'appui). La visite intérieure s'achève par la construction navale moderne, de belles maquettes et des rouleaux de plans.

Quelques bateaux en cale sèche, à l'extérieur du musée, sont à découvrir : le voilier *Euskadi* qui boucla le Vendée Globe en 1993, un bateau de sauvetage de 1980, un bateau de pêche en bois de 1958 *(Nuevo Antxustegui)*, un remorqueur de 1928 (ouvert à la visite).

*Revenez au rond-point et longez le parc par la calle José Anselmo Clavé, avant de gagner sa parallèle, la Gran Vía Don Diego López de Haro, pour marcher en direction de la plaza Moyúa.*



### **Maisons de Sota** (Casas de Sota) D2

Après la calle Máximo Aguirre, jetez un œil (sur le trottoir de droite) à cet impressionnant ensemble d'immeubles, identifiables à leur avant-toit très basque et à leur style éclectique. Datant de 1919, ils furent dessinés par **Manuel María Smith**.

*Tournez à droite à l'intersection suivante pour vous engager dans la calle Iparraguirre.*

### **Place de Biscaye** (Plaza de Bizkaia) D2

Elle est bordée par le bâtiment de la Alhóndiga (1909) et par des immeubles Art déco.

*Tournez à gauche dans la rue Alameda Urquijo, jusqu'à la place Arriquibar où se trouve l'entrée principale de l'Alhóndiga.*

### **Alhóndiga Bilbao** D2

*Pl. Arriquibar, 4 - ✆ 944 014 014 - www.alhondigabilbao.com - 7h-23h. Entrée libre dans le complexe (billet piscine, solarium, salle de sport : 10,70 €), expositions temporaires : à partir de 3 €.*

Construits en 1909 par Ricardo Bastida dans un style éclectique, ces chais municipaux aux allures de château ont fait l'objet d'une somptueuse réhabilitation conduite par le designer français **Philippe Starck**. En sus des activités et expositions proposées, la vue d'ensemble de cette réalisation architecturale novatrice vaut le coup d'œil.

Tout en conservant intacte la façade, l'intérieur a été intégralement vidé et aménagé comme un espace de vie urbain. Éclairé par la lumière du jour, un soleil sur écran géant et d'intéressants jeux d'illuminations, le grand atrium de l'entrée est entouré de 3 bâtiments indépendants en brique, soutenus par un ensemble de 43 colonnes représentant chacune une civilisation et une époque différente. En levant la tête, on peut voir les nageurs évoluer dans la piscine du dernier étage. Le complexe abrite sur 43 000m$^2$ plusieurs espaces d'expositions temporaires, une salle de sport, une médiathèque, deux restaurants et une cafétéria, un cinéma, une salle de spectacle, un auditorium, etc.

Renseignez-vous sur la programmation (expositions, ateliers pour enfants, concerts…) en consultant le site Internet.

*Continuez sur la rue Alameda Urquijo. Parvenu à l'Instituto Media (à gauche) et au bâtiment en brique (à droite), tournez à droite dans la calle Bertendona.*

**Théâtre des Champs-Élysées** (Teatro Campos Eliseos) D3

Appelé aussi « la Bonbonnière » *(Bombonera)*, ce théâtre, réalisé en 1902, arbore une belle façade Art nouveau aux détails de mosaïque.

*Rejoignez la calle Alameda Urquijo par la calle Lutxana.*

Vous aboutirez devant l'église néogothique du **Sacré-Cœur** (Iglesia del Sagrado Corazón), de 1891.

*Rejoignez la Gran Vía Don Diego López de Haro.*

Au n° 10 se dresse la façade néoclassique du **Banco de España** (1923), qui fait concurrence aux colonnes corinthiennes et au dieu Mercure du **Banco de Bilbao** (1922) tout proche.

*Prenez la direction du pont d'El Arenal, à droite.*

**Place circulaire** (Plaza Circular) E2

Une colonne surmontée d'une statue en hommage à Don Diego López de Haro, fondateur de la ville, trône en son centre.

Dans ses abords immédiats se trouvent quelques bâtiments parmi les plus importants d'El Ensanche.

**Gare de Abando-Indalecio Prieto** (Estación de Abando-Indalecio Prieto) – *Hurtado de Amézaga*. Un grand vitrail de 301 pièces illustrant les différentes activités économiques de la Biscaye égaie depuis 1948 le hall de cette gare. Elle devrait accueillir dans un avenir plus ou moins proche l'AVE (TGV) reliant les trois capitales du Pays basque espagnol, projet qui ne fait pas l'unanimité.

**Bourse** (Bolsa de Valores) – *Olavarri, entre la gare de Abando et celle de Santander, près du Nervión*. Bâtiment inauguré en 1905 pour abriter la Bourse de valeurs. Ses sous-sols servirent de prison pendant la guerre civile.

**Gare de Santander** (Estación de Santander) – *Le long du Nervión*. Œuvre de Severino de Achúcarro (1898), elle témoigne des constructions de la Belle Époque qui incorporaient le fer dans leurs structures.

**Édifice de la Bilbaina** – *Juste avant le pont d'El Arenal, sur la droite, contre la gare de Santander*. Cet immeuble d'angle, édifié en 1913 d'après les plans d'Emiliano Amann y Amann dans un style inspiré de la Sécession viennoise, abrite un club privé très select, organisé sur le modèle anglais.

*Depuis la plaza Circular, prenez la calle de Buenos Aires, puis retrouvez la calle Colón de Larreátegui, deuxième à gauche.*

**Place des jardins Albia** (Plaza de los Jardines Albia) E2
Joliment arborée, elle est ornée de la statue de l'écrivain biscayen Antonio de Trueba (1819-1889), auteur de contes populaires et de récits évoquant le monde paysan. Elle est bordée du palais de justice, de l'église de **San Vicente Mártir** (16e s.) où repose l'homme de lettres, et du fameux **café Iruña** à la décoration néomudéjare.
*Revenez à la plaza Moyúa.*

# À voir aussi Plan de ville

**Musée taurin** (Museo Taurino) D3
*Pl. de Toros de Vista Alegre, Martín Agüero, 1 - ✆ 944 448 698 - www.plazatoros bilbao.com - juin-oct. : lun.-jeu. 10h30-13h, 16h-18h, vend. 10h30-13h ; nov.-mars : lun.-vend. 10h-14h - fermé w.-end et j. fériés - 3 €.*
La tauromachie est prise très au sérieux à Bilbao. Ici, on ne plaisante pas avec la présentation des taureaux et la série des « corridas générales » de la Semana Grande. Elles constituent, avec les ferias de Séville et de Madrid, l'un des trois rendez-vous majeurs de la saison espagnole. Installé dans les dépendances des arènes, ce musée retrace, à l'aide d'affiches et de documents, l'histoire de la tauromachie à Bilbao, et plus généralement en Biscaye, ainsi que celles des grands maîtres qui s'y sont distingués.

**Basilique de Begoña** hors plan vers E3
*On peut s'y rendre en voiture par la route de San Sebastián (avenida de Zumalacárregui), ou prendre l'ascenseur dans la calle Esperanza Ascao. Du sommet, vue panoramique sur Bilbao. À la sortie du parc de Mallona, suivez la rue principale, à droite, qui mène directement au sanctuaire. ✆ 944 127 091 - 8h-13h45, 16h30-21h.*
La statue de Notre-Dame (Andra Mari) de Begoña, patronne de la Biscaye, est conservée dans un *camarín* (niche) en argent, au-dessus du maître-autel de l'église érigée, pour l'essentiel, au 16e s.



# À proximité Carte de région

**GETXO** B1

*À 16 km au nord-est de Bilbao le long de l'estuaire. Une fois à proximité ou sur place, repérez-vous aux noms des quartiers. Attention : la circulation en fin de journée ressemble à celle du périphérique parisien aux heures de pointe.*
*Playa de Ereaga - ✆ 944 910 800 - www.getxo.net - de mi-juin à mi-sept. : 10h-20h ; reste de l'année : lun.-vend. 9h30-14h30, 16h-19h, w.-end et j. fériés 10h30-14h30, 16h-20h.*
Six quartiers composent cette commune accolée à Bilbao, sur la rive droite du Nervión. De son embouchure en direction de l'est et de Gorliz, vous traverserez ou longerez Sta Ana, las Arenas, Romo, Neguri, Algorta et Andra Mari.

**Plages**
Trois d'entre elles sont presque en ville : celle de **las Arenas**, à deux pas de l'embouchure, celle d'**Ereaga**, plus vaste et déjà agréablement isolée du bâti, et **Arrigunaga**, entre le vieux port et Andra Mari. Les autres se trouvent toutes au-delà d'Andra Mari, dans un environnement plus sauvage.

### Vieux port

Autrefois très actif, il attire aujourd'hui les amateurs de *poteo* (tournée des bars à tapas) qui s'assoient à l'occasion sur ses marches pour contempler les avions en approche dans le soleil couchant.

### Promenade (Paseo)

*Garez-vous au-delà du vieux port ou au parking de la plage d'Ereaga - comptez 2h AR.*

Ce front de mer, où la foule passe et repasse à l'heure de la balade du soir, donne tout son sens au mot « promenade », en particulier en fin de journée, lorsqu'un flot élégant de passants l'envahit. Il commence (ou se termine) au vieux port, passe devant la plage d'Ereaga où se trouve l'office de tourisme, puis emprunte le boulevard Arriluze bordé par la casa de Náufragos (maison des naufragés), avec sa **tour-phare** (1920), que surplombent des habitations modernes et trois villas de la Belle Époque : le palais Arriluze, le caserio Aizgoyen et le palacio Lezama Legizamón (1902).

Tournant ensuite à angle droit, il longe encore l'eau et des maisons au genre un peu hétéroclite, dont la **casa Cisco** (1909-1911) de style nordique, signée Manuel María Smith, le palacio Kai-Alde (1925) du même architecte et le palacio Itxas Begi (1927) aux influences basque et anglaise.

Le front de mer aboutit enfin à la plage de las Arenas et au **monument Churruca**, symbolisant le combat entre la mer et la terre. Réalisé en 1939, il a été érigé en hommage à l'ingénieur qui avait travaillé à l'aménagement du port extérieur. De là, on peut admirer le pont transbordeur et le dôme de **N. S. de las Mercedes** (1947), qui abrite l'orgue le plus imposant du Pays basque.

### Pont transbordeur (Puente Colgante/Bizkaia)

*944 801 012 - www.puente-colgante.com - AS 0,35 €/pers. en journée.*

Enjambant le Nervión, l'ouvrage fait figure de porte d'entrée de la Biscaye. Il s'agit du pont transbordeur le plus ancien au monde.

Contemporain de la tour Eiffel, cette œuvre d'Alberto de Palacio, réalisée en collaboration avec Ferdinand Arnodin, fut inaugurée en 1893 et a transporté depuis plus de 650 millions de personnes jusqu'à Portugalete, sur la rive opposée. La récompense vint en 2006 quand l'édifice fut inscrit au Patrimoine de l'humanité.

Une **passerelle panoramique** piétonne de 160 m de long *(accessible par ascenseur)* permet de contempler tout l'estuaire d'une hauteur de 50 m.

### Aquarium

*Muelle de Arriluce, s/n - 944 914 661 - www.getxoaquarium.com - tlj sf lun. 10h30-14h, 16h30-20h - 3 € (-14 ans 2 €). Fermé pour travaux lors de notre visite (été 2013), réouverture prévue à la fin de l'année 2013.*

Espace dédié à la vie marine (végétation, invertébrés et poissons) dans les eaux atlantiques et tropicales.

## GALLARTA A1

*À 20 km à l'ouest de Bilbao. Quittez la ville en suivant Balmaseda et Santander pour rejoindre l'A 8. Roulez vers Santander.*

*Sortez à Gallarta, puis suivez la signalisation. Parvenu au village (au stop, prenez à droite), traversez-le.*

*Le musée se trouve presque à sa sortie, dans la descente en virage qui mène à son pôle industriel (dir. Olluerta).*

**Musée de la Mine du Pays basque** (Museo de la Minería del País Vasco / Meatzaritzaren Museoa)

*Bo Campodiego, nº 3 - ☏ 946 363 682 - www.museominero.net - mar.-vend. 9h-14h, 16h-19h (20h en été), sam. et j. fériés 11h-14h, 16h-19h (20h en été), dim. 11h-14h30 - fermé lun. - 3 € (8-12 ans 2 €, -8 ans gratuit) - visite guidée sur demande une semaine à l'avance - 4 €.*

Ce musée est établi dans les abattoirs du bourg de Gallarta, attaché à l'ancienne mine à ciel ouvert de Bodovalle (fermée en 1993). Il illustre et explique par des photos, une myriade d'objets et des panneaux, les transformations techniques, environnementales et humaines que l'exploitation minière a opérées dans les communes qui en vivaient en Biscaye. L'activité employait dans la région jusqu'à 13 000 personnes par an. Un projet d'extension devrait relier, dans les années à venir, le musée à l'ancienne mine pour former un parcours thématique complet.

### EL POBAL A1

*À 30 km à l'ouest de Bilbao. Quittez la ville en suivant la direction de Balmaseda et Santander pour rejoindre l'A 8. Roulez en direction de Santander. Prenez la sortie Muskiz, La Arena, Playa, Hondartza. Traversez Muskiz et prenez la direction de Santelices, puis de Rojadillo. Quelques kilomètres après Santelices, sur la gauche, se trouve un parking en bord de route (vous devrez faire demi-tour à une petite rocade aménagée une centaine de mètres plus loin).*

**Forge d'El Pobal** (Ferrería de El Pobal / El Pobaleko Burdinola)

*☏ 629 271 516 - www.bizkaia.net/elpobal - de mi-avr. à mi-oct. : mar.-sam. 10h-14h, 16h-19h, dim. et j. fériés 10h-14h ; reste de l'année : tlj sf lun. 10h-14h - fermé 1er et 6 janv., 25 déc. - 3 € (-12 ans gratuit) - visite guidée (1h) ttes les h, démonstration sam. 12h + visite guidée (1h30 au total) 5 €.*

Un vallon verdoyant où coule une rivière, un sentier menant à des maisons de pierre et des salles ensoleillées : voilà le site poétique de l'ancienne forge de Pobal, construite au 16e s. par la puissante famille des Salazar.

Fermée en 1965, elle a rouvert ses portes en 2004 après quatorze ans de travaux, qui ont permis de restaurer le corps de logis, le four à pain, le moulin et l'atelier. Tous ces bâtiments illustrent l'état des lieux à la fin du 19e s. Le barrage, le canal et le tunnel hydraulique datent, quant à eux, du 18e s. La forge produisait socs de charrue, armes, lames, etc. Les stocks de charbon et les outils sont toujours prêts à l'emploi pour les démonstrations. Si vous les manquez, guides et brochures éclaireront quand même votre visite.



## Circuit conseillé Carte de région

### VERS LE PARC NATUREL DE GORBEIA, LA VALLÉE D'OROZCO B2

*Pour visualiser ce circuit de 59 km au départ de Bilbao, reportez-vous à la carte de région (p. 306) - comptez 1h30. Quittez la ville par l'AP 68 en direction de Vitoria/Miranda de Ebro, bifurquez après 13 km à la sortie 3 (Artea/Orozko) et poursuivez sur la BI 2522.*

**Orozco** / Orozko

*Dans le bâtiment du Museo, lequel abrite également un des centres d'interprétation du Parc de Gorbeia - ☏ 946 122 695 (plus bas - horaires d'ouverture identiques).*

Joli petit village connu pour ses haricots secs, où les maisons de pierre bien entretenues ont un petit air montagnard. Le vieux centre a conservé quelques demeures blasonnées ainsi que son hôtel de ville du 18e s.

**Museo** – *Face à la mairie - ✆ 946 339 823 - www.orozkoudala.com - ♿ - de mi-juin à mi-sept. : mar.-dim. et j. fériés 9h-15h ; reste de l'année : mar.-dim. et j. fériés 10h-14h, 17h-19h - gratuit.* Maquettes, panneaux, reconstitutions et supports audiovisuels retracent sur trois niveaux la vie d'autrefois dans la vallée d'Orozko. Habitat, métiers (forge, travaux agricoles), pastoralisme, alimentation, productions, environnement : tous les aspects sont abordés.

*Engagez-vous sur la BI 3513.*

La route jusqu'à Ibarra et au-delà dévoile de beaux points de vue sur la verdoyante **sierra de Gorbeia/Gorbea**. *Après Gallartu, prenez la direction d'Areatza.*

### Villaro / Areatza

Classé Monument historique, ce village fondé en 1338 cultive le charme de ses ruelles pavées, bordées de maisons de pierre remontant parfois au Moyen Âge. Certaines affichent un style plus récent mais non moins historique, comme le **palais Gortazar** de style baroque (16e s.), avec ses vestiges de fresque ornant sa façade de briques, sur la place de la *casa consistorial* (mairie).

**Centre d'interprétation du Parc de Gorbeia** – *À côté du palais Gortazar - ✆ 946 739 279 - ♿ - 10h-14h, 16h-18h - fermé 1er et 6 janv., 24 août, 25 et 31 déc. - gratuit. Informations pratiques sur les sentiers de randonnées sur www.mendiak.net.* Vous pourrez vous documenter sur ce parc naturel de 20 000 ha, à cheval sur la Biscaye et l'Álava, et riche de plus de 167 espèces animales vertébrées.

**Église San Bartolomé** – Construite entre la fin du 15e s. et le début du 16e s., cette église présente une façade d'inspiration classique aux statues disproportionnées.

Face à l'église, au niveau du panneau du parc, part une randonnée vers la sierra *(renseignez-vous au centre d'interprétation du parc).*

### Artea

**Écomusée d'Artea** – *Herriko plaza, 1 (à 100 m derrière l'église et la mairie, première à gauche après la mairie en venant de l'église) - ✆ 946 317 086 - www.euskalbaserria.com - lun.-jeu. 10h-16h, w.-end et j. fériés 10h-17h - fermé vend., 23 déc.-23 janv. - 3 € - juin-août : vend.-sam. 20h-23h service de brasserie.* Une série de reconstitutions retrace l'habitat et la vie traditionnelle des Basques, de la préhistoire jusqu'au 19e s. Intéressante section sur les métiers d'autrefois.

★ **Église de San Miguel** – *Avant l'entrée du village, sur la droite (intersection en épingle à cheveux) en allant vers Bilbao.* De forme allongée, cette jolie église champêtre présente une belle façade de bois et des galeries extérieures sous auvent pavées de galets.

*Revenez à Bilbao par la N 240.*

## NOS ADRESSES À BILBAO

### TRANSPORTS

**Transports en commun** – *Renseignements au 944 254 025.*

**Carte Creditrans** – *www.creditrans.com - 5, 10 ou 15 € - vendue dans les bureaux de tabac, les kiosques à journaux et les stations de métro/tramway.* Cette carte rechargeable donne accès à des tarifs réduits pour le métro et tramway de Bilbao, Bilbobus, Biskaia bus, l'ascenseur de la Salve, le funiculaire d'Artxanda et le pont suspendu.

**Métro** – *Billet simple 1,45 € ; AR 2,90 € ; billet 1 j. ou billet Creditrans 4,50 € - www.metrobilbao.net.*

**Bus** (Bilbobus) – *Billet occasionnel 1,25 €, billet Creditrans 0,62 €.*
**Tramway** (Tranvia) – *Billet simple 1,45 €, billet journée 4 € - www.euskotren.es.* Une ligne qui dessert notamment le musée Guggenheim. Veillez à vous munir de votre titre de transport avant de monter dans le tramway (distributeurs dans toutes les stations).
**Aéroport** – Le Bizcaibus 3247 dessert le centre-ville - *✆ 902 222 265.*
**Vélo** – Service municipal de prêt de vélos équipé de bornes de retrait *(rens. à l'OT).*
**Touné Bilbao** – *Villarias 1 - ✆ 944 249 465 - www.tournebilbao.com.* Location de vélos (*8/15 €*) et promenades thématiques guidées à travers la ville (*25 €*).
**Bus touristique** – *Dép. ttes les h devant le Guggenheim : Sem. sainte et juil.-août 11h-18h ; reste de l'année 11h-17h (sf dim. apr.-midi et lun. en juin, sept. et oct.) - 12 € (billet valable 24h) - www.busturistikoa.com.*
**Visite en bateau** – *Embarcadère au niveau du Puente del Ayuntamiento, côté Ensanche - ✆ 644 442 055 - www.bilboats.com - 12/17 €.* Bilboats propose une croisière d'1h sur le Nervión, et une de 2h jusqu'à l'embouchure de l'Abra.

### HÉBERGEMENT

Les prix des hébergements grimpent pendant la Semana Grande et parfois aussi en fin de semaine. Si les hôtels ne possèdent qu'exceptionnellement un parking, il n'est pas rare qu'ils négocient des places dans des parkings proches.

#### PREMIER PRIX

**Bilborooms** E3 – *Victor, 3 - ✆ 944 793 591- www.bilborooms.com - ♿ - 7 ch. 50/60 € ☕.* Située au 1er étage de l'immeuble, cette petite pension charmante et sobre propose des chambres simples, calmes et confortables. Le petit déjeuner est frugal, mais l'accueil chaleureux.
**Hôtel Plaza San Pedro** hors plan – *Luzarra, 7 - ✆ 944 763 126 - www.hotelplazasanpedro.com - ♿ - P possible - 19 ch. 62/65 € - ☕ 3,50 €.* Cet établissement familial est situé dans le quartier universitaire de Deusto, à un petit quart d'heure à pied du musée des Beaux-Arts et du Guggenheim. Les chambres sont simples et agréables.

#### BUDGET MOYEN

**Iturrienea Ostatua** E3 – *Sta María, 14 - ✆ 944 161 500 - www.iturrieneaostatua.com - ♿ - P - 21 ch. 70 € ☕.* Hôtel de charme en plein quartier historique, dans une vieille maison à la façade bleue rénovée. Il est décoré d'une profusion d'antiquités et d'œuvres d'artistes locaux. Les chambres ne sont pas grandes, mais agréables, et souvent dotées de balcons.
**Hôtel Bilbao Jardines** E3 – *Jardines, 9 - ✆ 944 794 210 - www.hotelbilbaojardines.com - ♿ - P possible - 32 ch. 75 € - ☕ 5,40 €.* On apprécie cet hôtel pour la qualité de son accueil. Les chambres, parquetées et fonctionnelles, possèdent de grandes fenêtres. Les plus tranquilles ouvrent sur le patio et on aperçoit la bibliothèque de Bilbao.
**Hôtel Sirimiri** hors plan – *Pl. de la Encarnación, 3 - ✆ 944 330 759 - www.hotelsirimiri.es - ♿ - P - 28 ch. 80 € - ☕ 5 €.* Situé dans la vieille ville, près du musée d'Art sacré, cet hôtel (dont le nom rappelle le crachin qui sévit parfois dans la ville) dispose d'installations modernes et fonctionnelles. Les chambres de belle taille comprennent des

salles de bains spacieuses, bien équipées.

### POUR SE FAIRE PLAISIR

**Hesperia Bilbao** E1 – *Paseo Campo Volantin, 28 - ✆ 944 984 661 - www.hesperia.com - ♿ - 🅿 possible - 151 ch. 115/150 € - ☕ 5 €.* On reconnaît cet hôtel à sa façade originale ponctuée de bow-windows colorées. Sa situation, devant la ría de Bilbao, à une dizaine de minutes à pied de la plupart des attractions, est parfaite, tout comme les chambres modernes et bien équipées, le copieux petit-déjeuner buffet et le très bon restaurant. Un excellent choix dans sa catégorie.

**Hôtel Miró** D1 – *Alameda Mazarredo, 77 - ✆ 944 984 661 - www.mirohotelbilbao.com - ♿ - 🅿 possible - 50 ch. 112/204 € - ☕ 18,50 €.* Dans le même genre que le précédent, il compte de belles chambres claires et design, donnant soit sur une cour, soit sur la ville et le Guggenheim à deux pas. Bon emplacement et nombreux services (dont une salle de sports et un hammam).

## RESTAURATION

Presque autant qu'à St-Sébastien, les **tapas** et les **pintxos** règnent en maîtres. Les rues situées autour de la place de Moyúa et dans la vieille ville s'animent le soir, surtout en fin de semaine. D'un bar à l'autre, on savoure des *pintxos* autour d'un ou plusieurs *txiki* (petit verre de vin rouge) ou *sagarno* (sorte de cidre). Rien n'interdit d'imiter les Bilbayens et d'en croquer aussi à l'heure du déjeuner !

Les **prix des tapas** varient selon qu'elles sont servies chaudes ou froides et en fonction des ingrédients ; comptez en moyenne entre 1,50 € et 5 € la pièce. La plupart des bars à tapas sont aussi de très bons restaurants.

### Bars à pintxos

**El Gatz** E3 – *Sta María, 10 - ✆ 944 154 861 - fermé dim. soir et 3 sem. en sept. -* 💳̸. Dans la vieille ville, le rendez-vous incontournable des amoureux de « cuisine en miniature ». L'endroit a été primé à plusieurs reprises pour la qualité et la créativité de ses *pintxos*. Goûtez les spécialités à base de saumon *(salmón)* et de morue *(bacalao)*.

**Xukela** E3 – *El Perro (Txakur), 2 - ✆ 944 159 772.* Cet établissement de la vieille ville vous fait découvrir en toute simplicité les multiples saveurs du *tapeo*. Spécialités à base de fromage et de charcuterie, comme le jambon au poivron vert confit *(jamon con pimiento verde confitado)*.

**Berton** E3 – *Jardines, 11 - ✆ 946 167 035.* Dans la vieille ville, une institution, fréquentée en leur temps par Hemingway et Orson Welles, et réputée pour ses spécialités à base d'anchois.

**El Globo** D3 – *Diputación, 8 - ✆ 946 154 221 - fermé dim.* Dans une rue piétonne proche de la place Moyúa, un bar couru pour ses délicieuses tapas. Goûtez au crabe gratiné *(txanguro gratinado)* ou aux samossas de légumes *(verduras al curry)*, inhabituels. À déguster sur la terrasse aux beaux jours.

### BUDGET MOYEN

**Colmado Ibérico** D2 – *Alameda de Urquijo, 20 - ✆ 944 436 001 - fermé dim. - env. 25 €.* Le comptoir est bien garni en plats rapides, tandis que dans la salle de restaurant est proposée une carte spécialisée dans les produits ibériques, en particulier dans la viande de porc : *lomo* (filet mignon), *solomillo* (aloyau), jambon *bellota*, etc.

**Bitoque** hors plan – *Rodriguez Arias, 32 - ✆ 944 418 830 - fermé dim. soir, lun., mar. midi - menus déj. 23 € (sem.)/26 € (sam.) - 25/35 €.* À deux pas de la place Moyúa, ce restaurant design renouvelle sa carte fréquemment et propose des préparations aussi succulentes qu'originales. Le soir, on y dîne de tapas, servies en portions plus ou moins grandes. Goûtez les anchois frits et le hamburger au bœuf de Kobe.

### POUR SE FAIRE PLAISIR

**Atea** E2 – *Uribitarte, 2 - ✆ 944 005 869 - fermé dim. soir et lun. - menus déj. (sem.) 16,50 €/29 € - 28/35 €.* Un restaurant au décor moderne, avec vue sur la ría de Bilbao (terrasse couverte). Très « nouvelle cuisine » basque, la carte change au fil des saisons : *chipirones* (calamars) aux oignons confits, confit de canard au vinaigre de Xérès, etc.

**Victor** E3 – *Pl. Nueva, 2 - ✆ 944 151 678 - fermé 2 sem. août-sept., Sem. sainte et dim. - menus 36/65 €.* Un petit restaurant intime et familial, situé dans le centre historique, réputé pour sa cuisine traditionnelle et copieuse servie dans la salle du 1er étage. Cave bien fournie en riojas. Bar à tapas au rez-de-chaussée.

### UNE FOLIE

**Nerua** D1 – *Abandoibarra, 2 - ✆ 944 000 430 - fermé dim. soir et lun. - menus 70/80 € - rés. indispensable.* Le restaurant du musée Guggenheim *(accès indépendant)* est l'un des trois établissements étoilés Michelin de Bilbao. Derrière le piano, le jeune chef Josean Alija (1978) privilégie « arôme, beauté, texture et saveurs ». La salle très moderne ne compte qu'une dizaine de tables et donne sur le Nervión. Si le moment n'est pas venu pour faire une folie, essayez la **brasserie** *(2e ét. du musée)*, même maison, pour un repas satisfaisant et plus abordable *(menu 25 €)*.

## BOIRE UN VERRE

**Café Boulevard** – *Arenal, 3 - ✆ 946 791 705.* Il s'agit du plus vieux café de Bilbao (1871). On y sert des cafés, des tisanes, des *churros* et quelques menus à prix intéressants, mais il est surtout connu pour la beauté de son cadre (hauts plafonds, stucs, marbres et miroirs) et les rencontres poétiques qui y ont eu lieu.

**Pastelería Don Manuel** – *Alameda de Urquijo, 39 - ✆ 946 438 672.* Une pâtisserie fort courue, parfaite pour le petit déjeuner ou pour faire une pause en savourant le *bolso de mantequilla* (petit pain au beurre), grande spécialité des pâtisseries de la ville. On peut aussi rapporter une *tarta de Gernika*, gâteau dont la recette reste secrète et qui se conserve longtemps…

**Café Iruña** – *Jardines de Albia - ✆ 944 237 021.* Situé sur une place agréable, ce café fondé en 1903 est devenu l'un des classiques de Bilbao. Sa décoration est surprenante (plafonds et éléments d'inspiration mudéjare). Grand choix de tapas et ambiance animée en soirée.

## EN SOIRÉE

**Palais des congrès et de la musique** – *www.euskalduna.net.* Comédies musicales, spectacles de danse, etc.

**Cotton Club** – *Gregorio de la Reilla, 25 - ✆ 944 104 951 - www.cottonclubbilbao.es - lun.-jeu. 20h30-3h, vend.-sam. 18h30-6h30.* Dans ce lieu fréquenté par les trentenaires, on boit un verre en écoutant des chanteurs espagnols ou des groupes divers. Le décor affiche une multitude de photos de cinéma et d'autographes laissés par des personnalités lors de leur passage. Un bel endroit!

**Kafe Antzokia** – *San Vicente, 2 - ✆ 944 244 625 - www.kafeantzokia.com.* Ce lieu polyvalent accueille des concerts d'artistes locaux et internationaux (pop, rock, blues, reggae, etc.). En journée, le centre culturel organise diverses manifestations (expositions, conférences, etc.). Le week-end, on danse le soir. Bon restaurant sur place *(menu déj. 12,50 € en sem./17 € sam.).*

## ACHATS

Dans la vieille ville, les boutiques sont généralement fermées entre 13h et 16/17h, mais elles sont souvent ouvertes le dimanche matin.

**Alacena de Victor Montes** – *Pl. Nueva, 12 - ✆ 944 154 385.* Spécialités gastronomiques du Pays basque et belle sélection de produits ibériques tels que jambons et charcuteries diverses, foie gras, fromages, anchois, douceurs et quelque 700 références de vins espagnols et étrangers.

**Arrece Gozotegia** – *Gran Via, 24 - ✆ 946 840 157.* Fondée en 1852, cette pâtisserie propose dans un décor de boiseries toutes sortes de sablés et de confiseries, dont des truffes fameuses.

**Pastelería Martina de Zuricalday** – *Ercilla, 43 - ✆ 946 435 796.* Une institution depuis 1830, réputée pour ses tourons au chocolat et deux spécialités locales : le *bolso de mantequilla* (petit pain au beurre) et le *pastel de arroz* (à la farine de riz).

**Sombreros Gorostiaga** – *Victor, 6 - ✆ 944 161 276.* Depuis sa création en 1857 par la famille Gorostiaga, ce magasin vend des *boinas* (bérets) ainsi qu'une belle collection de chapeaux de fabrication artisanale.

**Garamiola** – *Artecalle (Artekalle), 36 - ✆ 944 162 943.* Une mercerie à l'ancienne où l'on peut acheter des costumes basques pour les enfants.

## AGENDA

Programme des manifestations : *www.visitbilbao.info.*

**Musika-Música** – *1er w.-end de mars.* Concerts de musique classique organisés dans différents lieux autour d'une thématique (en 2013, les échanges franco-espagnols 1850-1900) - *www.musika-musica.net.*

**Festival du cinéma fantastique** – *1re quinz. de mai.*

**Festival Bilbao BBK Live** – *Déb. juil. - www.bilbaobbklive.com.*

**Festival international de théâtre de rue** – *1re quinz. de juil.*

**Semana Grande/Aste Nagusia** – *3e sem. d'août.*

**Festival de théâtre et de danse contemporaine** – *Oct.-nov. - www.bad-bilbao.com.*

**Festival international de marionnettes** – *Nov.*

**Zinebi, Festival international de cinéma documentaire et de courts-métrages** – *Mi-nov. - www.zinebi.com.*

# Côte de Biscaye

**Costa de Vizcaya / Bizkaia**

★

NOS ADRESSES PAGE 334

### S'INFORMER

**Office du tourisme d'Ondarroa** – *Erribera, 9 - 946 831 951 - www.ondarroa.eu - de mi-juin à mi-sept. : 10h-14h, 16h-20h ; reste de l'année : mar.-sam. 10h30-13h, 16h-19h, dim. et j. fériés 10h30-14h30 - fermé 1er janv. et 25 déc. Visites guidées sur réservation.*

*Pour les autres offices de tourisme, se reporter aux localités décrites.*

### SE REPÉRER

Carte de région BC1 (p. 306) – *Carte Michelin n° 573 B 21-22.* La côte de Biscaye relie Ondarroa, à 51 km à l'ouest de St-Sébastien, à l'estuaire du Barbadun / San Juan Muskiz, à 25 km à l'ouest de Bilbao. La ría de Guernica en marque approximativement le milieu.

### À NE PAS MANQUER

L'ermitage de Gaztelugatxe sur son éperon rocheux battu par la mer.

### ORGANISER SON TEMPS

Découvrir l'intégralité de la côte peut faire l'objet d'un long week-end itinérant.

### AVEC LES ENFANTS

Le baleinier de Bermeo.

**Dans le prolongement de la côte de Guipúzcoa, la côte de Biscaye est idéale pour prendre un bol d'air pur. Ici, les plages et les ports s'enchaînent sur fond de collines verdoyantes. Plus sauvage que sa voisine et mieux préservée des industries et de l'urbanisation excessive, elle a su ménager de véritables petits coins de paradis comme la réserve d'Urdaibai. Parcourir ce littoral, c'est aussi découvrir des villes chargées d'histoire et de symboles comme Guernica ou Bilbao. En clair, la côte comblera tout à la fois les amateurs de grands espaces, les sportifs, les amoureux de farniente et les assoiffés de culture.**

Les passionnés d'activités nautiques se régalent en Biscaye : le littoral offre un grand choix de sorties en mer (bateau, surf, plongée, canoë-kayak, pêche au thon, voile…) par le biais du programme « Côte basque Toutes voiles dehors ». À Sopelana, vous pourrez vous envoler en parapente ou en deltaplane.

**Les plages** – La côte de Biscaye possède de nombreuses plages. Les plus importantes se trouvent entre Abra et Billano. Elles se nomment Areeta, Ereaga, Arrigunaga… Celles dépendant de Sopelana sont sauvages ; celles de **Gorliz**, qui partage avec Plentzia la magnifique baie verte, forment un ensemble unique. Enfin, la plage de Bakio est le rendez-vous des surfeurs.

# Se promener

**Ondárroa** / Ondarroa C1

L'agglomération s'allonge entre la colline et la boucle du río Artibay, sur une langue de terre où une curieuse église surélevée ressemble à une figure de proue. Cernées par le fleuve, les hautes maisons, où pavoise le linge qui sèche, composent un tableau pittoresque.

Son histoire officielle débute en 1327, lorsqu'elle reçut les privilèges entérinant l'occupation du site. Presque abandonnée après l'incendie qui la ravagea en 1463, elle poursuivit néanmoins ses activités au travers de la pêche à la baleine, du commerce et des chantiers navals. Aujourd'hui, la ville possède encore des conserveries et des usines de salaison de poisson.

L'actuel cœur historique est relativement circonscrit du fait d'un autre incendie, provoqué en 1794 par les troupes françaises.

**Église de Sta María** – Fin 15e s. L'église affiche un style gothique tardif, à la décoration extérieure soignée (plinthes à thèmes floral et animal, rosaces et gargouilles). Notez l'alignement de 12 figures, les **kortxeleko-mamus**, évoquant les personnages d'une cour médiévale : le roi, le fifre, un musicien, le pèlerin, la pèlerine, des arbalétriers, une nourrice, la reine, un moine, un courtisan, un chevalier.

**Confrérie des pêcheurs** (Cofradía de pescadores) – L'office de tourisme occupe aujourd'hui cette demeure de pierre identifiable à son clocheton. Elle appartenait autrefois à la puissante confrérie des pêcheurs fondée au 14e s., dont le rôle principal consistait à appliquer la réglementation et assurer la vente de la pêche.

**La Antigua** – Ancienne paroisse d'Ondarroa, cette église du 15e s. perchée sur l'une des collines de la ville associe styles gothique (d'origine), néoclassique et baroque.

# Circuits conseillés Carte de région

## D'ONDÁRROA À LA RÍA DE GUERNICA C1

*Pour visualiser ce circuit de 51 km au départ d'Ondárroa, reportez-vous à la carte de région (p. 306) - comptez env. 1h. Quittez la ville par la BI 3438, qui offre de superbes dégagements sur la côte.*

**Lekeitio** / Lequeitio

*Independentzia Enparantza - 946 844 017 - www.lekeitio.org- 1er juil.-31 août : 10h-14h, 16h-20h ; reste de l'année : mar.-sam. 10h30-13h30, 16h-19h, dim. et j. fériés 10h-14h - fermé lun., 1er janv. et 25 déc.*

Outre sa superbe plage, Lekeitio comprend un vieux centre où rien ne manque. Arpentez donc les quelques rues de l'ancien quartier des artisans *(on y accède par la Berriotxoa Kalea depuis la mairie)*, à la recherche du **palais Uriarte** ou de la tour Turpin. Vous pourrez aussi prendre Espeleta Kalea pour découvrir le **quartier des pêcheurs★** et rejoindre le port et ses quelques terrasses de cafés. Dans l'après-midi, les femmes reprisent parfois leurs filets.

**Église de Sta María** – 15e s. L'église, de style gothique tardif, se trouve quasiment sur le port : impossible de la manquer ! Si vous avez la chance d'y entrer, vous pourrez admirer son magnifique **retable** gothico-flamand de 1512, l'un des plus grands d'Espagne avec ceux de Tolède et de Séville.

*La route s'enfonce ensuite à l'intérieur des terres.*

Le port de Lekeitio et son quartier des pêcheurs.
*J.-E. Sceau / Michelin*

**Ispaster** / Ispáster
Cette bourgade conserve quelques bâtiments anciens, comme sa jolie église du 15e s., de style Renaissance, et le palais baroque Arana (1700), reconnaissable à ses deux corps de logis en forme de tour.
**Plage d'Ogeia** – *À la sortie du village, juste avant le cimetière, prenez la route à droite. Elle traverse la forêt qui surplombe la plage.* Insoupçonnable, cette plage se déploie dans une baie au sable ocre et aux rochers affleurant.

**Ea**
Ce charmant port miniature est enclavé dans le fond d'une calanque. Ses maisons anciennes suivent les berges de la rivière, enjambée par de petits ponts de pierre.

4

*Départ à gauche de l'église Nuestra Señora de Jesús, à l'entrée du bourg, avant la rivière ; suivez le balisage blanc-jaune ; comptez 1h20* – Agréable randonnée, très ombragée. Seul le début se révèle un peu sportif avec deux fortes pentes. La promenade se poursuit à travers bois et prairies. Attention, parvenu aux deux maisons donnant sur la route principale, prenez la voie de garage de la seconde : elle donne accès à la forêt. Revenu sur la route, suivez-la à gauche jusqu'aux maisons, où vous reprendrez le sentier. Il débouche sur la côte et le sanctuaire de Talako Ama, dévoilant une **vue★** magnifique sur la mer.
*Jusqu'à Elantxobe, la route paraît flotter entre terre et mer, réservant de magnifiques points de vue sur le bleu des flots et le vert des collines.*

★ **Elantxobe** / Elanchove
*Obligation de garer sa voiture à l'entrée du village, en hauteur.*
Village tranquille à l'écart des grands axes routiers. Les marins ont profité de l'ébauche naturelle d'une baie pour y construire leur port de pêche et y suspendre leurs maisons à l'abrupt cap Ogoño (300 m). Préparez-vous à descendre et à monter des marches !
**Cap (cabo) Ogoño** – *1h AR - départ du cimetière - accessible à pied par une forte pente, ou en voiture par le hameau qui précède Elantxobe, un panneau avec*

## LA FAÇADE ATLANTIQUE DE LA BISCAYE

C'est 150 km de côtes découpées en falaises abruptes et vertes, en estuaires paisibles et en plages immenses de sable fin. La variété des sites y est presque infinie, réservant au visiteur des paysages souvent sauvages et sans cesse renouvelés. La **réserve naturelle d'Urdaibai** *(p. 338)*, sur la ría de Gernika, en est le meilleur exemple, mais l'on se sent tout aussi proche de la nature lorsque l'on observe le ressac depuis le sanctuaire de Gaztelugatxe ou que l'on admire l'étendue de la baie de Gorliz.

Les hommes ne sont bien sûr pas absents de ces magnifiques paysages, mais hormis dans la ría de Bilbao, fortement urbanisée, ils s'y intègrent parfaitement. En suivant la côte, vous découvrirez donc plutôt des petits ports sympathiques, comme ceux d'Elantxobe ou de Mundaka, que des grandes stations aux longues barres comme Bakio. Mais même celles-ci ont su conserver un quartier historique ou un port encore actif.

La pêche est en effet un élément essentiel de l'économie et de la culture locales. Que ce soit à Lekeitio, Ea, Elantxobe, Mundaka ou Bermeo, il n'est pas rare de voir les filets en train d'être remaillés à même le quai, ou les gens se presser le soir au retour des bateaux pour profiter de la pêche du jour. Inutile de dire que les poissons que l'on déguste dans les bars à tapas et les restaurants de ces pittoresques ports sont des plus frais!

*le symbole d'un appareil photo signalant le cap. Attention, n'empruntez pas la voie qui longe le mur du cimetière, très pentue, mais la route qui dessert les quelques maisons à flanc de colline. Le sentier commence après la dernière, à gauche.* Petits mollets s'abstenir! Cette promenade demande en effet un effort constant, récompensé néanmoins par de très belles vues sur le littoral, notamment une magnifique échappée sur la plage de Laga et sur la côte vers Ea. Le cap, quant à lui, disparaît sous la végétation.

*Reprenez la voiture et poursuivez en direction de Laida.*

**Plage de Laga** – Tournant le dos à Elantxobe, elle déploie 575 m de sable rose jusqu'au pied du cap Ogoño.

**Plage de Laida** – Elle se situe à l'embouchure de la ría de Guernica et jouit d'un cadre incroyable, avec le contraste entre la couleur limpide de l'eau et le vert tendre de la campagne.

En remontant vers Guernica, on découvre sa **ría**★ aux calmes horizons, l'île d'Izaro, la tache blanche de Pedernales/Sukarrieta sur l'autre rive et l'île de Chacharramendi.

### Guernica / Gernika-Lumo *(p. 336)*

### DE GUERNICA À BILBAO BC1

*Pour visualiser ce circuit de 60 km au départ de Guernica, reportez-vous à la carte de région (p. 306) - comptez env. 1h30. Quittez Guernica / Gernika-Lumo par la BI 2235 en direction de Mundaka. Au-delà de la réserve naturelle d'Urdaibai, poursuivez vers Mundaka.*

### Reserva de la biósfera de Urdaibai *(p. 338)*

### Mundaka / Mundaca C1

*Joseba Deuna - 946 177 201 - www.mundakaturismo.com - été : 10h-14h, 16h30-19h30 ; reste de l'année : mar.-dim. 10h-14h - fermé 1er janv., 25 et 31 déc.*

Toute la vie de Mundaka se concentre autour de son petit port naturel, bordé de maisons traditionnelles de pêcheurs. Son principal atout réside dans ses superbes plages de sable fin et, pour les surfeurs, dans sa vague, réputée pour être l'une des plus longues au monde.

**D'un ermitage à l'autre** *(1h AR)* – Deux ermitages côtiers encadrent Mundaka. La promenade passe par le port et l'église, offrant de très belles vues sur les plages et la côte.

## Bermeo C1

*Lamera - 946 179 154 - www.bermeo.org - juil.-août : lun.-vend. 10h-19h, sam. et j. fériés 10h-14h, 16h-19h, dim. 10h-14h ; reste de l'année : lun.-sam. 10h-14h, 16h-19h, dim. et j. fériés 10h-14h - fermé 1er et 6 janv., 9 et 16 sept., 25 déc.*

**Balades en barque** – *666 791 021 - www.hegaluze.com - avr.-nov. : voir parcours et horaires sur le site Internet - promenade en barque à Urdaibai (1h) 12 € (enf. 7 €).*

Ce port important est spécialisé dans la pêche côtière. Dominant le vieux port (Puerto Menor), le quartier des pêcheurs se tasse sur le promontoire de l'*atalaya*, sorte de tour de guet qui avait pour fonction d'informer le port des avis de tempêtes, des bateaux à remorquer, de l'arrivée des baleines, etc. Quelques murailles ainsi que la torre Ercilla, maison-tour à la sévère façade de granit (14e s.), témoignent de l'origine ancienne de l'agglomération. Les rois et seigneurs venaient autrefois jurer les privilèges de Biscaye dans l'église gothique de **Sta Eufemia** (15e s.).

**Musée du Pêcheur** (Museo del Pescador) – *Torre Ercilla - 946 881 171 - musée fermé pour travaux lors de notre visite (été 2013) - se rens. à l'office de tourisme pour la date de réouverture.* Bien que la muséographie date un peu, le contenu est fort intéressant. Tous les aspects de la vie des pêcheurs, depuis les techniques jusqu'à la religion, en passant par les fêtes, la construction navale, la confrérie et la vente du poisson, sont abordés.

**Couvent San Francisco** (Convento San Francisco) – Situé à l'opposé du port et du parc Lamera, ce couvent est le plus ancien de Biscaye (1357). On en aperçoit le cloître à travers une épaisse grille.

★ **Baleinier Aita Guria** – *946 179 121 - il est préférable d'appeler avant de s'y rendre, l'accès peut être compromis en fonction des marées. En outre, le quai où se trouve le baleinier était fermé pour travaux lors de notre visite sur place.*

Cette reconstitution d'un baleinier du 17e s. transporte le visiteur au temps des grandes campagnes de pêche de Bermeo. Ses trois mâts et le roulis suffisent à mettre dans l'ambiance ! Une voix off présente la cabine du capitaine, les cuisines et la cale, permettant de bien comprendre les conditions de vie à bord.

*Suivez la route de la côte et, après 3 km, tournez à droite.*

## Phare de Machichaco (Faro de Machichaco) / Matxitxako B1

En s'écartant du phare vers la gauche, on bénéficie d'un joli panorama sur la côte très découpée à l'ouest. La route en corniche offre également de belles vues sur la mer.

## ★★ San Juan de Gaztelugatxe / Gastelukatxeko Doniene B1

*Nombre de stationnements réduits. Parking au belvédère, dans la descente, et quelques places supplémentaires devant le pont qui mène à la presqu'île.*

Un **belvédère★** domine la presqu'île de **San Juan de Gaztelugatxe**, creusée d'arches où la mer vient écumer. Un sentier d'environ 200 marches monte à l'ermitage, attesté depuis le 11e s. Chaque année, pour la St-Jean, a lieu un pèlerinage.

4

*Après Bakio, prenez à droite la BI 3152.*
Le parcours en **corniche★**, de Bakio à Armintza, est très dégagé. D'un second belvédère, **vue★** intéressante sur la côte, Bakio, la vallée cultivée et l'arrière-pays boisé.

### Armintza / Arminza B1

Unique havre, bien modeste, sur une partie de côte inhospitalière très abrupte.
*Rejoignez la BI 3151 en direction de Lemoiz et suivez-la jusqu'à Gorliz.*

### Gorliz B1

Séduisante plage, logée dans une baie aux proportions harmonieuses et située à l'embouchure du río Butrón. Au nord se trouve un site de dunes pétrifiées vieilles de 6000 ans. En poursuivant, vous atteindrez un sentier qui longe la côte. Un autre mène au phare.

### Plencia / Plentzia (anciennement Plasentia de Butrón) B1

Accolé à la plage de Gorliz, ce centre ostréicole, jadis port de pêche et de commerce, s'est converti au tourisme grâce à ses plages.
**Musée municipal Plasentia de Butrón** – *Goienkale, 27 - ✆ 946 773 725 - www.museoplentzia.org - merc.-jeu. et dim. 11h-14h, vend.-sam. 17h-20h - gratuit.* Installé dans l'ancien hôtel de ville (16e s.), ce petit musée retrace l'histoire maritime de Plentzia à travers des maquettes, des objets, des peintures et des archives.
*La BI 2122 conduit à Getxo, puis Bilbao.*

## NOS ADRESSES SUR LA CÔTE DE BISCAYE

#### TRANSPORTS

**Promenade en train** – *✆ 902 543 210 - www.euskotren.es - 2,85 €, AR 4,75 €.* Euskotren assure une liaison régulière entre Guernica, Mundaka et Bermeo.

#### HÉBERGEMENT

**PREMIER PRIX**

**À Murueta**

**Hôtel Ibaigune** – *Barrio Larrabe, 48 - ✆ 946 257 282 - www.ibaigune.com - P - 20 ch. 57/74 € ☕ - rest. 9,80/30 €.* L'architecture de cet hôtel implanté en pleine campagne s'inspire des constructions traditionnelles basques. Les chambres sont parquetées. Demandez celles du dernier étage d'où vous pourrez admirer l'estuaire et la réserve d'Urdaibai. Au restaurant, service impeccable.

**BUDGET MOYEN**

**À Bermeo**

**Hôtel Txaraka** – *Almike Bidea, 5 - ✆ 946 885 558 - www.hoteltxaraka.com - P - 11 ch. 64/73 € - ☕ 10 €.* Petit hôtel familial un peu éloigné du centre. Agréable salle à manger avec cheminée. Chambres confortables et bien équipées.

**À Lekeitio**

**Hôtel Aisia Lekeitio** – *Av. Sta Elena - ✆ 946 842 655 - www.aisiahoteles.com - 🚭 - P - 42 ch. - 86/99 € - ☕ 9,60 €.* Hôtel situé en bord de mer occupant les murs de la villa qui accueillit, entre 1922 et 1931, la dernière impératrice de l'empire austro-hongrois, Zita. Chambres vastes, confortables et bien décorées. Centre de thalasso.

**POUR SE FAIRE PLAISIR**

**À Lekeitio**

**Hôtel Zubieta** – *Portal de Atea - ✆ 946 843 030 - www.hotelzubieta.*

*com - P - 24 ch. - 84/108 € - ☕ 10 €.* La façade rustique dissimule une petite réception assortie d'un bar et d'un salon avec cheminée. Chambres chaleureuses, certaines sont mansardées.

### RESTAURATION

#### BUDGET MOYEN

**À Bermeo**

**Jokin Jatetxea** – *Eupeme Deuna, 13 - ✆ 946 884 089 - www.restaurantejokin.com - fermé dim. soir - 20/33 €.* Un restaurant traditionnel avec de grandes fenêtres et une agréable terrasse donnant sur le port de Bermeo. La carte évolue au fil des saisons et de la pêche. On s'y régale de poissons frais dans un décor rustique et chaleureux.

**À Bermeo**

**Beitxi** – *Eskoikiz, 6 - ✆ 946 880 006 - fermé merc. soir - formule déj. 11,90 € bc - 26/41 €.* Ce restaurant connaît un franc succès. Les produits sont de belle qualité, le service attentif plaît à la clientèle, et les petits plats basques régalent le palais.

#### POUR SE FAIRE PLAISIR

**À Ondarroa**

**Erretegi Joxe Manuel** – *Arana tar Sabin, 23 - ✆ 946 830 104 - fermé dim. soir et lun. - 40/50 €.* Dressé face au fleuve, il est à deux pas du quartier historique. Sa spécialité : les poissons et les viandes de Cantabrie, cuisinés sur le grill. Les produits sont ultra frais ; le chef possède même son propre vivier de fruits de mer. Carte écrite en plusieurs langues.

### SPORTS ET LOISIRS

**Club Hípico Castillo de Butrón** – *Barrio Butrón, Monte Ganzuri - Gatika - ✆ 653 736 383 - www.hipicabutron.es - mar.-dim. 10h-14h30, 16h30-21h30 - balade (1h) 20 €.* Au choix, cours d'équitation ou simples promenades à cheval.

# Guernica

**Gernika-Lumo**

16 442 habitants

## NOS ADRESSES PAGE 340

### S'INFORMER

**Office de tourisme** – *Artekalea, 8 - 946 255 892 - www.gernika-lumo.net - juil.-août : lun.-sam. 10h-19h, dim. 10h-14h ; reste de l'année : lun.-sam. 10h-14h, 16h-19h, dim. et j. fériés 10h-14h - fermé 1er et 6 janv., 24, 25 et 31 déc.*
**Les circuits** proposés dans la ville sont balisés au sol par des carreaux de céramique de différentes couleurs.
**Visites guidées** – *Sur réserv. à l'OT (min. 10 pers.) - visite en basque, espagnol et anglais - 2,50 €/pers.* Visite générale (1h), maisons du bombardement (1h30), église Sta María (1h30), visite des marchés (45mn).

### SE REPÉRER

Carte de région C1 (p. 306) – *Carte Michelin n° 573 C 21.* Guernica se situe au fond de l'estuaire du même nom, à 34 km à l'est de Bilbao. Le centre-ville de Guernica se concentre autour du musée de la Paix, ouvert sur une place à arcades derrière laquelle se dressent les quelques maisons rescapées du bombardement de 1937. Jouxtant cet ensemble, le parc des Peuples d'Europe abrite des œuvres de Chillida et de Moore, exposées dans le jardin attenant au palais Udetxea *(accès par une passerelle)* qui accueille le siège de la réserve d'Urdaibai et un espace d'informations sur sa biosphère et sa faune. De l'autre côté du parc des Peuples, derrière le parlement, se trouve le couvent des clarisses.

### SE GARER

En lisière de ville, le long de la rivière, ou bien en centre-ville. Attention à respecter les horaires de stationnement, car la police veille !

### À NE PAS MANQUER

Le musée de la Paix.

### ORGANISER SON TEMPS

Une journée peut être consacrée aux douloureux souvenirs de la guerre civile, sans délaisser pour autant les beautés naturelles de la *ría*.

### AVEC LES ENFANTS

Le musée de la Paix, la réserve naturelle d'Urdaibai et les œuvres d'Agustín Ibarrola à découvrir dans la forêt de Oma.

**LA VILLE MARTYRE**

Le 26 avril 1937, en pleine guerre civile, une escadrille allemande bombarde la localité, faisant plusieurs centaines de morts en ce jour de marché. Premier raid aérien massif sur des populations civiles de l'histoire, le drame marquera durablement les esprits. Aujourd'hui au musée Reina Sofía de Madrid, la célèbre toile de **Picasso**, *Guernica*, perpétue le souvenir des victimes de la barbarie.

**PRIVILÈGES SOUS LE CHÊNE**
Depuis le Moyen Âge, les représentants biscayens se réunissent à Guernica, au pied du chêne tutélaire. Ils y recevaient le serment des seigneurs de Biscaye qui promettaient de respecter les **fueros** (privilèges locaux). Les rois d'Espagne se plièrent jusqu'en 1876 à la coutume… qui fut rétablie en 1936 par José Antonio Aguirre puis supprimée une seconde fois sous Franco. Adaptés et restaurés en 1979 à la fin du règne du dictateur, ils régissent à nouveau l'ensemble du Pays basque espagnol. Aujourd'hui, on peut toujours méditer devant l'arbre millénaire (*ci-dessous*)…

**Un musée sur la paix, un centre-ville à la fois paisible et animé, et une réserve naturelle riche en biodiversité : relevée de ses cendres, Guernica semble dédiée à l'harmonie. Un équilibre difficile à trouver face au développement économique et urbain, mais qu'elle gère pour l'instant avec brio.**

## Se promener

★★ **Musée de la Paix** (Museo de la Paz)
*Foru plaza, 1 - 946 270 213 - www.museodelapaz.org - ♿ - mar.-sam. 10h-19h, dim. 10h-14h - fermé lun. - 5 € (-12 ans gratuit), gratuit 1er dim. du mois.*
La visite, très émouvante, se divise en trois espaces : le premier tente de cerner la notion de paix au travers de citations de personnalités célèbres (Martin Luther King, Gandhi, Chateaubriand, etc.) ; le deuxième revient sur l'histoire tragique de Guernica (admirable mise en condition dans une pièce d'habitation reconstituée) ; et le troisième aborde la question de la paix aujourd'hui (conflit basque, politique pénitentiaire, torture, etc.).

**Parlement** (Casa de Juntas)
*Allende Salazar - 946 251 138 - www.jjggbizkaia.net - tlj sf jours d'assemblée, été : 10h-14h, 16h-19h ; hiver : 10h-14h, 16h-18h - gratuit.*
Toujours debout en dépit des bombardements de la guerre civile, ce bâtiment de 1826 abrite le parlement de Biscaye.
**Salle du Vitrail** – Ainsi nommée pour le gigantesque vitrail posé en 1985 au plafond. Sa bordure présente les monuments les plus significatifs de chacune des villes de Biscaye. Des panneaux et des objets présentent et illustrent l'histoire de la province et de ses représentants.
**Salle du Parlement ou Sta María la Antigua** – Jusqu'au début du 19e s., les Biscayens se réunissaient autour du chêne et ils prêtaient serment dans un sanctuaire : Sta María la Antigua. Devenu trop petit, ce dernier a été remplacé en 1826 par l'actuelle salle qui occupe le centre du Parlement. Notez la disposition en ellipse, tout à fait adaptée pour des célébrations religieuses. Des portraits de différents seigneurs de Biscaye et des tableaux évoquant les serments des *fueros* (*l'encadré ci-dessus*) ornent les murs.
**Arbre de Guernica** (Arból de Guernica) – Le chêne actuel, planté en 1860, se dresse face à la tribune. Son prédécesseur, dont il ne reste que le tronc, est protégé par un petit temple construit en 1929, un peu à l'écart.

**Palacio Alegría - Museo Euskal Herria**
*Allende Salazar, 5 - 946 255 451 - www.bizkaia.net/euskalherriamuseoa - ♿ - mar.-sam. 10h-14h, 16h-19h, dim. 10h30-14h30, dim. juil-août et j. fériés 10h30-14h30, 16h-19h30 - 3 € (-26 ans 1,50 €) ; gratuit sam.*

Belle demeure épargnée par le bombardement de 1937. Le musée s'attache à expliquer l'histoire de la maison, puis celle de l'habitat basque (maquette à l'appui) et de la navigation. À l'étage, vous découvrirez les personnalités qui ont contribué à redonner un souffle à la culture basque au 19e s.

### Du côté de la ría

*Possibilité de garer sa voiture au parking du stade.*

Cette promenade qui longe l'estuaire de Guernica débute au pont menant au centre-ville. Joggeurs, cyclistes et maîtres avec leurs chiens se partagent ce chemin qui devient de plus en plus sauvage au fur et à mesure que Guernica s'éloigne et que se rapproche Urdaibai.

## À proximité Carte de région

### Grottes de Santimamiñe (Cuevas de Santimamiñe) C1

*Barrio Basondo - Kortezubi (à 6 km au nord-est de Guernica par la BI 2238 en direction de Lekeitio ; après 2,5 km, prenez à droite la BI 4244) - 944 651 657 - mar.-dim. 10h-13h30, 15h-19h - fermé lun. sf j. fériés - visite guidée seult (env. 1h30), réserv. indispensable, possibilité de visite en français - 5 € (-26 ans 2 €, -6 ans gratuit).*

En 1917, on découvrit dans ces grottes de superbes peintures et gravures rupestres de l'époque magdalénienne. Dans un souci de préservation, les salles ornées de peintures sont aujourd'hui fermées au public, mais on peut désormais les admirer en visite virtuelle.

### Forêt d'Oma (Bosque de Oma) C1

*À 8 km au nord-est par la BI 2238 en direction de Lekeitio. Après 2,5 km, prenez à droite la BI 4244.*

*Comptez 45mn depuis le parking des grottes. Le chemin monte, bordé d'épineux puis de pins, et redescend sur 300 m pour mener au bois peint.*

Des formes géométriques capricieuses, des silhouettes humaines qui se cachent derrière les troncs et d'immenses taches de couleur témoignent de l'union entre l'art et la nature qu'a voulu inscrire en ce lieu boisé le peintre **Agustín Ibarrola** (né en 1930).

### Réserve naturelle d'Urdaibai (Reserva de la biósfera de Urdaibai) C1

*Sur la rive gauche de l'estuaire en direction de Mundaka. Se rens. au centre de biodiversité du Pays basque à Busturia - Torre Madariaga - 946 870 402 - www.torremadariaga.net - ♿ - juil.-août : mar.-dim. 10h-20h ; reste de l'année : mar.-dim. 10h-19h - fermé lun. - tour d'observation, nombreuses activités et expositions : visite du centre 3 €, visite du centre + guidée dans la réserve 5 €.*

Déclarée réserve de Biosphère par l'Unesco, elle couvre 220 km², soit près de 10 % de la Biscaye. Elle s'étale sur les deux versants de l'estuaire, englobant aussi bien la côte sableuse que les zones marécageuses et les forêts de résineux et de chênes verts. Vingt-cinq milieux végétaux différents ont été répertoriés entre les forêts, les maquis et les landes, les rochers, l'eau douce et salée et les sables côtiers. Cette diversité n'est pas pour déplaire aux oiseaux migrateurs ni aux mammifères, ni même aux poissons et aux amphibiens qui vivent sur ce territoire.

**Observatoire des oiseaux** – *Dir. Mundaka, par la BI 2235. À Altamira, repérez sur la droite un panneau, tout de suite après le petit pont, indiquant la réserve d'Urdaibai. La route mène à la gare ferroviaire. Garez-vous et traversez la voie, en faisant bien attention. Au bosquet, vous trouverez un panneau explicatif. Suivez le sentier à gauche.* On accède à l'observatoire *(15mn)* par une vaste étendue herbeuse et parfois marécageuse, qui mord sur la *ría* prise entre les collines. On a ainsi l'impression d'être au cœur de l'estuaire où s'ébattent spatules, hérons, aigrettes, etc.

**Plages** – Signalées par les panneaux « Hondartza », à droite de la BI 2235, elles sont finalement peu nombreuses. À **Sukarrieta**, la plage officielle, toute petite, se trouve face au jardin botanique, planté sur son rocher. La plupart des habitants profitent de la marée basse pour descendre à même le sable de la *ría* et se baigner éventuellement dans les mares.

# Circuit conseillé Carte de région

### DE GUERNICA À MARQUINA-JEMÉIN C1

*Pour visualiser ce circuit de 80 km au départ de Guernica, reportez-vous à la carte de région (p. 306) - comptez env. 2h. Quittez Guernica par la BI 635 au sud, en direction de l'A 8. À Zugaztieta, prenez à gauche la BI 3231. Traversez Aiuria, puis Urrutxua, et continuez vers Munitibar.*

★ **Belvédère de la Biscaye** (Balcón de Bizkaia / Vizcaya)

Ce belvédère tourné vers les paysages montagneux dévoile, au-delà du faîte des arbres, une mosaïque de prés et de forêts.

*Continuez jusqu'à Munitibar, puis tournez à droite vers Bolibar sur la BI 2224.*

La route en descente vers Bolibar révèle par intermittence de très belles échappées sur le monastère de Cenarruza, isolé sur sa colline.

*Juste avant Bolibar, prenez à droite en direction de Ziortza.*

★ **Monastère de Cenarruza** / Ziortza

*Sonnez à la boutique pour que l'on vienne vous ouvrir.*

Charmant monastère (14e s.) regroupé autour de la collégiale. L'attrait du site tient autant à son environnement champêtre qu'à la sobriété de son architecture. L'histoire raconte que, durant la messe de l'Assomption célébrée à Sta Lucia de Garay en l'an 968, un aigle survola l'assemblée des fidèles pour s'emparer d'un crâne dépassant des sépultures de l'église. Depuis, les armoiries de Cenarruza représentent la scène. Vous pourrez en voir une représentation sur le mur extérieur de la porte est.

**Collégiale** – Jetez un œil à son petit cloître avant d'entrer dans l'église, d'une simplicité émouvante. Son seul luxe se concentre dans le petit retable polychrome de l'autel qui abrite le tombeau de l'abbé Irusta (1485-1563). En sortant, notez les sculptures réalisées sur les poutres de l'auvent, et tournez-vous vers la porte pour ne pas manquer les figures naïves qui la surmontent.

*Revenez à Bolibar.*

**Bolibar** / Bolívar

L'église forteresse Santo Tómas, fondée au 10e s. et reconstruite aux 17e-18e s., paraît occuper le village d'où serait originaire **Simón Bolívar**. Un musée, installé dans une maison traditionnelle située derrière l'église, lui est consacré.

**Musée Bolívar** – *Errementarikua Baserria, Beko kale, 4 - ✆ 946 164 114 - www.simonbolivarmuseoa.com - juil.-août : mar.-dim. 10h-13h, 17h-19h, w.-end et j. fériés 12h-14h ; reste de l'année : mar.-vend. 10h-13h, w.-end et j. fériés 12h-14h - fermé lun. - entrée libre.* Le premier étage évoque l'histoire du village médiéval ; le deuxième présente la vie et la carrière de ce chef du mouvement indépendantiste latino-américain au travers de panneaux et de documents d'archives.

*Quitter Bolibar en direction de Markina-Xemein par la BI 633.*

**Marquina-Jeméin** / Markina-Xemein
Mentionnée pour la première fois dans les textes en 1355, cette commune jouait un rôle défensif sur la frontière avec le Guipúzcoa.
**Chapelle de San Miguel de Arretxinaga** – Chapelle excentrée dans le quartier d'Arretxinaga. À l'intérieur, trois gigantesques rochers se soutiennent mutuellement, faisant comme une grotte à la statue de saint Michel (16e s.).
**Église des Carmélites** (Iglesia del Cármen) – *Dans le village, en direction de Durango.* 18e s. Elle abrite trois magnifiques retables en bois doré.
**Kalea Guen** – Cette rue conserve encore deux maisons-tours aux nos 5 et 7. Voyez à côté l'hôtel de ville (16e s.) aux colonnes baroques de grès rose.
**Place principale** – Bel espace dégagé, sur lequel donnent l'église et des maisons anciennes, comme le palais baroque Solartekua, repérable à ses blasons.
*Revenez à Guernica par la BI 3448 jusqu'à Aulesti, à l'ouest, puis la BI 3242*

## NOS ADRESSES À GUERNICA

### HÉBERGEMENT

#### PREMIER PRIX

**Pension Akelarre** – *Barrenkale, 5 - 946 270 197 - www.hotelakelarre.com - 17 ch. 47/55 € - 9 €.* Les chambres de cette coquette pension allient l'esthétique au confort. Salon terrasse au dernier étage, avec solarium et vue panoramique.

#### BUDGET MOYEN

**Hôtel Gernika** – *Carlos Gangoiti, 17 - 946 250 350 - www.hotel-gernika.com - P - fermé 23 déc.-23 janv. - 40 ch. - 75/90 € - 6 €.* Établissement familial disposant d'un bar élégant et d'agréables parties communes. Climatisation, et salles de bains en marbre dans certaines chambres.

### RESTAURATION

#### PREMIER PRIX

**Gernika** – *Industria, 12 - 946 250 778 - formule déj. 10,50 € - 18 €.* Murs en pierre, tables bien dressées et horloges anciennes forment un décor chaleureux. Savoureuses spécialités basques.

#### BUDGET MOYEN

**Lezama Taberna Jatetxa** – *Industria, 14 - 944 653 769 - www.tabernalezama.com - fermé dim. soir et lun., nov. - 16/40 €.* Restaurant familial sobre et lumineux. Les tables dressées en noir et blanc s'accordent aux plats de cuisine traditionnelle basque. Belle carte des vins.

#### POUR SE FAIRE PLAISIR

**Zallo Barri** – *Juan Calzada, 79 - 946 251 800 - www.zallobarri.com - seult déj. sf vend. et sam. - 40/55 €.* Établissement moderne de style minimaliste. Bien aménagé, il propose une cuisine contemporaine intéressante.

### AGENDA

**Dimanche de carnaval** – *Fév.-mars. Markina-Xemein - 946 167 454.*
**Fêtes patronales de Gernika-Lumo** – *14-18 août.* Andra Mari et San Roque.
**Fête de San Miguel** – *29 sept. Markina-Xemein.*
**Grand marché** – *Dern. lun. d'oct.*

# Durango

28 226 habitants

NOS ADRESSES PAGE 344

**S'INFORMER**
**Office de tourisme** – *Lariz Torre, 2 - 946 033 938 - www.durango-udala.net - 10h-14h30, lun., jeu. et vend. 16h-18h30 - fermé 1er, 6 janv. et 25 déc.*

**SE REPÉRER**
Carte de région C2 (p. 306) – *Carte Michelin n° 573 C 22.* Implantée sur l'axe St-Sébastien-Bilbao (A 8), Durango n'est qu'à 30 km à l'est de la capitale biscayenne.

**SE GARER**
Le centre étant piétonnier, mieux vaut chercher à vous garer du côté de la gare, qui n'est pas loin du cœur historique.

**À NE PAS MANQUER**
Le porche de la basilique Sta María.

**ORGANISER SON TEMPS**
Visiter la ville le matin et s'échapper pour une randonnée dans le parc d'Urkiola l'après-midi.

**AVEC LES ENFANTS**
Les circuits pédagogiques partant de la Maison du parc d'Urkiola.

**Cité industrielle, Durango est bâtie au bord d'une rivière et entourée de montagnes. Elle recèle néanmoins un quartier historique ramassé autour de la magnifique basilique et de son porche. Aux alentours, découvrez les hectares protégés du parc d'Urkiola ; les palais d'Elorrio sont tout proches.**



## Se promener

*Franchissez la Mañaria à la calle Andra Mari.*

### ★★ Basilique Sta María de Uribarri

Cette église du 14e s. renferme un superbe **retable★** Renaissance en bois doré du 16e s. dédié à la Vierge (scènes de l'Annonciation, de la Nativité, de l'Assomption, etc.), mais elle mérite surtout le détour pour la magnifique **charpente★★** de son porche, dont la hauteur et les volumes impressionnent. Il héberge le marché local.

*En poursuivant la calle Andra Mari par le chevet, vous atteignez Kurutziaga.*

### ★ Croix de Kurutziaga (Cruz de Kurutziaga)

Dressée devant l'église des pères jésuites, cette croix originale évoque un calvaire breton, car elle est sculptée sur ses deux faces (paradis, Adam et Ève, les 12 apôtres). Elle fut érigée comme croix expiatoire en réparation de l'hérésie menée par le franciscain fray Alonso de Mella et propagée à partir de 1442. On ne sait pas grand-chose, faute de documents, si ce n'est que ce « religieux » critiquait l'église et prônait une société où tout serait partagé, les biens matériels comme les femmes… Ce « hippie » avant l'heure parvint

**DURANGO DUR À CUIRE**

Le toponyme Durango daterait du haut Moyen Âge. Pour certains, il dériverait du vocable Urazango, pour d'autres, il viendrait du nom Padurango ou d'un toponyme romain, Duranicus. Jusqu'à la fin du 11e s., le village dépend de Pampelune et de la Navarre puis, après 1095, passe à la Biscaye avant de devenir castillan à la fin du 12e s. Ce n'est qu'à cette période que le village reçoit ses lettres de fondation. Après avoir été dévastée par la peste en 1517 et 1597, par une inondation en 1544 et par un incendie en 1554, la ville dut supporter le coût des guerres castillanes contre la France au 17e s., puis l'occupation napoléonienne au début du 19e s. Pendant les guerres carlistes, elle soutint les libéraux. Fortement industrialisée par la suite, elle fut le théâtre de batailles et de bombardements lors de la guerre civile, notamment en mars-avril 1937, pour avoir choisi de demeurer fidèle au camp républicain.

à rallier à ses théories subversives nombre d'habitants de la ville dont une centaine fut brûlée en 1444, sous prétexte de sorcellerie, sur les lieux où avait été élevée la croix.
*Revenez sur vos pas et prenez la calle Kalebarria à gauche.*

### Place Garitaonaindia

Jolies maisons basques, l'une traditionnelle, avec briques et pans de bois, et l'autre à colonnades.

### Église Sta Ana

L'église se dresse sur la **place★** du même nom, au sol pavé de galets et décoré d'une croix tracée à l'aide de pierres. Un petit arc de pierre, aussi baptisé Sta Ana et construit en 1566, complète le tableau. C'est l'unique vestige des anciennes portes de la ville. Il a été retouché en 1744 avec l'adjonction d'éléments classiques.
*Prenez la calle Arte.*

### Hôtel de ville (Ayuntamiento)

Vous ne pourrez pas manquer ce bâtiment, car il arbore en façade une fresque rococo (refaite après la guerre civile selon le dessin d'origine réalisé en 1722 par un peintre originaire de Bilbao, Ignacio de Zumárraga).
*Revenez sur la calle Andra Mari par la calle Arte, ou sa parallèle à gauche, Barenkalea.*

## À proximité Carte de région

### Parc naturel d'Urkiola C2

*À 11 km au sud de Durango par la BI 623 en direction de Vitoria.*
**Maison du parc naturel d'Urkiola Toki Alai** – *Puerto de Urkiola - ✆ 946 814 155 - www.urkiola.net - ♿ - été : 10h-14h, 16h-18h ; hiver : 10h30-14h30, 15h30-17h30 - fermé 1er et 6 janv., 25 déc. - gratuit.*
Cartes de randonnées et informations sur la biodiversité et la géologie du parc y sont disponibles.
Itinéraires pédagogiques de 1h au départ de la maison et aboutissant au sanctuaire de San Antonio.
Fondé en 1989, le parc couvre près de 6 000 ha du massif montagneux karstique du même nom, qui est à cheval entre la Biscaye et l'Álava. Il présente

Façade rococo de l'hôtel de ville à Durango.
*S. Sauvignier / Michelin*

des paysages de prairies et de falaises austères où nichent des vautours fauves. Les forêts (un tiers de la superficie) sont en plein développement grâce à des plantations de pins et de mélèzes qui viennent s'ajouter aux chênaies, hêtraies et pinèdes d'origine.

**Église de San Antonio** – *Au col d'Urkiola.* Construite sur un sanctuaire du 7e s., l'église présente une façade murée, ornée simplement d'une porte et d'un vitrail en hauteur. Les restes d'un cloître lui servent de parvis.

À l'intérieur, l'absence de chœur donne une allure très contemporaine à l'ensemble.

Beaux **points de vue** sur le parc d'Urkiola depuis le belvédère aménagé dans les bois *(suivez le chemin de Croix, sur la gauche).*

Comptez une demi-journée de marche AR depuis le sanctuaire pour atteindre le mont **Anboto** qui culmine à 1 331 m… Mais attention, c'est sur l'un de ses versants que se trouve la grotte où réside la Dama de Anboto, la déesse de la nature qui détient le secret de la foudre et se nourrit des mensonges proférés par ses visiteurs.



### ★ Elorrio C2

*À 12 km au sud-ouest de Durango par la BI 632 en direction d'Arrasate. Après Apatamonasterio, continuez sur 3 km, puis prenez à gauche en direction d'Elorrio.*

Ce village fondé en 1356 concentre un nombre impressionnant de **palais** des 17e et 18e s. sur seulement quelques rues, héritage des fortunes accumulées par les échanges avec le Nouveau Monde. La plus blasonnée est celle de Berriochoa (Berriotxoa), mais vous verrez aussi de belles façades dans les rues San Pio X, Gernikako, Erreka ou Urarka, pour ne citer qu'elles.

Ne manquez pas de faire un arrêt sur la charmante place de l'Arbre de Guernica (plaza Gernikako Arbola), dominée par la basilique de la Purísima Concepción (15e s.). Elle conserve les reliques du saint patron de la Biscaye, saint Valentín de Berriochoa (1827-1861), missionnaire dominicain qui mourut en martyr au Vietnam. Il était né dans le palais d'Arriola.

**Otxandio** / Ochandiano C2
*À 18 km au sud de Durango par la BI 623. Après Andaparaluzeta, faites quelques centaines de mètres et prenez à gauche la BI 3451.*
Ce petit village ne manque pas de caractère, avec ses ruelles étroites et sa place qui regroupe, comme il se doit, l'hôtel de ville (1742) et ses arcades, le fronton de pelote, le préau où se réfugier en cas de pluie, et l'église de Sta Marina du 16e s. dont le **portail★**, très simple, révèle l'existence d'un sanctuaire antérieur.

## NOS ADRESSES À DURANGO

### HÉBERGEMENT ET RESTAURATION

#### PREMIER PRIX

**Bar Zero Cruzabi Lantada** – *Andra Maki Kalea, 6 - ✆ 946 812 222 - lun.-vend. 8h-23h30, sam. 9h-2h, dim. 10h-0h - 10 €.* Ce bar à *pintxos*, situé en face de la collégiale, donne une ambiance locale.

### À proximité de Durango

**Ermintxo** – *Barrio Elejalde - Natxitua - ✆ 946 277 700 - www.euskalnet.net/ermintxo - fermé nov. - 8 ch. 65 € - ☕ 6 € - rest. 35 € (fermé lun. soir et mar. sf en été).* Entouré de paysages verts et avec une belle vue sur la mer, cet établissement propose des chambres accueillantes et confortables. Côté restaurant, on savoure les spécialités régionales.

#### BUDGET MOYEN

**Hôtel Kurutziaga** – *Kurutziaga, 52 - ✆ 946 200 864 - www.hoteldurango.es - P - 18 ch. 75/100 € ☕ - rest. 35/45 € (fermé dim. soir).* La réception et les parties communes sont petites, mais les chambres sont bien équipées. Les salles de bains des chambres individuelles ne comportent qu'une douche. Un pavillon extérieur, à la décoration originale mariant le fer et le verre, a été aménagé pour les banquets.

**Grand Hôtel Durango** – *Gasteiz bidea, 2 - ✆ 946 217 580 - www.granhoteldurango.com - P - 68 ch. 99/118 € - ☕ 15 € - rest. 21/55 € (fermé dim. soir).* Sorte de petit palais bien construit et décoré avec goût. Espaces communs élégants et chambres modernes. Le restaurant est bien tenu et propose des viandes de son propre élevage de bovins.

### AGENDA

**Romería à Urkiola** – *13 juin.*
**Fête patronale de San Fausto** – *13 oct.* Les jours qui précèdent et qui suivent cette date sont synonymes de festivités dans toute la ville.
**Foire du livre et du disque basque** – *1re quinz. de déc. - ✆ 946 033 938.*

# Balmaseda

**Valmaseda**

7 583 habitants

## NOS ADRESSES PAGE 349

### S'INFORMER

**Office de tourisme** – *Martín Mendía, 2 - ☏ 946 802 976 - www.balmaseda.net ou www.enkartur.net - 15 juin-15 sept. : lun.-sam. 9h-14h, 16h-19h, dim. et j. fériés 9h-14h ; reste de l'année : lun.-vend. 10h-14h, 16h-19h, w.-end et j. fériés 10h-14h.*

### SE REPÉRER

Carte de région A2 (p. 306) – *Carte Michelin n° 573 C 20.* À 30 km à l'ouest de Bilbao. Le vieux Balmaseda s'étend sur quatre rues parallèles le long du río Cadagua, encadré à l'ouest par l'office de tourisme, et à l'est par l'hôtel de ville et l'église San Severino.

### SE GARER

Les parkings sont situés pour la majorité à l'est de la ville, de part et d'autre de la rivière. Celui qui se trouve derrière la mairie est le plus central.

### À NE PAS MANQUER

L'intérieur de l'office de tourisme, situé dans l'ancienne église Sta Clara.

### ORGANISER SON TEMPS

Balmaseda déploie tout son charme en fin de matinée ou en fin de journée, lorsque l'animation des rues est à son comble. Le reste de la journée pourra être consacré à la vallée de Karrantza, avec un détour par le musée des Encartaciones.

### AVEC LES ENFANTS

Rendez visite aux animaux et aux dinosaures du parc Karpin Abentura et découvrez la grotte Pozalagua.

4

**Tradition et inventivité, telle pourrait être la devise de la capitale des Encartaciones. Balmaseda a en effet su préserver ses coutumes, comme celle de la « Passion vivante », et mettre en valeur son patrimoine, en n'hésitant pas à reconvertir ses monuments en musée ou en centre culturel. Résultat : un cœur historique où l'on a plaisir à flâner, et un point de départ idéal pour rayonner dans la région.**

## Se promener

**Hôtel de ville** (Casa Consistorial) – La forêt d'arcades qui caractérise le rez-de-chaussée de la **mairie** du 18e s. n'est pas sans rappeler celle de la mosquée de Cordoue, d'où son surnom de « Mezquita ». Les piliers ne sont cependant pas aussi anciens et datent pour la plupart du début du 20e s.

*Devant le bâtiment se déploie la vaste place St-Séverin.*

**Église San Severino** – Jouxtant l'hôtel de ville, cette église gothique du début du 15e s. embaume l'encaustique. On peut y admirer un certain nombre d'ajouts ultérieurs comme la chapelle centrale, commandée en 1545 par Juan de Urrutia. Des sculptures maniéristes ornent son retable, attribué aux frères

Beaugrant. Notez également les bas-reliefs de style Art nouveau dans la nef de droite. De son côté, l'extérieur affiche un style baroque avec un clocher du 18e s., décoré d'un double balcon ornemental.

*Engagez-vous dans la calle Correria aboutissant à la plaza de los Fueros.*

**Palais Urrutia** – Maison du 17e s. reconnaissable à son portail encadré de colonnes néoclassiques.

*Prenez la calle El Cubo, puis le campo de las Monjas.*

**Ensemble de Sta Clara** (Conjunto monumental de Sta Clara) – Occupé jusqu'en 1985 par des clarisses, ce couvent datant de 1675 abrite aujourd'hui un hôtel, et son **église★**, l'office de tourisme. L'étape en ce lieu reconverti est indispensable, ne fût-ce que pour admirer le magnifique orgue rococo de 1770 et les superbes retables baroques des 17e-18e s. !

*Revenez vers le vieux centre en longeant la rivière Cadagua.*

**Pont Vieux** (Puente Viejo) – Ce pont médiéval, autrefois point de passage obligé sur la route de Castille, aurait été édifié au début du 13e s. Postérieure, sa tour est devenue le symbole de Balmaseda. Elle faisait partie de l'enceinte fortifiée de la ville et en constituait l'une des principales entrées. En raison de son arche centrale surélevée qui rendait le charriage difficile, ce pont fortifié fut supplanté au 17e s. par un autre, construit plus en aval.

*Peu après le pont, tournez à gauche vers la place St-Jean.*

**Plaza San Juan** – Sur cette place très centrale se dressent deux églises. La plus moderne (début du 20e s.) a été transformée en centre culturel, le Klaret Antzokia, inauguré en 2005. La seconde, anciennement San Juan Bautista del Moral, fondée au 15e s., a été reconvertie en musée.

**Musée de l'Histoire de la ville** (Museo de la Historia de Balmaseda) – *☏ 657 795 806 - ♿ - juin-sept. : mar.-sam. 10h30-13h30, 17h-19h30, dim. et j. fériés 10h-14h ; reste de l'année : mar.-sam. 10h-13h30, 16h30-19h, dim. et j. fériés 10h30-14h30 - fermé lun. - 1 € (-16 ans gratuit).* La nef de l'ancienne église réunit une série d'objets et de panneaux illustrant l'histoire de Balmaseda, son patrimoine et ses traditions, parmi lesquelles la célèbre Passion vivante du Christ. D'autres sont consacrés aux personnalités de la ville, comme l'homme politique et historien local Martín de los Heros e Hita (1786-1859) ou les peintres Roberto Rodet (1915-1989) et María Francisca Dapena (1924-1995). La galerie supérieure présente quelques objets du 19e s., permettant de recomposer une sorte d'intérieur bourgeois typique de l'époque.

*Suivez la rue Martín Mendia pour passer devant le palais Horcasitas.*

**Palais Horcasitas** – La sobre façade de ce palais, construit à la fin du 17e s. ou au début du 18e s., arbore le blason de la famille Horcasitas. Celle donnant sur la ruelle voisine offre un bel exemple de style néoclassique.

*La rue Martín Mendia vous ramènera à la place St-Séverin.*

### LA SEMAINE SAINTE

Le Jeudi et le Vendredi saints, la reconstitution de la Passion du Christ draine à Balmaseda des milliers de personnes. La tradition remonterait au 15e s. et à une épidémie de peste. Sa mise en scène a sans cesse évolué, passant d'une simple procession à une véritable mise en scène vivante de la Passion, laquelle comprend aujourd'hui neuf tableaux vivants. Les spectateurs assistent donc à la Cène, à la prière du mont des Oliviers, à l'arrestation de Jésus, à sa confrontation avec le grand prêtre puis avec Ponce Pilate, à son chemin de Croix et à sa crucifixion, joués et mis en scène par les habitants.

**UNE POSITION STRATÉGIQUE**

Balmaseda s'enorgueillit de compter parmi les cités fondatrices de Biscaye, voire d'être la première puisque ses actes remontent à 1190. Elle se développa entre les collines et la rivière, à l'endroit le plus facile à fortifier. L'emplacement était aussi idéal d'un point de vue commercial, puisqu'il se trouvait sur la route menant en Castille. La ville n'eut qu'à réutiliser l'ancienne voie romaine pour assurer sa prospérité. Marchands, aubergistes et artisans développèrent leurs activités. Mais au 18e s., cette source de richesse se tarit, suite à l'ouverture d'une nouvelle voie de communication passant par Orduña. Au 19e s., Balmaseda dut aussi faire face aux différentes guerres (napoléoniennes, carlistes). Mais à la fin du siècle, le chemin de fer relança son activité. Aujourd'hui, c'est sur son patrimoine et ses services que s'appuie la capitale des Encartaciones.

# À voir aussi

### Musée du Béret et de l'Industrie textile basque

(Museo de la Boina La Encartada)

*Sortie côté Burgos, Bº El Peñueco, 11 - ☏ 946 800 778 - www.laencartadamuseoa.com - 15 avr.-15 oct. et Sem. sainte : mar.-vend. 10h-14h, 16h-19h, sam. 10h30-19h, dim. 11h-15h ; reste de l'année : mar.-vend. 10h-14h, sam. 10h30-19h, dim. 11h-15h - fermé lun., 1er, 6 janv. et 25 déc - 5 € (enf. 3 €).*

Ancienne usine de bérets fondée en 1892. Son architecture et ses machines sont encore en état.

# À proximité Carte de région

**LAS ENCARTACIONES** / ENKAITERRIAK A2

Cette appellation désigne le territoire occidental de la Biscaye, délimité par la Cantabrie, la Castille et le Nervión. C'est une région au relief accidenté, dont les vallées et les villages, encore tournés vers une économie pastorale et agricole, ont conservé toute leur authenticité.

4

### Avellaneda A2

*À 7 km au nord de Balmaseda par la BI 630, puis la BI 2701 à Otxaran.*

**Museo de las Encartaciones** – *Le musée se trouve sur la route de Muskiz, dans la montagne - ☏ 946 504 488 - www.enkarterrimuseoa.net - ♿ - juil.-sept. : mar.-sam. 10h-14h, 17h-19h, dim. et j. fériés 10h-14h ; reste de l'année : mar.-sam. 10h-14h, 16h-18h, dim. et j. fériés 10h-14h - fermé lun., 1er, 6 janv. et 25 déc. - gratuit.* Un bâtiment moderne, précédé de piliers bleus, marque l'entrée de ce musée qui occupe l'ancienne demeure fortifiée (15e s.) où se réunissaient jusqu'au 19e s. les représentants des villages de la région. Les différentes salles abordent chacune un thème ou une période historique, reconstituant la géographie et l'histoire de la région. Ainsi, la pièce d'exposition évoquant la romanisation présente-t-elle la coupe d'une voie romaine ; celle du haut Moyen Âge, la reproduction de tympans. Les tours défensives du bas Moyen Âge illustrent, quant à elles, les guerres d'influence que se livraient les seigneurs de l'époque. La démarche didactique est bien illustrée grâce à des maquettes, des costumes, des outils, des photos, des sculptures et de nombreux panneaux explicatifs.

### Güeñes A2

*À 10 km à l'est de Balmaseda par la BI 636 en direction de Bilbao. Après environ 7 km, tournez à gauche et traversez Aranguren pour rejoindre Güeñes par la BI 3631.*

**Église Sta María** – Intéressante église gothique du 16e s. au mobilier et à la décoration recherchés. Son **portail★** comprend de belles portes en bois clouté ainsi qu'une ornementation marquant la transition entre les styles gothique et Renaissance.

## Circuit conseillé Carte de région

### VALLÉE DE KARRANTZA (KARRANTZA HARANA / VALLE DE CARRANZA) A1-2

*Pour visualiser ce circuit de 80 km au départ de Balmaseda, reportez-vous à la carte de région (p. 306) - comptez environ une journée. Quittez Balmaseda en direction de Castro-Urdiales, puis restez sur la BI 630 (direction Santander).*

**Valle de Carranza** – *696 446 301 - www.karrantza.org.*

### Nuestra Señora del Buen Suceso A1-2

L'église rendant hommage à la sainte patronne de la vallée présente une silhouette trapue, aux murs épais. Un beau jour de l'an 1670, la Vierge Marie apparut à María Rozas, une sage jeune fille du village de Campillos. Elle lui demanda de prévenir le curé et les habitants afin qu'ils élèvent une église pour sa statue, trouvée le 18 septembre. Les fidèles s'exécutèrent et le temple fut dressé à l'endroit de l'apparition. Depuis l'auvent et la porte principale, la **vue** est imprenable sur le magnifique retable baroque du 18e s. qui tapisse le fond de la nef, derrière l'autel. Ses trois panneaux encadrent la statue de Notre-Dame du Buen Suceso (67 cm) en bois polychrome du 17e s.

De petites **arènes** s'appuient contre l'édifice. Elles accueillent les corridas organisées le 18 septembre, à l'occasion de la fête de la sainte patronne (ce jour-là, une messe est célébrée chaque heure). Vous pourrez pique-niquer à proximité, des tables en bois étant dressées à cet effet près de l'église. Non loin de là, le **monument à la Vierge**, réalisé par le sculpteur Joaquín Lucarini Macazaga (1905-1969) en 1953, veille sur la vallée du haut de ses 14 m.

*Reprenez la BI 630 en direction de Santander. Après El Cajello, tournez à droite en direction de Paúles.*

### Biañez A1-2

**Église St-André** – Mitoyenne du cimetière, cette église des 14e et 15e s. occupe une petite éminence à l'entrée du village. L'un des murs intérieurs est entièrement recouvert de fresques mises au jour lors de la restauration d'un retable. Les peintures s'organisent en trois panneaux verticaux représentant de gauche à droite : la Passion, le martyr de saint André et la Cène.

*Traversez le village et prenez la direction de Paúles.*

### Karpin Abentura / El Carpín A1

*944 479 206 / 946 107 066 - www.karpinabentura.com - ♿ - du 1er juil. au 15 sept. : 11h-19h ; reste de l'année : w.-end, j. fériés et vac. scol. 11h-19h (17 oct.-31 mars : 17h) - fermé 1er et 6 janv., 24, 25 et 31 déc. - 9 € (-16 ans 6 €).*

Propriété d'été de l'ingénieur Urbano Peña y Chávarri au début du 20e s., ce parc de 20 ha a par la suite servi de jardin d'enfants, de caserne et d'hôpital pendant la guerre civile. Depuis 1996, il accueille une cinquantaine d'espèces protégées parmi lesquelles des chouettes, des kangourous, des sangliers, des loups et des panthères noires. La plupart des animaux sont nés en captivité, les autres étant là en convalescence. Après avoir passé un moment avec eux, vous pourrez vous amuser à découvrir la faune préhistorique en parcourant un chemin inspiré de *Jurassic Park*. Bruitages, mannequins et explications se déclenchent automatiquement à votre passage. Attention au Tyrex !

*Revenez sur la BI 630 et prenez à droite. Traversez Molinar. Juste avant Ríoseco, tournez à droite et montez jusqu'à Ranero. La grotte se trouve au-delà du village, au bout d'une route menant à une carrière et longeant la montagne sur la droite.*

**Grotte de Pozalagua** (Cueva de Pozalagua) A1

*✆ 649 811 673 - www.karrantza.org - ♿ - visite guidée tte la journée - de mi-juin à mi-sept. : tlj sf lun. 11h-20h ; reste de l'année : w.-end et j. fériés 11h-18h - vérifier jours d'ouverture et horaires sur le site Internet - dernière visite 1h av. la fermeture - 7 € (enf. 4 €).*

Cette grotte a été découverte en 1957 par des ouvriers qui travaillaient à la carrière voisine. Comme eux, vous admirerez d'amples salles, hautes parfois de 30 à 50 m, ornées de gigantesques stalactites colorées et de gours, successions de petits barrages de carbonate.

La grotte contient aussi quelques orgues, mais sa véritable spécificité tient dans ses **stalactites excentriques★**, ainsi appelées en raison de leur orientation défiant toutes les lois de la gravité. Elles se forment en effet en voile autour d'une goutte d'eau et peuvent ainsi être horizontales ou courbes. Particulièrement nombreuses à Pozalagua, elles tapissent une partie de la voûte, la transformant en une sorte de prairie fossilisée.

*Revenez à Balmaseda par la BI 630.*

## NOS ADRESSES À BALMASEDA

### HÉBERGEMENT ET RESTAURATION

#### BUDGET MOYEN

**Hôtel San Roque** – *Campo de las Monjas, 2 - ✆ 946 102 268 - www.hotelsanroque.es - P - 19 ch. 59/74 € - ☕ 6 €.* Ce bel hôtel se trouve dans l'enceinte même du couvent de Sta Clara construit au 17e s. Ses chambres, où dominent la pierre et le bois, possèdent beaucoup de charme. Avec sa pyramide en verre et son abondante végétation, le fabuleux patio suscitera à coup sûr votre admiration.

### À Artzentales

**Amalurra** – *Bº La Raneja, 35 - Artzentales (à 13 km de Balmaseda par la BI 630) - ✆ 946 109 540 - www.amalurra.com - 17 ch. 59/70 € - ☕ 8 € - rest. 20/42 €.* Cet hôtel rural garantit tranquillité et accueil chaleureux. Ses chambres sont confortables, et le restaurant a une terrasse couverte. Pour vous relaxer, jardins spacieux et sauna naturel sont à votre disposition.

### AGENDA

**Marché médiéval** – *Mai.*
Toute la ville participe à cette reconstitution ; échoppes et étals de marchands et d'artisans envahissent les rues de la vieille cité.

**Semaine sainte** – Représentation vivante de la Passion du Christ.

# Vitoria et la province de l'Álava 5

Carte Michelin Région n° 573 – Álava



L'audacieuse architecture de Frank O. Gehry pour l'hôtel Marqués de Riscal, près de Laguardia.

*J. Frumm / hemis.fr / Franck Gehry*

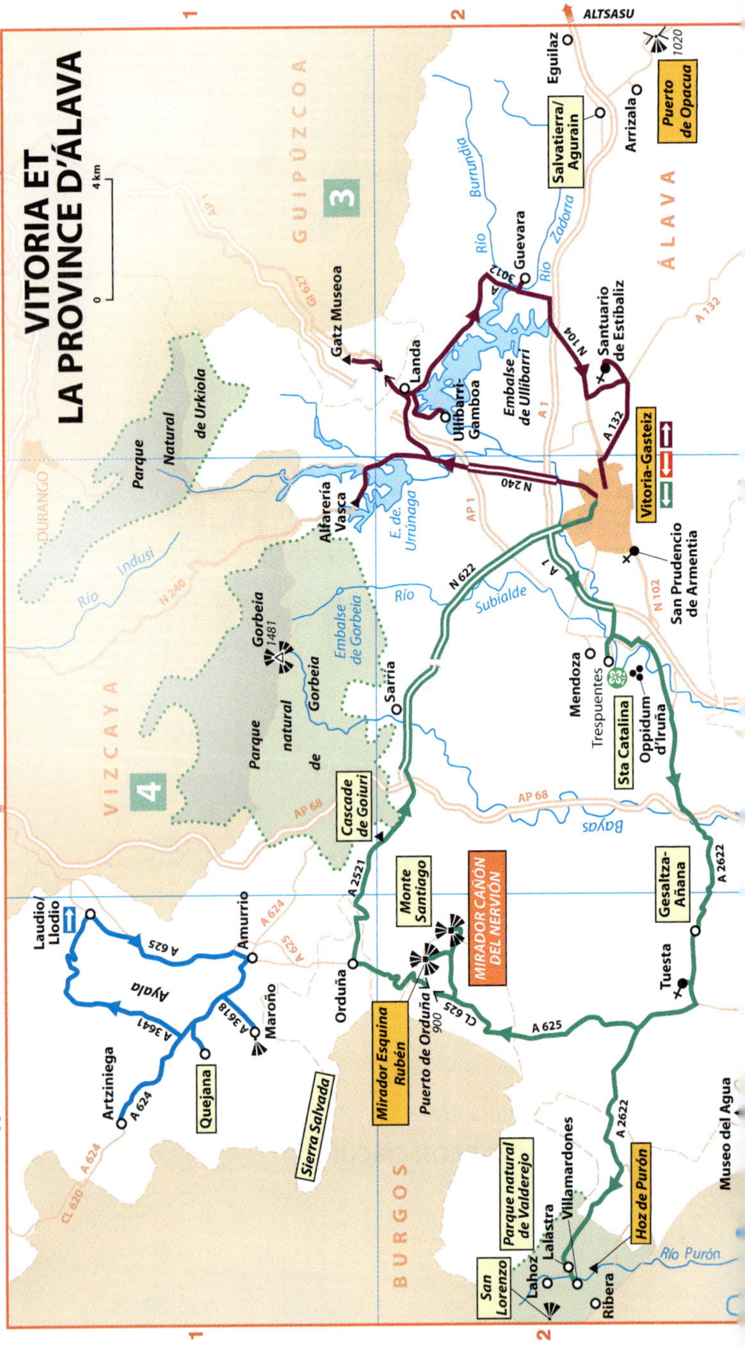
VITORIA ET LA PROVINCE D'ÁLAVA
0
4 km
EIBAR
BILBAO
ALTSASU
VIZCAYA
GUIPÚZCOA
BURGOS
ÁLAVA
3
4
DURANGO
Parque Natural de Urkiola
Parque natural de Gorbeia
Gorbeia 1481
Embalse de Gorbeia
Río Indusi
Gatz Museoa
Landa
Ullibarri-Gamboa
Embalse de Ullibarri
Alfarería Vasca
E. de Urrúnaga
Vitoria-Gasteiz
San Prudencio de Armentia
Santuario de Estíbaliz
Guevara
Río Zadorra
Río Burrundia
Salvatierra/Agurain
Eguilaz
Arrizala
Puerto de Opacua
1020
Sarria
Cascade de Goiuri
Río Subialde
Mendoza
Trespuentes
Sta Catalina
Oppidum d'Iruña
Bayas
Gesaltza-Añana
Tuesta
Monte Santiago
MIRADOR CAÑÓN DEL NERVIÓN
Orduña
Amurrio
Laudio/Llodio
Ayala
Maroño
Quejana
Artziniega
Sierra Salvada
Mirador Esquina Rubén
Puerto de Orduña
900
Parque natural de Valderejo
Villamardones
Lalastra
Lahoz
San Lorenzo
Ribera
Hoz de Purón
Río Purón
Museo del Agua
N 240
N 622
A 1
AP 1
AP 68
A 132
N 104
A 3012
N 102
A 2521
A 2622
A 625
A 624
A 3618
A 3641
CL 625
CL 620
GI 627
A
B
C
1
2

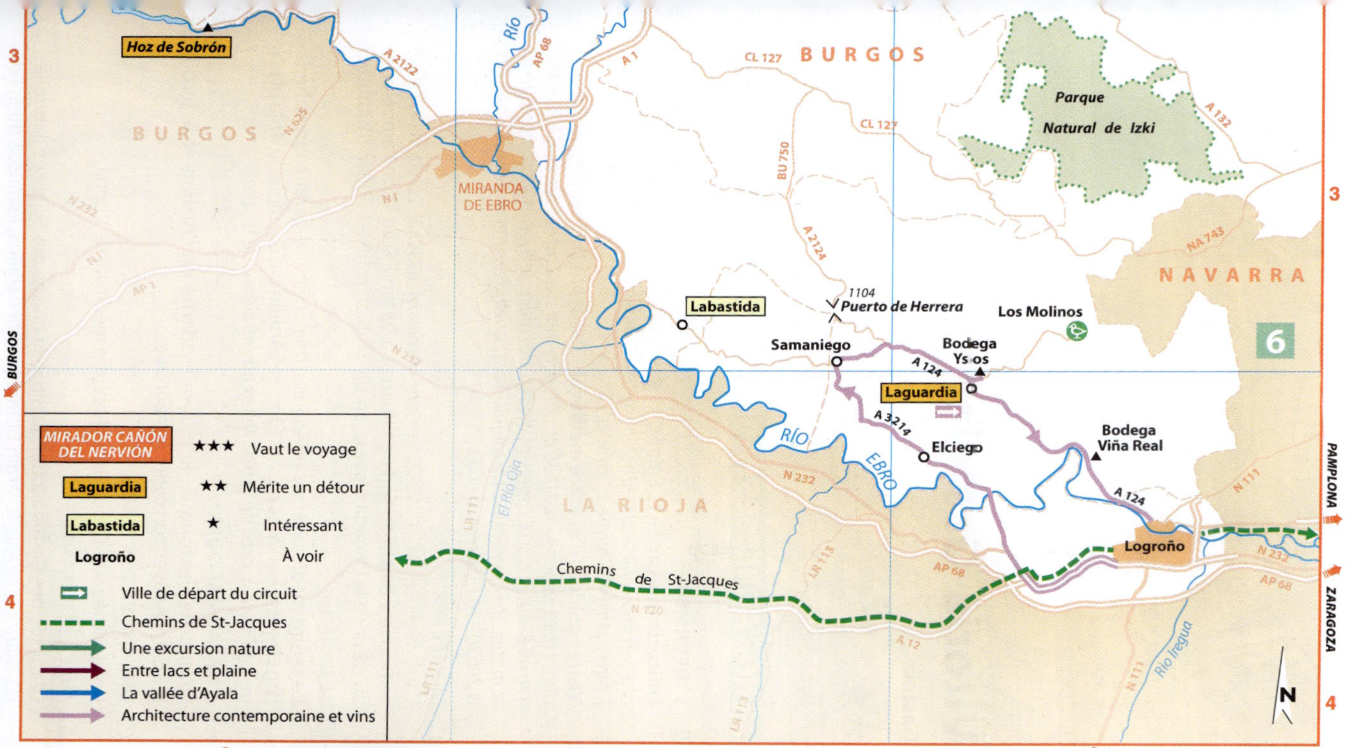
Hoz de Sobrón
BURGOS
MIRANDA DE EBRO
Río
BURGOS
Parque Natural de Izki
NAVARRA
6
Labastida
1104
Puerto de Herrera
Los Molinos
Samaniego
Bodega Ys os
Laguardia
Bodega Viña Real
Elciego
RÍO EBRO
LA RIOJA
Logroño
Chemins de St-Jacques
El Río Oja
Río Iregua
A 124
A 3214
A 2124
A 2122
A 1
AP 68
A 132
CL 127
BU 750
NA 743
N 625
N 232
N I
AP 1
N 120
N 111
LR 111
LR 113
A 12
BURGOS
PAMPLONA
ZARAGOZA
SORIA
N
3
4
A
B
C
MIRADOR CAÑÓN DEL NERVIÓN
★★★ Vaut le voyage
Laguardia
★★ Mérite un détour
Labastida
★ Intéressant
Logroño
À voir
Ville de départ du circuit
Chemins de St-Jacques
Une excursion nature
Entre lacs et plaine
La vallée d'Ayala
Architecture contemporaine et vins

5

# Vitoria-Gasteiz

**Gasteiz**

★★

239 562 habitants – Espagne, province d'Álava

NOS ADRESSES PAGE 366

### S'INFORMER

**Office de tourisme** – *Pl. España, 1 - ✆ 945 161 598/99 - www.vitoria-gasteiz.org/turismo - juil.-sept. : 10h-20h ; reste de l'année : lun.-sam. 10h-19h, dim. et j. fériés 11h-14h - fermé 1er janv. et 25 déc.*

**Visites guidées du centre médiéval** – *Juil.-sept. : 11h30 et 17h ; juin : merc.-dim. 11h30, vend.-sam. 11h30 et 17h ; oct.-mai : w.-end et j. fériés 11h30, sam. 17h - 5 € matin, 6,50 € l'après-midi (dép. de l'office de tourisme - comptez 1h30 le matin, 2h l'après-midi). De mi-juil. à oct., quelques sam. visites théâtralisées à 20h30 - 10 € (se rens. à l'OT).*

### SE REPÉRER

Carte de région B2 (p. 352-353) – *Carte Michelin n° 573 D 21-22.* Vitoria-Gasteiz se trouve à 64 km au sud de Bilbao et à 93 km à l'ouest de Pampelune, au cœur de la Llanada Alavesa, ample plateau cultivé à 500 m d'altitude.

### SE GARER

Le centre médiéval étant piétonnier, mieux vaut se garer en périphérie dans l'un des parkings publics (près de l'Artium par exemple ou de la plaza de los Fueros), près de la nouvelle cathédrale ou de la gare.

### À NE PAS MANQUER

Le quartier historique, le musée moderne de l'Artium et le jardin Sta Catalina avec son cadre romantique.

### ORGANISER SON TEMPS

Une journée suffit pour visiter le centre médiéval de Vitoria.

### AVEC LES ENFANTS

Le musée des Cartes à jouer du Bibat, le musée des Sciences naturelles, les salines d'Añana, le jardin botanique Sta Catalina, le musée du Sel de Gesaltza-Anana et le Monte Santiago.

La plaza de España, de style néoclassique.
*Oficina Municipal de Turismo de Vitoria-Gasteiz*

**Capitale du Pays basque, Vitoria-Gasteiz se distingue de Bilbao et de San Sebastián par sa qualité de vie. Outre son singulier quartier médiéval, ses deux belles cathédrales et ses nombreux musées, ses agréables parcs et jardins l'ont promue capitale verte européenne depuis 2012. Le soir, illuminées, ses rues piétonnes et ses places s'animent. Dès le printemps, de nombreuses manifestations culturelles sont organisées, dont le célèbre festival de jazz en juillet, à ne pas manquer.**

## Se promener Plan de ville

★★ **VIEILLE VILLE** (Casco Viejo)

*Circuit tracé en vert sur le plan de ville (p. 357) - Comptez 1h30. Partez de l'office de tourisme et gagnez la nouvelle cathédrale.*

**Musée diocésain d'Art sacré** (Museo Diocesano de Arte Sacro) A2
*Catedral de María Inmaculada - ✆ 945 150 631 - www.diocesisvitoria.org/his_museo.php - ♿ - mar.-vend. 11h-14h, 16h-18h30, w.-end et j. fériés 11h-14h - fermé lun. - 3 €; 12-18 ans 1 € (-12 ans gratuit).*
Installé dans la nef contournant l'abside de la nouvelle cathédrale, ce musée expose des œuvres appartenant aux diocèses de Vitoria et Álava. Outre les œuvres romanes avec lesquelles débute la visite, remarquez les belles images gothiques ainsi que les intéressantes œuvres flamandes de Van der Goes *(Descente de Croix)* et d'Ambrosius Benson *(Crucifixion)*. Plus loin, arrêtez-vous devant la belle collection de pièces d'orfèvrerie.
*Gagnez la vieille ville par la calle Prado.*
La vieille ville est formée de plusieurs rues curvilignes qui entourent la cathédrale (l'ancienne) et portent les noms des métiers d'antan. Les vieilles maisons nobles à blason y abondent.

**Place d'Espagne** (Plaza de España ou plaza Nueva) B2
Aménagée à partir de 1791, elle a été conçue par l'architecte Justo Antonio de Olaguíbel (1752-1810) et devait à l'origine être plus vaste que les *plazas mayores* de Madrid et de Salamanque. Si l'ambition du départ n'a pas été véritablement respectée, cette place en forme de carré parfait présente une noble ordonnance néoclassique.
Un passage permet d'accéder directement à la plaza de la Virgen Blanca, trait d'union entre les quartiers ancien et moderne.

### TOMBÉ DU CIEL

Tous les 4 août, à 18h, la marionnette de Celedón, suspendue à une corde, survole la foule, un parapluie ouvert à la main, depuis la tour de l'église San Miguel jusqu'à la place de la Vierge Blanche. Cet événement ouvre les fêtes patronales de Vitoria-Gasteiz en l'honneur de la Vierge Blanche le 5 août.

**Place de la Vierge Blanche** (Plaza de la Virgen Blanca) B2 5

Dominée par l'église San Miguel, elle est l'image la plus caractéristique du centre névralgique de Vitoria. Le lieu honore la **Virgen Blanca** qui occupe une place à part dans le cœur des habitants et ce, depuis la fondation de la ville par Sanche VI le Sage. Cette dévotion s'est développée au fil des siècles, avec notamment la création de la confrérie de N. S. de la Virgen Blanca, devenue officiellement la sainte patronne de la ville au 19e s., avant d'être couronnée « reine de la cité » en 1954. Le 4 août a lieu en son honneur le défilé des *faroles* (*p. 368*).

Ses façades, éclairées de *miradores* (vérandas vitrées), encerclent un lourd monument à la victoire du 21 juin 1813, jour où Wellington mit en déroute les troupes napoléoniennes. D'anciens édifices des 18e et 19e s. abritent de très agréables cafés (café Marañón, café Vitoria). Les rues les plus animées sont situées à gauche de la place, avec leurs boutiques et leurs commerces pleins de charme.

*Montez jusqu'à l'église de San Miguel.*

**Église de San Miguel** B2

À l'extérieur du porche, une niche de jaspe abrite la statue polychrome, de style gothique tardif, de la Vierge Blanche, patronne de la ville. On entre dans l'église par un portail de la fin du 14e s., dont le tympan retrace des épisodes de la vie de saint Michel. À l'intérieur, on remarquera surtout le retable du maître-autel, dû à Gregorio Fernández (17e s.), et, à sa droite, un arc plateresque (orné d'éléments baroques).

★★ **Place du Machete** (Plaza del Machete) B2 3

Une niche au chevet de l'église de San Miguel abritait autrefois le *machete*, coutelas sur lequel le procureur général jurait de défendre les libertés de la ville. C'est de ce couteau que cette calme et vaste place tire son nom. On aperçoit, derrière, le clocher de San Vincente (1871).

**Los Arquillos** (B2) – Enfilade d'arcades reliant la ville haute à la ville basse, à l'extrémité droite de la place. Au bout du passage, à côté de l'église San Miguel, se trouve la statue de Celedón, un personnage célèbre des fêtes patronales de Vitoria-Gasteiz (*l'encadré ci-dessus*).

**Villa Suso** (B2) – 16e s. Belle demeure construite sur l'ancienne muraille, aujourd'hui reconvertie en palais des congrès.

*Quittez la place par l'escalier contigu au palais.*

Vous passerez à proximité de l'église de **San Vincente** de style gothique (15e s.).

*Par la cuesta de San Vicente, rejoignez la calle Cuchillería que vous remonterez par la gauche.*

Notez au n° 24 la **maison del Cordón** (casa del Cordón) (B1) (16e s.) qui accueille une salle d'expositions temporaires.

*À l'intersection avec le cantón de San Francisco de Javier, prenez à droite et marchez jusqu'à l'Artium.*

★ **Artium** (Musée basque d'Art contemporain) B1

*Francia, 24 - ✆ 945 209 020 - www.artium.org - ♿ - mar.-vend. 11h-14h, 17h-20h, w.-end 11h-21h - fermé lun., 30 août-1er oct. - 6 € (entrée du musée + exposition temporaire) sf merc. : tarif à l'estimation des visiteurs.*

Cet important centre d'art contemporain a pour vocation de rendre plus accessible l'art actuel au travers d'expositions permanentes et temporaires. Un système d'exposition rotative bisannuelle permet de voir une sélection significative de sa magnifique **collection★**. Son fonds est constitué de plus de 1 800 œuvres d'artistes espagnols des années 1920-1930 jusqu'à aujourd'hui. Des noms aussi évocateurs que Picasso, Miró, Gargallo, Tàpies, Canogar, Palazuelo, Oteiza, Chillida… mais aussi Barceló, Iglesias, Urzay, Badiola, Sicilia, Broto, etc., complètent ce panorama de l'art contemporain espagnol.

*En sortant de l'Artium, prenez à droite la calle de Francia et remontez-la jusqu'à la prochaine intersection en croix. Là, prenez à gauche la calle de San Ildefonso, prolongée par la calle de Sta Ana*

**VITORIA-GASTEIZ**

SE LOGER
- Casa de Los Arquillos ...... ④
- Casa del Patrón ...... ①
- Dato ...... ②
- Haritz Ondo ...... ③
- Hotel Almoneda ...... ⑧

SE RESTAURER
- Arkupe ...... ①
- Arlobi ...... ②
- Dólar ...... ⑩
- El Portalón ...... ⑫
- El Rincón de Luis Mari ...... ③
- Erdizka Taberna ...... ⑧
- Gure Ametsa ...... ④
- Gurea ...... ⑥
- Matxete ...... ⑦
- Mesa ...... ⑪
- Sagartoki ...... ⑤
- Sidrería Casa Areso ...... ⑨

INDEX DES RUES
- Fray Zacarías Martínez ...... 2
- Machete (Pl. del) ...... 3
- Virgen Blanca (Pl. de la) ...... 5

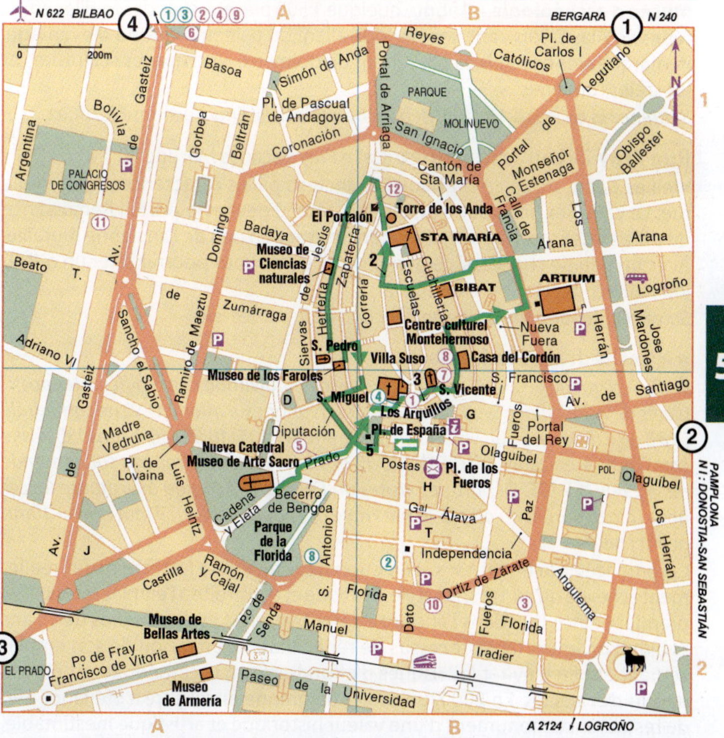

À l'intersection de la calle Cuchillería se dresse le **palais Arrieta-Maeztu**, reconnaissable à sa tour d'angle et à son portail simple encadré par un *alfiz* (corniche qui enclôt les bords extérieurs d'une arche). L'intérieur, qui abrite un singulier musée consacré aux cartes à jouer ainsi qu'un musée archéologique, dévoile aussi une belle cour Renaissance.

### ★ Bibat - Musée archéologique et musée des Cartes à jouer

(Bibat - Museo de Arkeologia, museo Fournier de Naipes de Álava) B1

*Cuchillería, 54 - ✆ 945 203 707 - www.alavaturismo.com - ♿ - mar.-vend. 10h-14h, 16h-18h30, sam. 10h-14h, dim. et j. fériés 11h-14h - fermé vend. saint et 25 déc. - possibilité de visite guidée sur demande préalable - 3 € (12-18 ans 1 €; gratuit -12 ans et 1er sam. du mois).*

Le palais Renaissance de Bendaña, qui abrite le musée des Cartes à jouer, a été somptueusement réhabilité et doté d'une extension moderne pour accueillir le Musée archéologique, formant ainsi l'ensemble Bibat. Ce bâtiment est l'œuvre de l'architecte navarrais Patxi Mangado, que l'on apprécie pour ses réalisations au style épuré (piscine universitaire d'Ourense, Bodegas Marco Real à Olite, Centre d'exposition et des congrès d'Ávila).

**Musée des Cartes à jouer de l'Álava** – Ce musée rassemble plus de 20 000 exemplaires de cartes à jouer datant du 14e s. à nos jours et provenant du monde entier. Organisé sur trois niveaux, il expose, au rez-de-chaussée, les machines des différentes techniques d'impression (xylographie, lithographie, offset) et, aux 1er et 2e étages, la collection de cartes, aux thèmes variés (histoire, art, mythologie, blasons…), classée par dates, par continents et par techniques d'impression.

**Musée d'archéologie** – Il abrite quelque 1 500 pièces issues des fouilles effectuées en Álava, couvrant une période allant du paléolithique au Moyen Âge. Remarquez les ensembles provenant de dolmens, ainsi que les sculptures et les stèles romaines.

*Reprenez la calle Sta Ana, qui débouche sur la calle Fray Zacarías Martínez.*

### Rue Fray Zacarías Martínez (Calle Fray Zacarías Martínez) B1 2

Vieilles demeures à colombages et anciens palais caractérisent cette jolie rue. La calle Sta Ana vous a justement amené devant le portail Renaissance du palais des Escoriaza-Esquivel, construit sur un pan de l'ancienne muraille. Avec un peu de chance, si ce dernier est ouvert, vous pourrez jeter un œil au joli patio couvert.

*Suivez la rue sur votre droite en direction de la cathédrale.*

### ★★ Cathédrale Sta María B1

*Édifice en travaux - ✆ 945 255 135 - www.catedralvitoria.com - différentes possibilités de visite guidée : voir horaires et réservations sur Internet - visite cathédrale (1h) 8,50 € (6-12 ans 1 €) ; visite cathédrale + tour (1h15) 10,50 € (6-12 ans 1 €) ; visite cathédrale + enceinte (1h30) 10 € (6-12 ans 1 €) ; visites en français sur demande au ✆ 945 255 135. Départ des visites du Centro de Acogida al visitante (accès par la plaza Burullería ou par la rue Fray Zacarías Martínez) ; il faut arriver 10mn avant l'heure.*

Commencée à la fin du 13e s., l'érection de cette église fortifiée ne fut réellement achevée qu'au 14e s. De style gothique et construite à l'emplacement d'un premier édifice bâti dans l'enceinte défensive, elle fait depuis plus de 10 ans l'objet d'un important processus de réhabilitation. En raison de son emplacement et afin d'éviter les risques d'effondrement, la cathédrale est étayée depuis des siècles. En 2000, un projet de grande envergure a été lancé afin de restaurer ce monument d'une valeur historique et artistique inestimable.

# Histoire de la ville

## PLUSIEURS ORIGINES

Simple oppidum, construit sur une colline en surplomb de la voie romaine reliant Bordeaux à Astorga, Vitoria aurait été fondée, selon la légende, en 581 par le roi wisigoth Léovigild. Si l'on s'en tient à l'histoire, on attribuera son origine au roi de Navarre Sanche VI le Sage, en 1181, qui fait construire des fortifications pour se protéger des Castillans. Il donne alors le nom de Nueva Victoria à la nouvelle cité, tandis que sur une colline voisine subsiste un hameau du nom de Gasteiz. Mais, assiégée en 1199 par le roi de Castille Alphonse VIII, Vitoria est prise et rattachée au royaume castillan dès l'année suivante, ce qui ne l'empêche pas de recevoir des *fueros* (privilèges) de ses nouveaux souverains.

## PROSPÉRITÉ COMMERCIALE

De par sa position stratégique entre les sierras et La Rioja, et bénéficiant de l'ancien tracé de la voie romaine, Vitoria a pu développer une importante activité économique : artisanale bien entendu, comme en témoignent aujourd'hui encore certains noms de rues (Zapatería pour la cordonnerie, Cuchillería pour la coutellerie, etc.), mais aussi commerciale puisque le vin de La Rioja, le blé de la plaine et le fer des montagnes convergeaient vers elle avant de gagner la Castille.

## LA FIN DES AMBITIONS ESPAGNOLES DE NAPOLÉON

En 1813, Joseph Bonaparte est contraint de quitter précipitamment Madrid. Mais ses troupes, attaquées à Vitoria le 21 juin par une armée anglo-espagnole commandée par le duc de Wellington, sont battues à plate couture. Napoléon est contraint de restituer la couronne d'Espagne à Ferdinand VII et de renoncer définitivement à mettre la main sur l'Espagne. À Vienne, on commanda même une symphonie à Beethoven pour immortaliser l'événement… Plus tard, lors des guerres carlistes, la ville s'est attachée à conserver une certaine neutralité, mais cela ne l'a pas empêchée d'être occupée par les rebelles. La cité traverse donc tout au long du siècle une longue période de léthargie.

La visite permet d'apprécier l'ampleur des travaux réalisés et de contempler au plus près la restauration des œuvres (le circuit de visite évolue en fonction de l'avancée du chantier). Elle dévoile en outre des aspects méconnus de ce temple-forteresse dont l'histoire s'inscrit dans le développement et le tracé du quartier historique de la ville.
Face à la plaza de la Burullería qui lui est accolée, un ensemble de vieilles demeures donne un aspect moyenâgeux à la rue.
**Tour des Andes** (Torre de los Anda) B1 – Sa partie inférieure était une tour de défense médiévale. Elle forme un triangle avec les deux édifices suivants.
**El Portalón** (B1) – *De l'autre côté de la rue.* Établissement de commerce typique de la fin du 15e s.-début du 16e s.
*Rejoignez la calle Herrería depuis la plaza de la Burullería en empruntant le cantón del Seminario Viejo.*
Au passage, observez au n° 35 de la calle Herrería la noble façade baroque du **palais du marquis de Alameda** (1731).

### Musée des Sciences naturelles (Museo de Ciencias Naturales) A1

*Siervas de Jesús, 24 - ✆ 945 181 924 - mar.-vend. 10h-14h, 16h-18h30, sam. 10h-14h, dim. et j. fériés 11h-14h - fermé lun. (sf j. fériés), 1er janv. et 25 déc. - 3 € (12-18 ans 1 €; gratuit -12 ans et 1er sam. du mois).*
Le musée des Sciences naturelles a investi la torre de Doña Otxanda. Une salle entière dédiée à l'ambre occupe le rez-de-chaussée (écrans interactifs, jeux de lumière, crâne de *Tyrannosaurus rex*). Le 1er étage réunit, quant à lui, une vaste collection de fossiles, tandis que le dernier niveau, à la présentation un peu datée, se concentre sur les écosystèmes de l'Álava.

### Église San Pedro A1

Cette église du 14e s. présente une intéressante façade gothique.
En haut des escaliers qui lui font face, vous apercevez la façade du **centre culturel Montehermoso** B1, qui occupe un palais Renaissance (1524).
*Prenez les escaliers et empruntez la première ruelle à droite.*
**Museo de los Faroles** (A1) – *Zapatería, 35 - ✆ 945 277 077 - été : lun.-sam. 11h30-13h30, 17h30-19h30, dim. et j. fériés 11h30-13h30 ; reste de l'année, se rens. auprès de l'OT - 1 €.* Il est repérable à sa très haute porte, nécessaire pour laisser passer les éléments du rosaire. La confrérie de N. S. de la Virgen Blanca prend soin des **faroles**, ces éléments en vitraux qui symbolisent les mystères du rosaire (joyeux, douloureux et glorieux), les Ave, les Pater et les Gloria. Tous sont portés en procession la nuit du 4 août, selon une tradition qui remonte à 1897.
*Revenez aux escaliers et prenez la ruelle suivante, toujours sur votre droite. Poussez jusqu'à la plaza de la Virgen Blanca en marchant tout droit ou en prenant à droite le cantón de San Roque pour retrouver la calle Herrería.*

## À voir aussi Plan de ville

### Musée de l'Armurerie (Museo de Armería) A2

*Pº Fray Francisco de Vitoria, 3 - ✆ 945 181 925 - mar.-vend. 10h-14h, 16h-18h30, sam. 10h-14h, dim. et j. fériés 11h-14h - fermé lun., 1er janv., Vend. saint - 3 €*
Agréablement présentée dans un bâtiment moderne, la collection, témoignant de la tradition militaire basque, présente l'évolution des armes, de la hache préhistorique au pistolet du début du 20e s. On y remarquera des armures (15e-17e s.), japonaises notamment, du 17e s., et une maquette reconstituant la bataille de Vitoria qui, en 1813, scella le sort des ambitions espagnoles de Napoléon.

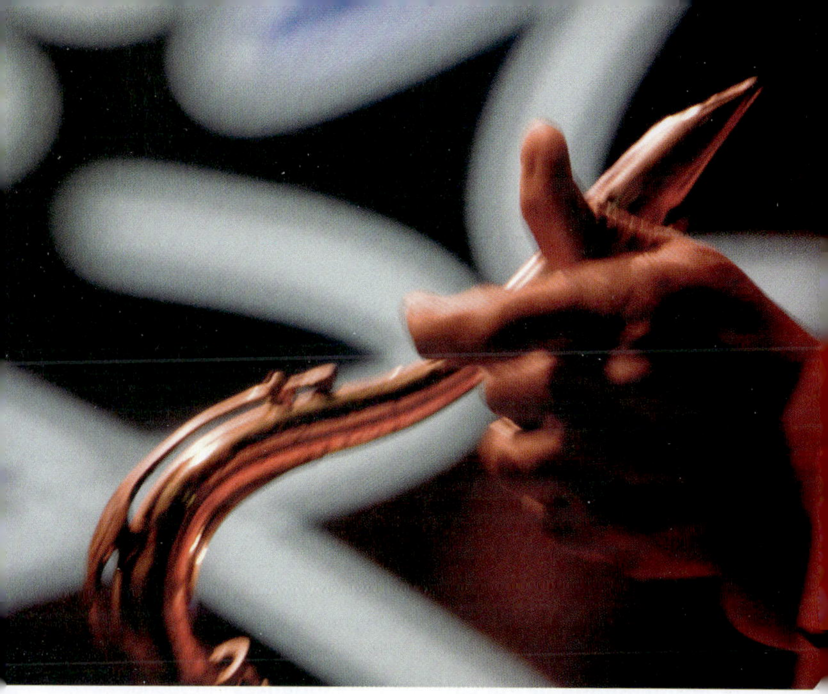

En juillet, vivez le Festival de jazz de Vitoria.
*J. Izarra / www.jazzvitoria.com*

**Musée des Beaux-Arts** (Museo de Bellas Artes) A2

*Pº Fray Francisco de Vitoria, 8 - ✆ 945 181 918 - ♿ - mar.-vend. 10h-14h, 16h-18h30, sam. 10h-14h, 17h-20h, dim. et j. fériés 11h-14h - fermé lun., 1er janv., Vend. Saint et 25 déc. - 3 € (12-18 ans 1 €; gratuit -12 ans et 1er sam. du mois).*

Le palais de Agustí, construction néo-Renaissance élevée au début du 20e s., abrite une collection d'art espagnol des 18e et 19e s. ainsi qu'un éventail très complet de la peinture basque (Iturrino, Regoyos, Zuloaga).

Un étage est consacré au peintre local **Fernando de Amárica** (1866-1956), paysagiste qui fut un disciple du maître espagnol de l'impressionnisme, Sorolla. La visite permet d'apprécier les changements intervenus à cette période où la peinture académique et classique s'est tournée davantage vers le romantisme ou le réalisme.

## À proximité Carte de microrégion

5

**Basilique de San Prudencio de Armentia** B2

*À 4 km à l'ouest de Vitoria.*

Cet édifice du 13e s. se caractérise par un chevet roman, et un intérieur à la nef et aux arcs déjà gothiques. Son auvent conserve deux superbes **tympans et deux bas-reliefs★** du 11e s.

**Oppidum d'Iruña** B2

*À 11 km à l'ouest de Vitoria par la N 102. Le chemin d'accès en voiture se trouve juste à l'entrée de Villodas, à droite. Autre possibilité : venir à pied depuis Trespuentes. ✆ 945 403 044 - www.veleia.com - seult en été : mar.-dim. 11h-14h, 16h-18h - possibilité de visite guidée sur demande préalable - gratuit ; visite guidée 3 €.*

Vestiges de murailles des 3e et 4e s. d'une ville romaine tardive. Les fouilles menées entre 1949 et 1954 ont révélé une agglomération qui couvrait 11 ha mais seuls cinq contours de maisons, présentés par des panneaux, ont été mis au jour.

**Mendoza** B2

*À 15 km à l'ouest de Vitoria par l'A 3302.*

Au cœur du village, le **château** est une forteresse à meurtrières, dépourvue de créneaux, mais entourée de quatre tours. Belle vue sur la plaine.

Cette ancienne résidence du duc de l'Infantado abrite aujourd'hui le **Museo de Heráldica Alavesa** qui présente une collection de blasons de familles nobles de la région. *945 181 918 - de déb. mai à mi-oct. : mar.-vend. 11h-14h, 16h-20h, sam. 11h-15h, dim. et j. fériés 10h-14h ; reste de l'année : mar.-sam. 11h-15h, dim. et j. fériés 10h-14h - gratuit.*

# Circuits conseillés Carte de région

## UNE EXCURSION NATURE A1-2 B2

*Pour visualiser ce circuit qui conduit jusqu'à Valderejo, reportez-vous à la carte de région (p. 352-353) - comptez une demi-journée. Quittez Vitoria par la N 622 en direction de Bilbao, puis l'A 1 vers Madrid. Sortie 345.*

★ **Jardin botanique Sta Catalina à Trespuentes** / Tresponde B2

*Accès depuis Trespuentes (fléchage) jusqu'à une sorte de carrière de pierre. Ne vous laissez pas impressionner et suivez encore les panneaux. Montez en voiture jusqu'à un portail que vous ouvrirez, puis un parking. De là, comptez 15mn à pied (ça grimpe !) pour accéder à l'entrée réelle du jardin. Visite env. 1h - 680 470 146 - www.cuadrilladeanana.es/santacatalina - mai-sept. : lun.-vend. 10h-15h, w.-end et j. fériés 10h-20h ; reste de l'année : mar.-vend. 10h-14h, w.-end et j. fériés 10h-18h - 3 € (-10 ans gratuit), supplément vis. guidée w.-end à 13h : 1 €.*

Ce jardin enchanteur, qui a ouvert ses portes en 2002, a été réalisé autour des ruines du monastère de Sta Catalina. Les sentiers aménagés serpentent dans les vestiges qui réservent de belles échappées sur le plateau de Vitoria-Gasteiz. Les essences sont toutes marquées et exhalent leurs senteurs, surtout le matin ou en fin de journée. La meilleure saison pour en profiter est la fin du printemps, vers mai ou juin.

*Revenez sur l'A 3302 pour rallier Villodas, puis Nanclares de la Oca, qui permet de rejoindre l'A 2622, direction Subijana-Morillas. Le bourg et l'autoroute dépassés, poursuivez jusqu'à Gesaltza-Añana.*

★ **Salines de Gesaltza-Añana** (Salinas de Gesaltza-Añana) A2

La réputation de ce village classé provient de ses salines à ciel ouvert, dont la présence est attestée depuis le 10e s.

La légende veut que ce soit une vache en quête de sel qui fit jaillir la Muera. En réalité, l'eau de la rivière se charge en sel au fur et à mesure de son écoulement jusqu'à la vallée d'Añana, où elle était distribuée vers les « fermes » (ensemble de 5 à 25 parcelles) par des canaux. Cette richesse a permis au village médiéval de multiplier les privilèges de la part des rois de Castille, qui touchaient leur part des bénéfices. Dans l'église, un tableau flamand aux visages délicats représente l'Annonciation.

**Visites guidées** – *945 351 413 - www.vallesalado.com - de déb. avr. à mi-oct. : ttes les h 10h-14h, 17h-20h ; reste de l'année : lun.-vend. 10h-13h, w.-end et j. fériés ttes les h 10h-16h (horaires susceptibles de changer, vérifiez-les sur le site Internet) - fermé 25 déc.-1er janv. - 5 € (-12 ans gratuit).* La zone d'exploitation se présente comme une succession de petites plates-formes en escaliers, montées sur pilotis. Le sel en provenance de la Muera y séchait à partir d'avril.

Aujourd'hui, le site est en cours de restauration. La visite permet d'en comprendre l'histoire et l'évolution, de façon empirique.
*Reprenez l'A 2622.*

### Tuesta A2

Le principal intérêt de ce petit hameau réside dans son église, N. S. de la Asunción, édifiée au 13e s. dans un style roman tardif. Fermée dans la journée, elle présente un magnifique **portail★★**, merveilleusement conservé. Admirez les détails de ses **voussures★** richement sculptées. Anges, personnages aux différentes attitudes, animaux plus ou moins fantastiques (oiseaux, griffons), végétaux et scènes de vie rendent vivants ces arcs, reposant sur des piliers aux **chapiteaux★** non moins travaillés. Remarquez le baiser, sur le deuxième pilier en partant du vantail de gauche. Au-dessus de l'archivolte, six statues entourent celle de la Vierge à l'Enfant. À gauche, vous reconnaîtrez les Rois mages.

*Vous pouvez rentrer sur Vitoria ou bien poursuivre en direction du parc de Valderejo ou encore vers le Monte Santiago. Dans le premier cas, prenez la direction d'Espejo, traversez le village et poursuivez plein nord sur l'A 625 jusqu'aux indications fléchées à gauche pour le parc de Valderejo et Lalastra. Pour y accéder, vous passerez par Villanañe, Villanueva de Valdegovía, San Millán de San Zadornil, San Zadornil et Arroyo de San Zadornil.*

### ★ Parc de Valderejo A2 (*p. 369*)

Le parc se situe à l'ouest de l'Álava. La municipalité de Valderejo est constituée de quatre villages aux églises bien conservées et de sites sauvages préservés.
*Pour le Monte Santiago, empruntez la route en sens inverse jusqu'à Villanañe. Après le village, prenez plein nord sur l'A 625, direction Orduña. La route monte vers le plateau sauvage du Monte Santiago, en Castille-et-León. Après Berberena, roulez encore pendant environ 3 km avant de prendre à droite le chemin menant à la zone protégée du Monte Santiago.*

### ★ Mont Santiago (Monte Santiago) A2

*Avant le col d'Orduña, passez la clôture sur votre droite et prenez le chemin de terre caillouteux pour atteindre le centre d'interprétation. La route qui y mène est à peine carrossable, jonchée de nids-de-poule qui aident à respecter la vitesse imposée de 30 km/h. www.patrimonionatural.org - 15 juin-15 sept. : 10h-14h, 16h-19h30 ; reste de l'année : 10h-14h, 16h-18h30.*

Classé Monumento Natural depuis 1996, cet espace situé aux confins de la province de Burgos réserve au promeneur de magnifiques points de vue, dont le **saut du Nervión** (*ci-après*) n'est pas le moindre.

La plupart des dix randonnées balisées partent de la **fontaine St-Jacques** (fuente Santiago), une source à côté de laquelle se dresse le centre d'interprétation, construit sur les ruines d'un monastère. Vous y découvrirez l'histoire et l'écosystème de la zone, qui abrite vingt espèces de mammifères, parmi lesquelles le chat sauvage, la fouine, la martre et le blaireau, ainsi qu'une soixantaine d'espèces d'oiseaux, dont les vautours, les choucas et les aigles. Tous profitent de la lande, des chênaies, des hêtraies et des pinèdes restaurées de cette zone protégée.

★★★ **Belvédère du saut du Nervión** (Mirador cañón del Nervión) – *Sentier 42, à quelques centaines de mètres du centre d'interprétation.*

Il faut traverser un bois avant d'atteindre le plateau dans lequel s'encaisse une rivière, le Nervión. En suivant son lit, on aboutit au vertigineux **canyon de Delika★** dans lequel se précipitent ses eaux (lorsqu'il n'est pas à sec) depuis une hauteur de 270 m.

5

Depuis la plate-forme aménagée en point de vue, le regard plonge au fond de ce paysage minéral qui file vers la vallée entre des parois de plus en plus incurvées. Le plateau battu par les vents, où les rochers le disputent aux broussailles et aux arbres, constitue également un belvédère naturel d'où l'on peut contempler la plaine à perte de vue : un **panorama★★** sur la sierra de Salvada à couper le souffle. Attention : aucune barrière de protection n'a été fixée à l'extrémité des falaises. Le sentier 45 longe les falaises et mène au belvédère d'**Esquina Rubén★★** qui dévoile une vue grandiose sur la vallée d'Arrastaria. Vous rentrerez au parking par le sentier 41, agréablement ombragé *(30mn).*

### Col d'Orduña (Puerto de Orduña) A2

Le col d'Orduña culmine à 900 m et dévoile des paysages d'une austère beauté. La **route** qui mène à Orduña révèle des **points de vue★** magnifiques. Au-delà des champs se dressent la silhouette de la sierra Salvada et l'extrémité du canyon du Nervión.

### Orduña / Urduña A1

*Foru Plaza (Pl. de los Fueros), 3 - ☏ 945 384 384 - www.urduna.com - Sem. sainte et de mi-juin à mi-sept. : 9h30-14h, 16h-19h30 ; de mi-avr. à mi-juin et de mi-sept. à mi-oct. : mar.-sam. 9h30-14h, 16h-19h30, dim. et j. fériés 9h30-14h ; reste de l'année : mar.-jeu., dim. et j. fériés 9h30-14h, vend.-sam. 9h30-14h, 16h-19h30.*

Les fortifications de cette ville biscayenne ont en partie disparu, souvent dissimulées derrière des édifices plus récents. Orduña dispose tout de même d'une belle place centrale : la **plaza de los Fueros**, entourée des plus anciennes maisons du village (17e et 18e s.).

Les bâtiments les plus remarquables sont le **collège des Jésuites**, construit en 1694 et jouxtant l'église de la Sagrada Familia (18e s.), ainsi que la **Maison de la douane** de 1782, reconnaissable à ses arcades. Elle porte l'écusson de l'Espagne. Deux autres églises dressent leur clocher dans le bourg : Sta María de la Asunción (16e s.) et Nuestra Señora de la Antigua du 18e s.

### ★ Cascade de Goiuri / Gujuli B1-2

*À 12 km à l'est d'Orduña par l'A 2521. Dans le hameau du même nom, repérez sur votre gauche les containers d'ordures ménagères, ils marquent une intersection où vous tournerez. Roulez jusqu'à l'église.*

Ce n'est sans doute pas un hasard si seul un panneau de bois, accroché au pied de l'église, indique la direction de la cascade. Son accès, au-delà de la voie de chemin de fer, ainsi que ses abords ne sont pas sécurisés et peuvent être dangereux : évitez de vous y rendre avec des enfants. Le spectacle vaut surtout en période humide : une belle **chute** d'eau plongeant dans un ravin profond. Faites très attention, car aucune protection n'a été installée, et la tentation est grande de prendre des risques pour mieux jouir du spectacle.

En été, inutile de vous déplacer, car le plus souvent, la rivière est à sec...

## ENTRE LACS ET PLAINE BC1-2

*Pour visualiser ce circuit de 80 km au départ de Vitoria, reportez-vous à la carte de région (p. 352-353) - comptez une demi-journée. Quittez Vitoria par la N 240 en direction de Durango.*

La route contourne le lac d'Urrúnaga tout en offrant de belles vues sur ses berges.

**Atelier de poterie basque** (Alfarería Vasca) B1

*B° Ollerías, 9 - Elosu (après le panneau Elosu, l'atelier de poterie se trouve sur la gauche, repérable à sa jarre géante) - ✆ 945 455 145 - www.euskalzeramika.com - lun.-vend. 10h-13h, 16h-19h, sam. 10h-14h - fermé dim. et j. fériés - gratuit.*

Passionnée et accueillante, Blanka, la maîtresse des lieux, vous fera les honneurs de son atelier. Elle vous montrera le four tricentenaire (1711), classé Monument historique, où l'on cuisait autrefois les récipients traditionnels. Elle apprendra aux plus curieux quelques mots de basque et vous commentera les objets exposés dans le petit musée à l'étage (les céramiques bleues du 16e s., les vertes du 18e s., etc.) : une bonne occasion pour le visiteur de comprendre l'histoire et les coutumes de la province. Vente possible (*Nos adresses*).

*Revenez sur vos pas et, après Legutiano, à la hauteur d'Urbina, prenez l'A 627 en direction de Mondragón afin de rallier, après le col d'Arlában, le village de Leintz-Gatzaga.*

**Musée du Sel** (Gatz Museoa) C1

*Dépassez le village de Leintz-Gatzaga et suivez le panneau - ✆ 665 739 550 - www.leintzgatzaga.com - visite guidée seult, w.-end à 13h en espagnol - se rens. pour les autres jours de la semaine. Mieux vaut prévenir de votre passage.*

Vous verrez sur la rive opposée du torrent un charmant ensemble de petites bâtisses où les femmes extrayaient autrefois le sel. Elles présentent aujourd'hui les anciens mécanismes d'extraction du sel, dont un moulin hydraulique, ainsi que des maquettes et des panneaux explicatifs.

*Repartez sur la GI 627 en direction de Vitoria.*

**Landa** C2

De ce hameau en bordure du **lac Ullíbarri** partent divers itinéraires dont une ancienne voie de chemin de fer reconvertie en voie verte.

Longez donc la berge en direction d'**Ullíbarri** pour découvrir ce village ancré au bord des eaux, dont l'église domine le lac. Des bateaux tanguent au rythme du vent à deux pas de la petite base nautique et offrent une vision de carte postale au soleil couchant. Une terrasse de café permet d'apprécier pleinement cette vision…

*Revenez à Landa et suivez la berge en direction de Marieta. Après le village et Larrinzar, roulez jusqu'à l'intersection avec l'A 3012 et tournez à droite pour rejoindre Maturana. Là, vous suivrez les panneaux « Guevara ».*

**Guevara** C2

Les ruines d'un château se dressent un peu en dehors du village, derrière un rideau d'arbres *(prendre à droite derrière l'église et aller jusqu'aux dernières maisons).*

*1h d'ascension.* En suivant le chemin de pierres qui s'élève à sa gauche, vous accéderez à la ruine qui domine Guevara du haut de son piton rocheux. Au cours de l'ascension, le chemin devient sentier, puis sente, et offre de beaux panoramas sur le lac Ullíbarri et la plaine en contrebas.

*Retournez à Maturana et prenez la direction de Vitoria en franchissant la N 1 et en ralliant la N 104. À Junguitu, prenez à gauche la direction de Zerio et d'Aragandoña. Parvenu à ce dernier village, suivez la direction Estíbaliz.*

**Sanctuaire d'Estíbaliz** (Santuario de Estíbaliz) C2

*✆ 945 293 088 - ♿ - ouv. tte la journée.*

Ce sanctuaire est chez les Álavais, depuis le 10e s., un lieu de pèlerinage très populaire à la Vierge d'Estíbaliz, dont la statue préside les assemblées législatives et judiciaires de la province. La communauté compte encore une petite dizaine de moines.

**Église** – L'église romane conserve une Vierge du 12e s. Admirez ses **chapiteaux★** d'abord sobres puis ornés de feuillages et de personnages expressifs. Notez aussi les motifs arabisants. Le portail extérieur, avec ses ornementations géométriques, mérite également votre attention. Sur la façade sud, joli clocher à peigne.

**Crypte** – Construite en 1995 selon une disposition en cercle avec une ouverture sur la verdure, elle n'est ouverte qu'aux heures d'office.

*Revenez à Vitoria par l'A 132.*

## NOS ADRESSES À VITORIA-GASTEIZ

### TRANSPORTS

**Tramway** (Tranvia)– *Billet simple 1,30 €, billet journée 4 € - www.euskotren.es.* Veillez à vous munir de votre titre de transport avant de monter dans le tramway (distributeurs dans toutes les stations).

### HÉBERGEMENT

#### PREMIER PRIX

**Hôtel Dato** B2 – *Dato, 28 - ✆ 945 147 230 - www.hoteldato.com - 14 ch. 47/60 €.* Hôtel central très bien entretenu et confortable. Décoration particulière, un peu trop chargée.

#### À proximité de Vitoria

**Hôtel Casa del Patrón** hors plan – *San Martín, 2 - Murguía - ✆ 945 462 528 - www.casadelpatron.com - 14 ch. 65 € - ☕ 5 € - rest. 20/50 €.* Derrière une façade avenante, l'intérieur rappelle celui d'une maison d'antan. Chambres douillettes, parfois mansardées, avec salles de bains en marbre. Restaurant au 1er étage et bar à tapas très prisé.

#### BUDGET MOYEN

**Casa de los Arquillos** B2 – *Paseo de los Arquillos, 1-2 - ✆ 945 151 259 - www.lacasadelosarquillos.com - 8 ch. 70/90 € - ☕ 4 €.* Dans un appartement duplex refait à neuf, ce B & B ne manque pas d'originalité : la décoration des chambres, irréprochables, est inspirée d'œuvres d'art de l'Artium.

**Hotel Almoneda** A2 – *Florida, 7 - ✆ 945 154 084 - www.hotelalmoneda.com - 25 ch. 75 € ☕.* Accueil familial et chaleureux dans cette maison qui a conservé son magnifique escalier ancien. Situation centrale et chambres agréables.

#### À proximité de Vitoria

**Hôtel Haritz Ondo** hors plan – *Elosu - ✆ 945 455 270 - www.hotelharitzondo.es - fermé lun. - P - 14 ch. 72 € ☕ - rest. 17/55 €.* Ambiance accueillante, quiétude et décor rustique dans cette maison de campagne restaurée. Mobilier ancien et salles de bains modernes. Le restaurant vitré offre un beau panorama sur le Parc naturel de Gorbeia.

### RESTAURATION

#### PREMIER PRIX

**Dólar** B2 – *Florida, 26 - ✆ 945 230 071 - tapas 1,70 €; ración 7 €.* Ce bar, avec ses murs en pierre, possède une véranda donnant sur une cour intérieure. Choix de tapas varié.

**El Rincón de Luis Mari** B2 – *Rioja, 14 - ✆ 945 250 127 - fermé sept. et mar. - tapas 2 €; ración 8 €.* Établissement central, familial et impeccablement entretenu. Comptoir riche en brochettes et en *raciones*. Ambiance décontractée.

**Sagartoki** B2 – *Prado, 18 - 945 288 676 - www.sagartoki.com - tapas 2,50 €.*
C'est ici que vous dégusterez la meilleure *tortilla de patatas* de toute l'Espagne ! Les prix remportés par le chef Senén couvrent les murs de ce bar très sympathique.

**Erdizka Taberna** B2 – *Cuchillería, 11 - 945 283 418 - sur réserv. w.-end soir - 12/22,50 €.* Situé en face de la Casa del Cordón, ce charmant restaurant propose une formule du jour savoureuse. Par beau temps, profitez de la terrasse qui donne sur les belles façades de la rue piétonne.

### À proximité de Vitoria

**Sidrería Casa Areso** hors plan – *Domingo de Sautu, 35 - Murguía - 945 430 220 - 15/25 €.* À peine arrivé, on se sent déjà bien. Le décor montagnard – bois, pierre et cheminée – est chaleureux. Dans l'assiette : plats traditionnels, spécialités locales et desserts maison.

#### BUDGET MOYEN

**Gurea** A1 – *Pl. de la Constitución, 10 - 945 245 933 - www.gurearestaurante.com - fermé 9-31 août, dim.-merc. le soir - 21/46 €.* Sa façade, aux détails en bois, présente la carte. Salle de restaurant de style néorustique très soigné.

**Matxete** B2 – *Pl. del Machete, 4-5 - 945 131 821 - www.matxete.com - fermé dim. et lun. - 25/40 €.* Ce restaurant dispose d'une grande salle au décor rustique à l'étage avec vue sur la place. La carte est gourmande et le service professionnel. Grand choix de vins.

### À proximité de Vitoria

**Arlobi** hors plan – *Elizalde, 21 - Sarria - 945 430 212 - www.restaurantearlobi.com - fermé le soir du dim. au jeu. sf en été - formule déj. 18 € - carte 35/55 €.* Alors que certaines de ses salles affichent des tendances modernes, une salle de restaurant de style rustique reprend le caractère typique de cette maison en pierre. Bar avec cheminée.

**Gure Ametsa** hors plan – *Diseminados, 3 - Leintz-Gatzaga - 943 714 952 - www.gureametsa.es - en hiver : uniquement déj. sf vend. et sam. - fermé août, 23 déc.-3 janv. et lun. - 35 €.* Établissement familial situé non loin d'un col, composé d'un bar et de deux salles de restaurant, dont la plus accueillante dispose d'une cheminée.

#### POUR SE FAIRE PLAISIR

**Mesa** A1 – *Chile, 1 - 945 228 494 - www.restaurantemesa.com - fermé merc. et 10 août-6 sept. - 32/42 €.* Établissement familial qui a réussi son intégration dans la communauté locale. Bar et salle à manger décorés de peintures murales.

**Arkupe** B2 – *Mateo Moraza, 13 - 945 230 080 - www.restaurantearkupe.com - 25/53 €.* Situé derrière l'hôtel de ville, il offre une cuisine basque traditionnelle composée de viandes et de poissons. Le bâtiment du 18e s. est classé Monument historique. Décoration de pierre et de bois.

**El Portalón** B1 – *Correría, 151 - 945 142 755 - www.restauranteelportalon.com - fermé dim. soir. - 35/57 €.* Ce restaurant est situé dans un bâtiment du 15e s. qui est un bon exemple d'architecture traditionnelle, avec un intérieur rustique dominé par la brique et le bois. La cave à vin, située dans les anciennes écuries, est aussi accessible à la visite.

### ACHATS

**Museo de Alfarería Vasca** – *Ollerías, 9 - Elosu - ✆ 945 455 145 - www.euskalzeramika.com.* Vente de poteries copiées sur des modèles anciens et de pièces contemporaines. *(➲ p. 365)*

### AGENDA

**Fêtes de San Prudencio** – *27-28 avr.*
**Festival Azkena Rock** – *Juin. www.azkenarockfestival.com.*
**Festival de jeux dans la rue** – *Fin juin.*
**Festival de jazz** – *3e sem. de juil.* Né en 1977, ce festival est le plus important d'Espagne dans sa catégorie. Membre de l'IJFO (International Jazz Festivals Organization), il accueille chaque année les grands noms de la scène musicale internationale de jazz - *✆ 945 141 919 - Paseo de la Florida, 3-2º D - www.jazzvitoria.com.*
**Nuit de los Faroles** – *4 août.*
**Fêtes de la Vierge Blanche** – *4-9 août.* Processions, festivités diverses et corridas dans les arènes futuristes à toiture mobile *(vente des billets : Espacio Ciudad, San Prudencio, 30 - le jour de la corrida au guichet des arènes).*
**Magialda** – *Sept.* Festival international de magie - *www.magialdia.org.*
**Festival international de théâtre** – *Fin sept.-nov.*

#### À Añana

**Pâques** – Le dimanche de Pâques, les sauniers descendent en procession pour la traditionnelle Quema de Judas.
**Foire du sel** – *Juil.*

#### À Orduña

**Fêtes d'Otxomaio** – *W.-end autour du 8 Mai - ✆ 945 384 384.*

Vue sur Lalastra.
*S. Lambert / Michelin*

# Parc naturel de Valderejo

★

Álava

## NOS ADRESSES PAGE 371

### S'INFORMER

**Maison du parc de Lalastra** – *945 353 146 - www.alava.net (rubriques « Álava », puis « Naturaleza ») - avr.-sept. : tlj sf lun. 10h-19h ; reste de l'année : mar.-vend. 9h-15h, w.-end et j. fériés 10h-18h - fermé lun., 1er janv. et 25 déc.*

### SE REPÉRER

Carte de région A2 (p. 352-353) – *Carte Michelin n° 573 D 20.* Le parc se situe à l'extrémité ouest de l'Álava, à 56 km de Vitoria par la N 1, l'A 2622, puis la BU V 5532.

5

### À NE PAS MANQUER

Le défilé du Sobrón et l'arrivée sur le village de San Zadornil depuis San Millán (la route franchit une sorte de barrière naturelle qui ressemble à une porte gardée par des géants de pierre).

### ORGANISER SON TEMPS

N'hésitez pas à arpenter la vallée pendant plusieurs jours. En repartant, un détour par le défilé de Sobrón s'impose, de même que par Gesaltza-Añana, pour voir les salines (*p. 362*).

**On touche ici aux confins de la province d'Álava, avec tout ce qu'elle offre de sauvage et d'agreste. Petits villages aux églises bien conservées, sites sauvages préservés sillonnés de sentiers de randonnée, il ne vous reste plus qu'à bien vous chausser pour partir à l'aventure…**

## Se promener de village en village Carte de région

Le parc a balisé neuf randonnées (de difficultés variables) et quelques sentiers permettant de passer de l'une à l'autre. Les plus belles partent à proximité du centre d'interprétation, n'hésitez donc pas à en pousser la porte pour acheter une carte (1,50 €).

### Lalastra A2

Cette agglomération est en quelque sorte la porte d'entrée du parc. Ne vous fiez pas à son premier abord, un peu négligé. Il suffit de dépasser les premières habitations pour découvrir un adorable village, où rien ne manque, depuis l'église du 11e s. jusqu'à l'ancien four à pain et le lavoir. Il dispose de structures d'agrotourisme qui permettent d'envisager un séjour de plusieurs jours dans les parages pour arpenter la vallée. Vous trouverez toutes les informations concernant la faune, la flore et l'environnement humain du parc à la **Maison du parc**, qui vous fournira également cartes et conseils pour partir en randonnée.

### Lahoz A2

On y accède par Lalastra, mais sans voiture puisque les non-riverains parquent les leurs à l'entrée de Lalastra.

### Villamardones et Ribera A2

Ces deux villages abandonnés constituent d'agréables buts de randonnée. On peut atteindre Ribera par le défilé de Purón ou par le hameau de Villafría de San Zadornil (comptez 4 km à pied, car la route n'est pas carrossable).

### ★★ Défilé de Purón (Hoz de Purón) A2

*3h30 AR.* Rivière la plus importante du parc, le Purón prend sa source au nord de Lahoz et se resserre au sud-ouest en un défilé ponctué de grottes lorsqu'il franchit le barrage des falaises qui clôturent Valderejo. On passe ainsi de la douceur des pâturages à la forêt de conifères et de feuillus, avant de découvrir dans les gorges une végétation plus méditerranéenne. La promenade passe au pied de **Ribera** dont seule subsiste l'église, en ruines. Elle conserve encore des **fresques** gothiques, inattendues !

### UN ÉDEN PRÉSERVÉ

Doyen des parcs naturels d'Álava, celui de Valderejo, créé en 1992, s'étend sur quelque 3 500 ha, qui attirent les amateurs de nature sauvage par leur grande variété d'essences et de faune. La forêt couvre plus de la moitié de la superficie avec des pins sylvestres, des chênes verts ou des chênes rouvres, ainsi que des hêtraies. Les sommets (dont le plus élevé, le mont Lerón, culmine à 1 235 m) concentrent pierre et rochers, tandis que les fonds de vallée sont consacrés à l'économie agropastorale (prés et champs). Dans cet environnement varié et protégé, les **espèces menacées** trouvent un espace à leur mesure.

L'une des grandes communautés de **vautours fauves** du Pays basque règne ainsi sur les cieux, qu'elle partage avec l'aigle royal, le faucon pèlerin, les choucas, le vautour percnoptère, le monticole de roche, etc. Bois et sous-bois abritent amphibies (salamandre, grenouille vermeille, tritons), mammifères (chevreuil, sanglier, chat sauvage, fouine) et oiseaux (roitelet, faucon abeille) qui raviront les zoologues et ornithologues amateurs. Quant au papillon apollon ou à la vipère aspic, nul doute qu'ils trouveront aussi leurs fans.

### ★ San Lorenzo A2

*1h30 AR*. Cet oratoire dédié au saint patron de la vallée offre depuis sa falaise une **vue★** dégagée sur l'ensemble du parc et de ses prairies où paissent moutons et chevaux. En continuant sur le plateau, vers l'ouest, et en redescendant un peu (sentiers balisés), on parvient à l'abreuvoir **El Cubo**, à proximité duquel se trouve un observatoire ornithologique *(derrière le bosquet)*, tourné vers les falaises où évoluent les vautours.

## À proximité Carte de région

### ★★ Défilé de Sobrón (Hoz de Sobrón) A3

*À 24 km au sud-est de Lalastra par la BU V 5532, puis la BU V 5530 à droite qui devient l'A 2622. Après Villanañe, prenez l'A 625 en direction de Bergüenda. Une fois dépassé le village, le défilé de Sobrón se déploie à droite, le long de l'A 2122, en direction de Tobalinilla et San Martín de Don.*

Le nom de ces gorges vient du hameau de Sobrón, posté en hauteur au-dessus de la route. On y accède par une route très sinueuse qui révèle de superbes points de vue sur le défilé et les monts alentour. L'accès au village est barré d'un portail qu'il faut ouvrir manuellement. En contrebas, le défilé de l'Èbre, long d'une vingtaine de kilomètres, déploie à fleur d'eau une nature rocailleuse et boisée. La partie la plus belle commence après le barrage, en direction de Tobalinilla, avec quelques goulets d'étranglement et une route qui donne l'impression de frôler le fleuve.

**Museo del Agua** A2 – *Presa, 1 - ✆ 945 359 235 - www.museoagua.com - juil.-août : mar.-sam. 10h30-14h, 16h-19h, dim. et j. fériés 10h30-14h ; sept.-oct. : sam. 10h30-14h, 16h-19h, dim. et j. fériés 10h30-14h - 3 € (-9 ans gratuit) - visite guidée sur réserv. 4 €.* Vous ferez ici la découverte de cet élément vital dans un espace interactif ludique. Écrans tactiles et autres technologies vous permettront de tout connaître sur l'eau, depuis son origine jusqu'à ses fonctions thérapeutiques, en passant par l'apprentissage d'une consommation responsable.

## NOS ADRESSES DANS LE PARC

### HÉBERGEMENT

Sur le site **www.nekatur.net** de l'Association pour le tourisme rural en Pays basque *(Nekazalturismoa Elkartea)*, vous pourrez choisir et réserver votre logement dans le parc de Valderejo (entre autres), qu'il s'agisse de maisons paysannes ou de tourisme à la ferme. Site en diverses langues dont le français. Pour la région de Valderejo, sélectionnez la contrée des « Vallées d'Álava ».

#### PREMIER PRIX

**Hôtel Agroturismo Valderejo Etxea** – *Real, 2 - Lalastra - ✆ 945 353 085 ou 627 460 695 - www.valderejoetxea.com - 6 ch. 41 € - 4 €.* Difficile de trouver plus tranquille que ce lieu au cœur du Parc naturel de Valderejo. Les chambres, associant poutres, armoires en bois et maints autres détails de décoration, sont d'une propreté exemplaire. Au restaurant, cuisine familiale, servie l'hiver devant la cheminée.

# Laudio

**Llodio**

18 494 habitants

NOS ADRESSES PAGE 374

**S'INFORMER**

**Office du tourisme de la vallée d'Ayala et du haut Nervión** – *Parque de Lamuza, s/n - 01400 Laudio - 944 034 930 - www.aiaraldea.org - juil.-sept. : 9h-14h, 16h-19h ; reste de l'année : mar.-vend. 10h-14h, 16h-18h30, sam. 10h-14h, 16h-18h, dim. et j. fériés 10h-14h - fermé 1er janv et 25 déc.*

**SE REPÉRER**

Carte de région A1 (p. 352-353) – *Carte Michelin n° 573 C 21.* Porte septentrionale de l'Álava, Laudio ne se trouve pourtant qu'à 20 km au sud de Bilbao. On la rejoint par l'A 68 reliant la capitale économique de la Biscaye à celle de La Rioja, Logroño.

**SE GARER**

Près de la mairie et du parc botanique de Lamuza.

**À NE PAS MANQUER**

Le panorama sur la sierra Salvada depuis Maroño.

**À première vue, Laudio, la deuxième ville de l'Álava en nombre d'habitants, n'est guère plus qu'un bourg industriel allongé au fond d'une étroite vallée parcourue par le Nervión. Mais la ville a su entretenir ses traditions agricoles et se découvre une vocation touristique grâce à ses fêtes. C'est aujourd'hui un excellent point de départ pour la découverte d'une région qui vit encore au rythme des saisons.**

## Se promener

### Église San Pedro

Cachée de la rue principale et de ses constructions modernes par un bâtiment bâti en fer à cheval, l'église San Pedro n'est pas visible. Il faut pénétrer dans ce demi-cercle où siègent mairie et commissariat de police pour découvrir sa silhouette, caractérisée par un auvent latéral construit au 19e s. à partir d'une structure de métal.

## Circuit conseillé Carte de région

**VALLÉE D'AYALA A1**

*Pour visualiser ce circuit de 56 km, reportez-vous à la carte de région (p. 352-353) - comptez 2h30. Quittez Laudio vers le sud pour rejoindre l'A 625.*

### Amurrio

Ce n'est qu'en 1919 qu'Amurrio reçoit le titre de ville, mais le bourg a déjà plusieurs siècles d'existence puisque, au 15e s., il passe sous le contrôle des confréries d'Álava.

**Église Sta María** – Son portail date du 12ᵉ s., mais le reste de l'édifice a été retouché voire reconstruit au 16ᵉ s. Si vous avez la chance d'y entrer, vous aurez l'occasion d'admirer un beau retable du 17ᵉ s. en trois parties (celui du centre est doré).

**Noyau historique** – Il rassemble quelques maisons anciennes en assez mauvais état disposées autour de l'église. Parmi elles, vous reconnaîtrez le palacio-torre Urrutia (16ᵉ s.) à ses clés d'arc du rez-de-chaussée, ses deux blasons et ses angles de façade en colonnes.

*En sortant d'Amurrio, prenez la direction Artziniega puis, après 2 km, tournez à gauche vers Izoria, que vous traverserez en suivant la direction de Madaria et de Salmantón. Après 2,5 km, dépassez le barrage et faites attention à ne pas manquer sur la droite, en angle aigu, l'intersection pour Maroño.*

## Maroño

Garez-vous devant le petit ermitage et admirez la retenue d'eau avec le panorama de la sierra Salvada en arrière-plan. La **vue★★** est magnifique !

Vous pouvez explorer les routes qui s'enfoncent vers Madaria, Salmantón ou Aguíñiga sans hésitation, car les **paysages★★** sont splendides, verdoyants et vallonnés, au pied de montagnes imposantes qui forment un cirque.

*Rejoignez l'A 624 et prenez à gauche. Après Respaldiza, prenez à gauche vers Quejana.*

## ★ Quejana / Kexaa

Cet ensemble médiéval impressionnant dresse sa silhouette massive dans la vallée d'Ayala qui a donné son nom aux seigneurs commanditaires des différents bâtiments. La place forte en elle-même (tour crénelée, tours carrées d'angle) date de 1300 et le couvent des dominicaines du 18ᵉ s. *(ne se visitent pas)*. Mais les bâtiments les plus remarquables sont la **chapelle de la Virgen del Cabello** *(accès par le patio de 1735)*, qui conserve les gisants en albâtre de Pedro López de Ayala et de son épouse ainsi que la reproduction d'un retable de 1396 (l'original est aujourd'hui à… Chicago), et l'**église de San Juan Bautista**. Celle-ci a été construite à la fin du 15ᵉ s., puis décorée d'un superbe retable du 17ᵉ s. en bois doré, très bien préservé grâce à la stabilité thermique de l'édifice *(on ne peut a priori pas visiter les églises, mais demandez toujours au gardien du musée, ou à l'avance par téléphone)*.

**Musée** – *✆ 945 399 414 (office de tourisme) - juil.-sept. : 9h-14h, 16h-19h ; reste de l'année : tlj sf lun. 10h-14h - gratuit.* Deux salles présentent une rétrospective sur panneaux (en castillan) expliquant l'histoire du monastère, du bâtiment militaire et de la famille des Ayala. Exposition d'objets sacerdotaux dans la salle du fond, telle cette belle coupe en argent doré du 15ᵉ s.

*Quittez Quejana vers Menagaray et reprenez votre route pour Artziniega.*

## Artziniega / Arceniega

Village autrefois fortifié dont s'enorgueillit la vallée. Les remparts n'existent plus. Les maisons de pierre souvent blasonnées qui bordent ses trois rues parallèles, selon le plan habituel des cités médiévales basques, remontent pour certaines à la Renaissance, tout comme l'église N. S. de la Asunción, reconnaissable à son fronton triangulaire. Notez toutefois que les demeures les plus importantes datent du 18ᵉ s., comme le palais baroque des Aranguren-Amezola, situé dans la « rue du milieu » *(Artekale)*.

**Musée d'Ethnographie** – *Arteko Aldapa, 12 - ✆ 945 396 210 - www.artziniega museoa.org - ♿ - visite guidée uniquement mar.-sam. 11h-14h, 16h30-19h30, dim. et j. fériés 11h-14h - fermé lun., 1ᵉʳ janv. et 25 déc. - 4 € (-12 ans 2 €).* 1 700 $m^2$

5

d'exposition pour comprendre les modes de vie traditionnels des habitants de la vallée. À l'extérieur, un amphithéâtre propose régulièrement des représentations culturelles.

*Retournez sur vos pas. Peu après Menagaray, tournez à gauche dans l'A 3641 pour suivre la rivière Izalde jusqu'à Jandiola. Là, vous prendrez à droite la route menant à Laudio.*

## NOS ADRESSES À LAUDIO

### HÉBERGEMENT

#### BUDGET MOYEN

**À proximité de Laudio**

**Hôtel Torre** – *Cuesta de Luciano, 3 - Artziniega/Arceniega - ✆ 945 396 500 - www.torredeartziniega.net - 9 ch. 68/78 € - ☕ 7 € - rest. 11/40 €.* Dans une tour médiévale transformée en hôtel, de majestueux murs de pierre abritent des chambres agréables au plancher de bois et aux salles de bains modernes. Son restaurant associe l'héritage historique et le confort des temps modernes.

#### POUR SE FAIRE PLAISIR

**À proximité de Laudio**

**Hôtel Los Arcos de Quejana** – *Route de Beotegi, s/n - Quejana/Kexaa - ✆ 945 399 320 - www.arcosdequejana.com - P - fermé 23 déc.-5 janv. - 16 ch. 86,50/101,85 € ☕ - rest. 25/57 €.* Dans un pittoresque paysage, ancien palais où s'illustrent toute la noblesse et la sobriété du Moyen Âge. Il dispose d'une annexe de construction récente qui abrite des chambres soignées mais peu spacieuses.

### RESTAURATION

#### BUDGET MOYEN

**Palacio Anuncibai** – *B° Anuncibai - ✆ 946 726 188 - www.palacioanuncibai.com - fermé Sem. sainte, 10-30 août et le soir sf sam. - 12,30/50 €.* Installé dans un hôtel particulier moderne, entouré de jardins, il possède un bar et plusieurs salles classiques, celle du dernier étage étant réservée au service du menu.

**À proximité de Laudio**

**Axpe Goikoa** – *B° Iturrioz, 11 - Dima - ✆ 946 317 215 - www.axpegoikoa.com - fermé 2e quinz. d'août, 22 déc.-22 janv. et lun. - 25/30 €.* Maison de campagne basque de construction récente nichée en pleine nature. Intérieur campagnard garni de planchers, de grosses poutres et de piliers en bois. Cuisine traditionnelle et bourgeoise.

# Salvatierra

**Agurain**

★

4884 habitants

NOS ADRESSES PAGE 377

**S'INFORMER**

**Office de tourisme** – *Mayor, 8 - ✆ 945 302 931 - www.agurain.com - juil.-août et Sem. sainte : 10h-14h, 16h-20h ; reste de l'année : mar.-dim. 10h-14h.*

**SE REPÉRER**

Carte de région C2 (p. 352-353) – *Carte Michelin nº 573 D22.* Cette petite ville se trouve sur le tracé de la N 1, à 26 km à l'est de Vitoria.

**SE GARER**

Au pied des remparts, dans le centre-ville moderne.

**À NE PAS MANQUER**

La petite porte de la casa de Diezmos, calle Carnicerías.

**ORGANISER SON TEMPS**

Comptez une bonne heure de flânerie dans la vieille ville.

**Trois longues rues bordées de maisons blasonnées, aboutissant aux deux extrémités à des églises fortifiées : c'est ainsi que se présente cette petite cité pleine de charme, classée depuis 1975. Cette ancienne étape du chemin de St-Jacques a su conserver une atmosphère intemporelle, qui ne manque pas de séduire les visiteurs sensibles au calme et à l'histoire médiévale.**

## Se promener

*On entre dans le vieux centre-ville par la rue Portal del Rey, dont le nom évoque une porte détruite en 1841.*

### Place San Juan

Principale place de la vieille ville, elle accueille depuis le 13e s. le marché qui se tient aujourd'hui tous les mardis. L'église de St-Jean-Baptiste occupe sa face nord tandis que des maisons déploient leurs **arcades★** côté ouest.

**Église de St-Jean-Baptiste** (Iglesia de San Juan Bautista) – Construite de la fin du 15e au début du 16e s. en style gothique, elle présente un portique et un campanile baroques. Notez le chemin de ronde qui court le long de son mur. À l'intérieur, le retable, en partie réalisé par Mateo de Zabala, date de 1646.

*Dirigez-vous vers les arcades qui font face à l'église et engagez-vous dans la rue Zapatari, à droite.*

### Rue Zapatari (Calle Zapatari)

Elle aligne quelques-uns des bâtiments les plus anciens de la ville, dont l'église St-Martin du 13e s., incorporée dans l'hôtel de ville des 17e et 18e s. situé après les maisons à arcades, sur la gauche.

**ENTRE CASTILLE ET NAVARRE**
Des documents écrits en 1024 attestent l'existence du village d'« Hagurahin », rebaptisé Salvatierra, en 1256, par le roi de Castille, Alphonse X le Sage. Entré dans la sphère d'influence de Charles II le Mauvais, roi de Navarre, en 1368, il est à nouveau rattaché à la Castille à partir de 1371 et donné en fief aux Ayala.

Plus loin au n° 30, face à un carré de petits arbres aux branches tordues, se dresse la casa de los Bustamante édifiée en 1564. Un magnifique **blason**, encadré par des satyres et surmonté d'un heaume et d'un oiseau, orne sa façade.
La rue aboutit à une sorte d'esplanade verdoyante occupée par l'**église Sta María,** dont la silhouette marque l'extrémité nord de la vieille cité.

### Église Sta María
Même si son aspect austère ne le laisse guère supposer, cette église fortifiée du 16e s. abrite un chœur plateresque (nombreux éléments baroques) et un retable Renaissance réalisé par un sculpteur de la ville, Pedro Lope de Larrea (16e s.), achevé par Francisco Foronda après 1623.
*Engagez-vous dans l'axe central de la vieille ville.*

### Rue principale (Calle Mayor)
Principale artère de Salvatierra, elle concentre un grand nombre de maisons blasonnées, à commencer par la **casa Azkarraga (17e-18e s.)**, au n° 79, dont la façade arbore deux écussons ainsi qu'un joli balcon d'angle.
Après la plaza Sta María, remarquez les trois blasons du n° 46. Ne manquez pas non plus l'**écu** très ouvragé du n° 42, protégé par deux lions. Dans les volutes du bas apparaissent deux petits personnages aux couvre-chefs emplumés.
À sa suite, le **blason** du n° 40 (16e s.) déploie lui aussi une certaine magnificence de par sa taille. Remarquez le travail floral effectué au niveau du heaume et les deux guerriers qui le cernent.
Les nos 30 et 28 ne formaient au 17e s. qu'une seule et même demeure. Notez les balcons et l'écusson (19e s.). Au n° 23, la *casa cural* (presbytère), repérable à sa porte-fenêtre d'angle et à sa petite annexe tournée vers le jardin, date du 18e s. Presque à la fin de la rue, les balcons du n° 8 présentent des dessous joliment sculptés.
*De retour sur la plaza San Juan, prenez, à gauche, la plaza Sta Clara, pour vous engager dans la calle Carnicerías.*

### Rue de la boucherie (Calle Carnicerías)
Étroite et bordée de maisons construites en grosses pierres, cette artère débute par l'imposant couvent des mères clarisses au n° 2, suivi par la **chapelle St-Pierre**, indécelable au premier coup d'œil.

**ÉPREUVES**
Au cours de l'année 1564, la cité est ravagée par la peste et détruite par un incendie. La vieille ville actuelle est donc postérieure à cette date, ce qui n'ôte rien à son charme! Quant à ses remparts, après avoir tenu bon face aux guerres provinciales, ils ne résistèrent pas aux guerres carlistes du 19e s. pendant lesquelles ils furent partiellement détruits.

Mais le détail le plus original de cette rue reste la minuscule **porte** précédant de peu, sur la gauche, la galerie habitée. Une tour encadrée d'épis marque son fronton, indiquant qu'ici se récoltait la dîme, d'où son nom de *casa de Diezmos*. *Revenez à la plaza San Juan en passant par la porte nord-est de la ville, le portal de la Madura, et en longeant les remparts.*

# À proximité Carte de région

**Arrizala** C2

*À 4 km au sud-est de Salatierra par l'A 2128, puis l'A 3110.*

Après l'église se dresse un mégalithe, le **dolmen de Sorginetxe**, entouré de quelques petits arbres malingres.

**Eguilaz** / Egilatz C2

*6 km à l'est de Salatierra par l'A 3100 jusqu'à la sortie 385.*

Dans le village, suivre le panneau « Aizkomendi ». Ce beau spécimen de dolmen, trouvé en 1831, serait le premier du genre à avoir été découvert dans le Pays basque.

★★ **Col d'Opacua** (Puerto de Opacua) C2

*9 km au sud-est de Salatierra par l'A 2128.*

Une belle route boisée franchit ce col sauvage d'où part une piste plus ou moins goudronnée qui s'enfonce à travers les bois et la lande. Vaches et chevaux portant clarines y paissent librement.

## NOS ADRESSES À SALVATIERRA

### HÉBERGEMENT ET RESTAURATION

#### PREMIER PRIX

**Jose Mari** – *Mayor, 69 - Salvatierra/Agurain - ✆ 945 300 042 - www.restaurantejosemari.net - fermé dim. soir - 10/35 € - 10 ch. 44/50 € - ☕ 5 €.* Cette adresse ne paye pas de mine, pourtant elle connaît un grand succès grâce aux deux spécialités du chef, à savoir le poisson et le gibier. Pour dormir, vous trouverez ici des chambres de style rustique, avec poutres, pierres apparentes et têtes de lit en fer forgé.

#### UNE FOLIE

**À proximité de Salvatierra**

**Hôtel Parador de Argómaniz** – *Argómaniz - ✆ 945 293 200 - www.parador.es - P - 53 ch. 158/171 € - ☕ 16 € - rest. 32/56 €.* Palais de la Renaissance dont la façade conserve encore le blason de famille. Si les parties communes affichent la sobriété d'autrefois, les chambres ont un goût contemporain. Salle à manger au plafond de bois, aux murs blanchis à la chaux, dont la décoration inclut des détails anciens.

# Laguardia

**Biasteri ou Guardia**

★★

1 546 habitants

NOS ADRESSES PAGE 382

**S'INFORMER**
**Office de tourisme** – *Casa Garcetas, calle Mayor, 52 - ✆ 945 600 845 - www.laguardia-alava.com - lun.-vend. 10h-14h, 16h-19h, sam. 10h-14h, 17h-19h, dim. 10h45-14h - fermé 1er et 6 janv., 24, 25 et 29 juin, 25 déc.*

**SE REPÉRER**
Carte de région C4 (p. 352-353) – *Carte Michelin n° 573 E 22.* Comptez 47 km depuis Vitoria-Gasteiz en prenant l'A 2124 qui descend au sud, ou 21 km depuis Labastida, qui se trouve à l'ouest.

**SE GARER**
Au parking aménagé devant les remparts.

**À NE PAS MANQUER**
La visite de l'église de Sta María de los Reyes.

**Dressée sur un promontoire adossé à la chaîne de Cantabrie et tourné vers le bassin fertile de l'Èbre, la capitale de la rioja alavesa n'a pas à rougir de ses richesses. La ville est célèbre pour ses vins rouges que vous pourrez déguster dans les caves ou bodegas des environs. La bourgade médiévale mérite également le détour pour ses remparts, ses belles maisons de pierre et pour le magnifique portail de l'église Sta María.**

## Se promener

### Porte de la boucherie (Puerta de Carnicerías)

Du 15e s., elle représente l'entrée principale du village.
*Prenez à droite la calle Sta Engracia.*

### Rue Sta Engracia (Calle Sta Engracia)

La ruelle est bordée de vieilles maisons, dont certaines sont blasonnées. Celle du n° 19 en porte même deux, ainsi que de beaux balcons en fer forgé. Arrêtez-vous aussi devant le n° 16 pour admirer son blason et le travail des poutres du toit.
*Au bout de la rue, tournez à gauche vers Sta María de los Reyes.*

### ★ Église Sta María de los Reyes

*✆ 945 600 845 - ♿ - visite guidée sur demande à l'office de tourisme - 2 €.*
Cette église, édifiée à partir du 12e s., présente différents styles architecturaux : roman pour certains piliers, gothique pour les voûtes et Renaissance pour le chœur, ce qui ne la distingue pas de beaucoup d'églises régionales. Même ses intéressants retables dorés du 17e s. n'expliquent pas son renom.

Son originalité lui vient de son splendide **portail polychrome★★★**, véritable joyau de l'art gothique (*ABC d'architecture, p. 67*). Sculpté au 12e s., il doit son exceptionnel état de conservation à la construction d'un portique au 17e s., qui l'a protégé des intempéries. D'où l'éclat de sa décoration polychrome, refaite au moment de ces travaux (cela explique par exemple les motifs plutôt Renaissance de la robe portée par la Vierge). Elle n'a pas été retouchée depuis ! Outre ses couleurs soutenues, ce portail affiche une grande richesse sculpturale. Le tympan retrace l'histoire de la Vierge avec, de gauche à droite et par « palier » : l'Annonciation, la visite à Élisabeth, l'Adoration des Mages, la Dormition de la Vierge (le Christ porte l'âme de la Vierge dans ses bras), puis la Vierge en gloire. Les voussures se parent d'anges musiciens et de personnages de l'Ancien et du Nouveau Testament. Enfin, les statues des apôtres, à commencer par Pierre à gauche, et Paul à droite, encadrent les vantaux.

Au passage, essayez de compter le nombre de chevaux qui accompagnent les Mages. Au premier coup d'œil, on n'en distingue qu'un seul, mais si l'on dénombre le nombre de jambes et de rênes, on s'aperçoit alors que chacun des mages a bien son destrier !

Notez, à droite du portail, dans l'angle, deux petites statues polychromes : il s'agit des Rois Catholiques, que le nom de l'église honore.

*Prenez face à l'église la calle Mayor.*

### Rue principale (Calle Mayor)

Flânez le nez en l'air pour étudier les façades : celles du n° 4 ou du n° 13 sont en briques rouges, simples et archaïques, celle du n° 18 (du 17e s.) affiche un blason et des poutres sculptées sous le toit, tandis qu'au n° 25, à la façade ornée d'un écusson, les pans de bois sont travaillés. Remarquez les balcons des nos 34 et 36 et, au n° 54, le blason, le balcon et les fenêtres en avancée, représentatifs des maisons de la rue.

Au cours de votre promenade, vous passerez devant l'église de San Juan, qui fait face à l'office de tourisme. Elle a été agrandie au 18e s. Prenez le temps d'admirer son portail et l'expressive Descente de Croix.

*Au bout de la calle Mayor, tournez à droite deux fois pour vous engager dans la calle Paganos.*

### Rue Paganos (Calle Paganos)

Plus tranquille que la calle Mayor, elle aligne des maisons moins cossues, mais au charme tout aussi présent grâce aux chapelets de piments encadrant les fenêtres, ou à ses portes de bois s'ouvrant à mi-hauteur.

Elle débouche sur une esplanade qui borde Sta María de los Reyes.

Là, postez-vous face à la tour abbatiale du 13e s. afin de contempler la finesse de son **portail en fer forgé★**.



### HISTOIRE DE LA VILLE

Son nom, tout comme ses remparts, lui vient de sa position stratégique sur la frontière navarro-castillane. Fondé en 1164 par Sanche VI le Sage, le village est fortifié au 13e s. avant d'être rattaché à l'Álava sur décision des Rois Catholiques, en 1486. Les guerres carlistes du 19e s. entament ses murailles sans défigurer toutefois le bourg, qui a conservé tout son charme médiéval.

# À proximité Carte de région

## ★ Labastida B3

*À 20 km à l'ouest de Laguardia par l'A 124.*

*Palacio Salazar, pl. de la Paz, s/n - 945 331 015 - www.labastida-bastida.org - juil.-sept. : mar.-vend. 10h-14h, 17h-20h, w.-end 10h-14h ; reste de l'année : mar.-vend. 10h-13h30, 16h30-19h, w.-end 10h-14h - visites guidées (1h30) mar.-sam. 11h, dim. et j. fériés 12h30, 4 €.*

Cette ville-frontière, juchée sur son piton rocheux, se consacre, elle aussi, à l'activité viticole, comme en témoigne le nombre de bodegas. Elle tend d'ailleurs à obtenir le titre de capitale du vignoble de rioja alavesa.

★ **Rue Frontín** (Calle Frontín) – On ne compte plus les maisons blasonnées qui jalonnent cette vieille rue.

*Parvenu au bout, prenez n'importe quelle rue sur votre gauche, qui grimpe vers le* barrio *(quartier) La Mota.*

★ **La Mota** – Ce quartier ancien domine N. S. de la Asunción. Petites maisons aux pierres délavées par le temps, belles portes cloutées et ruelles étroites dégagent un charme authentique. Elles mènent à l'ermitage qui trône au sommet.

**Ermitage Santo Cristo** – Vous vous trouvez devant le plus ancien monument de la ville : le temple-forteresse du St-Christ. Édifié au 12e s., il mêle les styles roman (portail, début de la nef) et gothique (chœur) derrière des murs massifs. Depuis son parvis, le **panorama** se déploie à perte de vue sur la plaine de La Rioja et sur Haro (à droite dans le lointain).

Au chevet du sanctuaire, la pelouse plantée de quelques arbres constitue une pause idéale pour se reposer tout en contemplant la vue.

# Circuit conseillé Carte de région

### ARCHITECTURE CONTEMPORAINE ET VINS BC 3-4

*Pour visualiser ce circuit de 65 km, reportez-vous à la carte de région (p. 352-353) - comptez environ 1h20. Quittez Laguardia en direction d'Elvillar et suivez les panneaux de La Hoya. Tout de suite après les hangars et les entrepôts, prenez la route de gauche.*

## Bodega Ysios C3-4

*Parking sur le côté de la bodega. 945 600 640 - www.domecqbodegas.com/bodegas/ysios/visitanos/ - sur réserv. 24h à l'avance au moins : lun.-vend. 11h, 13h, 16h, sam. 10h, 11h et 13h (16h en anglais), dim. 11h, 13h - 12 € (avec dégustation de deux verres de vin).*

Réalisé par l'architecte valencien **Santiago Calatrava** pour le groupe Bodegas y Bebidas, le bâtiment évoque une vague qui reprendrait la courbe des monts Cantabriques tout proches. Son profil fait songer aux marquises, ces auvents

### LA RIOJA ALAVESA

Le bourg doit sa prospérité au vin, la rioja alavesa, que l'on compare volontiers aux vins de Bordeaux. La relation s'explique par l'implantation dans la région, à la fin du 19e s., de vignerons bordelais ruinés par l'épidémie de phylloxéra. Le précieux liquide est élaboré à partir de *tempranillo*, un cépage que l'on taille ici en buisson.

Laguardia et ses vignes en automne.
*Ioseba Egibar / age fotostock*

de verre qui ornent les immeubles de la Belle Époque, ou bien à ces coiffes que les précieuses portaient à la fin du 18e s. et qui leur faisaient comme une visière. À l'intérieur, cuves et bouteilles sont entreposées en arc de cercle face à l'entrée. Aucun mur n'est fermé de manière à laisser l'air circuler. La salle de dégustation, à l'étage, se caractérise par une hauteur de plafond incroyable et un double aperçu sur les fûts et sur l'extérieur.

*Revenez vers Laguardia et prenez la direction de Logroño.*

Après une dizaine de kilomètres, vous apercevrez, au faîte d'une colline sur la droite, la forme discoïdale de la bodega **Viña Real**, propriété de la Compañía Vinícola del Norte de España (CVNE). Dessinée par l'architecte français Philippe Mazières, elle allie le cèdre rouge du Canada au béton et à l'acier. *945 625 210 - www.cvne.com - lun.-sam. 10h-18h30, dim. 10h-14h - visites guidées (en espagnol ou anglais) sur réserv. au 941 304 809 (se renseigner pour les heures de visite) comprenant visite, dégustation de 2 vins et apéritif (chorizo, olives, etc.) - 8 € - en été, possibilité de visite guidée de la cave et du vignole avec pique-nique : 50 €.*

## Logroño C4

Son **centre historique** animé présente des rues à arcades, des églises médiévales et une cathédrale à l'impressionnante façade baroque (*Voir description complète dans le Guide Vert Espagne Atlantique)*

La capitale de La Rioja, fièrement accrochée aux rives de l'Èbre, compte plusieurs bodegas aux proches alentours.

*Quittez Logroño vers l'ouest, dir. Haro sur la N 232, et tournez à droite à Fuenmayor.*

## Elciego C4

Autre village viticole ne comptant pas moins de 14 bodegas réputées pour leurs crus. Voyez sa jolie **plaza Mayor**, plantée de petits arbres et bordée d'une mairie du 18e s. dont le blason arbore l'aigle bicéphale.

À l'entrée se dresse la silhouette de l'hôtel-centre de vinothérapie **Marqués de Riscal** dessiné par Frank O. Gehry, architecte du musée Guggenheim de

Bilbao (p. 311). On reconnaît ses courbes de métal, de différentes couleurs, pour figurer la bouteille (rouge pour le liquide, argent pour la capsule et or pour le filet).

*Engagez-vous sur l'A 3214 en direction de Samaniego.*

**Samaniego** B3

Les bodegas **Baigorri**, dessinées par Iñaki Aspiazu Iza, trônent à l'entrée du village, avec leur terrasse en espalier à flanc de colline et leur hall d'accueil tout en verre.

*945 609 420 - www.bodegasbaigorri.com - visites guidées avec dégustation de 2 vins + 2* pintxos *mar.-sam. 11h et 13h, 12 € - visite de la cave à 13h, suivie d'un déjeuner (6 plats et 4 vins), 40 € - sur réserv. - horaire boutique : mar.-sam. 10h-18h.*

*Revenir à Laguardia par l'A124.*

## NOS ADRESSES À LAGUARDIA

### HÉBERGEMENT

#### PREMIER PRIX

**Casa rural Aitetxe** – *Pl. San Juan, 2 - 620 537 650 - www.aitetxe.com - 6 ch. 60 € - 6 €.* Emplacement idéal pour visiter le quartier historique de la ville. Les chambres, situées sur deux étages, sont bien tenues et l'accueil est chaleureux.

#### BUDGET MOYEN

**Casa rural Legado de Ugarte** – *Mayor, 17 - 945 600 114 ou 699 621 841 - www.legadodeugarte.com - 4 ch. 77 €* . Au cœur du quartier historique, cette maison rénovée dispose de chambres confortables et chic dont le décor surchargé en couleurs et dorures peut troubler.

**Antigua Bodega de Don Cosme Palacio** – *Ctra de Elciego - 945 621 195 - www.cosmepalacio.com - P - fermé 22 déc.-22 janv. - 12 ch. 84/90 € - 9 € - rest. 30 € (fermé dim. soir et lun.).* Une ancienne cave en pierre réhabilitée qui propose des chambres spacieuses dans un style néorustique, portant chacune le nom d'une variété de raisin. En prime, agréable salle à manger.

**À proximité de Laguardia**

**Hôtel Palacio de Samaniego** – *Constitución, 12 - Samaniego - 945 609 151 - www.palaciosamaniego.com - fermé 6 déc.-16 fév. - 12 ch. 66/99 € - 9 € - rest. 27/45 €.* La simplicité d'une ancienne noblesse est encore visible dans cet établissement, au demeurant sympathique, dont l'intérieur abrite des chambres chaleureuses et confortables, à la décoration exquise. Le restaurant est divisé en trois salles dont le décor austère n'altère en rien l'atmosphère accueillante.

#### POUR SE FAIRE PLAISIR

**Villa de Laguardia** – *Paseo de San Raimundo, 15 - 945 600 560 - www.hotelvilladelaguardia.com - P - 79 ch. 65/125 € - 13 € - rest. 22/49 €.* Cet hôtel a pris le vin pour thème. Il est pourvu d'une vinothèque et d'une vaste cave, ainsi que d'un Spa « Wine and Oil ». Jolie piscine entourée d'une terrasse et de grands jardins. Les chambres ont été décorées avec soin.

### RESTAURATION

#### PREMIER PRIX

**Biazteri** – *Mayor - 945 600 026 - www.biazteri.com - 10/35 € -*

*7 ch. 53,50 €*. Très fréquenté, ce restaurant propose une carte traditionnelle. Au choix, deux belles salles décorées pour déguster les produits régionaux. Les chambres, à l'étage, sont sobres.

### BUDGET MOYEN

**Marixa** – *Sancho Abarca, 8 - ✆ 945 600 165 - www.hotelmarixa.com - 28/45 € - 10 ch. 56,20/88 € - ☕ 9,90 €*. Restaurant familial très réputé dans le secteur. De la salle à manger, vous pourrez admirer la vue et goûter à une cuisine traditionnelle. L'établissement possède également quelques chambres très correctes, mais simples.

## À proximité de Laguardia

**El Bodegón** – *Frontín, 31 - Labastida - ✆ 945 331 027 - 25/35 €*. Presque tous les clients de ce petit restaurant choisissent comme plat principal les côtelettes. Cuites au feu de sarment de vigne, elles sont divines ! La maison propose également d'autres plats bien mitonnés, que l'on déguste dans un décor rustique de murs en pierre, de poutres et de photographies anciennes.

**Héctor Oribe** – *Gasteiz, 8 - Páganos - ✆ 945 600 715 - www.hectororibe.es - uniquement déj. sf vend. et sam. - fermé 1er-15 juil., 20 déc.-15 janv. et lun. - 18/35 €*. Adresse disposant d'un comptoir à l'entrée et d'une salle fonctionnelle où quelques petits paravents séparent l'espace « à la carte » de celui proposant un menu unique.

### POUR SE FAIRE PLAISIR

**Posada Mayor de Migueloa** – *Mayor de Migueloa, 20 - ✆ 945 621 175 - www.mayordemigueloa.com - fermé 10 janv.-9 fév. - 35/64 € - 8 ch. 93/105 € ☕*. La noblesse d'antan survit dans cet accueillant palais du 17e s. soigneusement aménagé et dont la cave est remarquable. Des chambres de style rustique sont proposées en complément.

### ACHATS

**Vinoteca** – *Pl. Mayor, 1-2 - ✆ 945 621 213 - www.tellevoelvinoacasa.com*. Vous trouverez ici une belle sélection de produits régionaux. Outre un bon choix de vins de La Rioja et d'objets liés au monde vinicole (tire-bouchon, décanteur…), vous pourrez repartir avec quelques souvenirs gastronomiques typiques. Parmi les plus prisés : les piments, les asperges et les spécialités sucrées.

**El Fabulista** – *Pl. San Juan - ✆ 945 621 192 - www.bodegaelfabulista.com - visite guidée + dégustation de 2 vins (sur réserv.) lun.-sam. à 11h30, 13h, 17h30 et 19h ; dim. à 11h30 et 13h - 7 €*. Située sous le palais Samaniego, où se trouve actuellement l'office de tourisme, cette bodega élabore son vin de façon artisanale à l'aide d'une presse datant de 1903 et le vend sur place.

### AGENDA

**Cachimorro** – *24 juin*. Fête de la St-Jean.

# La Navarre 6

Carte Michelin Région no 573 – Navarra



*Mozos* avec leur foulard rouge et leur drapeau.

*Bjorn Svensson / age fotostock*

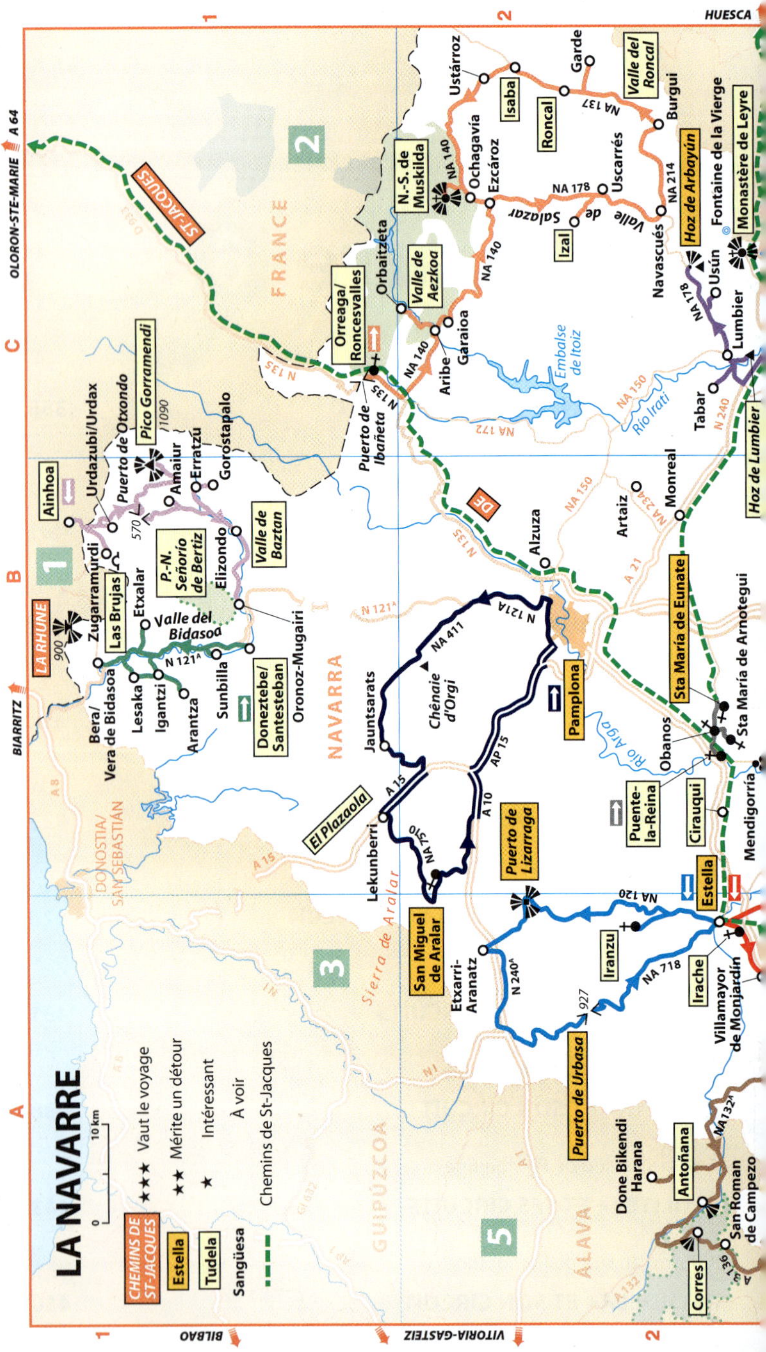
LA NAVARRE
CHEMINS DE ST-JACQUES
Estella
Tudela
Sangüesa
★★★ Vaut le voyage
★★ Mérite un détour
★ Intéressant
À voir
Chemins de St-Jacques
0
10 km
BIARRITZ
OLORON-STE-MARIE A 64
HUESCA
BILBAO
VITORIA-GASTEIZ
ST-JACQUES
FRANCE
NAVARRA
GUIPÚZCOA
ÁLAVA
LA RHUNE
900
Zugarramurdi
Las Brujas
Ainhoa
Urdazubi/Urdax
Puerto de Otxondo
Pico Gorramendi
1090
Amaiur
Erratzu
Gorostapalo
570
P.-N. Señorio de Bertiz
Elizondo
Valle de Baztan
Etxalar
Valle del Bidasoa
Bera/ Vera de Bidasoa
Lesaka
Igantzi
Arantza
Sunbilla
N 121A
Doneztebe/ Santesteban
Oronoz-Mugairi
DONOSTIA/ SAN SEBASTIÁN
Puerto de Ibañeta
Orreaga/ Roncesvalles
Orbaitzeta
Valle de Aezkoa
Aribe
Garaioa
N.-S. de Muskilda
Ochagavía
Ezcároz
Ustárroz
Isaba
Roncal
Garde
Valle del Roncal
Burgui
Izal
Valle de Salazar
Uscarrés
Navascués
Hoz de Arbayún
Fontaine de la Vierge
Monastère de Leyre
Usún
Lumbier
Tabar
Hoz de Lumbier
Embalse de Itoiz
Río Irati
Alzuza
Artaiz
Monreal
Jauntsarats
Chênaie d'Orgi
Pamplona
Río Arga
Obanos
Sta María de Eunate
Sta María de Arnotegui
Puente-la-Reina
Cirauqui
Mendigorría
El Plazaola
Lekunberri
Puerto de Lizarraga
San Miguel de Aralar
Sierra de Aralar
Etxarri-Aranatz
Iranzu
Estella
Irache
Villamayor de Monjardín
Puerto de Urbasa
927
Done Bikendi Harana
Antoñana
Corres
San Roman de Campezo
NA 140
NA 178
NA 137
NA 214
NA 150
NA 172
NA 2344
N 135
N 240
NA 411
N 121A
AP 15
A 15
A 10
NA 120
NA 718
N 240A
NA 1320
A 21
1
2
3
5
A
B
C

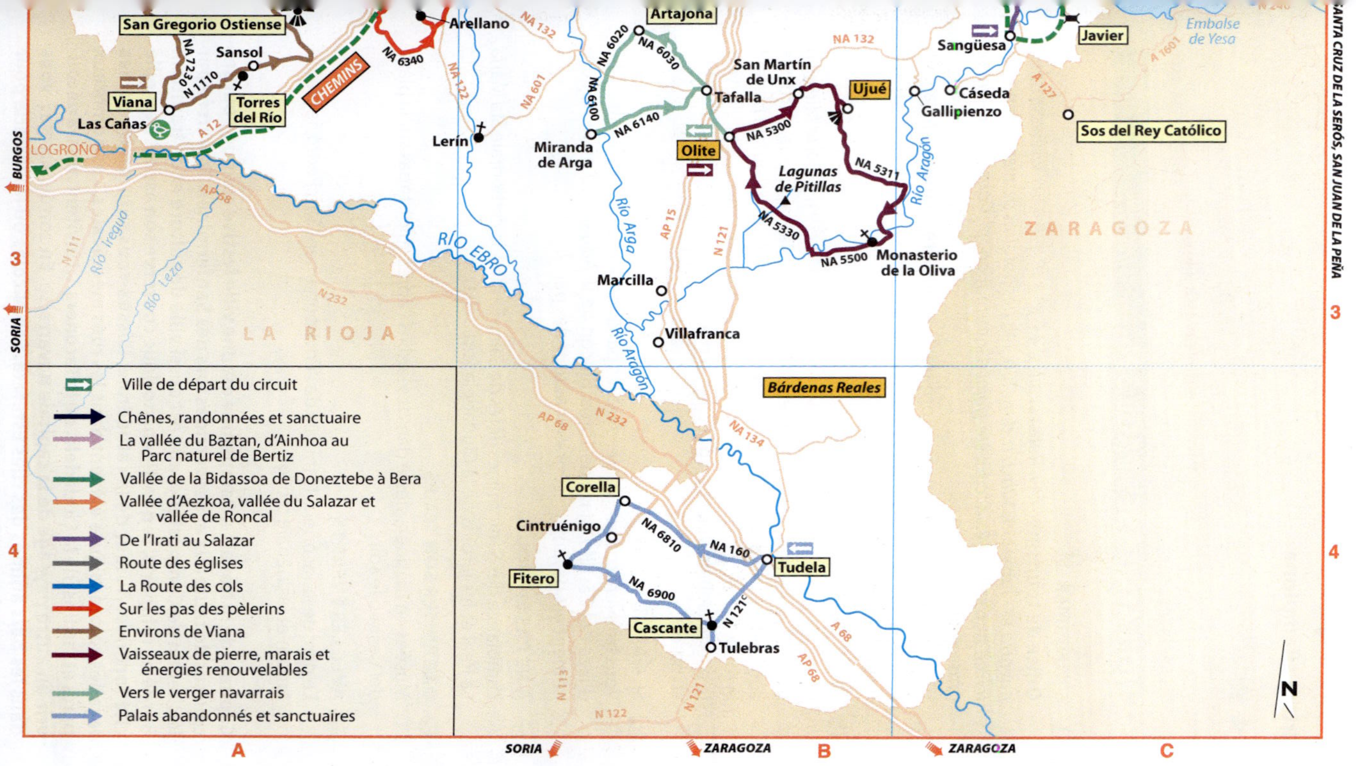
SANTA CRUZ DE LA SERÓS, SAN JUAN DE LA PEÑA
San Gregorio Ostiense
Sansol
Viana
Torres del Río
Las Cañas
LOGROÑO
BURGOS
SORIA
CHEMINS
Arellano
Lerín
Artajona
Miranda de Arga
Tafalla
San Martín de Unx
Ujué
Olite
Lagunas de Pitillas
Monasterio de la Oliva
Marcilla
Villafranca
Río Ebro
Río Arga
Río Aragón
Río Iregua
Río Leza
Sangüesa
Cáseda
Gallipienzo
Javier
Embalse de Yesa
Sos del Rey Católico
ZARAGOZA
LA RIOJA
Bárdenas Reales
Corella
Cintruénigo
Fitero
Cascante
Tulebras
Tudela
NA 7230
N 1110
A 12
NA 6340
NA 132
NA 122
NA 601
NA 6020
NA 6030
NA 6100
NA 6140
NA 5300
NA 5311
NA 5330
NA 5500
AP 15
N 121
AP 68
N 232
N 111
NA 134
NA 6810
NA 160
NA 6900
N 121c
A 68
N 113
N 122
A 127
A 1601
Ville de départ du circuit
Chênes, randonnées et sanctuaire
La vallée du Baztan, d'Ainhoa au Parc naturel de Bertiz
Vallée de la Bidassoa de Doneztebe à Bera
Vallée d'Aezkoa, vallée du Salazar et vallée de Roncal
De l'Irati au Salazar
Route des églises
La Route des cols
Sur les pas des pèlerins
Environs de Viana
Vaisseaux de pierre, marais et énergies renouvelables
Vers le verger navarrais
Palais abandonnés et sanctuaires
N
A
B
C
3
4

# Pampelune

**Iruña / Pamplona**

★★

197 932 habitants – Espagne, province de Navarra (Navarre)

## NOS ADRESSES PAGE 398

### S'INFORMER

**Office de tourisme** – *Av. Roncesvalles, 4 - ✆ 848 420 420 - www.turismo.navarra.es - lun.-sam. 10h-17h, dim. 10h-14h (les horaires peuvent changer) - fermé 1er, 6 janv. et 25 déc. En été, point d'information : pl. Consistorial - www.turismodepamplona.es.*

**Visites guidées** – Nombreux organismes et offres variées en saison. *Erreka - ✆ 948 221 506 - www.erreka.net ; Novotur Guías - ✆ 629 661 604 ou 617 348 844 - www.novotur.com.*

### SE REPÉRER

Carte de région B2 (p. 386-387) et plan de ville (p. 391) – *Carte Michelin nº 573 D 25.* Le plus ancien quartier de Pampelune, la Navarrería, s'articule autour de la cathédrale. Des quartiers modernes *(ensanches)* au sud partent la route vers Roncesvalles (Roncevaux), à 48 km au nord-est, et celle vers le *puerto* (col) de Velate en direction d'Hendaye. St-Sébastien est à 79 km au nord.

### SE GARER

Vous trouverez où vous garer dans les parkings souterrains du centre-ville (Plaza del Castillo, Plaza de Toros, Rincón de la Aduana…) où le stationnement est payant. Il est gratuit autour des parcs.

### À NE PAS MANQUER

L'ambiance des Sanfermines (fêtes de Saint-Firmin), la cathédrale Sta María La Real et les jardins de la Ciudadela (citadelle).

### ORGANISER SON TEMPS

Musées en matinée, sieste dans les jardins l'après-midi, tapas sur la plaza del Castillo le soir.

### AVEC LES ENFANTS

Le parc de la Taconera, le musée de l'Environnement San Pedro, le planétarium et la chênaie d'Orgi.

**Capitale de la Navarre, Pampelune est une ville festive connue pour ses courses de taureaux et ses corridas lors des Sanfermines. Traversée par le chemin de Compostelle, elle est aussi ville de culture et de tradition. Bordé de remparts, le quartier historique conserve son aspect de vieille cité fortifiée. Autour de la cathédrale, laissez-vous surprendre par les façades colorées qui s'élèvent dans les rues médiévales. Les nombreux parcs et jardins (de la Ciudadela, de la Taconera…) invitent aussi à découvrir un autre paysage de la capitale navarraise. En soirée, arrêtez-vous dans les bars animés des rues Estafeta, San Nicolás ou Navarrería pour déguster quelques *pintxos*.**

La plaza del Castillo, lieu de rendez-vous et point de ralliement des grandes fêtes.
*A. Perkaz / Servicio de Marketing Turístico Gobierno de Navarra*

# Se promener Plan de ville

## LE VIEUX PAMPELUNE

*Circuit tracé en vert sur le plan de ville (p. 391) - comptez 2h30 (sans les visites).*

★ **Place du Castillo** (Plaza del Castillo) B1
De par sa taille, cette grande place sert de point de ralliement aux autochtones, qu'il s'agisse de faire la fête ou de s'y retrouver. Autrefois place d'armes du vieux château, elle assure maintenant la jonction entre le quartier historique et le premier « *ensanche* » (nouveau quartier).
Des immeubles à arcades du 18e s. la bordent sur trois côtés, le quatrième s'ouvrant sur la grande avenida Carlos III qui débute avec le palais du Gouvernement de Navarre. À l'opposé de cet immense bâtiment du 19e s. s'étale l'enseigne Belle Époque du légendaire café Iruña, l'un des plus anciens d'Espagne, idéal pour prendre un verre le soir.
*Quittez la plaza del Castillo en empruntant l'avenida Carlos III et avancez jusqu'au monument de l'Encierro.*

**Monument de l'Encierro** (Monumento al Encierro) B1
Réalisé en 2007 par Rafael Huerta Celaya, ce monument, qui mesure 11 m de long sur 4 m de large, est rapidement devenu emblématique de la ville de Pampelune. Sculpté en bronze patiné, il reproduit un instant de la course où s'expriment l'angoisse et le courage des coureurs (*p. 394*).
*Quittez le monument en direction des arènes (Plaza de Toros). Contournez-les par la droite et prenez la rue Arieta à gauche. Avancez jusqu'au fortin de San Bartolomé.*

**Fortin de San Bartolomé** (Fortín de San Bartolomé) B1
En 1726, l'ingénieur Jorge Próspero de Verboom (disciple de Vauban) propose de renforcer les fortifications de la ville en construisant des bastions sur les parties les plus exposées aux attaques d'après le modèle Vauban. Ces

aménagements défensifs sont réalisés vers 1730. Aujourd'hui, le fortin de San Bartolomé est le point de départ idéal pour visiter les murailles qui entourent le quartier historique de Pampelune.

★ **Centre d'interprétation des fortifications de Pampelune** – *Arrieta (à l'angle de la calle Aralar) - ✆ 948 211 554 - www.murallasdepamplona.com - Sem. sainte-oct. : mar.-dim. 11h-14h, 17h-20h ; reste de l'année : mar.-dim. 11h-14h, 16h-19h ; se renseigner pour les horaires pdt les Sanfermines - en été : visites guidées nocturnes jeu. et vend. à 21h - 3 € (-12 ans gratuit), 1,50 € jeu.* Installé au sein du fortin de San Bartolomé, le centre d'interprétation, composé de 4 salles, retrace l'histoire de l'évolution de la muraille de Pampelune. De manière interactive, vous parcourrez des siècles de stratégie défensive et découvrirez l'influence qu'ont exercée ces constructions sur la vie de la cité comme sur les places fortes des pays du monde entier.

## ★ Chemin de ronde de l'évêque Barbazan

(Ronda del Obispo Barbazán) B1

Ce chemin de ronde, jalonné de petites guérites, offre de beaux points de vue sur la boucle de l'Arga et le quartier de la Magdalena, par lequel arrivent les pèlerins. Il donne aussi l'occasion de voir l'arrière de la cathédrale et les fortifications en contrebas des murailles. La *ronda* aboutit au **baluarte del Redín**, un petit bastion de 1540 aménagé en un agréable jardin, depuis lequel on aperçoit, en contrebas et sur la gauche, la porte fortifiée de Zumalacárregui (ou de Francia) et une partie des murailles. La vue est dégagée sur le méandre du río Arga et le mont San Cristóbal.

Côté ville, au pied des remparts, se dresse la façade du **palacio Arzobispal** du 18e s., au double portail baroque, puis de la cathédrale.

Notez que vous pouvez éventuellement poursuivre le chemin de ronde jusqu'à la porte de Francia, après laquelle vous rejoindrez l'itinéraire au niveau de l'ancien palais royal (Palacio Real). Mais il serait dommage de sacrifier la cathédrale et son musée.

## ★★ Cathédrale Sta María La Real B1

*Dormitalería 3-5 - ✆ 948 225 679 - www.catedraldepamplona.com - ♿ - mar.-sam. 10h30-18h (1h de visite) - billet comprenant l'entrée dans la cathédrale, le musée et le cloître 5 € (-7 ans gratuit). La cathédrale est en libre accès du lun. au sam. (9h-10h30, 19h30-20h) et dim. (10h-14h) pendant la messe.*

De l'église romane primitive subsistent quelques chapiteaux des portails et du cloître, exposés au musée de Navarre (*p. 392*). On reconstruisit aux 14e et 15e s. une cathédrale gothique et, à la fin du 18e s., Ventura Rodríguez réédifia la façade principale dans les styles baroque et néoclassique alors à la mode. La nef ne compte que deux étages : grandes arcades et fenêtres. La sobriété des nervures, les grandes surfaces de mur nu lui donnent l'aspect dépouillé du gothique navarrais. Devant la grille ouvragée qui ferme le sanctuaire se dresse le **tombeau★** en albâtre, commandé en 1416 par le roi Charles III le Noble, fondateur de la cathédrale, pour lui-même et son épouse. Le sculpteur tournaisien Janin Lomme, instruit de l'art funéraire bourguignon, a su personnaliser les visages des gisants et varier les attitudes et les costumes des pleurants.

Admirez également les **stalles★** Renaissance du chœur, réalisées entre 1531 et 1541, et le retable hispano-flamand (fin 15e s.) exposé dans une chapelle du déambulatoire à droite.

★★ **Cloître** – 14e et 15e s. D'élégantes baies gothiques parfois surmontées de gâbles donnent à ce cloître une grande légèreté. Les tombeaux sculptés et les portes des différentes dépendances sont intéressants. La **Dormition de la**

**Vierge** figurant au tympan de la porte d'accès au cloître est d'une expression presque baroque.
Dans l'aile est, la chapelle Barbazane (de Barbazán, l'évêque qui y a fait ériger son tombeau) présente une belle voûte en étoile du 14e s. Du côté sud, la porte de la « Sala Preciosa » est une pièce maîtresse de la sculpture de la même époque : le tympan et le linteau, consacrés à la vie de la Vierge, sont sculptés avec beaucoup de finesse ; de part et d'autre de la porte se répondent les deux statues d'une fort belle Annonciation.
★ **Musée diocesain** – Il est installé dans le réfectoire et la cuisine attenante qui datent de 1330. Dans le réfectoire, grande pièce voûtée de croisées d'ogives, la chaire du lecteur est ornée d'une charmante *Chasse à la licorne*. La cuisine carrée comporte une cheminée dans chaque angle et une lanterne centrale haute de 24 m. Le musée expose de nombreux objets de culte précieux dont le reliquaire du St-Sépulcre (13e s.) offert par Saint Louis, des Vierges de bois polychrome et des Christs provenant de toute la région.
*Prenez à droite la calle Navarreria jusqu'au bout. Tournez à droite puis à gauche. Vous aboutirez à une sorte de terre-plein. Contournez-le et grimpez jusqu'au sommet.*

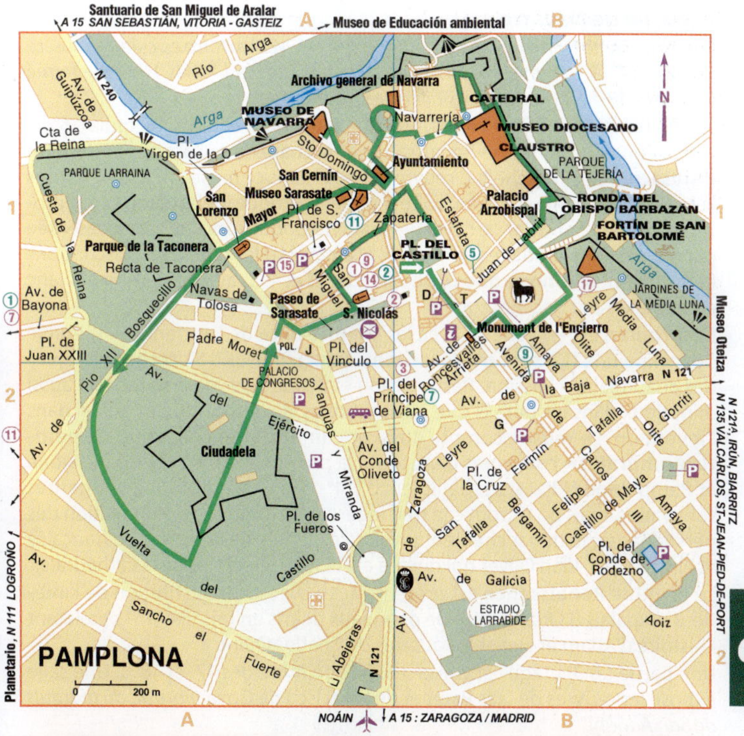


SE LOGER
- Hôtel Albret ........ 1
- Hôtel Castillo de Javier ........ 2
- Hôtel Europa ........ 5
- Hôtel Yoldi ........ 7
- Hôtel Leyre ........ 9
- Hôtel Maisonnave ........ 11

SE RESTAURER
- Baserri ........ 1
- Casa Manolo ........ 3
- La Casona ........ 7
- La Chistera ........ 9
- La Mandarra de la Ramos ........ 2
- Letyana ........ 11
- Museo ........ 15
- Rodero ........ 17
- San Fermin ........ 14

### Palais royal et archives générales de Navarre

(Palacio Real / Archivo general de Navarra) A-B 1

Au sommet de la petite éminence, jouxtant l'ancien couvent des adoratrices, trône l'ancien palais royal, demeure des vice-rois, puis des gouverneurs militaires de Navarre. Le bâtiment du 12e s., construit sous le règne de Sanche VI, a été restauré par **Rafael Moneo** ; il accueille les archives de la province et allie, dans un mélange réussi, vieilles pierres et aménagements modernes, où le verre domine.

Devant son entrée se dresse la **basilique de San Fermín de Aldapa** (18e s.) à l'intérieur baroque.

De l'esplanade, très belle **vue** sur le musée de Navarre et le quartier San Cernín dont on aperçoit le clocher de l'église.

*Redescendez la butte et prenez la calle del Mercado.*

### Hôtel de ville (Ayuntamiento) A1

Remarquable **façade★** baroque de la fin du 17e s. (reconstruite) avec ses statues, balustrades et frontons.

*Prenez la direction du musée de Navarre en remontant la calle Santo Domingo.*

### ★ Musée de Navarre A1

*Cuesta de Santo Domingo, 47 - ✆ 848 426 492 - www.cfnavarra.es/cultura/museo/index.html - ♿ - mar.-sam. 9h30-14h, 17h-19h, dim. et j. fériés 11h-14h - fermé lun. - 2 € (-18 ans gratuit) - possibilité de visite guidée.*

Élevé à l'emplacement de l'hôpital de Nuestra Señora de la Misericordia (16e s.), il en a conservé la façade Renaissance et la chapelle qui abrite l'exposition d'art sacré. Parmi les chefs-d'œuvre exposés dans ce musée moderne, citons le **coffret★** hispano-arabe en ivoire sculpté à Cordoue (début du 11e s.) et provenant de San Salvador de Leyre (*p. 418*). L'époque romaine est représentée par des vestiges lapidaires *(sous-sol et 1er étage)* : stèles funéraires, inscriptions et pavements de **mosaïques★** de villas des 2e et 4e s., aux motifs noir et blanc essentiellement géométriques.

L'**art roman** est en vedette avec les **chapiteaux★** de l'ancienne cathédrale de Pampelune (12e s.) : l'artiste inconnu qui sculpta les trois scènes bibliques des chapiteaux – Passion, Résurrection et histoire de Job – se montre aussi minutieux dans les détails que puissant dans la composition et génial dans l'invention. Le musée compte aussi une importante collection de **peintures murales★** collectées dans toute la province : Artaiz (13e s.), Artajona et Pampelune (13e-14e s.), Gallipienzo (14e-15e s.), Olleta (15e s.). Les genres sont variés, mais on retrouve le trait légèrement appuyé, l'accumulation des personnages, le déhanchement prononcé, hérités de la miniature française et illustrés par Juan Oliver qui décora en 1330 le réfectoire de la cathédrale.

La peinture **Renaissance** est présente aussi avec la reconstitution de l'intérieur du palais d'Oriz, décoré de panneaux peints en grisaille (16e s.) relatant l'histoire d'Adam et Ève et les guerres de Charles Quint.

Une partie du 3e étage est consacrée à la peinture des 17e et 18e s. Une salle expose les œuvres de Luis Paret et de Francisco de Goya *(Portrait du marquis de San Adrián)*.

Le musée abrite également une vaste exposition de tableaux de peintres de Navarre des 19e et 20e s.

*Redescendez la calle Santo Domingo jusqu'à l'église San Cernín.*

### Église San Saturnino o San Cernín A1

*Ansoleaga, 4 - ✆ 948 221 194 ou 948 224 522 - lun.-sam. 9h-12h30, 18h-20h, dim. et j. fériés 10h15-13h30, 17h45-20h - gratuit.*

En plein cœur du quartier ancien de San Cernín aux rues étroites, cet édifice fortifié composite mêle le roman de ses tours de brique et le gothique de son porche et de ses voûtes (13e s.) à de nombreux ajouts postérieurs.
À l'intérieur, l'édifice présente deux nefs en perpendiculaire : l'une gothique et l'autre de style classique. Le sol de la première se compose de grandes planches de bois cirées et numérotées. Elle occupe l'emplacement de l'ancien cloître et est dédiée à la Virgen del Camino, l'une des patronnes de la ville, aux côtés de saint Sernin.

## Musée Pablo Sarasate A1

*Palacio del Condestable - Mayor, 2 - ✆ 948 420 960 - juil.-août : lun.-vend. 11h-14h, 18h-21h ; reste de l'année : mar.-sam. 11h-14h, 18h-21h ; 5 janv., 24 et 31 déc. 11h-14h. - fermé 1er, 6 janv. et 25 déc. - gratuit.*
Installé dans le bâtiment des archives municipales, autrefois séminaire St-Jean (sa façade baroque du 18e s. présente dans une niche la statue de saint Jean-Baptiste), il se résume à une salle où sont exposés les objets personnels, les récompenses, les décorations, les partitions et les photos du violoniste et compositeur **Pablo de Sarasate** (1844-1908).
*Allez jusqu'à l'extrémité de la rue.*
À droite, au bout de la Cuesta de Sto Domingo s'élèvent le portail du **musée de Navarre★** et celui de l'**église Sto Domingo** (façade du 18e s.) qui servit de sanctuaire aux dominicains, puis d'université de 1630 à 1771. Retable et orgue du 17e s. Sur votre gauche se trouve le marché couvert.

## Calle Mayor A1

Cette rue présente quelques belles façades dont les plus notables sont : au n° 3, le palais de los Redín y Cruzat (17e s.), aujourd'hui conservatoire de musique ; plus loin, au n° 65, celle du palais del Conde de Ezpeleta, du 18e s., est identifiable à sa façade baroque ornée de statues.
*La rue débouche sur l'avenida Taconera. L'église de San Lorenzo fait l'angle à gauche.*

## Église de San Lorenzo A1

*Capilla de San Fermín - Mayor, 74 - ✆ 948 225 371 - lun.-sam. 8h-12h30, 17h30-20h30 ; dim. et j. fériés 8h30-13h45, 17h30-20h - gratuit.*
Cette église du 19e s. abrite la statue de saint Firmin (celle qui est promenée dans la ville à l'occasion des fêtes), exposée dans la chapelle de droite.
*Traversez l'avenue pour rejoindre le parc de la Taconera.*

## Parc de la Taconera (Parque de la Taconera) A1

Ce parc, le plus ancien de Pampelune, a été conçu comme un jardin à la française avec ses allées rectilignes. Il est bordé de fossés qui abritent un mini-zoo, et où s'ébattent cerfs, daims, chèvres, coqs, cygnes, tortues et poissons rouges.
*Dirigez-vous vers la citadelle et contournez-la pour entrer par l'arrière.*

## Citadelle (Ciudadela) A2

*✆ 948 420 975 - ouverture du parc : lun.-vend. 7h30-21h30, sam. 8h-21h30, dim. et j. fériés 9h-21h30 ; ouverture des expos : mar.-vend. 18h-21h, sam. 12h-14h, 18h-21h, dim. et j. fériés 12h-14h - gratuit.*
Le plan des fossés et des murailles encore debout permet de prendre la mesure de cet ouvrage, construit entre 1571 et 1645 selon le modèle de la forteresse d'Anvers, devenu depuis l'un des poumons verts de la capitale navarraise. Ses fossés aménagés en promenade se couvrent au printemps de boutons d'or et de coquelicots. En son centre, la citadelle conserve encore sa poudrière et la salle d'armes, transformée en lieu d'exposition. Sur ses pelouses sont présentées des œuvres contemporaines.

## Les Sanfermines

### DE L'AUTOMNE À L'ÉTÉ

C'est le 25 septembre que le commun des mortels honore saint Firmin, ce Navarrais converti au christianisme par saint Sernin et devenu évêque d'Amiens. Depuis 1591, les Pamplonais préfèrent fêter leur saint en juillet, afin d'éviter les pluies de l'automne. Corridas et processions marquent l'événement comme partout en Espagne, mais ce sont les *encierros* *(voir ci-dessous)* matinaux qui font l'originalité des festivités de la ville.

### « DON ERNESTO »

Ce qui était une feria locale a acquis une renommée universelle en grande partie grâce à **Ernest Hemingway**. L'écrivain américain s'y rendit pour la première fois en 1923 et en fit le cadre de son roman *Le Soleil se lève aussi,* où il évoque bien des lieux toujours en activité aujourd'hui. Visiteur assidu jusqu'à la guerre civile, il y revint par la suite en 1953 et 1959. Six ans après sa mort, un buste de l'écrivain a été inauguré devant les arènes, arborant fièrement au cou le foulard rouge des jeunes gens, les *mozos*.

### NEUF JOURS DE FÊTE

« Uno de enero, dos de febrero [1er janvier, 2 février]
Tres de marzo, cuatro de abril [3 mars, 4 avril]
Cinco de mayo, seis de junio [5 mai, 6 juin]
Siete de julio, San Fermín ! » [7 juillet, saint Firmin !] »
Le 6 juillet, à midi, un énorme pétard, le *chupinazo* (133 décibels !) est mis à feu du balcon de la mairie, devant une foule considérable (attention aux bousculades) : c'est le moment de nouer son foulard rouge autour du cou. La liesse s'empare alors de la ville, qui voit doubler le nombre de ses habitants. Dès lors, c'est parti pour neuf jours de festivités. Procession, *comparsa* (défilé de *gigantes* et *cabezudos*, géants et grosses têtes), animations diverses et bien sûr corrida quotidienne, le tout accompagné de force libations, composent l'essentiel du menu accompagné par la cacophonie des orchestres des quinze *peñas* (groupes de dizaines voire centaines de jeunes réunis par affinités politique ou géographique comme l'appartenance à un même quartier). Mais le 14 au soir, tout rentre dans l'ordre : reste à entonner le *Pobre de mí* (« pauvre de moi ») qui marque le retour à la vie quotidienne… jusqu'à l'année suivante.

### L'ENCIERRO

La manifestation la plus spectaculaire reste l'**encierro** qui a lieu tous les matins à 8 heures quand retentit le bruit d'un pétard allumé au clocher de San Cernín. Encadrés de bœufs dressés (les *cabestros*), les taureaux qui combattront l'après-midi quittent leur enclos et se rendent aux arènes en empruntant la Cuesta de Santo Domingo puis la calle Estafeta, soit un trajet de 825 m, parcouru en 3 minutes. Les *mozos*, vêtus de blanc avec béret, foulard et ceinture rouges et tenant un journal roulé pour dévier les coups de corne, courent devant les taureaux. Toute l'Espagne suit avec passion ce spectacle plein d'émotion, retransmis en direct par la télévision.

# La capitale de la Navarre

## PAMPELUNE, DES ORIGINES À L'APOGÉE

C'est sur le site d'un village vascon, Iruña (la ville), que le général romain Pompée fonda, en 75 avant J.-C., la cité de Pompaleao. Au 8e s., les Maures occupent la ville ; ils en sont chassés avec l'aide des troupes de Charlemagne qui profite de la faiblesse de leurs alliés pour démanteler les remparts. Pour se venger, les Navarrais contribuent à l'écrasement de l'arrière-garde des armées impériales au col de Roncevaux (p. 90).

Au 10e s., Pampelune devient la capitale de la Navarre, appelée d'ailleurs « royaume de Pamplona ». La cité est alors gouvernée par ses évêques. Tout au long du Moyen Âge, sa vie sera troublée par des luttes entre les habitants du vieux quartier – la Navarrería – et les francs-bourgeois des faubourgs de San Cernín, peuplés par des immigrants de la région de Toulouse, et de San Nicolás, créé à l'arrivée d'une autre vague d'immigration.

Chacun terré derrière ses propres murailles, les trois bourgs s'ignorent superbement quand ils n'entrent pas en conflit ouvert : les Navarrais sont partisans du rapprochement avec la Castille, tandis que les francs-bourgeois préfèrent une dynastie française. Ces luttes se terminent en 1423 avec le privilège de l'Union promulgué par Charles III le Noble. Les trois municipalités se fondent alors en une seule. Conquise et incorporée au royaume castillan en 1513, elle devient le poste avancé de la couronne espagnole face aux éventuelles incursions françaises. En 1571, sous le règne de Philippe II, débute la construction de la citadelle.

Au cours du 18e s., la ville, qui connaît une progression économique et démographique importante, se dote de nombreux bâtiments monumentaux comme le palais épiscopal (1732), la Casa Consistorial (hôtel de ville, 1752) et la cathédrale, achevée au 16e s., et agrémentée d'une façade néoclassique en 1783.

## TEMPS TROUBLÉS

Au 19e s., Pampelune subit le passage des troupes françaises, puis, pendant les guerres de Succession, les sièges organisés par les carlistes comme par les partisans de la reine Isabelle II, elle-même soutenant la cause de Don Carlos, garant des *fueros* (franchises qui protègent les privilèges et libertés d'une ville ou d'une province) et des congrégations.

Soucieuse de ses intérêts et de ses privilèges, elle s'oppose à la réforme fiscale envisagée par le gouvernement de Madrid. Ses habitants manifestèrent massivement en 1893 contre l'abolition de leur régime fiscal, leur mouvement de protestation étant connu sous le nom de « Gamazada », du nom du ministre Germán Gamazo, auteur du projet de réforme qui ne fut jamais appliqué. Le **monument aux Fors** a été érigé en 1903 pour commémorer ces manifestations.

Toujours dans ce même souci de préserver au mieux ses acquis, la capitale navarraise soutient Franco pendant la guerre civile, et se démarque à nouveau des autres provinces basques lorsque, en 1979, elle refuse de se joindre à la communauté autonome basque (Euskadi).

Elle obtient un statut d'autonomie, conserve une administration issue directement des privilèges médiévaux, et peut ainsi se prévaloir d'une identité bien marquée.

*Engagez-vous dans la calle Chinchilla qui fait face à l'entrée de la citadelle. Au bout, prenez à droite pour atteindre le paseo de Sarasate.*

**Promenade de Sarasate** (Paseo de Sarasate) A1

**Iglesia San Nicolás** – *San Miguel, 15 - ✆ 948 221 281 - lun.-sam. 9h30-12h30, 18h (18h30 en été)-20h30, dim. et j. fériés 9h30-13h30, 18h30 (19h en été)-20h30 - gratuit.* Construite sur un ancien sanctuaire roman, cette église gothique consacrée en 1231 présente une façade très retouchée. Elle détient de très belles **orgues★★** baroques de 1769, les plus belles de Pampelune avec celles de Sto Domingo.

La promenade aboutit au palais de Navarra, à côté duquel se dresse le monument aux Fors (*p. 395*). Vous voilà de retour à la plaza del Castillo.

## À voir aussi Plan de ville

### Musée de l'Environnement San Pedro

(Museo de Educación ambiental San Pedro) hors plan par B1

*Errotazar, s/n - ✆ 948 149 804 - www.museoambientalpamplona.com - ♿ - mar.-sam. 10h-13h, 16h-18h (17h-19h juin-août), dim. et j. fériés 10h-13h ; jeu. Saint-lun. Pâques 10h-13h ; possibilité visite guidée sur RV - fermé 1er janv., 6-14 juil., 24, 25 et 31 déc. - gratuit.*

Installé dans le cloître du monastère San Pedro (18e s.), cet espace a pour but de sensibiliser le public à l'environnement, panneaux, chiffres et schémas à l'appui. Soleil, ressources naturelles, biodiversité, territoire, consommation, transports et bruit en composent les étapes. Bornes interactives. Tests sonores.

### Planétarium hors plan par A2

*Accès depuis la plaza de Juan XXIII par l'avenida de Bayona puis dans le prolongement, l'avenida Barañáin. Sancho Ramírez, s/n - ✆ 948 262 628 - www.pamplonetario.org - mar.-vend. 9h30-13h30, 16h-19h30, sam. 10h30-13h30, 17h-20h - fermé lun., dim. et j. fériés - projections 4 € ; projections pour les enfants (11h30 et 17h30) 3 €.*

Dans le **parc Yamaguchi**, dessiné selon le modèle japonais, le planétarium, coiffé d'une coupole de 20 m de diamètre, dresse sa silhouette cylindrique, inspirée paraît-il par les panthéons de la vallée des Rois. Aire de jeux pour enfants à proximité.

## À proximité Carte de région

### Maison-musée Oteiza à Alzuza B2

*À 7 km à l'est de Pampelune. Prenez la direction de la France, par Roncevaux. À la hauteur de Huarte, suivez le fléchage « Hoz de Lumbier ». Une fois sur la NA 150, rejoignez Alzuza par une petite route à gauche. Cuesta, 7 - Alzuza - ✆ 948 332 074 - www.museooteiza.org - ♿ - juil.-août : mar.-sam. 11h-19h, dim. et j. fériés 11h-15h ; sept.-juin : merc.-vend. 10h-15h, sam. 11h-19h, dim. et j. fériés 11h-15h ; mar. : uniquement vis. guidée sur RV à 11h et 13h- fermé 1er janv., 24, 25 et 31 déc. - 4 € (-12 ans gratuit).* La visite nous fait pénétrer dans l'univers créatif de **Jorge Oteiza** (1908-2003), l'un des personnages clés de la sculpture espagnole contemporaine. Le musée, hébergé dans un bâtiment jouxtant la maison de l'artiste, est l'œuvre de son ami l'architecte Sáenz de Oiza (1918-1988). Après avoir abandonné l'art figuratif à la fin des années 1950, Oteiza entama une période abstraite d'expérimentation géométrique et métaphysique qui lui valut d'être reconnu comme le grand sculpteur du « vide ».

La cathédrale de Pampelune.
*Melba / age fotostock*

**Monreal** B2

*À 20 km au sud-est de Pampelune par la N 240.*
Pittoresque avec son petit pont médiéval à double arche (écoutez les grenouilles coasser). Une placette, de vieilles maisons et une église dominent le bourg.

**Artaiz** B2

*À 24 km au sud-est de Pampelune par la N 240. Après environ 16 km, prenez à gauche la NA 234, puis roulez encore sur 6,5 km avant de prendre à droite la NA 2400.*
Charmant hameau doté d'une adorable petite église du 12e s. Si son état extérieur laisse peut-être à désirer, son **portail et ses corbeaux★★** romans n'en demeurent pas moins admirables pour la délicatesse et l'expressivité de leurs sculptures (lions, masque grimaçant, homme à trois têtes, musicien, guerrier, etc.).
Petite fontaine romane du 13e s. (en fait, une sorte de petit réservoir) en sortant du village en direction de Zuazu *(sur la gauche, la route non carrossable, derrière les bâtiments longs en contrebas de la route, cachée dans un creux du terrain).*

## Circuit conseillé Carte de région

### CHÊNES, RANDONNÉES ET SANCTUAIRE B1-2

6

*Pour visualiser ce circuit de 120 km, reportez-vous à la carte de région (p. 386-387) - comptez environ 2h. Quittez Pampelune au nord en direction de la France par la N 121A. Parvenu à Ostiz après 14 km, prenez à gauche la NA 411 vers Gerendiain. Parcourez 8 km et avant le village, suivez à gauche les panneaux Lizaso. Sur la route qui y mène, ne manquez pas, planté sur le bas-côté gauche, un panneau signalant le parking : il marque l'entrée de la chênaie d'Orgi.*

**Chênaie d'Orgi** (Robledal de Orgi) B2

*Bureau d'informations (horaires variables à vérifier sur Internet avant la visite) - 948 305 300 - www.bosque-orgi.com - juil.-août : 10h-14h ; reste de l'année :*

*w.-end 10h-14h.* Cette forêt de chênes centenaires couvre au total 77 ha, mais seulement une moitié est accessible au public grâce à trois sentiers, ponctués de panneaux explicatifs sur le développement et l'écosystème de la chênaie. Un livret de visite *(1,50 €)*, disponible au point d'information, rend la promenade *(env. 1h)* plus interactive encore. Aire de pique-nique.
*Traversez Lizaso et poursuivez dans la vallée d'Ultzama jusqu'à Jauntsarats.*

### Jauntsarats B1

Ce hameau agricole compte sur son territoire deux **chênes pluricentenaires** classés Monumento natural de Navarra. Le plus accessible se dresse à côté du terrain de sport de l'école, à l'entrée du village, derrière la haie qui cache les bois.
*Continuez sur la NA 411 jusqu'à atteindre l'A 15 que vous suivrez en direction de Tolosa. Sortez à Lekunberri.*

### Lekunberri B1

*À l'entrée du village, ne manquez pas les panneaux indiquant Plazaola.*
★ **Vía verde del Plazaola** – Certains tronçons de cette ancienne voie de chemin de fer qui reliait Pampelune à St-Sébastien, après avoir transporté du minerai de fer de Plazaola à Andoain, sont progressivement reconvertis en voie verte, ouverte aux randonneurs, aux cavaliers et aux cyclistes. L'ex-station de Plazaola présente aujourd'hui le milieu naturel traversé par ces sentiers. Un wagon-jeux a été spécialement aménagé à l'intention des enfants.
**Lekunberri-Mugiro** – *2 km - 1h15 AR.* Cette portion suit une rivière jusqu'à un petit barrage, au-delà duquel la voie reste à baliser. Elle dévoile des paysages de prairies et de collines boisées, dont certaines se resserrent presque en gorge.
*Quittez Lekunberri vers la sierra de Aralar (NA 7510) et le sanctuaire de San Miguel.*

### ★★ Sanctuaire St-Michel de Aralar

(Santuario de San Miguel de Aralar) B2

L'**église**, construite à différentes époques – l'abside et une partie des murs sont wisigothiques (9e s.), le reste est préroman (10e s.) –, englobe une petite chapelle romane. C'est là que l'on retrouva, au 18e s., le magnifique **parement d'autel**★★ doré et émaillé, œuvre capitale de l'orfèvrerie romane européenne, qui viendrait peut-être d'un atelier limousin de la fin du 12e s.
*Revenez à Pampelune par l'A 10.*

## NOS ADRESSES À PAMPELUNE

**HÉBERGEMENT**

Pendant les Sanfermines, les prix peuvent atteindre trois à quatre fois le tarif normal.

**PREMIER PRIX**

**Hôtel Castillo de Javier** A1 – *San Nicolás, 50-52 - ✆ 948 203 040 - www.hotelcastillodejavier.com - 18 ch. 63/69 € - ☕ 4,30 €.*
Situé à deux pas de la place del Castillo, cet hôtel moderne propose des chambres tout confort. Préférez le côté cour, car la rue est bruyante.

**BUDGET MOYEN**

**Hôtel Leyre** B2 – *Leyre, 7 - ✆ 948 228 500 - www.hotel-leyre.com - 55 ch. 65/115 € - ☕ 10 €.*
Un hôtel central aux chambres spacieuses et parquetées.
**Hôtel Albret** hors plan – *Ermitagaña, 3 - ✆ 948 172 233 - www.hotelalbret.*

*net - 107 ch. 68/164 € - ☕ 13 €.* Le hall-réception, bien aménagé, donne accès à des chambres peu spacieuses mais décorées de façon moderne. La cafétéria sert quelques plats et menus.

**Hôtel Yoldi** B2 – *Av. de San Ignacio, 11 - ✆ 948 224 800 - www.hotelyoldi.com - 50 ch. 77/129 € - ☕ 10 €.* Rénové, le Yoldi constitue un bon choix dans le centre, pour son côté pratique et son confort. Il est situé près des arènes et pendant les fêtes, on peut y côtoyer des toreros.

**Hôtel Europa** B1 – *Espoz y Mina, 11 - ✆ 948 221 800 - www.hreuropa.com - 25 ch. 80/110 € - ☕ 10 €.* Très central, cet hôtel propose des chambres petites mais bien équipées avec des salles de bains en marbre. Bon choix dans cette catégorie. Fait également restaurant.

### POUR SE FAIRE PLAISIR

**Hôtel Maisonnave** A1 – *Nueva, 20 - ✆ 948 222 600 - www.hotelmaisonnave.es - 138 ch. 75/148 € - ☕ 12 € - rest. 21/40 €.* Outre ses prestations haut de gamme et son emplacement central, cet hôtel dispose de chambres confortables, équipées de salles de bains modernes.

## RESTAURATION

### PREMIER PRIX

**Museo** A1 – *San Gregorio, 48 - ✆ 948 222 050 - fermé 15-31 juil. - ⊭ - tapas 2,50 €.* Dans un décor moderne, ce restaurant, qui sert tapas et *raciones*, est apprécié pour la qualité de sa cuisine.

**Baserri** A1 – *San-Nicolás, 32 - ✆ 948 222 021 - www.restaurantebaserri.com - tapas 2,50 € - ración 4,80 €.* Établissement situé dans une rue centrale où se trouvent de nombreux bars. La salle du fond est simple et vous y dégusterez un menu à base de tapas et de différentes brochettes.

**La Mandarra de la Ramos** A1 – *San Nicolás, 9 - ✆ 948 212 654 - www.lamandarradelaramos.com - tapas 2/8 € - formule déj. 18 €.* En plein cœur du quartier historique, ce bar à tapas est incontournable : jambons suspendus au plafond et photos de l'Encierro projetées sur le sol accompagnent une grande variété de tapas dans une ambiance chaleureuse.

**Letyana** hors plan – *Travesía de Bayona, 2 - ✆ 948 255 045 - fermé 15-31 juil. et dim. en hiver - tapas 3 € - ración 12 €.* Bar à tapas surprenant ! Au rez-de-chaussée, le bar propose d'innombrables et succulentes tapas. À l'entresol se trouve une salle de restaurant, et à l'étage un menu dégustation est servi.

### BUDGET MOYEN

**San Fermín** A1 – *San Nicolás, 44-46 - ✆ 948 222 191 - www.restaurantesanfermin.com - fermé lun. - formule déj. 17 €, menu gastronomique 30 €.* Entrez sans frapper dans ce restaurant installé au 1er étage. Au menu, des spécialités régionales dont la fameuse *menestra de verdura*.

**La Chistera** A1 – *San Nicolás, 40-42 - ✆ 948 210 512/227 881 - 18/30 €.* La décoration de cet élégant restaurant, réalisée par María Mendez, mérite à elle seule l'attention. Admirez les colonnes et chapiteaux du bar, le plafond en bois de la salle St-Firmin et les peintures évoquant la vie du violoniste Pablo de Sarasate. En cuisine, recettes traditionnelles et spécialités de Navarre.

**Casa Manolo** B2 – *García Castañón, 12 - ✆ 948 225 102 - www.restaurantecasamanolo.com - fermé août, dim. soir - formule déj. 14,95 € - 30/50 €.* Situé au 1er étage, ce vaste restaurant, qui accueille aussi des banquets, propose une carte variée et une cuisine de qualité. On y appréciera le service soigné.

### À proximité de Pampelune

**La Casona** – *Pueblo Viejo (Barañáin) - ✆ 948 186 713 - www.lacasonarestaurante.net - fermé dim. soir et lun. - 25/48 €.* Ancienne bâtisse offrant une restauration de type rôtisserie avec cidrerie d'un côté et salle de restaurant de l'autre, avec grill apparent. Deux salles de réception au 1er étage.

#### POUR SE FAIRE PLAISIR

**Rodero** B1 – *Emilio Arrieta, 3 - ✆ 948 228 035 - www.restauranterodero.com - fermé 14-21 juil., lun. soir et dim. - 49/73 €.* Une table luxueuse. Bien situé juste derrière les arènes, cet établissement compte parmi les meilleurs de la région. Organisation familiale mais offrant un service de très haut niveau. Cuisine créative, innovante et d'auteur. Prix élevés.

#### BOIRE UN VERRE

**Café Iruña** – *Pl. del Castillo, 44 - ✆ 948 222 064 - www.cafeiruna.com - lun.-jeu. et dim. 8h-21h30, vend.-sam. 8h-23h30 - menu sf dîner vend., sam. et j. fériés 13,50 €.* Rendu célèbre par Hemingway, ce café de style Belle Époque est sans doute le plus populaire de Pampelune. Il bénéficie d'une grande terrasse et propose de nombreux *pintxos* pour accompagner les boissons.

#### ACHATS

**Vinoteca Murillo** – *San Miguel, 16-18 - ✆ 948 221 015 - www.vinotecamurillo.es - lun.-vend. 9h30-13h45, 16h30-19h45, sam. 9h-14h.* Ce bel établissement se transmet de père en fils depuis 1890. Son décor d'époque reste superbe et les produits proposés se remarquent par leur qualité. Vous trouverez, entre autres, une belle sélection de vins espagnols, des crus prestigieux en provenance du monde entier, des spiritueux et des spécialités de Navarre.

**Las Tres Z.Z.Z.** – *Ctra Puente Miluce, 6 - ✆ 948 252 629 - www.lastreszzz.com.* Cette institution locale fabrique des outres à vin artisanales depuis 1873. Vous découvrirez les matières utilisées dans la fabrication, son histoire et le rituel présidant à l'utilisation de l'objet.

#### SPORTS & LOISIRS

**Rocópolis** – *Cañada Real, 20 (Centro Empresarial Sarrió) - Berrioplano (à 7 km au nord de Pampelune) - ✆ 948 302 437 - www.rocopolis.com - lun.-jeu. 10h30-22h, vend.-sam. 10h30-21h, dim. et j. fériés 10h30-20h - fermé 1er et 6 janv., 5-15 juil. et 25 déc. - 13,50 € (-18 ans 8,40 €).* Ce parc d'aventures couvert dispose de structures d'escalade (murs, tyroliennes, passerelles, ponts tibétains…) et propose des itinéraires adaptés pour tous les niveaux.

**Parque Aventura-Artamendía** – *✆ 629 991 337 ou 626 613 404 - www.parqueartamendia.com - de mi-juin à mi-sept. : tlj sf lun. 10h-13h30, 16h-19h30 ; de la Sem. Sainte au 1er Nov., le w.-end seult - 15 € (-10 ans 9 €).* À moins d'une heure de route de Pampelune, aventurez-vous dans les arbres de la chênaie d'Artamendía en toute sécurité. Deux circuits avec tyrolienne sont proposés.

#### AGENDA

**Los Sanfermines** – *6-14 juil.* *p. 394.*

**San Fermín txiki** (Petites Sanfermines) – *25 sept.*

# Vallées du Baztan et de la Bidassoa

**Valle de Baztan y valle del Bidasoa**

★

## NOS ADRESSES PAGE 406

### S'INFORMER

**Office du tourisme d'Elizondo/Baztan** – *Jaime Urrutia (rdc du palais Arizkunenea) - 948 581 517 - ouv. Sem. sainte et du 1er juil. au 15 sept.*
**Mairie d'Elizondo/Baztan** – *Pl. de los Fueros - www.baztangoudala.eu.* Le site Internet de la mairie donne de nombreuses informations pratiques et touristiques sur la vallée. On consultera aussi avec profit le site **www.valledebaztan.com**, créé par un passionné de la région.

### SE REPÉRER

Carte de région B1 (p. 386-387) – *Carte Michelin n° 573 C 25.* Les principaux accès à la vallée passent par Ainhoa au nord, le col d'Izpegui à l'est en venant de St-Étienne-de-Baïgorry, ou bien par le sud via Elizondo, pour ceux qui arrivent de Pampelune.

### ORGANISER SON TEMPS

Comptez une journée pour découvrir toute la vallée, sachant que le Parc naturel de Bertiz constitue à lui seul une destination… et empruntez le lendemain la vallée de la Bidassoa.

### AVEC LES ENFANTS

Le centre d'interprétation du parc de Bertiz, la grotte des Sorcières et la grotte d'Urdazubi.

**De vertes prairies où chevaux et moutons paissent entre des murets de pierre, des pentes sèches où l'herbe se fait drue, des villages aux fiers blasons et des habitants attachés à leurs traditions… Pas de doute, vous êtes dans la vallée du Baztan, à découvrir également pour ses champignons et sa spécialité, le boudin d'agneau. Avis aux amateurs !**

## Circuits conseillés Carte de région

### ★ VALLÉE DU BAZTAN, D'AINHOA AU PARC NATUREL DE BERTIZ B1

*Pour visualiser ce circuit de 42 km au départ d'Ainhoa, reportez-vous à la carte de région (p. 386-387) - comptez une journée d'excursion en partant de la frontière française sur la N 121B. Juste après le village frontalier de Dancharinea / Dantxarinea, tournez à droite vers Zugarramurdi par la petite NA 4401.*
Les villages de Zugarramurdi et Urdazubi constituent avec Sare et Ainhoa, du côté français, un territoire transfrontalier : le **pays de Xareta** (*l'encadré p. 402*).

**Zugarramurdi** (*p. 191*)

**Urdazubi** / Urdax (*p. 191*)
*Poursuivez sur la route qui part à l'assaut du puerto (col) d'Otxondo.*

6

### ★ Pico Gorramendi

*Accès à partir du col d'Otxondo (570 m) par la NA 2655.*

Une petite route mène en 15 km à ce sommet qui offre, du haut de ses 1 090 m, une belle **vue★** dégagée sur les Pyrénées et la vallée du Baztan. Roulez au pas car vous croiserez vaches, moutons et pottoks (race locale de poney) en chemin.

*Revenez sur la N 121$^{B}$ et, après environ 7 km, tournez à gauche.*

### Amaiur / Maya

Un écrin de verdure enchâsse cette commune navarraise, la dernière à avoir lutté pour l'indépendance de la province face à Charles Quint en 1522.

L'église se trouve en dehors du village, que l'on rejoint par une route bordée de murets de pierre. Une fois franchie l'entrée marquée par une arche surmontée d'un toit, une rue unique se déploie, dévoilant une succession de maisons blasonnées de grès rouge ou crépies de blanc.

Arrêtez-vous devant celle du n° 30 pour en admirer le hall ouvert et la belle porte cloutée. Face à elle, une autre arbore des clous imposants. Presque en bout de rue, au n° 47, se détachent les arcades du palacio Borda (17e s.). Admirez au n° 51, face à la petite fontaine, la porte ornée de clous, les balcons et les poutres sculptées de la maison blasonnée.

Un petit oratoire clôt le village. À sa gauche se détache un chemin menant à un monument commémoratif, érigé en 1922 pour rappeler la **bataille de 1522** en faveur de l'indépendance navarraise. Il offre un beau point de vue sur le village en contrebas, ainsi que sur la vallée *(comptez 10mn d'ascension).*

*Rejoignez la N121$^{B}$ et prenez la première intersection sur la gauche, la N 2600 qui vous conduira à Erratzu via Bozate.*

### Erratzú / Errazu

Village de montagne dont les maisons anciennes et l'église sont construites en **grès rosé**. Ne manquez pas d'admirer l'adorable petit cloître jouxtant l'église. Ses galeries sont ornées de stèles. À proximité, le palais Apeztegia du 17e s. déploie sa sobre façade derrière une sorte d'enclos de pierre ouvert par un portique. De l'autre côté de la rivière, la rue Iturri-Zaharra présente d'étroits trottoirs de galets.

La route menant au col *(puerto)* d'Izpegi/Izpegui s'enfonce parmi les feuillus et dévoile de très beaux points de vue sur la vallée.

### Gorostapalo

*À 2 km au sud d'Erratzú, en passant à droite de l'église et de son cloître.*

Garez-vous dans le hameau aux ruelles pavées de grosses pierres rosées. Vous retrouverez les mêmes sur le chemin pentu qui part à droite de l'ermitage, posté à l'entrée du village, dans le virage. Attention, le pavage peut se

#### LE PAYS DE XARETA

En 2004, Sare, Ainhoa, Zugarramurdi et Urdazubi/Urdax se sont regroupés dans l'association Xareta, « vallée boisée », selon le nom donné à la région par J. M. de Barandiarán *(p. 188)*. Ces quatre villages, entre lesquels a été tracée la frontière franco-espagnole, sont liés par leur histoire, leur culture et leurs rapports familiaux. Le réseau des routes faisait d'ailleurs fi des postes-frontières et l'activité de contrebande était prospère. Depuis les années 1990, ils développent ensemble leurs activités touristiques.

Maisons en bordure du río Baztan.
S. Lambert / Michelin

révéler glissant par temps de pluie! Le sentier descend vers un petit pont pour remonter ensuite légèrement à travers prairies et bois jusqu'à une cascade, que l'on entend plus que l'on ne la voit entre les feuillages *(30mn AR - balisage blanc-vert).*

*Revenez sur vos pas afin de gagner Elizondo, à l'extrémité sud de la vallée, par la N 121$^{B}$.*

### Elizondo

Capitale de la vallée, ce bourg abrite de belles demeures édifiées par les anciens gouverneurs et administrateurs des Indes occidentales, ou par les « Indianos » ou « Americanos », ces Basques émigrés en Amérique du Sud, qui revinrent fortune faite. Certaines sont bien sûr blasonnées!

Il donne accès à une myriade de hameaux comme Arraioz ou Ziga, où se pratiqua, paraît-il, la sorcellerie (l'Inquisition y organisa des procès en 1725).

*Continuez sur la N 121$^{B}$ pour atteindre Oronoz-Mugairi.*

★ **Parc naturel Señorío de Bertiz** (Parque Natural Señorío de Bértiz / Bertizko Jaurerriaren Natur Parkeak)

*À Oronoz-Mugairi (à 45 km de Pampelune), accès à côté de la station-service, en limite du bourg - ✆ 948 592 421 - www.parquedebertiz.es - parking et office de tourisme à l'entrée du parc - centre d'information et d'accueil de l'autre côté du parking - avr.-sept. : 10h-20h ; oct.-mars : 10h-18h - fermé 1er janv. et 25 déc. - entrée libre (sf jardin).*



Parc naturel depuis 1984, ce domaine couvre 2050 ha, dont 1869 de forêts (chênaies et hêtraies principalement). Ses bois et ses prairies abritent une faune diversifiée, depuis la salamandre jusqu'au desman des Pyrénées (sorte de taupe). Pedro Ciga en fut le dernier seigneur, dépositaire des terres autrefois données en cadeau par le roi Charles III (14e s.). Il planta les essences exotiques du jardin et fit construire un nouveau palais, tout en restaurant l'ancien. Il fit don de l'ensemble à la députation de Navarre en 1949, à la condition de tout

**UNE IDENTITÉ FORTE**
La vallée du Baztan dispose de son propre blason, un échiquier encadré de rameaux de laurier, autour duquel se rallient les dix-huit villages du Baztan. Cet honneur remonte au temps de la bataille de Las Navas de Tolosa, en 1212, où les seigneurs locaux aidèrent le roi chrétien Sanche le Fort à vaincre le souverain almohade (dynastie musulmane originaire du Maroc). Quatre entités siègent aujourd'hui à la Junta General, héritage de Sanche III qui créa, en 1025, la seigneurie de Baztan.

laisser en l'état. Le palais Aizkolegi le domine, en offrant au regard un large panorama sur le parc et les vallées alentour.
**Jardin botanique** – *Avr.-sept. : 10h-20h ; oct.-mars : 10h-18h - fermé 1er janv. et 25 déc. - 3 € (-18 ans gratuit).* Juste à l'entrée du domaine se trouve un magnifique jardin, riche de nombreuses essences et d'un tracé rappelant les parcs à l'anglaise. Le **Centro de Interpretación de la Naturaleza** (centre d'interprétation - *948 592 386 - fermé lun., et 30mn avant le jardin, 1h en hiver)* donne les clés pour comprendre l'écosystème particulièrement humide de Bertiz, et présente une maquette du parc ainsi que des expositions temporaires.
Plusieurs circuits balisés partent de l'entrée du parc *(demandez le plan au centre d'information ou à la guérite d'accueil)*. Le plus court *(700 m)* et le plus facile s'engage tout de suite à gauche pour suivre la Bidassoa. Les autres s'enfoncent dans la forêt, à partir du chemin appelé Aizkolegi *(balisage vert - le seul autorisé à bicyclette)*. Le dénivelé varie de 200 m à 680 m suivant le parcours retenu.
*Arrivés à ce point, vous pouvez descendre vers Pampelune ou bien remonter en direction d'Irun en suivant la vallée de la Bidassoa. Pour cela, en quittant le parc naturel, gagnez Doneztebe / Santesteban (4 km plus loin au carrefour de la NA 170).*

## VALLÉE DE LA BIDASSOA, DE DONEZTEBE À BERA B1

*Pour visualiser ce circuit de 48 km, reportez-vous à la carte de région (p. 386-387) - comptez une bonne demi-journée en parcourant la vallée du nord au sud. Départ de Doneztebe / Santesteban que contourne la N 121A.*
Côté français, vous pouvez rejoindre la vallée par Ascain, St-Jean-de-Luz ou Hendaye, via la D 4. Côté espagnol, la N 121 part de la frontière entre Hendaye et Irun pour remonter la rivière et aboutir à Bera. Par le sud, on y accède depuis Pampelune par la N 121A.
À la frontière du Pays basque français, la Bidassoa s'engage dans les granits en un étroit sillon appelé gorge d'Endarlaza. Mais avant de s'y enfoncer, elle s'est aussi frayé un chemin entre les contreforts des Pyrénées-Atlantiques, caractérisés par de grasses prairies et des champs de maïs entourant des villages aux maisons typiquement basques.
Il faut bien reconnaître qu'en dehors de chemins de traverse (comme celui constitué par l'ancienne confédération des Cinco Villas, composée de cinq charmantes cités situées sur de petites routes transversales de part et d'autre de la N 121A : Etxalar, Arantza, Igantzi, Lesaka et Bera), le charme de la route est beaucoup moins prégnant que dans la vallée du Baztan en raison de l'intense trafic routier. Armez-vous de patience et profitez quand même des paysages verdoyants !

★ **Doneztebe** / Santesteban

De loin la bourgade la plus animée de la vallée, Doneztebe concentre son activité dans son cœur historique, autour de la rue commerçante qui passe devant l'**église**. Embaumant l'encaustique, celle-ci abrite trois retables baroques dorés. Notez la patine et l'usure du banc de maître, à gauche de l'allée centrale. Non loin de là, vous repérerez la mairie à ses arcades en grès et aux blasons ornant son avant-corps.

*Quittez Doneztebe vers le nord et empruntez à 1,5 km la N 121$^{A}$.*

**Sunbilla**

*En retrait sur la gauche de la route.*

Un pont médiéval enjambe la rivière. N'hésitez pas à le parcourir afin de contempler la végétation se reflétant dans l'eau ainsi que les maisons bordant la Bidassoa. Celle qui fait l'angle à l'extrémité droite du pont présente des poutres très travaillées. Remarquez-vous le petit personnage sculpté sous le toit ?

Après l'église, juste à côté de la maison blasonnée, monte une petite voie pavée de galets.

*Revenez sur la N 121$^{A}$ et après 12 km, prenez à droite la NA 4400 pour Etxalar.*

**Etxalar** / Echalar

*À 4 km.* Imaginez un village rassemblé autour de son église en pierre rosée, elle-même précédée d'une pelouse où les stèles discoïdales sont disposées de manière à vous mener à l'édifice. Le tout baigne dans la lumière du soleil couchant, qui enflamme les façades des maisons immaculées et caresse leurs jardinets bien entretenus. Vous ne repartirez plus !

*Reprenez la N 121$^{A}$ et traversez-la en direction de Lesaka.*

**Lesaka**/Lesaca

*On peut se garer au pied de l'église.*

Impossible de rester insensible au charme de ses maisons à pans de bois qui longent la rivière. Parmi elles trône une tour du 15$^{e}$ s., dont l'alter ego a été érigé du côté de l'église, près d'un calvaire. Elles auraient servi de QG à Wellington pendant les guerres napoléoniennes. Les demeures présentant les détails les plus intéressants se situent rue Albiztur. Au n° 23, ce sont les poutres qu'il faut regarder ; au n° 2, les pans de bois ; au n° 12, la porte cloutée et, au n° 5, datant de 1578, le travail effectué sur les poutres du toit ainsi que sur les galeries des maisons voisines.

**St-Martin-de-Tours** – Étonnant **portail**★ baroque caché par une tour-porche pour cette église édifiée au 16$^{e}$ s. L'entrée de droite est ornée de **sculptures** naïves représentant Dieu le Père, des angelots, Adam et Ève, saint Jean-Baptiste (à gauche) et saint Paul (à droite). L'entrée de gauche est moins décorée, se contentant d'une représentation de saint Pierre et d'angelots dans les voussures.

*Gagnez Igantzi en suivant les panneaux.*

6

**AU FIL DE L'EAU**

C'est le fleuve Bidassoa qui a donné son nom à la vallée encaissée entre le massif du Bost Herri (commune des Cinco Villas) à l'ouest et le Pays Quint à l'est (*p. 243*). Du nord au sud, le climat et le paysage changent une fois franchi le col de Belate (847 m). Ils deviennent alors plus secs, voire méditerranéens, proches en couleurs des jaune et ocre de la plaine navarraise.

### Igantzi
Ses principaux centres d'intérêt résident dans l'**église**, que précède un petit porche crépi, et la plaza de los Fueros où se trouve une élégante maison blasonnée à colonnades.
*Poussez jusqu'à Arantza en prenant à gauche la NA 4020.*

### Arantza
La façade de sa mairie à arcades affiche un blason encadré par deux petits personnages à robe rouge. Son église rassemble autour d'elle quelques vieilles maisons aux parements de pierre. Celle qui fait face au clocher arbore des poutres et une balustrade de bois travaillé.
*Revenez sur la N 121$^{A}$ et prenez à gauche. Remontez vers Bera.*

### Bera / Vera de Bidasoa
*Eztegara Pasealekua, 11 - ✆ 948 631 222 - www.berakoudala.net - Sem. sainte et de mi-juin à mi-sept. : mar.-sam. 10h-14h, 16h-19h, dim. 10h-14h.*
Cette bourgade se répartit en deux principaux quartiers. Les maisons les plus intéressantes se trouvent dans celui d'Alzate, comme celles des n$^{os}$ 5, 23 et 25. Les façades sont caractéristiques de l'architecture basque avec leurs pans de bois, leurs poutres travaillées et, parfois, l'avant-toit abritant un balcon de bois à la fine balustrade.
L'autre quartier se concentre autour de l'église, en direction d'Irun. La plaza Herrikoetxea est entourée de maisons blasonnées et son **hôtel de ville** baroque arbore les fresques de quatre femmes symbolisant la Justice, la Prudence, la Tempérance et la Force. Il se trouve en contrebas de l'église.

## NOS ADRESSES DANS LES VALLÉES

*Voir aussi Nos adresses à Ainhoa, p. 190.*

#### HÉBERGEMENT

##### PREMIER PRIX

**Ameztia** – *Ameztia, 13 - Doneztebe/Santesteban - ✆ 948 450 028 - www.ameztia.com - fermé 7-21 janv. - 10 ch. 46/60 € - ☕ 5 € - rest. 25 €.* Cet hôtel-restaurant familial présente des chambres simples et confortables. Préférez celles avec terrasse. Non loin de la voie verte, l'établissement est aussi un centre VTT où vous pourrez louer des vélos *(20 €/j.)* et découvrir les alentours de la ville.

**Santamaría** – *Mayor, 28 - Doneztebe/Santesteban - ✆ 948 450 043 - www.hostalsantamaria.es - P - 11 ch. 42,80 € - ☕ 6 € - rest. 12 €.* Ce charmant hôtel rustique dispose de chambres fonctionnelles, dont quatre avec balcon, et d'une grande salle à manger. Dans le jardin, les enfants pourront s'amuser sur les balançoires.

**Chambre d'hôte Casa Kordoa** – *Erratzu - ✆ 948 453 222 - www.kordoa.com - P - 6 ch. 42/45 € - ☕ 4,50 €.* Installée dans une jolie ferme bâtie en pierre et dirigée par un ménage accueillant. Coquet salon et chambres correctes aux poutres apparentes, dotées de salles de bains complètes.

**Juan Simón** – *Ctra de Pamplona - Ventas de Arraitz - ✆ 948 305 052 - fermé 15 sept.-12 oct. - 8 ch. 50,29/53,50 € - ☕ 5,70 € - rest. 30/35 €.* Cet établissement centenaire se distingue par sa façade ornée de balcons fleuris. Son intérieur s'avère tout aussi séduisant : colonnes, poutres apparentes, cheminée, lampes en fer forgé, belle vaisselle… Dans l'assiette, petits plats maison pleins de saveurs, et spécialités basques et navarraises.

**Hôtel-Restaurant Etchartenea** – *Dancharia - ☏ 05 59 29 90 26 - www.hotel-etchartenea.com - P - fermé merc. - 6 ch. 55 € ☕, poss. de demi-pension 90 €/2 pers. - menu 18 €*. Une halte originale que cet hôtel-restaurant situé sur la frontière. *(Ainhoa).*

### BUDGET MOYEN

**Hötel Trinkete Antxitonea** – *Braulio Iriarte, 16 - Elizondo - ☏ 948 581 807 - www.antxitonea.com - 23 ch. 64/87 € - ☕ 5,50 € - rest. (dîner seult) lun.-sam.* Grande bâtisse du 19e s. entièrement restaurée dont les chambres, d'un grand confort et décorées avec goût, ouvrent leurs fenêtres sur le fleuve Baztan. Disposant d'un trinquet, elle est le lieu où l'on organise fréquemment des tournois de pelote basque.

## RESTAURATION

### PREMIER PRIX

**Eskisaroi** – *Jaime Urrutia, 40 - Elizondo - ☏ 948 580 013 - fermé 7-17 janv., 13-23 oct. et jeu. sf juil.-août - formule déj. 11 € - 10/17 €.* Situé au bord du Baztan, ce restaurant vous accueille dans une grande salle dont les murs en pierre sont simplement décorés de photos d'époque. Vous y dégusterez, dans le calme, des spécialités régionales.

### BUDGET MOYEN

**Lenkonea** – *Pl. de los Fueros, 2 - Bera - ☏ 948 625 540 - www.hotelchurrut.com - fermé janv.-15 fév. - 16 € déj. - 31/47 € - 18 ch. 98/195 € - ☕ 12 €.* Décor minimaliste, tables harmonieusement placées sous des poutres apparentes bien éclairées, assiettes soignées et service attentif : ce restaurant a tout pour séduire. Intéressant menu dégustation et délicieux desserts maison.

**Santxotena** – *Pedro Axular, s/n - Elizondo - ☏ 948 580 297 - www.santxotena.net - mar.-dim. seult à midi sf sam. et en été - fermé 1re quinz. de sept., Noël et lun. - formule déj. 13/18 € - 35 €.* Dans ce restaurant où l'on propose une cuisine traditionnelle, le service est soigné et l'ambiance chaleureuse.

**Donamaria'ko Benta** – *Barrio de las Ventas, 4 - Donamaria - ☏ 948 450 708 - www.donamariako.com - fermé 10 déc. - 4 janv., dim. soir et lun. - 20/45 € - 5 ch. 76/86 € - ☕ 7,80 €.* Cette charmante auberge du 19e s., entièrement rénovée, conserve son cachet rustique et vous propose une cuisine traditionnelle remise au goût du jour. Les chambres se trouvent dans un bâtiment annexe.

## EN SOIRÉE

**Dancharia**/Dantxarinea est le lieu de la fête les soirs de fin de semaine ! Les habitants de la région s'y retrouvent dans les restaurants, bodegas, bars, salles de jeux, bowlings et dans la grande discothèque La Nuba.

## AGENDA

**Carnaval d'Ituren** – *Fin janv.*
**Carnaval de Lesaka** – *Fév.-mars.*
**Fête de la St-Firmin** – *6-14 juil.*
**Zikiro-jate** – *18 août.*

6

# Roncevaux

**Roncesvalles / Orreaga**

★

24 habitants

NOS ADRESSES PAGE 415

### S'INFORMER

**Office de tourisme** – *Antiguo molino - ✆ 948 760 301 - www.turismo.navarra.es - ouv. tlj sf lun. (horaires variables, se rens.).*

**www.roncesvalles.es** – Le site présente toutes les informations sur la collégiale et ses environs, ainsi que sur les services (logements, restauration, transports, visites).

**Visite guidée de l'ensemble monumental** – *Auria Orreaga, Edificio Casa Prioral - ✆ 948 790 480 ou 625 833 483 - avr.-oct. : 10h-14h, 15h30-19h ; nov.-mars : 10h-14h, 15h30-18h (du 8 ou 9 déc. au 15 fév. seult 10h30-14h30) - fermé 1er et 6 janv., 8 sept., 25 déc. et merc. - départ toutes les 45mn ou toutes les heures - 4,30 € (comprend la visite guidée du musée, des églises de la collégiale et de St-Jacques, du Silo de Carlomagno, et les entrées à la salle capitulaire et au cloître). Pour ceux qui ne comprennent pas l'espagnol, des audioguides sont disponibles en français, anglais, allemand et basque pour suivre la visite (1,10 €).*

### SE REPÉRER

Carte de région C1 (p. 386-387) - carte des environs de Roncevaux (p. 412) – *Carte Michelin n° 573 C 26.* Ce point de passage obligé pour tous ceux qui suivent le chemin de St-Jacques depuis St-Jean-Pied-de-Port se trouve à 20 km de la frontière française, au pied du col d'Ibañeta.

### SE GARER

En contrebas du monastère, sur le parking prévu à cet effet.

### ORGANISER SON TEMPS

Comptez une journée d'excursion pour suivre l'itinéraire des trois vallées.

**Roncevaux n'est pas un village mais un hameau. Les habitants, religieux pour la plupart, accueillent les pèlerins dans leur collégiale après le passage des Pyrénées. Si l'envie vous prend de rejoindre ici les chemins de Compostelle, sachez que les trois vallées navarraises qui se déploient à l'est du monastère vous offrent une excellente occasion de découvrir toute la beauté préservée des contreforts navarro-pyrénéens.**

## Se promener

De vastes bâtiments aux murs gris et aux toits de zinc bleuté apparaissent, entourés d'épaisses frondaisons ; leur fondation remonte au 12e s. L'ensemble comprenait alors une importante hostellerie qui accueillait et réconfortait les pèlerins, une chapelle funéraire, de plan carré, actuellement Silo de Carlomagno, et une collégiale riche en reliques.

Tombeau du roi Sancho VII le Fort, dans la collégiale.
*DEA / W BUSS / De Agostini Editore / age fotostock*

**Église de la collégiale** (Iglesia de la Real Colegiata)
*8h-20h30 (la messe du soir détermine l'horaire de fermeture).*
La consécration de cet édifice gothique, très inspiré des églises d'Île-de-France, eut lieu en 1219. Sous le dais du maître-autel, le symbole actuel du pèlerinage est une **Vierge à l'Enfant★** en bois recouvert de plaques d'argent, œuvre d'un atelier français du 13e ou 14e s.

**Salle capitulaire** (Sala Capitular)
*Horaires et tarifs de l'ensemble monumental - entrée salle capitulaire et cloître seult : 2,50 € (3 € avec audioguide).*
Cette belle salle gothique abrite, sous une hauteur de voûte impressionnante, le tombeau du fondateur de l'église, le roi de Navarre **Sanche VII le Fort** (1154-1234), et de sa femme. Remarquez la scène de la **bataille de Las Navas de Tolosa** que le souverain remporta sur les Almohades en 1212, représentée sur le vitrail du début du 20e s.

**Silo de Carlomagno**
*Horaires et tarifs de l'ensemble monumental.*
Partie la plus ancienne de l'ensemble monumental avec son plan carré et sa voûte sur arcs diagonaux, le « silo de Charlemagne » date du 12e s. Sa crypte servait d'ossuaire aux pèlerins qui mouraient à l'hôpital. La légende suppose qu'elle est située à l'endroit même où Charlemagne a demandé de construire la tombe de Roland. Selon la tradition, les restes des soldats morts à la bataille y seraient enfouis. À sa gauche se dresse l'**église St-Jacques** (iglesia Santiago), petit édifice gothique du 13e s., et, de l'autre côté de la route, **Itzandegia**, autrefois hôpital (18e s.) et aujourd'hui auberge pour pèlerins.



**★ Musée**
*Horaires et tarifs de l'ensemble monumental.*
Installé dans les anciennes écuries, il conserve de très belles pièces d'orfèvrerie ancienne : coffret mudéjar, évangéliaire roman, **reliquaire émaillé**

**UNE BATAILLE LÉGENDAIRE**
Roncevaux est célèbre dans l'histoire pour la déroute que les Vascons y infligèrent, en 778, à l'arrière-garde de l'armée de Charlemagne qui rentrait en France sous les ordres du préfet de la marche de Bretagne, **Roland**. De chaque côté des Pyrénées, la légende a idéalisé cet événement à sa façon, en s'éloignant facilement d'une réalité historique qui ne serait sans doute restée qu'un épisode peu connu si elle n'avait été ainsi magnifiée. La **Chanson de Roland**, première chanson de geste française écrite vers 1100, tout en faisant de Roland le neveu de Charlemagne, glorifie la résistance héroïque et désespérée de quelques preux chevaliers chrétiens face à des milliers d'ennemis, devenus Sarrasins pour les besoins de la cause. Composé en réaction contre cette interprétation, *Le Poème de Bernardo del Carpio* (fin 12e s.-début 13e s.) fait de ce jeune noble un héros national : à la tête de compagnons basques, navarrais et asturiens, il aurait vengé la violation du territoire espagnol (et en particulier la prise de Pampelune) par l'armée franque.

du 14e s. qui, sans doute à cause de sa disposition en petits compartiments géométriques, a été surnommé « l'échiquier de Charlemagne ». À signaler aussi un triptyque flamand du 16e s., une émeraude qui aurait orné le turban du sultan (ou *miramolín*) Mohammed al-Nassir le jour de la bataille de Las Navas de Tolosa, et une très belle Sainte Famille de Morales.

## À proximité Carte de région

**Col d'Ibañeta ou de Roncevaux** (Puerto de Ibañeta) C1

*À 2 km au nord de Roncevaux par la N 135. Parking aménagé derrière la petite chapelle.*

1 057 m. Une petite chapelle contemporaine et une stèle marquent le passage de ce col, première halte des pèlerins de St-Jacques en Espagne. Derrière l'édifice, notez le petit monticule hérissé de grossières croix de bois laissées par de pieux randonneurs. À proximité, un monolithe rappelle que la bataille de Roncevaux a eu lieu non loin de là, peut-être à **Luzaide**, dont le nom espagnol (Valcarlos) évoquerait Charlemagne.

## Circuits conseillés Carte des environs de Roncevaux

*Pour visualiser ce circuit de 200 km au départ de Roncevaux, reportez-vous à la carte de région (p. 386-387) - comptez une journée, voire deux si vous vous promenez dans le massif d'Iraty.*

À l'est de Roncevaux se déploient trois vallées pyrénéennes aux identités bien marquées. Il y a d'abord celle d'**Aezkoa**, agricole et boisée, dont les greniers traditionnels ont fait la renommée. Au-delà, celle du **Salazar** paraît plus austère, ponctuée de quelques villages isolés. Enfin, la plus orientale des trois suit le cours de l'Esca, tout en prenant le nom du village le plus important de son territoire : **Roncal**.

*De Roncevaux, suivez la N 135, traversez le village-rue d'Auritz/Burguete et prenez la première à gauche, la NA 140 qui pénètre dans la vallée d'Aezkoa.*

### ★ VALLÉE D'AEZKOA

*Juste avant Aribe, vous pouvez tourner à gauche et monter à Orbaitzeta.*

**Orbaitzeta** / Orbaiceta
C'est le point d'accès à la forêt d'Iraty *(bosque del Irati)*.
Le village conserve deux greniers à grains, sortes de petites maisons surélevées que vous trouverez presque au chevet de l'église.
*Au-delà du bourg, la NA 2032 continue à monter pour atteindre, 4 km plus loin, une fourche.*
**Fábrica** – En tournant à gauche à la fourche, et après 2 km en fond de vallée sur une route défoncée, vous déboucherez sur le quartier de Larraun, en contrebas duquel se dressent les ruines d'une fabrique d'armes construite sous Charles III et fermée en 1873. On peut les apercevoir en descendant l'escalier de fer qui s'ouvre sur la place, à gauche de l'église, reconvertie en hangar.
*Prenez à gauche de l'église et, après quelques mètres, descendez vers la rivière et la bergerie. Passez devant le bâtiment et continuez sur la droite. Un panneau balisé marque le départ de la randonnée.*
**Arrazola et Irabia** – En tournant à droite à la fourche, un fléchage indique les forêts d'Iraty et d'Irabia. La route passe par l'aire de pique-nique d'**Arrazola**, puis, 15mn plus tard, elle conduit au barrage d'Irabia, construit en 1922.
*Garez-vous au parking du bas. Le barrage se trouve à 3mn de là.*
*Balisage 53C - une demi-journée* – Le chemin fait le tour du barrage. Vous pouvez le commencer par la rive sud et revenir par le chemin 52C, qui se contente de longer la même rive en surplomb *(1h30 AR)*.
*Revenez sur la NA 140.*

**Aribe** / Arive
L'Irati traverse ce village qui conserve un grenier à céréales et un pont médiéval à double arche, en assez mauvais état.
*Continuez sur la NA 140.*

**Garaioa** / Garayoa
Jadis connu pour ses « sorcières » qui furent emmenées par l'Inquisition en 1575, ce bourg au charme discret est dominé par sa tour-clocher. Notez le portail roman de l'église et la naïveté des chapiteaux, protégés par un auvent. Jouxtant le sanctuaire, un petit cimetière dissimule des stèles discoïdales.
*Traversez Abaurregaina/Abaurrea Alta.*
En sortie du village, magnifique **panorama**★★ sur les sommets enneigés des Pyrénées précédés de prairies moutonnantes. La route se révèle aussi particulièrement jolie à hauteur de Remendía, lorsque le contraste entre résineux et feuillus se fait plus prononcé.
*Vous arrivez ensuite à Escároz, après avoir traversé Jaurrieta, le village le plus haut de la vallée du Salazar.*

## VALLÉE DU SALAZAR (ZARAITZUKO IBAXA)

**Ezcaroze** / Escároz
Chef-lieu de la vallée du Salazar, Ezcaroze accueille aussi la Junta del Valle de Salazar, assemblée des sept villages du pays. Promenez-vous quelques minutes dans ses ruelles pavées pour goûter le charme de la place de l'église agréablement ombragée, ou celui de ses demeures aux massives pierres grises.
*Prenez ensuite la NA 178 pour descendre la vallée.*
La route longe le Salazar dans un fond de vallée relativement plat, encadré par des versants peu élevés. Mais après Güesa, leurs flancs se resserrent un peu comme à l'entrée d'un canyon.
*Franchissez à droite le Salazar pour rejoindre Izal par l'étroite NA 2122.*

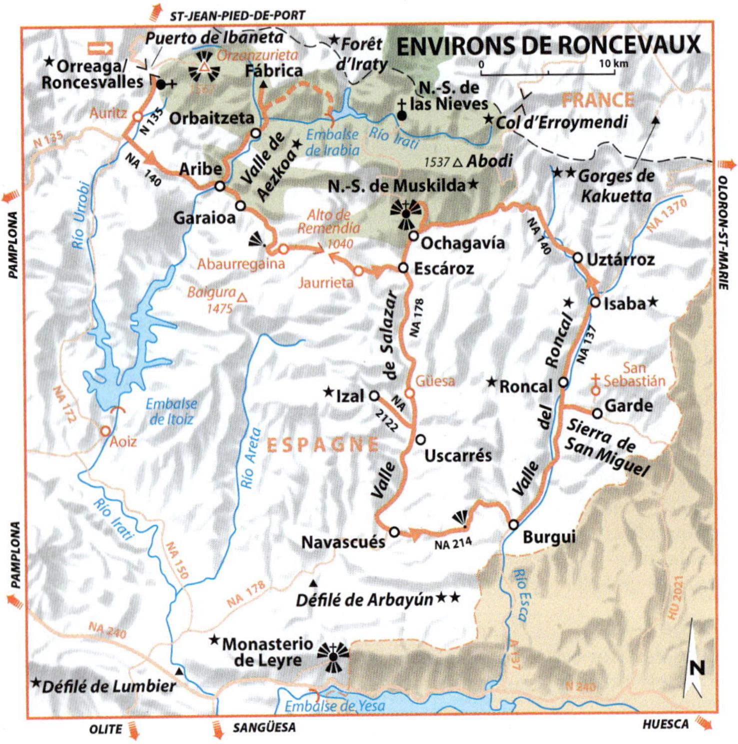


La route menant à Izal est sauvage, avec un côté parfois méditerranéen lorsque la rocaille affleure au milieu d'une végétation sèche et chiche. Mais au détour d'un lacet, les pentes se couvrent aussi de résineux et de feuillus, rendant soudain verdoyant un paysage qui, un instant plus tôt, paraissait aride.

### ★ Itzalle / Izal

Rien ne manque à cet adorable village de montagne, ni les maisons traditionnelles aux toits de tuile, ni le fronton, et encore moins l'église. Le clocher de **San Vicente** dépasse à peine de l'ensemble trapu, à l'intérieur encaustiqué et décoré d'un petit retable. La maison de l'entrée, avant le pont, cache un grenier à blé sur pilotis (ou *hórreo*), le seul de la vallée encore bien conservé. Peu avant l'entrée d'Izal *(env. 200 m)*, sur la droite, est signalé N. S. de Arburúa, un sanctuaire du 16e s. à 1 030 m d'altitude qui accueille un pèlerinage très couru chaque 1er Mai. On peut y monter à pied en laissant la voiture sur l'aire de parking, nullement aménagée (véritable bourbier en cas de pluie). *Revenez sur la NA 178 et continuez à descendre la vallée.*

### Uscarrés

Petit village accroché à flanc de colline en surplomb de la route. Quelques maisons ornées de blasons bordent ses ruelles pavées. Admirez son adorable **église** au chevet roman. À l'intérieur, traces de fresques gothiques.

### Navascués / Nabaskoze

Typique de la région avec ses grosses maisons de pierre grise, ce sympathique petit village était, avec Usún, l'une des deux places fortes de la vallée.

*Après l'avoir traversée, suivez la NA 214 en direction de Burgui.*
Le paysage se fait plus sec. À peu près à mi-chemin de Burgui, lorsque la route redescend, admirez la **vue** sur les Pyrénées.

## ★ VALLÉE DE RONCAL (ERRONKARIKO IBARRA)

### Burgi / Burgui

Prenez le temps de flâner dans ses petites ruelles aux pavés irréguliers, où la pierre des maisons s'est noircie au fil du temps.
*Remontez la NA 137 vers Roncal.*
Des versants aux crêtes feuillues encadrent le fond rocailleux de cette vallée qui devient plus étroite une fois dépassé le sanctuaire de N. S. del Camino.
*Prenez à droite la NA 176 en direction de Garde.*
La route remonte la vallée du *barranco* (torrent) Gardalar.

### Sierra de San Miguel

**Garde** est son seul village, accroché à flanc de montagne sous la protection de sa massive église avec galerie à auvent. Dans le bourg, la pierre domine, depuis les pavés jusqu'aux maisons dont les linteaux sont parfois travaillés.
400 m avant Garde, un sentier à gauche mène au sanctuaire de San Sebastián.
*Retournez sur la NA 137.*

### ★ Roncal / Erronkari

*L'office de tourisme et le centre d'interprétation de la vallée de Roncal sont au bord de la route, en contrebas du village.*
*Gayarre, s/n - 948 475 256 - oit.roncal@navarra.es - de mi-juin à mi-juil. : lun.-sam. 10h-14h, dim. 10h-14h ; de mi-juil. à mi-sept. : lun.-sam. 10h-14h, 16h30-19h30, dim. 10h-14h ; reste de l'année : dim.-jeu. 10h-14h, vend. et sam. 10h-14h, 16h30-19h30. Consultez aussi le site www.vallederoncal.es consacré à la vallée.*
Il faut se perdre dans les rues pavées de Roncal pour profiter de l'atmosphère du bourg, construit tout en pierre. Quelques demeures anciennes conservent de magnifiques portes cloutées, des linteaux sculptés, des blasons ouvragés et des encorbellements de bois (calles Iriandoa et Arana). Juchée sur la colline, son église de dimensions massives offre un panorama sur la commune et la vallée.

Enfin, dans le centre du village se trouve la maison natale du ténor **Julián Gayarre** (1844-1890), enterré sous un mausolée rococo réalisé par Mariano Benlliure dans le cimetière du village. Une curiosité : ce mausolée a bien failli ne jamais arriver à Roncal. Il a en effet voyagé à Paris pour l'Exposition universelle de 1900, et aurait été installé à Madrid devant le Teatro Real, selon les désirs de la régente, une « fan » de l'artiste, si la famille de Gayarre n'avait fait valoir la volonté du chanteur de reposer dans sa terre natale. La demeure de Gayarre a été transformée en **musée**, où sont exposés objets personnels, partitions, décorations et photographies. *948 475 180 - juin-sept. : tlj sf lun. 11h30-13h30, 17h-19h ; oct.-mai : w.-end 11h30-13h30, 16h-18h - 2 €.*
*Reprenez la route en direction du nord.*
Près d'Isaba, le paysage devient plus accidenté, la vallée étroite et boisée.

### ★ Isaba / Vlzaba

*Parking aux deux extrémités du village.*
Reconnaissable à la grosse tour-clocher de **San Cipriano** (16e s.), il regroupe ses maisons montagnardes (grosses pierres et bois) autour de son église fortifiée, qui abrite un retable plateresque et des orgues baroques du 18e s.

**DRÔLE DE TRIBUT...**
Le 13 juillet n'est pas un jour anodin pour la vallée de Roncal. Ce jour-là, ses syndics montent dans la vallée de Belagua jusqu'à la borne frontière 262, dite Pierre de St-Martin, où ils retrouvent leurs homologues français de la vallée béarnaise de Barétous. Ces derniers leur remettent trois génisses sans défaut et identiques de couleur, en échange d'un droit de pacage de 28 jours dans la vallée navarraise. Ce tribut remonte à un arbitrage prononcé en 1375 pour mettre fin aux rivalités des deux communautés concernant leurs estives.

Un belvédère en haut du village ménage une belle **vue** sur les toits du bourg et les montagnes environnantes.
Après Isaba, deux options se présentent à vous. Vous pouvez monter vers la vallée de Belagua (NA 1370) menant à la frontière française (*l'encadré ci-dessus)* et à la réserve de Larra, caractérisée par de profonds gouffres, ou continuer votre route vers Ochagavía et la vallée du Salazar par la NA 140.

### Ustárroz
Jolie vue depuis la route sur ce hameau accroché à une colline en bordure de rivière. Ici aussi, l'église fortifiée domine les maisons.
Plus on approche du col *(portillo)* de Lazar, plus la route devient montagneuse, avec parfois de beaux dégagements sur le paysage minéral et boisé.
*Avant d'arriver à Ochagavía, ne manquez pas les panneaux indiquant sur la droite le sanctuaire de N. S. de Muskilda.*

### ★ Église Notre-Dame de Muskilda
(Iglesia de Nuestra Señora de Muskilda)
*948 394 060 - été : lun.-vend. 16h-19h, w.-end et j. fériés 10h-14h, 16h-19h ; reste de l'année : w.-end et j. fériés 11h-14h, 16h-19h (vérifier les horaires) - gratuit.*
Adorable sanctuaire perché face aux Pyrénées. Son clocher rond et sa nef toute simple abritent des restes de fresques, un retable de style classique et une voûte centrale dont les arcs présentent une brisure. Notez les piliers massifs, trahissant l'origine romane de l'édifice (12e s.) retouché au 17e s.
La tranquillité du site n'est troublée que par le son des clarines qui parvient jusqu'à son enclos.
Un chemin de randonnée devenu chemin de Croix aboutit au bâtiment *(départ depuis Ochagavía).*

### Ochagavía / Otsagabia
*Labaria, 21 - 948 890 641 - oit.ochagavia@navarra.es - lun.-jeu. 10h-14h, vend.-sam. 10h-14h, 16h30-19h30, dim. 10h-14h.*
Autre point de départ pour la découverte du massif et du GR 11, c'est un beau petit village à cheval sur l'Anduña. Son vieux pont à double arche enjambe le cours d'eau pour relier l'office de tourisme et le **centre d'interprétation de la nature** au reste du bourg. Ce dernier est parcouru de rues irrégulièrement pavées et bordées de maisons anciennes aux toits pentus et aux façades blasonnées, convergeant vers l'église San Juan Evangelista du 16e s.
**Boucles** – Deux itinéraires partent du village : l'un derrière l'église *(2h, 6 km, facile)* en direction de Muskilda et l'autre du camping d'Otsate *(1h30, 4 km, facile)*. Renseignez-vous à l'office de tourisme. Pour des informations plus détaillées sur les randonnées dans les environs (forêt d'Irati), rendez-vous sur le site www.irati.org.

**N. S. de las Nieves** (N.-D. des Neiges) – *Comptez 45mn de voiture.* La route traverse la sierra de Abodi et passe devant un parking où vous pourrez vous garer pour rejoindre à pied la chapelle. Vers celle-ci convergent différents sentiers qui font simplement le tour du lac d'Irabia *(18 km)* ou de longer le torrent Urtxuria.

**Abodi** – *17 km au nord-est par les NA 140 et NA 2011, dir. France, col de Larrau. www.esquiescolar.com.* Un petit chalet-restaurant, à gauche dans le virage, marque l'entrée de la sierra de Abodi et de ses pistes de ski de fond. C'est aussi le point de départ de nombreuses randonnées.

*Pour revenir à Roncevaux, rejoignez Ezcároz et reprenez la vallée d'Aezkoa.*

## NOS ADRESSES À RONCEVAUX

### HÉBERGEMENT ET RESTAURATION

**PREMIER PRIX**

**Hôtel La Posada** – *Roncevalles/Orreaga - ✆ 948 760 225 - www.laposadaderoncesvalles.com - fermé nov. - P - 19 ch. 55/60,50 € - ☕ 7 € - rest. 17,60/35 €.* Installé dans une ancienne maison de ville, cet hôtel propose des chambres au décor rustique, dont certaines en duplex, qui vous offriront un bon confort.

**Maitena** – *Elizaldea s/n - Luzaide/Valcarlos - ✆ 948 790 210 - www.hostalmaitena.com - fermé janv.-fév. - 6 ch. 50/55 € - ☕ 4 €.* Restaurant au décor soigné et au service simple. Chambres au charme suranné.

### À proximité de Roncevaux

**BUDGET MOYEN**

**Hôtel Loizu** – *San Nicolás, 13 - Auritz-Burguete - ✆ 948 760 008 - www.loizu.com - fermé 15 déc.-15 mars - P - 27 ch. 70/98 € ☕ - rest. 17,50/30 €.* Un lieu conçu pour se reposer dans un cadre agréable. Installations accueillantes et rénovées, décor champêtre. Cuisine raffinée.

**Txikipolit** – *Av. Roncesvalles, 42 - Auritz-Burguete - ✆ 948 760 019 - P - fermé du 20 déc. au 1er mars et lun. - 15/35 €.* Le prétendant au trône Don Carlos cacha ici son or lors de sa fuite en France (1876). En remerciement, il légua deux tableaux toujours exposés. Aujourd'hui, le lieu est connu pour ses spécialités : le jarret d'agneau, le magret de canard et le gâteau de légumes.

**POUR SE FAIRE PLAISIR**

**Hostería de Zubiri** – *Av. Roncesvalles, 6 - Zubiri - ✆ 948 304 329 - www.hosteriadezubiri.com - fermé déc.-mi mars. - 10 ch. 81/115 € ☕.* Hôtel de montagne typique avec un intérieur campagnard et des chambres gaies aux salles de bains soignées. Le soir, service de restauration réservé aux clients.

# Sangüesa

**Zangoza**

5 254 habitants

NOS ADRESSES PAGE 422

**S'INFORMER**

**Office de tourisme** – *Calle Mayor, 2 - ✆ 948 871 411 - oit.sanguesa@navarra.es - de la Sem. sainte à août : lun.-sam. 10h-14h, 16h-19h, dim. et j. fériés 10h-14h ; sept.-mars : mar.-dim. 10h-14h.*

**Visites guidées** – Sangüesa Tour - *Calle Mayor, 1 trasera - ✆ 620 110 581 - www.sanguesaturismo.com.* Cet organisme propose des visites guidées des principaux monuments de la ville.

**SE REPÉRER**

Carte de région C3 (p. 386-387) – *Carte Michelin n° 573 E 26.* Sangüesa se trouve à 36 km de Pampelune par la N 240, à la limite orientale de la Navarre.

**SE GARER**

En périphérie du vieux centre.

**À NE PAS MANQUER**

Le magnifique portail de Sta María la Real. Le monastère de Leyre.

**ORGANISER SON TEMPS**

Visiter l'église de Sta María la Real et les rues alentour prend 2 ou 3h. Après, direction défilé de Lumbier ou celui d'Arbayún.

**AVEC LES ENFANTS**

Une excursion nature à la recherche des vautours aux défilés de Lumbier et d'Arbayún.

**Cette petite ville, blottie sur la rive gauche du río Aragón et perdue au milieu des champs, renferme des merveilles architecturales, comme l'église Sta María la Real. Fière de ses traditions, elle accueille des festivités tout l'été et c'est ici que vous pourrez assister à l'un des cinq drames religieux des Rois mages subsistant en Espagne. La ville est de même idéalement située pour la pratique du canoë-kayak, de l'équitation ou du parapente.**

## Se promener

### ★ Église Sta María la Real

Près de la rivière, à l'entrée du bourg, cette église ouvre la calle Mayor. Édifiée au 12e s., elle est achevée au 13e s. par le splendide portail, la tour octogonale et sa flèche.

★★ **Portail sud** – Fin 12e-13e s. C'est un tel foisonnement de sculptures qu'on reste étonné devant la variété des sujets et leur richesse d'expression. Deux artistes connus y ont travaillé (parmi d'autres) : Leodegarius, sculpteur que l'on pense d'origine bourguignonne (également auteur du portail de l'église San Esteban de Sos del Rey Católico), s'est chargé de la partie basse à la fin du 12e s. et a signé son œuvre ; la partie haute a probablement été réalisée par le

Maître de San Juan de la Peña un siècle plus tard. Les statues-colonnes, déjà gothiques, s'inspirent de leurs modèles de Chartres et d'Autun. Au tympan, Dieu le Père encadré d'anges musiciens accueille à sa droite les Élus, tandis que, de son bras gauche abaissé, il accable les Réprouvés. On distingue dans un coin saint Michel pesant les âmes. Les voussures sont riches d'une multitude de motifs. Sur la deuxième en partant de l'intérieur, les métiers humbles sont illustrés : sabotier, luthier, boucher. Plus anciennes et d'une austérité tout aragonaise, les arcades supérieures représentent Dieu entouré des symboles des évangélistes, de deux anges et des apôtres.
À l'intérieur du sanctuaire, notez le dôme octogonal, la croix processionnelle, chef-d'œuvre de l'orfèvrerie locale (15e s.) et le grand retable plateresque (Renaissance espagnole teintée de baroque) du chœur que préside Notre-Dame de Rocamadour.

### Calle Mayor

Rue principale, autrefois empruntée par les pèlerins (certains l'arpentent encore), les cossues maisons de brique sont dotées du classique auvent en bois sculpté et de fenêtres aux riches encadrements gothiques ou plateresques. Leur allure contraste avec l'austère palais du Prince de Viana (Príncipe de Viana), résidence des rois de Navarre (aujourd'hui la mairie), dont on peut voir, en passant sous le porche, la façade flanquée de deux imposantes tours crénelées.
*Tournez à droite dans la calle Santiago.*

### Église de Santiago

Commencée dans le style roman tardif et achevée avec une architecture gothique, cette église fortifiée abrite un retable plateresque du 16e s. Notez le portail roman et la statue gothique de saint Jacques Pèlerin *(Santiago Peregrino)*. Face à elle se dresse une maison décorée de blasons. Il s'agit de l'ancien hôpital, reconnaissable aux coquilles St-Jacques sculptées.
*Prenez la rue qui longe cette maison.*

### Église de San Salvador

Cette église gothique du 14e s. est précédée d'un porche aux arcs impressionnants de hauteur. Notez la scène du Jugement dernier sur le tympan. À l'intérieur, retable italianisant de Juan de Berroeta.
*Tournez à gauche et suivez la calle Enrique Labrit jusqu'à la prochaine intersection.*

### Palais Íñiguez-Medrano

Cette maison d'angle est surmontée d'un avant-toit traditionnel. Regardez-le bien et notez le personnage accroché aux griffes d'un aigle, sculpté dans la poutre d'angle.
*Revenez sur vos pas et continuez dans la calle Alfonso el Batallador.*

### UNE PROSPÉRITÉ LIÉE AU PÈLERINAGE

Au 11e s., les habitants de Sangüesa, jusque-là repliés sur la colline de Rocaforte en raison du péril maure, sont incités par le roi d'Aragon et de Pampelune Sanche V Ramírez à descendre près du pont pour le défendre et faciliter le passage des pèlerins. Le souverain a en effet décidé de faire de la cité une des étapes principales du chemin de St-Jacques en Navarre. À la fin du Moyen Âge, Sangüesa connaît son apogée et d'élégantes demeures bourgeoises sont construites, que l'on peut encore admirer en flânant dans les rues du vieux centre. Quant au fameux pont, le puente Sta María, il a conservé quatre arches d'origine, la partie centrale ayant été remplacée par une structure métallique.

**Palais Ongay-Vallesantoro**
Ce palais aligne sa façade baroque sous un **auvent monumental★★** sculpté d'animaux chimériques crachant grappes et fruits.
*La rue aboutit à la calle Mayor.*

# À proximité Carte de région

## ★ Monastère de Leyre C2

*5 km au nord-est de Sangüesa par la NA 127, puis prendre à droite la N 240 sur 10 km. Juste avant Yesa, prendre la NA 2113 à gauche en direction du monastère.*
**Visites guidées** – *948 884 150 - www.monasteriodeleyre.com - mars-oct. : lun.-vend. 10h15-14h, 15h30-19h, w.-end et j. fériés 10h15-14h, 16h-19h (de mi-juin à sept. : 9h30-19h30) ; reste de l'année : lun.-vend. 10h15-14h, 15h30-18h, w.-end et j. fériés 10h15-14h, 16h-18h30 - fermé 1er et 6 janv., 25 déc. - 2,75 € (6-12 ans 0,60 €, -6 ans gratuit). Les visites guidées (1h) sont en espagnol mais des dépliants en français sont à la disposition des visiteurs.* *ABC d'architecture, p. 63.*
Le monastère est situé sur le versant sud de la sierra de Leyre (appelée aussi sierra de Errando), dominant la retenue de Yesa sur la route de Pampelune à Jaca. Des parkings ont été aménagés en bout de route, près du monastère. Comptez 1h de visite.
C'est ce site à la vue imprenable qu'ont choisi les moines navarrais pour y édifier ce qui deviendra l'un des plus majestueux monastères romans du territoire espagnol.
Par sa simplicité et par la chaleur des tons ocre de ses murs qui se confondent avec les roches des alentours, comme par le silence qui règne sur les lieux, Leyre dégage une rare atmosphère de sérénité.
★ **Crypte** – Elle fut construite au 11e s. pour soutenir l'église romane supérieure dont elle épouse le plan, mais on la dirait plus ancienne, tant il s'en dégage une impression de rudesse et d'archaïsme. Les voûtes sont assez hautes, mais coupées d'arcs en claveaux énormes et parfois à double rouleau, qui retombent sur des chapiteaux massifs, incisés de lignes très simples. Curieusement, ces chapiteaux sont posés sur des fûts de hauteur inégale, presque au ras du sol.
★★ **Église** – Le **chevet** (11e s.) compte trois absides de même hauteur. Avec le mur de la nef surmonté d'un clocheton et la tour carrée à triples fenêtres, ils forment un charmant ensemble. Les murs parfaitement lisses et l'absence de décoration, à part quelques modillons, dénotent l'ancienneté de la construction.
L'**intérieur★** recèle bien d'autres curiosités. Lorsque les cisterciens réédifièrent au 13e s. une nef unique à la voûte gothique audacieuse, ils gardèrent de l'église romane les deux premières travées et le chœur avec ses absides semi-circulaires. Contemplez l'ogive, qui compte parmi les plus belles de la région. Côté nord, derrière une grille de style gothique, se trouve un coffre en bois sculpté qui abrite les ossements des premiers rois de Navarre. Tout près s'élève le monumental Christ de Leyre qui date du 16e s. Côté sud, derrière un portail roman ouvrant sur une petite chapelle, remarquez le retable du 17e s. qui raconte l'histoire des saintes Nulilo et Alodia.
Le portail ouest, ou **porta Speciosa★** (12e s.), tient son nom de la richesse de son décor sculpté. Sur le tympan, des statues archaïques représentent : au centre, le Christ, à sa droite, la Vierge et saint Pierre, à sa gauche, saint Jean. Les voussures fourmillent de monstres et d'animaux fantastiques. Au-dessus, dans les écoinçons, on reconnaît à droite l'Annonciation et la Visitation.

### LE CŒUR SPIRITUEL DE LA NAVARRE

Attestée dès le 9e s., l'abbaye San Salvador de Leyre s'affirme au début du 11e s. comme le grand centre spirituel de la Navarre, d'autant que les vicissitudes de la vie à Pampelune obligent plusieurs fois les souverains à se réfugier dans ce nid d'aigle inexpugnable. Le roi Sanche III le Grand et ses successeurs en font leur panthéon et permettent l'édification d'une église qui compte, avec sa crypte, parmi les tout premiers témoignages de l'art roman en Espagne (elle fut consacrée en 1057). Les évêques de Pampelune étaient alors traditionnellement choisis parmi les abbés de Leyre, dont le pouvoir s'étendait sur près de 60 villages et 70 églises ou monastères.

**Fontaine de la Vierge** (Fuente de la Virgen) C3

*À 250 m par la route qui s'engage face au monastère, le long du petit parking.* Fontaine de pierre sculptée de deux silhouettes de femmes. Touristes et pèlerins vont y remplir de petites bouteilles à son mince filet d'eau. Le site, ombragé mais peu entretenu, fait du reste office d'aire de pique-nique pour nombre de visiteurs du monastère.

★ **Château de Xavier** (Castillo de Javier / Xabier Gaztelua) C3

*7 km au nord-est de Sangüesa par la NA 5410.*

*948 884 024 - www.santuariojaviersj.org - mars-oct. : 10h-13h30, 15h30-18h30; nov.-fév. : 10h-13h30, 15h30-17h30 - possibilité de visite guidée sur demande préalable - fermé 1er janv., 24, 25 et 31 déc. - 2,75 € (6-12 ans 1,25 €, -6 ans gratuit), 4,25 € entrée + audioguide (disponible en français).*

Saint François Xavier (Francisco de Javier), patron de la Navarre, est né ici en 1506. À Paris, il rencontre son compatriote Ignace de Loyola avec lequel il posera les bases de la Compagnie de Jésus (*p. 98*). Envoyé comme missionnaire à Goa par les Portugais, il accompagne ensuite ces derniers au Japon. Mort en 1552, juste avant d'arriver en Chine, il fut canonisé en 1622.

**Visite** – Cette forteresse, totalement restaurée, fut en partie démantelée en 1516 par le cardinal Cisneros, qui assurait alors l'intérim entre la mort de Ferdinand le Catholique et l'arrivée en Espagne du futur Charles Quint. Une fois franchis les fossés et la porte principale, on monte à la salle des blasons, suivie par la grande salle, au mobilier du 17e s. Parmi les pièces dont les murs remontent aux 10e et 11e s. se trouve la chambre du saint. Elle jouxte le donjon ou tour San Miguel (belle vue sur les environs). La visite s'achève par la **chapelle du Santo Cristo**, qui abrite un Christ en noyer du 13e s. et une **Danse macabre**, fresque du 15e s.

**Cáseda** C3

*À 12 km au sud-ouest de Sangüesa. Quittez Sangüesa en direction de Sos del Rey Católico et bifurquez à droite après 1 km pour suivre la NA 5341.*

La route menant à Cáseda coupe à travers les champs, verts au printemps, brûlés en été et au repos l'hiver. Le village apparaît soudain, juché sur un flanc de colline, comme une vision de Méditerranée. Son église gothique le domine, ornée d'un portail de style classique et entourée des maisons les plus anciennes.

**Gallipienzo** / Galipentzu C3

*20 km au sud-ouest de Sangüesa par la NA 132 en direction de Tafalla et Olite. Après 14 km (et avoir laissé sur votre gauche Gallipienzo Nuevo), prenez à gauche la NA 5320.*

Vision impressionnante que ce village accroché sur une colline, couronné par une église massive. La route dévoile, au fur et à mesure de la montée, des vestiges de fortifications et de murs, rappelant que Gallipienzo se trouve dans la zone frontalière avec l'Aragon. Le village en lui-même paraîtrait presque à l'abandon s'il n'y avait du linge aux fenêtres. Les ruelles sont défoncées et les maisons battues par le vent. Mais l'ascension vers le sommet de la colline est récompensée par la **vue★** sur la vallée, le patchwork des champs et les toits du village, sans oublier les éoliennes sur les crêtes.

## Circuit conseillé Carte de région

### DE L'IRATI AU SALAZAR C2-3

*Pour visualiser ce circuit de 44 km, reportez-vous à la carte de région (p. 386-387) - comptez environ 2h (hors balades à pied). Quittez Sangüesa en direction de Pampelune par la NA 140 puis la N 240. Après 6 km, tournez à droite au grand rond-point sur la NA 178. Juste avant Lumbier, prenez à gauche la direction de Tabar, principal hameau de la commune d'Urraúl Bajo.*

### Tabar, Urraúl Bajo C2

*Garez-vous sur la place de l'église.*

**Église** – On peut y admirer un adorable retable en bois.

*Revenez sur la NA 150 pour rejoindre le défilé de Lumbier.*

### ★ Défilé de Lumbier (Hoz de Lumbier) C2

*Pl. Mayor, 3 - Lumbier - ✆ 948 880 874 - juil. et 1er-15 sept. : mar.-jeu. et dim. 10h-14h, vend.-sam. 10h-14h, 16h30-19h30 ; août : mar.-sam. 10h-14h, 16h30-19h30, dim. 10h-14h ; reste de l'année : vend.-sam. 10h-14h, 16h30-19h30, dim. 10h-14h - fermé lun., 1er et 6 janv., 25 déc.*

Creusé par l'Irati dans les contreforts de la sierra de Leyre, le défilé, long de 5 km, situé entre Lumbier et Liédena, offre à ses extrémités l'aspect d'une mince coupure dans la falaise. Une belle vue sur cette gorge s'offre du belvédère aménagé sur la N 240.

*L'accès au défilé est fléché à l'entrée de la ville. Comptez env. 1 km jusqu'au parking. L'entrée est à quelques centaines de mètres. 1h AR pour 2,6 km, et env. 2h30-3h en passant par la montagne (5,5 km, 175 m de dénivelé) ; début juste à gauche, à l'entrée du défilé, depuis le parking.*

L'ancienne voie de chemin de fer qui traversait la *hoz* (gorge) a été transformée en chemin. Après avoir franchi un premier tunnel, on parcourt plus de 2 km en surplomb de la rivière tumultueuse, survolée par de nombreux vautours dont l'envergure dépasse le mètre ! Les falaises où ils nichent déploient de belles palettes de couleurs, allant du gris au rouille, et des formes parfois torturées. La promenade débouche sur un second tunnel au-delà duquel se dressait autrefois le pont du Diable, sur l'embouchure de la *hoz*. Vous pouvez décider de revenir sur vos pas ou de rallier le sentier qui passe par la montagne pour retourner à votre point de départ.

**Centre d'interprétation des défilés** (Centro de Interpretación de las Hoces) – *À Lumbier, au-dessus de l'office de tourisme - ✆ 948 880 874 - mêmes horaires que ceux de l'OT - 1,20 €.* Occupant un bâtiment moderne sur la place située derrière l'église, ce centre fournit toutes les explications nécessaires à la compréhension géologique, géographique et écologique des défilés de Lumbier et d'Arbayún. Présentation de la faune et de la flore, projection vidéo : les moyens les plus didactiques et modernes sont ici employés !

**DÉCLIN, OUBLI ET RENAISSANCE**

Au 12e s., cependant, la Navarre ayant été rattachée à l'Aragon, la royauté délaisse Leyre pour San Juan de la Peña, tandis que l'évêché de Pampelune cherche à accroître son autorité sur les puissants moines. Un long procès s'engage, qui entame les finances et le prestige du monastère. Au 13e s., la réforme cistercienne est adoptée et Leyre devient une simple annexe de La Oliva (*p. 446*). Abandonné au 19e s., le couvent a été occupé à nouveau en 1954 par les bénédictins venus de Silos. Ils ont restauré les bâtiments des 17e et 18e s. et installé une hostellerie.

*Poursuivez sur la NA 178. Arrivé à Domeño, prenez à droite la NA 2161.*

**Usún** C2

*À 3 km de Domeño. Petit parking aménagé à l'entrée du hameau.*

Cette petite localité donne accès à l'embouchure sud du défilé d'Arbayún, la plus grande *hoz* fluviale de Navarre.

*Sentier signalé par un panneau de bois dans le village (route non carrossable). Env. 5 km de promenade. 2h en passant devant l'ermitage St-Pierre. Attention, le terrain peut être glissant les jours de pluie en raison des rochers qui affleurent dans la descente vers le Salazar.* Le sentier franchit le Salazar sur un pont moderne qui permet d'admirer toute la beauté sauvage du défilé.

*Revenez à Domeño et continuez votre route sur la NA 178.*

★★ **Défilé d'Arbayún** (Hoz de Arbayún) C2

*Parking aménagé dans un virage, sur la droite : ne le manquez pas !*

Le Salazar est fortement encaissé dans les calcaires de la sierra de Navascués, mais la route s'éloigne du fleuve et il faut atteindre le belvédère aménagé au nord de l'alto de Iso pour avoir une **vue**★★ splendide sur la sortie du canyon. Les falaises font place vers le bas à une végétation dense au milieu de laquelle scintille l'eau du torrent.

# Escapade en Aragon Carte de région

Si vous disposez d'un peu de temps, il serait dommage de ne pas en profiter pour partir à la découverte de sites aragonais très proches de Leyre : le village et l'église romane de **Sta Cruz de la Serós**★ ainsi que le monastère rupestre de **San Juan de la Peña**★★, accessibles par la route de Jaca (N 240), puis par une petite route à droite, l'A 1603, 10 km après Puenta-la-Reina de Jaca lorsqu'on vient de Leyre.

Plus au sud en contournant le lac de Yesa, ne manquez pas de partir à la découverte de la ville médiévale perchée de **Sos del Rey Católico**★ (C3). Vous pourrez ensuite rejoindre la Navarre en ralliant Sangüesa qui n'est qu'à 13 km de la cité natale du roi Ferdinand le Catholique.

(*la description de ces sites dans* Le Guide Vert Espagne côté Est).

## NOS ADRESSES À SANGÜESA

### HÉBERGEMENT

#### BUDGET MOYEN

**Hôtel Yamaguchi** – *Ctra Sangüesa a Javier, s/n - ✆ 948 870 127 - www.hotelyamaguchi.com - P - 40 ch. 64,15/71,35 € - ☕ 7 € - rest. 12,95/30 €.* Cet établissement familial s'avère une bonne alternative dans sa catégorie. Chambres de confort variable, les individuelles sont au rez-de-chaussée, les plus modernes au 1er étage.

**Hospedería de Leyre** – *Monasterio de Leyre, s/n - Yesa - ✆ 948 884 100 - www.hotelhospederiadeleyre.com - P - 32 ch. 64,90/77 € - ☕ 6,10 € - rest. 17,60 €.* Situé dans une aile du monastère, cet hôtel à l'ambiance sereine propose des chambres simples et confortables. Plats régionaux servis dans un restaurant au charme rustique.

### RESTAURATION

#### BUDGET MOYEN

**Mediavilla Erretegía** – *Alfonso el Batallador, 15 - ✆ 948 870 212 - fermé 2e quinz. de sept. - 22/29 €.* Depuis presque trente ans, la famille Mediavilla régale ses clients de petits plats régionaux. Elle jouit d'une grande popularité. Parmi les spécialités : viandes et poissons rôtis à la braise, toasts frottés à l'ail.

**El Mesón** – *Pl. de Javier, s/n* - *Javier - ✆ 948 884 035 - www.hotelmeson.com - fermé 15 déc.-15 fév. -* **P** *- menu 17 € - 18/37 € - 8 ch. 55/67 € - ☕ 7 €.* Cette petite affaire familiale bénéficie d'une grande salle et d'une agréable terrasse. La cuisine est traditionnelle. Au 1er étage, 8 chambres fonctionnelles, dont certaines offrent une belle vue sur le château de Javier, sont à votre disposition.

### AGENDA

**Drame religieux du mystère des Rois mages** – *6 janv.* Les habitants du village, déguisés, interprètent l'arrivée des Rois à Sangüesa pour l'Adoration de l'Enfant.

**La Javierada** – *12 mars.* Chaque année, au jour anniversaire de la canonisation de François Xavier, ils sont des milliers à se rassembler à Sangüesa pour entreprendre le pèlerinage de 8 km jusqu'au lieu de naissance du saint.

**Fêtes patronales** – *11-17 sept.* Foire aux bestiaux et *encierros* de taureaux.

# Les chemins de Saint-Jacques

**Caminos de Santiago**

★★★

## INFORMATIONS PRATIQUES PAGE 427

### S'INFORMER

**www.chemins-compostelle.com** – *4 r. Clémence-Isaure - 31000 Toulouse - 05 62 27 00 05.* L'Association de coopération inter-régionale « Les chemins de St-Jacques-de-Compostelle » fournit réponses pratiques et conseils.

**www.aucoeurduchemin.org** – Le site de l'Association des amis du chemin de St-Jacques répond à toutes les questions (dates, logistique, itinéraires).

**www.saint-jacques.info** – À consulter pour le côté culturel.

**www.webcompostella.com** – Ce site aborde conseils pratiques et aspects spirituels.

### SE REPÉRER

Carte de région A3 C1 (p. 386-387) – *Carte Michelin n° 573.* Le chemin côtier, dit aussi chemin du Nord *(camino del Norte)*, haut chemin ou chemin cantabrique, longe la Côte basque. Le chemin français *(camino francés)*, qui traverse la Navarre, est constitué de deux branches, selon le col choisi pour franchir les Pyrénées : le Somport ou Roncevaux. Ces deux branches convergent à Puente-la-Reina *(p. 428)*.

### POUR RETROUVER LES PRINCIPAUX SITES DES CHEMINS NAVARRAIS

*Voir Roncevaux, Pampelune, Puente-la-Reina, Estella et Viana, mais aussi, plus au sud de la Navarre, Sangüesa.*

### À NE PAS MANQUER

En venant de Roncevaux (et St-Jean-Pied-de-Port) : l'abbaye de Roncevaux, l'adorable église de Sta María de Eunate, près de Puente-la-Reina, les églises d'Estella (notamment celle de San Pedro) et celle de Viana. En venant du Somport : le portail de l'église de Sta María la Real à Sangüesa.

### ORGANISER SON TEMPS

Si vous faites le vrai pèlerinage, c'est-à-dire à pied, comptez en moyenne 15 km par étape journalière.

**Expérience intense et inoubliable : c'est le sentiment de tous ceux qui ont marché, pédalé ou galopé vers Compostelle. Qu'ils soient partis par conviction religieuse ou par envie de grands espaces, tous reconnaissent avoir vécu une véritable aventure, à la fois physique et humaine. Richesse des rencontres, beauté des paysages et intérêt des sites historiques sont au rendez-vous de ce parcours mythique. N'hésitez donc pas à prendre votre bâton et vos bottes de sept lieues pour le découvrir à votre tour !**

## Les pèlerins de St-Jacques

Vieux de plusieurs siècles, le chemin de St-Jacques-de-Compostelle rassemble encore aujourd'hui des jacquets de plus en plus nombreux. Longeant l'ancienne voie romaine qui va de Bordeaux à Astorga, en passant par St-Jean-Pied-de-Port, en Basse-Navarre, c'est un pèlerinage toujours chargé d'émotions.

### L'APÔTRE ET SA POSTÉRITÉ

Selon la légende, l'apôtre Jacques le Majeur aurait été chargé par Jésus d'évangéliser l'Espagne. De retour en Palestine, il fut décapité en l'an 42 sur l'ordre d'Hérode et son corps, placé dans une barque, aurait échoué sur la côte de Galice. Il aurait alors été enterré à Compostelle… puis oublié jusqu'au début du 9e s. où un ermite du nom de Pelayo (Pélage) vit soudain une mystérieuse étoile le guider vers l'emplacement du tombeau du saint. Il découvre alors les saintes reliques qu'un évêque local décrète être celles de l'apôtre (Rome attendra 1884 pour officialiser cette identification). Le roi des Asturies Alphonse II ordonne alors d'élever une église sur le « champ de l'étoile », ou *Campus stellae*, qui deviendra Compostelle. Le lieu attire aussitôt les pèlerins malgré un raid audacieux conduit par le futur calife de Cordoue, al-Mansūr (997), qui toutefois respecta le sépulcre de l'apôtre.

Entre-temps, lors de la bataille de Clavijo opposant en 844 le roi des Asturies aux Maures, Jacques serait apparu pour prodiguer ses conseils au roi chrétien. Il aurait même participé au combat sur un cheval blanc, et terrassé les Maures (d'où son surnom de « Matamore »). Bien que cette bataille soit imaginaire, elle a fait de l'apôtre le symbole de la Reconquête. Son image de saint batailleur lui valut même d'être « exporté » aux Amériques par les *conquistadores* sous le surnom de « Mataindios » ! Il est aujourd'hui le saint patron de l'Espagne.

### LE CHEMIN DE LA FOI

Au Moyen Âge, le tombeau de saint Jacques le Majeur attire en Espagne une foule considérable de pèlerins venus de toute l'Europe. La dévotion envers « Monsieur saint Jacques » est si vivante que **Santiago de Compostela** devient un lieu de rassemblement exceptionnel, d'autant que les deux grands lieux de pèlerinage de la chrétienté sont alors inaccessibles (Jérusalem) ou en plein déclin (Rome). Depuis le premier pèlerinage accompli par l'évêque du Puy en 951, des millions de jacquets, jacquots ou jacobits, ont pris la route pour aller vénérer les reliques de l'apôtre.

Une organisation très complète d'**hospices** facilitait le voyage et pourvoyait, le long des principaux itinéraires, à l'hébergement des pèlerins et au maintien de leur bonne santé spirituelle. Les itinéraires pour les pèlerins venus du nord convergeaient à Ostabat, en Basse-Navarre, avant le franchissement des Pyrénées, opérant leur jonction. St-Jean-Pied-de-Port représentait la dernière étape avant l'ascension vers le col frontière. Les pèlerins gagnaient Roncevaux par la route des hauteurs, section de l'ancienne voie romaine de Bordeaux à Astorga.

Chaque pèlerin portait une croix de feuillage faite de ses mains avant la montée. Au terme de la première escalade, au col de Cize (Ibañeta), près de la Croix de Charles, le jacquet priait, chantait et plantait sa croix. À l'ermitage voisin, la cloche sonnait par temps de brouillard et durant une partie de la nuit afin de rallier les égarés.

## LE PÈLERIN

Au Moyen Âge, la pratique des grands pèlerinages fit du pèlerin un personnage familier des villages qui ponctuaient le chemin. Il était accueilli avec respect, voire enthousiasme, car il contribuait à la vitalité du commerce local. Son costume ressemblait à celui des voyageurs de l'époque : une vaste cape et un mantelet court (esclavine), une panetière (musette), une gourde, un couvert et une écuelle. En plus de cela, il était équipé d'un coffret contenant les papiers et les sauf-conduits ainsi que d'un gros bâton à crosse (bourdon). La route n'était pas sans dangers : des bandes de « coquillards », faux pèlerins, dont fit partie le poète **François Villon**, rançonnaient sans vergogne les jacquets en leur imposant des péages quand ils ne les dépouillaient pas de leurs biens. De multiples trafics sévissaient ; ainsi, à l'église de Villafranca del Bierzo (León), les pèlerins découragés par l'ascension du dernier col avant la Galice pouvaient-ils se procurer de faux certificats contre monnaie sonnante et trébuchante.

Enfin parvenus à Santiago, ils se voyaient remettre les insignes du pèlerinage : coquille et médaille, ainsi que la « **compostela** », attestation en latin, d'abord destinée à prouver que ceux qui avaient été condamnés à effectuer le pèlerinage avaient bien accompli leur peine, puis généralisée par la suite. À son retour, le fidèle qui avait pris la coquille et le bourdon était considéré comme un notable. Les confréries de St-Jacques avaient leur chapelle particulière dans les églises ; elles constituaient des fraternités (frairies ou *hermandades* en Espagne) et conservaient les comptes-rendus de voyage.

## LA COQUILLE

Fréquente sur les côtes de Galice et en particulier au cap Finisterre, la coquille de *vieira* était donnée aux pèlerins qui la rapportaient en témoignage de leur équipée après l'avoir accrochée à leur manteau ou à leur chapeau. Devenue l'un des symboles du pèlerinage (et l'un des attributs du pèlerin avec le bourdon), elle prit bientôt le nom de coquille St-Jacques. Depuis lors, elle orne les façades d'églises et de demeures nobles, qui ne sont parfois liées que de loin au pèlerinage.

## DÉCLIN ET RENOUVEAU

Accentuant l'insécurité, la guerre de Cent Ans marque l'amorce du déclin. La Réforme qui s'oppose au culte des reliques s'accompagne d'un changement des mentalités. Puis il devient de plus en plus difficile, du point de vue administratif, de franchir les frontières : au 18e s., quiconque voulait se rendre à St-Jacques-de-Compostelle devait se munir d'un extrait de baptême légalisé par l'autorité de police, d'une lettre de recommandation de son curé, et d'un formulaire, dûment rempli, de son évêque.

Après une longue éclipse, et depuis les années 1980, les pèlerins reprennent la route de Compostelle. Si nombre d'entre eux sont animés par des préoccupations spirituelles (ce sont ceux qui se font remettre la *compostela* après avoir vénéré les reliques), randonneurs ou cyclotouristes (voire cavaliers) purs et durs sont tout aussi nombreux. *p. 227.*

# Se promener

*Credencial en poche, voici les principaux itinéraires à suivre.*

**Chemin côtier** / Camino de la Costa o del Norte

Nommé ainsi parce qu'il longe la côte Atlantique espagnole à partir d'Irun, ville frontière avec la France, ce chemin était surtout fréquenté, autrefois, par les pèlerins qui arrivaient par bateaux sur les côtes basque et cantabrique. Établi plus tardivement que le « chemin français », et plus éprouvant, cet itinéraire a toujours été moins emprunté que son concurrent. Ce n'est d'ailleurs qu'à partir du 14e s. que les villes de la côte s'organisèrent pour accueillir les pèlerins, en construisant des églises et des hôpitaux. Toutefois, au 15e s., ce chemin continua de souffrir d'une mauvaise réputation, en raison des incursions côtières barbaresques. Le chemin côtier traverse des régions montagneuses et de nombreuses embouchures de rivières qui en rendent l'accès plus difficile. Par ailleurs, conséquence d'une fréquentation moins importante, les hébergements pour pèlerins se font plus rares sur cet itinéraire. Il offre, en revanche, à celles et ceux qui s'y aventurent, la découverte d'une nature sauvage, de belles criques et d'un riche patrimoine architectural d'époque préromane.

**Chemin français** / Camino francés

C'est le plus connu et le plus emprunté de tous les chemins qui mènent à St-Jacques-de-Compostelle. On y accède par la Navarre, depuis le col de Roncevaux en partant de St-Jean-Pied-de-Port, ou par l'Aragon, depuis le col du Somport (un peu plus au sud de la chaîne pyrénéenne). Le premier itinéraire (le plus court) traverse Roncevaux puis le bassin de Pampelune ; le second passe par Sangüesa et le monastère de Leyre. Les deux branches se rejoignent à Puente-la-Reina. Au-delà, l'itinéraire conduit à Estella puis Viana avant de pénétrer dans La Rioja. Depuis 1993, le chemin français côté espagnol est inscrit au Patrimoine mondial de l'Unesco. Ce parcours est l'occasion de découvrir, outre de superbes paysages, des églises et des monastères à l'architecture souvent marquée par les influences françaises. La fréquentation de ce chemin, en constante augmentation, pose des problèmes d'hébergement, surtout pendant la période estivale.

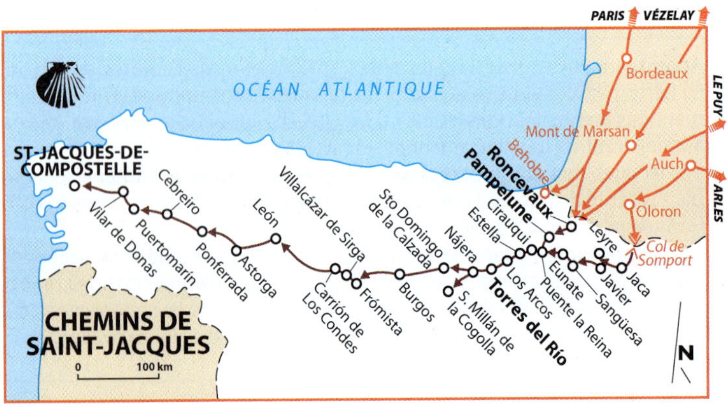

## INFORMATIONS PRATIQUES

### HÉBERGEMENT

Rien ne vous empêche de recourir à l'**hôtellerie traditionnelle** (*« Nos Adresses » aux localités concernées*), mais si vous faites le pèlerinage à pied, vous vous trouverez sans doute dans des lieux ne disposant pas d'hôtels.

Sachez par ailleurs que le **bivouac** est interdit en Espagne.

Vous serez donc amené à recourir aux services de l'assistance aux pèlerins. Pour pouvoir en bénéficier, il est indispensable d'effectuer le pèlerinage de manière « traditionnelle » (à pied, à cheval ou à vélo) et d'être porteur de sa **credencial « del peregrino »** (*ci-après*).

On a recensé en Espagne quelque 300 auberges pour pèlerins **(« albergues de peregrinos », « refugios »** ou **« hospitales »)** et lieux d'accueil **(« lugares de acogida »)**, soit en moyenne une tous les 23 kilomètres.

#### Albergues

En dehors de certaines auberges privées qui pratiquent des tarifs raisonnables, l'hospitalité y est souvent gratuite, même si une participation à l'entretien des lieux est appréciée. Ces endroits disposent d'un coin cuisine, de douches et de toilettes. Aucune réservation n'est possible et les places sont attribuées au fur et à mesure de l'arrivée des pèlerins, les piétons bénéficiant de la priorité. En été, celle-ci s'étend aux pèlerins solitaires portant leurs affaires dans un sac à dos. Il est donc recommandé aux groupes dont les bagages sont acheminés à bord d'un véhicule d'y glisser une tente.

#### Lugares de acogida

Apposé dans un village, le panneau « acogida » signifie que la municipalité, la paroisse ou un particulier peuvent accueillir les pèlerins de façon très sommaire, c'est-à-dire offrir un toit, un peu de lumière et parfois même le luxe d'un robinet ! Prévoir donc un sac de couchage. Vous trouverez une liste de ces hébergements classés par chemins sur le site www.caminosantiago.org.

#### Credencial

Indispensable pour se loger sur le chemin de St-Jacques en Espagne, elle permet en outre, grâce aux cachets qui y sont apposés chaque jour, d'obtenir à Santiago la *compostela*, diplôme attestant que vous avez réalisé le pèlerinage (attention : vous devez avoir parcouru un minimum de 100 km à pied ou 200 km à bicyclette pour la mériter). Vous pouvez vous la procurer avant de franchir la frontière aux bureaux Accueil St-Jacques de St-Jean-Pied-de-Port (39 rue de la Citadelle), à St-Palais (ancien couvent des franciscains) ou à Bayonne ; en Espagne, au monastère de Roncevaux ou auprès des Asosiaciones de Amigos del Camino de Santiago, présentes dans certaines localités traversées par les chemins. Mais méfiez-vous ! Depuis 2009, seules les **credenciales oficiales** distribuées par les autorités ecclésiastiques donnent droit à l'obtention de la *compostela*…

# Puente-la-Reina

**Gares**

★

2 877 habitants

## NOS ADRESSES PAGE 430

### S'INFORMER

**Office de tourisme** – *Puente De Los Peregrinos, 1 - ✆ 948 341 301 - www.puentelareina-gares.es - de la Sem. sainte à mi-oct. : mar.-sam. 10h-14h, 16h-19h, dim. et j. fériés 11h-14h ; reste de l'année : mar.-vend. 10h-17h, sam. 10h-14h, dim. et j. fériés 11h-14h.*

### SE REPÉRER

Carte de région B2 (p. 386-387) – *Carte Michelin n° 573 D 24.* Première étape importante sur la route de Compostelle depuis Pampelune, à 23 km au sud-ouest de la capitale navarraise par la N 111.

### SE GARER

Dans les contre-allées qui bordent la grande route.

### À NE PAS MANQUER

Les statues des églises du Crucifix et de St-Jacques.

**Cette capitale du piment n'a pas toujours hébergé paysans et maraîchers. Son plan typique de village-rue est caractéristique des villes de pèlerinage. Carrefour des deux chemins traversant la Navarre, Puente-la-Reina (le Pont de la Reine) reste une étape-clé de la route de Compostelle, même si une nationale a remplacé l'ancien chemin des pèlerins. Mais vous pourrez encore fouler de vos pieds le vieux pont jeté sur l'Arga et flâner à loisir le long de la calle Mayor.**

## Se promener

Le vénérable **pont en dos-d'âne** qui enjambe le río Arga fut construit au 11ᵉ s. pour permettre le passage des pèlerins se rendant à St-Jacques. À l'entrée de la ville en venant de Pampelune, un pèlerin en bronze signale ce point de rencontre entre les deux *caminos*.

### Église du Crucifix (Iglesia del Crucifijo)

*✆ 948 340 050 - de la Sem. sainte à mi-oct. 9h30-20h ; reste de l'année 9h30-13h30, 16h-20h.*

Premier monument pour les jacquets arrivant de Pampelune, elle se trouvait hors les murs et communiquait par un porche avec l'ancien hospice des pèlerins. Accolée à la nef d'origine (12ᵉ s.), une nef postérieure (14ᵉ s.) abrite la fameuse croix en Y et son **Christ★** en bois d'un expressionnisme violent. Il aurait été rapporté d'Allemagne par un pèlerin du 14ᵉ s. Engagez-vous à pied dans l'étroite **calle Mayor**, très élégante avec ses maisons en briques dorées, ses blasons (nᵒˢ 27, 61, 66) et ses avant-toits de bois sculpté (nᵒˢ 15, 19, 29, 33, 46, 80), qui mène au pont.

**Église de Santiago**
*Tlj sf dim. de la Sem. sainte à mi-oct. 9h30-20h ; reste de l'année 9h30-13h30, 16h 20h - visite guidée, contacter l'office de tourisme : ✆ 948 341 301 - messes dim. et j. fériés 9h, 12h et 19h.*
Son **portail roman★** fourmille de figures presque effacées. La nef, refaite au 16e s., a été décorée de retables. Remarquez, face à l'entrée, un **saint Jacques★** pèlerin en bois doré, et son pendant, le **saint Barthélemy★** (14e s.).
*La calle Mayor aboutit au pont.*
Sur la gauche, les rues mènent à l'église de **San Pedro** (St-Pierre, 14e s.), qui conserve, depuis le 19e s., la **Vierge de Txori** (16e s.) autrefois postée sur le pont.

## À proximité Carte de région

★ **Cirauqui** / Zirauqui B2
*À 7 km à l'ouest de Puente-la-Reina par la N 111.*
Le long des ruelles tortueuses bordées d'escaliers se pressent des façades à demi blanchies, ornées de portes arrondies, de balcons, blasons et corniches sculptés. En haut du village (montée difficile), l'église de San Román possède un **portail★** du 13e s. polylobé, semblable à celui de San Pedro de la Rúa à Estella (*p. 432*).

**Mendigorría** B2
*À 7 km au sud de Puente-la-Reina par la NA 601.*
**Ville romaine d'Andelos** (Ciudad romana de Andelos) – *Suivre la rte au sud de Mendigorría en direction de l'oratoire de Nuestra-Señora de Andión - ✆ 948 741 273 - www.mendigorria.es/es/visitenos/andelos/ - juil. : vend.-sam. 10h-14h, 16h-20h, dim. 10h-14h ; août : merc.-sam. 10h-14h, 16h-20h, dim. 10h-14h ; avr.-juin et sept. : vend.-sam. 10h-14h, 15h-19h, dim. 10h-14h ; oct.-mars : vend.-sam. 10h-14h, 15h-18h, dim. 10h-14h ; j. fériés et ponts : se renseigner. - 2 € (musée + visite des ruines).* L'accès au site archéologique commence par la visite du petit musée où sont exposés une maquette de la cité romaine et divers objets qui évoquent l'architecture et les modes de vie. Vous entrez ensuite sur le site dont le parcours est ponctué de panneaux informatifs sur l'histoire et la fonction des différents lieux de la cité (château d'eau, aqueducs, thermes…). À 3,5 km du site, prenez le temps de visiter le système d'approvisionnement en eau, ainsi que le réservoir régulateur de 7 000 m³ de capacité. L'état de conservation de ces vestiges est surprenant.

## Circuit conseillé Carte de région

### ROUTE DES ÉGLISES B2

*Circuit de 20 km tracé en jaune sur la carte de région (p. 386-387) - comptez environ 1h30. Quittez Puente-la-Reina par la N 111 en direction de Pampelune, puis tournez presque immédiatement à droite dans la NA 601. Parvenu à la hauteur d'Obanos, prenez à droite la route qui monte vers les collines face à Obanos.*

**Chapelle Santa María de Arnotegui** B2
*Comptez 1 km de piste à partir de la fin de la route goudronnée.*
Protégée par un petit mur défensif, cette sobre chapelle se compose d'un simple narthex et d'une pièce, dans laquelle l'autel est encadré de retables baroques. Notez la statue de la Vierge en bois et respirez l'odeur de pin. Contemplez également les alentours depuis le parvis, car elle est juchée au sommet d'une colline.

### L'IMPORTANCE DU PÈLERINAGE

Point de convergence des deux branches du *camino francés*, celle de Roncevaux et le tronçon toulousain, Puente-la-Reina doit son existence aux pèlerins. C'est Alphonse Ier qui en ordonna en 1121 la création, de façon à peupler l'itinéraire et à en tirer profit grâce aux péages et aux échanges commerciaux. Au 14e s., la cité compte cinq quartiers et s'est entourée de remparts. Après le déclin du pèlerinage, elle s'est reconvertie dans l'agriculture, et notamment le piment.

*Revenez sur la NA 601, tournez à droite et dépassez Obanos. Au carrefour suivant, tournez à droite vers Campanas. Suivez les panneaux indiquant « Sta María de Eunate ».*

### ★★ Église de Santa María de Eunate B2

*31152 Muruzábal - ✆ 948 341 301 - mai-sept. : 10h30-13h30, 17h-20h ; mars-avr. et oct. : 10h30-13h30, 16h-19h ; nov.-fév. : 10h30-13h30 - fermé lun. et du 15 déc. au 15 janv. - gratuit.*

L'origine de cette chapelle romane si harmonieuse de proportions reste énigmatique. La découverte d'ossements tend à accréditer la thèse d'une chapelle funéraire établie sur le chemin du pèlerinage qui, à l'époque, venait de Toulouse (la même thèse prévaut pour la chapelle de Torres del Río - *Viana*). On estime sa date de construction aux alentours de 1170. Sa structure octogonale intègre un petit chevet pentagonal proche du style cistercien. Quant à l'intérieur, il trahit des influences musulmanes avec les huit nervures à section carrée convergeant vers le centre à la façon mozarabe, sans clé de voûte. Admirez les 26 chapiteaux, sculptés pour beaucoup de motifs végétaux.

La galerie extérieure, aujourd'hui curieusement découverte, se rattachait à des bâtiments annexes ; elle servait d'abri aux pèlerins. *Eunate*, en basque, signifie « cent portes » ; ce surnom fait référence aux arcades entourant le sanctuaire.

*Revenez sur la NA 601 et reprenez la direction de Puente-la-Reina.*

### Obanos B2

Église avec une fine tour-clocher. Un arc introduit le visiteur sur la plaza de los Fueros en forme d'entonnoir, sur laquelle se dresse un crucifix.

*Revenez à Puente-la-Reina.*

## NOS ADRESSES À PUENTE-LA-REINA

#### HÉBERGEMENT/RESTAURATION

**BUDGET MOYEN**

**El Cerco** – *Rodrigo Ximenez de Rada, 36 - ✆ 948 341 269 - www.elcerco.es - 10 ch. 74/81 € - ☕ 7,80 € - 19,50 €.* Logé dans une tour datant du 12e s., ce charmant hôtel rural propose des chambres de style rustique et bien équipées. À table, les repas traditionnels navarrais sont préparés avec des produits de saison.

# Estella

**Lizarra**

★★

14 251 habitants

NOS ADRESSES PAGE 437

**S'INFORMER**

**Office de tourisme** – *San Nicolás, 3 - ✆ 948 556 301 - www.estella-lizarra.com - se rens. pour les horaires.*

**SE REPÉRER**

Carte de région A2 (p. 386-387) – *Carte Michelin n° 573 D 23.* Estella se trouve sur le versant sud des sierras d'Andía et d'Urbasa, à côté de la N 111 qui relie Pampelune (36 km au nord-est) à Logroño (48 km au sud-ouest).

**SE GARER**

Le long de la rivière, dans le parking jouxtant la station des autobus, plaza de la Coronación.

**À NE PAS MANQUER**

L'église de San Pedro et son cloître.

**ORGANISER SON TEMPS**

Une journée avec, en fin d'après-midi, un verre sur la plaza de los Fueros.

**Bâtie dans un cadre grandiose, Estella (Étoile) est une étape importante sur le chemin de St-Jacques. Son riche patrimoine lui a valu d'être surnommée « capitale de l'art roman navarrais ». Après avoir admiré les trésors de son centre historique, pourquoi ne pas faire une sieste sur l'herbe tendre des rives de l'Ega ou vous promener en humant l'odeur des essences d'arbres qui longent la rivière ? Ne repartez pas sans avoir goûté à la spécialité locale : le cochon de lait, si bien cuisiné qu'il est réputé comme le meilleur de la région.**

## Se promener

### Place de San Martín

À l'origine, c'était le centre du quartier des « francos », tout bouillonnant de l'animation de ses échoppes et de ses auberges. Aujourd'hui, rien ne trouble le calme de cette harmonieuse petite place, si ce n'est le clapotis de la fontaine. Sur l'un des côtés, l'ancien hôtel de ville arbore une façade blasonnée du 18e s.

*Prenez la calle San Nicolás.*

### ★ Palais des Rois de Navarre (Palacio de los Reyes de Navarra)

*San Nicolás, 1.*

Proche de la plaza de San Martín, le palais des Rois de Navarre est un exemple exceptionnel d'architecture civile romane du 12e s. Sa longue façade est percée d'arcades et de baies géminées remarquables par leurs chapiteaux. Il abrite aujourd'hui le musée Gustavo de Maeztu y Whitney.

★ **Musée Gustavo de Maeztu y Whitney** – *☏ 948 546 037- www.museogustavodemaeztu.com - mar.-vend. 9h30-13h, w.-end et j. fériés 11h-14h - gratuit.* Installé dans le palais des Rois de Navarre, ce musée rassemble sur deux niveaux les œuvres du peintre **Gustavo de Maeztu y Whitney** (1887-1947), né à Vitoria en Álava, d'un père cubain (originaire de Navarre) et d'une mère anglaise. Il grandit et étudia les arts à Bilbao. Il partit à Paris, voyagea à travers l'Espagne afin de fixer scènes et paysages et vécut entre Madrid et Barcelone. Après un séjour à Londres, il revint s'installer à Estella à partir de 1936, où il resta jusqu'à sa mort en 1947.
Travail de la couleur, souci du détail dans les paysages comme dans les personnages : son trait déborde de puissance et d'épaisseur. Le premier palier aborde la représentation de la femme, le second montre des dessins, des esquisses, des portraits et des scènes rurales.

## Église de San Pedro de la Rúa

*Du lun. de Pâques à mi-oct. : lun.-sam. 10h-13h30, 18h30-20h30, dim. ouv. pdt la messe 9h et 12h30 ; reste de l'année : seult ouv. pdt la messe du soir - visites guidées gérées par Navark : rens. ☏ 948 553 954 / 948 550 070 ou à l'OT - 3,40 €.*
Sur les contreforts de la falaise où se trouvait le château, l'église se dresse face au palais des Rois de Navarre. Le bâtiment garde des parties remarquables des 12e et 13e s.
Le **portail★**, au sommet d'un escalier monumental, ouvre sur le mur nord ; les chapiteaux et les voussures sont richement sculptés, mais son originalité réside dans l'arc d'entrée en tiers-point, bordé de petits lobes, qui témoigne de l'influence de l'art califal. On peut voir des portails de même type dans la région, à Puente-la-Reina *(p. 428)* et à Cirauqui *(p. 429)*, d'autres en Saintonge et dans le Poitou. À l'intérieur, remarquez les trois absides romanes : dans celle du centre, une Vierge à l'Enfant romane, un Christ gothique et une colonne faite de trois serpents entrelacés ; dans l'abside gauche, un crucifix roman.
Le **cloître★** roman a perdu deux galeries au 16e s. lorsque le château voisin fut détruit. La virtuosité technique et l'esprit inventif à l'œuvre dans les **chapiteaux★★** font regretter les parties manquantes. La galerie nord représente des scènes de la vie du Christ et des saints Laurent, André et Pierre. Les thèmes végétaux et animaliers occupent la galerie ouest, où l'architecte facétieux a glissé un groupe de quatre colonnes obliques.
Au bout de la rue, un arc marque l'ancienne entrée de la cité.
*Revenez sur vos pas et continuez dans la calle de la Rúa.*

## Calle de la Rúa

C'était le chemin qu'empruntaient les pèlerins. Au n° 7, le palais de frère *(fray)* Diego de Estella présente une façade plateresque décorée d'un blason. Il abrite aujourd'hui la maison de la culture, l'occasion d'aller jeter un œil au patio intérieur à colonnades. Admirez au n° 6 le toit monumental du palais San Cristóbal, et les arcades gothiques des nos 25, 27, 28 et 31, correspondant à d'anciennes boutiques et à des hospices jacobites.
★ **Musée du Carlisme** – *☏ 948 552 111 - www.museodelcarlismo.navarra.es - mar.-sam. 10h-14h, 16h-19h, dim. et j. fériés 11h-14h - fermé lun. sf j. fériés, 1er janv., 1 j. début août (fêtes patronales) et 25 déc. - 2 €, grat. sam. après-midi, dim. et j. fériés.* Le palais du Gouverneur (nos 27-29) abrite depuis le printemps 2010 ce musée, qui retrace de manière interactive l'histoire du mouvement carliste depuis son origine (19e s.) jusqu'à la fin de la guerre civile espagnole *(p. 94)*.
Des écrans tactiles permettent de découvrir les périodes, les batailles ainsi que

Cloître roman de l'église de San Pedro de la Rúa à Estella.
*Tryon / Servicio de Marketing Turístico Gobierno de Navarra*

les acteurs majeurs du carlisme. Une frise chronologique parcourt l'ensemble de la salle et divers objets (armes, lettres, uniformes…) sont exposés.

La rue débouche sur les berges où se dresse l'église du Sto Sepulcro (*passez sous le pont routier*).

## Église du St-Sépulcre (Iglesia du Sto Sepulcro)

Elle vaut surtout pour son **portail★** nettement gothique. On reconnaît sur trois registres : la Cène, les trois Marie au Sépulcre et l'Enfer, le Calvaire et la Résurrection. Les niches qui encadrent le portail abritent des saintes et des saints traités avec un certain maniérisme.

*Passez sur l'autre rive par le pont de la Cárcel (reconstruit en 1973) et montez la calle Asteria dans son prolongement pour rejoindre l'église de San Miguel.*

## Église St-Michel (Iglesia de San Miguel)

*15 juin-15 sept. : lun.-sam. 10h30-13h, 17h50-20h ; reste de l'année : ouv. 30mn av. la messe, messes lun.-sam. 19h, dim. 8h30, 11h30, 12h30.*

Elle se trouve dans un quartier qui était peuplé de Navarrais à la fin du 12e s., et dont les rues étroites ont gardé un cachet médiéval. Son **portail nord★**, appelé portail de l'Évangile, semble avoir été conçu comme un défi lancé aux habitants de l'autre rive (*l'encadré, p. 434*). Au tympan, le Christ est entouré des évangélistes et de personnages énigmatiques. Sur les voussures, on distingue des anges portant des encensoirs, les vieillards de l'Apocalypse, les prophètes et patriarches, des scènes évangéliques et des martyres de saints. Sur les chapiteaux : enfance du Christ et scènes de chasse. Sur les murs au registre du haut, huit statues-colonnes représentent des apôtres. Au registre du bas, deux **hauts-reliefs★★**, les plus achevés et expressifs du portail, montrent à gauche saint Michel terrassant le dragon, à droite les trois Marie au Sépulcre. Par la noblesse des attitudes, l'élégance des drapés et l'expression des visages, cette dernière scène est un chef-d'œuvre de la sculpture romane.

L'intérieur est très dépouillé à l'exception de retables dorés, baroques ou néoclassiques. Notez le retable peint dans le transept gauche.

**ESTELLE LA BELLE**

C'est ainsi que l'appelaient au Moyen Âge les pèlerins de St-Jacques-de-Compostelle. Estella était une étape importante du « chemin » et, de ce fait, possède plusieurs monuments de grande valeur artistique datant pour la plupart de l'époque romane. En outre, en 1076, le roi Sanche Ramírez lui avait attribué certains privilèges qui attirèrent des commerçants et des aubergistes, essentiellement des **francos**, souvent originaires du Puy-en-Velay. La plupart s'établirent sur la rive droite de l'Ega. Un siècle plus tard, les **Navarrais** obtinrent à leur tour les mêmes privilèges et s'installèrent de l'autre côté de la rivière. Les pèlerins venaient vénérer la Vierge du Puy, dont le sanctuaire, reconstruit dans le style moderne, se dresse à l'emplacement où, le 25 mai 1085, selon la légende, des bergers, alertés par une pluie d'étoiles, découvrirent une statue de la Vierge. Des hospices qui avaient été édifiés à Estella, celui de St-Lazare réservé aux lépreux était le plus célèbre.

*Dirigez-vous vers la plaza de los Fueros et traversez-la. Prenez la rue qui la prolonge à gauche, coupez par une seconde place, la plaza de Santiago, pour monter ensuite à la basilique (fléchée).*

**Basilique Nuestra Señora del Puy**

Située sur la colline qui domine San Miguel et la plaza de los Fueros, il s'agit d'une église moderne construite entre 1929 et 1951 par l'architecte Víctor Eusa (1894-1990), très actif à Pampelune et dans la région. Une statue de la Vierge à l'Enfant, datée de la fin du 13e s., trône en son centre (beau travail d'orfèvrerie), mise en valeur par les jeux de lumière et le travail du bois qui caractérisent l'édifice. On y voit de nombreuses étoiles.

*Revenez sur vos pas jusqu'à la plaza de los Fueros, dépassez-la et suivez par la droite la calle de la Carpinteria qui aboutit à la calle Mayor. Celle-ci vous ramènera, par la gauche, à la rivière et au pont qui fait presque face à la plaza de San Martín.*

## À proximité Carte de région

**Lerín** B3

*23 km au sud d'Estella par la NA 122 en direction de Calahorra.*

**Église de l'Assomption** (Iglesia de la Asunción) – *Ouv. aux heures d'office ou de neuvaine.* Un splendide **retable★** rococo, exécuté en 1762 par Diego de Camporredondo, occupe tout le chœur de l'église, qui possède une impressionnante hauteur sous voûte.

## Circuits conseillés Carte de région

### LA ROUTE DES COLS A2

*Pour visualiser ce circuit de 96 km au départ d'Estella, reportez-vous à la carte de région (p. 386-387) - comptez environ 2h. Quittez la ville vers le nord par la NA 120.*

**★ Monastère d'Iranzu à Abárzuza**

*À 9 km d'Estella, accès signalé de la NA 120, presque à la sortie d'Abárzuza, sur la gauche (ne manquez pas le panneau !) - ✆ 948 520 047 / 012 - www.monasterio-iranzu.com - mai-sept. : 10h-14h, 16h-20h ; reste de l'année : tlj sf lun. 10h-14h, 16h-18h - visite guidée (40mn) 3 € (-12 ans 2 €).*

Isolé dans une **gorge★** sauvage, ce monastère cistercien, construit à la fin du 12e s., a été restauré à partir de 1942 après une longue période d'abandon, et abrite aujourd'hui une communauté de théatins. Cet ordre religieux catholique, dont les membres font vœu de pauvreté, chasteté et obéissance, a été créé en 1524 par saint Gaëtan de Thiène, prêtre de Rome et par Jean-Pierre Carafa, évêque de Chieti et futur pape Paul IV, en vue d'une meilleure formation pour les clercs. Le monastère est un bon témoignage de l'architecture cistercienne à la transition du roman et du gothique. Les fenêtres du cloître – celles qui n'ont pas été décorées par la suite d'un remplage (armature de pierre entourant les vitraux des fenêtres polylobées) gothique très fleuri – sont caractéristiques du style : arcatures romanes, oculus et grand arc de décharge. Parmi les salles donnant sur ses galeries, en plus de la salle capitulaire, voyez la cuisine dotée d'une gigantesque cheminée intérieure. L'église est voûtée d'ogives assez frustes et son chevet plat est décoré d'un « triplet » (ensemble composé de trois fenêtres symbolisant la Trinité), ce qui est fréquent chez les cisterciens.
*Reprendre la NA 120.*

### ★★ Col de Lizarraga (Puerto de Lizarraga)

Juste à la sortie du tunnel (alt. 1 090 m) et avant d'amorcer la descente rapide au milieu des prairies et des bois, arrêtez-vous un instant au **belvédère★ (mirador)** qui domine la verdoyante vallée d'Ergoyena.
*Continuez jusqu'à Etxarri-Aranatz.*

### Dolmens d'Etxarri-Aranatz / Echarri-Aranaz

*Sortez d'Etxarri après le centre-ville, en direction de Beasain. Après le pont, au rond-point, suivez la signalisation du camping. Vous passerez devant une sorte de carrière-entrepôt et, plusieurs centaines de mètres plus loin, vous trouverez le camping. Vous pouvez vous garer à l'extérieur. Demandez une documentation à l'accueil ou bien suivez les panneaux d'orientation à l'entrée du parking.*

Les deux randonnées *(de 1h30 et de 4h)* empruntent, à leur début, le même chemin, agréablement ombragé par des chênes et des hêtres, et qui longe le camping puis une rivière. Au bout d'une trentaine de minutes, les sentiers bifurquent, le plus court partant à droite et le plus long continuant tout droit. Ce dernier passe à proximité de nombreux dolmens (10, contre 2 pour l'autre randonnée).
*Prenez la N 240A vers l'ouest jusqu'à Alsasua/Altsasu et, là, tournez à gauche vers Estella-Lizarra sur la NA 718.*

### ★★ Col d'Urbasa (Puerto de Urbasa)

L'ascension du col (927 m), assez raide et rythmée par l'alternance de rochers massifs et de bosquets, est d'une beauté sauvage. Par contraste, le grand vallon boisé que l'on traverse ensuite apparaît d'une aimable fraîcheur. À la descente, après le col, les vues sont embellies par de hauts escarpements calcaires, puis vous cheminerez dans les gorges du río Urenderra aux eaux limpides.
*La NA 718 vous ramène à Estella.*



**ENFANT DU PAYS**
Estella est la ville natale du meilleur *rejoneador* (torero à cheval) de ces quinze dernières années (et, selon certains, de tous les temps), **Pablo Hermoso de Mendoza**, né en 1966.

**QUERELLES DE CLOCHER**

Le monastère d'Irache fut dirigé pendant la seconde moitié du 11e s. par un certain Veremundo (Bermond). Quelques miracles et la charité de l'abbé ont valu à ce dernier d'être canonisé et désigné patron des chemins de St-Jacques en Navarre. Seulement voilà : deux villages voisins, Villatuerta et Arellano, se disputent l'honneur d'être le lieu de naissance du saint homme. C'est pourquoi (et pour ne pas faire de jaloux), tous les cinq ans, le 10 août (la prochaine fois en 2013), le coffret renfermant les reliques de l'abbé est transféré d'un village à l'autre dans une ambiance de kermesse.

## SUR LES PAS DES PÈLERINS A2-3

*Pour visualiser ce circuit de 30 km au départ d'Estella, reportez-vous à la carte de région (p. 386-387) - comptez environ 3h. Quittez Estella vers le village d'Ayegui, à la sortie duquel se trouve le monastère.*

### ★ Monastère d'Irache / Iratxe (à Ayegui) A2

*948 554 464 - merc.-dim. 10h-13h15, 16h-19h - fermé lun. et mar. - gratuit.*

Dès le 10e s., une abbaye bénédictine existait ici. Étape importante sur le chemin de St-Jacques (son hôpital accueillait les pèlerins), elle adopta la règle cistercienne, puis devint au 16e s. un centre universitaire dirigé par les bénédictins. Le monastère a fermé ses portes en 1839 alors qu'il abritait encore quelques moines (les derniers sont partis en 1985). La reconversion de certains bâtiments conventuels en *parador* (hôtel de luxe) est actuellement en projet.

★ **Iglesia** – L'abside d'un roman très pur fait face à une nef où la croisée d'ogives reste primitive. À la Renaissance, la coupole sur trompes a été refaite et le *coro alto* ajouté. La façade, comme la plupart des bâtiments conventuels, a été reconstruite au 17e s. Admirez le beau travail de bois et d'orfèvrerie de la **statue de la Vierge★★**.

**Cloître** – D'architecture Renaissance et orné d'une fontaine moussue, le cloître est décoré de culs-de-lampe et de chapiteaux relatant la vie du Christ et de saint Benoît.

Avis aux amateurs de vin : les **chais** qui bordent le monastère jouxtent le chemin de St-Jacques. C'est donc d'abord à l'attention des pèlerins qu'a été aménagée, dans le mur même de la bodega, une fontaine… à vin, mais rien n'empêche de goûter au breuvage…

*Après le monastère, continuez la route pour rejoindre la N 111 en direction de Los Arcos. Villamayor de Monjardín sera à droite après 4 km.*

### Villamayor de Monjardín A2

Village-étape sur la route de Compostelle, il comporte une jolie église du 12e s., **San Andrés**, au portail roman et au clocher baroque (18e s.). L'édifice est censé être ouvert toute la journée, mais s'il pleut, la personne en charge de son entretien peut décider de la fermer pour limiter les empreintes boueuses des pèlerins sur le sol immaculé.

Légèrement en dehors de la commune, sur le chemin de St-Jacques (signalisation à l'entrée du village), se dresse une **fontaine gothique★**, dite « Fuente de los Moros » (fontaine des Maures), plutôt romantique avec son escalier qui descend jusqu'à une piscine d'eau pure.

Si vous voulez poursuivre sur la route de Compostelle, continuez sur la N 111 jusqu'à Los Arcos. Sinon, vous pouvez revenir sur Estella via Arellano.

*À l'entrée de Villamayor (côté Estella), prenez la petite route de Luquín et dans ce village, sur votre gauche, la NA 6340. Au-delà d'Arróniz, vous prendrez, toujours à gauche la NA 6341 en direction de Dicastillo. Contournez ce village par la NA 6342 (toujours à gauche) qui conduit à Arellano.*

### Arellano A3

**Église San Román** – *Demandez la clé à la mairie.* Jolie petite église close d'un muret contre lequel courent des bancs de pierre. L'intérieur abrite des grisailles et une fresque d'une hauteur de 3 m représentant saint Christophe portant l'Enfant Jésus (16e s.). De part et d'autre du retable, vestiges d'une fresque du 14e s. représentant l'Annonciation et un apôtre.

**Villa romaine des Muses** (Villa romana de las Musas) – *À 13 km au sud d'Estella par la NA 122 - ✆ 948 741 273 - info@guiartenavarra.es - juil. : vend.-sam. 10h-14h, 16h-20h ; août : merc.-sam. 10h-14h, 16h-20h ; avr.-juin et sept. : vend.-sam. 10h-14h, 15h-19h ; oct.-mars : vend.-sam. 10h-14h, 15h-18h ; dim. et j. fériés : tte l'année 10h-14h - 2 €.*

Ce site archéologique couvert de 2 411 m² abrite les ruines d'une ancienne maison de campagne bâtie entre le 1er et le 5e s. apr. J.-C. Vous y découvrirez les pièces consacrées à l'élaboration du vin, dont la cave qui expose 15 jarres très bien conservées. Les autres salles sont ornées de mosaïques faisant allusion au culte de Cybèle et d'Attis, dont la mosaïque des Muses, qui prête son nom à la villa.

*Revenez à Estella par Dicastillo, puis la NA 122.*

## NOS ADRESSES À ESTELLA

### HÉBERGEMENT

#### PREMIER PRIX

**Fonda san Andrés** – *Pl. de Santiago, 50 - ✆ 948 550 448 ou 554 158 - 24 ch. 42 €* ☕. La façade en brique ornée de balcons attire le regard. Plus modeste, l'intérieur compte des chambres meublées dans le style castillan. Certaines possèdent une petite terrasse.

#### BUDGET MOYEN

**Hôtel Yerri** – *Av. de Yerri, 35 - ✆ 948 546 034 - www.hotelyerri.es - P - 28 ch. 64/69 € - ☕ 7,50 €.* Cet hôtel pratique est situé à moins de 10mn à pied du centre-ville. Les chambres sont modernes. Au restaurant : décor coloré, éclairage soigné et tables bien dressées.

### RESTAURATION

#### PREMIER PRIX

**Casanova** – *Fray Wenceslado de Oñate, 7 - ✆ 948 552 809 - formules déj. 11,70/20 €- 26/35 €.* Situé au 1er étage, ce restaurant sert une cuisine traditionnelle navarraise, dont la spécialité d'Estella : le *postre de Ojaldre o de san Andrés*, un délicieux millefeuille.

### À proximité d'Estella

**Casa Faustina** – *Magdalena, 58 - Barindano - ✆ 948 539 493/150 - www.casafaustina.es - août : tlj ; reste de l'année : w.-end et j. fériés - 16 € (formule enf. 10 €).* Adresse sympathique au décor original. Dans l'assiette, une bonne cuisine familiale et, pour les grands soirs, le menu dégustation.

#### BUDGET MOYEN

**Navarra** – *Gustavo de Maeztu, 16 - ✆ 948 550 040 - www.restaurantenavarra.es - fermé janv., 25 déc., dim. soir et lun. - 22/35 €.* Une ancienne villa avec jardin, à la décoration de style navarrais médiéval. À l'intérieur, aménagement soigné : tables en *azulejos*, linge de table raffiné.

# Viana

★

4018 habitants

NOS ADRESSES PAGE 442

**S'INFORMER**

**Office de tourisme** – *Dans la mairie, pl. de los Fueros, 1 - ✆ 948 446 302 - www.viana.es - de la Sem. sainte au 12 oct. : lun.-sam. 9h-14h, 17h-19h, dim. 10h-14h ; reste de l'année : lun.-sam. 9h-14h.*

**SE REPÉRER**

Carte de région A3 (p. 386-387) - carte des environs de Viana (p. 441) – *Carte Michelin n° 573 E 22.* En lisière de Navarre, Viana se trouve sur la route de Compostelle, à 39 km au sud-ouest d'Estella sur la N 111. La capitale de La Rioja, Logroño, n'est qu'à 10 km au sud-ouest dans le prolongement de cette voie importante de pèlerinage.

**SE GARER**

En dehors des remparts, à côté de l'église de San Francisco, ou bien dans la vieille ville, sur la plaza del Coso.

**À NE PAS MANQUER**

La chapelle romane d'El Santo Sepulcro de Torres del Río.

**ORGANISER SON TEMPS**

Partez de Viana pour rayonner une journée sur les contreforts des sierras d'Urbasa et de Santiago de Loquiz.

**La taille du bourg, niché derrière ses remparts, ne révèle pas son importance comme étape sur le chemin de St-Jacques-de-Compostelle, la dernière en terre navarraise. Il suffit de se rendre sur le parvis de sa magnifique église pour y retrouver l'ambiance sereine des pèlerins au repos.**

## Se promener

### Place de los Fueros

Une fois franchi l'arc séparant la vieille ville de ses anciens faubourgs, on pénètre sur cette petite place délimitée par l'hôtel de ville et le parvis clos de l'église, pavé de galets et planté d'arbres.

**Casa consistorial** (Hôtel de ville) – 17e s. Identifiable à ses arcades et au gigantesque blason qui orne la balustrade entre ses deux tours, elle déploie une belle façade à la fois Renaissance et plateresque.

### ★★ Église Ste-Marie de l'Assomption

(Iglesia de Sta María de la Asunción)

De style gothique et fortifiée, elle fut édifiée entre 1250 et 1312.

★ **Portail Renaissance** – Monumental, il représente différentes scènes des Évangiles, depuis Jésus priant au mont des Oliviers à gauche de la porte, jusqu'à la Passion à droite, en passant par l'Annonciation et la Nativité. Surplombant le tympan, la Crucifixion et la Descente de Croix, surmontées d'un demi-dôme à caissons.

★ **Intérieur** – Retables baroques du 17e s. dans les chapelles encadrant le chœur (celle de droite expose une jolie Vierge du 14e s.). Admirez les fresques de José Bravo et notez les chaires baroques décorées d'angelots.
Dans l'atrium, vous verrez la pierre tombale de César Borgia, fils du pape Alexandre VI, cardinal et frère de la célèbre Lucrèce, tombé en 1507 au pied des remparts de Viana alors qu'il combattait pour son beau-frère, roi de Navarre.

### Calle de Sta María

Fondée en 1219 par Sanche VII le Fort, Viana s'est développée grâce à sa position stratégique sur le chemin de Compostelle. Les maisons de sa rue principale témoignent encore de l'importance des hospices et auberges qui la ponctuaient. Elle longe l'église et mène à la plaza del Coso.

### Place del Coso

Le nom de cette place désignant l'enceinte où courent les taureaux rappelle qu'ici avaient lieu autrefois les corridas, que les autorités présidaient depuis le « balcón de toros », édifice élevé en 1683 et doté d'un avant-toit travaillé. Remarquez en chemin un autre avant-toit ouvragé (à caissons celui-ci).
*Revenez sur la plaza de los Fueros et dépassez-la.*
Dans cette direction, la rue principale est bordée de maisons blasonnées (nos 2, 3 et 9) ou ornées d'un avant-toit sculpté (n° 12). Elle aboutit à l'église de San Pedro.

### Église de St-Pierre (Iglesia de San Pedro)

Ses ruines laissent entrevoir une architecture gothique (13e s.) et conservent un portail baroque de 1740.
Derrière l'église, on accède, par la ruelle de l'ancien cimetière et la muraille du 13e s., à un petit **jardin** aménagé sur les anciens remparts.
*Ressortez de la vieille ville par la plaza de los Fueros.*
**Le couvent et l'église San Francisco** (17e s.) font face à l'arche donnant accès au centre historique de Viana. Le premier a été transformé en résidence pour personnes âgées, la seconde paraît inemployée (17e s.).

## À proximité Carte de région

### Réserve naturelle de las Cañas (Embalse de las Cañas) A3

*5 km au sud de Viana par la N 111.*
*Observatoire d'oiseaux El Bordón - 696 830 898 - www.lagunadeviana.es - du 17 juil. au 15 sept. : tlj sf lun. matin 10h-14h, 17h-20h ; du 16 sept. au 16 juil. : w.-end et j. fériés 10h-14h, 16h-19h - gratuit.*
La lagune de las Cañas est aujourd'hui un barrage qui abrite différentes familles d'oiseaux. Une balade de 4,5 km (1h30) se fait par sentier. Passez d'abord par l'observatoire pour vous informer des possibilités de visite et découvrir, à l'aide de panneaux informatifs, la faune et la flore qui composent la réserve naturelle. Une paire de jumelles vous sera prêtée lors de votre excursion.

## Circuit conseillé Carte des environs de Viana

*Pour visualiser ce circuit de 110 km au départ de Viana, reportez-vous à la carte des environs de Viana (p. 441) - comptez environ 4h. Quittez le bourg par la N 111 en direction d'Estella.*

### Torres del Río

Petit village concentré sur le sommet d'une colline couronnée par son église paroissiale. Prenez le temps de vous asseoir dans son jardinet pour admirer la vue.

★ **Église du St-Sépulcre** – *À mi-hauteur dans le village - ✆ 666 988 255 (Ofelia) ou ✆ 626 325 691 (Mari Carmen) - sinon, renseignez-vous au bar - 1 €.* C'est un curieux édifice roman tout en hauteur et de plan octogonal, construit vers 1200. S'agissait-il d'une chapelle funéraire ? C'est probable. Toujours est-il que vous remarquerez sûrement sa ressemblance avec la chapelle d'Eunate (*p. 430*). À l'intérieur, les lignes verticales dominent ; la magnifique **coupole★** en étoile, d'influence mudéjare, est d'une géométrie parfaite. L'acoustique y est particulièrement bonne, comme vous pourrez le constater si certains pèlerins entonnent des chants. Les minuscules fenêtres disposées au bout des branches de l'étoile, les modillons et chapiteaux historiés sont les seuls éléments décoratifs.

### Sansol

Quelques maisons anciennes en assez bon état entourent une petite église postée sur le haut d'une colline. Belle vue sur le village de Torres del Río.

*La N 111 se dirigeant vers Los Arcos laisse derrière elle les collines douces pour un paysage plus âpre.*

*Reprenez la route vers Estella et prenez la direction Mués à Los Arcos. Dépassez le village et tournez ensuite à droite, vers Sorlada, que vous traverserez. La basilique est fléchée.*

### ★ Basilique de San Gregorio Ostiense à Sorlada

*✆ 948 534 015 ou 609 869 859 - sam.-dim. 12h-13h30, 16h45-19h - mar., merc. et vend. : sonnez à la maison située face a la basilique (Hermanos peregrinos de la Eucaristía).*

Depuis sa crête, ce temple baroque richement décoré domine à la fois la commune de Mués et les maisons de grès rose de Sorlada. Admirez son beau portail Renaissance. Le lieu est habituellement très tranquille, mais affiche complet les jours de fêtes religieuses. On fait alors la queue pour se faire bénir avant de partager le pique-nique.

*Revenez sur la NA 129 et poursuivez jusqu'à Acedo. Là, tournez à gauche en direction de Sta Cruz de Campezo. À l'entrée du village, prenez à droite l'A 2128.*

### Done Bikendi Harana

L'église de **San Vincente** arbore un auvent et un portail Renaissance, tandis que son chœur abrite un superbe **retable★★** polychrome de 1516 récemment restauré. Surélevé, il illustre richement quelques épisodes de la Passion du Christ comme la Cène ou son arrestation. Admirez la richesse des détails, l'expression des anges et des démons ainsi que la vivacité des couleurs de l'ensemble *(demandez la clé à la ferme qui se trouve au bas des marches, à l'angle des rues).*

*Retournez à Sta Cruz de Campezo pour emprunter l'A 132, vers Vitoria-Gasteiz.*

### ★ Antoñana

Hameau de la commune de Campezo/Kampezu accroché à flanc de colline. Les anciens vous diront qu'Antoñana est le plus ancien village de l'Álava et, de fait, il a conservé une très jolie maison-porche médiévale à pans de bois pour marquer son entrée. Ses anciennes murailles servent de murs de soutènement aux demeures du bas et l'eau de son lavoir chante toujours à l'autre bout du bourg.

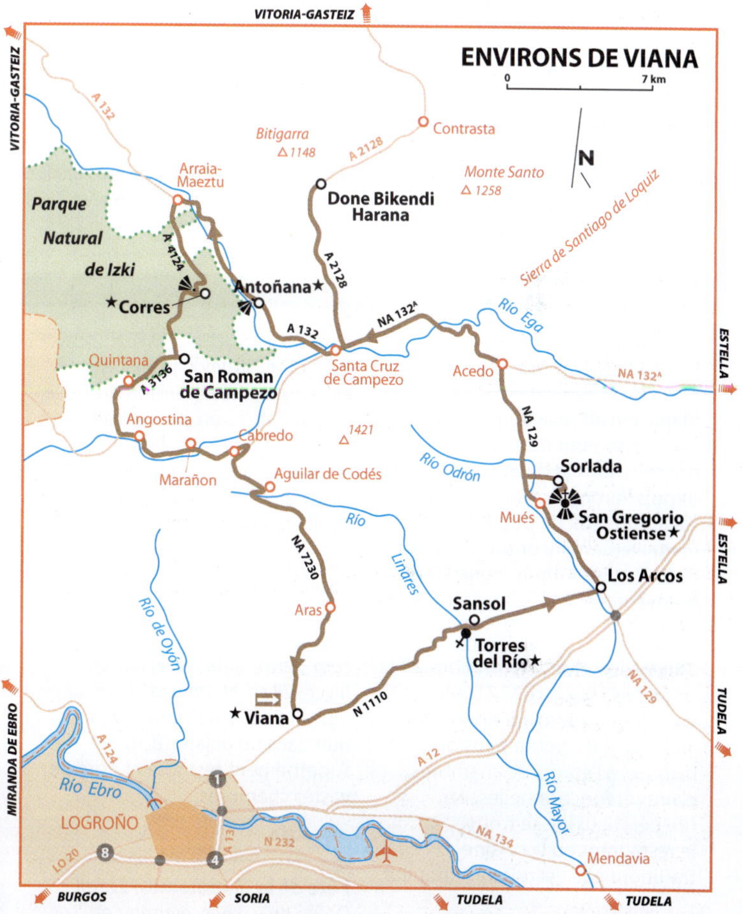


*Poursuivez sur cette route jusqu'à Arraia-Maetzu et tournez à gauche dans l'A 4124.*

## ★ Corres

Le village mérite que l'on s'y arrête, non seulement parce qu'un panneau du **parc d'Izqui** y présente les différentes randonnées possibles dans la région et qu'un petit chalet y fait office de Maison du parc, mais aussi parce que le bourg se situe en surplomb d'un défilé.

En sortie de village, essayez de vous garer sur le côté de façon à admirer le **panorama★**.

Des balisages de randonnées parsèment le village et débutent également au niveau de l'église.

*Reprenez la route pour rallier San Roman de Campezo.*



## San Roman de Campezo

Hameau champêtre servant de point de départ à différentes randonnées.

**Sanctuaire rupestre** – *Montez jusqu'au lavoir en haut du village et commencez l'ascension après l'église. Comptez 45mn. Très bien balisé.*

La pente peut paraître parfois ardue, mais on est récompensé par la beauté du chemin qui laisse entrevoir les monts environnants pour déboucher ensuite sur un col ouvert au vent. La vue ne cache rien alors des champs de la vallée, des routes qui serpentent et des éoliennes sur les crêtes. On rallie le petit sanctuaire aménagé dans une grotte par une sente à flanc de montagne. *Revenez à Viana en prenant la direction de Quintana, puis d'Angostina et de Marañón. Après Cabredo, tournez à droite dans la NA 7200 en direction d'Aguilar. À la hauteur du bourg, dans le lacet, ne manquez pas sur votre droite la NA 7230 qui vous ramènera à Viana.*

## NOS ADRESSES À VIANA

### HÉBERGEMENT ET RESTAURATION

Viana constitue la dernière halte navarraise pour les pèlerins qui ont tous suivi la même route depuis Pampelune ou Sangüesa. C'est pour eux un point de ravitaillement incontournable, et, pour les plus fatigués, une étape bienvenue.

#### PREMIER PRIX

**San Pedro** – *Medio San Pedro, 13 - ✆ 948 645 927 ou 622 717 617 - www.pensionsanpedro.com - 6 ch. 40 €* ☕. Cette petite pension dispose, à l'étage, de chambres claires et fonctionnelles. Au rez-de-chaussée se trouve le restaurant où la cuisine traditionnelle est mise à l'honneur.

#### BUDGET MOYEN

**Casa Armendariz** – *Navarro Villoslada, 19 - ✆ 948 645 078 - fermé dim. sf juil.-sept., 23 déc.-2 janv. - 7 ch. 40,70 € - rest. 10,70/27 €.* Située dans le centre historique, cette pension propose des chambres propres et calmes. Elle possède deux salles de restaurant dont une bodega où vous seront servis des plats de viande ou de poisson.

#### POUR SE FAIRE PLAISIR

**Palacio de Pujadas** – *Navarro Villoslada, 24 - ✆ 948 646 464 - www.palaciodepujadas.com - fermé dim. soir et lun. en hiver - 28 ch. et suites 80/110 €* ☕ *- rest. 23 €.* Ici, vous passerez la nuit dans un palais du 16e s. superbement restauré et doté de vastes chambres.

### AGENDA

**Fête de la Madeleine** – *22 juil.* Défilé de vaches, *gigantes* et *cabezudos*. Concerts.

**Fête de la Vierge de la Nieva** – *8 sept.*

# Olite

**Erriberri**

★★

3 750 habitants

NOS ADRESSES PAGE 449

### S'INFORMER

**Office de tourisme** – *Pl. de los Teobaldos, 4 - ✆ 948 741 703 - www.olite.es ou www.navarra.es - juil.-sept. : mar.-sam. 10h-14h, 16h-19h, dim. 10h-14h ; reste de l'année (vérifier horaires) : sam. 10h-14h, 16h-19h, dim. 10h-14h.*

### SE REPÉRER

Carte de région B3 (p. 386-387) - carte des environs d'Olite (p. 447) – *Carte Michelin n° 573 E 25*. Depuis Pampelune, la N 121 comme l'AP 15 partent plein sud en direction d'Olite. Comptez environ 40 km.

### SE GARER

Le centre médiéval étant piétonnier, laissez votre voiture près d'une porte du vieux quartier, dans l'un des parkings aménagés au pied des remparts.

### À NE PAS MANQUER

Les chapiteaux de Sta María la Real, à Ujué.

### ORGANISER SON TEMPS

En matinée, la vieille ville et son château, puis l'après-midi, les alentours avec Ujué, les lagunes et le monastère de la Oliva.

### AVEC LES ENFANTS

Le château des Rois de Navarre, pour son ampleur, et les lagunes de Pitillas, pour leurs oiseaux.

**Résidence de prédilection des rois de Navarre au 15e s., Olite, la « ville gothique », vit dans l'ombre d'un château si démesuré qu'il a l'allure et les dimensions d'une cité médiévale. Autrefois fortifié comme en témoignent les quelques tours et portes de la ville, le centre est désormais réservé aux touristes. Vous pourrez déambuler dans les rues animées et apprécier les dégustations proposées par les bodegas, nombreuses dans cette cité éminemment viticole.**

### UN PATRIMOINE EXCEPTIONNEL SAUVÉ DE JUSTESSE

Classé Monument national en 1925, l'immense et fabuleux château d'Olite aurait pu ne pas parvenir jusqu'à nous. En 1813, un général espagnol, soucieux de le voir échapper aux Français, y mit en effet volontairement le feu. L'ouvrage perdit alors plusieurs tours, mais à la suite de campagnes de restauration, dont les dernières se sont achevées à la fin du 20e s., il a retrouvé toute sa majesté. La meilleure vue d'ensemble sur le monument et sur Olite se découvre depuis la route de San Martín de Unx. Celle de Beire offre aussi un beau panorama sur la ville.

# Se promener

## Place des Teobaldos

Occupant une place centrale dans le tissu urbain délimité autrefois par les murailles romaines, cette place, dont le nom honore la dynastie champenoise des rois de Navarre fondée en 1234 par Thibaud Ier, regroupe autour de ses arbres les principales curiosités de la ville, dont le *parador* (hôtel de luxe), l'**église Sta María** et le **musée du Vin★**. Des porches permettent de rejoindre la plaza de Carlos III.

## Église de Sta María la Real

*Pl. de los Teobaldos - ✆ 948 741 703 - ♿ - horaires variables (rens. à l'OT) - 1,50 €.*
C'est l'ancienne chapelle royale. Un atrium aux fines arcades polylobées précède la **façade★** du 14e s., excellent témoin de la sculpture gothique navarraise. Sur le magnifique portail, seul le tympan est historié (vies de la Vierge et du Christ). Remarquez l'attitude de Marie et Joseph dans le tableau de la Nativité : tous deux portent la main à l'oreille et semblent assez perplexes.
L'intérieur est également intéressant. Au-dessus du maître-autel, un très beau **retable★★**, peint en 1528 par Pedro de Aponte, encadre une Vierge gothique.

## ★ Centre d'exposition de la vigne et du vin de Navarre

*Pl. de los Teobaldos, 4 - ✆ 948 741 273 - www.museodelvinodenavarra.com - ♿ - juil.-sept. : mar.-vend. 10h-14h, sam. 10h-14h, 16h-19h, dim. 10h-14h ; reste de l'année : contacter l'OT - fermé 1er, 6 janv. et 25 déc. - 3,50 €. Panneaux en anglais et en français.*
Partageant le bâtiment de l'office de tourisme, ce musée a pris possession des étages et du sous-sol afin d'exposer de façon moderne et didactique toutes les étapes et le savoir-faire liés à l'élaboration du vin navarrais. Chacun des paliers correspond à une thématique : l'histoire du vin, la viticulture (entretien des vignes, outils), la vinification (embouteillage, conservation). Particulièrement intéressante, la partie consacrée à l'œnologie donne quelques clés pour reconnaître et déguster les vins.

## Place de Carlos III

Tout en longueur, elle assure la jonction entre le quartier nord (ancien *cerco de Dentro*) et la partie sud de la vieille ville (auparavant *cerco de Fuera*). C'est par elle que l'on accède au **Palacio Real★**. À l'opposé du monument, sur la place, des escaliers donnent accès à des galeries souterraines *(Galerías subterráneas medievales - ✆ 948 741 805 - horaires et j. d'ouv. variables, se rens. - 2 €)* en fer à cheval, du 15e s., reconverties en salles d'exposition.

## ★ Palacio Real (Palais Royal)

*Entrée par la plaza de Carlos III el Noble - ✆ 948 740 035 - www.guiartenavarra.com - ♿ - juil.-août : 10h-20h ; mai-juin : lun.-vend. 10h-19h (20h w.-end) ; avr., sept. et 1er-13 oct. : 10h-19h ; mars et 14-31 oct. : lun.-vend. 10h-18h (18h30 w.-end) ; janv.-fév. et nov.-déc. : 10h-18h - fermé 1er, 6 janv. et 25 déc. - 3,50 € (6-13 ans 2 €) ; billet visite guidée 4,90 € (enf. 3,50 €).*
Tout droit sorti d'un conte de fées, le château se compose de deux éléments majeurs : le vieux palais, ou *palacio de los Teobaldos*, transformé aujourd'hui en *parador*, et le nouveau palais, dont Charles III le Noble ordonna la construction en 1399. Les origines françaises de ce prince – il était comte d'Évreux et natif de Mantes – expliquent le caractère élégant des fortifications, transition entre les lourdes maçonneries du 13e s. et les palais-résidences gothiques de la fin du 15e s., comprenant galeries et petites cours. Les architectes et certains des

**DE LA PLACE FORTE À LA VILLE ROYALE**
Place forte romaine, Olite a vu son noyau d'origine tripler avec l'octroi du *fuero* d'Estella de García Ramírez en 1147. Le centre du bourg passe alors du *cerco de Dentro* au *cerco de Fuera*, enceinte médiévale nouvellement dressée au sud des anciens remparts. Des vestiges de ces murailles sont visibles à l'ouest du centre historique, le long de la rúa Romana et de la rúa Alcalde de Maillata, où se sont installées les bodegas. Au 13e s., la cité devient **siège royal** des rois de Navarre, mais c'est Charles III le Noble (1337-1425) qui en fait leur résidence principale (elle le restera jusqu'en 1512) et réutilise la forteresse romaine pour la transformer en château.

artisans maures qui y ont collaboré avaient du reste accompagné le souverain en France pour y puiser leur inspiration. Derrière la quinzaine de tours qui renforcent l'enceinte s'étendaient des jardins suspendus. Un décor d'*azulejos* (carreaux de céramique colorés), de stucs peints et de plafonds à marqueterie polychrome illuminait les salles. Parmi celles-ci, les plus remarquables sont la salle de la Reine et la galerie du Roi aux arcs élancés. Ne manquez pas le petit cloître couvert de vigne vierge, ni la vue sur le toit de lauzes de l'église Sta María et la ville depuis la tour du Retrait. Notez la glacière en forme d'obus qui se dresse au pied des murailles du château.

### Église de San Pedro Apóstol

*À l'extrémité sud-est du quartier médiéval, en bordure du paseo de Doña Leonor. L'église est ouverte uniquement pendant les services religieux mais ne propose pas de visites. Le cloître est fermé aux visiteurs.*
C'est la plus ancienne de la ville, mélange de roman et de baroque. Dotée d'un clocher effilé octogonal, la façade de l'église offre, en effet, un aspect assez disparate. Les voussures du portail sont soulignées de boudins. De part et d'autre, deux aigles symbolisent l'un la Violence (à gauche, tuant un lièvre), l'autre la Douceur. À l'entrée, dans le bas-côté à gauche, une pierre sculptée au 15e s. représente la Sainte Trinité. L'église conserve en outre un beau cloître roman.

## À proximité Carte de région

### Marcilla B3

*À 29 km au sud d'Olite par l'AP 15.*
Seul monument digne d'intérêt, le château du 15e s. est construit en brique. Ses habitants aujourd'hui sont les cigognes, qui ont élu domicile sur ses tours et ses créneaux. Mais en dépit de son état de délabrement avancé, l'édifice a gardé fière allure et illustre encore, avec son fossé, ses tours d'angle et ses mâchicoulis, ce que pouvait être le système défensif de l'époque. L'ensemble a cependant été transformé en résidence dès le 16e s.

### Villafranca B3

*À 34 km au sud d'Olite par l'AP 15 puis la NA 660. Dirigez-vous vers la calle Mayor, proche du quartier historique.*
Une fois oubliée l'allure négligée de la ville, on peut apprécier les maisons de brique regroupées autour de l'esplanade sur laquelle donne l'église Sta Eufemia, de 1497. La couleur rosée des édifices, tels que le palais de los Obadina ou le couvent du Carmel, et les quelques cyprès plantés sur l'esplanade face à la sierra donnent une allure méditerranéenne à l'ensemble.

# Circuits conseillés Carte des environs d'Olite

## VAISSEAUX DE PIERRE, MARAIS ET ÉNERGIES RENOUVELABLES

*Pour visualiser ce circuit de 70 km, reportez-vous à la carte des environs d'Olite (page de droite) - comptez environ 3h30. Quittez Olite par la NA 5300 (face aux remparts, à hauteur du palais) à l'est.*
C'est à travers un paysage serein, sur lequel veille une armée d'éoliennes coiffant les crêtes, que vous allez évoluer. De-ci de-là, d'assez disgracieux champs de capteurs solaires rappellent que la Navarre a décidé d'investir assez massivement dans les énergies renouvelables.

### San Martín de Unx

*Garez-vous devant Sta María del Popolo et montez vers l'église San Martín (fléché). Demandez la clé à la maison marquée « Visitas guiadas », sur la gauche dans la montée (☎ 948 738 149).*
Charme assuré dans ce village dont la rue principale est bordée de vieilles demeures de pierre. Elle mène à l'église des 12e-16e s.
*La NA 5310 (sur la droite en direction de Sádaba) vous mènera à Ujué.*

### ★★ Ujué / Uxue

*Possibilité de se garer au pied de l'église.*
Juché sur un sommet, dominant le pays de la Ribera, Ujué est resté tel qu'au Moyen Âge, avec ses rues tortueuses bordées de façades pittoresques qui conduisent au sanctuaire fortifié. Un village médiéval incontournable !
★★ **Église de Sta María la Real** – Une église, romane, avait été construite à la fin du 11e s. Au 14e s., le roi Charles II le Mauvais entreprit d'édifier l'église gothique, mais les travaux durent être interrompus et le chœur roman subsista. Dans la chapelle centrale est vénérée santa María la Blanca, statue romane en bois recouverte de plaques d'argent. Les murs extérieurs sont décorés de chapiteaux aux sculptures soignées, illustrant des scènes de la Bible (Annonciation, Nativité), des personnages (musiciens, bergers, vignerons, etc.). Notez sur le tympan le poisson qui sort du cadre.
La fête patronale d'Ujué est célèbre : chaque année depuis le 14e s., le dimanche suivant la St-Marc (25 avril), se déroule la procession traditionnelle avec des pénitents.
**Forteresse** (Fortaleza) – Des tours de l'église, la **vue** s'étend jusqu'à Olite, le Montejurra et les Pyrénées. Ce poste d'observation avait un rôle militaire : du palais médiéval, il reste de hauts murs et un chemin de ronde couvert qui contourne l'église.
*Revenez sur vos pas et prenez à gauche la NA 5311 jusqu'à Murillo el Fruto au sud. De là, allez à Carcastillo par la NA 124. En ville, prenez à droite vers Mélida par la NA 5500.*

### Monastère de la Oliva à Carcastillo

*Fléché depuis Carcastillo. On l'aperçoit à la sortie de la ville, sur la droite en direction de Mélida - ☎ 948 725 006 - ♿ - lun.-sam. 9h-12h30, 15h30-18h, dim. et j. fériés 9h-11h30, 16h-18h - possibilité de visite guidée sur demande (1 sem. av.) - 2,50 € (-12 ans 0,50 €).*
La Oliva est l'un des premiers monastères cisterciens édifiés par des moines venus de France du vivant même de saint Bernard de Clairvaux. Son rayonnement intellectuel fut grand au Moyen Âge. Vidé de ses trésors, le monastère offre encore la remarquable pureté de son architecture cistercienne.

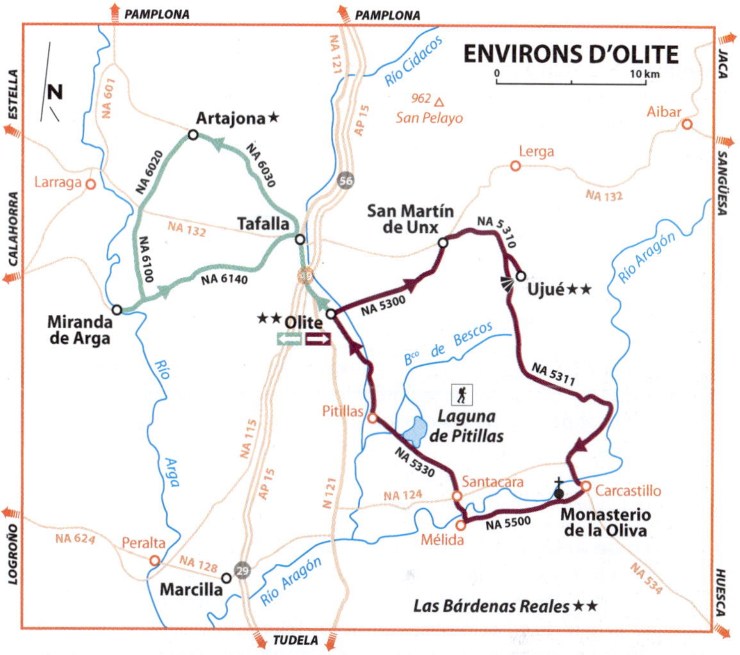


★ **Église** – Fin 12e s. Récemment restaurée, la façade, extrêmement dépouillée malgré le couronnement triangulaire et la tourelle dont on l'a affublée au 17e s., joue avec une rare élégance de la perfection des lignes de son portail et des deux rosaces. Le vaisseau surprend par sa grande profondeur.

**Cloître** – Fin 15e s. Les baies du cloître apparaissent d'une exceptionnelle légèreté. Cette architecture gothique fut plaquée sur la construction d'origine, comme en témoignent les retombées d'arcs qui masquent en partie l'entrée de la salle capitulaire du 13e s.

*Quittez le monastère en direction de Mélida. Dans le village, prenez à droite en direction de Santacara que vous traverserez. Roulez ensuite environ 6 km sur la NA 5330 en direction de Pitillas. Vous verrez alors en bord de route une sorte de ferme, isolée ou presque, et un petit panneau qui indique les lagunes.*

## Lagunes de Pitillas (Lagunas de Pitillas)

Cette zone marécageuse couvre 216 ha au pied de monts couronnés d'éoliennes. L'eau atteint une profondeur moyenne de 3 m, une digue maintenant ce niveau en cas de besoin. Le site a été déclaré réserve naturelle en 1987 en raison de son importance écologique. Il se trouve en effet sur les axes migratoires de nombreux oiseaux qui viennent aussi s'y reproduire. La meilleure saison pour le découvrir est l'hiver.

**Observatoire des oiseaux** (Observatorio des Aves) – *✆ 619 463 450 - www.lagunadepitillas.org - avr.-sept. : dim. et j. fériés 10h-14h, 17h-19h ; reste de l'année : dim. et j. fériés 10h-14h - fermé 1er, 6 janv. et 25 déc. - entrée libre.* Des longues-vues sont à la disposition des visiteurs pour regarder les marais et leurs habitants à plumes (canards, sarcelles, hérons, aigles, etc.). Des explications sont également fournies sur l'origine des marais, de la faune et de la flore.

Trois sentiers partent du centre d'observation, sans vraiment pénétrer dans les zones très marécageuses. Le premier fait 1 km (45mn) ; le deuxième s'étire sur 5 km (2h30) ; le troisième conduit, après 1 km de promenade, à un joli point de vue. Ils sont parfois déconseillés en période de nidification (de mars à juin).

*Revenez à Olite par Pitillas, puis Beire, en empruntant la NA 5330 et la NA 5301.*

## VERS LE VERGER NAVARRAIS

*Pour visualiser ce circuit de 58 km, reportez-vous à la carte des environs d'Olite (p. 447) - comptez environ 2h. Quittez Olite par la N 121.*

### Tafalla

En garant votre voiture près du centre-ville, vous pourrez mieux arpenter les rues du vieux Tafalla, dont les principaux monuments sont l'église Sta María (retable du 16e s. réalisé par un sculpteur originaire d'Azpeitia, Juan de Ancheta (1540-1588) et par l'un de ses disciples) et le couvent de la Concepción, qui communique par un arc avec la demeure des Mencos.

*La NA 6030 vous conduit à Artajona.*

La route dévoile un magnifique panorama sur la crête fortifiée d'Artajona.

### ★ Cerco de Artajona (Enceinte d'Artajona / Artaxona)

*Pour atteindre le sommet de la colline depuis la route principale, prenez la calle Hospital dont l'agence CAN fait l'angle. Possibilité de monter en voiture.*

Perchée en haut de la colline, **l'enceinte** d'Artajona dresse encore vers le ciel ses impressionnantes tours de défense et des portions de murs qui laissent deviner l'ampleur de cette fortification médiévale du 12e s., l'une des plus importantes de Navarre. Sur les 14 tours d'origine, 9 tiennent encore debout pour encadrer **l'église-forteresse de San Saturnino**, construite au 13e s. pour s'intégrer au système défensif de la forteresse. Dans un état proche du délabrement, elle sert aujourd'hui de lieu de réunion pour les habitants.

*Suivez la NA 6020 prolongée au-delà de la NA 132 (route de Tafalla à Estella) par la NA 6100, puis tournez à droite dans la NA 6140 pour arriver à Miranda de Arga.*

### Miranda de Arga

Le village s'étage sur une colline, depuis l'hôtel de ville blasonné à mi-pente jusqu'à la plaza de la Cruz, reconnaissable à la tour de l'Horloge et à la tour mudéjare qui complète la iglesia de la Asunción.

Un peu en dehors du bourg, au-dessus de l'église, se dressent un petit sanctuaire et les vestiges d'une tour depuis laquelle s'offre un beau panorama sur l'Arga en contrebas, le patchwork de champs et de carrés de vigne, ainsi que les rangées d'éoliennes dans le lointain.

*Revenez à Olite par Tafalla via la NA 6140.*

## NOS ADRESSES À OLITE

### HÉBERGEMENT

#### BUDGET MOYEN

**Hôtel Merindad de Olite** – *Rúa de la Judería, 11 - ✆ 948 740 735 - www.merindaddeolitehoteles.com - 10 ch. 58/78 € - ☕ 8 €.* Établissement familial agréable, construit sur les vestiges d'une muraille romaine et décoré dans un style chaleureux. La famille tient un autre établissement, **El Juglar**, avec piscine - *✆ 948 741 855, 9 ch. 85/115 € - ☕ 9,50 €.*

**Hostal Rural Villa Vieja** – *Villavieja, 11 - ✆ 948 741 700 - www.hostalvillavieja.com - 11 ch. 53/88 € - ☕ 5 €.* Bien situé, cet hôtel de charme propose des chambres colorées dans un style moderne.

### RESTAURATION

#### PREMIER PRIX

**Casa del Preboste** – *Rúa de Mirapies, 8 - ✆ 948 712 250 - www.elpreboste.com. - 18/35 €.* Les épais murs en pierre de ce restaurant datent du 15e s. Ils abritaient alors la « maison du prévôt », représentant du roi chargé de récolter les impôts. L'établissement dispose de trois salles : l'une abrite (le soir) une pizzeria. Les deux autres (dont une au décor médiéval) sont réservées au service à la carte où vous pourrez goûter à la roborative cuisine navarraise.

#### BUDGET MOYEN

**Gambarte** – *Rúa del Seco, 15 - ✆ 948 740 139 - www.restaurantegambarte.com - fermé le soir du dim. au jeu. - différentes formules 11/25 € (45 € gastronomique).* Voici l'une des meilleures adresses de la ville. La salle à manger est vaste. À la carte, grand choix de plats de viande et de poisson.

#### POUR SE FAIRE PLAISIR

**Casa Zanito** – *Rúa Mayo, 10 - ✆ 948 740 002 - www.casazanito.com - fermé 15 déc.-15 janv. - 22/56 € - 16 ch. 52/67 € - ☕ 5 €.* Maison soignée dans la vieille ville. Dans la salle à manger au décor classique et élégant, vous pourrez déguster une cuisine locale. Les chambres, équipées de mobilier de qualité et confortables, sont un bon complément.

# Tudela

**Tutera**

★

35 429 habitants

NOS ADRESSES PAGE 456

### S'INFORMER

**Office de tourisme** – *Pl. de los Fueros, 5-6 - ✆ 948 848 058 - www.turismo.navarra.es - juil.-août : lun.-mar. 8h-15h, merc.-sam. 9h-14h, 16h-20h, dim. 10h-14h ; reste de l'année : lun.-vend. 8h-18h30, sam. 9h-14h, 16h-19h, dim. et j. fériés 10h-14h.*

### SE REPÉRER

Carte de région B4 (p. 386-387) – *Carte Michelin n° 573 F 25.* À 96 km au sud de Pampelune par l'AP 15, Tudela veille sur la frontière navarro-aragonaise. Campée au bord de l'Èbre, elle s'intègre à la Ribera, région de plaines ouvertes qui suit le cours de ce fleuve majeur.

### SE GARER

Le vieux centre est en grande majorité piétonnier. Garez-vous en périphérie (payant) ou dans un parking proche de la plaza de los Fueros.

### À NE PAS MANQUER

Une promenade dans les Bárdenas Reales.

**Tudela compte aujourd'hui parmi les plus importantes villes d'origine islamique. Fondée au 9e s. par le calife de Cordoue, c'est son importante communauté juive qui lui apporte alors la prospérité. Un quartier maure (Morería) et juif (Judería) ainsi que d'anciennes demeures de style mudéjar ont d'ailleurs été conservés. Aujourd'hui, la ville est un florissant centre agricole, pour le plus grand bonheur des restaurateurs locaux qui s'approvisionnent, selon la saison, en laitues, asperges, artichauts…**

## Se promener

### Place des Fueros

Au moindre événement, festif ou politique, tous les habitants convergent vers cette place baroque (1687), trait d'union entre le quartier historique et la ville moderne.

*Quittez la place par le Muro, large rue qui rejoint le paseo de Pampelune. À son extrémité, tournez à gauche pour rejoindre la plaza de la Judería.*

### Place du quartier juif (Plaza de la Judería)

Son nom rappelle que, jusqu'à son expulsion en 1498, la ville abritait une importante communauté juive dont les plus illustres représentants ont été le philosophe et mathématicien Abraham ibn Ezra et le poète Yehouda Ha Lévi. Le **palais** Renaissance **del Marqués de San Adrián** du 16e s. borde l'un de ses côtés. Notez à l'étage les arcs de style aragonais et l'avant-toit sculpté par le sculpteur d'origine franco-aragonaise installé à Tudela en 1519, Esteban de Obray. L'intérieur abrite un patio Renaissance.

La Bárdena Blanca.
M. Gaspar / Michelin

*Prenez la petite rue qui longe le palais sur sa droite et marchez tout droit dans les rues Magallón puis Pontarrón pour aboutir à la plaza Vieja et à la cathédrale.*

## Place Vieille (Plaza Vieja)

Elle est bordée par l'*ayuntamiento* (hôtel de ville), bâtiment du 15e s., et le musée d'Art moderne qui a investi le palais d'une noble famille de Tudela, profondément remanié à l'époque baroque.

**Musée d'Art moderne Muñoz Sola** – *Pl. Vieja, 2 - ✆ 948 402 640 - www.castelruiz.es/MuseoMuñozSola/ - jeu.-vend. 10h-13h30, 17h-19h (19h30 sam.), dim. 10h-13h30 - fermé lun.-merc., 1er et 6 janv., 24-30 juil., 25 et 31 déc. - 1 € (-18 ans gratuit).* Natif de Tudela, le peintre **César Muñoz Sola** (1921-2000) a réuni au cours de sa vie une collection d'œuvres picturales, pour la plupart françaises et datant de la seconde moitié du 19e s. (Girodet de Roucy, Hugard de la Tour, Julien Tavernier, Foubert…), aujourd'hui exposée dans ce musée, qui consacre également une salle aux peintures, particulièrement académiques, de l'enfant du pays.

*Rejoignez la calle Roso, à l'opposé de la calle de Pontarrón, afin de découvrir le palais épiscopal.*

## Palais épiscopal et musée de Tudela

(Palacio Decanal y Museo de Tudela)

*Roso, 2 - ✆ 948 402 161 - www.museodetudela.com - lun.-vend. 10h-13h30, 16h-19h, sam. et j. fériés 10h-13h30 - fermé dim. (sf j. fériés) - 4 € (6-12 ans 2 €), le billet compred la visite de la cathédrale.*

L'ancien **palais épiscopal** construit en brique au 16e s. abrite le **musée de Tudela** et donne accès à la **cathédrale★★** et au cloître.

Avant de pénétrer dans le musée, installé en partie dans le cloître, admirez le superbe portique plateresque qui orne sa façade côté Roso.

Dans le musée, vous découvrirez une collection d'art sacré. Ne manquez pas les **azulejos★** de la chapelle (16e s.).

### ★★ Cathédrale Sta María la Blanca

*Accès par le musée (même conditions) - ✆ 948 021 161 - visite guidée (se rens.) 4 €.*
Construite aux 12e-13e s, c'est un excellent exemple de l'architecture de transition romano-gothique. Le **portail du Jugement★★**, surprenant ensemble sculpté, difficile à voir globalement à cause du manque de recul, expose près de 120 personnages illustrant, parfois avec beaucoup de verve, le Jugement dernier.

L'intérieur, roman dans son élévation, est gothique dans les voûtes et les fenêtres hautes. Excepté la clôture du chœur et quelques chapelles latérales baroques, l'église est riche en œuvres gothiques : stalles du chœur (début 16e s.), retable du maître-autel (vers 1500), Notre-Dame la Blanche (vers 1200 – statue reliquaire d'allure byzantine) dans la chapelle absidiale droite. La **chapelle N.-D.-de-l'Espérance★**, juste à côté, renferme plusieurs chefs-d'œuvre du 15e s. : le sépulcre d'un chancelier du roi de Navarre et le **retable central** (1412) dédié à la Vierge. Dans l'abside gauche, l'une des chapelles abrite le **retable de Sta Catalina★★**, en bois doré polychrome (fin 14e s.).

**★★ Cloître** – Ensemble très harmonieux des 12e-13e s. Les arcades romanes reposent alternativement sur deux ou trois colonnes aux chapiteaux historiés relatant, pour la plupart, les épisodes du Nouveau Testament et de la vie des saints. Dans le mur d'une des galeries a été conservée une porte de l'ancienne mosquée. La **chapelle de San Dionis**, ancienne synagogue, retrace quant à elle l'histoire de la communauté juive de Tudela. Dans les galeries, des panneaux évoquent la cohabitation des trois religions monothéistes dans la ville.

*En passant par la plaza San Jaime, engagez-vous dans la calle Rúa.*

### Calle Rúa

Cette rue comprend quelques-uns des plus beaux édifices civils du vieux Tudela. Voyez la magnifique façade de la **casa del Amirante★★** (1515) ornée de cariatides, d'un joli balcon plateresque et d'un avant-toit à caissons. Elle abrite des expositions d'art contemporain espagnol (collections privées) *(merc.-vend. 17h30-20h30, sam. 11h-14h, 17h30-20h30, dim. 11h-14h).* Plus loin se dresse la **casa Ibañez Luna** (16e s.), plus modeste mais aussi de style baroque. Admirez son tympan roman.

*La rue mène à l'église San Nicolás.*

### Église St-Nicolas

*À l'angle de la calle de Serralta.*
En la réédifiant au 18e s., on a replacé sur la façade en brique de style mudéjar le tympan roman d'origine, où figure Dieu le Père assis, tenant son fils et entouré des symboles des évangélistes.

#### ORIGINE MUSULMANE

Fondée par les Arabes en 802, Tudela devient chrétienne après la conquête de Saragosse par Alphonse Ier le Batailleur en 1119. Navarraise depuis 1134, elle fut la dernière cité à se soumettre au roi de Castille en 1512. Dès le 16e s., elle profite d'une certaine prospérité agricole et commerciale, comme en témoignent les édifices plateresques qui parsèment son vieux centre. Elle a entretenu et préservé tout au long des siècles ces atouts économiques (situation stratégique et agriculture) : à la fin du 19e s., céréaliculture et viniculture (asperges, haricots, piments, etc.) connaissent un développement sans précédent. Aujourd'hui, Tudela représente le grand centre de la Ribera, où industries agroalimentaires côtoient métallurgie et équipements lourds.

**BELVÉDÈRES**
Pour bénéficier des meilleurs points de vue sur Tudela, montez sur la **colline du Sagrado Corazón** qui surplombe la vieille ville, ou en haut de la **tour arabe Monreal** (11e s.) qui lui fait face, de l'autre côté de la plaza de los Fueros, dans la ville moderne. À l'intérieur de la **tour Monreal**, une *camera oscura* procure de magnifiques vues *(✆ OT - visite sam. 11h et 18h, dim. 11h).*

*Prenez à gauche la calle de Serralta, suivez-la jusqu'au bout, puis tournez à gauche pour déboucher dans la plaza Mercadal.*

### Place Mercadal
Cette place étroite est longée par l'édifice baroque de Castel Ruiz, ancien collège des jésuites construit en 1608 près de l'église St-Georges (San Jorge), qui abrite un centre culturel. N'hésitez pas à y entrer pour admirer les caves en pierre de taille, le patio et l'ornementation baroque de la voûte.
*À son extrémité, prenez sur votre droite la rue qui débouche sur la rue Herrerías au terre-plein verdoyant.*

### Palais du marquis de Huarte (Palacio del Marqués de Huarte)
Ce palais du 18e s., de style néoclassique, accueille aujourd'hui la bibliothèque.
*Revenez par la calle Yanguas y Miranda à la plaza de los Fueros.*

## Découvrir Carte de région

**★★ BÁRDENAS REALES** B4

### Venir aux Bárdenas Reales
*15 km au nord de Tudela. Deux accès permettent d'aborder ce territoire semi-désertique. L'un débute 800 m avant Arguedas, après le km 13 en venant de Tudela sur la NA 134, à droite. Vous verrez un petit panneau « Bárdenas Reales ». Tournez là. Ne manquez pas la route qui est très discrète ! L'autre accès, moins balisé, se fait au niveau de N. S. del Yugo, à 5 km au nord d'Arguedas.*
*Avant de vous aventurer dans les Bárdenas Reales, il est conseillé de passer par le centre d'information - rte du Polígono de Tiro, km 6 - Finca Los Aguilares - ✆ 948 830 308 - www.bardenasreales.es - avr.-août : 9h-14h, 16h-19h ; sept.-mars : 9h-14h, 15h-17h - Parc naturel des Bárdenas : de 8h à 1h avant la nuit.* Vous trouverez toutes les informations nécessaires pour votre excursion (cartes, propositions de visite guidée…). N'oubliez pas de vous munir d'eau, d'un chapeau, de lunettes de soleil et d'une bonne crème solaire.

### Un site exceptionnel
Classé réserve de Biosphère par l'Unesco, le Parc naturel des Bárdenas Reales s'étend du sud-est de la Navarre jusqu'au fleuve Aragón (au nord), sur une superficie de 42 500 ha. Les sols en argile, en gypse et en grès, ainsi que le climat semi-désertique modèlent ses reliefs montueux. Il présente d'extraordinaires paysages de vastes plaines, de ravins, de buttes et de steppes, et compte trois réserves naturelles qui abritent une faune sauvage (aigles, vautours, renards, reptiles…) : **Rincón del Bu**, **Caídas de la Negra** et **Vedado de Eguaras**. Sur les cartes, vous le trouverez divisé en trois territoires distincts :
**La Bárdena Blanca** – C'est la plus visitée et la plus photographiée, elle entoure la zone militaire, le Polygone de Tir. Si vous arrivez par la route, au départ du

centre d'information, vous entrerez sur le site en contournant par la droite la caserne militaire. À moto, en voiture ou à vélo, vous parcourrez 31 km et contemplerez des panoramas à couper le souffle dont Pisquerra, Rallón ou encore Castildetierra, pour n'en citer que quelques-uns. Vous pourrez aussi continuer à pied votre excursion en grimpant, par exemple, les 200 marches qui mènent au belvédère de Cabezo de las Cortinillas. Une vue imprenable vous y attend! Toutefois, ne vous laissez pas surprendre par le bruit des avions de chasse qui survolent la zone. Cela risquerait de vous déséquilibrer dans votre ascension.
**La Bárdena Negra** – Située plus au sud, elle se distingue par son relief formé de plateaux et de ravins. Son paysage, presque méditerranéen, dévoile champs de céréales, forêts de pins et de chênes kermès. Pour avoir la meilleure vue sur ce site, il faudra monter jusqu'au sanctuaire Sancho Abarca, accessible en voiture ou à vélo.
**El Plano** – Situé au nord de la Bárdena Blanca, ce territoire bordé de chênes kermès et de champs de romarin est principalement une terre de production céréalière. Moins marqué par l'érosion, son relief ne forme qu'un plateau dont l'altitude ne dépasse pas les 100 m. La découverte de cette zone se fait essentiellement à vélo.

## Circuit conseillé Carte de région

### PALAIS ABANDONNÉS ET SANCTUAIRES B4

*Pour visualiser ce circuit de 75 km, reportez-vous à la carte de région (p. 386-387) - comptez 2h. Dans Tudela, suivez la direction de Logroño puis Corella par la NA 160.*
La NA 160 traverse des paysages de pinèdes, de rocailles et de buissons rachitiques, avec les éoliennes en toile de fond.

### ★ Corella

Bien que les palais baroques du quartier historique de Corella tombent en décrépitude, ils donnent à la vieille ville un charme suranné auquel on ne reste pas insensible.
Voyez plutôt le vieux palais de brique qui borde la plaza de los Fueros, avec son avant-toit sculpté, ses arcades au dernier étage et les vestiges de céramiques qui entourent encore sa porte.
Depuis la plaza de España où se trouvent l'*ayuntamiento* et le palais blasonné du marquis de Bajamar, un réseau de ruelles vous révélera des maisons anciennes aux murs tout juste droits comme ceux de la casa de los Sada ou encore ceux du palais Sopranis (18e s.).
**Musée de l'Incarnation** (Museo Arrese) – *948 780 331 - visite guidée sur rdv.*
Accolé à l'église, le cloître accueille désormais une intéressante collection d'art religieux des 16e, 17e et 18e s.
*La NA 161 vous conduit à Cintruénigo.*

**TRANSHUMANCE DANS LES BÁRDENAS**

Tous les 18 septembre, le lieu-dit *El Paso*, situé au nord du Parc naturel des Bárdenas Reales, organise la **Sanmiguelada**. Il s'agit d'une transhumance qui dure plusieurs jours : des milliers de brebis quittent les vallées pyrénéennes de Roncal et de Salazar pour rejoindre les Bárdenas Reales afin d'y paître en automne et en hiver. Datant du Moyen Âge, ce rituel attire chaque année des milliers de visiteurs.

**VOIE VERTE DU TARAZONICA**

Aménagée sur les anciennes lignes ferroviaires, la voie verte du Tarazonica s'étend de Tudela jusqu'à Tarazona (Aragon). Bien balisée depuis la gare de Tudela, elle traverse, sur 22 km, les villes de Murchante, Cascante, Tulebras, Malón, Novallas et Vierlas. Tout au long de l'itinéraire, des panneaux indiquent le nombre de kilomètres à parcourir jusqu'à la prochaine ville et l'équivalence en temps pour les cyclistes et les piétons. Autour, vignes et vergers embellissent le paysage. Attention toutefois aux crevaisons fréquentes ! *Pour louer un vélo,* *Nos adresses.*

## Cintruénigo

Quelques palais au faste fané se fondent dans le vieux centre de Cintruénigo, notamment sur la plaza de los Fueros ou dans la calle Baron de la Torre.

**Basilique de la Purísima** – *Aux portes du bourg en direction de Fitero.* Sanctuaire de style maniériste de la première moitié du 17e s. À l'intérieur, l'un des premiers retables baroques de Navarre représentant l'Immaculée Conception.

*Reprenez la NA 160.*

## Monastère de Fitero

*27 km à l'ouest de Tudela. Pénétrez dans le centre, contournez le parvis de l'abbatiale et garez-vous sur la place ombragée de l'hôtel de ville.*

*Iglesia, 8 - 948 776 600 - lun.-jeu. 11h-13h, 17h-18h30, vend.-sam. 11h-13h.*

C'est à Fitero que s'est établi le premier couvent cistercien construit dans la Péninsule (1140). Fait rare, il est intégré au tissu urbain, car le village thermal s'est peu à peu développé autour du site. Sa mainmise sur le bourg provoqua de nombreuses révoltes jusqu'en 1836, date à laquelle la loi de sécularisation permit aux villageois de s'en émanciper. Une partie des bâtiments accueille aujourd'hui des institutions civiles (mairie, maison de retraite, bibliothèque), qu'un plan de réhabilitation prévoit à terme d'installer ailleurs. En attendant la restauration du cloître et de la salle capitulaire (en travaux) seule l'église se visite - *visite guidée (1h) lun.-sam. à 12h, dim. et j. fériés à 12h45 (la visite commence depuis la porte de l'église) - rens. auprès de l'OT 948 776 600 ou de la paroisse 948 776 112 - 3 €.*

★ **Église** – Elle date du 12e s., comme en témoigne l'allure romane de son **chevet★**, auréolé de chapelles absidiales, visibles en contournant l'édifice. L'intérieur, représentatif de la sobre architecture cistercienne, conserve un retable majeur Renaissance (fin 16e s.), d'autres baroques, comme celui de sainte Thérèse (abside droite), et un orgue datant du 17e s.

*Achevez la traversée du village et tournez à gauche sur la NA 6900 pour rejoindre Cascante.*

Jolis paysages de vergers au pied de collines arborées.

## Cascante

★ **N.-D. (N. S.) del Romero** – Construite en brique à la fin du 17e s., elle domine le bourg du haut de sa colline, depuis laquelle se déploie un très beau **panorama★** sur les plaines de Queiles, les Bárdenas, la frontière aragonaise et le massif du Moncayo. On y accède par une **rampe★** irrégulièrement pavée que bordent 39 arcades de brique.

À l'intérieur, admirez le dôme Renaissance, la riche décoration du chœur, son retable baroque et celui, plus ancien, de la chapelle de droite.

*Prenez la N 121 en direction de Tarazona.*

## Tulebras

Le monastère de brique abrite depuis 1149 une communauté de cisterciennes (la première implantée en Espagne).

Derrière le monastère et le hameau passent plusieurs voies de randonnée, comme la voie verte del Tarazonica ralliant Tudela à Tarazona sud, ou celle allant de Tulebras à Cascante via Ablitas.

*Revenez à Tudela par la N 121.*

## NOS ADRESSES À TUDELA

### HÉBERGEMENT

#### PREMIER PRIX

**Hôtel Remigio** – *Gaztambide Carrera, 4 - ✆ 948 820 850 - www.hostalremigio.com - 32 ch. 52/60 € - ☕ 6 € - rest. 16/40 €.* Hôtel fonctionnel et point de départ idéal pour parcourir la ville à pied. Chambres d'une propreté exemplaire, desservies par un élégant escalier orné de verre. Restaurant au menu attractif. Spécialités locales à base de bons produits maraîchers.

**Casa rural La Bárdena Blanca** – *San Francisco Javier, 11 - Arguedas - ✆ 636 286 265 - www.casarurallabardenablanca.com - 5 ch. 53/61 € - ☕ 6 € - 1 appart. (2 ch. doubles) 110/120 € - location vélo 15 €/j.* Cette charmante maison d'hôte propose des chambres fonctionnelles de style rustique aux couleurs pastel et aux poutres apparentes. Une cuisine est à disposition ainsi qu'un garage pour les vélos.

**Camino de Las Bárdenas** – *Pl. de la Noria, 4 - Arguedas - ✆ 948 830 517 ou 657 948 971 - www.caminodelasbardenas.com - 7 ch. 40/50 € - ☕ 4 € - rest. 9 € - 15 € (w.-end).* À la porte d'entrée du Parc naturel des Bárdenas Reales, cet hôtel familial présente des chambres confortables et propres. Dans la salle de lecture, vous trouverez de quoi préparer votre excursion. Le restaurant propose des produits locaux.

#### BUDGET MOYEN

**Hôtel Santamaría** – *San Marcial, 14 - ✆ 948 821 200 - www.hotelsantamaria.net - P - 50 ch. 63/85 € - ☕ 6 €.* Situé à deux pas du quartier historique, cet hôtel accueillant propose des chambres claires et modernes avec vue sur le parc et la jolie fontaine. Pour divertir les enfants, une aire de jeux se trouve à quelques mètres.

**Hôtel Pichorradicas** – *Cortadores, 11 - ✆ 948 821 021 - www.pichorradicas.es - 7 ch. 60/90 € - ☕ 8 €.* Aucun doute, cet hôtel mérite plus que votre attention. Outre sa situation enviable en plein quartier historique, ses chambres, personnalisées et bien équipées, s'avèrent très accueillantes. Si vous le pouvez, choisissez les pièces mansardées : plus vastes, elles sont équipées de baignoires hydromassantes…

#### POUR SE FAIRE PLAISIR

**Hôtel AC Ciudad de Tudela** – *Misericordia s/n - ✆ 948 402 440 - www.ac-hotels.com - P - 41 ch. 97/120 € - ☕ 12 € - rest. 35/40 € (fermé dim.).* Belles installations et fusion judicieuse entre le passé et l'avant-garde. Venez découvrir le charme de chambres équipées dans le pur style de cette prestigieuse chaîne d'hôtels. Salle à manger moderne et claire, où l'on déguste une belle variété de plats.

## RESTAURATION

### PREMIER PRIX

**Mesón Julian** – *Merced, 9 - ✆ 948 822 028 - www.mesonjulian.com - fermé mar. - formule déj. 22 € - 33 €.* Ce restaurant séduit par sa situation en plein quartier historique, par son décor où se mêlent brique et bois et, bien sûr, par ses goûteux petits plats traditionnels. Le chef utilise surtout des produits de saison qu'il fait mijoter. La carte des vins est riche de bons petits crus.

### BUDGET MOYEN

**Casa Ignacio (Pichorradicas)** – *Cortadores, 11 - ✆ 948 821 021 - www.pichorradicas.es - fermé dim. soir et lun. sf férié - 35 €.* Ce restaurant intime est installé dans le quartier historique. Les deux salles de style moderne sont ornées de poutres et de murs en brique.

**Iruña** – *Muro, 11 - ✆ 948 821 000 - www.restauranteiruna.com - fermé 15-30 sept., dim. soir et jeu. (sf j. fériés) - 23/45 €.* Dans ce restaurant familial, les produits maraîchers régionaux sont sources de créativité : goûtez les délicieuses croquettes de bourrache ou les poivrons farcis aux légumes. Belle carte des vins pour accompagner le repas.

### POUR SE FAIRE PLAISIR

**Treintaitres** – *Pablo Sarasate, 7 - ✆ 948 827 606 - www.restaurante33.com - 33/53 €.* Établissement familial, avec un bar et deux salles, l'une sur le côté et l'autre à l'étage, toutes deux à la décoration minimaliste.

## SPORTS ET LOISIRS

**Chiquibike** – *Misericordia, 1 - ✆ 948 825 201 ou 629 322 031 - www.chiquibike.com - lun.-vend. 9h30-13h, 16h30-20h, sam. 9h30-13h - fermé 6-14 juil. - 20 €/j.* Louez un vélo pour la journée et baladez-vous sur la voie verte qui s'étend de Tudela à Tarazona (22 km).

**Bárdenas Aventure** – *Eras Bajas, 11 - Arguedas - www.bardenasaventure.com - ✆ 609 772 450 ou 536 407.* Découvrez les Bárdenas Reales à travers diverses activités : VTT, randonnée pédestre, équestre ou en 4X4. Un guide vous proposera différents itinéraires.

**Ciclos Martón** – *Real, 31 - Arguedas - ✆ 948 831 577 ou 609 560 912 - lun.-vend. 9h-13h, 15h30-19h30, sam. 9h-13h - 15/18 €/j.* Louez un VTT pour la journée et partez découvrir les paysages arides des Bárdenas Reales.

**Sendaviva** – *Rte de la Virgen del Yugo, s/n - Arguedas - ✆ 948 088 100 - www.sendaviva.com - 11h-23h, hors sais. 11h-20h (vérifier les jours d'ouverture sur le site Internet) - 25/27 € (basse et haute sais.), 5-11 ans 18/20 € (basse et haute sais.), -5 ans gratuit.* Situé à 15 km de Tudela, ce parc de loisirs, qui compte plus de 800 animaux de 200 espèces, vous divertira avec ses nombreuses attractions (manèges, tyroliennes, bobsleigh, etc.) et ses spectacles.

## AGENDA

**Fêtes patronales de Ste-Anne** – *24-30 juil.* À partir du 25 : feria, courses de taureaux, *encierros* et la *revoltosa*, une danse qui a lieu plaza de los Fueros.

**La Sanmiguelada** – *18 sept.* (*l'encadré p. 454*).

# L'Aventure Michelin

Tout commence avec des balles en caoutchouc ! C'est ce que produit, vers 1880, la petite entreprise clermontoise dont héritent André et Édouard Michelin. Les deux frères saisissent vite le potentiel des nouveaux moyens de transport. L'invention du pneumatique démontable pour la bicyclette est leur première réussite. Mais c'est avec l'automobile qu'ils donnent la pleine mesure de leur créativité. Tout au long du 20e s., Michelin n'a cessé d'innover pour créer des pneumatiques plus fiables et plus performants, du poids lourd aux voitures de course, en passant par le métro et l'avion.

Très tôt, Michelin propose à ses clients des outils et des services destinés à faciliter leurs déplacements, à les rendre plus agréables... et plus fréquents. Dès 1900, le guide MICHELIN fournit aux chauffeurs tous les renseignements utiles pour entretenir leur automobile, trouver où se loger et se restaurer. Il deviendra la référence en matière de gastronomie. Parallèlement, le Bureau des itinéraires offre aux voyageurs conseils et itinéraires personnalisés.

En 1910, la première carte routière MICHELIN remporte un succès immédiat ! En 1926, un premier guide régional touristique invite à découvrir les plus beaux sites de Bretagne. Bientôt, chaque région de France a son Guide Vert. La collection s'ouvre ensuite à des destinations plus lointaines de New York en 1968... à l'Islande en 2012.

Au 21e s., avec l'essor du numérique, le défi se poursuit pour les cartes, les guides et les services numériques MICHELIN qui continuent d'accompagner le pneumatique. Aujourd'hui comme hier, la mission de Michelin reste l'aide à la mobilité, au service des voyageurs.

## MICHELIN AUJOURD'HUI

- 69 sites de production dans 18 pays
- 113 400 employés de toutes cultures, sur tous les continents
- 6 000 personnes dans le centre de Technologie Michelin
- Une présence commerciale dans plus de 170 pays

# Avancer
# monde où la

Mieux avancer, c'est d'abord innover pour mettre au point des pneus qui freinent plus court et offrent une meilleure adhérence, quel que soit l'état de la route.

## LA JUSTE PRESSION

BONNE PRESSION

- Sécurité
- Longévité
- Consommation de carburant optimale

-0,5 bar

- Durée de vie des pneus réduite de 20% (- 8 000 km)

-1 bar

- Risque d'éclatement
- Hausse de la consommation de carburant
- Distance de freinage augmentée sur sol mouillé

# ensemble vers un mobilité est plus sûre

C'est aussi aider les automobilistes à prendre soin de leur sécurité et de leurs pneus. Pour cela, Michelin organise partout dans le monde des opérations **"Faites le plein d'air"** pour rappeler à tous que la juste pression est vitale.

## L'USURE

### COMMENT DETECTER L'USURE ?

Vos pneus MICHELIN sont munis d'indicateurs d'usure : ce sont de petits pains de gomme moulés au fond des sculptures et d'une hauteur de 1,6mm.

Lorsque la profondeur des sculptures est au même niveau que les indicateurs, les pneus sont usés et doivent être remplacés.

Les pneus constituent le seul point de contact entre le véhicule et la route, un pneu usé peut être dangereux sur chaussée mouillée.

PNEU NEUF

PNEU USÉ
(1,6mm de sculpture)

*Ci-contre, la zone de contact réelle photographiée sur chaussée mouillée.*

# Mieux avancer,
## c'est développer une mobilité durable.

### INNOVATION ET ENVIRONNEMENT

Chaque jour, Michelin innove pour réduire la quantité de matières premières utilisée dans la fabrication des pneumatiques, et 99,8% des pneus produits dans le Groupe le sont dans des usines certifiées ISO 14001. La conception des pneus MICHELIN permet déjà d'économiser des milliards de litres de carburant, et donc des millions de tonnes de $CO_2$.

De même, Michelin choisit d'imprimer ses cartes et guides sur des « papiers issus de forêts gérées durablement ». L'obtention de la certification ISO 14001 atteste de son plein engagement dans une éco-conception au quotidien.

Un engagement que Michelin confirme en diversifiant ses supports de publication et en proposant des solutions numériques pour trouver plus facilement son chemin, dépenser moins de carburant.... et profiter de ses voyages !

# Chattez avec Bibendum

Rendez-vous sur : www.michelin.com

Découvrez l'actualité des produits et services et l'histoire de MICHELIN.

## QUIZZ

Michelin développe des pneumatiques pour tous les types de véhicules. Amusez-vous à identifier le bon pneu...

Résultat : A-6 / B-4 / C-2 / D-1 / E-3 / F-7 / G-5

# Glossaire

**Quelques termes essentiels pour bien comprendre la région**

**Aste Nagusia** – *Semana Grande*, la « grande semaine », la fête par excellence.
**Bertsu** – Chant improvisé que les auteurs-interprètes (les **bertsolari**) adaptent aux réactions de l'auditoire.
**Cesta punta** – La plus spectaculaire des spécialités de la pelote.
**Chahakoa** – Gourde en cuir pour boire à la régalade.
**Chistera** – Panier d'osier à armature de châtaignier fixé à la main du pelotari. Il en existe plusieurs types : le petit chistera ou **joko garbi** (petit gant), le grand chistera et le **remonte**, à panier peu profond mais plus long que le *joko garbi*.
**Chupinazo** – Pétard mis à feu dans un bruit assourdissant au début de toute festivité qui se respecte. Le plus fameux, qui marque à Pampelune le coup d'envoi des *Sanfermines*, est retransmis à la télévision dans toute l'Espagne.
**Compostela** – Attestation délivrée aux pélerins à leur arrivée à St-Jacques de Compostelle.
**Credencial** – Le sauf-conduit indispensable pour se loger en Espagne sur les chemins de St-Jacques et pour obtenir la *compostela*.
**Encierro** – Lâcher de taureaux dans les rues sur un trajet balisé. Ceux de Pampelune sont les plus connus.
**Etxe** – La maison (prononcez « etché »).
**Fors, fueros** – Privilèges.
**Francos** – Littéralement « les Francs ». Pélerins venus de France et fixés dans les villes créées en Navarre à l'initiative des rois qui leur accordaient des privilèges.
**Gaïta-dulzaïnera** – Si le nom signifie en espagnol « cornemuse », cet instrument d'origine navarraise s'apparente plutôt au hautbois, et joue accompagné d'un tambour, l'**atabal**.
**Hórreo** – Grenier à blé sur pilotis.
**Jacquet, jacquot ou jacobit** – Surnoms donnés aux pélerins de Compostelle.
**Jaï-alaï** – Littéralement « jeu allègre ». C'est un fronton-mur à gauche, doté d'une **cancha** (terrain) de 55 à 60 m sur laquelle se pratique la **cesta punta**.
**Laminak** – Lutin légendaire, féminin ou masculin, plus ou moins bienveillant, indissociable des légendes de la région.
**Lauburu** – C'est la croix basque. Composée de quatre « virgules », elle orne les stèles discoïdales.
**Mamia** – Lait caillé de brebis, souvent dégusté avec du miel.
**Makhila** – Bâton de marche (mais aussi de défense) en bois de néflier, doté d'un pommeau en corne ou en métal. Dévissé, il révèle une pointe en fer forgé...
**Mari** – Principale divinité de la mythologie basque.
**Marmitako** – Le grand classique de la cuisine des pêcheurs basques : ragoût de poisson (en principe, de thon), pommes de terre, tomates épépinées et poivrons mijotant dans le vin blanc avec du piment (d'Espelette, bien sûr !).
**Mozárabe** – Le terme désigne d'abord les chrétiens ayant conservé leur religion sous la domination arabe. En histoire de l'art, ce terme désigne l'art aux influences islamiques (entrelacs de stucs) appliqué à des thèmes chrétiens.

**Mudéjar** – Ce sont les musulmans vivant sur des terres reconquises par les chrétiens. Le style mudéjar se caractérise par ses emprunts à l'art islamique (arcs outrepassés, *artesonados* – plafonds à caissons – , etc.).

**Pastorale** – Peut-être héritère des mystères du Moyen Âge. Attestée en Soule depuis 1580, cette représentation théâtrale sur des thèmes souvent religieux mais parfois historiques mobilise tous les habitants du village et peut durer plusieurs heures.

**Pibale** ou **civelle** – Alevin d'anguille, malheureusement en voie de disparition en raison de son succès en tant que spécialité culinaire basque.

**Piment** – L'incontournable spécialité d'Espelette. Attention : en Espagne, le terme **pimiento de piquillo** désigne en réalité un poivron navarrais.

**Pinxtos** – (Prononcez « pintchos »). Tapas particulièrement élaborées, véritables petits plats miniatures.

**Pottok** – Petit cheval sauvage, jadis utilisé comme animal de trait dans les mines.

**Sagardoa** – Cidre.

**Soka tira** – Le tir à la corde, épreuve reine des jeux de force basques.

**Stèle discoïdale** – Monument funéraire très présent dans les cimetières basques. Elle est constituée d'un disque de pierre souvent marqué de la croix basque *(voir plus haut)*, et reposant sur un socle trapézoïdal.

**Tobera** – Pièce de théâtre, parfois polémique, liée à des questions locales et jouée sur la place des villages; tradition toujours vivante en Basse-Navarre et en Labourd.

**Trinquet** – Fronton couvert.

**Ttoro** – Spécialité de Ciboure : soupe de poissons, langoustines et moules apprêtée au piment d'Espelette.

**Txapela** – L'indispensable béret, appelé *boina* en espagnol. Celui qui le porte est nommé **txapeldun**.

**Txarangas** (ou **bandas**, ou encore **peñas**) – Fanfares chargées d'animer avec entrain et à grands renforts de grosse caisse les festivités.

**Txikiteo** – Activité incontournable : c'est l'art de *tapear* d'un bar à l'autre.

**Txistu** – (Prononcez « tchistou »). Flûte basque à trois trous.

**Txotx** – (Prononcez « tchotch »). Du nom de la pièce de bois servant à fermer les tonneaux, c'est le rituel de dégustation du cidre nouveau.

# INDEX GÉNÉRAL

**Biarritz** : villes, curiosités et régions touristiques.
**Chillida, Eduardo** : noms historiques ou termes faisant l'objet d'une explication.
**Les sites isolés** (châteaux, abbayes, grottes, etc.) sont répertoriés à leur propre nom.
Nous précisons, entre parenthèses, l'organisation administrative à laquelle appartient chaque ville ou site.

## A

## B

## C

## D



## E



## F

## G



## H

## I



## J



## K

## L



## M

## Q–R



## S

# CARTES ET PLANS

### CARTE GÉNÉRALE



### CARTES DES RÉGIONS



### PLANS DE VILLE



### CARTES THÉMATIQUES



### CARTES DES CIRCUITS DÉCRITS

# LÉGENDE DES CARTES ET PLANS

## Curiosités et repères

- Itinéraire décrit, départ de la visite
- Église
- Mosquée
- Synagogue
- Monastère - Phare
- Fontaine
- Point de vue
- Château - Ruine ou site archéologique
- Barrage - Grotte
- Monument mégalithique
- Tour génoise - Moulin
- Temple - Vestiges gréco-romains
- Temple : bouddhique - hindou
- Autre lieu d'intérêt, sommet
- Distillerie
- Palais, villa, habitation
- Cimetière : chrétien - musulman - israélite
- Oliveraie - Orangeraie
- Mangrove
- Auberge de jeunesse
- Gravure rupestre
- Pierre runique
- Église en bois
- Église en bois debout
- Parc ou réserve national
- Bastide

## Sports et loisirs

- Piscine : de plein air - couverte
- Plage - Stade
- Port de plaisance - Voile
- Plongée - Surf
- Refuge - Promenade à pied
- Randonnée équestre
- Golf - Base de loisirs
- Parc d'attractions
- Parc animalier, zoo
- Parc floral, arboretum
- Parc ornithologique, réserve d'oiseaux
- Planche à voile, kitesurf
- Pêche en mer ou sportive
- Canyoning, rafting
- Aire de camping - Auberge
- Arènes
- Base de loisirs, base nautique ou canoë-kayak
- Canoë-kayak
- Promenade en bateau

## Informations pratiques

- Information touristique
- Parking - Parking - relais
- Gare : ferroviaire - routière
- Voie ferrée
- Ligne de tramway
- Départ de fiacre
- Métro - RER
- Station de métro (Calgary, ...) (Montréal)
- Téléphérique, télécabine
- Funiculaire, voie à crémaillère
- Chemin de fer touristique
- Transport de voitures et passagers
- Transport de passagers
- File d'attente
- Observatoire
- Station-service - Magasin
- Poste - Téléphone
- Internet
- H H B Hôtel de ville - Banque, bureau de change
- J J POL Palais de justice - Police
- GNR Gendarmerie
- T T U U M Théâtre - Université - Musée
- Musée de plein air
- Hôpital
- Marché couvert
- Aéroport
- Parador, Pousada (Établissement hôtelier géré par l'État)
- A Chambre d'agriculture
- D Conseil provincial
- G Gouvernement du district, Délégation du Gouvernement Police cantonale
- L Gouvernement provincial (Landhaus)
- P Chef-lieu de province
- Station thermale
- Source thermale

## Axes routiers, voirie

- Autoroute ou assimilée
- Échangeur : complet - partiel
- Route
- Rue piétonne
- Escalier - Sentier, piste

## Topographie, limites

- Volcan actif - Récif corallien
- Marais - Désert
- Frontière - Parc naturel

**Collection Le Guide Vert sous la responsabilité de Philippe Orain**

**Édition**
Luc Decoudin, Delphine Storelli

**Rédaction**
Catherine Zerdoun, Lucie Dejouhanet, Sarah Parot, Pierre Plantier, Ur Apalategi, Marie-Claude Berger, Iker Elosegi, Alexandra Forterre, Claude Labat, Pakea, Jean-Emmanuel Sceau

**Cartographie**
Marie-Christine Defait, Stéphane Anton, Michèle Cana

**Relecture**
Agnès Jeanjean

**Remerciements**
Didier Broussard, Maria Gaspar, Pascal Grougon, Hervé Dubois, Sandrine Lepinay, Matilde Miñón Marquina, Nathalie Beau de Lomenie (Assistante Relations Presse, Comité départemental du tourisme Béarn-Pays Basque), Christiane Bonnat Delahaie (Communication Presse, Comité départemental du tourisme Béarn-Pays basque)

**Conception graphique**
Christelle Le Déan

**Régie publicitaire et partenariats**
business-solutions@tp.michelin.com
*Le contenu des pages de publicité insérées dans ce guide n'engage que la responsabilité des annonceurs.*

**QR Codes**
QR Code est une marque déposée de Denso Wave Incorporated

**Contacts**
Michelin
Guides Touristiques
27 cours de l'Île-Seguin, 92100 Boulogne-Billancourt
Service consommateurs : tourisme@tp.michelin.com
Boutique en ligne : www.michelin-boutique.com

**Écrivez-nous**

**Parution 2014**

***Michelin Travel Partner***
Société par actions simplifiées au capital de 11 288 880 EUR
27 Cours de l'Ile Seguin - 92100 Boulogne Billancourt (France)
R.C.S. Nanterre 433 677 721


Dépôt légal : 10-2013 – ISSN 0293-9436
Compograveur : Michelin, Boulogne Billancourt
Imprimeur : Lego Print, Lavis (Italie)
Imprimé en Italie : 10-2013

Usine certifiée 14001
Sur du papier issu de forêts gérées durablement

## Comprendre les symboles utilisés dans le guide

### LES ÉTOILES

★★★ **Vaut le voyage** ★★ **Mérite un détour** ★ **Intéressant**

### HÔTELS ET RESTAURANTS

| | | | |
|---|---|---|---|
| *9 ch.* | Nombre de chambres | | Piscine |
| 7,5 € | Prix du petit-déjeuner en sus | CC | Paiement par cartes de crédit |
| 50 € | Prix de la chambre double, petit-déjeuner compris | | Carte de crédit non acceptée |
| bc | Menu boisson comprise | P | Parking réservé à la clientèle |
| | Air conditionné dans les chambres | Tram | Station de tramway la plus proche |
| | Restaurant dans l'hôtel | M | Station de métro la plus proche |
| | Établissement servant de l'alcool (à l'étranger) | | |

### SYMBOLES DANS LE TEXTE

| | | | |
|---|---|---|---|
| | À faire en famille | | Randonnée à vélo |
| | Pour aller au-delà | | Facilité d'accès pour les handicapés |
| | Promenade à pied | A2 B | Repère sur le plan |

**Note au lecteur**

Michelin a apporté le plus grand soin à la rédaction de ce guide et à sa vérification. Toutefois, les informations pratiques (formalités administratives, prix, adresses, numéros de téléphone, adresses Internet, etc.) doivent être considérées comme des indications du fait de l'évolution constante de ces données.

Il n'est pas totalement exclu que certaines d'entre elles ne soient plus, à la date de parution du guide, tout à fait exactes ou exhaustives. N'hésitez pas à nous signaler toute omission ou inexactitude que vous pourriez constater, ainsi qu'à nous faire part de vos avis et suggestions sur les adresses contenues dans ce guide.

Avant d'entamer toute démarche, formalités administratives ou douanières notamment, vous êtes invité à vous renseigner auprès des organismes officiels. Ces informations ne sauraient, de ce fait, engager notre responsabilité.